Wir Deutschen

Eine Reise zu den Schauplätzen der Vergangenheit

Wir Deutschen

Eine Reise zu den Schauplätzen der Vergangenheit

Jochen Gaile

Kartographischer Verlag Busche GmbH, Dortmund

Offizielles Begleitbuch zur gleichnamigen Fernsehserie der ARD

Produzent: Studio Hamburg Produktion
für Film & Fernsehen GmbH
Drehbuch: Bernhard Dircks
Redaktionelle Mitarbeit: Jürgen Brühns, Kerstin Ott
Realisation: Jens Uwe Scheffler, Wolfgang Henningsen
Wissenschaftliche Beratung: Prof. Dr. Thomas Nipperdey
Producer: Richard Schöps
im Auftrag des NDR

Buchfassung:
Text: Dr. Jochen Gaile
Redaktionelle Mitarbeit: Ekkehard Kunze

1. Auflage 1991

Schleefstraße 1, 4600 Dortmund 41

Gesamtherstellung:
Fritz Busche Druckereigesellschaft mbH, 4600 Dortmund 41
Graphisches Konzept: Stefan Schröter, Wiesbaden
Satz: Type Style Fotosatz GmbH, St. Goarshausen

ISBN 3-88584-314-5

Inhaltsverzeichnis

Inhaltsverzeichnis

Vorwort

Es ist seit längerem unübersehbar geworden, daß das Gegenstandsfeld »Geschichte« in unserer Gesellschaft einen neuen Stellenwert erfahren hat. Kein Zweifel – die »Tradition«, dieses universale Kulturphänomen, hat Konjunktur. Darüber ist in den letzten Jahren schon viel gerätselt worden. Was ist »mit uns« geschehen?

Vergegenwärtigen wir uns einmal kurz das Hineinwachsen der »Geschichte« in das Leben der Gesellschaft: Durch die Erfindung der Buchdruckerkunst im 15. Jahrhundert wurden die mittelalterlichen Klosterbibliotheken »geöffnet«. Man nehme dies beileibe nicht wörtlich! Meine Aussage ist so zu verstehen, daß alles, was damals niedergeschrieben worden war, von Stund an beliebig vervielfältigt werden konnte. Tradition und Geschichte traten so in die »gelehrte Welt« der Städte und Fürstenhöfe ein. Und weiter: Im 19. Jahrhundert, als die Menschen teils in Furcht, teils in Ehrfurcht auf die Begebenheiten der Französischen Revolution blickten, kämpften der Adel, das Bürgertum und schließlich das Proletariat unter dem Fahnenwort *historischer Rechte* um die politische Vorherrschaft in der Gesellschaft. Heute schließlich wird die »Geschichte«, mitgetragen von der Emphase, unsere *Schöpfung bewahren zu müssen*, als »offene« oder »verborgene« Autorität für nahezu jedes gesellschaftliche Handeln angeführt. Selbst die Werbung bedient sich historischer Sinnbilder, um die Ziele ihrer Kampagnen in einen geschichtlichen Traditionszusammenhang einreihen zu können! Tradition und Geschichte sind somit zu *allgemeinen* Phänomenen geworden, an denen jeder teilhat. Man kann auch sagen: Sie haben sich seit der Erfindung der Buchdruckerkunst Zug um Zug *vergesellschaftet* – traten zunächst, seit dem 15. Jahrhundert, in die Welt der »Bildung« ein, sodann, im 19. Jahrhundert, in die Welt der »Politik« und heute schließlich in die Welt des »Alltags«. Die »Geschichte« bestimmt darum mehr denn je unser Leben mit!

Zwei dieser Determinanten möchte ich an dieser Stelle nennen und erläutern:

1. Es sind neue »historische Bedürfnisse« entstanden. Wir Deutschen leben in einer Zeit, in der sich die »Sinnkrise« um unsere eigene Tradition aufzulösen beginnt. Schon die breite Diskussion zum 40. Jahrestag nach Kriegsende (1985), vor allem aber die seit 1989 geführte Diskussion um die Wiedergewinnung der deutschen Einheit haben deutlich gemacht, daß die Vergangenheit für unser Bemühen nach deutscher *Identität* außerordentlich hilfreich sein kann. Wir leben zudem in einer Zeit, in der die rasche Umgestaltung unserer Lebenswelten Platz greift. Auge und Intellekt verlangen nach Auflösung schwieriger Zusammenhänge (historische *Komplexitätsreduktion)*. Denn uns umgibt die sogenannte »Neue Undurchsichtigkeit« der technischen Welten und Systeme.

2. Es sind in den letzten Jahrzehnten neue »historische Zugangswege« entstanden. Die Medien dringen in unser Leben auf immer neue Weise ein. Moderne Ausstellungen, das Kino, die Werbung, der Hörfunk sowie insbesondere auch das Fernsehen haben uns an unser kulturelles Erbe näher herangeführt. Die Geschichte ist, wie man sagen kann, aus ihrer »vornehmen Enge« von Schule und Hochschule herausgetreten, begegnet uns in vielen Bereichen und hinterläßt eine vormals nicht geahnte Beeindruckungstiefe. Doch ist die alltägliche Begegnung zwischen »Mensch und Geschichte« ebenso »intensiv« wie letzten Endes auch »flüchtig«.

Getragen von solchen Gedanken, haben sich Fernsehplaner und Buchverleger in der letzten Zeit schon vielfach zusammengetan, um den Erfolg ihrer Vermittlung historischer Inhalte für ein breites Publikum zu gewährleisten. Die vorliegende Veröffentlichung *Wir Deutschen – Eine Reise zu den Schauplätzen der Vergangenheit* steht in einem solchen Zusammenhang gegenseitiger Medienergänzung. Sie ist das offizielle *Begleitbuch* zur gleichnamigen Fernsehserie der ARD – erweitert um zwei Schlußkapitel über die deutsche Geschichte seit 1918, also um den Zeitraum unserer jüngsten Vergangenheit. Das Werk will so dem allgemeinen Leserbedürfnis Rechnung tragen, in einem Buch zur *ganzen* deutschen Geschichte lesen und blättern zu können. Dabei sind Serie und Buch als eng aufeinander bezogen zu begreifen, sowohl, was die Einteilung der Kapitel anbelangt, als auch in der Darstellung der jeweiligen Inhalte sowie der Verwendung des Bildmaterials. Das bedeutete freilich, den Stoff zu vertiefen, wo die »Grenzen« des Mediums Fernsehen dies geraten erscheinen ließen, und Ergänzungen einzubringen, wo die Chronologie der Hauptdaten deutscher Geschichte danach verlangt.

Das einbändige Kompendium stellt in 15 Kapiteln die deutsche Geschichte von den allerersten Begegnungen der Germanen mit den Römern bis zur Wiedervereinigung im Jahre 1990 dar – gleichermaßen unter politischen, gesellschaftlichen und auch kulturellen Gesichtspunkten. Es war unser Bemühen, herausragende Persönlichkeiten zu kennzeichnen, die Linien historischer Entwicklungsprozesse zu skizzieren und, wo möglich, auch die »kleinen Begebenheiten« aus dem Alltagsleben einzustreuen. Sie sollen »für sich« sprechen und sind der Darstellung jeweils beigegeben worden, um konkretes Leben unserer Vergangenheit einzufangen und um durch solcherart »Momentaufnahmen« längere Ausführungen zum Thema einzusparen. Der Kartographische Verlag Busche in Dortmund, der dieses Buch verlegt, hat den größten Wert auf eine reichhaltige Bebilderung gelegt; teilweise handelt es sich dabei um die Standbilder aus der Fernsehserie der ARD. Sie unterstreichen den Bezug zwischen Serie und Buch auch optisch und stammen, wie auch das ergänzende Agenturmaterial, fast ausnahmslos aus der jeweiligen Epoche selbst. So spiegeln die Abbildungen das historische Geschehen authentisch wieder.

Die großen und kleinen Geschichtskarten, die den Lesetext unterbrechen oder auf den Seitenrand gesetzt wurden, mögen dem Leser als zusätzliche Lesehilfe dienen. Er soll sich so einen raschen Überblick verschaffen können. Schließlich lädt der integrierte Kartenteil »Deutschland und Europa« (S. 417-493) zur *Reise zu den Schauplätzen der Vergangenheit* ein. Auf historische Altertümer, die die Zeiten überlebt haben, wird darum an vielen Stellen des Textes eigens aufmerksam gemacht; das heißt: Ein Pfeil verweist auf die entsprechende Vignette im Kartenteil. So mag der Leser den Anregungen des Buches zum Besuch einer historischen Stätte nachgehen und dort seine ganz persönliche Spurensuche betreiben ... Geschichte findet stets an »Orten« und »Stätten« statt, meinen die Planer des Buches.

Darum sollte sie heute und in Zukunft stärker »in die Geographie« hineingeschrieben werden. Vergessen wir nicht, daß unsere Städte und unsere Landschaften auch eine kulturgeographische Bedeutung haben! Erst die großen und kleinen »Überreste« des Vergangenen, die wir dort aufsuchen, machen unser kulturelles Erbe sinnlich erfahrbar.

Wir Deutschen möchte Fernsehbegleitbuch, einbändiges Kompendium zur deutschen Geschichte und Reisebegleiter gleichermaßen sein. Es ist für den interessierten Laien geschrieben und wendet sich an alle, die den schnellen und übersichtlichen Zugriff auf alle wesentlichen Begebenheiten unserer Geschichte suchen. *Wir Deutschen* handelt von Vergangenem, ist aber für die Gegenwart gedacht. Möge das Buch eine Orientierungshilfe für das beständige Nachdenken und ein nicht endendes Gespräch über deutsche Geschichte sein! Beides tut mehr denn je not, auch und gerade wegen der im Oktober 1990 vollzogenen Wiedervereinigung der beiden deutschen Nachkriegsstaaten – in einem, wie wir täglich von neuem hören, von Grund auf sich wandelnden Europa ...

Wiesbaden, September 1991 Jochen Gaile

Wir haben unsere besonderen Schwierigkeiten mit unserem Nationalgefühl. Unsere eigene Geschichte mit ihrem Licht und ihrem Schatten und unsere geographische Lage im Zentrum Europas haben dazu beigetragen. Aber wir sind nicht die einzigen auf der Welt, die ein schwieriges Vaterland haben. Das sollten wir nicht vergessen. Nirgends sind zwei Nationen einander gleich. Jedes Nationalgefühl hat seine besonderen Wurzeln, seine unverwechselbaren Probleme und seine eigene Wärme.
Unsere Lage, die sich von der der meisten anderen Nationen unterscheidet, ist kein Anlaß, uns ein Nationalgefühl zu versagen. Das wäre ungesund für uns selbst, und es wäre nur unheimlich für unsere Nachbarn.
Wir müssen und wir dürfen uns in der Bundesrepublik Deutschland zu unserem nationalen Empfinden bekennen, zu unserer Geschichte, zur offenen deutschen Frage, zur Tatsache, daß wir überzeugte Bündnis- und Gemeinschaftspartner sein können und doch mit dem Herzen auch jenseits der Mauer leben ...

(Bundespräsident Richard von Weizsäcker 1984; Bulletin des Presse- und Informationsamtes der Bundesregierung Nr. 80)

Museumsdorf Düppel
Berlin

Römer und Germanen

Jetzt muß ich endlich die Kaiserstadt Trier rühmen,
die trotz der Nähe des Rheins ohne Gefahr
im Schoße des tiefsten Friedens sich ausruht.
(Magnus Ausonius, »Mosella«)

Die frühe Kunde vom Norden Europas

Die Kunde von den Ländern nördlich der Alpen war bis in die hellenistische Zeit hinein sagenumwoben. Schon um 700 v. Chr. weiß der griechische Dichter HESIOD von der Legende hoch im Norden Europas zu berichten, wonach sich die Schwestern *Phaetons* (Sohn des Sonnengottes *Helios*) in Pappeln verwandeln. Ihre Tränen fließen in den Strom *Eridanus* (womit die Elbe, die Oder, aber auch andere Flüsse des Nordens gemeint sein konnten). In diesem Mythos spiegelt sich der alte Bernsteinhandel der Frühzeit – der beginnende Warenaustausch zwischen den Völkern des Nordens und des Südens.

Bernsteinklumpen am Strand
Auf Helgoland und an den Küsten des deutschen Wattenmeeres brauchten die alten Seefahrer diesen herrlichen Stoff nur aus dem Sand zu heben und in die Schiffe zu laden...

Bereits die alten *Assyrer* und *Phönikier* scheinen seit etwa 1000 v. Chr. Verbindungen mit den Bernsteinküsten an Nord- und Ostsee gehabt zu haben. Später kontrollierten die italischen *Etrusker* den Handel mit diesem edlen Naturprodukt, aus dem sich Schmuck sowie allerlei Kultgegenstände formen ließen. Von der Westküste Jütlands und des Samlands (Gebiet zwischen Danzig und Königsberg) hatten sich durch lange Gewohnheit Handelswege herausgebildet, die den mitteleuropäischen Flußläufen folgten und bis zur ligurischen Küste sowie nach *Massilia*, dem heutigen Marseille, führten. Diese alten Wege, die zum Teil bis in die Steinzeit zurückgehen, werden *Bernsteinstraßen* genannt. Sie erschließen sich durch die Kartierung der frühgeschichtlichen Bernsteinfunde. Natürlich dienten sie auch zum Transport anderer Fertigprodukte und bestimmter Rohstoffe. Aber ihren Namen tragen sie zu Recht nach diesem edelsten Produkt des Nordens, das bei den mediterranen Völkern

Phantasie, Begehrlichkeit und Neugierde weckte. Übrigens dürfen wir uns diese Wege der Vorzeit nicht als »Straßen« im modernen Wortsinn vorstellen, von denen man annehmen könnte, daß sie ihre sichtbaren Spuren hinterlassen haben. Nein – genau festgelegte Routen gab es nicht, eher vielerlei Wege, die nach den natürlichen Gegebenheiten des Geländes frei gewählt wurden und an bestimmten »Engpässen«, wie zum Beispiel Furten, zusammenliefen.

Massilia war eine griechische Niederlassung, die um 600 v. Chr. gegründet wurde und sich schnell zur bedeutendsten griechischen Handelsstadt des westlichen Mittelmeers entwickelte. Von hier aus unterhielten die einheimischen Kaufleute Handelsbeziehungen nach Spanien, Gallien, Italien, ins östliche Mittelmeer und sogar ins Rheinland. Dieses Massilia (grch. »Massalia«) sollte der Ausgangspunkt einer berühmten Entdeckungsreise werden, der wir die ersten geographischen Hinweise des Altertums über den Norden Europas verdanken: Um das Jahr 320 v. Chr. reiste der Geograph, Astronom und Mathematiker PYTHEAS AUS MASSILIA († 306 v. Chr.) im Auftrag seiner Heimatstadt in die völlig unbekannten Gewässer der Nordsee. Die Kaufleute in seiner Begleitung waren auf der

Römerstraße in den Vogesen
Über Wegstrecken dieser Beschaffenheit drang die römische Hochkultur in den Norden; und von dort schaffte man die Rohstoffe nach Süden – auch Bernstein.

Gebrauchskunst aus Bernstein
Die Römer wußten nicht, daß Bernstein aus einfachem Fichtenharz besteht. Kleine Bernsteinkrüge und muschelförmige Schminkgefäße dienten den Damen zur Aufbewahrung von Hautöl oder Parfüm. (Rom, Kapitolinische Museen; *▶ S. 492/493)*

Suche nach neuen Handelspartnern und Rohstoffen. Die Expedition segelte durch die Straße von Gibraltar, nahm Kurs nach Norden und gelangte schließlich bis nach Norwegen, wo sie die hellen Nächte des Nordens kennenlernte. Von dort steuerten die Mannen ihr eigentliches Ziel an – die Küsten des deutschen Wattenmeeres. Hier lag in dicken Klumpen das Gold des Nordens: Bernstein.

Später hat der römische Schriftsteller PLINIUS (*23 oder 24, †79 n. Chr.) diese im Altertum berühmte Entdeckungsreise neu aufgezeichnet und damit der Nachwelt überliefert. Er schreibt: *„Pytheas berichtet, daß ... ein Volk Germaniens am Wattenmeer wohnte, ... von diesem sei eine Tagfahrt die Insel Abalus (Helgoland) entfernt; dorthin würde der Bernstein im Frühling durch die Meeresfluten angetrieben; er sei ein Auswurf des geronnenen (gemeint ist: gefrorenen) Meeres; die Einwohner gebrauchten ihn statt Holz zum Feuer und verkauften ihn den benachbarten Teutonen.*“ Unsere Kaufleute aus Massilia dürften nicht schlecht gestaunt haben: Auf Helgoland und an den Küsten des Wattenmeeres brauchte man diesen herrlichen Stoff nur aus dem Sand zu heben und in die Schiffe zu laden. Dabei schienen die Einheimischen nicht einmal zu ahnen, welche Reichtümer ihnen das Meer täglich vor die Füße spülte!

Noch lange sollten die schriftlichen Nachrichten über unsere Vorfahren spärlich bleiben. Denn PYTHEAS' Forscherdrang konnte nicht Schule machen. Die *Karthager* sperrten die Meerenge von Gibraltar und ließen keine fremden Schiffe passsieren. Auch das sagenumwobene Bernsteinland an der deutschen Nordseeküste geriet so in Vergessenheit.

Drei Jahrhunderte nach dieser legendären Reise des PYTHEAS hatten sich die politischen, wirtschaftlichen und sozialen Verhältnisse im damaligen Europa von Grund auf gewandelt. *Rom* war zur Weltmacht aufgestiegen. Im Troß der siegreich heimkehrenden Feldherren befanden sich unvorstellbare Reichtümer. Die Stadt wurde von den erlesensten Waren geradezu überschwemmt: Exotische Gewürze, seltene Duftstoffe, kostbare Skulpturen, herrlich geschnitztes Möbelwerk oder Gold- und Silberschmuck fanden ihren Weg in die römische Gesellschaft. Rom, so klagte PLINIUS, *„lernte den Überfluß nicht nur zu schätzen, sondern zu lieben.*“ Schnell entsann man sich nun auch des Goldes aus dem hohen Norden: Im Rom der frühen Kaiserzeit versprach Bernsteinhandel schnellen Gewinn. Kunsthandwerker formten aus dem wertvollen Rohstoff kleine Schminkgefäße und verkauften sie an die eleganten Damen der römischen Welt. Die Römerinnen liebten Bernstein-Fläschchen für Parfüm oder Öl, denen der Reiz des Fremden anhaftete. Muschelförmige Schälchen erzählten von den Weiten der nordischen Meere. Mit Löffeln aus Bernstein rührten die Damen duftende Schönheitscremes an.

Nun kam auch die östlichste der Bernsteinstraßen so richtig in Schwung: Sie nahm den Weg von Danzig nach Südwesten, führte über Mährisch-Ostrau, kreuzte bei *Carnuntum* an der bayerisch-österreichischen Grenze die Donau und endete bei *Aquileia* (in der italienischen Provinz Udine), das vom blühenden Handel profitierte und in der römischen Kaiserzeit eine der größten Städte des gesamten Reichs war. Der Bernstein des Samlands scheint kilo- und tonnenweise nach Rom gelangt zu sein. Kaiser NERO (54-68 n. Chr.) soll bei einer seiner zirzensischen Großveranstaltungen sogar angeordnet haben, den Streusand für die Blutlachen mit Bernsteinkörnchen zu mischen!

Und wieder war ein Kundschafter im Spiel: Denn NERO ließ, wie überliefert ist, für sein Spektakel einen römischen Ritter aussenden, die Handelswege zu den baltischen Fundorten zu sondieren. Seine Ausbeute an Bernstein muß gewaltig gewesen sein. PLINIUS läßt uns wissen, daß das größte Stück Bernstein neun Pfund gewogen haben soll. Leider scheint des Ritters Gier ausgeprägter gewesen zu sein als die Bereitschaft, seine Beobachtungen über Land und Leute aufzuschreiben und damit der Nachwelt zu überliefern ...

Kleine geflügelte Erosfigur aus Bernstein
(Rom, Kapitolinische Museen)

Rom - Mittelpunkt der Alten Welt

Nach antiker Überlieferung soll Rom im Jahre 753 v. Chr. gegründet worden sein. Legendärer Gründungsvater und erster König der Stadt war *Romulus*. Mit der Vertreibung des letzten Königs der Etrusker TARQUINIUS SUPERBUS (509 v. Chr.) und der Errichtung der *Republik* begann der allmähliche, aber unaufhaltsame Aufstieg Roms, zunächst in Italien, dann im gesamten Mittelmeerraum. Die lange Auseinandersetzung mit den Karthagern (»Punische Kriege«) endete 146 v. Chr. mit der Zerstörung *Karthagos*. Im selben Jahr wurde auch Griechenland römische Provinz. Rom war zur führenden Großmacht des Zeitalters geworden.

Zur Zeit CAESARS (*100, †44 v. Chr.), also um die Mitte des ersten vorchristlichen Jahrhunderts, dürfte Rom etwa 700 000 Einwohner gehabt haben. Die republikanische Stadt, aus Tonziegeln, Holz und Stein gebaut, hatte noch nichts von der späteren kaiserlichen Pracht. Die Menschen drängten sich in engen, überwiegend dunklen Gassen, die von planlos errichteten

Gaius Julius Caesar
(zeitgenössische Marmorstatue; Neapel, Museo Nazionale Archeologico)

Das Forum Romanum
Einst Marktplatz im antiken Rom, entwickelte es sich schon in der frühen republikanischen Zeit zum Mittelpunkt des politischen Lebens. Von dem Tempel des »Castor und Pollux«, 484 v. Chr. errichtet und im zweiten nachchristlichen Jahrhundert erneuert, sind das Fundament, drei Säulen und Teile des Gebälks erhalten geblieben. (▶ S. 493).

»Hochhäusern« gesäumt wurden. Das *Forum Romanum* war der Knotenpunkt der Römischen Republik. Hier standen die wichtigsten Bauwerke Roms: Kaufhallen, Amtsgebäude, Rednerbühnen, Ehrenstatuen und Tempel. Großkaufleute und Finanziers wickelten in den Markthallen weltweite Geschäfte ab. Die Häuser für Handel und Wirtschaft waren stattlicher als die Regierungsgebäude. Der *Curie*, dem Versammlungsraum für die *Senatoren* und *Consuln*, sah man ihre überragende Bedeutung kaum an: Aber sie war das politische Zentrum der Länder am Mittelmeer. Neben der Curie versammelte sich das *Volk* (»populus romanus«) und verhandelte die wichtigsten Angelegenheiten des Staates. Hier wurde auch zum Krieg gerufen, wenn die Priester den Sieg prophezeiten.

»Hier wurde auch zum Krieg gerufen, wenn die Priester den Sieg prophezeiten.«

Der griechische Geschichtsschreiber POLYBIOS (*um 200, †um 120 v.Chr.) geht in seiner *Weltgeschichte* der Frage nach, was die Stärke der Römer ausmache und sie zur Weltherrschaft befähige. Der Grieche wußte die »fremden« Römer scharfsinnig zu beobachten und rühmte ihre staatserhaltenden Tugenden – ihre Tapferkeit (*virtus*) und ihre Fähigkeit, sich im gesellschaftlichem Leben Ansehen (*dignitas*), Ehre (*honor*) und Autorität (*auctoritas*) zu verschaffen. Im Heer, das sich aus freien Bürgern sowie den Hilfstruppen der *Bundesgenossen* rekrutierte, herrschte Disziplin (*disciplina*). Vor allem aber sei die Verfassung der Römer ein Garant ihrer Staatskunst: Man könne, so POLYBIOS, „*unmöglich ein besseres Verfassungssystem finden.*“ Leitendes Prinzip dieser Verfassung war eine vielfach gegliederte Gewaltenteilung. Hatten anfänglich nur die vornehmen *Patrizier* Zugang zu den höchsten Ämtern der Republik, so vermochten die *Plebejer* in der *Volksversammlung* durch ihre Führer, die *Volkstribunen*, schon bald den Zugang zu den wichtigsten Staatsämtern durchzusetzen. Seit 287 v. Chr. hatte ein Beschluß der *Plebs* (»Plebiszit«) Gesetzeskraft. Die höchsten Beamten (*Magistrate*) waren die *Consuln*, die jeweils für ein Jahr gewählt wurden und die obersten Staatsgeschäfte leiteten. Ihnen zur Seite trat das Gremium der 300 Senatoren im *Senat*, das die Beamten in allen ihren öffentlichen Aufgaben beriet. Römische Beamte – das waren neben den schon genannten Consuln vor allem die *Censoren* (zuständig für die Zensusfragen des Wahlvolks), die *Quaestoren* (zuständig für die Staatskasse) sowie die *Praetoren* (zuständig für die Rechtsprechung). Seit 180 v. Chr. war die politische Laufbahn der Römer (*cursus honorum*) genau festgelegt: Danach konnte niemand sofort in die höchsten Staatsämter berufen werden; und wer sie innehatte, stellte seine Regierungserfahrung anschließend durch Mitgliedschaft im Senat zur Verfügung. Man erkennt unschwer: Die Römer unterließen nichts, ihre auf Gewohnheitsrecht basierende Republik (*res publica*) zu hüten.

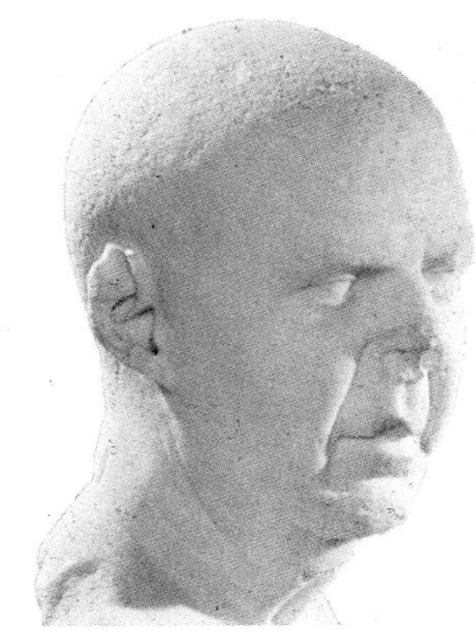

Porträtkopf eines Römers
(Rom, Kapitolinische Museen)

Aber Rom war der Mittelpunkt der Alten Welt geworden! Das fein abgestimmte Verfassungsgefüge geriet allmählich ins Wanken, weil die Verantwortung, die die Stadt nach innen wie nach außen wahrzunehmen hatte, die politischen Erfahrungen der Römer bei weitem überstieg. In den letzten Jahrzehnten der *Römischen Republik* herrschte erbitterter Bürgerkrieg. Die vielen Kriege schwächten die freien Kleineigentümer, während die Großgrundbesitzer die nach Rom mitgeführten Sklaven auf ihrem Landbesitz einsetzten und zu einer rationalen und marktorientierten Produktionsweise übergingen.

Den großen politischen Feldherren des Zeitalters wie MARIUS (*156, †86 v. Chr.), SULLA (*138, †78 v. Chr.), POMPEIUS (*106, †48 v. Chr.) oder CAESAR war bewußt, daß sie für die große Masse ihrer länger dienenden, zumeist land- und besitzlos gewordenen Soldaten etwa tun mußten. Die Römer hatten sich in spätrepublikanischer Zeit einen Teufelskreis geschaffen: Denn ihre Kriege führten zur Konzentration der Reichtümer in den Händen weniger, während die Lage der freien und wehrfähigen, aber verarmten Schichten die Heerführer zur Forcierung der Siedlungs- und Kolonisationspolitik antrieb. Die Tore des *Janustempels* auf dem Forum Romanum, die nach uralter römischer Tradition nur in Friedenszeiten geschlossen werden durften, blieben geöffnet ...

Porträtkopf einer Römerin
(Rom, Kapitolinische Museen)

Die Eroberung Galliens

Es war das Jahr 58 v. Chr. – die römischen *Legionen* marschierten nach Norden. Innerhalb weniger Jahre unterwarf der große Caesar die keltischen Stämme bis an den Rhein. Ihr Gebiet sollte für Jahrhunderte im Bannkreis römischer Zivilisation bleiben. Die Bevölkerung im Osten, jenseits des Rheins, nannte Caesar *Germanen*. Germanen zu besiegen galt als besondere Leistung; denn sie schienen wilder und unberechenbarer zu sein als alle anderen Völker. Die kantigen und bärtigen *Barbaren* aus den undurchdringlichen Wäldern Germaniens ließen sich auf dem Schlachtfeld vom Geschrei ihrer Frauen anfeuern. Die römischen Soldaten glaubten, diese Wilden würden rohes Fleisch verzehren wie Tiere, und sie fürchteten sich vor dem unheimlichen Totenkult.

Bei allen Übertreibungen, die in den Köpfen der Soldaten spuken mochten, war der Respekt vor den Barbaren jenseits des Rheins wohlbegründet. Schließlich hatten germanische Völker vom Nordseegebiet die Römer kaum fünfzig Jahre früher das Fürchten gelehrt: Vielleicht von einer verheerenden Sturmflut aufgescheucht, verließen die germanischen *Kimbern* Ende des zweiten Jahrhunderts v. Chr. ihr Stammland an den Küsten Jütlands und Schleswig-Holsteins, verbanden sich auf ihrem Zug nach Süden mit anderen Völkern, insbesondere mit den *Teutonen*, deren germanische Herkunft freilich nicht gesichert ist. Diese Kriegsvölker des Nordens wollten durch Rom neue Siedlungsgebiete zugewiesen bekommen. Doch wurden sie ihnen verwehrt.

Um das Jahr 110 v. Chr. tauchten sie mal im nördlichen Jugoslawien und im südlichen Österreich auf, mal in *helvetischen* Siedlungsräumen, mal im mittleren und südlichen *Gallien*. Schließlich konnten sie die Römer im Jahre 105 v. Chr. in der Schlacht bei *Arausio* (Orange) vernichtend schlagen. 80 000 römische Soldaten sollen auf dem Schlachtfeld geblieben sein. In Rom ging der Schrecken um. Eine bedrohliche Lage dieser Art hatte man schon seit Generationen nicht mehr erlebt! Der Altmeister der römischen Geschichtsschreibung, Theodor Mommsen (*1817, † 1903), urteilte, diese Katastrophe habe den »Tag von Cannae«, als der Karthager Hannibal (*247/46, † 183 v. Chr.) den Römern in Süditalien 216 v. Chr. eine schwere Niederlage beibrachte, noch weit übertroffen.

Der Krieg gegen die Kimbern und Teutonen, den die Römer schließlich doch noch für sich entscheiden konnten (102 bei *Aquae Sextiae*, Südfrankreich; und 101 bei *Vercellae*, Nordita-

Römischer Grabstein
Römer, der über einen Germanen springt. (1. Jh.; Mainz, Römisch-Germanisches Zentralmuseum)

Die Unterwerfung Galliens

In weniger als zehn Jahren unterwarf Caesar die keltischen Stämme bis an den Rhein. Das eroberte Gallien diente den Römern fortan als Basis für ihr Vordringen bis nach Germanien und Britannien.

lien), hatte gezeigt, wie wenig das Reich im Norden und Nordwesten gesichert war. Nicht zuletzt, um die Landverbindung Roms mit Spanien zu sichern (Provinz *Gallia Narbonensis*), mußte auch das nördliche Gallien befriedet werden.

CAESAR nahm diesen Plan zupackend in Angriff. Die keltischen und germanischen Stämme des Nordens waren jetzt in Bewegung geraten und drückten nicht nur auf die Reichsgrenzen, sondern machten sich auch wechselseitig ihre Lebensräume streitig. Als überragender Feldherr und zudem Meister in der Behandlung fremder Stämme und Völker schaltete der Römer mit seinen Truppen zunächst die *Helvetier* aus, die – aus der heutigen Westschweiz kommend – auf der Suche nach neuen Siedlungsräumen waren (58 v. Chr.), dann die im Oberelsaß siedelnden germanischen *Sueben*, deren Führer ARIOVIST (†um 54 v. Chr.) über den Rhein floh. CAESAR konnte frohlocken und die Kunde seines einzigartigen Erfolges nach Rom melden: Von Juni bis September des Jahres 58 hatte er zwei Feldzüge siegreich abgeschlossen – jeweils gegen feindliche Kräfte, die seinen eigenen Truppen an Zahl weit überlegen waren!

Nach der Unterwerfung der keltischen Stämme Nord- und Westgalliens (57-56 v. Chr.) zog CAESAR 55 v. Chr. nach Osten, um die germanischen *Usipeter* und *Tenkterer* aufzureiben, die den Rhein überschritten hatten und mit Galliern in Verbindung traten. Noch im selben Jahr ließ er bei Neuwied eine Brücke über den Rhein schlagen. Zur Eroberung *Germaniens* setzte er freilich nicht an. Im sechsten Buch seines Berichts über den *Gallischen Krieg* (»commentarii de bello gallico«) unterhält er seine Leser im fernen Rom mit allerlei Wunder- und Fabelgeschichten aus Germanien. Besonders beeindruckt zeigt er sich über die schier endlosen Wälder: „*Niemand im westlichen Germanien konnte je zum Ostrand vordringen, obwohl einige ganze 60 Tage unterwegs gewesen sind.*" CAESAR versuchte sich zu rechtfertigen, warum er die Eroberung des unwegsamen Ostens nicht wollte.

Wir befinden uns jetzt in einer Zeit mit historisch einigermaßen gesicherten Daten. Die Deutschen haben CAESAR, den Sieger über den Germanen ARIOVIST, immer zwiespältig gesehen: Er war ihnen einerseits der erste Römer, der die Germanen erbarmungslos die überlegene Organisation und Intelligenz einer Hochkultur spüren ließ, andererseits auch der erste Römer, der durch Tat und Schrift dem »freien Germanien« seinen unverhohlenen Respekt zollte. Der Rhein sollte nach seinem Dafürhalten in Zukunft die Grenze sein. Doch die Zeiten änderten sich schon bald ...

Gallierschlacht-Sarkophag
Römische Offiziere verherrlichten ihre militärischen Erfolge auf massiven Schlachten-Sarkophagen. Ihre Darstellungen haben immer die gleiche Bedeutung: Mit überlegener Macht verbreitet der römische Soldat seine Kultur über die ganze Welt. Aufsässige Führer der Unterlegenen werden in die Hauptstadt geschleppt und vor dem Senat und dem Volk von Rom enthauptet. (um 170 n. Chr.; Rom, Kapitolinische Museen)

Das Hermannsdenkmal *steht auf der »Grotenburg« im Teutoburger Wald (▸ S. 439). Die Figur des Cheruskerfürsten mißt 26 Meter und ruht auf einem 30 Meter hohen Sockel. (erbaut zwischen 1838–1875)*

„Die römischen Quellen lassen an diesem Heerführer kein gutes Haar."

Die Varus-Schlacht

Denn in den folgenden Jahrzehnten wurde klar, daß die germanischen Stammesaktivitäten und -beziehungen am Rhein nicht Halt machten. Neue kriegerische Auseinandersetzungen mit den Germanen erwiesen sich darum als unvermeidlich. In gewisser Weise sind die Römer in diese Konflikte also hineingezogen worden – der Rhein war keine Völker- und Interessenscheide! Wiederholt plünderten germanische Stämme, allen voran die an Ruhr und Lippe heimischen *Sugambrer, Usipeter* und *Tenkterer*, gallische Gaue und verpaßten den römischen Legionären so manchen Denkzettel. Im Jahre 12. v. Chr. schlossen die Sueben, *Cherusker* und Sugambrer ein Bündnis »auf Leben und Tod« und kreuzigten 20 römische Offiziere.

Jetzt ließ Kaiser AUGUSTUS (*63 v. Chr., †14 n. Chr.) in die Offensive gehen. DRUSUS (*38, †9 v. Chr.), ein Bruder des späteren Kaisers TIBERIUS (*42 v. Chr., †37 n. Chr.), drang in den Jahren 11 – 9 v. Chr. bis zur Weser und Elbe vor. Südlich der Lippe bei Bergkamen errichtete er ein festes Lager. Im Jahre 4 unserer Zeitrechnung übernahm TIBERIUS den Oberbefehl in Germanien. Er unterwarf die *Chauken* (Siedlungsgebiet: Ems- und Elbmündung) und *Langobarden* (Unterelbe). Den zwischen Teutoburger Wald und Harz heimischen Cheruskern blieb angesichts der militärischen Präsenz der Römer nichts anderes übrig, als römische »Bundesgenossen« zu werden. Ihr Stammesfürst SEGIMER (†um 7 n. Chr.), Vater des legendären *Hermann* (dessen historisch überlieferter Name freilich ARMINIUS ist), schloß den Vertrag.

Im Jahre 9 n. Chr. kam es zur berühmten *Varus-Schlacht* zwischen germanischen Kriegern und römischen Truppen. Den römischen Oberbefehl hatte VARUS (*um 46 v. Chr., †9 n. Chr.), seines Zeichens seit zwei Jahren der *Statthalter* Germaniens. Die römischen Quellen lassen an diesem Heerführer kein gutes Haar: Er sei „*schwerfällig an Körper und Geist*" gewesen. Sein Auftrag war höchst anspruchsvoll: Er sollte die germanischen Gebiete zwischen Rhein und Elbe als römische Provinz einrichten. CASSIUS DIO (*um 155, †um 235 n. Chr.), ein später römischer Chronist der Ereignisse, sagt uns einiges über die Ursache, wenn auch nicht über den unmittelbaren Anlaß zur Schlacht: „*Die Germanen wurden zur Ordnung der Römer erzogen ... Aber den Geist der Väter, ihren angeborenen Charakter, ihre selbstherrliche Lebensweise und ihre Freiheit auf Grund ihrer Wehrhaftigkeit hatten sie nicht vergessen. (Als Varus) ... danach trachtete, sie auf einmal zu anderen Menschen*

Grabstein des Caelius
Marcus Caelius, ein Centurio der 18. römischen Legion, fiel in der Varus-Schlacht. Rechts und links des Hauptmanns sind seine Freigelassenen dargestellt. (Bonn, Rheinisches Landesmuseum)

zu machen und ihnen Vorschriften gab, als ob sie schon geknechtet wären, und nun gar Geldzahlungen von ihnen wie von Untertanen eintreiben wollte, da war ihre Geduld zu Ende.“

Über den genauen Ort der Schlacht wissen wir nichts. Nach neuesten archäologischen Kenntnissen kommt am ehesten das Gelände nördlich des Wiehengebirges zwischen »Kalkrieser Berg« und »Großem Moor« in Frage. Gesichert ist, daß Segimers Sohn Arminius, der sich in den Germanenfeldzügen des Tiberius auszeichnen konnte und das römische *Bürgerrecht* erhielt, eine Verschwörung gegen die Römer angezettelt hatte. Im Cheruskergebiet bezog Varus ein Sommerlager. Mag sein, daß er gewarnt wurde, aber er vertraute Arminius, der ihm die Erhebung eines anderen Stammes gegen die Römer weismachte. Im Herbst des Jahres 9 setzte Varus seine Truppen in Bewegung – durch unwegsame germanische Waldgebiete zurück ins Heimatkastell. Drei *Reiterabteilungen* und sechs *Kohorten* waren unterwegs, zusammen mit dem Troß vielleicht 25 000 Männer, Frauen und Kinder.

Plötzlich brachen aus dem dichten Gebüsch von allen Seiten feindliche Scharen hervor. Die *Legionäre* erstarrten. Sie waren auf den Hinterhalt nicht vorbereitet. Die Barbarenkrieger stürzten sich mit Schwertern und Speeren auf die verhaßten Besatzer und machten die römischen Soldaten auf dem glitschigen Boden zu Tausenden nieder. Drei Elite-Legionen der römischen Armee wurden im Kampf gegen primitive Bauern-

Ausgriff der Römer bis an die Elbe

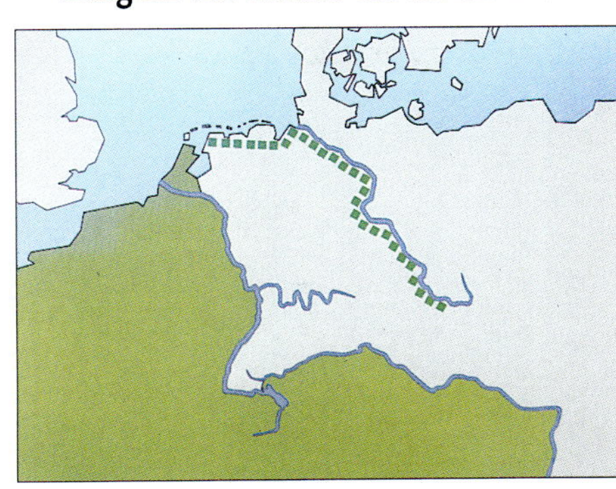

Unter Kaiser Augustus war die römische Eroberungspolitik darauf aus, den Einfluß bis tief ins Innere Germaniens auszudehnen. Die verlorene Varus-Schlacht belehrte die Römer eines Besseren.

krieger erstochen und erschlagen. Panik und Entsetzen verbreiteten sich in der römischen Welt. Die römische Macht hatte sich den barbarischen Horden beugen müssen; unbegreiflich! Gewiß – das Wetter war schlecht, das Gelände ungünstig. Die Römer hatten gerade eben noch Friedensverträge mit umliegenden Stämmen abgeschlossen und durften sich eigentlich sicher fühlen. Aber für diese militärische Katastrophe gab es keinerlei Entschuldigung. VARUS, der Oberbefehlshaber, und seine höchsten Offiziere wußten das sehr genau. Sie übernahmen sofort die Verantwortung für die beschämende Niederlage und begingen noch auf dem Schlachtfeld Selbstmord.

Römische Grenze (1. Jh. n. Chr.)

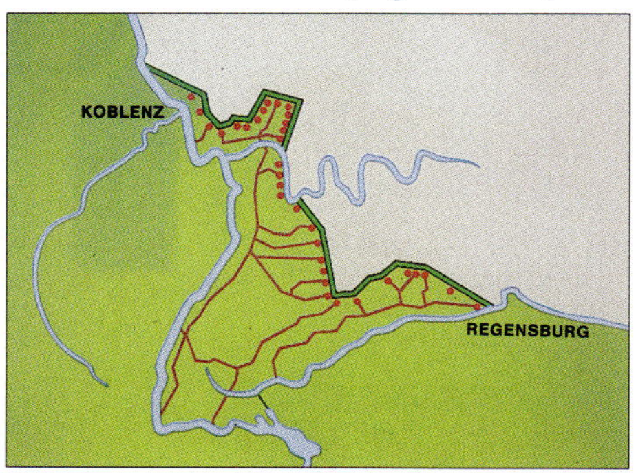

Seit Kaiser Domitian sicherten die Römer ihre Grenze gegenüber dem »freien Germanien« ab und errichteten den sog. »Limes«. (vgl. rote Punktierung)

Die Römer an Rhein und Donau

Als die Meldungen über das militärische Debakel nach Rom drangen, reagierte Kaiser AUGUSTUS panikartig. Er entließ seine germanische Leibwache und befürchtete allen Ernstes einen Aufstand der gesamten nördlichen Provinzen. Tief verunsichert, ließ Rom nun den Plan fallen, die Grenzen des Reichs an die Elbe zu verlegen und das »freie Germanien« nach dem Beispiel Galliens zu unterwerfen. Wir wissen bis heute nicht, warum die Römer so viel Aufhebens wegen dieser verlorenen Schlacht gemacht haben. Gleichviel – ihre Politik war fortan in erster Linie darauf ausgerichtet, die bestehende Grenze noch besser zu sichern.

Und dies taten sie gründlich: Sie reorganisierten als erstes die Militärverwaltung. VARUS dürfte der letzte Kommandant der vereinigten Rheinarmee gewesen sein. Die Militärpräsenz im »römischen Germanien« erhöhte sich nun auf insgesamt acht

Römischer Reisewagen
Ein Gefährt dieser Art blieb in aller Regel den hohen römischen Staatsbeamten vorbehalten. Für diese war Sorge getragen, daß das Reisen auch hinreichend komfortabel war. Solche »Staatskarossen« verfügten über Polstersitze und – zum Zeitvertreib – sogar über einen Spieltisch. (Relief; Maria Saal bei Klagenfurt)

Legionen; jeweils vier standen in *Obergermanien* (»Germania Superior«) mit dem Hauptquartier in Mainz (»Mogontiacum«) sowie in *Untergermanien* (»Germania Inferior«) mit dem Hauptquartier bei Xanten am Niederrhein (»Castra Vetera«). So verfügte Rom im ersten Jahrhundert n. Chr. am Rhein über eine Truppenstärke von etwa zweimal 30 000 Mann. Die Grenze zwischen Ober- und Untergermanien verlief zwischen Andernach und Remagen.

Bis zum Aufstand der germanischen *Bataver* (69-70 n. Chr.) herrschte Ruhe. Diese Bataver freilich, die um das heutige Antwerpen und Utrecht siedelten, stellten eine ernsthafte Bedrohung dar, denn den Aufständischen unter dem Germanenfürsten JULIUS CIVILIS schlossen sich Gallier und rechtsrheinische Germanenstämme an. Abgesehen von den beiden Hauptquartieren »Mogontiacum« und »Vetera« eroberten sie fast alle Legionslager. Aber das germanische Sonderreich, von dem sie träumten, konnten sie nicht erzwingen. Rom zog aus anderen Provinzen Verstärkung zusammen und konnte den Aufstand schließlich niederschlagen.

Die Römer waren ein weiteres Mal gewarnt. So entstand im Laufe der folgenden Jahrzehnte das wohl beeindruckendste römische Befestigungssystem auf deutschem Boden: der *Limes*. Im heutigen Süddeutschland hatten die Römer seit AUGUSTUS doch weite Gebiete rechts des Rheins, schließlich sogar nördlich der Donau unter ihre Kontrolle gebracht. Sie mußten nach Osten beziehungsweise Nordosten gesichert werden. Der »Obergermanisch-Rätische Limes« wurde gebaut. Er ist unter Kaiser DOMITIAN (81-96 n. Chr.) begonnen worden, der zunächst Beobachtungstürme aus Holz aufstellen ließ, die in Sichtweite zueinander standen. Später kamen *Kastelle* aus Holz, schließlich aus Stein gemauert hinzu. Im zweiten und dritten Jahrhundert ist das Befestigungswerk dann weiter perfektioniert worden: Hinter einer Grenzpalisade wurden Gräben ausgehoben, Wälle errichtet, unter CARACALLA (211-217) sogar drei Meter hohe Steinmauern (die sog. »Teufelsmauern«). Die Gesamtlänge des Limes betrug 548 Kilometer. Er nahm im Norden seinen Anfang bei Rheinbrohl (nördlich von Neuwied), führte über den Taunuskamm, umschloß die Wetterau, folgte dem Mainverlauf bis Miltenberg und ging bei Lorch in den »Rätischen Limes« über. Von hier aus wandte er sich zunächst nach Nordosten bis Gunzenhausen (südöstlich von Ansbach) und erreichte bei Kelheim, unweit Regensburg (»Castra Regina«), die Donau. Hier endete er. Noch heute sind seine steinernen Spuren vielerorts sichtbar. Bei Hirnstetten (Gemeinde

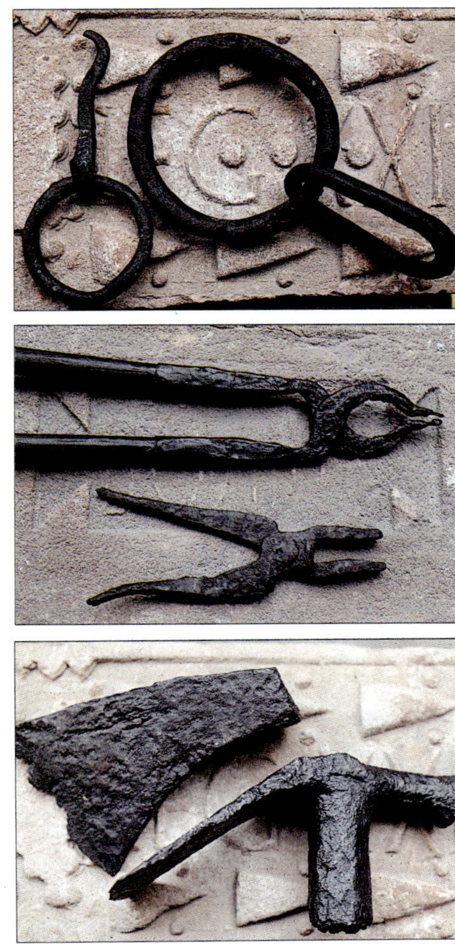

Römische Werkzeuge
Die Legionäre, die am »Limes« standen, waren zumeist auch Handwerker und Waffenschmiede, da sich die Truppe selbst versorgen mußte. Zu der Gerätschaft, die in der sog. »fabrica« hergestellt wurde, zählten Ringe, Haken, Zangen, Äxte, Hämmer usw. (Bad Homburg v.d.H., Saalburg-Museum)

Limes-Turm bei Taunusstein
(▸ S. 447)

Limes-Turm bei Niedernhausen
Alle 500 bis 1000 Meter, in Sichtweite, erhoben sich Limes-Türme aus Stein oder aus Holz. Von über 1000 Wachtürmen signalisierten Lichtzeichen, ob Gefahr drohte.

Kipfenberg, Kreis Eichstätt) hat er den Jahrhunderten besonders eindrucksvoll trotzen können: Sein Verlauf in der Landschaftstotalen ist nach wie vor deutlich zu erkennen.

Der Nachschub für die römischen Einheiten im Grenzgebiet wurde über ein gut ausgebautes Straßennetz herangeführt. Tausende von Transportwagen knirschten über solche befestigten Straßen Richtung Limes. Die Eisenräder der Fuhrwerke haben tiefe Rillen im Steinpflaster hinterlassen. Die sogenannte *Peutinger-Tafel* aus der Wiener Hofbibliothek, ein wahrscheinlich aus dem vierten nachchristlichen Jahrhundert stammendes Wegeverzeichnis (»Itinerarium«), weist in seinem Segment über den linksrheinischen Raum viele Orte auf, die wir noch heute identifizieren können. So läßt sich auf ein sehr differenziertes römisches Straßensystem schließen, das nicht nur den militärischen Nachschub sicherstellte, sondern auch Handel und Wandel ermöglichte.

Im Limes-Kastell »Saalburg« bei Bad Homburg, das aus römischen Überresten wiederaufgebaut wurde, lebten etwa 500 Soldaten. Sie gehörten zur größten Berufsarmee aller Zeiten. Soldaten aus allen Himmelsrichtungen lebten an der Germanengrenze. Ihre Stärke lag in straffer Organisation, strenger Disziplin und in hochentwickeltem technischen Können. Die meisten römischen Soldaten konnten lesen und schreiben. Viele besaßen eine handwerkliche Ausbildung, denn die Legionäre mußten in der Lage sein, ihre Kastelle ohne fremde Hilfe zu errichten. Dabei war die Ausbildung der Soldaten kostspielig. Deshalb war es wichtig, daß der Legionär gesund blieb. Außerhalb der Saalburg sind noch heute die Mauern der Badeanlagen zu sehen. Sie waren natürlich beheizt. Denn bei aller Hygiene sollte der Soldat sich auch wohlfühlen ...

Der Limes, dieses imposante Zeugnis römischer Wehrbaukunst und Verteidigungsbereitschaft, hat dazu geführt, daß die Westgermanen mit der Zivilisation Roms in Verbindung kamen und sie in sich aufnehmen konnten. So ist er weit über seine unmittelbar militärische Bedeutung hinaus ein »Mittler zwischen zwei Welten« geworden. Bis ins dritte nachchristliche Jahrhundert hinein hat er die Germanen daran gehindert, ihre Siedlungsräume nach Westen und Süden vorzuschieben. Rom diktierte ihnen gewissermaßen die Seßhaftigkeit und erreichte so, daß sie, statt ihren Stammesfehden nachzugehen, geneigt wurden, zivile Tugenden zu entwickeln.

Römisch-Germanien wurde nun »romanisiert«. Die Männer taten Dienst in den Kastellen, Handwerker und Gewerbetreibende wurden angezogen. Die Römer lehrten sie den Umgang

Die Saalburg bei Bad Homburg v.d.H.
Dieses ehemalige Römerlager wurde um das Jahr 90 n. Chr. angelegt, zunächst als Holz-, später als Steinkastell. Zur Anlage gehörte auch ein großes römisches Bad mit Fußbodenheizung. (Rekonstruktion: 1898–1907; *▸ S. 448)*

mit Geld, mit ihren besseren Werkzeugen, auch die Obstkultur, den Weinbau... Die zahllosen Lehnwörter lateinischen Ursprungs , die unsere Sprache aufweist, sprechen für sich (z.B.: »speculum« – der Spiegel, »catena« – die Kette, »mercatus« – der Markt, »vinum« – der Wein). Als die *Alamannen* im Jahre 260 n. Chr. den »Obergermanischen Limes« überrannten und mit diesem Ereignis ein neues Zeitalter eingeläutet wurde, hatten die Römer einen guten Teil ihrer »abendländischen« Mittleraufgaben bereits getan.

Die germanische Götterwelt

Der römische Geschichtsschreiber TACITUS (*um 55, † nach 116 n. Chr.) berichtet Unglaubliches über die Kulte der alten Germanen: „... *auf einer Insel des Ozeans (ist) ein heiliger Hain und in diesem ein geweihter Wagen, der mit einem Tuch überdeckt ist; nur ein Priester darf ihn berühren. Dieser erkennt, wann die Gottheit im Heiligtum anwesend ist, und geleitet sie, die auf einem von Rindern gezogenen Wagen einherfährt, in tiefer Ehrfurcht.*“ Der Wagen, den TACITUS beschreibt, existierte wirklich. Die Rekonstruktion des »Dejbjerg-Fundes« befindet sich heute im Kopenhagener Nationalmuseum (▸ S. 477). Aber trifft wirklich zu, was TACITUS weiter schreibt? „*Dann sind frohe Tage, festlich alle Stätten, die die Gottheit ihres Besuches und ihrer Gastfreundschaft würdigt. Die Menschen fangen keinen Krieg an, greifen nicht zu den Waffen. Dann werden der Wagen und die Decken und – man möge es glauben – die Göttin selbst in einem abgelegenen See gebadet. Dabei sind Sklaven behilflich,*

Landschaft bei Lejre nahe Kopenhagen
Die Abbildung vermittelt einen Eindruck von der unberührten Natur der nordischen Frühzeit; die germanischen Bauern und Fischer »beseelten« sie mit ihren Göttern.

Dejbjerg-Wagen
In einem Jütländischen Moor bei Ringköbing wurden zwischen 1881 und 1883 Reste zweier Prunkwagen aus der germanischen Frühzeit gefunden. Es handelt sich dabei um Opfergaben aus der Zeit um Christi Geburt. Die Abbildung zeigt eine Nachbildung aus dem Niedersächsischen Landesmuseum Hannover.

die danach derselbe See verschlingt." Leben und Kult der frühen Germanen außerhalb des römischen Kulturkreises bleiben bis heute geheimnisvoll ... Manches Licht in das Dunkel haben die Forschungen der letzten hundert Jahre aber doch gebracht.

Auf den unheimlichen Totenkult und Opferritus der Germanen, auf ihren Todesmut sowie ihre Todesbereitschaft im Kampf lassen sich die antiken Schriftsteller, die über Land und Leben der Germanen berichtet haben, gern vollmundig ein. Hier dürfte die Lust zum Fabulieren gehörig Pate gestanden haben. Trotzdem sind die schriftlichen Zeugnisse der Alten nach heutiger Kenntnis der Archäologen und Historiker im Kern richtig. Besonders die sogenannten »Moorleichenfunde« lassen auf den blutigen Kult der Menschenopferung schließen. Viele der insgesamt etwa 1500 aufgefundenen *Moorleichen* waren Hingerichtete beziehungsweise Menschenopfer. Der berühmteste Fund dieser Art ist der sogenannte »Tollund-Mann«, den man 1950 beim Torfstechen im Hochmoor bei Silkeborg in Mitteljütland (Dänemark) entdeckt hat. Der Mann trug um den Hals eine geflochtene Lederschlinge. Er wurde erhängt. Vermutlich sollte er einem oder mehreren Göttern geopfert werden. Seine Mitmenschen waren ihm wohlgesonnen: Sie haben ihn von der Opferstätte ins Moor getragen und dann in Schlafstellung gebracht. Gerichtsmediziner meinen, daß seine Hinterbliebenen ihm Augen und Mund geschlossen hätten. Der Mann starb bereits um 220 v. Chr. ...

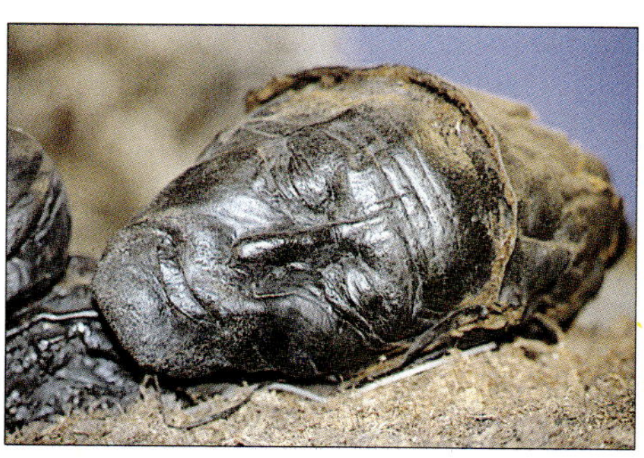

Moorleiche aus Tollund
(Museum Silkeborg, Dänemark; ▸ *S. 477)*

Unterlassen wir den vergeblichen Versuch, die Vorgeschichte dieses beklagenswerten Schicksals zu ergründen und fragen statt dessen nach den Göttern, die solche *Blutopfer* verlangten.

Die Germanen formten sich diese nach den rauhen und harten Lebensbedingungen, denen sie selbst unterworfen waren. Als *Bauernvolk* blieb ihnen die Stadt fremd. Ihre Behausung lag in offener Flur, umgeben von dichten Wäldern, in denen sie ihrem Jagdglück nachgingen. Die strengen Winter des Nordens und die vergleichsweise bescheidene agrarische Produktivität im Sommer, das ständige Gebot, neues Siedlungsland zu erobern oder zu erschließen ..., all dies prägte den Sinn der Germanen. Sie waren auf eine kämpferische Überwindung menschenfeindlicher Gewalten eingestellt. In ihrer Vorstellungswelt wimmelte es von *Drachen*, *Riesen* und anderen Ungeheuern, in denen sich die widrigen Naturkräfte widerspiegelten, aber auch von *Geistern*, *Elfen* und *Zwergen*, die ihnen geneigt sein konnten, wenn man ihnen Opfer darbrachte.

Den Germanen ist vor allem das »Gewaltige«, das sie in der Natur vorfanden, heilig. Ihre Opferstätten liegen im Freien. Tempel sind ihnen, wie schon TACITUS wußte, ebenso fremd wie eine eigens dem Kult geweihte Priesterkaste. *Wodan* (bei den Nordgermanen: »Odin«) ist ihr oberster Gott, der vor allem die germanische Charaktereigenschaft der Ekstase, des Mutes, des Kampfes- und Siegeswillens verkörpert. Seine Heimstätte ist *Walhall*, wo er zum Endkampf der Götter gegen die Riesen rüstet (*Götterdämmerung*). Wodan entfacht dazu Kriege unter den Menschen, um die im Kampf tapfer Gefallenen um sich scharen zu können. Dabei sind ihm seine Schlachtjungfrauen (*Walküren*) behilflich.

Nydam-Schiff
In solchen 23 Meter langen Schiffen ruderten die Angeln und Sachsen während der Völkerwanderungszeit nach England. Das Boot wurde im 19. Jh. im Moor von Nydam (Dänemark) entdeckt, wohin es als Opfergabe gelangte. (Schleswig, Nydam-Halle)

Die Stammesverbände im freien Germanien

Im Jahrhundert der Zeitenwende erstreckte sich das »freie Germanien« von Skandinavien im Norden bis zur Donau im Süden, von der Weichsel im Osten bis zum Rhein im Westen. Im Norden siedelten die *Friesen*, *Chauken* und *Sachsen* (Nordsee-Germanen), südlich anschließend die *Tenkterer*, *Brukterer*, *Cherusker* und *Chatten* (Rhein-Weser-Germanen), östlich anschließend die *Langobarden*, *Semnonen*, *Hermunduren*, *Markomannen* und *Quaden* (Elbgermanen), weiter östlich die *Lugier*, *Wandalen* und *Goten* (Oder-Warthe-Germanen) sowie die *Rugier* und *Burgunder* (Weichsel-Germanen). Ein »nationales« Zusammengehörigkeitsgefühl aller germanischen Stämme untereinander hat es nicht gegeben – die ältere deutsche Geschichtsschreibung ist im Unrecht, wenn sie HERMANN DEN CHERUSKER als nationalen Heros feierte. Den Römern war dieser germanische Stammespartikularismus sehr willkommen,

»Ein nationales Zusammengehörigkeitsgefühl aller germanischen Stämme untereinander hat es nicht gegeben...«

Die Siedlungsweise der Germanen

Einfriedung einer germanischen Siedlung

Haus einer germanischen Siedlung (Nachbildungen im Museumsdorf Lejre bei Kopenhagen, ▶ *S. 477)*

Daß die Völkerschaften der Germanen keine Städte bewohnen, ist hinreichend bekannt, ja daß sie nicht einmal zusammenhängende Siedlungen dulden. Sie hausen einzeln und gesondert, gerade wie ein Quell, eine Fläche, ein Gehölz ihnen zusagt. Ihre Dörfer legen sie nicht in unserer Weise an, daß die Gebäude verbunden sind und aneinanderstoßen: Jeder umgibt sein Haus mit freiem Raum, sei es zum Schutz gegen Feuergefahr, sei es aus Unkenntnis im Bauen. Nicht einmal Bruchsteine oder Ziegel sind bei ihnen im Gebrauch; zu allem verwenden sie unbehauenes Holz, ohne auf ein gefälliges oder freundliches Aussehen zu achten. Einige Flächen bestreichen sie recht sorgfältig mit einer so blendendweißen Erde, daß es wie Bemalung und farbiges Linienwerk aussieht. Sie schachten auch oft im Erdboden Gruben aus und bedecken sie mit reichlich Dung, als Zuflucht für den Winter und als Fruchtspeicher. Derartige Räume schwächen nämlich die Wirkung der strengen Kälte, und wenn einmal der Feind kommt, dann verwüstet er nur, was offen daliegt ...

(Tacitus, »Germania«)

fügte er sich doch trefflich ihrem alten politischen Grundsatz des *Teilens und Herrschens* (»divide et impera«).

An der Spitze eines Stammes stand der *Stammesfürst*, im Krieg der *Herzog*. Wahlkönige wurden in der *Heeresversammlung* »auf den Schild gehoben« und den anwesenden »freien Kriegern« gezeigt. Das Aufgebot zur Teilnahme an einem Feldzug (*Heerbann*) war durch *Treue* und *Gefolgschaft* verbunden. Der griechische Philosoph und Historiker PLUTARCH (*um 50, †um 125 n. Chr.) überliefert bei seiner Schilderung der Schlacht bei *Vercellae*, die Kimbern des ersten Gliedes ihrer Angriffsformation seien „*mit langen, am Gürtel befestigten Ketten aneinandergebunden*“ gewesen, „*um ein Zersprengen ihrer Schlachtreihe zu verhindern.*“ Im Prinzip hatte jeder »freie« Krieger zugleich auch den Status als »freier« Bauer, weshalb diese zentralen germanischen Rechtsbegriffe der »Treue« und »Gefolgschaft« auch im zivilen Leben ihren bestimmenden Einfluß hatten. Das Bauernvolk, immer auf der Suche nach neuen Siedlungsräumen, war begierig nach römischer Waffentechnik. Die anderen Errungenschaften der Zivilisation, etwa die hochstehende römische Schriftkultur, interessierten sie wenig.

Das Bild von den blutrünstigen, stets angriffsbereiten »Barbaren«, die sich in keilförmiger Aufstellung mit wildem Kampfgeschrei (*barditus*) auf ihre Gegner werfen, ist aber nur die halbe Wahrheit. Die Germanen waren auch friedliche Siedler und Handwerker und darum keine nomadisierenden »Horden«. Sie kleideten sich mit feinen Webstoffen, wohnten in stabilen Holz- und Fachwerkhäusern, siedelten in Einzelhöfen oder Dörfern und führten ein patriarchalisches, jedoch kultiviertes Familienleben. Die Achtung, die der Frau galt, basierte offenkundig auf der großen Verantwortung, die sie in der einfachen germanischen *Hauswirtschaft* für Haus, Hof und Feld wahrzunehmen hatte. Ihre Wirtschaftsgüter tauschten die Germanen gern mit ihren keltischen oder provinzialrömischen Nachbarn. Schon seit dem ersten vorchristlichen Jahrhundert soll der Einstrom römischer Erzeugnisse spürbar angestiegen sein: Metallgefäße aus Bronze, gelegentlich auch Silber, Glasgefäße, Terra sigillata, Fibeln und Gürtelgarnituren sowie Toilettengegenstände wie zum Beispiel Bronzespiegel. Die Germanen boten neben dem (schon genannten) Bernstein die zufälligen Überschüsse ihrer bäuerlichen Hofwirtschaft an: Häute und Felle bzw. Leder und Pelze. Sie haben an die Römer auch Sklaven verkauft. Im Einzugsgebiet der provinzialrömischen Grenzen versorgten sie die Truppen mit Vieh, Schinken, Getreide, Gänsefedern, Frauen-

Germanische Bügelkrone
Fast 1800 Jahre alt ist diese älteste bekannte Germanen-Krone. (Schleswig, Archäologisches Landesmuseum)

haar, Seife etc. Heute läßt sich nur noch schwer ermessen, wie intensiv der Handel des »freien Germaniens« mit der zivilisierten Welt gewesen war. Die Archäologen haben regionale Schwerpunkte ausmachen können; und diese lagen erstaunlicherweise auch in grenzfernen Regionen ...

Die römische Zivilisation der Kaiserzeit

Während im hohen Norden die Germanen mit dem *Hakenpflug* ihrem entbehrungsreichen Tagewerk nachgingen oder auf dem *Thingplatz* Gericht hielten, suchten die Bürger des kaiserlichen Roms die Theater auf. Sonntags spannten Marinesoldaten ein riesiges Segeldach über das *Kolosseum*. Die Massen liebten grausige Spektakel. Bären aus germanischen Wäldern wurden auf afrikanische Löwen gehetzt, und sie rissen einander die Köpfe ab. Zur Abwechslung füllte man die Arena mit Wasser. Seeschlachten waren ein besonderes Vergnügen. Die Leichen der Unterlegenen trieben in der roten Brühe an den vordersten Sitzreihen vorbei. Erhalten sind von alledem nur die unterirdischen Ställe und Magazinräume. Die Spielfläche ist längst abgetragen ...

»Sonntags spannten Marinesoldaten ein riesiges Segeldach über das Kolosseum ...«

Die größte Anlage war der *Circus Maximus* mit 250 000 Plätzen. Seine Rennstrecke maß 800 Meter in der Länge und 80 Meter in der Breite. Eines Tages stürzten die Haupttribünen zusammen. 13 000 Menschen fanden den Tod. *Munera* nannten die Römer ihre Spiele, für die der Satirendichter JUVENAL (*um 60, †um 140 n. Chr.) nichts als Verachtung übrig hatte: „*Seit dieses Volk keine Stimmen mehr zu verkaufen hat, ... liegt ihm nach seinem Sturz ängstlich und lüstern nur noch zweierlei am Herzen: Brot und Spiele*" (»panem et circenses«). Die Kaiser TITUS (79-81), TRAJAN (97-117) und MARK AUREL (161-180)

Das Kolosseum in Rom
Der ursprünglich mit Marmor verkleidete Prachtbau (fertiggestellt 80 n. Chr.) diente im Mittelalter als Steinbruch (▶ S. 493).

bemühten sich, diese Spektakel einzudämmen – vergeblich! Erst ein Edikt des späten Kaisers HONORIUS (395-423) aus dem Jahre 404 sollte diesem Spuk endgültig ein Ende machen.

Aus der strengen Römischen Republik war eine reiche Monarchie geworden. Dem entsprach die Pracht der Bauten. Seit den Tagen CAESARS und des Kaisers AUGUSTUS verwandte man für die öffentlichen Bauten Marmor. Das ältere Tuffsteinmauerwerk erhielt nun zum Teil eine Verkleidung mit dem neuen Baustoff. Auch das altehrwürdige Forum Romanum wurde überbaut und erweitert. Es entstanden unter anderem die Tempel des CAESAR, des AUGUSTUS, ferner VESPASIANS (69-79) sowie des ANTONINUS (138-161 n. Chr.) und seiner Tochter FAUSTINA, die kaiserlichen *Triumphbögen* (z. B. »Titusbogen«), schließlich die unter Kaiser KONSTANTIN (306-337) vollendete »Maxentius-Basilika«. Nach dem katastrophalen Großbrand des Jahres 64 n. Chr. sollte Rom auf NEROS (54-68) Geheiß hin noch prächtiger werden. Im Jahre 80 n. Chr. wurde das flavische Amphitheater (»Kolosseum«) eröffnet. Es faßte 73 000 Zuschauer. Doch Rom bestand nicht nur aus Prachtbauten. In den kaiserlichen *Distriktlisten* der Hauptstadt waren 50 000 Häuser verzeichnet; darunter befanden sich nur 2 000 herrschaftliche *Villen* mit einem Empfangsraum (»*Atrium*) und Innenhof (*Peristyl*). Das »Volk« wohnte in kleinen, unbequemen Wohnungen (*cenacula*), ähnlich unseren heutigen vielstöckigen Mietskasernen. Im Erdgeschoß befanden sich die Läden und Werkstätten.

In Rom herrschte geschäftiges Treiben. Vorsichtige Schätzungen gehen davon aus, daß sich die Bevölkerungszahl der Hauptstadt um die Mitte des zweiten nachchristlichen Jahrhunderts auf etwa 1 500 000 erhöht hatte. Hier lebten Menschen aus allen Ländern der Erde: Kriegsgefangene aus dem Osten, Kaufleute aus Griechenland, Sklaven aus Germanien und Gelehrte aus Ägypten. Sie hatten beschwerliche Reisen hinter sich, besonders wenn sie aus den fernsten Provinzen kamen – aus *Assyria* im Osten, *Lusitania* im Westen oder *Britannia* im Norden. Zum Zeitpunkt seiner größten Ausdehnung unter Kaiser TRAJAN reichte das Römische Reich vom Persischen Golf im Südosten bis zur schottischen Grenze im Nordwesten. In Rom ist noch heute die Trommel einer vergoldeten Marmorsäule (»Goldener Meilenstein«) zu sehen, auf der die Entfernungen der Städte von Rom aus angegeben waren. Die für den damaligen Menschen kaum vorstellbare Größe schuf die Notwendigkeit, auch die Bürger des Reichs, Beamte, Diplomaten – ja ganze Heere in immer entferntere Gebiete zu befördern.

Man reiste auf befestigten Überlandwegen mit einfacher Schotterschicht, die in der Nähe der Städte mit einer geschlossenen Pflasterdecke versehen waren. Die Römer legten Kanäle an, schütteten Schutzdämme auf, bauten Tunnel und Brücken – allemal technische Meisterleistungen, die im Altertum ihresgleichen nicht hatten. In den Häfen Italiens, vor allem in *Ostia*, *Brundisium* und *Puteoli*, wurden die Waren des fernen Orients, der Schwarzmeerküste, Nordafrikas, Galliens und Britanniens gelöscht – Erze, Purpur, Öl, Wein, hochwertige Fertigprodukte der damaligen Gewerbe und des Handwerks. Die wilden Tiere für die Spiele im *Amphitheater* kamen aus Nordafrika oder Germanien. Um an die von Friesen und Chauken bewohnte deutsche Nordseeküste zu gelangen, mußten die römischen Schiffe die »Säulen des Herkules« (Gibraltar) passieren, dann die *lusitanische* und *aquitanische* Küste hochsegeln, schließlich vorbei an den Provinzen *Gallia*, *Belgica* und *Germania Inferior.* Berühmt war der 60 Meter hohe Leuchtturm von *Gesoriacum* (Boulogne-sur-Mer). Kaiser CALIGULA (37-41 n. Chr.) ließ ihn für einen geplanten Feldzug nach Britannien errichten. Während die Schiffe der kaiserlichen Flotte *Zwei-, Drei-* und *Fünfruderer* waren, vollzog sich der zivile Transport auf *Seglern.* Funde lassen darauf schließen, daß ein mittelgroßes Lastschiff ca. 25-30 Meter lang und 8-10 Meter breit war.

Zu Wasser und zu Lande – so gelangten die vielen Fremden nach Rom. Hier spendeten über tausend Brunnen frisches Wasser, das über *Aquädukte* aus dem fernen Apennin herangeführt wurde. 700 000 Kubikmeter Wasser strömten pro Tag in die Stadt, auch in 11 große Badeanlagen, in denen sich 20 000 Menschen gleichzeitig aufhalten konnten. Das öffentliche Badewesen der Stadt diente nicht nur der Hygiene. Modern gesprochen waren die *Thermen* die Freizeitparks der Spätantike – mit gepflegten Gärten, medizinischen Einrichtungen, Gastwirtschaften und Bibliotheken. In der einen oder anderen Weise hatten alle teil an den zivilisatorischen Errungenschaften der *Urbs* (Rom), ob sie nun *Freigeborene*, *Freigelassene* oder *Sklaven* waren; letztere waren potentielle »Freigelassene«, und diese unterschieden sich in ihren Nachkommen spätestens der dritten Generation in nichts mehr von den »Freigeborenen«. Das Reich entledigte sich so beständig seiner Parias und gab der römischen Gesellschaft jahrhundertelang die innere Kraft zur Erneuerung.

Rom hatte sie nun bitter nötig, denn an Bedrohung fehlte es in der Kaiserzeit nicht: Die »Barbaren« drückten auf die Reichsgrenzen; und aus dem Orient drangen obskure Heilslehren, die

Stadtmodell des antiken Rom
Im vierten Jahrhundert nach Christus verfügte Rom über 11 Thermen, 856 Privatbäder, 37 Tore, 423 Stadtteile, 29 große Straßen, acht Brücken, zwei Kapitole, 190 Kornhäuser, zwei große Märkte, 254 Mühlen, acht große Plätze, 11 Foren, zehn Basiliken, 36 Marmorbögen, 1152 Brunnen, 28 Bibliotheken, zwei Circusse, zwei Amphitheater, drei Theater, zwei Anlagen für Wasserschlachten (»naumachiae«) und vier Gladiatorenkasernen. Die Wasserversorgung stellten 11 Aquädukte sicher, darunter waren die »Aqua Marcia« und die »Aqua Claudis« die bedeutendsten. – Der Ausschnitt aus dem Stadtmodell zeigt in der Bildmitte rechts das Kolosseum. (Rom, Stadtmuseum)

Der Staat und die Christen

Der jüngere Plinius (*61/62, † um 113) berichtete als Statthalter in Bithynien an Kaiser Trajan über sein Vorgehen gegen die Christen. Er schrieb:

Ich fragte sie, ob sie Christen wären. Gestanden sie das ein, so fragte ich sie unter Androhung der Todesstrafe zum zweiten und dritten Male; blieben sie dann noch verstockt, so ließ ich sie hinrichten. Denn ich zweifelte nicht, daß man, einerlei wie es auch sonst um ihr Vergehen stände, jedenfalls ihre Hartnäckigkeit und ihren unbeugsamen Trotz bestrafen müßte. Andere, die von demselben Wahnsinn befallen waren, ließ ich, weil sie römische Bürger waren, vermerken, um sie nach Rom zu schicken. Da sich nun das Verbrechen, wie gewöhnlich, gerade durch die Verhandlung über immer weitere Kreise ausdehnte, so ergaben sich bald mehrere Abstufungen. Man legte mir ein anonymes Schreiben vor, das die Namen zahlreicher Personen enthielt. Doch diese leugneten zum Teil, überhaupt jemals Christen gewesen zu sein, riefen nach der Formel, die ich ihnen vorsprach, die Götter an, opferten Deiner Büste, die ich zu diesem Zweck mit den Bildnissen der Götter hatte herbeibringen lassen, mit Wein und Weihrauch und lästerten außerdem Christus: Alles Dinge, zu denen sich, wie es heißt, wahre Christen nicht zwingen lassen; diese glaubte ich freilassen zu können...

(Briefwechsel mit Trajan, 96. Brief)

sonderbarsten Kulte nach Westen. Selbst einige Kaiser sympathisierten mit ihnen und konnten sich ihrem Bann nicht entziehen, denn die römischen Staatskulte verblaßten, vermochten die »Glorie« des Herrschers nicht mehr ausreichend zum Ausdruck zu bringen. Andererseits richtete das »Volk« sein Streben nun auf »überirdische«, inhaltlich schwer faßbare Ziele aus – auf *Mysterien.* In kleinen Kultgemeinschaften verehrte man den persischen Gott *Mithras* oder die ägyptische Göttin *Isis.* Sie wurden als Mittler zwischen »gut« und »böse«, »Licht« und »Dunkel« angerufen, um die geschundene Seele der Menschen zu erlösen.

Die Christianisierung des römischen Weltreichs

„*In Rom, wo alle furchtbaren und verabscheuungswürdigen religiösen Gebräuche, die es in der Welt gibt, sich zusammenfinden und geübt werden*" (TACITUS), bildete sich schon bald nach dem Tode Christi auch eine frühe Gemeinde der *Judenchristen.* Diese hatten im ersten Jahrhundert unter den Kaisern NERO und DOMITIAN die fürchterlichsten Verfolgungen zu erleiden. Denn sie kündeten von der *Liebe*, der *Gleichheit* sowie einer Hoffnung auf *Erlösung* der Menschen und fanden Zuspruch in allen Schichten der Gesellschaft. *Christos*, der »Gesalbte«, war ihnen der auf Erden gekommene »Sohn Gottes«, der sich durch seinen Tod am Kreuze für die Menschen geopfert hatte. Einst werde er zurückkommen ... Das war nicht nur den Kaisern zuviel! Die konsequente Ablehnung des *Staatskultes* provozierte alle »konservativen« Kräfte der römischen Gesellschaft, die sich ihre *polytheistisch* gestimmte und damit auf eine weitgehende religiöse Toleranz ausgerichtete Glaubenshaltung nicht nehmen lassen wollten. Das »Vergehen« der frühen Christen bestand

Kallistus-Katakombe
(alter Eingang, ▸ *S. 493)*

Christus im Kaiserornat
Dieses Mosaik (6. Jh.) aus der erzbischöflichen Kapelle zu Ravenna symbolisiert die Christianisierung des Römischen Reichs seit Kaiser Konstantin. (Kopie: Mainz, Römisch-Germanisches Zentralmuseum)

darin, daß sie ihrem *monotheistischen* Absolutheitsanspruch nicht abschwören mochten. Jedenfalls müsse man *„ihre Hartnäckigkeit und ihren unbeugsamen Trotz bestrafen"*, so schreibt der jüngere PLINIUS an Kaiser TRAJAN.

Die Christen gruben sich außerhalb der Stadtmauer Gänge in die Erde. Hier betteten sie ihre Toten zur Ruhe. Die uns bekannten unterirdischen *Katakomben* sind über 100 Kilometer lang und bieten Platz für eine halbe Million Grabstätten. Die meisten Gräber bestanden aus einfachen Wandnischen, die von kleinen Steinplatten mit dem Namen und Todestag des Verstorbenen verschlossen wurden. Die Bestattung in den Katakomben war kostenlos, für die Armen in Rom ein großes Glück. Denn staatliche Wohlfahrt gab es damals noch nicht. In hohen Bestattungsräumen ruhten die Gebeine der Wohlhabenden. Die reichen Christen hatten der Kirche das Gelände zur Verfügung gestellt. Sie spendeten in großem Umfang Gelder für die vielen Notleidenden in der Stadt, und christliche *Senatoren* redeten *Sklaven* mit »Bruder« an.

Insbesondere unter den Kaisern DECIUS (249-251), VALERIAN (253-260) und DIOKLETIAN (284-305) wurde die Verfolgung der Christen auf das ganze Reich ausgeweitet. Das hatte nicht nur mit ihrer wachsenden Anhängerschaft zu tun, sondern auch mit der offenkundigen Schwäche des Imperiums. Mit dem Aufstand der germanischen Bataver war man noch fertig geworden, auch überstand man hundert Jahre später die schweren Auseinandersetzungen mit den elbgermanischen *Markomannen* (Markomannenkriege: 166-180), aber das dritte nachchristliche Jahrhundert brachte die Krise. Die militärischen Auseinander-

Älteste Christus-Darstellung
Die Abbildung zeigt Jesus links neben Johannes, der ihn im Jordan getauft hat. (Rom, Lucina-Gruft in der Kallistus-Katakombe)

Kolossalstatue Kaiser Konstantins
Sie stand ursprünglich als heidnisches Kultbild in einer Markthalle Roms. Die Büste mißt 2,50 Meter und vermittelt noch heute eindrucksvoll die Herrschergewalt des ersten Christenkaisers. (Rom, Hof des Konservatorenpalastes)

setzungen mit den Germanen ließen sich immer schwerer isolieren. Nun war der ganze nördliche Reichsteil betroffen. Die Germanen schlossen sich zu *Großverbänden* zusammen, die der Welt der frühen Kaiserzeit noch gänzlich fremd waren. Den Alamannen gelangen tiefe Einbrüche am Oberrhein, im Großraum des mittleren und unteren Rheins operierten die *Franken*. Mit großem Aktionsradius sorgten im Nordosten des Reichs ferner die *Goten* am Dnjestr und Dnjepr für ständige Aufregung. In Rom war man auf alles gefaßt. Kaiser AURELIAN (270-275) ließ eine neue Schutzmauer um die Stadt ziehen (»Aurelianische Mauer«).

Aber Kaiser KONSTANTIN, zupackend, skrupellos und intelligent, sollte eine Generation später nicht nur erkennen, daß die *Christenverfolgungen* erfolglos geblieben waren und das Reich zusätzlich geschwächt worden war, er besaß auch das politische Format, der jungen christlichen Kirche zu Macht und Ansehen zu verhelfen. Im Jahre 313 ließ er das *Toleranzedikt von Mailand* verkünden. So erbrachte seine Ära eine »welthistorische Wende« zum Christentum, zugleich das Ende eines langen Leidensweges der Anhänger Christi. KONSTANTIN stiftete zahlreiche Kirchen, ließ den Bischöfen regelmäßige Zuwendungen aus der Staatskasse zukommen und gestand ihnen sogar richterliche Befugnisse zu. Im Staatsdienst wurden nun die Christen bevorzugt. Der Biograph des Kaisers, der Kirchenhistoriker EUSEBIUS VON CAESAREA (*um 260, †339), hat der Nachwelt überliefert, Christus habe dem Herrscher in einer Vision den Sieg über seinen Widersacher MAXENTIUS (Kaiser: 306-312) verheißen. Daraufhin habe dieser das *Christogramm* auf die Schilde seiner

Die Kaiserthermen von Trier

Soldaten malen lassen und den Usurpator an der *Milvischen Brücke* in Rom dann tatsächlich auch besiegt (312).

Historiker mögen der Legende von KONSTANTINS »Bekehrung« wenig Glauben schenken. Immerhin befanden sich nur in der Armee des MAXENTUS viele Christen; KONSTANTINS Soldaten waren ausschließlich heidnische Gallier. Einen Glaubenskrieg führten die gegnerischen Parteien sicherlich nicht. Gleichviel – seine umsichtige, auf Verschmelzung des römischen Staatsgedankens mit dem Christentum ausgerichtete Politik sollte die Welt verändern. Er verschaffte dem Reich im vierten Jahrhundert zudem eine Atempause und vielen Provinzen eine erstaunliche Spätblüte. Auch Trier (*Augusta Treverorum*) scheint nun glanzvolle Jahrzehnte gehabt zu haben. Zwischen 293 und 395 war die Stadt Verwaltungssitz der Westhälfte des Römischen Reichs. Hier begann übrigens auch der politische Aufstieg des großen KONSTANTIN. Er sorgte für eine rege Bautätigkeit in der kaiserlichen Residenzstadt, die mit ihren 70 000 Einwohnern damals die größte Stadt im Römischen Reich nördlich der Alpen war. KONSTANTIN ließ die sogenannte Basilika (Palast-Aula, ▸ S. 454) und die Kaiserthermen errichten. Der Rhetorik-Professor AUSONIUS (*um 310, †um 395), der als Erzieher der Kaisersöhne nach Trier berufen wurde, fand schöne Worte für die Stadt an der Mosel: „*Jetzt muß ich endlich die Kaiserstadt Trier rühmen, die trotz der Nähe des Rheins ohne Gefahr im Schoße des tiefsten Friedens sich ausruht.*"

Aber dann kamen die *Hunnen*. Sie drängten aus Zentralasien nach Westen vor. Niemand konnte sie aufhalten. Sie jagten die fliehenden Germanen vor sich her. Auch die *Wandalen*, eines der vielen germanischen Völker, wurden von den Hunnen vorangetrieben. Die Wandalen stießen auf die Grenzen des Römischen Reichs zu. Im Januar des Jahres 407 erreichten sie Trier. Zur selben Zeit zog der Westgote ALARICH (391/95-410) vor Rom. Zwischen dem 24. und 27. August 410 ließ er die »Ewige Stadt« plündern. Tiefe Erschütterung ergriff die Zeitgenossen. Sie fragten sich, „*was bleibt heil, wenn Rom fällt?*" Die *Aurelianische Mauer* konnte dem einsetzenden Völkersturm der Germanen nun nicht mehr trotzen...

Die Aurelianische Mauer
war bis zu zehn Meter hoch, 3,50 Meter dick und umschloß ein Gebiet von 1372,5 Hektar (erbaut im 3. Jahrhundert unter Kaiser Aurelian).

Karl der Große

Königshalle Lorsch

Als er jedoch den Baum nur ein wenig
angehauen hatte, wurde sofort die
gewaltige Masse der Eiche wie von höherem,
göttlichem Wehen bewegt.
(Willibald über das Fällen
der »Donarseiche zu Geismar«)

Die Völkerwanderung

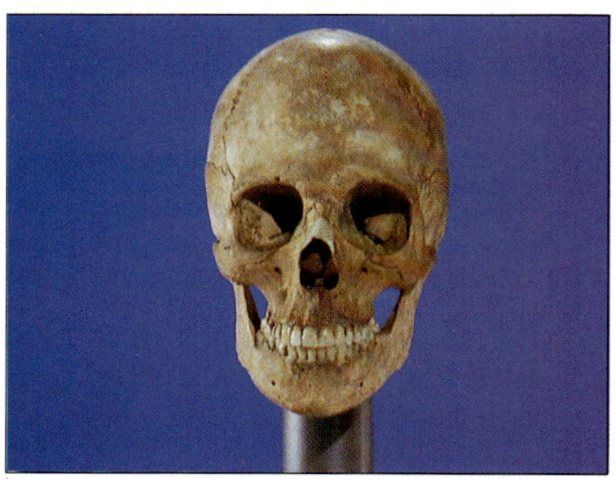

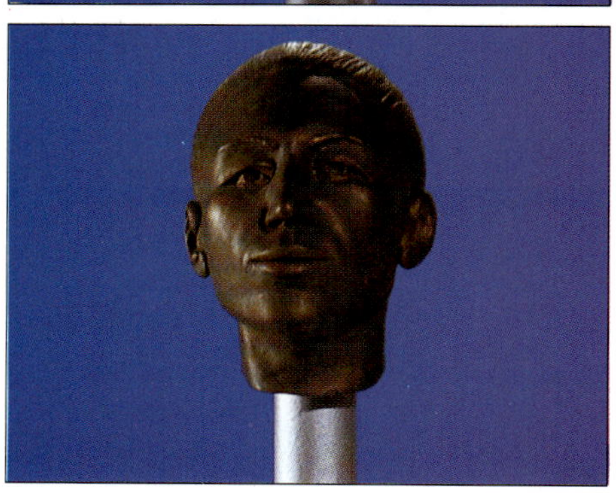

Schädel und Nachbildung *einer hunnischen Prinzessin. Sie war mit einem sächsischen oder fränkischen Fürsten verheiratet. Die Hunnen kamen nicht nur als Schlächter. (Wolfenbüttel, Niedersächsisches Landesmuseum)*

Zwischen dem vierten und sechsten nachchristlichen Jahrhundert wälzten sich Völkermassen aus dem Norden und Osten über den europäischen Kontinent. Es gab für sie keine Grenzen. Sie überfluteten reiche Länder, mordeten, plünderten und hinterließen weite Gebiete in völliger Verwüstung. Sie kommen bis heute nicht zur Ruhe: Allein in Deutschland hat man die sterblichen Überreste von 40 000 Menschen dieser Epoche entdeckt. Der moderne Mensch legt ihre Gräber frei, »raubt« die Beigaben, verpackt die Knochenfunde in Tomatenkisten und läßt dann die Wissenschaftler auf das »Forschungsgut« los. Nun wird gemessen, gezeichnet, fotografiert, katalogisiert ...

Die *Große Völkerwanderung* der Germanenstämme läßt man gemeinhin 375 n. Chr. beginnen. In diesem Jahr brachen die *Hunnen*, ihrem Ursprung nach nomadisierende Verbände Zentralasiens, in Südostrußland ein und überrannten nacheinander die Länder der *Ost-* und *Westgoten* nördlich des Schwarzen Meeres. Kaiser VALENS (364-378) unterstellte letztere sowie versprengte Teile der Ostgoten dem Schutz *Ostroms* und wies ihnen Siedlungsräume in Thrakien zu. Tag und Nacht setzten die Geschlagenen über die Donau – 200 000 an der Zahl, so will es die Überlieferung. Die kaiserlichen Beamten hatten es aufgegeben, diese *Goten* zu zählen. Doch die Ruhe währte nicht lange: Des Kaisers Beamte versuchten die Not dieser Leute schamlos auszunutzen; die Goten erhoben sich, und VALENS mußte sich ihnen entgegenstellen. Er fiel am 9. August 378 in der *Schlacht bei Adrianopel.* Sein Nachfolger, THEODOSIUS DER GROSSE (379-395), schloß Frieden mit den Westgoten und wies ihnen

Siedlungsräume im Gebiet des heutigen Bulgarien an. Als VALENS im Kampf gegen die Germanen den Tod fand, hatten diese seit den frühen *Kimbern* schon 500 Jahre der Konfrontation mit den Römern hinter sich – immer auf der Suche nach neuen Siedlungsplätzen, die die Römer ihnen zumeist auch anwiesen. Tributpflichtige Germanenstämme sorgten an den nördlichen Reichsgrenzen so für eine riesige Pufferzone, mit der sich gut leben ließ, solange die Germanen ihren Status nicht aufkündigten. Nun war ein neues Subjekt des Geschehens auf den Plan getreten: die *Hunnen*. Sie kämpften nicht wie die Römer und Germanen in fester Schlachtordnung, sondern scheinen mit ihren schnellen Pferden überfallartig aufgetaucht zu sein. Dem Historiker AMMIANUS MARCELLINUS (*um 330, † um 395) verdanken wir die älteste Schilderung dieser Steppenbarbaren: „*Sie schießen aus der Ferne mit Pfeilen, die statt der herkömmlichen Spitzen höchst kunstvoll mit scharfen Knochenstücken versehen sind. Hin und her sprengend richten sie ein entsetzliches Blutbad an, und bei ihrer blitzartigen Geschwindigkeit bekommt man sie kaum zu Gesicht, wenn sie in eine Befestigung einbrechen oder ein feindliches Lager plündern.*" Die Hunnen überrannten, was sich ihnen in die Quere stellte, und lösten damit eine Kettenreaktion aus. Denn nun kamen die Germanen neuerlich in Bewegung, schlossen sich zu sogenannten *Wanderbünden* zusammen, die aus mehreren Stämmen oder Teilstämmen gebildet wurden, und gründeten im fünften Jahrhundert innerhalb der Grenzen Ost- und Westroms fremde Staatsgebilde.

Die kriegerische Dynamik der Hunnen war beträchtlich. Doch haben sie das Geschehen nicht allein bestimmt. Denn Kaiser THEODOSIUS' Friedensschluß mit den Westgoten erwies sich bald als schlimmes Verhängnis. Er beließ ihnen gegen alle Tradition römischer Politik die Autonomie, ausgerechnet in Kernländern des Reichs, die in jener Zeit zudem hochbedroht und strategisch ungemein bedeutsam waren. So durften sich die Westgoten als Reichsangehörige fühlen und blieben doch Fremde – ein ungeliebter Zustand für ein Volk, das sein Heil in der Annahme römischer Kultur sah und den Blick nach Süden richtete. Als der Kaiser 395 starb, schlugen sie zu. Unter ihrem Heerkönig ALARICH (391/95-410), dem ersten Germanenkönig, der auch im römischen Heer Karriere gemacht hatte, zogen sie raubend und plündernd durch Griechenland. Im Jahre 401 wandten sie sich nach Westen; ihr Ziel war Italien. Am 24. August 410 nahm ALARICH die »Ewige Stadt« ein und ließ sie drei Tage plündern. Doch brachte ihm diese Tat kein Glück. Der

Alarich vor Rom

Als Alarich die Gesandten des römischen Senats hörte und vernahm, daß das Volk die Waffen ergriffen habe und zum Kriege gerüstet sei, antwortete er: ‚Dichteres Gras ist leichter zu mähen als dünneres.' Nach dieser Äußerung brach er in gewaltiges Lachen über die Gesandten aus. Als sie aber auf die Bedingungen des Friedens kamen, gebrauchte er Ausdrücke, die allen Übermut der Barbaren übertrafen. Denn er erklärte: Nicht anders werde er von der Belagerung abstehen, als wenn er alles Gold und Silber, das die Stadt enthalte, empfangen habe und außerdem, was er an beweglicher Habe in der Stadt fände, und ferner alle Barbarensklaven.

Als nun einer der Gesandten sagte: ‚Wenn du alles bekämest, was ließest du den Einwohnern der Stadt übrig?'; da erwiderte er: ‚das Leben!' Nachdem die Gesandten diese Erklärung erhalten hatten, baten sie, mit denen in der Stadt beraten zu dürfen, was zu tun sei. Sie erhielten die Erlaubnis. Nach neuen Unterhandlungen wurde endlich beschlossen, daß von der Stadt gegeben werden sollten fünftausend Pfund Gold, dazu dreißigtausend Pfund Silber, viertausend seidene Gewänder, ferner dreitausend mit Scharlach gefärbte Felle und Pfeffer an Gewicht dreitausend Pfund. Da aber die Stadt keine öffentlichen Gelder hatte, so mußten die Senatoren, die Vermögen hatten, nach einer Aufzeichnung die Beisteuer leisten. Als es nun galt, nach dem Vermögen eines jeden den Beitrag zu bemessen, war es doch unmöglich, das Ganze vollständig zusammenzubringen, weil entweder die Besitzenden einen Teil des Vorhandenen verhehlten oder auch überdies die Stadt durch die beständigen Erpressungen der Gewalthaber in Armut geraten war.

Da trieb der unheilvolle Dämon, dem die menschlichen Verhältnisse anheimgefallen waren, die Lenker des Gemeinwesens zum Gipfel des Unheils. Denn sie beschlossen, das Fehlende durch den Schmuck zu ergänzen, der um die Götterbilder gelegt war. Um das Verderben der Stadt vollzumachen, wurden nicht nur die Bildsäulen ihres Schmuckes beraubt, sondern man schmolz auch manche ein, die von Gold und Silber waren. Eine davon war auch die Bildsäule der Tapferkeit, welche die Römer virtus nennen. Auf diese Art wurde das Geld zusammengebracht.

(Zosimos, »Neue Geschichte«)

Theoderich-Grabmal
(6. Jahrhundert, Ravenna; ▶ *S. 482)*

adelsstolze arianische Christ starb noch im selben Jahr. Und die Alarich-Goten zogen weiter – nun in kaiserlichem Auftrag zunächst nach Gallien (412), wo sie die militärische Lage stabilisieren sollten, und dann auf die Iberische Halbinsel. Hier gründeten sie das *Tolosanische Reich* (418-507).

Wenige Jahre nach dem Aufbruch der Westgoten und möglicherweise durch sie ermutigt, bildeten die *Wandalen* zusammen mit anderen germanischen und nichtgermanischen Stämmen einen neuen *Wanderbund.* 406 erreichten sie den Rhein, plünderten dann Gallien und zogen weiter nach Spanien. Unter ihrem Heerkönig GEISERICH (428-477) überquerten sie mit 80 000 Kriegern, Frauen und Kindern 429 die Meerenge von Gibraltar und errichteten das nordafrikanische Wandalenreich, das knapp 100 Jahre Bestand hatte (439-534). 455 standen sie vor Rom und plünderten die Stadt 14 Tage lang ...

Mitgerissen durch den Zug der Wandalen fielen die *Burgunder* in gallische Gebiete ein und gründeten das linksrheinische *Burgunderreich* (413-436), dessen Zentrum vermutlich das heutige Worms war. Als die Ausweitung des Reichs nach Norden drohte, fügte ihnen der weströmische Heermeister AETIUS (*um 390, † 454) mit hunnischen Söldnern eine vernichtende Niederlage zu. König GUNDAHAR (um 413-436), seine 20 000 Krieger und fast das ganze Volk gingen unter. Dieses Geschehen bildet den historischen Kern des *Nibelungenliedes*.

Nun griffen also auch die Hunnen in die Händel des Westens ein. Zu Beginn des fünften Jahrhunderts hatte sich ihre Macht im Donau-Theiß-Raum konsolidiert. Sie beherrschten die einst geschlagenen *Ostgoten* und machten sich sogar Ostrom tributpflichtig. Unter ihrem bedeutendsten Heerkönig ATTILA (Alleinherrscher: 443-453) stieß ein vereinigtes Heer im Jahre 451 tief nach Gallien vor. Auf den *Katalaunischen Feldern* (zwischen Troyes und Châlons-sur-Marne) trat ihnen AETIUS entgegen und konnte sie aufhalten. Diese Schlacht wird gern als »welthistorische Auseinandersetzung« gesehen, in der der »Westen« die Oberhand über den »Osten« behielt. Jedenfalls war ATTILA über dem Zenit seiner Macht, und sein Nimbus der Unbesiegbarkeit, der ihm immer vorausgeeilt war, dahin. Zwei Jahre später starb er, angeblich in der Hochzeitsnacht mit einer Germanenprinzessin ...

»Auf den Katalaunischen Feldern trat ihnen Aetius entgegen ...«

Nach ATTILAS Tod zerfiel das Reich. Die Hunnen prägten so ein letztes Mal das Geschehen der Völkerwanderung. Denn mit ihrem Niedergang begann der Aufstieg der *Ostgoten*, die ihre alte Unabhängigkeit wiedererlangten und unter ihrem jungen König THEODERICH (474-526) in das heutige Bulgarien übersiedelten. In Rom bahnte sich inzwischen Ungeheuerliches an: Im Jahre 476 wurde der letzte weströmische Kaiser ROMULUS AUGUSTULUS (475-476) abgesetzt und ODOAKER (476-493), aus vornehmem Geschlecht der ostgermanischen *Skiren*, zum König erhoben. Das war das förmliche Ende des *weströmischen* Kaisertums. Die Zeitgenossen haben um dieses Ereignis nicht viel Aufhebens gemacht. Die Rechte des *Westreichs* gingen lediglich an den oströmischen Kaiser ZENON (474-491) über, der in ODOAKER einen Vertreter seiner Herrschaft sah.

Aber ODOAKER blieb dem Kaiser ein Dorn im Auge. In THEODERICH fand er einen Helfeshelfer. Dieser stand im Frühjahr 489 mit seinen *Goten* in Oberitalien, um das Land in Besitz zu nehmen. Er besiegte ODOAKER. Der Skire mußte sich nach Ravenna zurückziehen. Erst nach zweieinhalbjähriger Belagerung öffneten sich die Tore. ODOAKER erhielt die Zusicherung, Mitherrscher über Italien zu bleiben (493), wurde aber von THEODERICH während eines Gastmahls niedergestochen. Diese Bluttat markiert den Beginn des Ostgotenreichs (493-552). Der Gote, der als »Dietrich von Bern« in die Sage einging und von der Geschichtsschreibung »der Große« genannt wird, war nach

einem Jahrhundert der Verwüstungen in der Tat ein Segen für Rom und Italien. Wie die meisten Germanen war THEODERICH Anhänger der *Arianer*, die die Wesensverschiedenheit zwischen »Gottvater« und »Sohn« annahmen. Dennoch erwies er sich den *Katholiken* gegenüber als ungewöhnlich tolerant. Als er starb (526), hatte er seiner Zeit das Beispiel einer friedlichen Romanisierung der Germanen gegeben.

Die Langobarden in Italien

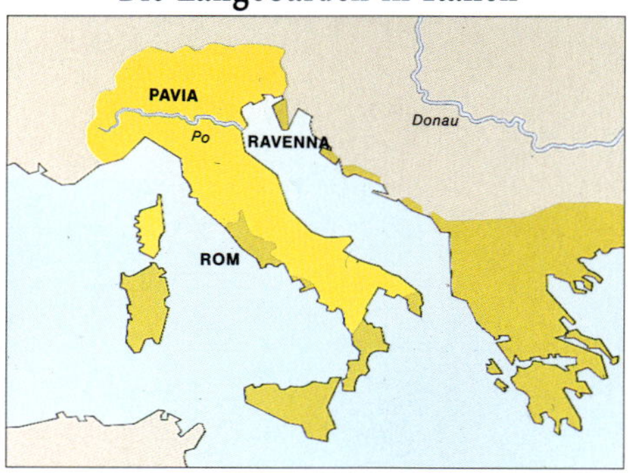

Im Jahre 568 verließen die Langobarden den Karpaten-Donau-Raum und eroberten Italien. Vielleicht mochten sie die bedrohliche Nachbarschaft des nomadischen Reitervolks der Awaren nicht ertragen; vielleicht waren sie die Schaukelpolitik der Byzantiner leid, die beständig versuchten, die Völker an ihrer Nordgrenze gegeneinander auszuspielen.

Das langobardische Nachspiel

Im letzten großen Akt der Völkerwanderung kamen die *Langobarden*. Ihre skandinavische Heimat hatten sie noch im Dunkel der Vorzeit verlassen. Um Christi Geburt drangen sie an die Unterelbe vor, wurden seßhaft und beackerten das eroberte Land. 400 Jahre lang lebten die Langobarden als *Bauern*. Dann erschienen sie in Ungarn und waren dort ein stolzes Volk von *Viehzüchtern* geworden, reich, hart und kampftüchtig. Im sechsten Jahrhundert standen Abgesandte des Langobardenkönigs vor den gewaltigen Mauern Konstantinopels, der Hauptstadt des Oströmischen Reichs, das alle germanischen Attacken bisher abgewehrt hatte. Die Langobarden wollten nun auskundschaften, ob man dieses *Byzanz* angreifen solle.

Sie zogen weiter – nach Italien. Das alte Kernland des Römischen Reichs war noch immer reich, aber die Bevölkerung von neuerlichen Kriegen völlig erschöpft. Als der letzte Ostgotenkönig TEJA (552) zwischen Neapel und Salerno am *Mons Lactarius* (»Milchberg«, heute Monte Angelo) im Kampf gegen die *Byzantiner* unter ihrem Feldherrn NARSES' (*um 478, † 573) fiel, mußten die geschlagenen Germanen als kaiserliche Untertanen auf ihre Güter zurückkehren. Die Kunde von der reichen Beute dürften die langobardischen Krieger, die auf NARSES' Seite am *Gotenkrieg* teilgenommen hatten, in die heimatlichen Siedlungsräume getragen haben. Dennoch bleibt letztlich unklar, was diese Langobarden unter ihrem legendären Heerkönig ALBOIN (561-572) bewog, nach Italien zu ziehen.

Italienische Landschaft

Jedenfalls brach ALBOIN im Frühjahr 568 aus der *pannonischen* Heimat auf. Es sollte der letzte große Exodus der Epoche sein. Dem Zug schlossen sich auch *Sueben, Thüringer*, Teile der geschlagenen *Gepiden* und, nach dem Zeugnis des Geschichtsschreibers GREGOR VON TOURS (*538, † 594), ca. 26 000 *Sachsen* an – eine gewaltige Wanderlawine; vielleicht 150 000 Menschen waren unterwegs. Sie besetzten *Aquileia*, eroberten die Po-Ebene, die Toskana und Teile Süditaliens. Zwischen 570 und 580 wurden die Herzogtümer *Spoleto* und *Benevent* eingerichtet.

Pavia, nach dreijähriger Belagerung genommen, war seit 572 Mittelpunkt dieses letzten Germanenreichs im Zentrum des alten römischen Imperiums. Doch ALBOIN sollte sich seines Erfolges nicht lange rühmen können. Nach PAULUS DIACONUS (*um 720, † nach 787), dem Geschichtsschreiber der Langobarden, wurde der König Opfer einer Bluttat. Die Sitten der Zeit waren roh, und ALBOIN hatte sie mitgeprägt:

Im Kampf tötete er einst den Gepidenkönig KUNIMUND († 567) und hatte dessen schöne Tochter ROSAMUNDE (572) zur Frau genommen. Aus der Hirnschale des Erschlagenen ließ er einen Trinkbecher formen, den er bei wildem Gelage seiner Frau mit der Aufforderung reichte, aus dem Pokal zu trinken. Gedemütigt und von *Blutrache* getrieben, plante sie ein Mordkomplott und ließ den Gemahl im Schlafgemach vom königlichen Schildträger HELMICHIS töten. Die beiden Verschwörer mußten zum byzantinischen Statthalter von Italien, dem *Exarchen* von Ravenna, fliehen. Diesem LONGINUS konnten die Bluttat und versuchte Usurpation nur recht sein; er war entschlossen, die Situation politisch und persönlich auszunutzen. So erlag ROSAMUNDE seinem Eheversprechen und ließ sich anstacheln, HELMICHIS, der inzwischen ihr Gemahl geworden war, umzubringen. Doch der Königsmörder leerte den Giftbecher nur halb, setzte der Gemahlin das Schwert an die Kehle und zwang sie, den Rest des Bechers zu trinken ...

Machtanspruch der Stämme, Mord und Totschlag sowie Verrat klingen in dieser Königsparabel an. All dies hat dem jungen Langobardenreich zu schaffen gemacht. Zu keinem Zeitpunkt ihrer langen Reichsgeschichte auf italienischem

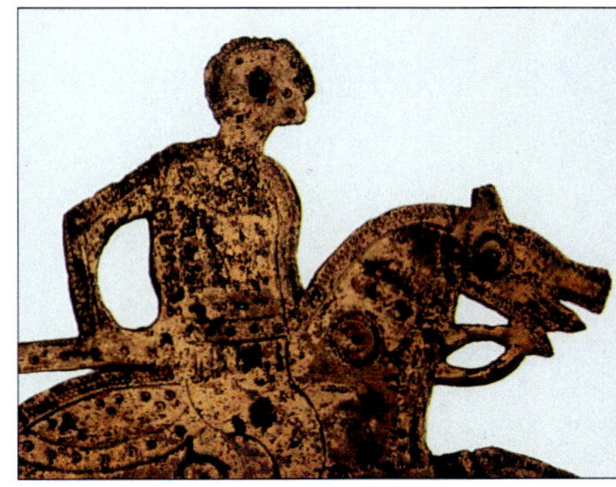

Langobardischer Reiter
(Beschlag eines Schildbuckels aus vergoldetem punziertem Bronzeblech; 7. Jh., Bern, Historisches Museum)

Langobardisches Goldblattkreuz
Es wurde in einem Sarkophag gefunden, in dem Herzog Gisulf begraben lag, ein Neffe des Königs Alboin, unter dem die Langobarden 568 in Italien eingefallen waren. (Cividale, Archäologisches Museum; ▶ *S. 482)*

Christus zwischen zwei Engeln
Der Kerbschnitt des Künstlers zeigt, daß er ursprünglich nur mit Holzarbeiten vertraut war. Die Figuren wurden aus »Angst« vor der Leere der Flächen ohne Rücksicht auf Naturähnlichkeit mit Strichen ausgeführt. Die Darstellung verbindet Stilelemente sowohl der römischen wie der germanischen Kunst. (Pemmo-Altar, um 735; Cividale, S. Martino)

Boden (572-774) ist es diesen späten Wanderern gelungen, die ganze Halbinsel in Besitz zu nehmen. Eine Königsdynastie mit geregelter *Erbfolge* gab es nicht, andererseits aber das *Erbrecht* der *Herzöge* (»duces«), die sich aus den Zeiten des »Wanderbundes« ein stark ausgeprägtes Stammesbewußtsein bewahrt hatten und königsfähig blieben. Langobardische Könige wurden »gewählt«, und zwar aus unterschiedlichen Stammesverbänden. Als man die mitgezogenen Sachsen nötigte, in Zukunft ihr eigenes Recht aufzugeben und nach langobardischem zu leben, lösten sie den Stammeszwist, indem sie in ihre ursprünglichen Siedlungsräume Norddeutschlands zurückkehrten (573). Bald nach ALBOINS gewaltsamem Tod haben die etwa 36 Herzöge das eroberte Land *allein* regiert und die kulturelle, rechtliche und religiöse Spaltung in Heiden, Arianer, Katholiken und *Schismatiker* eher gefördert als überwunden. Erst als die *Franken* ganz Norditalien bedrohten und darin vom byzantinischen Kaiser MAURIKIOS (582-602) unterstützt wurden, wählten die Herzöge im Jahre 584 AUTHARI (bis 590) zu ihrem neuen König. Sie überließen ihm fortan auch die Hälfte ihrer Steuereinnahmen. An dieser ökonomischen Wiederherstellung des Königtums beteiligten sich freilich nicht alle Herzöge ...

AUTHARI vermählte sich mit der *bayerischen* Prinzessin THEUDELINDE (†627/628), gewann für das Reich im Norden einen Bundesgenossen und schuf die Voraussetzungen für einen dauerhaften Frieden mit den Franken. Sein Nachfolger AGILULF (591-615/16) hat folgerichtig die alte Eroberungspolitik wiederaufgenommen. Mit Unterstützung der Awaren, die sich damals schon anschickten, den ganzen Balkanraum unsicher zu machen,

Agilulf-Platte
aus vergoldeter Bronze. Durch die Löcher am Rand wurden die Riemen gezogen, die die Platte mit dem Helm verbanden; allegorische Darstellung der Herrschaft des Königs über das Volk der Langobarden und über Italien. (1. Hälfte 7. Jh.; Florenz, Museo del Bargello, ▸ S. 482)

gelang es ihm, den Einfluß der Byzantiner zurückzudrängen. Im Jahre 593 stand er vor Rom und belagerte die Stadt. Doch ihm trat ein Mann von ganz ungewöhnlichem Format gegenüber: Papst GREGOR DER GROSSE (590-604). Dieser hochgebildete Kirchenführer organisierte eine Art »nationalen« Widerstand im römischen Italien, das sich vom kaiserlichen *Exarchen* in Ravenna im Stich gelassen fühlte, gegen die langobardischen Belagerer. AGILULF zog seine Truppen ab – gegen einen Tribut von 500 Pfund Gold.

Das war mehr als ein früher Sieg für den späteren *Kirchenstaat*, es war auch ein erster Sieg des römisch-katholischen Glaubens gegen den Arianismus der Langobarden. Im siebten Jahrhundert sollte die Romanisierung der germanischen Eroberer fortschreiten und mit ihr die *Katholisierung* der arianischen Glaubensanhänger. Dieser Prozeß wurde in der Anfangszeit wesentlich durch die katholische THEUDELINDE, die Gemahlin AUTHARIS und dann AGILULFS, initiiert. Sie sorgte dafür, daß ihr Sohn, der spätere König ADALOALD (615-625), katholisch erzogen wurde, und gab dem Reich so einen wichtigen Förderer des katholischen Glaubens.

Allmählich entstand ein einheitliches, wenn auch in Herzogtümer gespaltenes *Reichsvolk* der Langobarden, in dem alle »Freien« römischer wie germanischer Abstammung *heerpflichtig* waren. Von der Regierung ROTHARIS (636-652) bis zu der LIUTPRANDS (712-744) erlebte die Monarchie ihre eigentliche Blüte. Die Könige dieser Zeit versuchten ganz Italien zu unterwerfen; und das hieß vor allem, das *päpstliche* Rom einerseits wie auch das *kaiserliche* Ravenna andererseits in ihre Gewalt zu bringen. Es ist ihnen nicht gelungen, denn eine andere Großmacht trat nun auf den Plan ...

Christus in der Mandorla
Fresko aus dem sog. Tempieto Langobardo (Oratorium) von Santa Maria in Valle (8. Jh.; Cividale)

Der Frankenkönig Chlodwig

In der Mittelmeerstadt Albenga, ziemlich genau in der Mitte zwischen Monaco und Genua gelegen, ist eine kleine *Taufkapelle* aus frühchristlicher Zeit erhalten geblieben. Die Mitte des Raumes nehmen Reste eines uralten Taufbeckens ein. Hier wurde der Frankenkönig CHLODWIG (482-511), der *Wodan* verehrt hatte, Christ. Nach ihm stiegen dreitausend seiner alten Kampfgefährten ins geweihte Wasser. Die fränkischen Eroberer nahmen den römischen Glauben an und unterstellten die Kirche ihrem Reich.

Die Umstände, die zu dieser *Massenbekehrung* der Franken führten, sind rasch geschildert: Schon seit der Mitte des dritten

Das Frankenreich (bis 630)

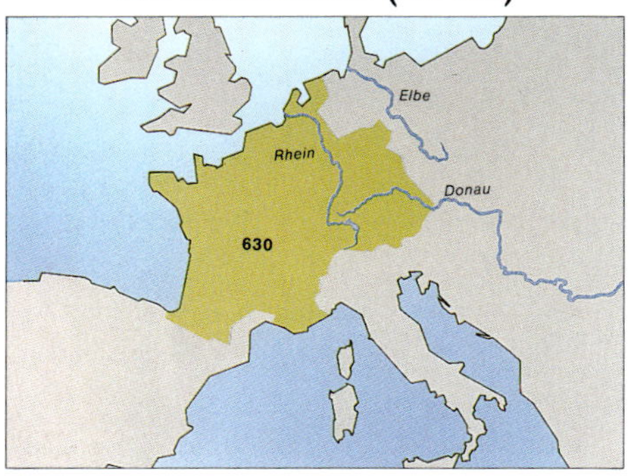

Die Expansion der Franken wurde möglich, weil das Weströmische Reich aufgehört hatte zu existieren und weil der oströmische Kaiser das politische Geschehen im europäischen Westen nicht mehr kontrollieren konnte.

Jahrhunderts unternahmen Heerscharen dieses Stammes beiderseits des Niederrheins Beutezüge nach Gallien, Spanien, ja bis nach Marokko. Von dort konnten sie sich, nach Rückschlägen und Stillstand im vierten Jahrhundert, schließlich weiter ausdehnen. So profitierten sie beispielsweise von der Niederschlagung der Burgunder, deren Reste vom römischen Heermeister AETIUS am Genfer See angesiedelt wurden, aber insbesondere nach dessen Ermordung (454) von der niedergehenden römischen Militärpräsenz im gesamten Westreich. Trier und Köln wurden nun fränkisch. Mit der provinzialrömischen Stadtherrlichkeit konnten diese Barbaren nichts anfangen. Sie schlugen alles »kurz und klein«, zogen sich aufs Land zurück und überließen den *Bischöfen* die Zivilverwaltung. Im Unterschied zu den anderen Germanenreichen verloren die Franken nie die räumliche Verbindung zu ihren Ausgangslanden. Erobertes Gebiet war mehr als bloßes Durchzugsland ... Aber die Macht im Großverband teilten sich viele Könige. Einer von ihnen war CHILDERICH (458-481) aus dem Geschlecht der *Merowinger.* Als er starb, mußte der letzte römische Heermeister SYAGRIUS (464-486/87) seine Macht im ehemaligen Gallien mit anderen Stämmen teilen: den Westgoten (Aquitanien), den Alamannen (Nordostschweiz/Vogesen), den Burgundern (Rhone, Saône, Doubs) und *Franken* (Nord- und Mittelfrankreich).

CHLODWIG (482-511) folgte seinem Vater CHILDERICH sechzehnjährig. Er war skrupellos, stark und hatte Fortune. Nacheinander schlug er alle Mitkonkurrenten um die Macht in Gallien aus dem Felde – zu den *Burgundern* pflegte er verwandtschaftliche Beziehungen, und mit Unterstützung des Frankenkönigs RAGNACHAR besiegte er den in Soissons residierenden SYAGRIUS (486) und ließ ihn beseitigen. Die Franken rückten nun bis zur Seine, später bis zur Loire vor und wurden so zu Nachbarn der

Taufe Chlodwigs *durch den hl. Remigius und den hl. Verdastus. (Elfenbeinrelief aus dem 9. Jh.; Amiens, Museum der Picardie)*

Westgoten. In der *Schlacht von Vouillé* (507, bei Poitiers) gelang CHLODWIG der entscheidende Schlag gegen die Westgoten unter ihrem König ALARICH II. (484-507). Seine überragende Bedeutung geht jedoch auf jene berühmte *Alamannenschlacht* (496/97) zurück, die zu seiner »Bekehrung« führte.

Diese Alamannen waren nicht minder landhungrig und kamen darum den Franken Ende des fünften Jahrhunderts im Gebiet des heutigen Südostfrankreich gefährlich in die Quere. Schenken wir GREGOR VON TOURS Glauben, so stand es nicht gut um CHLODWIG. Er wähnte die Lage ausweglos und soll den *Christengott* angerufen haben. Er siegte und ließ sich »bekehren«. Schon lange hatte seine katholische Gemahlin CHROTECHILDE in diesem Sinne auf ihn eingeredet, offensichtlich im Bündnis mit dem gallischen *Episkopat*. Hinter der Bekehrungslegende verbarg sich Weitsicht: Indem CHLODWIG das Christentum nicht in seiner für die *Germanen* sonst üblichen arianischen Form angenommen hatte, sondern sich und seine Franken römisch-katholisch taufen ließ, fegte er die vielen politischen, rechtlichen und kulturellen Hindernisse hinweg, die den übrigen Germanenreichen das Herrschen erschwerten. Das war ein Affront gegen diese, aber von einem gesamtgermanischen Bündnissystem gegen Ostrom, wie es CHLODWIGS Schwager THEODERICH DEM GROSSEN vorschwebte, hielt er ohnehin nicht viel. Als Bischof REMIGIUS (458-533) im Jahre 499 zu Reims die Taufe vollzog, war der oströmische Kaiser nicht mehr der alleinige katholische Herrscher des Abendlandes.

Grabstein eines fränkischen Kriegers
Zum Zeichen seiner ungebrochenen Lebenskraft kämmt er sein Haar. Schlangen, das heißt »verwandte Seelen«, begrüßen den Toten. (Kalksteinrelief aus dem 7. Jh.; Bonn, Rheinisches Landesmuseum; ▶ *S. 447**)*

Die Konsolidierung der Frankenmacht

CHLODWIG hinterließ ein neues germanisches Großreich; alle anderen fränkischen Könige waren seinem brutalen Vorgehen zum Opfer gefallen. Für seinen Erfolg wog freilich schwerer das Prestige, welches ihm seine Siege einbrachten, sowie die Unterstützung des Episkopats. Nach seinem Tode wurde das Reich unter seinen vier Söhnen THEUDERICH (511-533), CHLODOMER (511-524), CHILDEBERT (511-558) und CHLOTHAR (511-558) aufgeteilt, von denen nach alter Vorstellung jeder in gleicher Weise am *Königsheil* teilhatte. Sie hielten Hof in Reims (THEUDERICH), Orléans (CHLODOMER), Paris (CHILDEBERT) und Soissons (CHLOTHAR). Die Söhne setzten die aggressive Politik des Reichsgründers fort: Die Westgoten wurden fast ganz nach Spanien zurückgedrängt, das Burgunderreich unterworfen, *Südgallien* (Provence) besetzt und die alamannischen Siedlungsgebiete einverleibt. Entscheidend für die spätere deutsche

»Die Söhne setzten die aggressive Politik des Reichsgründers fort.«

Fränkische Bauernsiedlung im Diorama
(Bonn, Rheinisches Landesmuseum)

Fränkische Rüsselbecher
Wein einschenken und sofort austrinken war eins bei den alten Franken. Denn die in fränkischen Gräbern gefundenen Glasgefäße (5. bis 7. Jh.) konnten nur umgestülpt stehen. (Bonn, Rheinisches Landesmuseum)

Geschichte sollte das fränkische Ausgreifen nach Osten werden. In der Nähe der Unstrut schlugen THEUDERICH und CHLOTHAR im Jahre 531 die Thüringer unter ihrem König ERMINFRIED († 534). Fränkische Siedler folgten nun dem Lauf des Mains, nahmen das Land in Besitz (»Ost- oder Mainfranken«), rodeten es und drängten die Alamannen nach Süden, die Thüringer nach Norden ab. Bereits zur Jahrhundertmitte war das Frankenreich die stärkste Landmacht Europas. Der selbstbewußte Chlodwig-Enkel THEUDEBERT (533-547/48) besetzte sogar Teile Liguriens und Venetiens und ließ unter eigenem Namen Goldmünzen prägen – bis dahin ein Vorrecht des Kaisers in Byzanz!

Der Aufstieg der Franken vollzog sich in der Endphase der Völkerwanderung. Als sie kamen, lag das Weströmische Reich bereits seit 476 danieder. Außerdem operierten die Franken außerhalb der Reichweite Ostroms. So waren sie niemandes *Foederaten*. Gewiß kamen die Franken als Eroberer, und ihre barbarische Zerstörungswut unterschied sich durch nichts von der anderer Germanenstämme. Aber auf Dauer sind sie mit dem römischen Erbe doch behutsamer als anderswo umgegangen. Gerade weil sie nicht als »Römische Gäste« (*ius hospitalitatis*) kamen, fehlte ihnen der Rechtstitel des Kaisers, den Einheimischen das Steuerdrittel zu nehmen. Sie beließen den *galloromischen* Grundbesitzern ihre Rechte, erlaubten das *connubium* zwischen Franken und *Romanen* und übernahmen die Reste des noch vorhandenen Ämterwesens sowie der römischen Provinzialverwaltung.

Die Merowingerkönige haben sich auch der Erfahrung des alten provinzialrömischen *Senatorenadels* bedient und diesen zusammen mit dem alten germanischen *Blutadel* sowie einem neu geschaffenen *Amtsadel* zu einer neuen Führungsschicht verschmolzen. Das expandierende und seine Herrschaft zunächst aufbauende Merowingerreich scheint den Adel in der Frühzeit stark an das herrschende Geschlecht gebunden zu haben. Doch je schwächer dieses wurde, desto stärker vermochte sich der Adel auch politisch in Geltung zu bringen.

Die Franken folgten nach germanischer Sitte ihrem König CHLODWIG in der Taufe. Nun war der fränkische »Eroberer« Glaubensgenosse des »Einheimischen«. So konnte schon früh ein gesamtfränkisches Bewußtsein entstehen, das zwar keineswegs in den merowingischen Gesellschaftsaufbau von oben nach unten (Königtum, Adel, Freie, Minderfreie und Sklaven) eingriff, wohl aber in kurzer Zeit die Differenzierung in »Eroberer« und »Besiegte« aufhob. Wie in keinem anderen Germanenreich ist es den Franken darum gelungen, den Okkupationscharakter ihrer Herrschaft vergessen zu machen. Die Christianisierung selbst schritt dagegen sehr langsam fort. Im Volk blieben auch weiterhin heidnische Kulte und Bräuche üblich. Man fürchtete sich vor der Rache der alten Götter und rief die Heiligen des neuen Glaubens an. Das antike Christentum war im wesentlichen eine Manifestation der städtischen Kultur. Mit der weit ausgreifenden *Landnahme* der Germanen verlagerte sich das soziale und wirtschaftliche Leben auf das Land, wo selbst die Kenntnis der Schrift weitgehend verlorenging. Auch die *Kirche* folgte diesem »Zug« und verlor nun ihr hohes Kulturniveau von einst. Was aus der fränkischen Kultur überliefert ist, atmet den Geist einer rohen und unfertigen Welt.

Ihren Lebensraum trotzten die Bauern dem Wald in jahrelanger *Rodungsarbeit* ab. Mehrere Sippen schlossen sich zu Dörfern zusammen. Sie lebten wie auf Inseln mitten im Wald. Die große Welt außerhalb des Hofes oder des Dorfes lag irgendwo ganz fern hinter dem Wald, in dem Bären und Wölfe umherstreiften. Die Menschen verstanden sich als Teil der Natur. Ein Holzfäller mußte sich beim Baum entschuldigen, bevor er die Axt anlegte. Mit Ausnahme der wenigen ganz Reichen, hatten alle Angst vor dem Hunger. Die Bauern lebten in kümmerlichen Verhältnissen. Wenn sie ein Korn Getreide säten, konnten sie auf zwei Körner Ertrag hoffen. Zur Römerzeit hatte man in Gallien noch viermal so viel geerntet. Wenn die Natur bei strengem Frost, langer Dürre oder Überschwemmungen aus den Fugen geriet, gab es buchstäblich nichts zu essen. In Chroniken ist festgehalten, wie pure Verzweiflung die Menschen zum Äußersten treiben konnte: *„Manche holten die Verhungerten ins Haus, töteten sie und legten sie in Salz ein“* – *„Menschen aßen Menschen, Brüder ihre Brüder, Mütter ihre Kinder.“* Auch wenn die Arbeitsgeräte allmählich besser wurden und die Wirtschaftsweise Fortschritte machte, so blieb die Natur doch unbezwungen.

Pflügender Bauer
(Buchillustration aus der Astronomischen Sammelhandschrift; Wien, Österreichische Nationalbibliothek; ▸ *S. 490)*

Erntender Bauer
(Buchillustration aus der Astronomischen Sammelhandschrift; Wien, Österreichische Nationalbibliothek; ▸ *S. 490)*

Das Christentum im Merowingerreich

Als der Merowingerkönig THEUDEBERT I. Kaiser JUSTINIAN in einem Brief (um 545) die Ausbreitung des Fränkischen Reichs darlegte und diese mit der des Christentums in Zusammenhang brachte, hatte er gehörig geprahlt. Um die Mitte des sechsten Jahrhunderts waren noch nahezu alle Gebiete östlich des Rheins heidnisch, besonders auch in den fränkischen Kernlanden nördlich der Loire hatte der neue Glaube kaum Fuß gefaßt. Doch fehlte es den Merowingern nicht an politischer Klugheit.

Merowingischer Spangenhelm
Die beiden Kreuze auf der Stirnseite des aus Silber und eisernen Spangen bestehenden Prunkhelmes (um 500) sollten dem Gegner zeigen, daß der Kämpfer mit und für Christus stritt. (Mainz, Mittelrheinisches Landesmuseum, ▸ *S. 455)*

»Sie konnte, wie sich noch zeigen sollte, Berge versetzen.«

CHLODWIG und seine Nachfolger erkannten schnell die Bedeutung der Kirche für den Reichsbau und die Sicherung der Herrschaft. Sie errichteten eine fränkische Landeskirche, der sie selbst vorstanden, beriefen *Synoden* ein, auf denen auch weltliche Angelegenheiten verhandelt wurden, und setzten sich über *kanonische* Formen der *Bischofswahl* hinweg, um die Kirchenfürsten des Reichs in Abhängigkeit zu bringen. Ein Merowinger als oberster Kirchenherr – das entsprach zudem ihrer Überlieferung vom sakralen Königtum und geerbten *Charisma.*

Die Bischöfe kamen aus dem herrschenden *Grundadel*, verschafften sich Gehör bei allen großen Reichsangelegenheiten, berieten die Könige, beteiligten sich an Hofintrigen und liebten die aufwendige Amts- und Lebensführung. In einer Epoche des Rückgangs der gesamten Kultur, in der die Franken im Zusammenleben mit den Romanen erst einmal ganz praktische Dinge zu lernen hatten – wie die Herstellung von Brot, die Glaserzeugung oder die Verwaltungspraxis – verbürgte allein die Kirche diese notwendige Vermittlung zwischen zwei Welten. Dabei mußte sich das Christentum seine überragende Stellung im Gesellschaftsgefüge des Mittelalters nicht erst erstreiten, es hielt sie von Beginn an inne! Seine »Mächtigkeit« hing – um es anders zu sagen – mit zwei Wesensmerkmalen zusammen, die alle Germanenvölker verband: 1.) Die Goten, Wandalen, Franken und Langobarden waren der Faszination der mittelmeerischen Hochkultur erlegen; darum setzten sie ihre Völker in Marsch. 2.) Die Germanen brachten die Begabung einer einfachen, massiven Religiösität ein. Sie konnte, wie sich noch zeigen sollte, Berge versetzen. Das Motiv ihrer Bekehrung war nicht der »leidende«, sondern der »siegreiche« Christengott, der sich als »strahlender Osterheld« ihren eigenen Göttern überlegen erwiesen hatte.

Schon zur Zeit der kriegerischen Landnahme hatten die *Franken* die Kirche geschont. Trier darf sich darum seiner seit der Spätantike nicht unterbrochenen Bischofsreihe rühmen. Nun, im Merowingerreich, sahen die Franken in der Kirche einen institutionellen Garanten ihres Strebens und Fühlens. Sie vermehrten deren Grundbesitz, stifteten Kirchen und *Klöster*, reduzierten indes das christlich-theologische Gedankengut der Spätantike auf das Lehrwort der *Kirchenväter* und die vorbildliche Lebensführung der *Heiligen.* So konnte der Christianisierungsauftrag, der den Franken in West- und Mitteleuropa zufiel, vorerst nur oberflächlich angenommen werden.

Im Merowingerreich durften Familien von Adel jetzt auf eigenem Grund und Boden Landpfarreien einrichten. Sie behielten dabei die Nutznießung des gestifteten *Kirchenguts* und erhielten, gleichsam als »Zugewinnung«, die volle geistliche Leitungsgewalt (»Eigenkirchenwesen«). Der *Klerus* wurde so schnell zum Spielball der fränkischen Adelsherrschaft. Da der *Grundherr* seine Geistlichen nach eigenem Gutdünken bestellte und entließ, gelangten bald zwielichtige Figuren zu Kirchenämtern. In zeitgenössischen Quellen wird Klage geführt, daß der Klerus *„besser mit Pfeil und Bogen umzugehen"* wüßte *„als mit der Heiligen Schrift."* Nicht besser war es um die höheren Kirchenämter bestellt: Besonders im siebten und frühen achten Jahrhundert ließen sich die Bischöfe in die grausamen Machtkämpfe der ausgehenden Merowingerherrschaft hineinziehen.

In diese Welt konnten neue Impulse nur von außen hineingetragen werden; und so geschah es auch. Schon seit Ende des sechsten Jahrhunderts trugen irische Mönche den Missionsgedanken auf das Festland. Ihr Ideal war nach einem Bibelwort die »Ewige Wanderschaft« (*pelegrinatio*), nur mittelbar der Missionsgedanke. Der erste und bedeutendste dieser irischen Wandermönche war COLUMBAN DER JÜNGERE (*um 543, † 615), der 590 mit zwölf Begleitern in der Bretagne landete und predigend durch die fränkischen Lande zog. In Burgund gründete er, von König GUNTRAM (561-593) unterstützt, drei Klöster, von denen das von Luxeuil (Vogesen) am bedeutendsten werden sollte. Später legte er sich mit dem fränkische Königshaus an, trat insbesondere gegen das ausschweifende Leben am Hof THEUDERICHS II. (596-613) auf und mußte das Land verlassen. COLUMBAN missionierte auch am Bodensee, bevor er nach Italien zog und das Kloster Bobbio gründete (612), das später

Glockenturm auf heidnischem Grund
Das Errichten christlicher Kirchen an germanischen Kultstätten ist vielfach belegt. Der Glockenturm der Kirche von Schwabstedt (12. Jh., südwestlich von Schleswig; ▶ S. 419) zeugt durch seine Plazierung auf einem bronzezeitlichen Grabhügel noch heute von diesem frühchristlichen Brauch.

Fränkischer Reliquienkasten
mit Christusdarstellung und Soldaten. (7./8. Jh.; Schatzkammer der Pfarrkirche St. Ludger, Essen-Werder; ▶ S. 438)

zeitweilig die bedeutendste Bibliothek des Abendlandes beherbergte. Andere irische Wandermönche sollten folgen, so zum Beispiel der HEILIGE KILIAN († um 689), der am Main wirkte und mit zwei Gefährten den *Märtyrertod* starb. Ihnen allen blieb der dauerhafte Erfolg ihrer Mission jedoch versagt, weil sie ihren Auftrag weder von Rom noch von den Merowingern bezogen hatten und – umgetrieben vom Wanderideal der *pelegrinatio* – das »Verweilen« am Ort und das »Absichern« der Bekehrung vollkommen versäumten.

Die Gründung von Bistümern

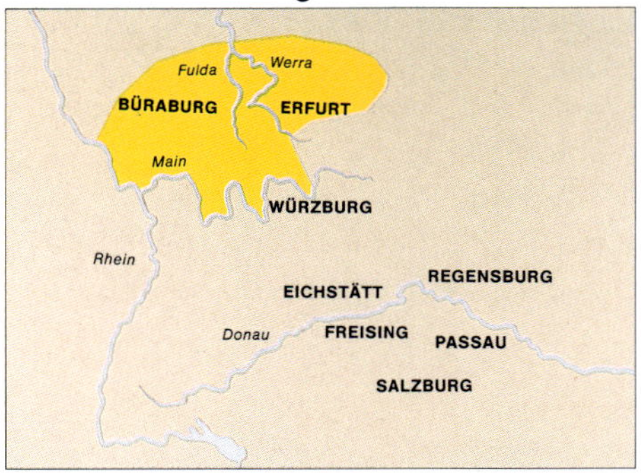

Bonifatius hat nicht nur als Missionar und Seelsorger gewirkt. Im Auftrag des Papstes nahm er ebenso zupackend auch die Kirchenorganisation im ostfränkischen Raum in Angriff.

Bonifatius - Apostel der Deutschen

Hundert Jahre nach Beginn der irischen Mission durch COLUMBAN setzte die angelsächsische ein. Die englischen Missionare waren aus anderem Holz geschnitzt. Tatkräftig, organisationsbegabt und ohne die spröde Exzentrik der irischen Eiferer, begriffen sie das Christentum als einen wesentlichen Bestandteil der weltlichen Ordnung. Ihr Missionswerk gingen sie planerisch an und mit dem Gefühl für strategische Notwendigkeiten. In England hatte sich eine mit Rom eng verbundene Bischofskirche herausgebildet. Was die Missionare dieser Kirche auf dem Festland taten, geschah gewissermaßen unter »römischer Schirmherrschaft«. Die Verhältnisse in Mitteleuropa lagen noch im argen: Um die Wende vom siebten zum achten Jahrhundert hatte das Christentum, gestützt auf spätantik-provinzialrömische Grundlagen sowie das Wirken irischer Mönche und fränkische Anstöße, erst an Mosel und Rhein, am Untermain und in der Wetterau, dann im alamannischen Oberdeutschland und in Bayern Fuß gefaßt. Das sächsische und *friesische* Norddeutschland verharrte im Heidentum, während es in Hessen und Thüringen erste Ansätze zum Christentum gab.

Im Jahre 690 setzte der englische Mönch WILLIBRORD (*um 658, †739) mit zwölf Gefährten nach Friesland über. Seine Mission war so erfolgreich, daß der gesamte kontinentale Nordwesten zur neuen Kirchenprovinz gemacht werden konnte – Papst SERGIUS I. (687-701) weihte ihn 695 zum *Erzbischof der Friesen*. Seinen Erfolg hatte WILLIBRORD klug vorbereitet: Er war eigens nach Rom gefahren, um die päpstliche Zustimmung für sein Missionswerk einzuholen. Er tat es im Auftrag PIPPINS DES MITTLEREN (*um 635, †714) – des seines Zeichens mächtigsten Mannes im Merowingerreich. Als WILLIBRORD, den man gern auch den »Apostel der Friesen« nennt, 739 in dem von ihm gegründeten Kloster Echternach (Luxemburg) starb, hatte sein kluges Vorgehen bereits Schule gemacht. Sein Schüler und zeitweiliger Gefährte WINFRIED (*um 675, †754), der durch GREGOR II. (715-731) den päpstlichen Namen BONIFATIUS erhalten hatte, sollte alle angelsächsischen Missionare an Bedeutung überragen und als »Apostel der Deutschen« in die abendländische Geschichte eingehen.

Als *Benediktinermönch* war er 716 zum Abt seines englischen Heimatklosters Exeter vorgeschlagen worden – er lehnte ab. Stattdessen wählte er die germanischen Wälder als Wirkungsstätte, um die Heiden zu bekehren. Was den Mönch aus England, der den Aberglauben haßte und das vernünftige Denken liebte, letztlich dazu bewogen haben mag, wissen wir nicht. Sicher ist, daß er wie kein anderer durch sein Tun die missionarische Kraft, die der abendländischen Religiosität innewohnte, freigelegt hat. Er hielt die Heiden für „*Blinde, welche die eigene Finsternis nicht erkennen und nicht sehen wollen.*" Sein Lieblingsvers aus der Bibel lautete: „*Gott will, daß alle Menschen ... zur Erkenntnis der Wahrheit gelangen.*" BONIFATIUS' Denken war so nüchtern wie sein Handeln erfolgreich. Nach anfänglicher *Friesenmission* holte er sich 719 in Rom den päpstlichen Auftrag zur Bekehrung der „*Völker Germaniens*" und wurde drei Jahre später zum *Missionsbischof* geweiht. Klug wählte er sich als Zentrum seines missionarischen, seelsorgerischen und kirchenorganisatorischen Wirkens den Raum Hessen, Ostfranken und Thüringen. Denn hier gab es Christen; und der Prozeß der Eingliederung dieser Region in das fränkische Reich war in vollem Gange. Die Franken hatten das Land zur Sicherung ihrer Herrschaft bereits mit *Burgen* überzogen.

BONIFATIUS liebte demonstrative Taten voll symbolischer Kraft. Nur so war den Heiden beizukommen und den christlichen Priestern, die das heidnische Zaubern, Wahrsagen und Deuten nicht lassen mochten, ihr Handwerk zu legen. Sein denkwürdiges Fällen der berühmten *Kulteiche* zu Geismar in Hessen ist später von dem *Benediktiner* WILLIBALD (*um 700, †787) nachgezeichnet worden und vermittelt einen Einblick in das damalige Geschehen der Heidenmission: „*Bonifatius (unternahm) es, eine ungeheure Eiche, die mit ihrem alten heidnischen Namen Joviseiche genannt wurde, in einem Orte, der Gäsmere hieß, im Beisein der ihn umgebenden Knechte Gottes zu fällen ... Als er jedoch den Baum nur ein wenig angehauen hatte, wurde sofort die gewaltige Masse der Eiche wie von höherem, göttlichem Wehen bewegt. Sie stürzte, nachdem der Ästegipfel gebrochen war, zur Erde. Wie durch höheren Wirkens Kraft barst sie sofort in vier Teile, und vier ungeheuer große Stücke von gleicher Länge stellten sich dem Auge dar,*

Entwicklung des Kirchenbaus
Die Bildfolge zeigt in drei Modellen die Eggelhofkapelle (▶ S. 464) in Achsheim bei Augsburg. (Abb. oben: 10. Jh.; Abb. Mitte: 12. Jh.; Abb. unten: gotisch, geweiht 1492; – Heimatverein Augsburg)

Märtyrertod des Bonifatius
Ausschnitt aus einer Buchmalerei.
(Sakramentar der Kirche S. Salvatoris zu Fulda, 975; Universitätsbibliothek Göttingen)

Herrscher auf dem Thron
(Utrecht-Psalter;
Hamburg, Staatsbibliothek)

ohne daß die umstehenden Begleiter des Bonifatius etwas dazu getan hatten. Als dies die vorher fluchenden Heiden sahen, wurden sie umgewandelt. Sie legten die frühere Bosheit ab, priesen Gott und glaubten."

BONIFATIUS ist nicht nur mit Zähigkeit und Willensstärke vorgegangen, sondern zugleich mit beispiellosem Einfühlungsvermögen. Mit dem Anlegen der Axt redete er in der Sprache der Heiden, um ihnen das Wort Christi verkünden zu können. Sein Missionswerk sicherte er durch zahlreiche Klostergründungen ab (z.B. Fritzlar und Fulda). 732 ernannte ihn Papst GREGOR III. (731-741) zum Missionserzbischof und 737, als er noch einmal nach Rom zog, zum päpstlichen *Legaten* in Germanien. Nun konnte BONIFATIUS weitreichende kirchenorganisatorische Aufgaben in Angriff nehmen. Sein Lebenswerk schloß er mit der Einrichtung der *Bistümer* Würzburg, Erfurt, Freising, Passau, Regensburg, Eichstätt und Salzburg ab. Bei Dokkum im heute holländischen Friesland starb er 754 den *Märtyrertod*; zur selben Zeit geschah in Paris etwas noch nie Dagewesenes: Papst STEPHAN II. weilte im Frankenland und vollzog an PIPPIN DEM JÜNGEREN, mit dem BONIFATIUS in seiner letzten Schaffensperiode für eine *Reform* der verweltlichten Kirche zusammengewirkt hatte, die Königsweihe!

Das neue Fundament des Gottesgnadentums

Im Merowingerreich hatten sich seit der Mitte des sechsten Jahrhunderts drei Reichsteile herausgebildet – das Ostland *Austrien* (mit den Residenzen Reims und Metz), das Westland *Neustrien* (mit Paris und Soissons) sowie Burgund an Loire und Rhone (mit Orléans). Erbitterte Rivalitäten zwischen den Reichsteilen einerseits wie auch der Gegensatz zwischen den Merowingern und den großen Adelsfamilien andererseits sollten das Frankenreich alsbald entscheidend schwächen. Das Sagen hatten die sogenannten »Hausmeier« (lat.: *major domus*), ursprünglich die Vorsteher der königlichen Hofhaltung in den Teilreichen. Seit Ende des siebten Jahrhunderts herrschte der Hausmeier von Austrien, PIPPIN DER MITTLERE, unbeschränkt über das Gesamtreich. PIPPINS Sohn war der berühmte KARL MARTELL (714-741), der 732 den legendären Sieg über die *Araber* bei *Tours und Poitiers* erringen konnte.

Nun stand das Geschlecht der *Pippiniden*, wie diese Hausmeierdynastie auch genannt wird, an Ruhm dem kaiserlichen Konstantinopel in nichts mehr nach. Doch eines fehlte diesem aufstrebenden Geschlecht – die Königswürde, die *Geblütsheilig-*

keit der Merowinger. Karl Martells Sohn, Pippin der Jüngere, wagte schließlich den »Staatsstreich«, der mit einem Schlage die politischen Voraussetzungen des frühen Mittelalters verändern sollte. Im Jahre 749 ließ Pippin bei Papst Zacharias (741-752) anfragen, *„was von den (merowingischen) Königen im Frankenreich zu halten sei, die keine königliche Macht besäßen.“* Der Papst ließ bescheiden, *„Pippin solle König werden.“* Ausgestattet mit dieser geistlich-moralischen Unterstützung des Papstes ließ sich dieser sodann 751 auf einer *Reichsversammlung* zum König wählen und anschließend von den fränkischen Bischöfen *salben*, vielleicht unter der Führung von Bonifatius. Die Salbung hatte den Sinn, den Mangel des königlichen *Geblüts* auszugleichen. Im Jahre 754 erfolgte dann die bereits erwähnte zweite Salbung, nun durch den Papst höchstpersönlich, der zugleich auch Pippins Söhne Karl (der Grosse) und Karlmann in den kirchlich-sakralen Weiheakt einbezog und damit das gesamte Geschlecht erhöhte. Mit der Salbung war ebenso die Würde eines *patricius romanorum*, die »Schutzherrschaft« über die *Römer*, verliehen.

Was war vorausgegangen? Der Papst befand sich in schwerer Bedrängnis. Die Langobarden hatten schon wiederholt versucht, Byzanz die verbliebenen Besitzungen in Italien abzujagen, wozu auch das *Dukat* (Grafschaft) von Rom gehörte. Ihr König Aistulf (749-757) war 751 im kaiserlichen *Exarchat* von Ravenna eingefallen und bedrohte seit 753 auch Rom. Kaiser Konstantin v. (718-775), der bisherige »Schutzherr« des Papstes, griff nicht ein. In heller Aufregung wandte sich Papst Stephan II. nun an Pippin, der sich für die päpstliche Unterstützung bei seiner Königserhebung von 751 revanchierte und dem Papst ein verbrieftes Schutzversprechen für die byzantinischen, aber von den Langobarden beanspruchten Gebiete Italiens gab (»Pippinsche Schenkung«). In zwei Langobardenfeldzügen (754, 756) erzwang Pippin von König Aistulf die Herausgabe der eroberten Gebiete. Das »Schutzversprechen« erhielt nun einen völlig neuen Sinn, denn die Gebiete standen gewissermaßen zur Disposition. Bei aller Unklarheit über die territoriale Zugehörigkeit, die im Spannungsfeld zwischen Franken, Langobarden, Kaiser und Papst noch verblieb, markierte der Ausgang dieser Feldzüge den Beginn der weltlichen Herrschaft des Papstes in Italien. Der Papst hatte also seinen angestammten kaiserlichen »Schutzherrn« verlassen und Pippin sich seinerseits über das germanische Geblütsrecht der Merowinger hinweggesetzt. Die Frankenmacht stand durch das Bündnis mit dem Papst auf dem neuen Fundament des *Gottesgnadentums*.

Tassilokelch
Der Bayernherzog Tassilo und seine Gemahlin Liutberga aus langobardischem Königsgeschlecht stifteten diesen mit Tierornamenten, Medaillons, Palmetten und Flechtwerk reich verzierten Kelch dem Kloster Kremsmünster, das der Herzog im Jahre 777 gründete. (Kremsmünster, Kirchenschatz des Benediktinerstifts; *▸ S. 482)*

Desiderius-Kreuz
(aus der zweiten Hälfte des 8. Jhs.; Brescia, Museo Christiano)

Erst PIPPINS Nachfolger KARL (768-814) vermochte die Leistungen des Vaters so richtig sichtbar zu machen und zu bestätigen. Seine Begabung für kriegerische Unternehmungen machte ihn zum größten Heerführer seiner Zeit. Nun, mit Gott im Bunde, bekamen seine Kriege eine neue Bedeutung – es waren Kreuzzüge für die *Einheit* und den *Schutz* der Christenheit. KARL verbrachte die Hälfte seiner Lebenszeit im Sattel. Jedes Jahr im Mai versammelte er einige Tausend *Fußsoldaten* und mehrere Hundert schwere *Panzerreiter*, hochgerüstete Krieger mit gewaltiger Kampfkraft. Die Kosten waren enorm. Ein Reitpferd und die Ausrüstung entsprachen dem Gegenwert von 20 Kühen. Die reichen *Grundbesitzer* im Lande mußten für alles aufkommen. Der Heerbann war Germanenbrauch. Er verbürgte den Zusammenhalt zwischen Frankenkönig und Frankenreich. Eine Verwaltung im heutigen Sinne gab es noch nicht. Selbst einfache Bauern schlossen sich zusammen und stellten aus ihrer Mitte einen Kampfreiter. Wehrsold blieb dieser Welt fremd. Der Lohn war die Beute im Feindesland. Mit den Erfolgen, die sich nun einstellten, wurden die großen fränkischen Landbesitzer noch stärker. Dreihundert Familien hatten bald die wirkliche Macht im Reiche, unter ihnen viele *Bischöfe* und *Äbte*. Als Grundherren sprachen sie Recht im Auftrag des Königs. Nur ihm persönlich waren sie verpflichtet. Nur starke Herrscher waren in der Lage, das große Frankenreich zu regieren. Und KARL verfügte über alle notwendigen Voraussetzungen.

Das Reich Karls des Großen

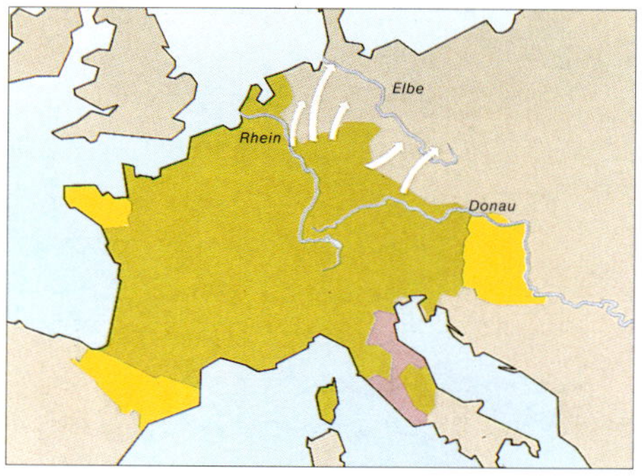

Karl herrschte über die größte geschlossene Landmasse seit dem Untergang des Weströmischen Reichs, dessen Erbe er bewußt antrat – nun auf lateinisch-christlicher Grundlage.

Karl der Große

Lassen wir uns zunächst auf seine Eroberungen ein: Während seiner 46jährigen Herrschaft führte er mehr als fünfzig Kriege. Jahr für Jahr folgte Heerfahrt auf Heerfahrt. Schon früh bot sich ihm die Gelegenheit, das Reich nach Süden hin auszudehnen: In Italien war es zu neuen Spannungen zwischen dem Papst und den Langobarden gekommen. Von Papst HADRIAN I. (772-795) zu Hilfe gerufen, zog KARL 773 nach Italien, belagerte Pavia, zwang den Langobardenkönig DESIDERIUS (757-774) hinter Klostermauern und nannte sich nun selbst »König der Langobarden« (*rex Langobardorum*). Papst und Frankenkönig erneuerten während des Feldzugs das Bündnis von 754, und im Jahre 781 bestätigte KARL dem Papst wenigstens zum Teil dessen Herrschaftsanspruch über das *Dukat* von Rom, den *Exarchat* von Ravenna und die *Pentapolis* (die fünf italienischen Seestädte Rimini, Pesaro, Fano, Senigallia und Ancona). Das Franken-

Reiterstatue Karls des Großen *Nach neuen Untersuchungen der Gebeine Karls war er 1,82 m groß - ein Riese also für damalige Verhältnisse. - Die Figur des Reiters stammt aus dem 9. Jh., das Pferd aus späterer Zeit (Kopie; Enger im Kreis Herford, Widukind-Gedächtnisstätte;* *▶ S. 431.* *Das Original befindet sich im Louvre, Paris)*

reich hatte sich als Ordnungsmacht in Italien erwiesen und darin endgültig Byzanz abgelöst – eine wesentliche Weichenstellung für die spätere *Kaiserkrönung* KARLS war erfolgt!

Nachdem KARL derart seine Stellung in Italien gesichert hatte, fühlte er sich auch stark genug, gegen den bayerischen Stammesherzog TASSILO III. (757-788) vorzugehen, der dem fränkischen Königshaus zwar durch den *Lehnseid* verpflichtet war, aber wiederholt den Gehorsam aufgekündigt hatte. KARL hegte tiefes Mißtrauen gegen den Schwiegersohn des DESIDERIUS, vor allem gegen seine eigenmächtige Politik, die sich auf das Selbstbewußtsein der erblichen *Herzogswürde* stützen konnte. Als KARL 787 einen siegreichen Feldzug gegen Herzog ARICHIS von *Benevent*, auch er ein Schwiegersohn des DESIDERIUS, unternahm, nutzte er die Gunst der Stunde: Er ließ drei Frankenheere nach Bayern vorrücken; jetzt unterwarf sich TASSILO, mußte sich dann indes vor der *Reichsversammlung* zu Ingelheim erneut verantworten, weil er inzwischen Kontakte zu den *Awaren* geknüpft hatte. Das war das Ende des letzten Stammesherzogtums. Das Todesurteil gegen TASSILO wandelte KARL schließlich in lebenslange Klosterhaft um.

Am folgenreichsten für die spätere deutsche Geschichte sollten KARLS *Sachsenkriege* werden. Die Sachsen wehrten sich insgesamt drei Jahrzehnte gegen die christliche Missionierung und damit gegen die Eingliederung in den Reichsverband. Vor KARL hatte sich noch kein christlicher Herrscher in die gefürchteten Sachsenwälder gewagt. Im Jahre 772 führte er seine

Karls Gewohnheiten

Karl war maßvoll im Essen und Trinken. Zumal im Trinken, da er die Trunkenheit bei jedem Menschen, ganz besonders an sich selbst und den übrigen Mitgliedern seines Haushaltes sehr verabscheute. Enthaltsamkeit im Essen fiel ihm dagegen schwer, und er beklagte sich oft, daß das Fasten seiner Gesundheit schade. Er gab sehr selten Gelage, meist nur an hohen Feiertagen, dann aber für eine große Anzahl von Leuten. Seine täglichen Mahlzeiten bestanden aus vier Gängen und dem Fleisch, das seine Jäger auf dem Spieß brieten und das er lieber als alles andere aß.

Während des Essens hörte er sich entweder Musik oder einen Vorleser an. Dabei wurden geschichtliche Werke und die Taten der Alten vorgetragen. Er hörte auch gerne die Werke des heiligen Augustinus, besonders seine Schrift »De Civitate Dei«. An Wein oder anderen Getränken gönnte er sich so wenig, daß er während der Mahlzeit selten mehr als dreimal trank. Im Sommer aß er nach dem Mittagessen Obst, leerte seinen Becher, zog dann Kleider und Schuhe aus, wie er es am Abend zu tun pflegte, und ruhte zwei bis drei Stunden lang. Mit der Nachtruhe hielt er es so, daß sein Schlaf gewöhnlich vier- oder fünfmal unterbrochen wurde; sobald er erwachte, stand er dann auch auf.

Während man ihm Schuhe und Kleider anzog, gab er seinen Freunden meist Audienzen. Und wenn ihm der Pfalzgraf von einer Streitigkeit berichtete, die seine Entscheidung verlangte, ließ er die streitenden Parteien sofort hereinführen, hörte sich den Fall an und verkündete sein Urteil, genauso als säße er auf dem Richterstuhle. Doch nicht nur das, er gab gleichzeitig auch Anweisung, was alles am Tag getan oder den Beamten aufgetragen werden sollte.

(Einhard, »Das Leben Karls des Großen«)

Bildnismünze Karls des Großen
Das Herrscherporträt verbürgt die Echtheit und den Wert dieser Silbermünze, die nach 804 in Mainz geprägt wurde. (Paris, Bibliothèque Nationale)

Belagerung und Übergabe einer Stadt
(Buchillustration aus dem »Goldenen Psalter« von St. Gallen; letztes Drittel des 9. Jahrhunderts)

Heerscharen erstmals nach Nordosten. Die Franken eroberten die *Eresburg*, eine der großen sächsischen *Wallburgen* (vermutlich am Oberlauf der Diemel), zogen weiter und zerstörten die *Irminsul*, eine große hölzerne Säule, die als sächsisches Stammesheiligtum verehrt wurde. Diese Demütigung saß nun tief und sollte den Widerstand der Heiden erst recht mobilisieren. Sie fielen mordend und plündernd in fränkische Reichsgebiete ein, zogen sich zurück, mußten sich unterwerfen, wenn KARL mit seiner Heeresmacht anrückte, und griffen dann erneut an, wenn dieser andernorts gebunden war.

775 konnte der König die sächsischen Teilstämme der *Engern*, *West-* und *Ostfalen* zur Anerkennung seiner Oberhoheit zwingen. Jetzt betrachtete er die sächsischen Lande als Reichsgebiet. Er ließ die Eresburg befestigen, erbaute die *Karlsburg* (bei Paderborn) als demonstratives Zeichen seines Herrschaftsanspruchs und lud sächsische Edelinge zum *Reichstag* nach Paderborn (777). Aber der Konflikt war noch lange nicht ausgestanden! 782 nahm KARL in Verden an der Aller fürchterliche Rache an sächsischen Aufständischen, die den Franken in der *Schlacht am Süntel* (Weserbergland) eine schwere Niederlage zugefügt hatten. 4500 Sachsen wurden enthauptet. Ihr bedeutendster Anführer WIDUKIND († 807) konnte entkommen und neue Empörung entfachen. Die Heiden kämpften mit dem Mut der Verzweiflung ... Doch KARL ging nun konzentrierter vor: Erzwungene Massentaufen, Zwangsumsiedlungen von Sachsen in andere Reichsteile, der allmähliche Aufbau einer kirchlichen Organisation und insbesondere die Einrichtung der fränkischen *Grafschaftsverfassung*, durch die KARL den sächsischen Adel auf seine Seite zu bringen versuchte, taten schließlich Wirkung. Im Jahre 804 war der letzte Widerstand gebrochen. Das Frankenreich reichte nun bis zur Elbe.

Wittekindsburg
Die Abbildung zeigt Mauerreste einer sächsischen Befestigungsanlage. Nach alter Überlieferung soll Widukind (»Wittekind«) 783 dorthin geflüchtet sein. (Rulle bei Osnabrück)

KARL war der *Mehrer des Reichs* geworden, wie die Quellen sich ausdrücken, stets und insgesamt erfolgreich bemüht, die Grenzen zu sichern oder zu seinen Gunsten zu verschieben. Er kämpfte gegen die *Elbslawen* im Osten, gegen die Awaren im Südosten und sicherte auch im fernen Südwesten seinen Einfluß, indem er weit jenseits der Pyrenäen die *Spanische Mark* einrichtete. Zeremonieller Höhepunkt seiner Weltherrschaft war die Kaiserkrönung am Weihnachtstag des Jahres 800. Er betete am Grabe des Apostels Petrus; als er sich erhob, setzte ihm Papst LEO II. (795-816) die Krone des *Imperium Romanum* aufs Haupt, und die versammelten Römer brachen in den Ruf aus: *„Leben und Sieg dem erhabenen Karl, dem von Gott gekrönten und friedenstiftenden Kaiser der Römer!“* Es heißt, KARL sei verstimmt gewesen, denn der Papst handelte eigenmächtig. Über das Motiv seiner Verstimmung hat die Geschichtsforschung viel gerätselt. Am wahrscheinlichsten ist die Annahme, daß dem Franken die Umstände der päpstlichen Inszenierung, nämlich mit den Römern als dem führenden *Reichsvolk*, nicht paßten. An der ideellen Aufwertung seiner Herrschaft änderte dies indes nichts! Und diese jedenfalls war von ihm auch gewollt. Auf seine Kaiserbulle ließ er fortan das Wort von der »Reichserneuerung« setzen (*renovatio romani imperii*). Darin dokumentierte sich seine tiefe Verpflichtung, Herrschaft nicht allein mit dem Schwert auszuüben.

Die Aachener Hofwerkstätten
In der Pfalz Aachen kamen Künstler aus allen Regionen und Ländern der Christenheit zusammen und bildeten die sog. »Hofschulen« (der Bronzegießer, Buchmaler, Kalligraphen, Elfenbeinschnitzer). In weniger als zwanzig Jahren sollten sie Kunststile prägen, die im ganzen Karlsreich nicht ihresgleichen fanden. Ein vergleichbares kaiserliches Erziehungswerk ist erst wieder am Prager Hof Karls IV. wirksam. – Die Abbildung zeigt in der Bildmitte den triumphierenden, jugendlichen Christus. Ein Vergleich mit dem »lombardischen Stil« läßt erkennen, welchen gewaltigen Entwicklungsschub das karolingische Kunsthandwerk erbracht hatte. (Prachteinband des Lorscher Evangeliars; Mainz, Römisch-Germanisches Zentralmuseum)

Die Karolingische Renaissance

Seine Bemühungen um »Erneuerung« werden gemeinhin unter dem Begriff der *Karolingischen Renaissance* zusammengefaßt – mal enger, kunstgeschichtlich gemeint, mal umfassender. KARL ließ in Aachen eine Residenz errichten, ein steinernes Mal, dessen Wucht ganz Europa in Erstaunen versetzte. Die Kirche seines Palastes ist noch erhalten. Ein Franke entwarf den Plan, ein Franke überwachte den Bau. Die Großen des Reichs erschauerten vor dem Wunderwerk der mächtigen Bronzetür. Löwenköpfe als Türgriffe! KARL hatte Sinn für Symbole. Monumental, stark, überwältigend sollte sein Palast wirken und vom Ruhm und der Kraft seines Erbauers künden. Dieser Wille zur Aufnahme der fremden Architektur des Südens war neu, denn die Monumentalkunst lag überhaupt nicht in der Tradition des germanischen Nordens; aber er war folgerichtig, denn der Herrscher fühlte sich als Erbe des Römischen Westreichs.

Mag sich in der monumentalen Ausstattung seiner Aachener Residenz auch der Wunsch ausgedrückt haben, die *Ebenbürtig-*

keit zu Byzanz zu betonen, so hatte KARL mit seiner »Erneuerung« doch Grundlegenderes im Sinn: Seit den Zeiten der merowingischen Eroberungen fristete die antike und altchristliche Kultur in seinem Reich ein kümmerliches Dasein. Die *Laienkultur* war verfallen, die Aristokratie durchweg *illiterat* und der Bildungsstand des Klerus bescheiden. Wie aber sollte das Christentum verkündet werden, wenn es um das Verständnis des biblischen Wortes arg bestellt war? KARL, selbst Analphabet, entwickelte ein feines Gespür für die ganz elementaren Maßnahmen, die jetzt notwendig waren, um das Bildungs- und Kulturniveau in seinem Reich zu heben. Deshalb umgab er sich mit den führenden Gelehrten und Musenköpfen seiner Zeit; sie wirkten an seinem Hof als »Berater« – zum Beispiel der Westgote THEODULF (*um 760, † 821), der bedeutendste Dichter im Kreis um KARL, der Langobarde PETRUS VON PISA, KARLS Lehrer in der Grammatik, der Mainfranke EINHARD (*um 770, † 840), sein Vertrauter und Leiter der kaiserlichen Bauten, oder schließlich der Engländer ALKUIN (*um 730, † 804), der Hoftheologe und bedeutendste Organisator des Bildungswesens im Reich. Sie und andere prägten die »Hofakademie«, eine Mischung aus Beraterstab, oberster Lehranstalt und Musenhof.

Nun wies KARL die Bischöfe zur strengen Kontrolle ihrer Geistlichkeit an, und an den Bischofssitzen und Klöstern wurden *Schulen* und *Bibliotheken* eingerichtet oder ausgebaut, damit für das geistige Niveau der Kleriker und Mönche Sorge getragen werden konnte. Bei alledem ging es auch darum, Nachwuchs für die *Skriptorien* (Schreibschulen der Klöster) heranzubilden. Denn das überlieferte Schriftgut sollte so zahlreich wie möglich

Portal der Pfalzkapelle
Die beiden Löwenköpfe gehören zu einer Bronzetür und dienten als Türgriffe. Sie wurden auf die Bronzetür angenietet, sind also von dieser gesondert gegossen worden. (Aachen, Hauptportal der Pfalzkapelle; ▸ *S. 446)*

Modell der Aachener Kaiserpfalz
Karl war verschiedene Male nach Italien gezogen, wo er die Vorzüge byzantinischer Wohnpaläste kennenlernte. Die Gesamtanlage ist nach einem genau berechneten Plan entstanden. In der Bildmitte erhebt sich das berühmte Oktogon der Pfalzkapelle, das im Stil von der unter Kaiser Justinian 526-547 erbauten Kirche San Vitale in Ravenna beeinflußt wurde. (Bonn, Rheinisches Landesmuseum)

kopiert werden. Das Christentum war eine Buchreligion – einmal durch die Bibel selbst, aber auch durch den rechten Gebrauch der »Weisheit«, die in den überlieferten Handschriften der Antike und Spätantike »ruhte«. In den »regionalen Bildungszentren« in Metz, Utrecht, Fulda, Sankt Gallen oder Regensburg wurde nun gelernt und geschrieben. „*Wisset*“, soll KARL bei einem persönlichen Besuch in Sankt Gallen die dortigen Klosterschüler gemahnt haben, „*daß euch Karl nie eine Gunst erweisen wird, wenn ihr eure Faulheit nicht durch fleißiges Studieren wiedergutmacht!*“ Und man hörte auf KARL! Mit dem Erlernen der lateinischen Sprache gewannen die Mönche der Zeit nun tiefe Einblicke in das Leben des alten Rom. Ernst und leidenschaftlich lasen und kopierten sie antike Dramen und Heldenlieder. Dabei verinnerlichten sie, ohne es recht zu bemerken, die geistige Unruhe der antiken Autoren und schufen bald selbst hervorragende Kunstwerke.

KARL und seine Berater erkannten, daß der Umgang mit Sprache und Schrift von ebenso zentraler wie elementarer Bedeutung sein mußte. So setzte ALKUIN eine *Schriftreform* in Gang. Bisher waren entweder unförmige Großbuchstaben in Gebrauch, die vom Schreiber große Sorgfalt verlangten, oder Kursivlettern – abenteuerlich geschwungene Zeichen, ein chaotisches Durcheinander von Linien, die wohl nur der Schreiber selbst entziffern konnte. Man fürchtete am *Hof*, daß durch verunstaltete Schriftformen ein falscher Sinn übertragen würde. ALKUIN schaffte Ordnung. Er ließ Lettern entwickeln, die den Mönchen schneller von der Hand gingen und trotzdem eine gute Lesbarkeit verbürgten: die sogenannten *karolingischen Minuskeln*. Sie traten ihren Siegeszug von der *Aachener Hofschule* an und haben in gewissen Abwandlungen die Jahrhunderte bis heute überdauert.

Am 28. Januar des Jahres 814 starb der König und Kaiser. Ein Mönch klagte: „*Romanen, Franken und die ganze Christenheit sind tief in Gram, von Elend ... bedrückt! Wehe uns Jammernden! ... Es klagt der Erdkreis um den Tod des Herrschers Karl. Wehe uns Jammernden!*“ Wie ein germanischer Großbauer hatte KARL zunächst verfügt, im Falle seines Todes das Reich unter seinen Söhnen aufzuteilen – gewissermaßen wie einen Bauernhof. Es sollte anders kommen! Zwei Söhne sterben vor der Zeit, einer erbt, aber das Reich zerfällt gleichwohl ...

Merowingischer Schriftzug

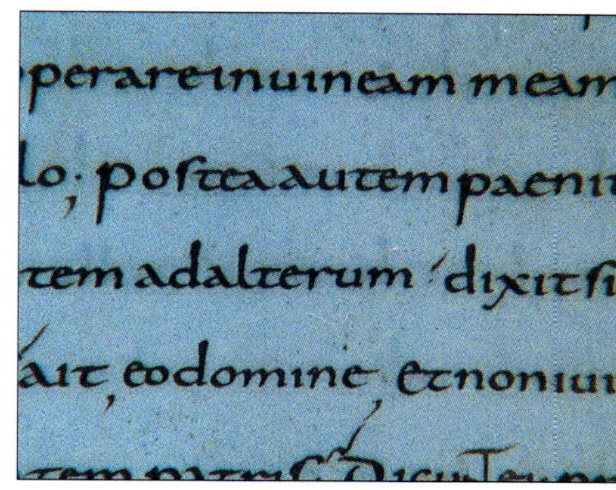

Karolingischer Schriftzug

»Man fürchtete am Hof, daß durch verunstaltete Schriftformen ein falscher Sinn übertragen würde.«

Reichsinsignien
Schatzkammer der Wiener Hofburg

Das neue Kaiserreich

In den Klöstern leben Laienäbte mit
Frauen, Kindern, Vasallen und Jagdhunden.
Wie soll einer von denen die Regel
erklären, der sagt: „ich kann nicht lesen",
wenn ihm ein Buch hingehalten wird?
(Synodalakte aus dem Jahre 909)

Die neue Bedrohung aus dem Norden

Mitten in der Ostsee liegt eine Insel; sie ist 117 Kilometer lang und bis zu 45 Kilometer breit: *Gotland*. Im neunten und zehnten Jahrhundert schwammen die *Gotländer* im Reichtum. Sie verließen ihre unfruchtbare Heimat und trieben Handel bis in den Orient hinein. Mit Säcken voller Geld und Waren aus aller Welt kehrten sie zurück. Gotland war ein Zentrum des Handels im Norden Europas, eine Zwischenstation auf dem Weg nach Rußland und Asien. Die Seele der Gotländer lag in ihren Schiffen. Auf Gotland gibt es Hunderte von *Steingräbern* in Form großer Schiffe – sie stammen aus vorgeschichtlicher Zeit; und ebenso viele Gedenksteine zu Ehren Verstorbener – sie stammen aus einer späteren Zeit. Man nennt sie auch gotländische *Bildsteine*, weil sie in unübertroffener Anschaulichkeit von abenteuerlichen Reisen über die Meere, von Gefahr, Krieg und Tod künden. Das Meer und die Seefahrt bestimmten Leben und Tod dieser Menschen des Nordens. Sie fuhren auf tobenden Ozeanen fernen Ländern entgegen, bereit, für ein gutes Geschäft Kopf und Kragen zu riskieren. Viele Söhne Gotlands kehrten nicht mehr zurück. Lesen wir die Spuren dieser Gotländer: »Karl« starb auf einer Insel im Dnjepr, »Assur« verlor sein Leben in Griechenland, »Harald«, „der nach Gold auszog", wurde irgendwo im Süden Raubvögeln zum Fraß überlassen. Andere fanden ihr Grab in Jerusalem oder auf Island. Diese Gotländer gehörten zum Volk der *Schweden*; und die Schweden waren *Nordgermanen*.

Szenenwechsel – 1796 fand man bei Busdorf (▸ S. 419) im Schleswig-Holsteinischen einen *Runenstein* (»Erikstein«), dessen

Kreidefelsen auf Gotland
Die Wikinger (»Nordmannen«) waren an das rauhe Klima des Nordens ebenso gewöhnt wie an die See, die sie dank überlegener Schiffahrtstechnik zu beherrschen lernten.

Steinschiff auf Gotland
In vorgeschichtlicher Zeit bestatteten die Gotländer ihre Verstorbenen in Steingräbern, die in der Form ihren Schiffe nachgebildet waren. (ca. 1000-500 v. Chr.; Ranarve auf Gotland, Ausgrabung Fjela, ▸ *S. 478)*

Inschrift sich höchstwahrscheinlich auf Ereignisse des zehnten Jahrhunderts bezieht. Sie lautet: „*Thorulf, der Gefolgsmann Svens, errichtete diesen Stein für seinen Genossen Erik, der den Tod fand, als die Krieger Hedeby belagerten, und er war Steuermann, ein wohlgeborener Krieger.*" »Hedeby«, zu deutsch *Siedlung auf der Heide*, verweist auf »Haithabu«, den berühmten Handelsplatz des Nordens, der sich an dieser Stelle befand. Hier entwickelte sich um die Wende zum neunten Jahrhundert der für lange Zeit bedeutendste Umschlagsplatz des Fernhandels zwischen Nord- und Ostsee. Diese Niederlassung dürfte in ihrer Blütezeit im neunten und zehnten Jahrhundert etwa tausend Einwohner gehabt haben – eine für den Norden in dieser Zeit höchst beachtliche Zahl! Haithabu lehnte sich mit dem 968 errichteten Erdwall eng an das Verteidigungssystem des »Danewerks« an, das *Jütland* an der günstigen Schleswiger Landenge nach Süden hin sichern half.

„Haithabu war ein Zentrum des internationalen Sklavenhandels ..."

Strategisch geschützt und geographisch günstig zwischen Ost- und Nordsee gelegen, nutzten die Haithabu-Bewohner ihren Vorteil, um Handel und Wandel zu hoher Blüte zu führen. Grabungen dokumentieren nicht nur den beträchtlichen Reichtum dieses Handelsplatzes, sondern auch die Vielfalt und Reichweite der Unternehmungen dieser Nordleute sowie deren bemerkenswerte handwerkliche Fähigkeiten. Haithabu war ein Zentrum des internationalen Sklavenhandels; hier fanden sich *byzantinische* und *arabische* Kaufleute ein, um mit den Seefahrern des Nordens ihre Geschäfte zu machen. Und die Einheimischen kassierten kräftig mit. Haithabu hatte eine eigene *Münzstätte*, verfügte über einen ausgebauten Hafen und war durch eine bis zu zwölf Meter hohe Wallanlage geschützt. Die Zeit war friedlos, aber Immunität tat not, um Geschäfte abwickeln zu können. Und so scheffelten die Einheimischen ihre Reichtümer, bis sie den *Deutschen* aus dem Süden ein Dorn im Auge wurden. Die Bewohner von Haithabu gehörten zum Volk der *Dänen*; und die Dänen waren Nordgermanen.

Wikinger werden diese für den Zeitraum genannt, als sie sich zwischen dem achten und zwölften Jahrhundert in alle Himmelsrichtungen ausbreiteten und dem historischen Geschehen nachhaltig ihren Stempel aufdrückten. Sie wohnten nicht nur auf Gotland und Jütland und beließen es nicht nur bei friedlichem Handel, vielmehr waren ihre Ausgangslande der gesamte skandinavische Raum und ihre Abenteuer- und Beutelust ebenso ausgeprägt wie ihr Geschäftssinn. Die norwegischen und dänischen Wikinger bezeichnet man auch als *Normannen*, die schwedischen als *Waräger*. Mit den *Ost-* und *Westgermanen* der Völkerwanderungszeit teilten diese an das rauhe Klima des Nordens gewohnten »Nordmänner« den Drang in die Ferne. Aber im Gegensatz zu ihren blutsverwandten Vorfahren des Südens konnten sie in einem Punkt ihre überlegene Technik einsetzen – die *Wikingerschiffe* (▸ 477). Ihre Boote aus Eichenholz maßen etwa 20 bis 25 Meter in der Länge und 3,5 bis 5 Meter in der Breite. Sie konnten, mit 40 und mehr Riemen ausgestattet, die Flußläufe hochgerudert werden und erwiesen sich, wenn der Mast aufgerichtet und die Segel gesetzt waren, auch als außerordentlich hochseetüchtig. So ließen sich die Wikinger als Kaufleute und Krieger weit über das Meer hinaustragen oder nutzten die europäischen Flußläufe, um tief ins Landesinnere vorzustoßen.

Was trieb diese Männer just in jener Zeit zur Jagd auf Beute? Klimaverschlechterung und Überbevölkerung werden angeführt – die kargen Böden des Nordens gaben zu wenig her. Aus Bauern wurden Händler, die die Freiheitsliebe der Vorfahren ebenso geerbt hatten wie die Fähigkeit zum Zusammenschluß, um sich in ihrer harten Umgebung behaupten zu können. Und aus Händlern wurden Freibeuter, Kolonisten und schließlich sogar Staatengründer (z. B. das *Normannenreich* in Sizilien), weil sie einer allmählich erstarkenden Königsmacht in ihren Heimatländern zunächst widerstehen wollten. So setzen sie ihre überlegene Schiffahrttechnik ein, die sie im Verlaufe des siebten und achten Jahrhunderts erlernt hatten. Im Jahre 793 überfielen sie das Kloster *Lindisfarne* an der Nordostküste Englands. Das war die erste Heimsuchung des christlichen Westens. Dann schwärmten sie in großen und kleinen Verbänden fast jährlich

Gotländische Bildsteine
Sie wurden vom 5. Jh. n. Chr. bis zum Ende der Wikingerzeit auf Grabfeldern und längs der Wege aufgestellt und sind oft unsere einzige Quelle über die Religion und Vorstellungswelt der Wikinger. Die Bildsteine waren in leuchtenden Farben bemalt und kommen in ihrer Art nur auf Gotland vor (▸ S. 478). Der abgebildete Bildstein stellt ein Motiv aus der nordischen Mythologie dar: Odins »achtbeiniges Pferd« und »Fenrir«, den gefährlichen Dämon in Wolfsgestalt. (Stockholm, Staatliches Historisches Museum)

aus. Sie setzten sich auf den Britischen Inseln fest, besiedelten Island und gelangten von dort sogar bis nach Grönland (982) und Amerika (1000). Seit 800 gründeten die schwedischen Waräger in slawischen Siedlungsgebieten an der Ostseeküste mehrere Herrschaften, erreichten das Gebiet von Nowgorod, ließen sich von der Wolga bis zum Kaspischen Meer tragen und stießen bis nach Bagdad vor.

Die Verheerung des Frankenreichs

Unter Karl dem Grossen (768-814) war die Mitte Europas ein einiges, machtvolles Gebilde. Die Menschen fühlten sich sicher. Aber nach dem Tode Karls zerfiel das Frankenreich in Teilgebiete. Die Kraft des Kaiserreichs war gebrochen. Italien und der Kirchenstaat glaubten anfangs, die Normannen könnten sie nicht bedrohen; und Burgund schien durch seine geographische Lage besonders gesichert. Im *Westfränkischen Reich* stritten sich die Adligen und die Enkel Karls um die Macht. Eine gemeinsame Verteidigung mochte nicht gelingen. Und das *Ostfränkische Reich* war zu dünn besiedelt und staatlich wenig organisiert. Daß aus dem Norden Gefahr drohte, hatte Karl der Grosse noch miterlebt. Als die Normannen seit 799 die Küsten *Aquitaniens* und *Frieslands* heimsuchten, veranlaßte er die Einrichtung von Küstenwachen. Doch die Plünderer ließen nicht locker: Seit etwa 840, dem Todesjahr Kaiser Ludwigs des Frommen (814–840), begnügten sie sich nicht mehr mit gelegentlicher Brandschatzung der Küstengebiete, sondern fuhren mit ihren flachen und wendigen Schiffen auf den großen Strömen Frankreichs, der Seine, Loire und Garonne, auch auf Rhein, Mosel usw. stromauf, um an die Schätze der Klöster und Städte des Landes zu kommen.

Kaum ein Dorf, kaum ein Kloster und kaum eine Stadt in Reichweite der Normannenrouten blieben verschont. Hamburg, Paris, Rouen, Köln, Mainz, selbst das fränkische Nationalheiligtum *St. Martin* in Tours wurden geplündert (853), auch die ehrwürdige Kaiserstadt Aachen erlag 881 der Raubgier dieser Piraten. Die kaiserliche Kapelle nutzten die fremden Eroberer wie zum Hohn als Pferdestall. Im Jahre darauf ereilte es auch Trier. Und die Geschehnisse gleichen sich immer aufs Haar: Mit Segel- und Ruderkraft näherten sich die Normannen einer Stadt; Leitern und Taue halfen ihnen, die Befestigungen zu übersteigen. Sie schlugen die Türen und Fenster der Kirchen ein, wohin sich die wehrlose Menge geflüchtet hatte, raubten die Altarschätze, metzelten alles nieder, steckten die Kirchen und

Die Wikinger auf dem Kontinent

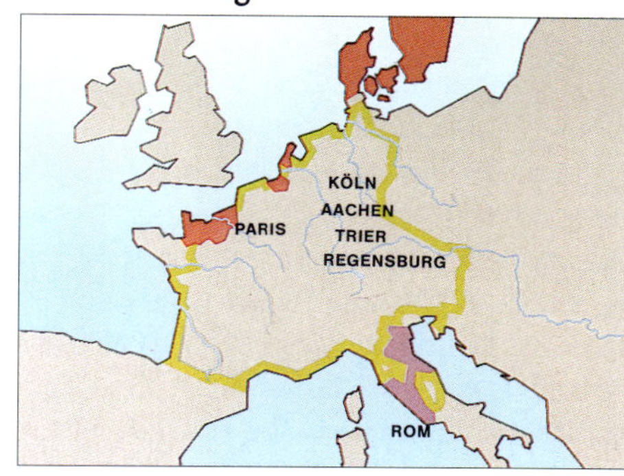

Seit 799, also bereits zu Lebzeiten Karls des Großen, suchten die Wikinger die Küsten Frieslands und Aquitaniens heim. An einigen Küstensäumen Westeuropas vermochten sie sich dann auch dauerhaft festzusetzen. Vor allem wurde ihnen 911 der Besitz der »Normandie« vertraglich zuerkannt.

Modell der Stellerburg bei Heide
Zum Schutze ihres Gebietes zwischen Elbe und Eider vor den Wikingern legten die Sachsen im 9. Jh. diese Verteidigungsanlage an. (Heide, Dithmarscher Museum)

Die Normannen am Rhein

Weit und breit wüteten die Normannen mit Sengen und Brennen, überall loderten die Flammen der brennenden Dörfer, Klöster und Städte empor, ein furchtbares Wahrzeichen der Wehrlosigkeit des fränkischen Landes. So gingen die Burgen Jülich und Neuß zugrunde; dasselbe Schicksal widerfuhr trotz seiner gewaltigen Römermauer dem ehrwürdigen Köln mit sämtlichen Kirchen und Klöstern und noch weiter rheinaufwärts der Stadt Bonn. Von hier ging es wieder westwärts und über die Burg Zülpich nach Aachen. Die Stadt, die seit den glanzvollen Tagen Karls des Großen neben Rom immer noch als die erste des Reiches galt, fiel widerstandslos in die Hände der Normannen. Wie zum Hohne benutzten diese die Marienkirche als Pferdestall, bis sie nach gründlichster Ausplünderung den kaiserlichen Palast mitsamt den Bädern in Brand steckten ...

Nur die Reliquien und der Kirchenschatz waren rechtzeitig aus Aachen nach Stablo gerettet worden. Aber gerade gegen die berühmten und reichen Ardennenklöster wandte sich jetzt die Raubgier der Normannen. Cornelimünster (Inda) bei Aachen, Malmedy und Stablo (Stavelot) mit der Peterskirche wurden Ende Dezember (881) niedergebrannt. Selbst das Kloster Prüm im öden Eifelgebirge war nicht sicher vor den Plünderern. Am 6. Januar 882 rückten die Normannen dort ein und hausten drei Tage in der Umgegend. In seiner Verzweiflung griff das Landvolk zu den Waffen, rottete sich zusammen und fiel seine Peiniger an. Doch diese setzten die zwar nicht waffenlosen, aber undisziplinierten Haufen schon durch ihr furchtbares Angriffsgeschrei in Verwirrung und schlachteten sie wie eine Herde Vieh ab. So sehr war auch schon im ostfränkischen Land der Bauer den Waffen entwöhnt. – Vor ihrem Abzug legten die Normannen an verschiedenen Stellen des Klosters Feuer an, und da keine Menschenseele zurückgeblieben war, die das Feuer hätte löschen können, brannten die Gebäude sämtlich nieder. Von Prüm aus kehrten die Plünderer wohlbehalten und mit reicher Beute nach Elsloo zurück.

(Walther Vogel, »Die Normannen und das Fränkische Reich«)

Häuser in Brand und verschwanden ... Schon früh zogen sie auch den *Mittelmeerraum* in ihr Operationsgebiet mit ein. Im Jahre 860 verwüsteten sie die italienische Westküste. Die Stadt Luna fiel ihnen zum Opfer, weil sie glaubten, es sei Rom. Die zeitgenössische Überlieferung gibt ein Bild der Klage und der allgemeinen Wehrlosigkeit. Ein fränkischer Chronist schreibt: „*Man ließ die Wache an den Küsten des Ozeans im Stich, die auswärtigen Kriege hörten auf, innere tobten, die Zahl der Schiffe vergrößerte sich, und die Menge der Normannen wuchs ins Grenzenlose.*“

Es dauerte im *Frankenreich* lange, bis man den planvollen Widerstand organisierte. Das hatte nicht nur mit der Unterschätzung der Nordleute und dem politischen Zerfall der Reichseinheit zu tun, sondern, wie es scheint, auch mit der Furcht des Adels vor einer Bewaffnung des Landvolks, das seinen Zorn alsbald auch gegen den Adel richten könnte. Zudem operierten die Normannen äußerst beweglich, wichen offenen Feldschlachten aus, traten auf und zogen sich zurück. Im Jahre 878 landete ein Normannenheer in *Flandern*. Der westfränkische König LUDWIG III. (879-882) trat ihnen bei Saucourt an der Marne entgegen (881) und fügte ihnen empfindliche Verluste zu. Nach den Annalen des Klosters Fulda (*Annales Fuldenses*) sollen 9000 Normannenkrieger auf dem Schlachtfeld geblieben sein. Im berühmten *Ludwigslied*, dem ältesten historischen Lied

Die Lorscher Königshalle *ist ein typisches Zeugnis der karolingischen Architektur. Sie war ursprünglich die Pforte des Nazariusklosters, das unter Karl dem Großen zur Reichsabtei wurde und den ostfränkisch-deutschen Karolingern als Grablege diente* *(▸ S. 456).*

in rheinfränkischer Sprache, wird der König überschwenglich als *Siegesfürst* gepriesen: *„Da kämpfte jeder von den Helden, aber keiner so wie Ludwig,/ der Tapfere und Kühne: Das war ihm angestammt./ Diesen durchschlug er, jenen durchstach er,/ er schenkte eigenhändig seinen Feinden/ bitteren Trank. Weh über sie auf immer, weh über ihr Leben!"*

Aber die Normannenkraft blieb noch ungebrochen. Erst Graf ODO, später der erste nichtkarolingische König des Westens (888-898), vermochte durch geschickte Verteidigung des belagerten Paris (886/887) ein Zeichen zu setzen, ebenso wie der ostfränkische König ARNULF VON KÄRNTEN (887-899), der die Normannen bei Löwen an der Dyle (891) besiegen und für immer aus den ostfränkischen Gebieten vertreiben konnte. Ab 992 trat eine Beruhigung ein. Die Normannen zogen ab, andere waren bereits seßhaft geworden. Im Westen wurde eine letzte Schlacht 911 geschlagen. Der Karolinger KARL DER EINFÄLTIGE (898-923) besiegte sie entscheidend und schloß mit ihnen im selben Jahr den *Vertrag von Saint-Clair-sur-Epte*, wodurch ihnen der Besitz der »Normandie« zuerkannt wurde. Die ungestüme Kraft des Volks der Wikinger lebte indes weiter – später bildeten sie Staaten und Großreiche, aber die »Normannennot« im Frankenreich war zu Ende. Ein ganzes Lebensalter lang dauerte die Heimsuchung, die die Menschen der Zeit als »Strafe Gottes« verstanden: *„Er ließ Heidenmänner über die See kommen, um das Volk der Franken an seine Sünden zu mahnen"* (Ludwigslied). Die Normannen waren den Großen des Reichs schließlich erlegen, aber sie haben den Niedergang der *Karolinger* beschleunigt und damit auf ein neues Zeitalter hingewirkt.

Ludwig der Fromme
Miniatur eines Bildgedichts aus dem »Liber de laudibus sanctae crucis« des Hrabanus Maurus, um 835. (Wien, Österreichische Nationalbibliothek)

Der Zerfall des Karolingerreichs

KARL DER GROSSE hatte im Jahre 806 verfügt, daß sein Reich unter seinen legitimen Söhnen KARL, LUDWIG und PIPPIN aufgeteilt werden sollte. Da KARL († 811) und PIPPIN († 810) jedoch vor dem Vater starben, fiel das gesamte Erbe LUDWIG zu, der 813 zum *Mitkaiser* erhoben wurde und 817 für seine eigenen Söhne einen guten Kompromiß zwischen dem *Einheits-* und dem *Teilungsprinzip* fand: Die sogenannte *Ordinatio imperii* bestimmte den ältesten Sohn LUDWIGS DES FROMMEN (814-840), LOTHAR († 855), zum Nachfolger und Mitkaiser. LOTHARS Brüdern PIPPIN († 838) und LUDWIG DEM DEUTSCHEN († 876), die dem Erstgeborenen deutlich untergeordnet waren, fielen die Reichsteile *Aquitanien* bzw. *Bayern* zu. Die Zeichen schienen also ähnlich günstig zu stehen wie eine Generation früher, als

Vertrag von Ribemont

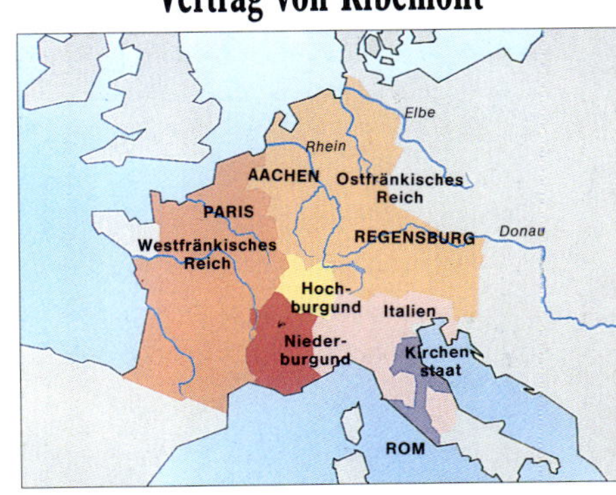

Diese Regelung besiegelte das Schicksal des karolingischen Mittelreichs (»Lotharingien«); dessen nördlicher Teil gelangte nun endgültig an das Ostfränkische Reich.

KARL durch den frühen Tod seines Bruders KARLMANN († 771) die *Alleinherrschaft* im Reich antreten konnte. Doch es sollte anders kommen. Denn Kaiser LUDWIG verstieß 829 gegen seine eigene *Ordinatio*, indem er seinem aus zweiter Ehe nachgeborenen Sohn KARL DEM KAHLEN († 877) einen neu gebildeten Dukat aus *Alamannien, Rätien, Elsaß* und Teilen *Burgunds* zusprach. Aus der *Dreiteilung* des Reichs von 817 war nun eine *Vierteilung* geworden, gegen die sich die drei älteren Brüder LOTHAR, PIPPIN und LUDWIG empörten. Die Mehrheit der *Reichsaristokratie* und des *Episkopats* stand hinter den Brüdern, die gegen den Vater zu Felde zogen und ihn 833 gefangensetzten. Doch nun entbrannte ein langjähriger *Bruderkrieg*, der seine Ursache in der Vorrangstellung des Erstgeborenen, LOTHAR, hatte. Dann wurde den Großen des Reichs diese innere Zerfleischung zu bunt: Sie vermittelten den *Vertrag von Verdun* (843), der als entscheidender Schritt zur Verselbständigung der Teilreiche gesehen wird. Nach LOTHARS Tod (855) konnten die Erben das Reich nicht zusammenhalten. Die Verträge von Meerssen (870) und Ribemont (880) besiegelten das Schicksal des Mittelreichs. Seine nördlichen Teile (*Lotharingien*) wurden dem Ostfränki-

Hrabanus Maurus
überreicht in Begleitung seines Lehrers Alkuin dem Erzbischof Otgar von Mainz ein Buch.

Praeceptor Germaniae
Erster Lehrer Deutschlands
So nannte man Hrabanus Maurus (um 780, † 856), den bedeutendsten Universalgelehrten der Karolingischen Renaissance. Hraban, der als Abt in Fulda (822-842) die dortige Klosterschule zur ersten europäischen Lehrstätte führte, wurde 847 Erzbischof von Mainz. (Miniaturen aus dem »Liber de laudibus«, Österreichische Nationalbibliothek Wien)*

schen Reich zugeschlagen, womit der Grenzverlauf zwischen dem späteren Frankreich und Deutschland festgelegt war.

Merowinger und *Karolinger* hatten das Frankenreich stets als eine Art Erbbesitz betrachtet. Reichsteilungen erfolgten nach dynastischen Gesichtspunkten, um Bruderkämpfe zu vermeiden. Als seit den 80er Jahren des neunten Jahrhunderts Angehörige der großen Familien des Reichs neue Königtümer begründeten, war das karolingische *Geblütsrecht* durchbrochen. Der erste nichtkarolingische König des Westfrankenreichs war Graf ODO VON PARIS (888-898), des Ostfrankenreichs KONRAD VON FRANKEN (911-918).

Im östlichen Reichsteil hatte sich schon unter LUDWIG DEM DEUTSCHEN zaghaft ein eigenes ostfränkisches Zusammengehörigkeitsgefühl herausgebildet, gefördert durch die gemeinsame Sprache der deutschen Stämme und dokumentiert in frühen Zeugnissen *althochdeutscher* und *altniederdeutscher* Literatur (Niederschrift des *Heliand*). »Deutsch« wurde geschrieben, um die heidnischen Stämme im Evangelium unterweisen zu können. Immerhin – der Missionsgedanke barg die Hinwendung zu heimischen Bedingungen. Einschneidender für die Herausbildung »Deutschlands« wurden jedoch äußere Einwirkungen und innere Veränderungen, die das Frankenreich nicht mehr insgesamt berührten, sondern in erster Linie den Osten...

Das Werden des Deutschen Reichs

An der mittleren Donau siedelten die *Ungarn*, ein Nomadenvolk mit Kriegern, nicht weniger gefürchtet als die Wikinger. Die ungarischen Reiterscharen zogen nur wenige Jahre, nachdem die Gefahr, die von den Nordleuten ausging, gebannt war, über Regensburg bis nach Paris und Rom. Niemand konnte sie aufhalten. Sie zerstörten das *Großmährische Reich* (906), brachen in Sachsen ein und besiegten in der Schlacht bei Preßburg (907) die Bayern. Markgraf LUITPOLD und drei bayerische Bischöfe fielen. Der ganze nord- und süddeutsche Raum war der Plünderung und Verheerung durch die Ungarn ausgeliefert; und sie kamen nun Jahr für Jahr. Die Menschen im Ostfränkischen Reich flohen aus Angst vor den Angriffen in die Wälder. Im Jahre 910 trat ihnen der junge König LUDWIG DAS KIND (900-911), der letzte ostfränkische Karolinger, bei Augsburg entgegen. Sein Aufgebot wurde vernichtend geschlagen. Ein Chronist gibt die zeitgenössische Vorstellung von den Ungarn wieder: „*Wie es heißt, nähren sich die Ungarn von rohem Fleisch und trinken Blut, ihren Gefangenen reißen sie das Herz aus dem Leibe, zerstückeln es und verschlingen es als Arznei. Nie macht sie Mitleid weich, die Gefühle der Menschlichkeit kennt ihre Brust nicht. Ihre Haare schneiden sie sich bis auf die Haut ab. Alle Zeit sitzen sie auf ihren Rossen, ob sie nun auf dem Wege sind, haltmachen, über etwas nachsinnen oder sich besprechen. Ihren Kindern und Sklaven bringen sie mit großer Emsigkeit Reiten und Pfeilschießen bei.*“

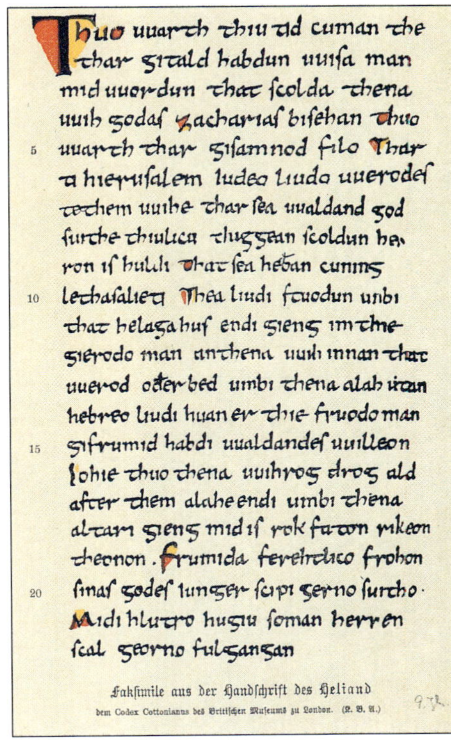
Thuo uuarth thiu tid cuman the
thar gitald habdun uuisa man
mid uuordun that scolda thena
uuih godas Zacharias bisehan thuo
uuarth thar gisamnod filo Thar
ta hierusalem Iudeo liudo uuerodes
tothem uuihe thar sea uualdand god
suithe thiulica thiggean scoldun he-
ron is hulli that sea heban cuning
lethasalieti Thea liudi stuodun umbi
that helaga hus endi gieng im the
gierodo man an thena uuih innan that
uuerod odar bed umbi thena alah utan
hebreo liudi huan er thie fruodo man
gifrumid habdi uualdandes uuilleon
Sohie thuo thena uuihrog drog ald
after them alahe endi umbi thena
altari gieng mid is rokfaton rikeon
theonon. Frumida ferehtlico frohon
sinas godes iunger scipi gerno suitho.
Midi hlutro hugiu so man herren
scal gerno fulgangan

Faksimile aus der Handschrift des Heliand
dem Codex Cottonianus des Britischen Museums zu London. (N. B. A.)

Der Heliand
Das um 830 entstandene anonyme Epos über die Lebensgeschichte Christi wurde von Ludwig dem Frommen angeregt und beruht auf den Evangelienkommentaren des Hrabanus Maurus. (Faksimile aus dem Codex Cottonianus, Britisches Museum London)

„Die »Großen« traten im November zu Forchheim zusammen ...“

Unter LUDWIG DEM KIND war die Ohnmacht des Königtums im Ostfränkischen Reich auch militärisch offenkundig geworden. Einst hatten die fränkischen Könige die alten *Stammesherzogtümer* zerschlagen und den *fränkischen Grafen* die regionale Herrschaft übertragen. Im Laufe der Zeit sollte sich diese *Reichsaristokratie* mit dem einheimischen *Adel* verschmelzen. Neue regionale Adelsgruppen entstanden neben den Grafen und bauten nun, da die karolingische Königsherrschaft im Osten nur noch nominell fortbestand, ihre Machtpositionen aus. In *Sachsen*, *Bayern*, *Schwaben* und *(Ost-)Franken* bildete sich darum das sogenannte *jüngere Stammesherzogtum* heraus – eine Tendenz, die durch die Ungarn-Bedrohung wenn nicht verursacht, so doch wesentlich beschleunigt wurde.

Ein frühes Zeugnis des neuen Selbstbewußtseins gibt uns der Bayer ARNULF (907-937), Sohn des gefallenen Markgrafen LUITPOLD. Er nannte sich schon 907 *durch göttliche Vorsehung Herzog der Bayern und angrenzender Lande*. Noch deutlicher wurden die neuen Machtverhältnisse durch die *Königswahl* von 911. In diesem Jahr war LUDWIG DAS KIND gestorben. Die *Lothringer* erhoben den Karolinger KARL DEN EINFÄLTIGEN (898-923) zum neuen König. Aber in den rechtsrheinischen Landen des Ostfränkischen Reichs ließ man das karolingische *Erbrecht* nun nicht mehr gelten. Die »Großen« traten im November zu Forchheim zusammen und *wählten* aus ihrer Mitte den Franken KONRAD I. zu ihrem König. Mit der Wahl eines Franken betonte man zwar noch einmal den fränkischen

Heinrich I. *im römischen Gewand, mit Krone, Reichsapfel und Zepter. (Karlsschrein; Aachen, Pfalzkapelle;* *▸ S. 446)*

Charakter des Ostreichs, aber die deutschen Stämme waren sich einig in der Abkehr von den Karolingern und hatten für ihren Herrschaftsraum einen *eigenen* politischen Willen bekundet. Darin liegt die einschneidende Bedeutung dieser Wahl.

Es bleibt aber umstritten, die *deutsche Reichsgeschichte* mit dieser Königswahl beginnen zu lassen. Denn KONRAD, der unter LUDWIG DEM KIND eine einflußreiche Stellung am Hofe innehielt, stützte sich nicht auf die neuen *herzoglichen* Territorialgewalten, also auf jene Kräfte, denen er die Königswahl zu verdanken hatte und die fortan die deutschen Geschicke entscheidend mitgestalten sollten, sondern setzte auf die Unterstützung der *Kirche*. Dieses Festhalten an karolingischen Traditionen schien so falsch nicht zu sein, da die *fränkische Reichskirche* fürchten mußte, unter die Vorherrschaft der Herzöge zu geraten. Am Ende kämpfte KONRAD aber glücklos, denn die *Kirchenfürsten* standen keineswegs mehr geschlossen hinter ihm. Sein militärisches Vorgehen in Schwaben, Sachsen und Bayern, das die königliche Vorherrschaft gegenüber den Stammesgewalten erzwingen sollte, scheiterte kläglich. Er erlag am 23. Dezember 918 den Verletzungen, die er auf einem Feldzug gegen ARNULF VON BAYERN erlitten hatte. Es heißt, auf dem Sterbebett habe er seinen Bruder EBERHARD zum Verzicht auf die Krone, also auf den *geblütsrechtlichen* Anspruch überreden können. Das *Königsheil* folge dem Würdigsten, und dies sei bei Herzog HEINRICH VON SACHSEN. Vielleicht ist dieser Bericht von dem sächsischen Geschichtsschreiber WIDUKIND VON CORVEY (*um 925, † nach 973) eine Legende, um der Königsherrschaft des Sachsen eine zusätzliche Legitimation zu verschaffen. Gleichviel – die Wahl des Jahres 919 traf den mächtigsten der deutschen Herzöge, ein Zufall vielleicht, aber ein folgenreicher ...

Heinrich I. - erster deutscher König

Im Mai des Jahres 919 trafen sich in Fritzlar, auf fränkischer Erde, die Großen aus Sachsen und Franken und wählten auf Vorschlag des Frankenherzogs EBERHARD († 939) den Sachsen HEINRICH I. (919-936) zum König. Die Versammelten huldigten dem Gewählten, der die *Salbung* durch den Mainzer Erzbischof HERIGER (913-927) jedoch ablehnte. Der Vorgang ist in zweifacher Hinsicht bemerkenswert: Zum einen wurde mit der Überzeugung gebrochen, den Franken gebühre der Vorrang im Reich, zum anderen tat sich durch den Verzicht auf *Salbung* und *Krönung* der Wille kund, die neue *Königsherrschaft* nicht noch einmal in kirchliche Abhängigkeit geraten zu lassen. HEINRICH

Die Jahre der Reichsgründung

Im Jahre der göttlichen Menschwerdung 907 wurden die Bayern in einer Schlacht mit den Ungarn unter vielem Blutvergießen zu Boden gestreckt. In diesem Kampf wurde der Herzog Luitpold getötet ... 908 überschritten die Ungarn wieder die Grenzen und verwüsteten Sachsen und Thüringen. 909 drangen die Ungarn in Alamannien ein. 910 kämpften die Franken auf der Grenze von Bayern und Franken mit den Ungarn und wurden elendiglich besiegt oder in die Flucht geschlagen ... 912 verwüsteten die Ungarn wiederum ohne Widerstand Franken und Thüringen ... (913) Die Ungarn verwüsteten die alamannischen Gefilde und wurden am Flusse Inn von Bayern und Alamannen erschlagen ... 915 verwüsteten die Ungarn ganz Alamannien mit Feuer und Schwert, ganz Thüringen und Sachsen aber durchzogen sie und kamen bis zum Kloster Fulda ...

918. König Konrad starb (am 23. Dezember). Als er seinen Todestag herannahen fühlte, rief er seine Brüder und Vettern, die Großen des Frankenvolkes, zu sich und teilte ihnen mit, sein Ende sei nicht mehr fern. Er beschwor sie mit väterlichen Ermahnungen, es über die Wahl seines Nachfolgers nicht zu einer Spaltung im Reiche kommen zu lassen. Sie sollten den Sachsenherzog Heinrich, Ottos Sohn, erküren. Der sei ein tüchtiger und tatkräftiger Mann, der sich mit allem Eifer für den Frieden einsetze. Zum Zeichen, daß sie für dies hohe Amt keinen würdigeren finden könnten, ließ er durch sie Zepter, Krone und die sonstigen königlichen Insignien ihm übergeben, auf daß er das Recht schirme und erhalte. Nachdem König Konrad gestorben war, wurde er im Kloster Fulda ehrenvoll bestattet. Müde von den vielen Kämpfen gegen die aufständischen Bayern, Alamannen und Sachsen, welche die wenigen Jahre seiner Regierung erfüllt hatten, war er von hinnen geschieden.

(Regino von Prüm, »Weltchronik«)

Mantelspange mit Heinrich I. (Brakteat; Berlin, Münzkabinett der Staatlichen Museen; ▸ S. 489)

wollte aus den Fehlern seines Vorgängers lernen und von vornherein die neuen *Stammesgewalten* für sich gewinnen. Ein solches Signal tat bitter not, denn die Schwaben und Bayern blieben der Königserhebung zu Fritzlar fern; seine neue Machtstellung hing am seidenen Faden, zumal die Bayern ihren Herzog ARNULF gleichfalls zum König erhoben – gleichfalls für das ganze Ostfränkische Reich (*in regno teutonicorum*). Es spricht für den politischen Instinkt des Sachsen, daß er diese Herausforderung sogleich annahm und zupackend löste: Noch 919 erzwang er die *Huldigung* des Schwabenherzogs BURCHARD, zwei Jahre später trotzte er dem Bayern gegen eine Reihe von Zugeständnissen die Anerkennung seiner Herrschaft ab, und nach zwei Feldzügen konnte er 925 auch *Lothringen*, das bei der Königswahl KONRADS einst abgefallen war, wieder an das Ostreich binden.

HEINRICH zielte also durch die erfolgreiche Rückgewinnung der abgefallenen *Herzogtümer* zunächst darauf, das Reich in seinem angestammten Umfang zu restituieren. Durch *Huldigung* und *Vasalleneid* band er die Herzöge an sein Königtum, vielleicht mit Ausnahme des Bayern, der nach Osten und Süden weiterhin eine eigenständige Außenpolitik verfolgte. Diese lehnsrechtliche Klammer erwies sich als tragfähig, da HEINRICH die Stammesmacht weder brechen wollte noch konnte. Im Gegenteil: Er tat alles, um die Herzöge in die *Reichsverantwortung* hineinwachsen zu lassen. Deutsche Königsherrschaft auszuüben, hieß fortan, mit »Zustimmung der Großen« zu regieren. Auf diesem Wege war auch ein fundamentales Gesetz des zukünftigen Reichs über jede Anfechtung, jedenfalls zum Zeitpunkt seines Entstehens, erhaben gewesen: In der *Quedlinburger Hausordnung* (929) bestimmte HEINRICH seinen zweitgeborenen Sohn OTTO zum *alleinigen* Nachfolger (»Individual-

Die Heilige Lanze *ist eine italienische Arbeit des 8.-9. Jhs., die der Burgunder Rudolf II. 921 erworben hatte, bevor sie wenige Jahre danach in den Besitz des deutschen Königs überging. Heinrich kaufte mit dieser Lanze vermutlich auch den Herrschaftsanspruch über das »regnum italicum«. (Kopie; Aachen, Rathaus. Das Original befindet sich in der Wiener Hofburg;* ▸ *S. 490**)*

sukzession«) und begründete so die Tradition von der *Unteilbarkeit des Reichs*. In den Zusammenhang der Kräftigung der Königsherrschaft gehört auch der Erwerb der sogenannten *Heiligen Lanze* von König RUDOLF II. VON HOCHBURGUND (912-937), dem HEINRICH dafür Gold und Silber gab und das Gebiet um Basel abtrat. Nun besaß der König nach den Vorstellungen der Zeit eine Waffe, mit der er sich unschlagbar fühlte. Ihr wohnte eine Kraft inne, der kein Feind widerstehen konnte. Denn in der Lanzenspitze ist ein Nagel eingeschmiedet, einer der Nägel, mit denen Jesus von Nazareth ans Kreuz geschlagen worden war – so glaubte man. Die Macht des Erlösers habe sich auf den Nagel übertragen und von dort auf die Waffe und ihren Besitzer, den König. Diese Heilige Lanze mit ihrer göttlichen Kraft ist den späteren deutschen Königen über Jahrhunderte vorausgetragen worden, wo immer sie sich aufhielten – als Zeichen ihres göttlichen Heils.

Die Ungarn plünderten weiter – nachweislich in den Jahren 919, 924 und 926. Sie zwangen die deutschen Stämme, *Tribute* zu zahlen. Der König war erst im Jahre 926 zu einer aktiven Ungarn-Politik übergegangen. Das Glück stand ihm zur Seite: Ein Häuptling der Ungarn fiel in seine Hände. HEINRICH trotzte den Ungarn nun einen neunjährigen Waffenstillstand ab, zahlte dafür hohe Geldsummen und ließ den Gefangenen frei. Die folgende Atempause wurde genutzt: An der Ostgrenze des Reichs ließ der König eine Fülle von Burgen als Versorgungs- und Sammelpunkte für seine Krieger errichten. Um den schnellen Reiterscharen der Nomaden gewachsen zu sein, wurde der *Heerbann* reorganisiert.

Das neu aufgestellte Heer bewies schon in den Feldzügen gegen die *Elbslawen* (928-929) seine Schlagkraft, so daß die *Reichsversammlung* zu Erfurt im Jahre 932 die Wiederaufnahme des Kampfes gegen die Ungarn beschließen konnte. Die Tributzahlungen wurden eingestellt, und prompt erschienen die Ungarn aufs neue mit großem Aufgebot. Bei *Riade* an der Unstrut kam es 933 zur Schlacht – die Invasoren wurden geschlagen. Das war mehr als ein Sieg, denn im königlichen Heer kämpften Angehörige *aller* deutschen Stämme. Heinrich hatte somit seine Königsmacht gefestigt. Sein Ansehen stieg auch im französischen Westen und im italienischen Süden. Seine Krieger hatten ihn für einige Jahre zum mächtigsten Mann Europas, des ganzen *christlichen Abendlands*, gemacht. Er selbst schien noch einen *Romzug* geplant zu haben, um entsprechend seiner neuen Rolle die *Kaiserkrone* zu erwerben. Doch am 2. Juli 936 starb er an den Folgen eines Schlaganfalls.

Die Pfalz Werla
Die 18 m hohe eiszeitliche Schotterterrasse war schon in der Steinzeit besiedelt. Die spätere Pfalzanlage bestand aus einer ringförmigen Hauptburg mit einem Durchmesser von ca. 150 Metern. Im sumpfigen Vorgelände soll König Heinrich die Ungarn besiegt (926) und ihren Häuptling Zoltan gefangengenommen haben. (Schladen, Landkreis Wolfenbüttel)

Grab Heinrichs I.
und der Königin Mathilde. (Krypta der Stiftskirche in Quedlinburg, *▶ S. 441**)*

Das Reich Ottos des Großen

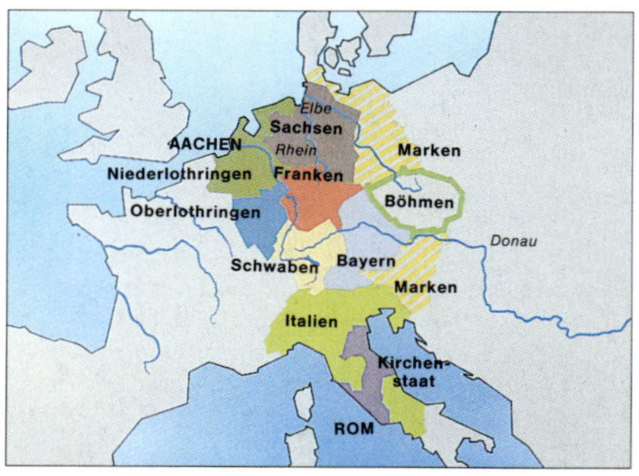

Die Kernlande Ottos bildeten die überkommenen fünf Stammesherzogtümer Sachsen, Franken, Schwaben, Lothringen und Bayern.

Otto im römischen Gewand
Das Siegel gehört zur Gründungsurkunde für das Bistum Brandenburg aus dem Jahre 948, der ältesten Urkunde Ottos. (Brandenburg, Dommuseum; ▸ S. 434)

Der Aufbau der Reichsgewalt

Heinrichs Sohn Otto bestieg vierundzwanzigjährig, am 7. August 936 den Thron. Er sollte als Otto I. (936-973), »der Große«, in die Geschichte eingehen. Von seinem Vater hatte er viel geerbt, vor allem die Tugend zu planvollem Handeln und den Willen, die junge Königsmacht zu konsolidieren und auszubauen. Seine *Designation* zum Nachfolger stand seit 929 fest und wurde auf dem *Hoftag* zu Erfurt bestätigt, den Heinrich 936, von schwerer Krankheit gezeichnet, abhielt.

Alle »Großen« des Reichs versammelten sich im Sommer desselben Jahres in der *Pfalz* zu Aachen. Nach germanischer Sitte wählten zunächst die Herzöge und Grafen den neuen König und gelobten ihm Treue. Danach aber trat Otto vor die Erzbischöfe des Reichs, um von ihnen die Salbung zu empfangen. Otto, der Sachse, bestieg im priesterlichen Ornat dann den Thron Karls des Grossen, eines Franken, und jedem Anwesenden war klar, was der neue König sagen wollte: Das Reich Karls des Grossen ist untergegangen, aber ich will die Gedanken des *Kaisers* wieder zum Leben erwecken – Herrschaft mit dem *Schwert*, aber auch mit dem *Kreuz*! Die Krönungszeremonie ist uns durch Widukind von Corvey auf das genaueste überliefert. Sie zeigt, daß die Abfolge der Handlungen wohldurchdacht war und in symbolischer Überhöhung das Zusammenwirken der *Reichsgewalten* verständlich machen sollte: Die Kirche *weiht* und *krönt* den König, dieser *herrscht*, und der weltliche Adel *wählt* den neuen Herrscher, nachdem dessen dynastischer Vorgänger ihn bereits *designiert* hat. Im Gegensatz zu seinem Vater wollte Otto also wieder auf die Kirche setzen, bewahrte dem weltlichen Adel indes den Vorrang bei der Wahl und setzte die vier Herzöge aus Lothringen, Franken, Schwaben und Bayern in die Hofämter des *Kämmerers*, des *Truchseß*, des *Mundschenken* und des *Marschalls* ein.

Die Wirklichkeit holte Otto schnell wieder ein. Auf keinen Stamm konnte sich der König fest verlassen, nicht einmal auf die Sachsen. Ausgerechnet seine Brüder Thankmar († 938) und Heinrich († 955), die Erbansprüche anmeldeten, erhoben sich. Sie nutzten eine Empörung des Frankenherzogs Eberhard († 939) gegen den König, um sich auf dessen Seite zu schlagen. Als Otto kaum noch Herr der Lage war (938), stieß auch Herzog Giselbert von Lothringen zu den Widersachern. Da auch der sächsische Adel bestochen wurde, hatte Otto plötzlich das halbe Reich gegen sich. Es entbrannten heftige Kämpfe, aus denen der König nur mit Glück, in der Sprache der Zeit: durch

»Gottesurteil«, ungeschoren herausfand. Der Bruderzwist mit HEINRICH wurde Weihnachten 941 endgültig beigelegt. In verzeihender Geste verlieh der König diesem 947 sogar die Herzogswürde von Bayern. Das war nach den Lehren der Anfangsjahre überhaupt OTTOS neues innenpolitisches Konzept: Er wollte die Herzogtümer seiner Herrschaft unterordnen, indem er dort Mitglieder seiner Familie einsetzte. Doch diese entwickelten nach kurzer Zeit eigene Stammesinteressen. LIUDOLF († 957), sein ältester Sohn und Herzog von Schwaben (949-953), sah sich durch die zweite Heirat seines Vaters in seinen Rechten geschmälert und verbündete sich mit KONRAD DEM ROTEN († 955), dem Schwiegersohn des Königs und Herzog von Lothringen (»Liudolfinischer Aufstand«). Die Aufständischen fanden gefährlich breiten Anklang im Reich. Erst als sie mit den Ungarn, die das Reich seit 954 neuerlich bedrohten, Verbindung aufnahmen, brach der Widerstand zusammen.

Die Schwierigkeiten im Reich waren nun endgültig bereinigt. Da es einer zusätzlichen Stütze bedurfte, suchte der König die Kirche als wirksames Gegengewicht zu den weltlichen Oberen aufzubauen. In seinem jüngsten Bruder BRUN (*um 925, † 965), der die geistliche Laufbahn eingeschlagen hatte, fand der König schon früh einen umfassend gebildeten und geradezu staatsmännisch begabten Berater. Er zog als *Kanzler* (seit 940) und *Erzkanzler* (seit 950) die Geistlichkeit an die königliche *Hofkapelle*, machte sie mit den Reichsgeschäften vertraut und schuf den *Ottonen* dadurch eine politikfähige, dem Herrscherhaus angebundene »Führungselite« für alle kirchlichen Hochämter, die im Reich zu vergeben waren. BRUNS Stellung wurde während

Der Aachener Königsthron
Er wurde das ganze Mittelalter hindurch von den deutschen Königen nach ihrer Salbung und Krönung bestiegen – auch der Sachse Otto tat es im Sommer des Jahres 936 als symbolische Geste der Erneuerung des Karlsreichs. (Aachen, Pfalzkapelle; ▸ *S. 446)*

des »Liudolfinischen Aufstands« noch ausgebaut: Er erhielt 953 das reiche und bedeutende Erzbistum Köln. Im selben Jahr übertrug ihm sein Bruder zudem das Herzogtum Lothringen, das er durch seine umsichtige Politik stärker an das Reich zu binden verstand. Bald saß der königstreue und von BRUN in strenger Kirchenzucht ausgebildete *Klerus* auf allen lothringischen Bischofsstühlen. Da die beiden Brüder eng zusammenarbeiteten, gedieh Lothringen (neben der Hofkapelle) schnell zu einer Art zweiten »Pflanzschule« für den Aufbau der *ottonischen Reichskirche*. Der Boden für OTTOS neue Innenpolitik war damit bereitet.

Bewußt, zielgerichtet und in erheblichem Umfang vermachte der König den *Bischöfen* und *Reichsäbten* nun reiche *Schenkungen*, erweiterte aber nicht nur deren Besitz, sondern übertrug ihnen auch weltliche Herrschaftsrechte, zum Beispiel die volle *Gerichtsbarkeit*, das *Markt-*, *Münz-* und *Zollrecht*. Die neue Machtfülle der geistlichen »Großen« des Reichs konnte sich zugunsten des Königs auswirken, weil das Moment der *Erblichkeit* beim Klerus entfiel. Die Bischöfe übten nur »Amtsgewalt« aus, und diese wurde ihnen feierlich verliehen. Wir wissen, daß der König nun Wert auf die Symbolik der Amtseinsetzung zu legen begann, also die feierliche Übergabe von »Ring« und »Stab« an den neuen Bischof (*Investitur*). So wollte er den besonderen Charakter kirchlicher Herrschaft betonen.

St. Cyriacus in Gernrode
Von dem 959 gegründeten Frauenstift ist die Kirche erhalten geblieben. Diese kreuzförmige Basilika im romanischen Stil (vollendet 989, ▶ S. 441) enthält die Grablege des Stifters, des Markgrafen Gero.

Otto der Große in der Nachfolge Karls

Es spricht für die außerordentliche Begabung dieses *Ottonen*, daß er in allem ungemein folgerichtig zu handeln verstand. Eins bedingte das andere, und alle Schritte standen in wechselseitigem Bezug. An seiner *Ostpolitik* ist dies besonders deutlich zu erkennen. Denn sie führte der Kirche einerseits neue *Missionsaufgaben* zu, stärkte sie darum, schuf andererseits aber auch günstigere Voraussetzungen als bisher, das Schwert entscheidend gegen die Ungarn zu führen. OTTO gab das Konzept seines Vaters auf, die östlichen Grenzen lediglich zu sichern. Statt dessen ging er in die Offensive. Gleich zu Beginn seiner Herrschaft ließ er für die östlichen Vorlande des Reichs *Markgrafschaften* einrichten. HERMANN BILLUNG (936-973) erhielt das Gebiet östlich der Niederelbe, GERO (937-965) das an der Mittelelbe und Saale. Beide agierten tatkräftig und erfolgreich, so daß noch zu OTTOS Lebzeiten die kirchliche Organisation der *Slawenlande* zwischen Elbe und Oder einsetzen konnte. Freiwillig ließen sich die *Slawen* keineswegs bekehren! Ihrer

Christianisierung ging die Unterwerfung vielmehr voraus, und diese erfolgte im Zusammenhang mit kriegerischen Auseinandersetzungen. Das geistliche Zentrum der *Slawenmission* war von Anbeginn das Magdeburger *Mauritiuskloster* (gegründet 937). Im Jahre 967 stimmte Papst JOHANNES XIII. (965-972) der Gründung des Erzbistums Magdeburg zu, dem nun die neuen Bistümer Brandenburg, Havelberg, Merseburg, Meißen und Zeitz unterstanden. Doch schon lange bevor OTTOS Ostpolitik so zu einem erfolgreichen Abschluß kam, erbrachte sie ihren Nutzen und war für das Reich vielleicht von fundamentaler Bedeutung, um überleben zu können.

Für die Ungarn wurde nun der Aktionsradius enger. Seit 950, nach seiner Unterwerfung, unterhielt der *böhmische* Herzog BOLESLAW I. (929-972) freundschaftliche Beziehungen zum König. Als die Ungarn 955 in größerer Zahl als je zuvor nach Süddeutschland einfielen und offensichtlich die letzte Entscheidungsschlacht suchten, stellte der *Böhme* dem bedrängten König ein starkes Truppenkontingent zur Verfügung. OTTO rief die Stämme seines Reichs zur Verteidigung gegen die Ungarn auf, auch diejenigen, mit denen er gerade noch im Kampf lag. Und alle kamen, dem König und dem Reich zu helfen. Es

Die Ungarnzüge

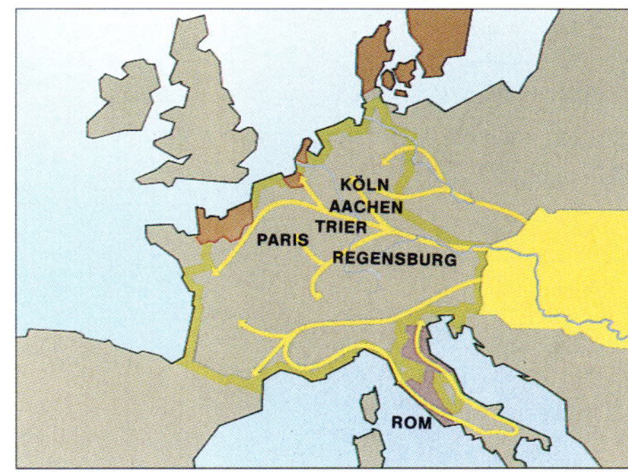

Das Reitervolk der Ungarn verheerte Europa über einen Zeitraum von mehr als 50 Jahren. Diese ständige Bedrohung führte seit Anfang des 10. Jhs. zu einem engeren Zusammenschluß der Stämme des fränkischen Ostreichs.

Schlachtenszenen aus der Zeit der Ungarnzüge
Die Buchmalerei zeigt die Ausrüstung mit Schild und Kettenhemd. (um 924; Leiden, Bibliothek der Rijksuniversität)

entbrannte die bedeutendste Schlacht des 10. Jahrhunderts in Mitteleuropa – die *Schlacht auf dem Lechfeld* (bei Augsburg, 10. August 955), die als eine der wenigen wirklichen Entscheidungsschlachten der Weltgeschichte zählen darf. Vielleicht 10 000 deutsche *Panzerreiter* standen der leichten ungarischen Reiterei gegenüber. Mit Glück und Können – und wie es die Legende will: mit der »Heiligen Lanze« des Königs, erfochten die Krieger auf OTTOS Seite einen eindeutigen Sieg. Das Gefühl, als *ein* Volk zusammenzugehören, wird noch mächtiger gewesen sein als 22 Jahre zuvor bei Riade ... Die siegreichen Krieger riefen ihrem König zu: *Otto, der Große*! Die Ungarn zogen sich zurück und wurden im *pannonischen* Raum seßhaft, dort, wo sie sich der abendländischen Kultur anschlossen und wo sie noch heute leben.

Otto I. und Berengar
Der König von Italien kniet vor Otto I. (Illustrierte Fassung der Chronik des Otto von Freising, 12. Jh.; Jena, Universitätsbibliothek)

Bronzetür am Dom zu Hildesheim
Bischof Bernward von Hildesheim (993-1022) war ein Ratgeber Kaiser Ottos III., sein künstlerisches Hauptwerk ist die Bronzetür. Auf ihr sind Szenen aus der Bibel anschaulich dargestellt, deren Sinn jeder verstand: Geh durch diese Tür in die Kirche und du wirst der Wunder Jesu teilhaftig!

In dieser Zeit, um das Jahr 955, stand das deutsche Königtum auf dem Gipfelpunkt seiner Macht. OTTOS Ruhm als Heerführer verbreitete sich überall in Europa. Nun konnte der Sachse den Gedanken wiederaufgreifen, der ihn in Aachen auf den Thron KARLS DES GROSSEN geführt hatte. Er zog zum zweiten Male nach Italien, nachdem der erste Zug in den Süden bereits zum Erwerb der *langobardischen* Königswürde geführt hatte. OTTO folgte einem Hilferuf des Papstes JOHANNES XII. (955-964), der seinen Kirchenstaat von BERENGAR VON IVREA (†966), dem König von Italien unter deutscher Lehnshoheit, bedroht sah. Mit großer Heeresmacht zog der Deutsche über den Brenner, eroberte Pavia, erreichte Rom und wurde am 2. Februar des Jahres 962 in der *Peterskirche* (▸ S. 492) vom Papst zum *Kaiser* gekrönt – *unter dem Zuruf von Volk und Klerus*, wie es heißt.

Eine Kaiserkrone hatte OTTO gleich mitgebracht, kein Schmuckstück, sondern ein Programm! Die Krone formuliert die Idee des abendländischen Kaisertums. Ihre Sprache sind Steine und Perlen in verschiedenen Größen und Farben, alles nach einem tief durchdachten Plan angeordnet. Erst in neuerer Zeit entschlüsselten die Forscher das Geheimnis der Smaragde, Saphire und Amethyste: Sie bedeuten Zahlen und symbolisieren die Stadt des Paradieses, das »Himmlische Jerusalem«. OTTO ließ sich auch selbst darstellen – als König, dem der Prophet Jesaja erscheint. So weise wie Salomon sollte regieren, wer sich diese Krone auf sein Haupt setzen ließ! Nun war OTTO Kaiser wie KARL DER GROSSE und damit *Schutzherr* über die Kirche. Wenige Tage nach der Kaiserkrönung stattete der Gekrönte den Papst mit allerlei Privilegien aus, die in einer ebenso prachtvollen wie berühmten Urkunde festgehalten wurden (*Privilegium Ottonianum*). Der deutsche König gewann durch das *Kaisertum* nicht mehr Macht, aber sein Ansehen stieg. Es war leichter, als *Kaiser* denn als *König* über deutsche *Stämme* zu herrschen. Wie OTTO griffen fast alle deutschen Könige zur Kaiserwürde und setzten diese Tradition bis ins 19. Jahrhundert fort.

Der Weg in die cluniazensische Reform

OTTO DER GROSSE machte die *Kirche* stark – aber sie wurde reich. Eines Tages taten sich Reformkräfte zusammen und blickten voll Verachtung auf das weltliche Treiben des *Klerus*! OTTO machte den Herrscher stark, indem er das *Kaisertum* erneuerte – aber die deutschen Kaiser errangen derart eine »tragische« Vorherrschaft über das Papsttum. Eines Tages wurden *Päpste* gewählt, die die Unterordnung der weltlichen Gewalt unter die geistliche verlangten! Kaiser OTTO III. (983-1002), der seinen Bruder BRUN VON KÄRNTEN zum Papst wählen ließ (996-999), gab dem Vorrang des Kaisertums die schärfste Ausprägung: Alle Menschen und alle Länder sollen dem *Kaiser* dienen. Er ist der höchste Diener Gottes. Was mit dem Römer KONSTANTIN begonnen habe, finde nun seine Fortsetzung. In der ottonischen *Miniaturmalerei* setzen die Apostel Petrus und Paulus dem Herrscher die Krone auf das Haupt. Der Kaiser ist Stellvertreter Christi auf Erden. Schließlich greifen die Künstler zum Höchsten: Sie stellen den Kaiser im Gestus des Gekreuzigten dar! Dieser *Herrscherapotheose* begegnen wir im berühmten *Evangeliar* des Kaisers. Sein Oberkörper ragt schon in himmlische Gefilde hinein. Gott selbst legt ihm die Krone auf das Haupt. Der Kaiser ist Christus!

Im 11. Jahrhundert begannen viele Menschen, an der Kirche zu zweifeln. Apokalyptische *Endzeiterwartungen* befielen sie um das Jahr 1000 der christlichen Zeitrechnung. Die *Offenbarung des Johannes* gemahnte sie zur Einkehr. Die christliche *Weltordnung* schien aus dem Lot geraten zu sein: In *Rom* wurden die Päpste zum Spielball mächtiger Adelscliquen. Diese übten in der ersten Hälfte des neuen Jahrhunderts eine Tyrannei über die Römische Kirche aus. Aber die Päpste waren keinen Deut besser, denn sie beteiligten sich an Intrigen, Mord- und Greueltaten oder erwarben ihr heiliges Amt sogar käuflich! In Süditalien hatten sich die heidnischen *Sarazenen* festgesetzt. In wechselnden Bündnissen stritten diese mit den *Venezianern, Byzantinern, Normannen*, den *Päpsten* und deutschen *Kaisern* um die Vorherrschaft in Italien. Um dem Chaos in Rom beizukommen, setzte König HEINRICH III. (1039-1056) im Jahre 1046 drei Päpste ab. Er tat dies ohne eindeutige Legitimation, aber erfüllt von kaiserlicher Verantwortung, und niemand fand sein

Die Reichsinsignien
Kopien von Reichskrone und Reichsapfel (die Originale befinden sich in der Schatzkammer der Wiener Hofburg).

Otto III. auf dem Thron
Die Armhaltung erinnert an den gekreuzigten Christus. Die Mandorla, Symbol des Mensch gewordenen Christus, umgibt den Herrscher. (Apotheose aus dem Evangeliar Ottos III.; um 990. Aachen, Domschatz)

Die Klosterkirche St. Michael
zu Hildesheim ist einer der bedeutendsten Kirchenbauten der ottonischen Zeit. Die Kirche besticht durch ihre klaren Formen des Baukörpers im Äußeren, durch ihre abgemessenen Räume im Innern sowie durch ihre Wirkung von Harmonie und Einfachheit. Sie vermittelt Ernst, Ruhe und Kraft klösterlichen Lebens am Anfang des Hochmittelalters.
(erbaut 1007-1033; ▸ S. 432)

forsches Vorgehen anstößig. In den 73 Jahren, die seit dem Tode OTTOS DES GROSSEN vergangen waren, hatten nicht weniger als 18 Päpste den *Stuhl Petri* bestiegen, und kaum einer starb eines natürlichen Todes! Der häufige Wechsel macht deutlich, wie schwierig es den deutschen Herrschern in der Nachfolge OTTOS geworden war, sich ihren Anteil an der *Papstwahl* wirklich zu sichern.

Nach dem Tode Kaiser HEINRICHS II. (1002-1024) hatte es in Deutschland einen *Dynastiewechsel* gegeben. Die Mehrzahl der geistlichen und weltlichen »Großen« entschied sich für einen entfernten Verwandten des sächsischen Königshauses, der als König KONRAD II. (1024-1039) den Thron bestieg. Nun sollte das Geschlecht der *Salier* für hundert Jahre die Geschicke des Reichs lenken. Und der äußere Glanz deutscher Herrschermacht wuchs. Als der *Burgunderkönig* RUDOLF III. 1032 kinderlos starb, trat KONRAD das Erbe an. Das Kaisertum ruhte nun auf der *deutschen, langobardischen* und *burgundischen* Königswürde. Drei große Reiche in *einer* Hand – der *Salier* war bereit, auf erweiterter Grundlage das Abendland zu führen. Aber der *Salier* verkannte die Macht eines neuen Gedankens, der von einem Kloster seines Herrschaftsbereichs seinen Ausgang genommen hatte – von dem Kloster *Cluny* (▸ S. 481).

Die Äbte von Cluny wandten sich gegen die *Verweltlichung* des Klosterlebens, die seit dem 9. Jahrhundert stark um sich gegriffen hatte. Im Jahre dieser Klostergründung (909) wurde auf der *Synode von Trosly* (bei Laon) bittere Klage gegen die derben Verstöße der *Klosterregel* des heiligen BENEDIKT VON NURSIA (*um 480, † um 550) geführt. Es heißt: „*In den Klöstern leben Laienäbte mit Frauen, Kindern, Vasallen und Jagdhunden. Wie soll einer von denen die Regel erklären, der sagt: 'ich kann nicht lesen', wenn ihm ein Buch hingehalten wird.*" Viele Klöster waren durch Schenkungen reich geworden, so zum Beispiel *Prüm* in der Eifel, das um das Jahr 900 über 2000 Hufen Land, 261 Weinberge und 37 Mühlen verfügte. Nicht selten beließen es die Äbte dabei, ihre Klöster nach Art weltlicher »Wirtschaftsbetriebe« zu führen. Überall grassierte der Mißbrauch, *Ämter* vom Stiftsherrn zu »kaufen« oder sich in anderer Weise am *Klostergut* zu vergreifen. Herzog WILHELM VON AQUITANIEN, der Stiftsherr von Cluny, unterstellte sein Kloster darum direkt dem Papst, um es vor der Habgier des weltlichen Adels zu schützen.

Die frühen Äbte von Cluny stellten im wesentlichen drei Forderungen auf: erstens das Verbot der *Simonie* (Ämterkauf), zweitens das Verbot der *Priesterehe* und drittens das Verbot der

Laieninvestitur, das heißt der Verleihung der kirchlichen *Amtsinsignien* durch den weltlichen Herrn. Unter ODO, dem zweiten Abt von Cluny (927-942) griffen die *cluniazensischen Reformbestrebungen* rasch um sich. Cluny entwickelte sich schließlich zum Zentrum eines mächtigen *Klosterverbandes*, dem gegen Ende des 11. Jahrhunderts mehr als 1000 Tochterklöster angehörten. Den größten Einfluß übte Cluny unter Abt HUGO (1049-1109) aus. Die *Abtei* war zeitweilig das geistliche Zentrum der abendländischen Kirche schlechthin und zudem ein bedeutsamer Wirtschaftsfaktor. Eine wachsende Zahl von Schenkungen hatte die Abtei erstaunlich reich gemacht. HUGO ließ an dieser Stätte der Reform eine Klosterkirche gigantischen Ausmaßes errichten – fast doppelt so groß wie *Sankt Peter* in Rom. Sie kündete vom Reichtum des Klosters und hat den *romanischen Kirchenbau* maßgeblich beeinflußt.

Im Zeichen der Kirchenreform

Mittelpunkt des *Reformmönchtums* in Deutschland wurde die Benediktinerabtei *Hirsau* im nördlichen Schwarzwald. In Anlehnung an die *Ordensregeln* (»consuetudines«) von Cluny baute Abt WILHELM (1069-1091) ein kompromißloses Reformkloster auf. WILHELM war ein energischer Streiter für die Unabhängigkeit der Klöster; er unterstützte den Papst und sammelte die Gegner des Kaisers. Auch Hirsau schuf sich ein Netz von Tochterklöstern. Hirsauer Mönche griffen die beträchtliche Unruhe, die damals weite Teile der Bevölkerung erfaßt hatte, auf und zogen als *Wanderprediger* durch die Lande. Sie waren die ersten »Volksredner« der deutschen Geschichte; Gegner nannten diese Eiferer Gottes *Gyrovagi* (»Herumstreuner«). Abt WILHELM verlangte von seinen Mönchen strengste Zucht: Niemand durfte sprechen. In einem einzigen Raum war etwas Unterhaltung erlaubt, aber nur im Stehen! Meistens verständigten sich die Mönche mit Handzeichen. WILHELM war so ernst und radikal, daß viele Menschen, auch aus den höchsten Kreisen, ihr Leben vollständig änderten.

Am bekanntesten ist das Schicksal von PAULINA († 1107), der Tochter eines sächsischen Adligen. Sie hatte zwei Ehen und ein sinnenfrohes Leben hinter sich. PAULINA begehrte gegen die *Verweltlichung* der Kirche auf. Reichtum bedeutete ihr nichts. PAULINA verschenkte ihr Erbe und wurde *Nonne*. Ihr Traum war, ein eigenes Kloster zu bauen und der Welt zu entsagen. Mit sechs Freundinnen und wenigen Getreuen, darunter auch ihr Sohn WERNER, der seine Burg verlassen und hinter sich

Die Kartause
Der heilige Bruno von Köln gründete 1084 im Bergland Grande Chartreuse bei Grenoble das erste Haus des Kartäuser-Ordens. (Illustration aus »Das schöne Stundenbuch« des Duc de Berry, um 1409; Faksimile, München 1960)

Ausbreitung der Klosterkultur

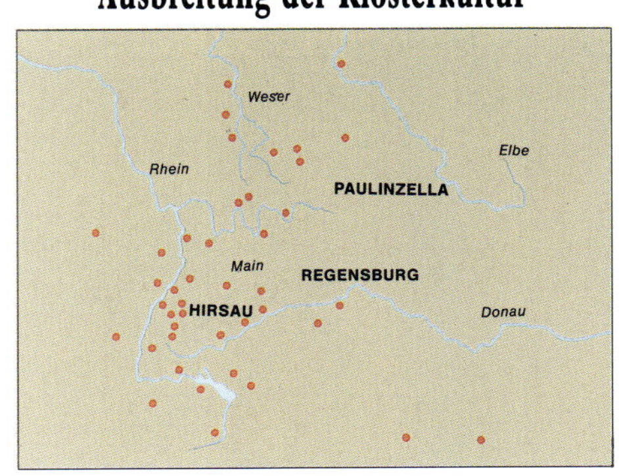

Ausgehend von dem deutschen Reformkloster Hirsau im nördlichen Schwarzwald, breitete sich seit der zweiten Hälfte des 11. Jhs. auch in Deutschland die cluniazensische Klosterkultur aus.

Klosteranlage Hirsau
(bei Calw, ▸ S. 462)

Abt Wilhelm von Hirsau
(aus dem Codex des Klosters Reichenbach, 12. Jh.; Stuttgart, Württembergisches Landesmuseum)

verbrannt hatte, floh sie in die Wälder Thüringens – dorthin, wo es still und einsam ist: Unter unsäglichen Mühen entstand eine erste kleine Kapelle. Umliegendes Land wurde urbar gemacht. Auf einer Reise nach Hirsau, wo sie sich für den Aufbau des Klosters einen Abt und Mönche holen wollte, ist sie gestorben. Das Kloster nannte man fortan »Paulinzella« (▸ S. 450).

Die Reformbewegung erfaßte Haupt und Glieder der Kirche gleichermaßen. Der *Salier* HEINRICH III. war ein Herrscher, der sich den großen Ideen seiner Zeit eng verbunden fühlte. Seine fromme und gebildete Gemahlin AGNES (*um 1025, †1077) ebnete den Kontakt zur Abtei Cluny. Für den König stand fest, an die Spitze der Bewegung treten zu müssen. Als er im Herbst 1046 italienischen Boden betrat, begann er, die römischen Verhältnisse zu ordnen. Papst CLEMENS II. (1046-1047), ein Vertrauter des Königs, nahm am Tage seiner durch HEINRICH veranlaßten Erhebung die Kaiserkrönung vor. 1046 war der Beginn einer *Kirchenreform* von oben, die in dem Wirken Papst LEOS IX. (1049-1054), des bedeutendsten einer Reihe nun folgender *Reformpäpste* deutscher Herkunft, auch vorangetrieben wurde. Man hat die zehn Kaiserjahre HEINRICHS als *Vollendung und Ausklang der frühmittelalterlichen Weltordnung* (Theodor Schieder) bezeichnet. Papst und Kaiser handelten als *Einheit*, der Gegensatz zwischen *weltlicher* und *kirchlicher* Gewalt (*regnum vel sacerdocium*) kam für diesen kurzen Zeitraum abendländischer Geschichte zur Ruhe. Aber der Kaiser nährte im Grunde diejenigen Kräfte, die seiner Dynastie schwersten Schaden zufügen sollten. Nun begann eine Zeit, in der die *universalistische Kaiseridee* in der Nachfolge KONSTANTINS und KARLS nicht mehr zu halten war.

Beim Tode HEINRICHS III. war klar, daß sein Nachfolger die Königsmacht unter erschwerten Bedingungen würde aufbauen müssen. Die Reformpäpste verhalfen der römischen Kirche zu neuem Ansehen. In der Papstwahlordnung des Jahres 1059 (*Papstwahldekret*) findet das kaiserliche *Patricius-Amt* keine Erwähnung mehr. In Deutschland selbst führte Kaiserin AGNES die Regierungsgeschäfte. Ihr Söhnchen, König HEINRICH IV. (1056-1106), war beim Tode des Vaters kaum sechsjährig. AGNES hatte bei ihren politischen Entscheidungen keine glückliche Hand. Verheerend sollte sich vor allem ihre Unterstützung des Gegenpapstes HONORIUS II. (1061) auswirken, der Kandidat des römischen *Adels* und reformfeindlicher *Bischöfe* war. In Deutschland war man nicht gewillt, diesen Frontwechsel zu stützen. Der mächtige Erzbischof ANNO VON KÖLN (1056-1075) ließ den Knaben daraufhin entführen. HEINRICH IV., seit 1065

Paulinzella
*Das von Paulina um 1103 gegründete Kloster wurde nach Hirsauer Bauart zu einer Abtei ausgebaut (geweiht 1124). Die Abb. zeigt einen Säulengang der heute zerfallenen, dreischiffigen Basilika, deren Dach im 17. Jh. durch Blitzschlag zerstört wurde (**▶ S. 450**).*

mündig, brauchte zehn Jahre, um die seit dem Tode des Vaters geschaffenen inneren Verhältnisse zu ordnen. Die reiche *Pfalz Goslar* war sein Zentrum. Von hier aus versuchte er, verlorenes *Krongut* zurückzugewinnen und zu einer *Hausmacht* auszubauen. Diese Umstände bildeten den Hintergrund des *Sachsenaufstands*, den HEINRICH nach fünfjährigen Auseinandersetzungen schließlich niederschlagen konnte.

Die Auseinandersetzung zwischen Kaiser und Papst

In Rom saß mit GREGOR VII. (1073-1085) eine Persönlichkeit auf dem *Stuhl Petri*, die zu größter Entschlossenheit bereit war. Seine 27 Grundsätze päpstlicher Politik (*Dictatus papae*), die er im März 1075 niederlegte, lassen erkennen, daß er die kirchlichen *Reformideen* bis zur letzten Konsequenz durchdacht hatte und nun bereit war, die Auffassungen der Reformpäpste über Laieninvestitur, Priesterehe und Simonie zu radikalisieren. GREGOR wollte die Kirche aus dem Griff des Kaisertums befreien und den allgemeinen Vorrang des Papstes in Kirche *und* Welt sicherstellen. Seine scharfen Worte wirkten wie Hammerschläge: „*(Der Papst) allein kann Bischöfe absetzen und wieder einsetzen (3). Einzig des Papstes Füße müssen alle Fürsten küssen (9). Einzig sein Name werde in allen Kirchen genannt (10). Er kann die Kaiser absetzen (12). Die römische Kirche hat nie geirrt und wird nach dem Zeugnis der Schrift auch niemals irren (22).*“ Das war eine Kampfansage gegen HEINRICH IV. und gegen die Grundlagen des gesamten Reichs! Das Verhältnis zwischen dem König und dem Papst war

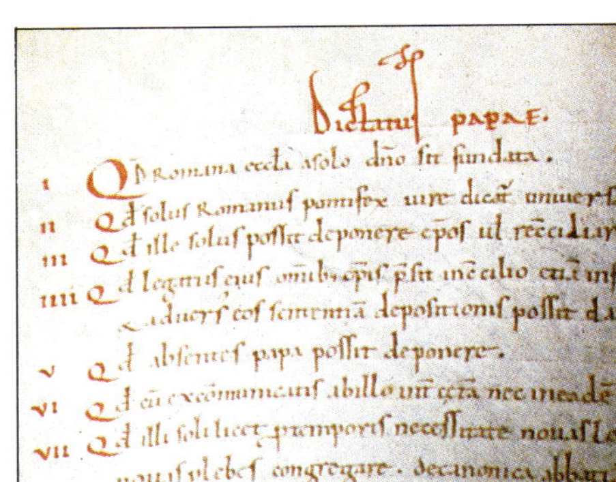

Dictatus papae
(Rom, Archivo Secreto des Vatikan)

König Heinrich IV.
(Wachssiegel; Karlsruhe, Badisches Generallandesarchiv)

Grabkrone Heinrichs
Heinrich IV. wurde erst im Jahre 1111 nach Lösung des Banns im Dom zu Speyer bestattet. (Speyer, Dom; *▶ S. 456)*

schon seit langem gespannt. Der Deutsche wußte sich zunächst zurückzuhalten, um mit den inneren Schwierigkeiten im Reich fertigwerden zu können.

Am Neujahrstag des Jahres 1076 erreichte den König ein päpstlicher Brief. GREGOR führte darin Klage gegen dessen Einmischung in oberitalienische Kirchenangelegenheiten und mahnte *unbedingten Gehorsam* an. Die päpstlichen *Legaten* drohten mündlich sogar mit dem *Kirchenbann*. HEINRICH war empört und griff den Fehdehandschuh auf. Er hoffte auf die Unterstützung der deutschen *Bischöfe*, die sich erst im Jahr zuvor gegen die forschen Eingriffe der *Kurie* zur Wehr gesetzt hatten; und er erhielt sie: 26 der insgesamt 39 deutschen Erzbischöfe und Bischöfe beschlossen auf der *Reichsversammlung zu Worms* (Januar 1076) GREGORS Absetzung. Das war nicht weiter ungewöhnlich, neu aber war, daß der Beschluß aus dem fernen Deutschland kam ... GREGOR wußte das und schlug zurück. Auf der *römischen Fastensynode* (Februar 1076) wandte er sich in einem Gebet an den heiligen Petrus und sprach den *Kirchenbann* aus. Kein Christ durfte dem König Hilfe gewähren. Als diese Ungeheuerlichkeit bekannt wurde, war die Erregung groß. In der gesamten abendländischen Christenheit wurde leidenschaftlich Partei ergriffen. In Deutschland waren die »kleinen Leute«, die *Dienstmannen* des Königs, *Städter* und *Bauern* auf der Seite des Königs, radikale *Kirchenreformer* und *Königsgegner* stellten sich auf die Seite des Papstes.

Man erkannte bald, daß sich der junge König übernommen hatte. Auf dem *Fürstentag zu Tribur* (Oktober 1076) drohte sogar die Wahl eines *Gegenkönigs*. GREGOR wurde von den *Fürsten* nach Deutschland gebeten, um zwischen dem König und ihnen zu vermitteln. Eine neue Koalition zeichnete sich ab. Für HEINRICH schien die Lage aussichtslos zu werden. Er durfte nun keine Zeit mehr verlieren. Da faßte er den abenteuerlichen Plan, im Winter, mit kleinem Gefolge, die verschneiten Alpenpässe zu überqueren, um sich vom Papst aus dem *Bann* lösen zu lassen. Am 25. Januar 1077 trat der König in eisiger Kälte barfuß und im Hemd des *Büßers* vor das Tor der Burg *Canossa* in Mittelitalien, wo der Papst Station machte, und bat demütig um Einlaß. Drei Tage lang ließ der Papst ihn warten. Dann mußte er den reuigen Sünder in die Burg und auch wieder in die Kirche aufnehmen. In Donizos »Vita Mathildis« heißt es über die Reue HEINRICHS gegenüber dem Papst: *„Sieben Tage vor dem Ende des Januar erlaubte der Papst dem König, vor sein Angesicht zu kommen, und er kam barfuß, vor Kälte zitternd. Und die Arme kreuzförmig haltend, warf er sich zu Boden und rief mehrmals*

Burgruine Canossa
(bei Reggio nell' Emilia, ▶ *S. 482; um 940 erbaut, 1255 zerstört)*

den Papst an: ‚Schone mich, heiliger Vater! Du Frommer, schone mich, das ist alles, was ich bitte'". HEINRICH hatte dem Papst die gefährlichste Waffe aus der Hand geschlagen, den Kirchenbann. Er blieb König und gewann Zeit.

Das Geschehen von *Canossa* überstieg das Vorstellungsvermögen der Zeitgenossen bei weitem. Die Idee der *Gottunmittelbarkeit* des Königtums, noch wenige Monate zuvor im Wormser Absetzungsschreiben niedergelegt und im ganzen Reich verkündet, gab HEINRICH nun in höchster Not auf – um den Preis des direkten politischen Effektes willen. So sehr die königliche Demutsgeste in seinem persönlichen Charakter begründet lag, drückt sich in ihr doch auch das Herannahen einer neuen Zeit aus, in der Könige und Kaiser auf *Zeitströmungen* reagieren müssen und nicht mehr – wie einst KARL DER GROSSE oder OTTO DER GROSSE – eben diese selbst prägen können. Das germanische, seit den *Karolingern* gottesstaatlich überhöhte *Charisma* war ins Wanken geraten. Kein Ereignis aus der Geschichte ist den Deutschen so haften geblieben wie dieser *Bußgang zu Canossa.* Die Königsgeste gewann sprichwörtliche Bedeutung und hat auf diese Weise Eingang in unsere Sprache gefunden.

Daten des Investiturstreits

1076: Papst Gregor VII. bannt Heinrich IV.

1077: (28. Januar) Gregor spricht Heinrich vom Bann frei.
(15. März) Die Fürstenopposition erklärt Heinrich für abgesetzt und wählt den Schwabenherzog Rudolf von Rheinfelden zum Gegenkönig (der wiederum von Heinrich abgesetzt wird).

1080: (März) Gregor bannt Heinrich erneut und erkennt Rudolf als König an.
(Juni) Unter der Führung Heinrichs setzt die Mehrheit der deutschen und lombardischen Bischöfe Gregor ab und wählt Erzbischof Wibert von Ravenna als Clemens III. zum Gegenpapst.
(Oktober) Heinrich besiegt seinen Gegenspieler Rudolf.

1081: (Frühjahr) Heinrich bricht zum ersten Italienzug auf; die Fürsten wählen Graf Hermann von Salm zum neuen Gegenkönig.

1084: (März) Clemens krönt Heinrich IV. zum Kaiser; Gregor flieht.

1099: Königskrönung Heinrichs V., des jüngsten Sohns Heinrichs IV., der sich 1104 gegen den Vater erhebt.

1107: (7. August) Heinrich IV. stirbt und wird erst 1111 nach Lösung des Banns in Speyer königlich bestattet.

1122: (23. September) Wormser Konkordat – Heinrich V. einigt sich mit Papst Calixt II. über die Bischofseinsetzung, indem der König auf das Investiturrecht verzichtet.

Stauferzeit

Wartburg
Eisenach

Petrus Abaelard versucht,
den christlichen Glauben seines
Inhaltes zu berauben,
wenn er sich für fähig hält,
ihn ganz und gar mit mensch-
licher Vernunft zu begreifen.
(Bernhard von Clairvaux)

Die Idee der kriegerischen Wallfahrt

Ritter zur Kreuzfahrerzeit
(Miniaturen aus dem »Hortus deliciarum« der Herrad von Landsberg, um 1185; Faksimile, Kloster Sainte-Odile bei Ottrott im Elsaß)

Durch seinen *Bußgang nach Canossa* gewann Heinrich IV. seine politische Handlungsfähigkeit zurück. Aber das Land versank in Bürgerkrieg und Chaos, weil die deutschen Fürsten aus der Schwächung des Königtums politisches Kapital schlagen wollten. Sie wählten unter Zustimmung des päpstlichen Legaten den Schwabenherzog Rudolf von Rheinfelden zum *Gegenkönig* (1077-1080). Rudolf wurden wesentliche Zugeständnisse abgepreßt – dem Papst räumte er die *freie Bischofswahl* ein und den deutschen Fürsten gegenüber verzichtete er auf die *Designation* seines Sohnes zum Nachfolger. Doch Heinrich nahm den verzweifelten Kampf um die überkommene *ottonisch-salische* Königs- und Kaiseridee auf und hatte vordergründig auch Erfolg: Von Gregor VII. 1080 ein zweites Mal gebannt, ließ er Erzbischof Wibert von Ravenna zum *Gegenpapst* (Clemens III., 1080-1100) erheben, setzte sich im selben Jahr schließlich gegen Rudolf durch, der im Kampf tödlich verwundet worden war (1080), nahm den neuen *Gegenkönig* Hermann von Salm (1081-1088) hin und zog nach Italien. Hier empfing er von Clemens III. 1084 die Kaiserkrone.

Dem *Salier* war eine bewundernswerte Energieleistung gelungen – aber um welchen Preis! Das Reich lag ohnmächtig danieder, gespalten in *Königstreue* und *Gregorianer*. Der König stritt wider den Gegenkönig, der Bischof wider den Gegenbischof und der Papst wider den Gegenpapst. Ein Chronist klagt: „*...Oh bejammernswertes Antlitz des Reichs. Wie man bei einem Komödiendichter liest: Alle sind gedoppelt; so sind die Päpste gedoppelt, die Bischöfe gedoppelt.*“

In der europäischen Mitte griff tiefe Unruhe um sich. »Von unten«, der vermeintlich *geschichtslosen* Mehrheit der Bevölkerung, wurde sie mitgetragen, weil sich ein sozialer Umwälzungsprozeß großen Ausmaßes ankündigte: Aus *Bauern* wurden *Unfreie*, die schollengebunden blieben, oder *Arme*, die umherzogen und sich zusammenrotteten. Auf die Glücklicheren wartete der Aufstieg zu den *Dienstmannen* des Königs oder zu Kriegern in den Diensten eines mächtigen Grundherrn. Die Unfreien der letzteren sollten bald *frei* werden und eine ganz neue Klasse bilden: den Ritterstand. *Ritter* – das waren wehrfähige Mannen, die das Privileg des herkömmlichen Adels teilten, *Lanze* und *Schwert* zu führen, und darum bald selbst dem Adel zugehörten. Ihr Selbstbewußtsein holten sie sich in Kriegen ganz neuer Art, die das Abendland noch einmal vereinigen sollten – um den Blutzoll fürchterlicher Greuel, von denen Europa und die gesamte Mittelmeerwelt über einen Zeitraum von etwa 200 Jahren nun heimgesucht wurden. Das Papsttum machte ernst mit seinem weltlichen, gegen den Kaiser gerichteten Führungsanspruch und rief zum *Krieg im Namen Gottes gegen die Ungläubigen* auf.

»Ihr Selbstbewußtsein holten sie sich in Kriegen ganz neuer Art ...«

Die soziale Gärung fand, wie gesehen, im deutschen Raum eine spezifische Ausprägung, erfaßte grundsätzlich aber *ganz* Europa. Es herrschte in jener Zeit eine tiefe Sehnsucht nach Frieden, die in Verkündigungen des Fehdeverbots (*Landfriede*) oder des Schutzes für kirchliche Einrichtungen und bestimmte Personen wie Geistliche, Arme und Waisen, Frauen und Pilger ihren Ausdruck fand (*Gottesfriede*). Dieser Friedensgedanke bedrohte freilich, so seltsam es klingen mag, das Leben all derer, die sich durch *Fehden* ihre »Einkünfte« besorgten. Sie raubten Kirchengut, überfielen reiche Kaufleute oder erpreßten Lösegelder. Es lag darum nahe, den Menschen der Zeit nun Sinngehalte zu stiften, die imstande waren, die Unvereinbarkeit zwischen *Friede* und *Fehde* aufzuheben. Also gab die *Römische Kirche* den Rittern des Abendlands eine neue Aufgabe. Papst URBAN II. (1088-1099), ein ehemaliger *Prior* aus *Cluny*, sprach das »erlösende« Wort, als türkische *Seldschuken* Kleinasien besetzt hatten und der byzantinische Kaiser ALEXIOS I. KOMNENOS (1081-1118) sich deshalb 1095 hilfesuchend an den Papst in Rom wandte.

Gottfried von Bouillon *nannte sich »Beschützer des Heiligen Grabes«. (Holzschnitt, 15. Jh.)*

URBAN wußte sich in dem, was er daraufhin tat, im Trend der Zeit – auf der Iberischen Halbinsel hatten die Erben des alten *Westgotenreichs* soeben mit der Rückeroberung des Landes aus muslimischer Vorherrschaft begonnen (*Reconquista*). Im Anschluß an die *Synode zu Clermont* in der Auvergne trat der Papst

Aufruf zum Kreuzzug

Das gottlose Volk der Sarazenen drückt die heiligen Orte, die von den Füßen des Herrn betreten worden sind, schon seit langer Zeit mit seiner Tyrannei und hält die Gläubigen in Knechtschaft und Unterwerfung. Die Hunde sind ins Heiligtum gekommen, und das Allerheiligste ist entweiht. Das Volk, das den wahren Gott verehrt, ist erniedrigt; das ausgewählte Volk muß unwürdige Bedrückung leiden ...

Bewaffnet euch mit dem Eifer Gottes, liebe Brüder, gürtet eure Schwerter an eure Seiten, rüstet euch und seid Söhne des Gewaltigen! Besser ist es, im Kampf zu sterben, als unser Volk und die Heiligen leiden zu sehen. Wer einen Eifer hat für das Gesetz Gottes, der schließe sich uns an. Wir wollen unseren Brüdern helfen. Ziehet aus, und der Herr wird mit euch sein. Wendet die Waffen, mit denen ihr in sträflicher Weise Bruderblut vergießt, gegen die Feinde des christlichen Namens und Glaubens. Die Diebe, Räuber, Brandstifter und Mörder werden das Reich Gottes nicht besitzen; erkauft euch mit wohlgefälligem Gehorsam die Gnade Gottes, daß er euch eure Sünden, mit denen ihr seinen Zorn erweckt habt, um solch frommer Werke und der vereinigten Fürbitten der Heiligen willen schnell vergebe.

Wir aber erlassen durch die Barmherzigkeit Gottes und gestützt auf den heiligen Apostel Petrus und Paulus allen gläubigen Christen, die gegen die Heiden die Waffen nehmen und sich der Last dieses Pilgerzuges unterziehen, all die Strafen, welche die Kirche für ihre Sünden über sie verhängt hat. Und wenn einer dort in wahrer Buße fällt, so darf er fest glauben, daß ihm Vergebung seiner Sünden und die Frucht ewigen Lebens zuteil werden wird. Unterdessen aber betrachten wir diejenigen, welche im Glaubenseifer jenen Kampf auf sich nehmen wollen, als Kinder des wahren Gehorsams und stellen sie unter den Schutz der Kirche und der heiligen Apostel Petrus und Paulus; sie sollen vor jeder Beunruhigung ihres Eigentums oder ihrer Personen gesichert sein.

(Papst Urban II., »Kreuzzugspredigt«)

am 27. November 1095 auf freiem Feld vor Kleriker und Ritter aus ganz Frankreich und rief die gesamte Christenheit zum *Kreuzzug* gegen die Heiden des Ostens auf. Allen Teilnehmern versprach der Papst *himmlischen Lohn*. Auch die Armen rüttelte er wach, indem er ihr Elend schilderte. Es erstaunt aus heutiger Sicht, wie schnell der päpstliche Aufruf nun in Umlauf kam. PETER VON AMIENS und andere *Kreuzzugsprediger* traten als dämonische Seelenfänger auf und sorgten für die notwendige Propaganda.

Die großen Trecks ins Heilige Land

Unter der Leitung GOTTFRIEDS VON BOUILLON (*um 1060, † 1100), des Herzogs von Niederlothringen (▸ S. 481), und weiterer führender Vertreter des Adels, namentlich aus Frankreich und Süditalien, verließen daraufhin in ganz Europa Zehntausende ihre Häuser und Felder und machten sich 1096 bereit zu einem großen Aufbruch. Eine heftige innere Erregung hatte alle ergriffen. Ihr Ziel war Tausende von Kilometern entfernt und hieß *Jerusalem*. Doch die *Kreuzfahrer*, die GOTTFRIED anführte, hatten es nicht eilig. Als sie das Rheinland erreichten, später Bayern und Böhmen, richteten sie, unterstützt vom einheimischen Mob, unter den *jüdischen Gemeinden* dieser Regionen entsetzliche Blutbäder an. Es hieß, *wer einen Juden tötet, dem werden seine Sünden vergeben*. Besonders schlimm waren die *Judenpogrome* in Speyer, Worms und Mainz. 12 000 Anhänger des *mosaischen* Glaubens fielen diesen Ausschreitungen allein in den Rheinlanden zum Opfer. Die Kontingente des Lothringers zogen weiter, begleitet von plündernden Pöbelhaufen, die sich unterwegs aufrieben.

Im Frühjahr 1097 trafen die Kreuzfahrer und ihr Troß in *Konstantinopel* ein. Kaiser ALEXIOS muß es die Sprache verschlagen haben, als sich seine »Retter« in solcher Überzahl einfanden. Die verschiedenen Kreuzfahrer-Heersäulen stellten eine schlimme Bedrohung für den byzantinischen Staat dar! Doch die Christen aus dem fernen Westeuropa zogen zu seinem Glück weiter. Im Juli 1099, drei Jahre nach ihrem Aufbruch, standen sie vor *Jerusalem*. Hinter ihnen lag ein für damalige Verhältnisse unvorstellbar langer Marsch mit Krankheiten, Entbehrungen, erbitterten Gefechten mit *muslimischen* Aufgeboten und vor allem der langwierige Kampf um die syrische Stadt *Antiochia*. Nun wurde die *Heilige Stadt* immer noch von den *Türken* besetzt gehalten, und diese waren auf den Angriff vorbereitet! Im Schutze der Stadtmauer hätten die Heiden monatelang aushalten können. Die *Kreuzritter* vor der Stadt aber dürsteten und hungerten. So mußten sie schnell handeln! Am 14. Juli rollten sie ihre Belagerungstürme an die Mauer, warfen Sturmleitern über die Zinnen und stürmten die Stadt. Sie schonten weder Frauen noch Kinder. Ein Augenzeuge beschreibt das Massaker: „*Die Unsrigen folgten den Verteidigern und trieben sie vor sich her, sie tötend und niedersäbelnd, bis zum Tempel Salomons, wo es ein solches Blutbad gab, daß die Unsrigen bis zu den Knöcheln im Blut wateten.*“ Die Kreuzritter schienen sich in einen wahren Blutrausch hineingesteigert zu haben. Er stellt die Kehrseite der religiösen Inbrunst dar, welche die Rauflust der Ritter einst an höhere Ideale band.

Aber die Idee *kriegerischer Wallfahrt* hatte sich noch lange nicht erschöpft. Weitere Kreuzzüge sollten folgen. Als die Ritter an heiligem Orte ihr blutiges Geschäft beendet hatten, errichteten sie das *Königreich Jerusalem*. Erster Herrscher, der den Titel eines *Beschützers des Heiligen Grabes* führte, war GOTTFRIED VON BOUILLON. Der neuen Herrschaft waren die Lehnsstaaten *Antiochia* und *Galiläa* (Fürstentümer) sowie *Edessa* und *Tripolis* (Grafschaften) unterstellt. Dieses imposante Unternehmen auf

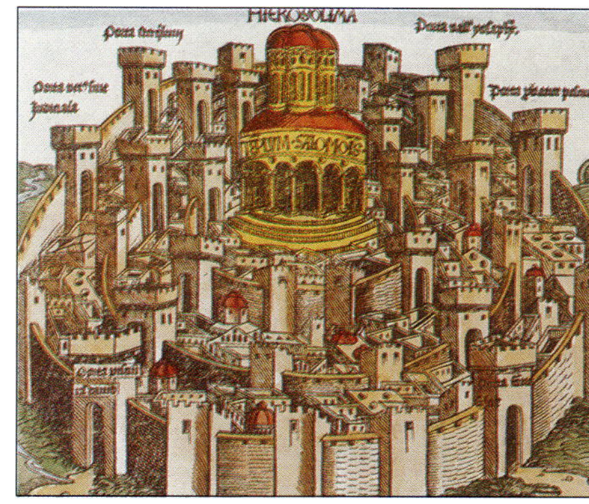

Die Heilige Stadt
(Ansicht Jerusalems aus der Schedelschen Weltchronik, 1493 von Koberger in Nürnberg gedruckt)

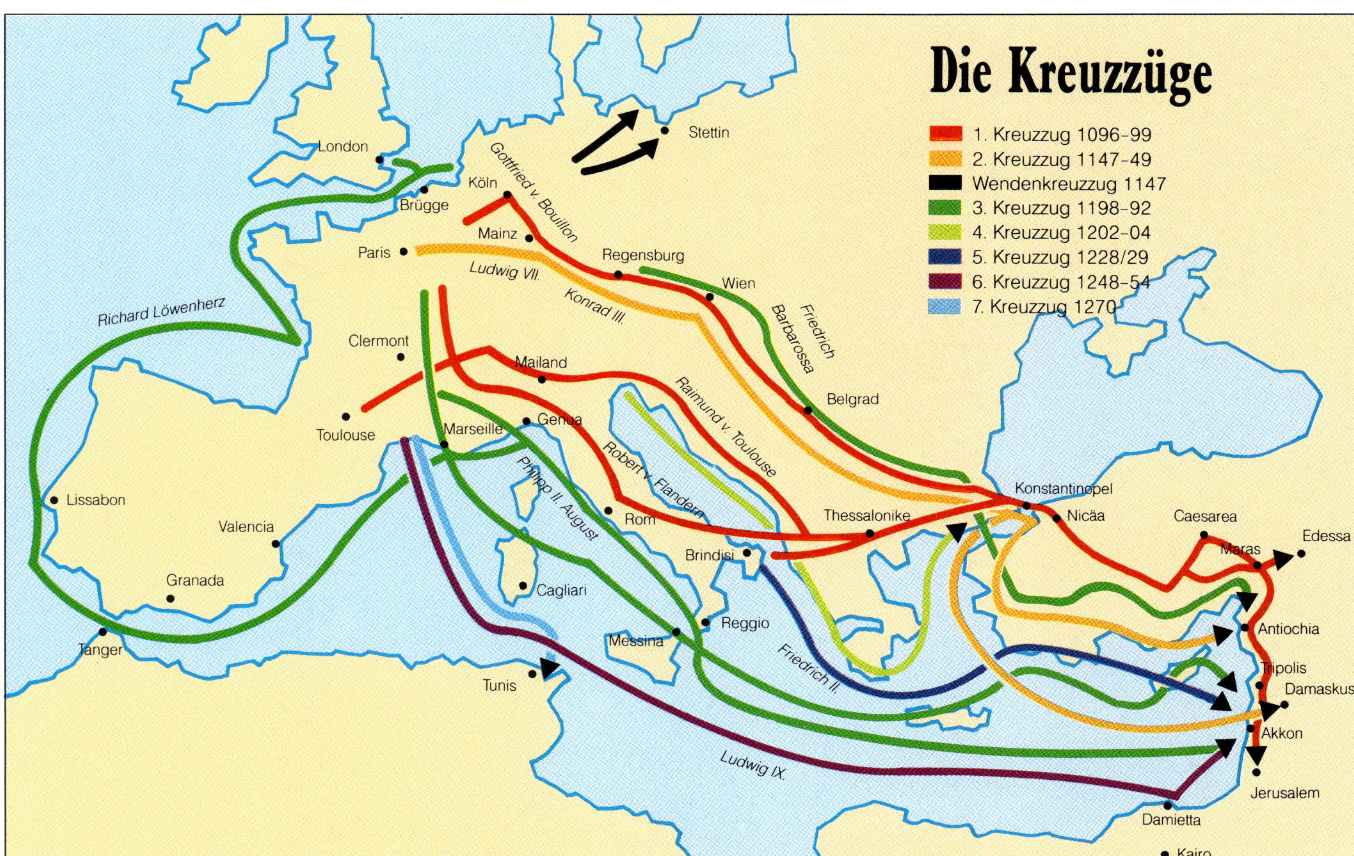

Krieger stürmen eine Stadt
(Bildtotale und -ausschnitt; Miniatur aus dem »Hortus deliciarum« der Herrad von Landsberg«, um 1185; Faksimile, Kloster Sainte-Odile bei Ottrott im Elsaß)

morgenländischem Boden stand jedoch von Beginn an auf schwachen Füßen; zu keinem Zeitpunkt erfolgte eine systematisch und nachhaltig betriebene *Kolonisierung* des Raumes durch westliche Siedler. So war die weitere Geschichte der Kreuzzüge vorgezeichnet – als insgesamt vergebliches Bemühen nämlich, verlorenes Terrain zurückzugewinnen. Der *Zweite Kreuzzug* (1147-1149) wurde nach der *muslimischen* Rückereroberung von *Edessa* (1144) erforderlich. Leidenschaftlich mobilisierte jetzt ein Mönch aus *burgundischem* Adel, der Kirchenlehrer BERNHARD VON CLAIRVAUX (*1091, † 1153), die Volksmassen in Mitteleuropa.

Die Kreuzfahrer brachen unter Führung des deutschen Königs KONRAD III. (1138-1152) sowie König LUDWIGS VII. (1137-1180) gen Osten auf. Aber das so hoffnungsfroh angegangene Unternehmen endete mit einem militärischen Fiasko. Nichts konnte erreicht werden. Im Gegenteil: Die *Muslime* gingen weiter in die Offensive. 1187 fiel *Jerusalem* dem legendären Sultan SALADIN (*1138?, † 1193) in die Hände. Im abendländischen Westen war man schockiert und schnell bereit, alle Rivalitäten zu Hause zu vergessen, um ein drittes Mal »das Kreuz zu nehmen«. Doch auch dem *Dritten Kreuzzug* blieb ein durchgreifender Erfolg versagt. Auf dem Vormarsch nach *Palästina* ertrank Kaiser FRIEDRICH I. BARBAROSSA (1152-1190) im Saleph (Kleinasien); die Reste des sich auflösenden deutschen Kreuzfahrerheeres führte sein Sohn FRIEDRICH V. († 1191) noch bis vor *Akkon*. Zwar schaffte man die Eroberung der Stadt (1191), als die auf dem Seeweg nachrückenden *Engländer* und *Franzosen* unter Führung ihrer Könige RICHARD LÖWENHERZ (1189-1199) und PHILIPP II. AUGUST (1180-1223) eintrafen, aber dann brach der Zwist unter den Kreuzrittern aus. Jerusalem wurde erst sehr viel später – und dann ein letztes Mal – 1229 durch Kaiser FRIEDRICH II. (1212-1250) zurückgewonnen.

Die Kreuzzüge des 13. Jahrhunderts sind nicht minder von temporären Erfolgen einerseits und muslimischen Rückeroberungen andererseits gekennzeichnet, doch hatte der Gedanke inzwischen seine das Abendland einigende Kraft eingebüßt; zu offenkundig schlugen nun die *Partikularinteressen* der »nationalen« Kontingente durch. Beispielsweise funktionierten die *Venetianer* den *Vierten Kreuzzug* (1202-1204) kurzerhand um und wandten sich gegen *Byzanz*. Auch der deutsche Kaiser FRIEDRICH II. verfolgte eine eigene Kreuzzugspolitik, um den Papst zu isolieren. Als der französische König LUDWIG DER HEILIGE (1226-1270) 1248 und 1270 zu den beiden letzten Kreuzzügen aufbrach, hatte sich die Idee bereits totgelaufen.

Schließlich mußten die Christen 1291 *Akkon* endgültig den türkischen *Mamelucken* überlassen. Damit war die letzte Bastion des Okzidents gefallen und ein Zeitalter zu Ende. Für die deutsche Geschichte gab es ein Nachspiel: Hervorgegangen aus einer Krankenpflegebruderschaft, wurde 1198 der *Deutsche Ritterorden* gegründet, der später bei der deutschen *Ostkolonisation* noch eine gewichtige Rolle spielen sollte.

Der innere Landesausbau im Altreich

Zur Zeit OTTOS DES GROSSEN betrug die Zahl der Deutschen in den Kernlanden zwischen Rhein und Elbe etwa vier Millionen. Unsere Vorfahren lebten in einer noch weitgehend unveränderten Naturlandschaft mit dichten Buchen- und Nadelwäldern, Mooren, Heiden und versumpften Auen. Dazwischen lagen vereinzelte *Gehöfte* und *Weiler*, aus denen sich im Verlaufe eines langen Entwicklungsprozesses die *dörfische* Siedlungsform herausbildete. Die Unternehmenden schwangen die Axt und trotzten so der Wildnis, die sie umgab, immer mehr Acker- und Siedlungsland ab. Diesen Vorgang bezeichnet man im allgemeinen als *Rodung*, und das Ergebnis als *Landesausbau*. Die Endsilbe *-rode* in vielen Ortsnamen erinnert noch heute an die agrargeschichtlich bedeutsame *Rodungsbewegung* am Beginn der deutschen Geschichte. Aus der wilden *Natur-* wurde allmählich eine *Kulturlandschaft*.

Die Dreifelderwirtschaft
Auf dem Acker wurde im ersten Jahr Winter-, im zweiten Sommerfrucht angebaut, und im dritten lag der Boden »brach«. (Mönche bei der Rodungs- und Feldarbeit, Miniaturen aus der »Moralia in Job« Gregors des Großen; 13. Jh.)

Das Kirchspiel als Mittelpunkt des Lebens
Der Mensch war in erster Linie mit seiner Pfarrgemeinde verbunden. Um so beachtlicher ist die Aufbruchstimmung, die die Deutschen des Hochmittelalters veranlaßte, neue Siedlungsräume zu erschließen. – Vizelinkirche in Bosau am Plöner See (▶ S. 420), die älteste Kirche Schleswig-Holsteins.

»Mißernten zogen unweigerlich Hungersnöte nach sich...«

Dennoch blieb der Fortschritt, den die *Urbarmachung* des Bodens erbrachte, bescheiden. Krankheiten, Kriege und der harte Überlebenskampf gegen die Launen der Natur ließen die meisten Menschen lange vor der Zeit sterben. Mißernten zogen unweigerlich *Hungersnöte* nach sich, da die Natur zu wenig hergab, um ausreichend Vorräte anzulegen. Die Hungernden rotteten sich zu *Banden* zusammen, um Reisende zu überfallen, Kirchenschätze zu plündern oder in Klöster einzudringen. Krankheiten rückte man mit allerlei Heilkräutern und magischen Praktiken zuleibe. Den Infektionen waren alle Schichten mehr oder weniger hilflos ausgeliefert, da die elementarsten Hygieneregeln (sich regelmäßig zu waschen, Ungeziefer und Abfälle zu beseitigen) weitgehend unbekannt blieben.

Der »einfache Deutsche« hatte seinen Lebensmittelpunkt in einer *Gehöftanlage* mit Speichern und Ställen in einem eingeschossigen, stroh- oder schilfgedeckten *Wohnhaus*, das durch hölzerne Pfosten stabil gehalten wurde und dessen Wände aus Flechtwerk mit verstrichenem Lehm bestanden. Der einzige Raum des Wohnhauses diente gleichermaßen als Wohn-, Arbeits- und Schlafstätte. Der Adel und dann der frühe Städter wohnten zunächst kaum anders. Allerdings hatte bereits zu Beginn der deutschen Reichsgeschichte eine allmähliche Differenzierung eingesetzt: Die *Wikinger* des neunten und die *Ungarn* des zehnten Jahrhunderts sorgten mit ihren kriegerischen Vorstößen beständig für Unruhe unter der seßhaften Bevölkerung, so daß die Oberschicht zum *befestigten* Wohnen mit *Palisaden* und *Gräben* überging; auch entstanden die frühen *Burgen* aus Holz. Die ersten »Burgenbauer« waren ausschließlich die »Großen« des Reichs, also die Könige, Bischöfe und Herzöge. Erst im *Hochmittelalter* begann auch der Rittersmann, sich seine kleine Burg zu bauen.

Bauern im Rhythmus der Jahreszeiten
*Der Kunstliebhaber und Mäzen Duc de Berry (*1340, †1416) verfaßte »Das sehr kostbare Stundenbuch«, ein Kalendarium, dessen Illustrierung mit Monatsbildern (Abb.) die Brüder von Limburg 1413 vornahmen.*

Die *Germanen* waren Bauern; die frühen *Deutschen* auch. Elementare Gefahren drohten immer dann, wenn die wenigen Ausgangsprodukte der Nahrung wie Hafer, Roggen, Kohlrüben und Linsen durch Hagelschlag, Dürre oder andere Katastrophen vernichtet wurden! So nimmt es nicht wunder, daß unsere frühen Vorfahren alles daransetzten, um die landwirtschaftliche Produktion Zug um Zug zu erweitern. Sie wählten zunächst einen Weg ohne agrartechnische Neuerungen, indem sie die Zahl der Anbauflächen vergrößerten. Sümpfe wurden trockengelegt, die Küstenmarschen durch Eindeichung besiedelt, Ödländer erschlossen. Da sich seit dem 11. Jahrhundert neben dem hölzernen *Hakenpflug* allmählich auch der *Räderpflug* mit senkrechtem Messer, Streichbrett und Metallbeschlägen durchzusetzen begann und der Boden durch tieferes Pflügen darum intensiver genutzt werden konnte, nahmen auch die Ernteerträge pro angebauter Fläche zu. Mögen uns »Umwälzungen« dieser Art aus heutiger Sicht auch bescheiden vorkommen, sie bewirkten eine »stille Revolution« gewaltigen Ausmaßes: Zweihundert Jahre nach den Kaiserjahren OTTOS DES GROSSEN betrug die Bevölkerung mehr als das Dreifache. Die Deutschen hatten das Werk der Urbarmachung des Bodens zwischen Rhein und Elbe abgeschlossen. Aber dieser *innere Landesausbau* war nun an seine Grenzen gestoßen ...

Dazu im ursächlichen Zusammenhang stehend, begann in Deutschland seit Anfang des 12. Jahrhunderts eine über 250 Jahre dauernde Siedlungsbewegung (*Ostkolonisation*) in das östliche und südöstliche Mitteleuropa. Sie ergriff zunächst das Gebiet zwischen Elbe und Oder, später auch den sich nach Osten anschließenden Großraum sowie *Böhmen* und *Mähren*, *Ungarn* und *Siebenbürgen*. Als Kaiser FRIEDRICH I. BARBAROSSA 1156 das heutige Österreich als selbständiges Herzogtum einrichtete und von Bayern trennte, waren die Voraussetzungen für das Entstehen eines neuen politischen Zentrums geschaffen, welches die Siedlungsbewegung im Südosten dauerhaft stützen konnte. Im Norden geschah Vergleichbares: Als die *Markgrafen* des Reichs ihr blutiges Geschäft der *Slawenmission* beendet hatten, traten mit der *Hanse* und dem *Deutschen Ritterorden* neue Partikulargewalten auf, die die deutsche *Ostsiedlung* in ihrer zweiten Phase wirtschaftlich, politisch und militärisch sicherten. Schätzungen gehen davon aus, daß während dieser Siedlungsbewegung zwischen 600 000 und 800 000 Deutsche ihre Heimat im *Altreich* verließen und in Gebieten des Ostens bis zu einer gedachten Linie zwischen dem *Baltikum, Siebenbürgen* und *Slowenien* Neuland urbar gemacht und besiedelt haben.

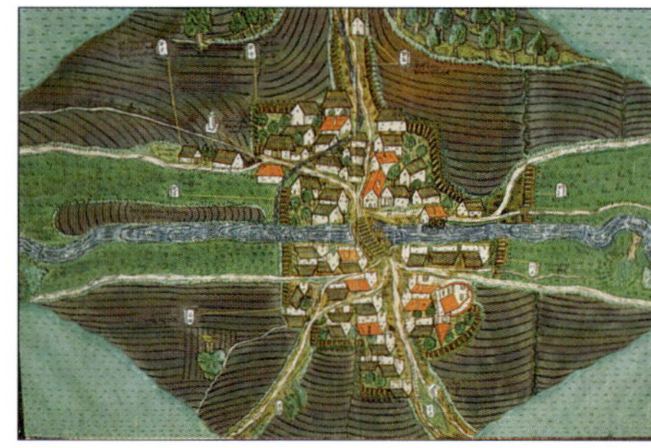

Innerer Landesausbau
Klare Flurstrukturen, Grenzzäune und Meilensteine zeigt die Landschaft um ein mittelalterliches Dorf bei Nürnberg. Einige Häuser stehen – wegen der Symmetrie – auf dem Kopf. (Ausschnitt einer Karte, 16. Jh.; Nürnberger Staatsarchiv)

Klosterbau in Schönau bei Heidelberg
(Buchillustration, um 1530; Nürnberg, Germanisches Nationalmuseum)

Die deutsche Ostsiedlung

Die Ausbreitung deutscher Siedler in *slawisches* Land östlich der Elbe hatte bereits im 10. Jahrhundert unter OTTO DEM GROSSEN begonnen. Magdeburg war damals wichtigster Stützpunkt. Wir haben früher betont, daß die ottonische *Markenpolitik* nicht nur zur Sicherung der Reichsgrenzen diente, sondern zugleich deren Verschiebung nach Osten Vorschub leisten sollte. Die *Slawenfeldzüge*, die die deutschen Könige und Kaiser sowie in deren Auftrag die *Markgrafen* seit dem 10. Jahrhundert geführt hatten, zielten auf eine Ausweitung der römisch-christlichen Einflußsphäre in den Osten hinein. Auch wenn diese Politik den Zeitgenossen im Lichte einer christlich gebotenen und damit gerechtfertigten *Heidenmission* erschien, war sie der Sache nach doch *Unterwerfung* fremder Völkerschaften und *Eroberung* fremden Landes. Seit OTTO III. erlahmte dieser Eroberungsschwung freilich.

Im Zeitalter der *Kreuzzüge* wurde diese Stagnation schließlich überwunden. Schon wenige Jahre nach dem ersten Aufbruch ins *Heilige Land* rief man im *Altreich* zur *Heiligen Mission* gegen die *Slawen* auf (1108). Als BERNHARD VON CLAIRVAUX in Frankreich, Flandern und Deutschland Jahrzehnte später für eine Teilnahme am *Zweiten Kreuzzug* warb und die »Großen« des Reichs nicht ungeteilt Beifall zollten, eilte er nach Frankfurt und verkündete dort in einer Predigt am 19. März 1147, eine Mission in den Osten zur Bekehrung der *Slawen* erfülle in gleicher Weise das *Kreuzgelübde* wie der Pilgerzug nach Jerusalem zur Befreiung der heiligen Stätten.

So kam es zum *Wendenkreuzzug* (1147) unter der gemeinsamen Führung des Markgrafen ALBRECHTS DES BÄREN (*um 1100, † 1170), der bei Magdeburg ein 60 000 Mann starkes Heer aufbot, und des Sachsenherzogs HEINRICHS DES LÖWEN (Herzog: 1142-1180), der an der Unterelbe 40 000 Kreuzfahrer zusammenzog. Noch nie war eine solche Heeresmacht gegen die Slawen aufgeboten worden! Aber der Erfolg fiel eher bescheiden aus. Zwar konnten die heidnischen *Obodriten* und *Liutizen* (im heutigen Raum Mecklenburg, Vorpommern und Havelgebiet) unterworfen werden, aber die »Bekehrten« waren, wie der Chronist HELMOLD VON BOSAU (*vor 1125, † nach 1177) scharfsinnig beobachten konnte, *falsche Täuflinge*, andere erwiesen sich als »gute Christen«. Erstere kehrten alsbald zum Glauben der Väter zurück, und gegen Letztere zu kämpfen, fehlte diesem Kreuzzug im Grunde jede innere Berechtigung, zumal die Deutschen mit äußerster Brutalität vorgingen.

Die deutsche Ostsiedlung

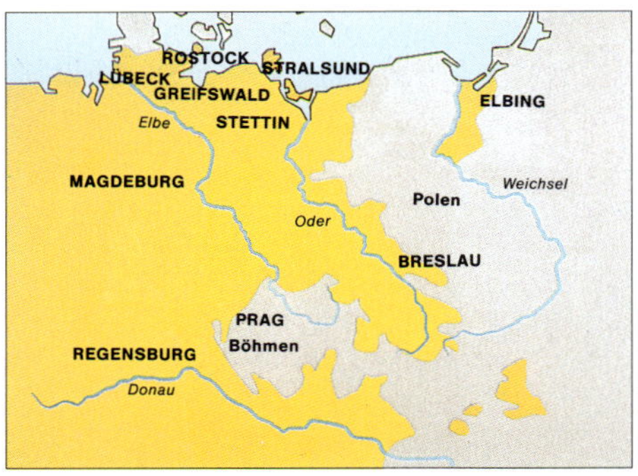

Die Bildsequenz zeigt die Ausgangslage um 1100 (Bild oben) sowie das Deutsche Reich ca. 200 Jahre später – der Raum zwischen Elbe und Oder ist nun germanisiert (Bild unten). Mitte des 14. Jhs. kam die deutsche Ostsiedlung zum Erliegen.

»... rief man im Altreich zur Heiligen Mission gegen die Slawen auf.«

Aber die letzte Phase der *Christianisierung* des kontinentalen Europa hatte längst begonnen und ließ sich durch singuläre Rückschläge nicht mehr aufhalten. HEINRICH DER LÖWE und ALBRECHT DER BÄR trieben im Gebiet zwischen Elbe und Oder insgesamt eine so erfolgreiche *Markenpolitik*, daß nun im großen Stile *Kolonisten* in die von *Slawen* dünn besiedelten Gebiete gerufen werden konnten. Vor allem gaben sie dem neuen Siedlungsraum durch die Gründung zahlreicher *Märkte* und *Städte* (z. B. Lübeck, Rostock, Schwerin, Stendal, Brandenburg, Havelberg, Spandau) einen langfristig wirksamen ökonomischen Rückhalt. Von überragender Bedeutung sollte sich die Neugründung Lübecks durch HEINRICH DEN LÖWEN erweisen (1159). Der *Welfe* schloß Verträge mit *Gotland*, *Schweden* und *Nowgorod* (▸ S. 479) ab und sicherte Lübeck so den späteren Aufstieg zur führenden Hansemacht.

Bei der deutschen Ostsiedlung verbanden sich Motive der Heidenmission mit den Wünschen der Markgrafen, später auch slawischer Fürsten, ihrem dünn besiedelten Herrschaftsraum neue Kräfte zuzuführen, damit die Wälder gerodet, die Sümpfe trockengelegt und der Ertragszehnt erwirtschaftet werden konnten. Bereits der berühmte Aufruf *ostfälischer Herren* zum Zuge ins *Heidenland* (1108) verrät viel von der leidenschaftlichen Aufbruchstimmung, die in jener Zeit geherrscht haben muß: „*Es haben sich gegen uns die Heiden mit einer Grausamkeit ohnegleichen erhoben und bringen uns fast zu Boden; Männer ohne Mitleid, die sich noch darin gefallen, ihre Bosheit zu rühmen, die bar jeder Gesittung sind. Erhebe Dich nun, Du Braut Christi, und komme! Deine Stimme soll in den Ohren der Christenheit klingen, daß alle zum Kriege für den Heiland eilen und den Streitern Christi Hilfe bringen. Die Heiden sind zwar verworfen, aber ihr Land ist erstaunlich reich: Milch und Honig fließen dort. Es bringt Ernten, für die jeder Vergleich fehlt. So sagen alle Landeskundigen. Deswegen, Sachsen, Franken,*

Lübeck
Die Stadt war eine der Ausgangsstädte der deutschen Ostsiedlung. (Burgtor und Stadtmauer; Teile des Mauerwerks aus dem 12. Jh., ▸ 426)

Stadtgründungen zur Zeit der deutschen Ostsiedlungen
Rostock (links: Neuer Markt mit Marienkirche, ▸ S. 421) erhielt 1218, Stralsund (rechts: Alter Markt, ▸ S. 422) 1235 lübisches Recht.

Gründung der Stadt Frankfurt a. O. (1253)

Wir tun allen Christgläubigen der Gegenwart und der Zukunft kund, daß wir unserm Lehnsmann Gotfrid von Herzberg das Recht gegeben haben, die Stadt Frankfurt anzulegen, mit der Bestimmung, daß ein Drittel von aller Hebung (Abgabe) auf Baugrundstücken und Hufen ihm gehören soll, ebenso ein Drittel der Einkünfte aus dem Stadtgericht, und wir weisen dieser Stadt an Weide- und Ackerland hundertvierundzwanzig Hufen zu. Von jeder der hundertvier Hufen, die unter den Pflug genommen werden sollen, ist eine jährliche Abgabe von einer viertel Mark an uns zu zahlen. Wir schenken den Einwohnern dieser Stadt ferner eine Wiese und einen in nächster Nähe ihres Ackerlandes an der Grenze gelegenen Werder.

Wenn nun die sieben steuerfreien Jahre zu Ende sind, die wir der Stadt - vom nächsten Martinstag an gerechnet - zugestanden haben, dann soll sich diese Stadt desselben Rechtes erfreuen wie unsere Stadt Berlin und soll dabei bleiben. Weiter sollen in der Stadt Käufer und Verkäufer gar keine Marktsteuer zahlen oder zu zahlen gezwungen werden: für alle Ware bis zu einem Wert von zwei Schillingen leichter Pfennige oder einem Schilling schwerer Pfennige und überhaupt für Gemüse, Eier, Käse, Butter, Salzhering und für Fische, die stückweise aus der Hand verkauft werden. Für alle Großhandelsware nämlich, die in die Stadt gebracht wird, muß der übliche Zoll entrichtet werden, für die Waren aber, die für den Erlös aus der Einfuhrware unmittelbar gekauft werden, soll kein Zoll gegeben und verlangt werden.

Wir haben verfügt, daß das Kaufhaus und alles, was die Bürger auf dem Markt der Stadt an Bauten errichten mögen, von der Stadtgemeinde in Nutzung genommen werden soll, haben uns aber auf dem Kaufhaus, dem Markt und den Jahrmärkten von jedem Verkaufsstand eine festliegende Abgabe von drei Pfennigen ausbedungen, wovon der genannte Schultheiß auch ein Drittel haben soll. Wenn sie mit eigenen Arbeitskräften und auf ihre Kosten eine Brücke bauen, so machen wir auch die zum Nutzen der Stadt völlig grundsteuerfrei ...

(Urkunde Johanns I. von Brandenburg)

Lothringer, Flamen, ihr berühmten Weltbezwinger, auf! Hier könnt ihr euer Seelenheil erwerben und, wenn es euch so gefällt, noch das beste Siedelland dazu.“ Und die Siedler kamen zu Tausenden! Im Altreich war es inzwischen »eng« geworden. Es scheint, als sei der nachgeborene Sohn, der in der Heimat wenig zu erwarten hatte, vom Weltsinn des ritterlichen Kreuzfahrers angerührt gewesen, wenn er mit Hab und Gut, Weib und Kind ins *Slawenland* aufbrach. Die deutschen Siedler brachten ihre überlegene Agrartechnik mit: Mit Räderpflug, Pferd und Sense erwirtschafteten sie deutlich bessere Erträge als ihre slawischen Nachbarn. Sie folgten gern dem Ruf der Herren des Ostens, weil sie im neuen Siedlungsgebiet auf eine bessere *Rechtsstellung* bauen konnten als in der Heimat. Wer Neuland rodete, blieb anfangs zudem abgabenfrei.

Aber die Ostkolonisation war nicht nur eine Angelegenheit der »Großen«, die riefen, und der Bauern, die kamen. Alle Schichten des deutschen Volks beteiligten sich an diesem Geschehen: Ritter und Bürger als Städtegründer, Bauern als Bewirtschafter des Bodens und Mönche als »Agrarberater« und »Kulturträger«. Besonders der Orden der *Zisterzienser*, der dem Kernsatz der Benediktinerregel, *bete und arbeite*, neue Geltung verschaffte, förderte mit seinen Ordensniederlassungen im Osten (z. B. bei Lehnin, ▸ 434) die Rodungs- und Kultivierungsarbeiten. Zwischen Elbe und Dnjepr entstanden etwa eintausend neue Städte mit rein deutscher Bürgerschaft. Auf dem platten Land betrug der deutsche Anteil an der ländlichen Bevölkerung insgesamt deutlich weniger als die Hälfte. Die Slawen zwischen Elbe und Oder gingen schließlich ethnisch wie kulturell im deutschen Volkstum auf, weiter östlich und im Süden entstanden keine klaren Sprachgrenzen. Es bildete sich vielmehr ein ethnisches Nebeneinander heraus, dessen Auswirkungen bis in die Gegenwart andauern ...

Der Ansatz der Scholastik

Im 12. Jahrhundert transportierten deutsche *Fernkaufleute* Salz, Stoffe und Metalle an Gotland vorbei nach Nowgorod. Die *Russen* handelten mit Wachs, Fellen und anderen Landesprodukten über Kiew hinweg und das Schwarze Meer nach Konstantinopel. Hier luden *Italiener*, die durch die Kreuzzüge wohlhabend geworden waren, allerlei Luxuswaren in ihre Schiffe. Mit Gewürzen aus Indien oder Seide aus China fuhren sie zurück in ihre Heimathäfen *Venedig* und *Genua*. Diese Kaufleute waren »moderne« Menschen: Sie mußten ihre Handelsrouten rationell planen und in allem kühlen Verstand gebrauchen. Ihre Städte wurden immer größer. *Bürgergeist* griff um sich. Der geistigen Elite im Europa des 12. Jahrhunderts lag verständlicherweise weniger das Wohl und Wehe der jeweiligen Kaiser und Päpste am Herzen, dafür aber die Lösung grundsätzlicher Fragen, die sich hinter diesem Konflikt auftaten und vom neuen »Welthorizont« genährt wurden, den die Kreuzfahrer vermittelten. Plötzlich waren Denker des abendländischen Westens auch bereit, den Zusammenhang zwischen *Kirche* und *Welt, Glaube* und *Vernunft* perspektivisch neu zu gestalten. Das geschah in einer bis dahin unbekannten Entschiedenheit. Das Zeitalter *scholastischen Denkens* war angebrochen.

Im 12. Jahrhundert verstärkte das europäische Abendland sein Bemühen um die Aneignung antiker Traditionen. Waren bis dahin in erster Linie die *Klosterschulen* Träger der Kultur und ihrer Vermittlung, so taten sich nun zunehmend auch städtische Zentren hervor – vor allem die sogenannten *Kathedralschulen*. Hier herrschte bald ein internationales Flair: Schüler aus Italien, England, Deutschland, Spanien, Frankreich, ja selbst aus ferneren Ländern wie Ungarn und Polen fanden sich ein, um ihren »Lehrern« zuzuhören, die häufig nicht minder in einer »internationalen Karriere« standen. Vorreiter dieser Entwicklung war Frankreich. Der französische Episkopat unternahm seit Ende des 11. Jahrhunderts außerordentliche Anstrengungen zur Förderung solcher Einrichtungen. An den Kathedralschulen von Laon, Reims, Chartres, Orléans, Tours und Paris lehrten Männer, die aus der ernsten, auf Gebet und Meditation ausgerichteten Umgebung der Klöster herausgetreten und auf ihre Schüler (*Scholare*) als zahlende Klientel angewiesen waren. Diese »realistischen« Beziehungen zwischen »Gebendem« und »Nehmenden« durchbrachen das *monastische* Prinzip vertraulich-ordensbrüderlichen Miteinanders und förderten entschieden ein versachlichtes Klima – ein neues Denken mithin, dem es bald um »rationale« Vergewisserung des christlichen Glaubens gehen sollte. Es wurde das Ziel verfolgt, theologischen *Glauben* und säkulares *Wissen* miteinander zu versöhnen.

Dies zu versuchen, setzte verständlicherweise überhaupt erst einmal die Mutmaßung eines erklärungsbedürftigen Wechselverhältnisses zwischen beiden Bereichen voraus. Annahmen dieser Art blieben den frühmittelalterlichen Gelehrten noch völlig fremd! Jetzt aber galten neue Voraussetzungen: Die Balance zwischen *Kirche* und *Welt*, seit dem Investiturstreit ohnehin arg strapaziert, erfuhr durch die Rezeption *muslimischen* und *jüdischen* Schrifttums eine nicht minder schwere

Zwei Philosophen
(Miniatur aus der Enzyklopädie des Hrabanus Maurus; aus einem Codex von 1028; Kloster Montecassino, Italien)

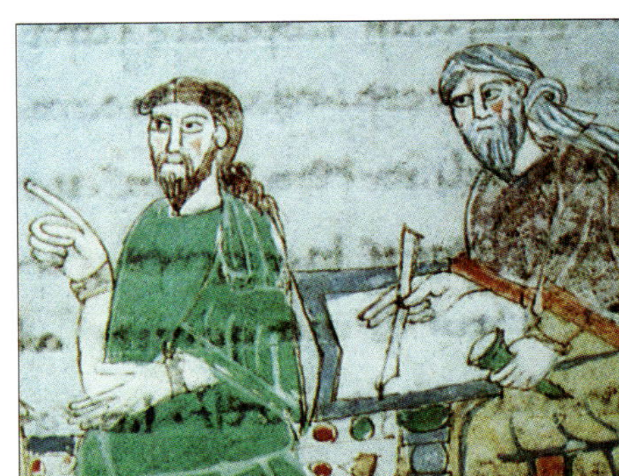

Der Philosoph und sein Schreiber
(Miniatur aus der Enzyklopädie des Hrabanus Maurus; aus einem Codex von 1028; Kloster Montecassino, Italien)

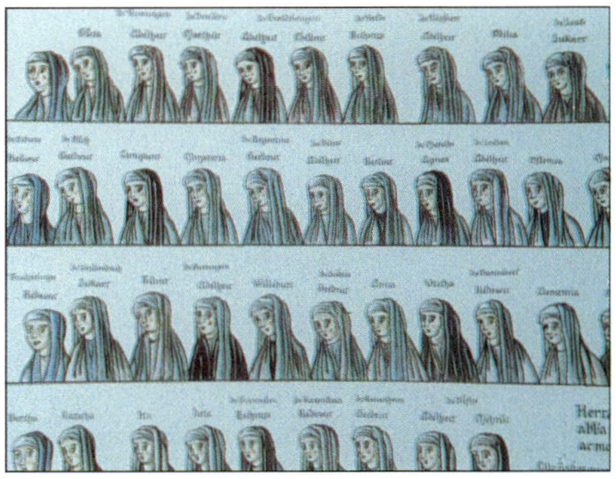

Nonnen lernen alles Wissenswerte
Die Illustrationen stammen aus einer Enzyklopädie, die auf Veranlassung der Äbtissin Herrad von Landsberg im Kloster Hohenburg im Elsaß angefertigt wurde. Leider verbrannte die Prachtausgabe 1870, als die Deutschen Straßburg beschossen. Aber - ein Straßburger Polizeipräsident namens Engelhardt hatte 60 Jahre zuvor im Original gestöbert ...

»Hortus deliciarum« der Herrad von Landsberg, um 1185. (Faksimile, Kloster Sainte-Odile bei Ottrott im Elsaß)

Erschütterung. *Übersetzerschulen* in Sizilien, Spanien und in der Provence arbeiteten mit Feuereifer, um der abendländischen Gelehrtenwelt morgenländische Quellen zugänglich zu machen. Jetzt kamen auch neue, bis dahin dem christlichen Westen völlig unbekannt gebliebene Schriften des ARISTOTELES (*384, † 322 v. Chr.) in Umlauf.

Die scholastischen Denker wählten nicht den Verbotsweg kirchlicher Institutionen. In tiefer Wertschätzung des christlichen Glaubens erfaßte sie ein grundlegendes Vertrauen in menschliche Logik und Ratio, um auch das vom »irdischen Geschöpf« Geglaubte, also die *Heilige Schrift* und das Zeugnis der Kirchenväter (*auctoritas*), verstandesmäßig zu durchdringen. PETRUS ABAELARD (*1079, † 1142), ein dickköpfiger Bretone mit bewegtem Leben, erklärte: *„Man kann erst etwas glauben, wenn man es begriffen hat!“* In seinem berühmten Werk *Ja und Nein* (»Sic et non«) stellte er verschieden und gegensätzlich lautende Aussagen der Kirchenväter gegenüber, um eine wissenschaftliche Methode zur Klärung der Widersprüche zu finden. Der Zorn seiner Gegner läßt auf die Radikalität seines Ansatzes schließen. BERNHARD VON CLAIRVAUX, der »Ideologe« des *Zweiten Kreuzzuges*, schleuderte ihm entgegen: *„Petrus Abaelard versucht, den christlichen Glauben seines Inhaltes zu berauben, wenn er sich für fähig hält, ihn ganz und gar mit menschlicher Vernunft zu begreifen.“* ABAELARD, den seine Gegner wegen einer Liebesbeziehung zu seiner jungen Schülerin HELOÏSE entmannten, blieb sich selbst trotz lebenslanger Anfeindungen und Verurteilungen treu und konnte auf viele Anhänger zählen, die ihn überschwenglich als den *Platon des Westens* feierten. Wie er sagte, trieb ihn seine *unerträgliche Armut* an. Er hatte nichts zu verlieren außer der »Profession«, der er sich verschrieben hatte: Logik und Theologie.

Andere *Scholastiker* sollten folgen, allen voran der Schwabe ALBERTUS MAGNUS (*um 1200, † 1280) und der Italiener THOMAS VON AQUIN (*um 1225, † 1274) aus dem Neapolitanischen. Sie alle schufen dem christlichen Glauben in einer veränderten Welt die tiefere Grundlegung und wirkten darauf hin, daß das neue methodische Bewußtsein des vernünftigen Fragens auch im Corpus der Einzeldisziplinen, den sogenannten *Sieben freien Künsten* (Arithmetik, Geometrie, Musik und Astronomie sowie Grammatik, Rhetorik und Logik), zur Anwendung kam. Besonders die Philosophie, Rechtswissenschaft und Medizin sorgten bald für eine im Abendland danach nicht mehr unterbrochene Tradition wissenschaftlichen Denkens. Die geistige Elite Deutschlands blickte mit großem Staunen nach Frankreich, wo selbst Könige Schüler an der Pariser Kathedralschule waren und sich mit Fachleuten jeder Art umgaben.

In dieser lebendigen Welt des Umbruchs entstand, noch zu Lebzeiten ABAELARDS, 1140 die Pariser Abteikirche *St. Denis*. So ein Bauwerk hatte die Welt noch nicht gesehen! Die Wände bestanden hauptsächlich aus funkelndem Glas. Wunderbare Farben hatten die Kaufleute aus fernen Ländern herbeigeschafft. Ein weiches, unwirkliches Licht erfüllte den weiten Raum dieser ersten *gotischen Kirche*. Auch die *Kathedrale von Chartres* war ganz anders als die früheren Kirchen. Es gab keine klobigen Mauern mehr. Die Wände waren so dünn, daß sie von außen durch Strebepfeiler gestützt werden mußten; sonst hätten sie das schwere Dach nicht tragen können. Strebepfeiler sind häßlich. Aber sie wurden nicht hinter dem Mauerwerk versteckt. Die Gläubigen sollten sehen, wie klar und vernünftig diese Kirche konstruiert war. Außen herrschte der *Verstand*, innen der *Glaube*. Diese neuen französischen Kathedralen machen das geistige Ringen um die Wahrheit sichtbar. Sie sind die zu Stein gewordene Philosophie der Scholastik.

Die gotische Kathedrale
Die Architektur der Gotik ist eine Manifestation scholastischen Denkens - eine Synthese zwischen Theologie und Philosophie. Dem Gesamtbau einer Kathedrale liegt ein rationaler Konstruktionsplan zugrunde; und im Inneren der Kirche lädt die Transparenz der Fenster sowie das rubinrote und azurne Erglühen ihrer Scheiben zu gläubigem Empfinden ein. (Paris, St. Denis; Innenaufnahmen: Rosette und Pfeiler mit Spitzbögen; *▸ S. 481)*

Das höfische Leben

»Kultur« und wie man mit ihr umgeht, lernten die Deutschen im westlichen Europa sowie durch die Berührung mit dem Morgenland zur Zeit der Kreuzzüge kennen. Zum ersten Mal seit der Spätantike entstand mit dem beginnenden 12. Jahrhundert eine Laienkultur – das *höfische Leben*. Die Höfe der Herzöge von *Aquitanien* und *Burgund*, aber auch der Grafen von *Anjou, Blois, Champagne, Flandern* und der *Normandie* usw. hatten dabei für die deutsche Entwicklung eine Vorbildfunktion. Die *Wartburg* war unter den Landgrafen von Thüringen, insbesondere zur Zeit

Walther von der Vogelweide
(aus der Manessischen Handschrift; Heidelberg, Universitätsbibliothek)

HERMANNS I. (1190-1217), ein Zentrum *höfischen Lebens.* Der Landgraf baute die Wartburg nach französischem Beispiel aus. „*Wer ein schwaches Trommelfell hat, dem rat ich, einen Bogen um den Hof des Landgrafen von Thüringen zu machen; denn kommt er dahin, wird er wahrhaft taub*", so schildert uns der Dichter WALTHER VON DER VOGELWEIDE (*um 1170, † um 1230) das ausgelassene Treiben auf dieser Burg.

HERMANN zählte zu den *Reichsfürsten.* Sie waren unmittelbare *Königsvasallen* und darum nach Ansehen und Macht in beinahe königsgleicher Stellung. Jedenfalls wetteiferten sie mit dem Kaiser als Mäzene und gaben ihrer seit dem Hochmittelalter *lehnsrechtlich* gesicherten Stellung als »Große« des Reichs sichtbaren Ausdruck. Da sie bereits eine Vielzahl von Hoheitsrechten (*Regalien*) an sich gezogen hatten, beispielsweise im Gerichts-, Finanz- und Befestigungswesen, umgaben sie sich mit Leuten, die schreiben konnten, um die Verwaltungsaufgaben im Herrschaftsgebiet bewältigen zu können. Von daher erklärt sich das Mäzenatentum der Königsvasallen: Die Zahl der Gelehrten und Künstler, die die Gäste beim Fest unterhielten, drücken seine Befähigung zu »herrschen« aus. An den Fürstenhöfen Frankreichs gab man *Epen* und auch *Minnelyrik* in Auftrag, die nun ins Deutsche übertragen und verändert wurden. Diese *höfische Literatur* stellt den *Ritter* in eine fiktive Welt, in der er allerlei phantastische Abenteuer zu bestehen hat und um die Liebe (*Minne*) einer verheirateten, standeshöheren Frau wirbt. Am Hof wurden die Geschichten bei Festveranstaltungen vorgelesen oder von einem *Spielmann* bei Klängen einer Harfe, Laute oder Fidel als Gesang vorgetragen. Der berühmteste

Die Wartburg
wurde unter den thüringischen Landgrafen Ludwig III. (1172-1190) und Hermann I. (1190-1217) ausgebaut. Sie liegt auf einem Bergfelsen südwestlich von Eisenach (▶ S. 449). Um die Wende vom 12. zum 13. Jh. war sie ein Zentrum der höfischen Ritterkultur.

deutsche Erzähldichter dieser Zeit war WOLFRAM VON ESCHENBACH (*um 1170, †um 1220); in seinem Versepos *Parzival* gestaltete er nach französischer Vorlage den Sagenstoff um den legendären *König Artus*. 50 000 Verse sind von ihm überliefert! Der berühmteste deutsche Lyriker dieser Zeit war WALTHER VON DER VOGELWEIDE. Seine Dichtung ist voll feinsinniger Empfindsamkeit, die so gar nicht zum Klischee vom »dunklen Mittelalter« passen will. Beide treffen sich am kunstfreudigen Hof des Landgrafen von Thüringen. Die berühmte mittelhochdeutsche Gedichtsammlung vom *Sängerkrieg auf der Wartburg* (2. Hälfte des 13. Jhs.), die RICHARD WAGNER (*1813, †1883) zum *Tannhäuser* anregen sollte, preist in allegorischer Form diese erste Blütezeit deutscher Literatur und läßt WOLFRAM und WALTHER als Schiedsrichter im »Streit« auftreten.

»50 000 Verse sind von ihm überliefert!«

Der höfische Wohnort – die Burg

Die *Burg* war der Wohnort des Adels. In den Jahren zwischen 1100 und 1250 sind in Deutschland Tausende von Burgen gebaut worden. Sie wurden in aller Regel dort errichtet, wo die Beschaffenheit des Geländes Schutz vor Überfällen bot, und in jedem Fall inmitten der eigenen *Grundherrschaft* – gewissermaßen als deren wehrhafter, wirtschaftlicher, verwaltungsmäßiger und (bei den »Großen« des Reichs) auch kultureller Mittelpunkt. Man errichtete sie bevorzugt an erhabenem Punkte als *Höhenburg* oder wählte eine Stätte im Niederungsgebiet mit guter Geländeübersicht (*Niederungsburg*). Ihre massiv-wuchtige Bauweise, seit dem Hochmittelalter aus Stein, sollte Feinde abhalten und zugleich die Distanz zwischen dem *Herrscher* und den *Beherrschten* ausdrücken. Natürlich glich keine Burg der anderen, aber alle Anlagen wiesen gemeinsame Konstruktionsmerkmale auf: die massive Umfriedung durch eine *Mauer* mit *Wehrgang* und vorgelagertem *Graben*, das bewachte und baulich durch eine *Zugbrücke* oder ein *Fallgitter* geschützte *Burgtor* und den gelegentlich bis zu vierzig Meter hohen *Bergfried* (Burgturm), der als letzte Zuflucht diente. Zur Burganlage gehörten ferner der Wohnkomplex mit *Palas* (großer Festsaal) und *Kemenate* (beheizbarer Raum der adligen Damen) sowie die Werkstätten, Vorrats- und Waffenkammern, die Verwaltungs- und Gesinderäume. Die Wartburg der Thüringer Landgrafen hatte eine Länge von ca. 180 Metern, die einfachen *Ritterburgen* fielen aber wesentlich bescheidener aus. Auch die deutschen Könige und Kaiser, die von *Pfalz* zu *Pfalz* umherzogen, errichteten mächtige *Reichsburgen*, so zum Beispiel die Burg

Höfisches Leben
Markgraf Otto von Brandenburg spielt mit einer Dame Schach und hört dabei Musik. (Manessische Handschrift, Heidelberger Universitätsbibliothek)

Trifels bei Annweiler im Pfälzer Wald, die FRIEDRICH BARBAROSSA ausbauen ließ. Sie gehörte zu den besten Wehranlagen in Deutschland. Hinter ihren dicken Mauern wurden Grafen, Erzbischöfe und sogar der englische König RICHARD LÖWENHERZ gefangengehalten. Von hier gab es kein Entkommen. An diesem sicheren Ort bewahrten die deutschen Könige über 150 Jahre lang ihren wertvollsten Schatz – die *Reichskleinodien*. Ohne den Besitz dieses Schatzes hätte sie niemand als Herrscher anerkannt. Man konnte sich schlechterdings keinen sichereren Ort vorstellen als die wehrhafte Burg ...

Der *Ritter* ist der Bewohner der Burg, und höfisches Leben ist Ritterleben. Diese seit der Mitte des 11. Jahrhunderts aus den *Dienstmannen* des Königs und der »Großen« des Reichs hervorgegangene soziale Schicht der Ritter ist Träger der neuen Laienkultur. Laïkal geprägt, richtet sich ihr Tun darum auch nicht auf eine intellektuelle Aneignung christlicher Zeugnisse. Der Ritter war nach Sachstand und Haltung zunächst Analphabet. Selbst WOLFRAM VON ESCHENBACH blieb schreibunkundig! Seine Verse ließ er von anderen notieren. Gewiß – WOLFRAM war die Ausnahme, aber eben sie belegt die prinzipielle Lösung des Ritters vom *klerikalen, monastischen* oder gar *scholaren* Bildungsideal. Das Ideal des Ritters sah anders aus: Es ergab sich aus seinen Aufgaben und aus seiner Stellung in der mittelalterlichen Gesellschaft. Da sich seine wirtschaftliche Lebensgrundlage aus einem *Lehnsverhältnis* zu einem höheren Adligen, einem kirchlichen Grundherrn oder dem König ableitete, ist er *Vasall* und als solcher zum »Dienst« (*servitium*) verpflichtet. „*Wozu dient die Ritterschaft?*“ fragt JOHANN VON SALISBURY (*um 1115, †1180), und er führt aus: „*die Kirche zu schützen, Treulosigkeit zu bekämpfen, das Priesteramt zu ehren, Ungerechtigkeit gegenüber den Armen zu beseitigen, dem Land den Frieden zu bringen, für seine Brüder das Blut zu vergießen und, wenn es nötig ist, das Leben hinzugeben.*“ JOHANNS Worte sind aufschlußreich: Der Ritter hat gewissermaßen einen obersten *Lehnsherrn*, und dieser heißt Christus. In einer Zeit, da das Christentum inzwischen auch tiefere Schichten der mittelalterlichen Gesellschaft erreicht hatte, verlor der Kaiser seine exklusive Stellung als *Christusvasall*.

Burg Eltz bei Koblenz (▶ S. 447)

So findet das Ritterideal im Christentum seine eigentliche sittliche Wurzel. Ritterwürde war nicht angeboren, sondern mußte durch Rittererziehung erworben werden. Im Alter von zehn bis zwölf Jahren kamen die *Vasallensöhne* an den Herrenhof und lernten als *Knappen* alle Tugenden ritterlichen Lebens kennen. Die Ausbildung endete mit der feierlichen Aufnahme in den Ritterstand (*Schwertleite*). Im 12./13. Jahrhundert bildete sich ein umfangreicher Ehrenkodex ritterlicher Pflichten heraus; Ritter zu sein hieß, sich in Mäßigung üben zu können (*mâze*), edel und tapfer zu sein (*hohen muot*), dem Lehnsherrn treu zu dienen (*hövischheit*) und an *Turnieren* teilzunehmen. Solche Schaukämpfe, entweder als Zweikampf zu Pferde mit Lanze oder als Gruppenkampf, bildeten den Höhepunkt eines Hoffestes, das dem Ritter Gelegenheit gab, der im *Minnedienst* umworbenen Frau höheren Standes seine Tapferkeit zu zeigen. Die vornehmen Tugenden höfischer Gesinnung hielten der Wirklichkeit kaum stand, aber sie stifteten dem Rittertum das erforderliche Selbstbewußtsein, um sich in einer Welt behaupten zu können, die nach nun weitgehend abgeschlossener *lehnsrechtlicher* Durchdringung nur noch aus Herrschern und Beherrschten bestand.

Deutschland im 12. Jahrhundert

Als FRIEDRICH I. 1152 zum deutschen König gewählt wurde, war die *Kirche* zum bedeutendsten Machtfaktor in Europa geworden. Ihre großen *Erzbistümer* deckten sich nicht mit den Grenzen der Länder. Manche Erzsprengel erstreckten sich über mehrere Königreiche. In Deutschland gab es sechs solcher Kirchenprovinzen, die seit den Tagen des *Wormser Konkordats* auch von Rom aus gelenkt wurden. Die Stellung der Bischöfe hatte sich inzwischen derjenigen der weltlichen »Großen« angeglichen. Aus *Reichsbischöfen* waren *Fürstbischöfe* geworden. Am größten war das Erzbistum Mainz. Die Gebiete des *Erzbischofs* von Köln waren etwas kleiner, ebenso wie die des Erzbistums Trier. In der Politik aber spielten sie keine geringere Rolle als Mainz. Von Bremen aus wurde der nordeuropäische Raum christianisiert. Das Erzbistum Magdeburg war ein ebenso mächtiger kirchlicher Pfeiler im Osten wie Salzburg.

Alle Erzbischöfe hatten auch weltliche Rechte. Sie waren Konkurrenten der Herzöge und Grafen. FRIEDRICH herrschte als König und Kaiser über das *Heilige Römische Reich*, das von drei unabhängigen Königreichen gebildet wurde: *Italien* mit dem Kirchenstaat, *Burgund* (Arelat) und das *Deutsche Reich*. Hier war FRIEDRICH selbst König. *Böhmen* im Osten gehörte nur lose zu seinem Herrschaftsbereich. Alle diese Reiche zerfielen weiter in zahlreiche *Herzogtümer*, *Grafschaften* und *Markgrafschaften*. In Deutschland stieg HEINRICH DER LÖWE, seit 1156 Herzog von Sachsen *und* Bayern, zum mächtigsten Reichsfürsten auf. Die Mitte Europas hatte sich zusehends in einen Flickenteppich

Die Ritterburg von innen
Die Abb. zeigen von oben nach unten einen Wandteppich mit Ritterdarstellung (16. Jh.), die Burgküche und den Weinkeller. (Marksburg bei Braubach, *▸ S. 447)*

einzelner, lehnsrechtlich definierter, aber von widerstreitenden Ansprüchen belasteter *Herrschaften* zersplittert. Der *Burgenbau* war der sichtbarste Ausdruck dieser Entwicklung: Jeder »Herr« ergriff alle in seinen Möglichkeiten liegenden Maßnahmen zur wehrhaften Verteidigung seiner Ansprüche.

FRIEDRICH, der zweite König aus dem südwestdeutschen Geschlecht der *Staufer* und Nachfolger KONRADS III., hatte kein leichtes Amt angetreten. Seit dem Tode HEINRICHS V., des letzten *salischen* Königs und Kaisers (1106-1125), herrschte in Deutschland eine erbitterte Rivalität zwischen den *Staufern* und *Welfen*. Diese beiden Geschlechter hatten sich zu den mächtigsten Familien des Reichs entwickelt. Ein *Dynastenkampf* tobte und bescherte den Deutschen die politische Dauerkrise; sie lähmte das Reich sowohl nach innen wie auch nach außen. Doch in dem Staufer FRIEDRICH fand man schließlich einen Kompromißkandidaten, der über seine Mutter JUDITH auch dem Geschlecht der Welfen verbunden war. Diesen Aspekt des Ausgleichs hob bereits der zeitgenössische OTTO VON FREISING (*nach 1111, †1158) hervor, ein scharfsinnig beobachtender Chronist der frühen Stauferzeit: *„Die Fürsten richteten bei ihrer Wahl ihr Augenmerk nicht nur auf den regen Eifer und die Tüchtigkeit dieses Jünglings, sondern auch darauf, daß er als Angehöriger beider Familien einem Ecksteine gleich die Kluft zwischen den zwei Mauern schließen könne.*" Die »Königsmacher« hatten gut entschieden! Denn 38 Jahre sollte nun ein Mann die Geschicke des Reichs lenken, der über ungewöhnlich viele Herrschertugenden verfügte: Er strahlte Überzeugungskraft aus und war gewinnend im Wesen. *„Es schien, als ob er ständig lachen wollte"*, überliefert ein Zeitzeuge. Vor allem lag ihm das maßvolle Handeln, und fast immer suchte er den politischen Kompromiß. FRIEDRICH, dem die Norditaliener

Die Burg Trifels bei Annweiler
war seit 1081 und mit Unterbrechung seit 1113 »Reichsburg«, Sinnbild deutscher Machtentfaltung und Größe unter den frühen Staufern. Sie diente als Staatsgefängnis, Reichsschatzkammer und Aufbewahrungsort der Reichskleinodien. 1193/94 saß hier Richard Löwenherz in Haft. Die Wacht auf dem Trifels oblag angesehenen Ministerialen, an deren Spitze der »Burggraf« stand. Der Trifels wurde niemals eingenommen oder erobert. Im Jahre 1662 vom Blitz getroffen, wurde die Burg im 20. Jh. instand gesetzt. - Die Abb. zeigt den wiederhergestellten zentralen Innenraum (▶ S. 455).

Friedrich Barbarossa
Die Büste war ein Geschenk des Stauferkaisers an seinen Taufpaten Otto, den Bruder des Klostergründers Gottfried von Cappenberg. (nach 1155; Stein-Archiv des Schlosses Cappenberg bei Lünen, ▶ S. 438)

wegen seines rotblonden Bartes den Beinamen *Barbarossa* gaben, verkörperte alle Ideale des Rittertums; auch verstand er es, hohe Erwartungen auf sich zu ziehen und die Sympathien der »einfachen Leute« zu gewinnen. Auf dem Wege nach Jerusalem, an der Spitze eines *Kreuzfahrerheeres* stehend, ist er 1190 im Fluß *Saleph* in Kleinasien ertrunken. Die Umstände seines Todes im Fernen Osten gaben in Deutschland Anlaß zur Legendenbildung: Spätere Generationen stellten sich »ihren« verstorbenen »König Rotbart« im *Kyffhäuser* ausruhend vor; eines Tages werde er von dort aufbrechen, um verlorene Kaiserherrlichkeit wiederherzustellen!

Die Anfangsjahre Friedrich Barbarossas

Gleich nach seiner Wahl in Frankfurt und anschließenden Krönung in Aachen ging BARBAROSSA mit der Tatkraft seiner Jugend daran, die inneren Verhältnisse des Reichs zu ordnen. Ein *Landfriedensgesetz* sollte die Lage konsolidieren helfen. Dem achtjährigen Sohn König KONRADS III. gab er das schwäbische Herzogtum. Seine wichtigste innenpolitische Aufgabe sah er darin, einen Ausgleich mit den Welfen zu schaffen. So respektierte er den Nordosten des Reichs als Interessensphäre des LÖWEN und wirkte darauf hin, daß diesem durch *Fürstenspruch* das Herzogtum Bayern zuerkannt wurde (1154). HEINRICH JASOMIRGOTT († 1177) aus dem Geschlecht der *Babenberger* erhielt *Österreich*, das fortan als selbständiges *Herzogtum* mit besonderen Vorrechten galt (1156). FRIEDRICH BARBAROSSAS ärgster Widersacher, WELF VI. (*1115, † 1191), die »Seele« der Staufer-Opposition unter König KONRAD, wurde mit der *Markgrafschaft Tuszien* sowie dem *Herzogtum Spoleto* abgefunden (1152).

Schon angelegentlich seiner Aachener Krönung ließ BARBAROSSA dem Papst selbstbewußt mitteilen, daß er die »Erhabenheit« des Reichs wieder aufzurichten gedenke. Er zeigte EUGEN III. (1145-1153) seine *Königserhebung* an, ohne um die päpstliche Bestätigung nachzusuchen, wie es noch Kaiser LOTHAR III. (1125-1137) gehandhabt hatte. Seit dem *Würzburger Reichstag* (Oktober 1152) war des Königs *Romzug* beschlossene Sache: BARBAROSSA wollte die Kaiserkrone erwerben. Intensive Vorverhandlungen mit der Kurie führten sodann zum *Konstanzer Vertrag* (1153), durch den König und Papst zu einer Interessenabklärung fanden: EUGEN versprach die Kaiserkrönung, der Staufer die Unterstützung gegen Römer und Normannen. Politisch also sorgfältig vorbereitet, zog der König im

Das frühe Staufferreich

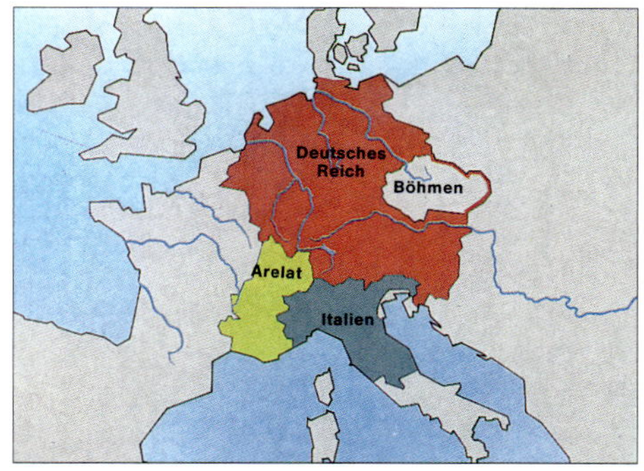

Die deutschen Erzbistümer

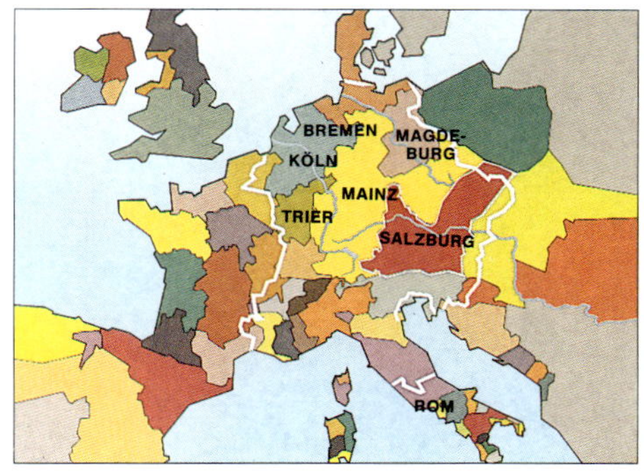

Die Kaiserpfalz Gelnhausen *war ein Lieblingsaufenthaltsort Friedrich Barbarossas. Die Abb. zeigt Mauerreste der Anlage(▸ S. 448).*

Jahre 1154 mit etwa 2000 Rittern, unter ihnen auch HEINRICH DER LÖWE, über die Alpen. Aber fünf weitere *Italienzüge* sollten im Verlaufe seiner langen Regierungszeit folgen! Er sah zu diesem Engagement keine Alternative, und es ist zweifelhaft, ob es sie gab. BARBAROSSAS energische Italienpolitik ergab sich als logische Folge seiner allzu großzügigen *Ausgleichspolitik* in Deutschland. Er mußte die Kaiserkrone erwerben und fühlte sich zudem auf die Einkünfte aus den reich gewordenen oberitalienischen Städtekommunen angewiesen. Da sie gegen ihren deutschen Oberherrn aufbegehrten, blieb der König dauerhaft beschäftigt. Mit der genannten kleinen Heeresmacht des Jahres 1154/1155 konnte er zunächst freilich wenig ausrichten; und er wollte wohl auch nicht. Was zählte, war, daß er sein erstes Ziel erreichte: Aus den Händen HADRIANS IV. (1154-1159) empfing er am 18. Juni 1155 die Kaiserkrone; HEINRICH DER LÖWE hielt derweil einen *stadtrömischen* Aufstand nieder.

Mit großer Heeresmacht brach BARBAROSSA 1158 zum zweiten Mal nach Italien auf. Er wollte in Oberitalien eine Art kaiserliche *Territorialherrschaft* errichten. Zunächst war mit Mailand eine alte Rechnung zu begleichen: Über die Stadt hatte BARBAROSSA 1155 die *Reichsacht* verhängt, weil sie das königliche Schiedsgericht in anhängigen Streitfragen nicht anerkennen mochte. Nun folgte die Vollstreckung. Mailand wurde belagert und eingenommen. Die Stadt mußte 300 Geiseln stellen, hohe Bußgelder entrichten und auf alle *Regalien* verzichten. Wenig später hielt der Kaiser auf den *Ronkalischen Feldern* in der Po-Ebene einen Reichstag ab, der zu den sogenannten *Ronkalischen Gesetzen* führte. Er beauftragte Experten aus der Juristen-

Die Ronkalischen Felder *waren Sammelplatz der deutschen Heere auf dem Weg nach Rom. Friedrich Barbarossa hielt hier 1158 den berühmten Reichstag ab, der zur Feststellung der königlichen Hoheitsrechte in Italien führte. (Po-Ebene bei Piacenza)*

Hochburg Bologna, die Rechtmäßigkeit der von den Städten ausgeübten *Regalien* (Ämtervergabe, Münz-, Zoll- und Wegerechte usw.) zu überprüfen. Auf diesem Wege fiel eine Menge *Reichsgut* heim. Die fiskalischen Gewinne des Kaisers schienen sich zu rechnen und überstiegen die Abgaben deutscher Städte um ein Vielfaches! Aber der Kaiser schürte damit eine Polarisierung der italienischen Zustände, an der er schließlich scheiterte.

Im Jahre 1159 starb HADRIAN IV. Der kaiserfreundliche *römische Stadtadel* wählte VICTOR IV. (1159-1164) zum Nachfolger, aber die Mehrheit der *Kardinäle* entschied sich für ALEXANDER III. (1159-1181), den Vertreter einer vom Kaiser unabhängigen Politik. Schon sein Vorgänger hatte diese eingeleitet: Er war bereits 1156 zu einem Ausgleich mit den Normannen gekommen. Zum Eklat zwischen der kaiserlichen und päpstlichen Partei kam es sodann auf der *Fürstenversammlung* zu Besançon (1157), als RAINALD VON DASSEL (*um 1120, †1167), BARBAROSSAS *Kanzler*, den versammelten »Großen« des Reichs ein lateinisches Schriftstück der Römischen Kirche ins Deutsche übersetzte – dergestalt, daß der Kaiser nach dem Verständnis der Kurie nun zum *Lehnsmann* des Papstes apostrophiert wurde. Mag der Kanzler absichtsvoll oder fahrlässig gehandelt haben – die Lesart, die er verbreitete, führte zu großer Empörung unter den Deutschen. HADRIAN mußte später beschwichtigen, und die kaiserliche *Kanzlei* trat »publizistisch« in die Offensive. Als der Kaiser die oben erwähnten *Ronkalischen Gesetze* auch auf den Kirchenstaat bezog, war seine Rede an die Adresse des Papstes inzwischen hart und kompromißlos geworden: „*Nach Gottes Ordnung heiße und bin ich römischer Kaiser. Zum Schatten eines Herrschers würde ich werden und nur einen leeren Titel führen, wenn die Gewalt über die Stadt Rom mir aus der Hand geschlagen würde.*"

Barbarossa mit seinen Söhnen *König Heinrich VI. und Herzog Friedrich von Schwaben. (Miniatur aus der Welfenchronik; letztes Viertel des 12. Jhs.; Fulda, Hessische Landesbibliothek)*

Die staufische Rechts- und Ordnungspolitik

Nun herrschte dieser neue Ton zwischen Kaiser und Papst. Mit dem Anspruch eines Führers des Abendlandes und ganz im Geiste alter ottonisch-salischer Kaiserherrlichkeit antwortete BARBAROSSA auf die päpstliche *Doppelwahl*, indem er das *Konzil von Pavia* einberief (1160). Es führte freilich nicht zur Aufhebung der Kirchenspaltung, weil die Partei ALEXANDERS der Versammlung ferngeblieben war. So sehr sich der Kaiser von nun an auch um die Unterstützung seitens des französischen und des englischen Königs bemühte, er bekam sie nicht mehr! In Westeuropa keimte bereits ein frühes *nationales* Selbstbewußtsein, das sich dem staufischen Anspruch auf ein universales christliches *Weltkaisertum* widersetzte. Erfolgreich war BARBAROSSA nur in Italien selbst: 1162 ließ er Mailand zerstören, um ein Exempel zu statuieren, und 1167 konnte er siegreich in Rom einziehen. Papst ALEXANDER mußte fliehen. Aber dem Augenblick seines größten Triumphes folgte die Katastrophe: Eine Seuche dezimierte sein Heer so stark, daß sich seine militärischen Mittel erschöpften. Die italienischen Städte erhoben sich und schlossen sich unter Führung Mailands zum *Lombardenbund* zusammen. Von nun an war BARBAROSSA in seiner Italienpolitik zu weitreichenden Zugeständnissen gezwungen. Sein bitterster Augenblick kam, als ihm sein Vetter HEINRICH DER LÖWE 1176 die inständig erbetene *Waffenhilfe* für seine Italienpolitik versagte. Im selben Jahr unterlag er bei *Legnano* in der Nähe Mailands einem lombardischen Bundesheer.

BARBAROSSA verbrachte mehr Zeit in Italien als alle Kaiser vor ihm. Lohnte sich diese Ausrichtung seiner Politik am Ende? Man muß es aus der Sicht des weiteren Ganges der deutschen Geschichte bezweifeln! Die Macht der oberitalienischen Städte vermochte er nicht zu brechen. Trotzdem hatten den Kaiser in den siebziger und achtziger Jahren seine Fähigkeiten zum geschickten Taktieren nicht verlassen, so daß er seinen Nachfolgern die »italienische Frage« im Grunde offenhalten konnte. In Deutschland selbst taten die vielen Jahre der Abwesenheit seiner Autorität und Machtstellung erstaunlich wenig Abbruch. Die deutschen *Fürsten* hatten ihn einst zum König gewählt, weil sie glaubten, daß er ihre Macht nicht einschränken werde. Sie sollten recht behalten und gingen daran, ihre »Herrschaften«

Der Kaiser und Heinrich der Löwe
1176 bat Barbarossa seinen Vetter Heinrich den Löwen um Hilfe für seine Italienpolitik. In Chiavenna in Oberitalien (Bild rechts) kam es zu einer folgenschweren Begegnung, die der Chronist Otto von St. Blasien wie folgt wiedergibt: „(Barbarossa) kam ihm hierhin entgegen und bat ihn dringender, als es der kaiserlichen Majestät ansteht, dem Reiche in seiner gefährlichen Lage zu Hilfe zu kommen. Man sagt sogar, er habe sich ihm zu Füßen geworfen ...“ (Bild oben: Miniatur aus der »Sächsischen Weltchronik«, um 1230; Bremen, Universitätsbibliothek)

zu »Territorien« zu arrondieren. Aber BARBAROSSA zeigte als Dynast und König den gleichen Ehrgeiz, die Besitzungen seiner Familie und des Reichs ertragreicher zu machen. Ihm ging es nicht minder um solche »geschlossenen Herrschaftsbezirke«! So konnte er mit einigem Erfolg sowohl das *Kron-* wie auch das *Familiengut* mehren. Er tauschte Güter mit anderen »Großen« des Reichs, zog Lehen ein, ließ Burgen errichten und Pfalzen ausbauen – zumeist in Verbindung mit Stadtgründungen. Konsequenter als alle seine Vorgänger setzte er den ritterlichen »Dienstadel« (*Ministeriale*) als die eigentlichen Träger des Reichsregiments ein. Der Kaiser selbst umgab sich mit klugen Beratern, mit Juristen, Diplomaten und Historikern, die in Frankreich und Italien studiert hatten und im logischen Denken geschult waren. BARBAROSSA wollte die Autorität der Königs- und Kaiserherrschaft wiederherstellen und den alten Frieden erneuern. Er setzte Notare daran, *Urkunden* auszustellen – das »Recht« sollte an die Stelle der »Fehde« treten. Wie die alten Römer ordnete er an, alle Entscheidungen schriftlich festzuhalten. Ein erstes Stück Rechtssicherheit bahnte sich an!

BARBAROSSAS Deutschlandpolitik blieb allerdings von einem schweren Konflikt überschattet. HEINRICH DER LÖWE hatte sich durch Eroberungen im Slawenland, Städtegründungen sowie eine rigorose Erweiterung seines Eigenbesitzes zum mächtigsten *Territorialfürsten* des Reichs entwickelt. Seiner »königsgleichen« Stellung verlieh er sichtbar Ausdruck, indem er seine Braunschweiger Residenz *Dankwarderode* ausbauen ließ, ein ebenso imposantes wie herausforderndes Gegenstück zu den Kaiserpfalzen des Staufers. Der LÖWE war seit 1168 zudem Schwiegersohn des englischen Königs. Eine so vornehme Verwandtschaft konnte nicht einmal der Kaiser aufweisen! Der Welfe hatte bald Neider und am Ende auch Kläger: Er wurde vor den *Reichstag zu Worms* (1179) geladen, erschien indes nicht! Noch im selben Jahr verfiel er daraufhin der *Reichsacht*. Da er auch weiteren Vorladungen nicht Folge leistete, wurden alle seine Lehen eingezogen. Schließlich verfiel er auch noch der *Oberacht*, das heißt, er galt als »ehr- und rechtlos«. Der Gedemütigte mußte am Ende nach England fliehen, seine beiden Herzogtümer wurden aufgeteilt und verloren so ihren traditionsreichen Charakter als »Stammesgebiete«. BARBAROSSA war seinen »überherzoglichen« Gegenspieler los, aber gesiegt hatten die Reichsfürsten, die aus der Auflösung der Stammesherzogtümer ihren Nutzen zu ziehen wußten...

Evangeliar Heinrichs des Löwen
auf dem von ihm gestifteten Marienaltar im Braunschweiger Dom, wo der Herzog begraben liegt. (Faksimile)

Die Burg Dankwarderode
(im 19. Jh. wiederhergestellt; Braunschweig, ▸ *S. 433)*

Kaiser und Kaufleute

Castel del Monte
bei Barletta, Apulien

Welche Sicherheit habe ich, wenn Rudolf gewählt wird, vor seiner Verfolgung? Hat er eine Tochter, die er mir zur Gemahlin geben würde? ...
(Matthias von Neuenburg, »Chronik«)

Der Aufstieg Friedrichs II.

Friedrich II. als Falkner
(aus dem Falkenbuch; Handschrift, um 1260 für den Stauferkönig Manfred angefertigt; Rom, Bibliotheca Apostolica Vaticana)

Im Frühsommer des Jahres 1202 streunte ein achtjähriger Junge über die Marktplätze von Palermo. Ihm fehlte das Nötigste zum Leben. Vater und Mutter waren gestorben. Wenn mitleidige Bürger ihn nicht aufgenommen hätten, wäre er verhungert. Der Junge hieß FRIEDRICH, und er war König von Sizilien. Aber niemand achtete seine Königswürde. Deutsche Grafen, sizilische Barone und Beauftragte des Papstes kämpften in Palermo um die Macht. Währenddessen spielte FRIEDRICH in den Gassen mit Kindern aus aller Welt. In Palermo lebten Juden, Griechen, Spanier und Römer. Der kleine Junge lernte ihre Kulturen kennen und bewahrte diese Eindrücke sein Leben lang. Am stärksten war Palermo geprägt durch die orientalische Kultur. FRIEDRICH faszinierte diese arabische Welt. Alles, was das *Morgenland* an Wissen zu bieten hatte, sog der Knabe begierig auf. Als er zwölf Jahre alt war, kehrte er in seinen Palast zurück. Der Papst hatte sich in Sizilien durchgesetzt und das alte Recht des Königs wiederhergestellt. Mit siebzehn Jahren empfing FRIEDRICH eine Gesandtschaft aus Deutschland. Man bat ihn, das Erbe seines Vaters anzutreten und deutscher König zu werden. Alle Berater am Hof waren gegen diese gefährliche Reise. Und doch – im März des Jahres 1212 brach der junge FRIEDRICH auf, die deutsche Königskrone zu erwerben. Er war der Enkel BARBAROSSAS und der Sohn Kaiser HEINRICHS VI. (1191-1197); letzterer hatte über seine Gemahlin KONSTANZE († 1198) das sizilische *Normannenreich* an die *Staufer* gebracht, war aber in seinem Bemühen gescheitert, das deutsche Königtum für seine Dynastie erblich zu machen.

Als FRIEDRICH nach Norden zog, um seine deutschen Ansprüche durchzusetzen, hatte sich im Reich längst der *Welfe* OTTO IV. (König: 1198, Kaiser: 1209; † 1218) gegen den Parteigänger der Staufer FRIEDRICH VON SCHWABEN (König: 1198; † 1208) durchgesetzt. Papst INNOZENZ III. (1198-1216) ließ den Welfen indes 1210 bannen, weil dieser die Reichshoheit in Mittelitalien wiederherstellen und auch Sizilien erobern wollte. Der Kaiser hatte sich darin übernommen! Unverrichteter Dinge mußte er nach Deutschland zurückkehren. Von Konstanz aus gedachte er, dem »dreisten Jüngling«, der jetzt die Unterstützung des Papstes und des französischen Königs genoß, den Weg nach Norden abzuschneiden. Doch FRIEDRICH hatte die Stadt mit kleinem Gefolge drei Stunden *vor* der Ankunft des Kaisers erreicht, Einlaß erhalten und nun an des Kaisers Stelle dort zu Tische gesessen. Ein mittelloser Jüngling war also imstande gewesen, OTTO von der für ihn bereiteten Tafel zu vertreiben! Viele Fürsten und Adlige ergriffen über Nacht FRIEDRICHS Partei. Noch im Jahr 1212 ließ sich der Staufer in Frankfurt zum deutschen König wählen und in Mainz krönen. In der Palastkapelle KARLS DES GROSSEN zu Aachen wurde der Krönungsakt dann drei Jahre später wiederholt. Der Gekrönte gab das Versprechen, einen Kreuzzug ins »Heilige Land« durchzuführen, was soviel bedeutete, wie den Anspruch auf die weltliche Führungsrolle der Christenheit zu erheben. Im Jahre 1220 verließ er Deutschland und kehrte dorthin auch nur noch einmal zurück – 15 Jahre später zur Niederschlagung der Empörung seines Sohnes HEINRICH († 1242).

In Rom empfing FRIEDRICH von Papst HONORIUS III. (1216-1227) noch im gleichen Jahr die Kaiserkrone und begab sich sodann in das Land seiner Herkunft, um die sizilische Königsherrschaft wiederherzustellen. Das war gegen die Abmachung,

Die Konstanzer Festtafel
Als sich die Stadt Konstanz für einen Empfang des Welfenkaisers Otto IV. rüstete und dessen Köche schon das Festmahl bereiteten, stand Friedrich vor den verschlossenen Toren der Stadt. Schließlich befahl der Konstanzer Bischof, die Tore zu öffnen, nachdem der päpstliche Legat das Bann- und Absetzungsdekret gegen Kaiser Otto verlesen hatte. Friedrich zog in die Stadt ein und tat sich sodann an der Festtafel des Welfen gütlich. Das Blatt hatte sich zu seinen Gunsten gewendet. (oben: Porträt Ottos, Brakteat)

Gastmahl der Gralsritter bei König Artus *(Miniatur aus dem Parzival des Wolfram von Eschenbach, 13. Jh.; München, Bayerische Staatsbibliothek)*

Deutschland unter Friedrich II.

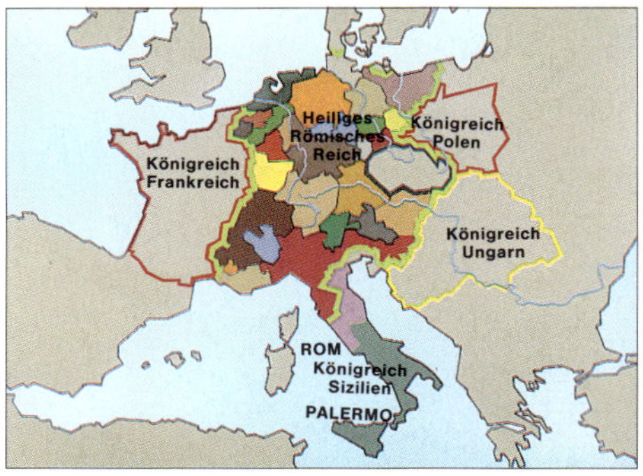

Während der Herrschaft Friedrichs war die deutsche Ostsiedlung in vollem Gange. Landnahme im Osten und fürstlich-territorialstaatlicher Landesausbau im Westen kennzeichneten die politischen Verhältnisse während der ersten Hälfte des 13. Jhs.

die der Jüngling einst mit INNOZENZ' III. getroffen hatte. Er sollte sich nach seiner Kaiserkrönung aus Sizilien zurückziehen und das *normannische Erbe* seinem Sohn HEINRICH überlassen, für den, bis er mündig werde, ein *Regent* einzusetzen sei. Unter INNOZENZ' Nachfolger hatten sich die Machtverhältnisse aber zugunsten des Staufers verschoben, der die päpstlichen Absichten geschickt zu durchkreuzen verstand: HEINRICH, 1220 zum deutschen König gewählt, blieb statt dessen im Norden, und der Kaiser hielt an seiner sizilischen Königswürde fest! Das reiche sizilische Erbe, seit den Zeiten der Kreuzfahrer ein wichtiger Umschlagplatz für den Orienthandel, bedurfte nach achtjähriger Abwesenheit dringend der ordnenden Hand. Beginnend mit den *Assisen* (Hoftagsbeschlüsse) von Capua (1220), baute der Kaiser nun ein modernes Gemeinwesen auf, das auf dem »Recht« gründen sollte. Für die Ausbildung seiner Beamten ließ er nach dem Vorbild Bolognas 1224 die *Universität* Neapel gründen. Die Stiftungsurkunde erläutert: *„Gelehrte Männer fordern wir zum Dienste heraus, um ihnen - gebildet durch den Eifer des Studiums von Jus und Justitia - ohne Sorge die Staatsverwaltung anvertrauen zu können."*

Der rätselhafte Kaiser

Papst HONORIUS hatte wenig Verständnis für den kaiserlichen Reformeifer in Sizilien und mahnte ihn, statt dessen an sein Kreuzzugsgelübde zu denken. Schließlich gelang es ihm, den Staufer zu binden: Beide kamen im *Vertrag von San Germano* (1225) überein, daß der Kreuzzug spätestens im Sommer 1227 beginnen solle; andernfalls würde FRIEDRICH mit dem *Kirchenbann* belegt. Der Kaiser wollte tatsächlich gen Jerusalem ziehen, doch da brach während der Augusthitze des Jahres 1227 in Otranto und Brindisi, wo sich etwa 40 000 Kreuzfahrer eingefunden hatten, eine verheerende Seuche aus. Das Unternehmen mußte in letzter Minute abgebrochen werden. Auch der Kaiser war erkrankt. Als er im darauffolgenden Jahr endlich aufbrechen konnte und mit 40 Galeeren den Hafen von Brindisi verließ, handelte er inzwischen als Exkommunizierter. Der neue Papst GREGOR IX. (1227-1241) kannte kein Pardon und hatte ungerührt den *Vertrag von San Germano* wirksam werden lassen. »Höhere Gewalt« mochte er nicht akzeptieren, ihm ging es offenkundig darum, die erstbeste Gelegenheit zu nutzen, den Kaiser zu schwächen. FRIEDRICH blieb jedoch unbeirrt und war entschlossen, auch die paradoxe Situation zu überstehen, als Gebannter für die Sache der Christenheit zu streiten! Da er mit

»Das Unternehmen mußte in letzter Minute abgebrochen werden.«

kleinem Gefolge auszog, war an eine Eroberung Jerusalems jedoch nicht zu denken. Also versuchte er sein Glück von vornherein auf dem Verhandlungswege ... und hatte Erfolg! Mit dem ägyptischen Sultan MALIK AL-KAMIL († 1238) schloß er am 11. Februar 1229 einen Vertrag, der den Christen einen zehnjährigen Waffenstillstand sowie den Besitz Jerusalems garantierte. Die Stadt sollte also Pilgern *beider* Religionen zugänglich sein. Das entsprach dem freundschaftlichen Klima, das zwischen beiden Herrschern schon Jahre vorher entstanden war. Dem Kaiser kam bei seinen Verhandlungen zugute, daß er fließend *arabisch* sprach und die Welt der Orientalen seit früher Jugend kannte. FRIEDRICH war nach dem Zustandekommen dieses Vertrags entschlossen, seinen Triumph nun auch auszukosten. Dabei half ihm seine zweite Ehe mit ISABELLA VON BRIENNE († 1228), die ihm den Anspruch auf das *Königreich Jerusalem* eingetragen hatte. Am 17. März 1229 zog er in die von den Christen festlich geschmückte Heilige Stadt ein und setzte sich tags darauf in der *Grabeskirche* die Krone des Königreichs aufs Haupt.

Noch nie hatte ein christlicher König sich selbst gekrönt und noch nie besaß ein christlicher Kaiser eine Würde diesen Ranges! Am gleichen Tag richtete FRIEDRICH ein Manifest an die gesamte Christenheit, in dem er sein nun »gottunmittelbar« verstandenes Herrschertum in das biblische Heilsgeschehen einbettete und sein König- und Kaisertum damit apotheotisch überhöhte. Die Persönlichkeit des Staufers machte das Unternehmen der Jahre 1228/29 zum sonderbarsten aller Kreuzzüge. Sein alle überlieferte Normen durchbrechendes Verhalten veranlaßte die Zeitgenossen später zu eschatologischen Weissagungen – er sei der »Messiaskaiser«, prophezeiten die einen, der heraufziehende »Antichrist«, die anderen. Seine Kritiker hielten ihm nicht nur die Jerusalemer Selbstkrönung und sein von Toleranz geprägtes Auftreten gegenüber den »Ungläubigen« vor, sie zweifelten am Ende sogar grundsätzlich an seinem Glaubensstandpunkt. Ein Chronist spricht aus, was viele verwirrte Christen über den »rätselhaften« Kaiser dachten, der noch viele Jahre lang den allerfreundschaftlichsten Umgang mit dem *Sultan* pflegte und dessen Hofhaltung der eines ebenso grausamen wie kultivierten Despoten des Orients glich: „*...Oft schickte er dem Sultan wertvolle und prächtige Gaben, und ebenso ließ ihm der Sultan solche schicken. Deshalb hatten der Papst und alle anderen Christen, die es erfuhren, große Besorgnis und großen Verdacht, daß er zum Glauben Mohammeds übertreten wolle. Alle Leute aber versicherten fest, daß er nichts*

Der Normannenpalast von Palermo
Er wurde von den Normannenkönigen auf den Grundmauern einer Araberburg aus dem 9. Jh. erbaut. Die »Capella Palatina« (Hofkapelle, Abb. oben) ist ein klassisches Zeugnis sizilisch-normannischer Kunst. Sie wurde von Roger II. in den Jahren 1132-1146 erbaut und ausgestattet. Der »Sala Rogero« (Roger-Saal, Abb. unten) diente als königliches Privatgemach.

Das Falkenbuch Friedrichs
Der Kaiser war ein Förderer der Wissenschaften und selbst an allen Fragestellungen des Forschens interessiert. So hat er z.B. jahrzehntelang die Vogelwelt exakt beobachtet und ein Buch „Über die Kunst mit Vögeln zu jagen" (»De arte venandi cum avibus«) geschrieben. Durch Experimente fand er heraus, daß kein Vogel einen anderen tötet, ohne hungrig zu sein. Was Friedrich schrieb, war viele Jahrhunderte das letzte Wort im Bereich der Ornithologie. (Illustrationen aus dem Falkenbuch; Handschrift, um 1260 für den Stauferkönig Manfred angefertigt; Bibliotheca Apostolica Vaticana)

Barletta-Büste Friedrichs II.
(Barletta bei Bari, Museum; ▶ *S. 486)*

glaube und daß er nicht mehr wisse, welchen Glauben er vernichten und welchen er wählen und halten wolle." Zurück in Italien, kam es zunächst zu einem Interessenausgleich zwischen Kaiser und Papst (1230). GREGOR empfing den Staufer als *unsern geliebten Sohn.* Doch als der Kaiser in den dreißiger Jahren die Politik seines Großvaters BARBAROSSA fortsetzte und die norditalienischen Städte unterwerfen wollte, brach der Konflikt neuerlich auf – der Papst fürchtete die staufische Einkreisung von Nord- und Süditalien aus und verhängte 1239 zum zweiten Mal den Kirchenbann über den Kaiser.

Der Endkampf zwischen Kaiser und Papst

Nun entbrannte ein Propagandakrieg zwischen *Kaisertum* und *Papsttum*, wie ihn die Welt bis dahin noch nicht gesehen hatte; und FRIEDRICH rückte in den *Kirchenstaat* ein. Auch unterwarf er *Reichsitalien* einer strafferen Verwaltung nach sizilischem Vorbild. Schließlich mußte der neue Papst INNOZENZ IV. (1243-1254) sogar nach Lyon fliehen. Von hier aus nahm er Rache an dem Staufer: Er brachte ein *Konzil* zustande, welches den Kaiser als *Ketzer* verurteilte und für abgesetzt erklärte. INNOZENZ, einer der entschlossensten und rücksichtslosesten Nachfolger auf dem *Stuhl Petri*, rief jetzt zum *Kreuzzug* gegen den gebannten und abgesetzten Kaiser und seine Söhne auf; auch schickte er seine

Agitatoren aus, die gegen bares Geld Sündenerlaß anpriesen und damit schon Jahrhunderte vor der Reformation den *Ablaßhandel* anfachten. Anders als alle seine Vorgänger plante der Papst die totale Vernichtung der Kaiserdynastie. Dabei traf er allerdings auf eine Persönlichkeit von ungewöhnlichem Format.

So waren die letzten Herrscherjahre FRIEDRICHS II. von grausamen Auseinandersetzungen zwischen den »Kaiserlichen« und »Päpstlichen« geprägt, bei denen Mord- und Giftanschläge, Verrat und Folter wirksam wurden. Und doch schien der Kaiser am Ende ein gebrochener Mann zu sein: 1249 geriet sein Lieblingssohn ENZIO (*um 1215, † 1272) in die Hände der feindlichen Bologneser; kein Lösegeld der Welt vermochte ihn freizukaufen! Der Kaiser starb im Jahr darauf – in der Kutte der *Zisterzienser* und nachdem er die Sterbesakramente empfangen hatte. Es war am 13. Dezember 1250. FRIEDRICH war die Vorwegnahme eines alle Grenzen sprengenden *Renaissance-Menschen*, der Gegensätzliches wie kein Zweiter geschmeidig zusammenzwingen konnte – im Leumund der Zeitgenossen ein *Antichrist* und *Messiaskaiser* gleichermaßen, als Vater rachsüchtig gegen König HEINRICH, den er 1235 absetzen und einsperren ließ, dabei trauernd um ENZIO, ein grausamer Despot, der auch engste Berater nicht verschonte, und zugleich der Stifter des modernen Staatsgedankens, ein Freigeist *und* Kreuzfahrer, schließlich ein »Ketzer« durch päpstliches Verdikt, der vormals selbst die *Inquisition* unterstützt hatte!

War dieser Stauferkaiser überhaupt eine Gestalt der *deutschen* Geschichte? Als er 1235 nach fünfzehnjähriger Abwesenheit noch einmal nach Deutschland zurückkehrte, nun nicht mehr als *das Kind aus Apulien*, sondern inmitten seines fremdländischen Hofstaats aus *Juden*, *Sarazenen* und *Äthiopiern*, umgeben von orientalischem Prunk und exotischen Tieren, da mag es so manchem »Großen« des Reichs schwergefallen sein, diesen Kaiser in die Tradition deutscher Dynasten einzureihen. FRIEDRICH II. war das Produkt des reichen, aber gefährlichen Kaisererbes seines Großvaters BARBAROSSA und Vaters HEINRICH, das er in der überlegenen Manier eines Tatmenschen und mit dem Wagemut eines hellen Geistes noch einmal zusammenhalten konnte – aber nur durch die Wahl eines »fremden Ortes«, eben jenes Siziliens. Von hier aus entfaltete er geistig-kulturell und politisch alle Energien. Deutschland war »Zuschauer« dieses Geschehens geworden. Trotzdem sollte dieser Staufer die deutsche Geschichte nachhaltig beeinflussen. Seine lange Abwesenheit hatte einer weiteren Verselbständigung der geistlichen und weltlichen Territorialgewalten

Privileg für den Deutschen Orden

Mit der sogenannten Goldenen Bulle von Rimini gab Kaiser Friedrich dem Deutschen Ritterorden im März 1226 das Kulmer Land östlich der unteren Weichsel zum Lehen. Das Dokument begründete dessen spätere Vormacht im östlichen Mitteleuropa.

Wir wollen durch den Wortlaut dieses Schreibens allen Gegenwärtigen und Künftigen unseres Reiches kundtun, daß Bruder Hermann, der ehrwürdige Meister des heiligen Hauses vom Spital St. Mariens der Deutschen zu Jerusalem, unser Getreuer, uns den ergebenen Willen seines Herzens genauer offenbart und vor uns dargelegt hat, daß unser ergebener Konrad, Herzog von Masowien und Kujawien, versprochen und angeboten hat, ihn und seine Brüder mit dem sogenannten Kulmer Lande zwischen seiner Mark und dem Gebiet der Preußen auszustatten, und zwar so, daß sie die Mühe auf sich nehmen, standhaft in das Preußenland einzudringen und es zu Ehre und Ruhm des wahren Gottes in Besitz zu nehmen ...

(Wir haben) dem Meister die Vollmacht erteilt, in das Preußenland mit den Kräften des Ordenshauses und mit allen Mitteln einzudringen, und überlassen und bestätigen dem Meister, seinen Nachfolgern und seinem Hause für immer sowohl besagtes Land, das er von dem Herzog gemäß seinem Versprechen erhalten wird, und ein anderes Gebiet, das er ihnen geben wird, wie auch alles Land, das er mit Gottes Zutun in Preußen erobern wird, als ein altes und gebührliches Recht des Reiches an Bergen, Ebenen, Flüssen, Wäldern und am Meere, auch daß sie es frei von allem Dienst und Steuer und lastenfrei behalten und gegen niemanden verpflichtet sein sollen. Es sei ihnen ferner von uns aus erlaubt, im ganzen Lande ihrer Erwerbung, wie sie es erworben haben oder erwerben werden, nach dem Vorteil des Hauses Wegeabgaben und Zölle anzuordnen, Wochenmärkte und andere Märkte einzurichten, Münze zu schlagen, Steuern und andere Rechte festzusetzen, eine Abgabe zu Lande, auf den Flüssen und zur See, wie es nützlich scheint, anzusetzen, so wie Bergwerke an Gold, Silber, Eisen und anderen Metallen sowie an Salz, die in ihren Ländern sich finden oder finden werden, ewiglich zu besitzen und innezuhaben ...

Der Bamberger Reiter
In der ersten Hälfte des 13. Jhs. entstanden in Deutschland Kunstwerke allerhöchsten Ranges. Man nennt sie heute »staufisch«, obwohl kein Stauferherrscher sie je sah, geschweige denn in Auftrag gegeben hatte. In Bamberg wurde eine einmalige Reiterfigur geschaffen, der sog. »Bamberger Reiter«, eine edle, stolze Kaiserfigur (Konstantin der Große?), aber in einfachem Gewande auf einem prächtigen Roß. Diese Kunst war Ausdruck der Verbundenheit mit der Deutschlandpolitik des Kaisers. (Bamberger Dom, an den Bögen des Georgenchores; *▸ S. 458)*

schub geleistet. Bevor FRIEDRICH 1220 nach Süden aufbrach, wollte er die Wahl seines Sohnes HEINRICH zum deutschen König durchsetzen. Um sich die Zustimmung der geistlichen Reichsfürsten zu sichern, verzichtete er zu ihren Gunsten auf wichtige Königsrechte (*Confoederatio cum principibus ecclesiasticis*). König HEINRICH, der 1229 in Deutschland die Regierung übernommen hatte, mußte 11 Jahre nach dieser *Confoederatio* von 1220 auch den weltlichen Reichsfürsten ähnlich lautende Zusicherungen geben (*Statutum in favorem principum*), die der kaiserliche Vater bestätigte. Verfassungshistoriker haben in diesen *Fürstenprivilegien* immer wieder die entscheidenden Dokumente fortschreitender Verselbständigung deutscher Territorialgewalten gesehen. FRIEDRICH war bereit, in diesem Sinne als *König* schwach zu sein, um als *Kaiser* stark zu werden.

Der Niedergang der deutschen Königsgewalt

Mit dem Tode FRIEDRICHS II. ging eine Epoche deutscher Geschichte zu Ende, die – gemessen an dem, was folgte – von einer vergleichsweise starken *Zentralgewalt* geprägt war. Das galt auch noch für diesen letzten staufischen Kaiser, dessen Stellung in Deutschland letztlich unangefochten geblieben war – auch wenn er infolge der Konzilsbeschlüsse von Lyon die beiden Gegenkönige HEINRICH RASPE (*um 1204, † 1247; König: 1246) und WILHELM VON HOLLAND (*1227, † 1256; König: 1247) hinnehmen mußte. Nach dem Tode König KONRADS IV. (1250-

Castel del Monte
Der achteckige Monumentalbau diente Friedrich II. als Jagdschloß. (1240-1250 errichtet, bei Barletta; *▸ S. 486)*

1254), FRIEDRICHS legitimem Sohn, wurde im Reich kein Stauferkandidat mehr erhoben. Vergeblich kämpften die Staufer auch um ihr sizilisches Erbe, für das die päpstliche Seite inzwischen einen nichtstaufischen Lehnsträger gesucht und gefunden hatte – KARL VON ANJOU (*1226, † 1285), den jüngeren Bruder des französischen Königs. In der *Schlacht bei Tagliacozzo* (Mittelitalien) erlag der junge Kaiserenkel KONRADIN (*1252, † 1268) diesem machthungrigen Franzosen und wurde auf dessen Veranlassung in Neapel öffentlich hingerichtet. Das war das definitive Ende einer ruhmreichen Dynastie und markierte den Beginn einer Epoche deutscher Geschichte, die von *Doppelwahlen* sowie *Thronstreitigkeiten* gekennzeichnet blieb.

Zwischen 1254, dem Todesjahr König KONRADS, und 1347, dem Beginn der Königs- und späteren Kaiserherrschaft KARLS IV. (Kaiser: 1355-1378), gewannen *partikulare Kräfte* zu Lasten einer starken Zentralgewalt die Oberhand: Mächtige Adelsfamilien versuchten, eine *Hausmacht* aufzubauen, und machten sich den Anspruch auf die Königswürde gegenseitig streitig; aber der Kampf um die Vorherrschaft in Deutschland war nun nicht mehr nur ein Ringen der Dynasten untereinander im Bündnis mit den »Oberen« des Reichs und gegebenenfalls mit Unterstützung des Papstes: Neue Machtfaktoren gehörten nun ebenso ins Kalkül – zum Beispiel die Städte, die sich seit Mitte des 13. Jahrhunderts auch zu *Bünden* zusammentaten. Im Norden und Nordosten des Reichs teilten sich ferner die *Hanse* und der *Deutsche Ritterorden* die Macht, im Süden entstand die Sondergewalt der sogenannten »Waldstätte« *Uri*, *Schwyz* und *Unterwalden*, aus der sich später die Schweiz entwickeln sollte. Wer danach trachtete, deutscher König zu werden, der kam auch nicht mehr an der jetzt klare Konturen gewinnenden Gruppe der wenigen »Königsmacher« vorbei. *Kurfürsten* nennen wir sie jetzt. Sie schafften es in aller Regel, dem Kandidaten erhebliche Zugeständnisse abzupressen – zu Lasten der Reichsgewalt, wie sich versteht! Scharfsinnigen Zeitgenossen war dieser Niedergang nicht entgangen.

Das geflügelte Wort von der »kaiserlosen, schrecklichen Zeit« relativiert sich also. FRIEDRICH SCHILLER (*1759, † 1805) hatte es einst geprägt und insbesondere auf die Jahre des sogenannten *Interregnums* bezogen – auf die irrtümlich als »königslos« apostrophierten Jahre zwischen dem Ende der staufischen Herrschaft (1254) und der Wahl RUDOLFS VON HABSBURG zum deutschen König (1273). Es lohnt sich, den Blick auf ein bemerkenswertes Geschehen dieses Zeitraums zu lenken: 1254 hatte sich der *Rheinische Städtebund* zur Sicherung des *Land-*

Konradin
mit Friedrich von Baden bei der Falkenjagd. (Heidelberger Liederhandschrift)

Karl von Anjou
(Rom, Kapitolinische Museen)

Die Königswahl im Sachsenspiegel
Die Illustration zeigt, wer den deutschen König wählen darf: die drei Figuren oben symbolisieren die geistlichen Kurfürsten, die drei darunter die weltlichen. Dann „küren des Reiches Fürsten alle, Pfaffen und Laien" (um 1230; Heidelberger Handschrift; Heidelberg, Universitätsbibliothek).

friedens gebildet. Über 70 Städte des Westens schlossen sich ihm in kurzer Zeit an. Als König WILHELM VON HOLLAND starb, fühlte sich der Bund stark genug, als eine Art machtvoller *Reichsvikar* aufzutreten, um auf eine *einhellige*, den allgemeinen Landfrieden fördernde Wahl des Nachfolgers hinwirken zu können. Das Vorhaben scheiterte; zwei »Ausländer«, die in Deutschland über keine Hausmacht verfügten, aber reich waren und über die Königswahl an die Kaiserkrone kommen wollten, wurden 1257 durch Bestechungsgelder der Kandidaten gewählt – einerseits RICHARD VON CORNWALL (*1209, † 1272) auf Betreiben des Kölner Erzbischofs, andererseits wenige Wochen später ALFONS VON KASTILIEN (*1221, † 1284) auf Betreiben des Trierer Erzbischofs. Der Städtebund fiel auseinander; damit war das Bemühen stadtbürgerlicher Kräfte gescheitert, nun die Reichsverantwortung gewissermaßen »von unten« aufzubauen. Aber der Kreis der *Königswähler* galt von nun an über viele Jahrhunderte als fest umrissen. Es waren dies die Erzbischöfe von Köln, Mainz und Trier, der König von Böhmen, der Pfalzgraf bei Rhein, der Herzog von Sachsen und der Markgraf von Brandenburg. In der *Goldenen Bulle* von 1356 sollten die Genannten ihre Monopolstellung bei der deutschen Königswahl auch *reichsrechtlich* verbrieft erhalten. Schon seit dem Beginn der deutschen Geschichte hatte sich die Zahl der Königswähler Zug um Zug vermindert, sicher auch unter dem Einfluß zunehmender Verrechtlichung und Formalisierung des Wahl-

Rathaus zu Fritzlar
1232 wurde die Stadt durch Landgraf Konrad von Thüringen zum letzten Mal zerstört. Das älteste Amtsgebäude Deutschlands (seit 1274, 1441 umgebaut) dient noch heute als Rathaus.

vorgangs. Warum gerade diese Fürsten eine Monopolstellung aufbauen konnten, bleibt letztlich unklar. Aber daß es *nach* 1257 keine Veränderungen mehr in der Zusammensetzung des *Kurkollegs* gab, liegt auf der Hand: Kein »gewählter« König war in Folge stark genug, um von sich aus in die geschaffenen Grundstrukturen der *Reichsverfassung* eingreifen zu können. Der Partikularismus hatte gesiegt!

Die neue Politik Rudolfs von Habsburg

Als RICHARD VON CORNWALL 1272 gestorben war, mahnte der Papst die deutschen Königswähler an, einen Nachfolger zu bestimmen, sonst werde er eine eigene Entscheidung treffen. Man einigte sich im darauffolgenden Jahr einmütig auf RUDOLF VON HABSBURG (1273-1291); dem Gewählten war der Ruf vorausgeeilt, eine starke Persönlichkeit zu sein. Nur König OTTOKAR II. VON BÖHMEN (1253-1278), der mächtigste Reichsfürst in den Jahrzehnten des *Interregnums*, weigerte sich, RUDOLF seine Stimme zu geben und blieb der Wahl fern. Denn der böhmische König strebte selbst die Nachfolge der Staufer an und verfügte im östlichen Mitteleuropa über derart großen Territorialbesitz, daß sein Einfluß von der Adria bis zur Ostsee reichte. Dagegen nahm sich König RUDOLFS *Hausmacht* bescheiden aus. Das Grafengeschlecht der *Habsburger*, dessen Stammburg (»Habsburg«, »Habichtsburg«) im heutigen Kanton Aargau lag, verfügte lediglich über Streubesitz in der heutigen Schweiz und am Oberrhein. RUDOLF, ein Patenkind Kaiser FRIEDRICHS II., war bei seiner Wahl die Auflage gemacht worden, verlorenenes *Reichsgut*, das sich die deutschen Fürsten in den vergangenen Jahren angeeignet hatten, zurückzugewinnen (*Revindikationen*). Dabei nahmen sich die Herren Kurfürsten selbst von dieser Forderung aus, wie der Habsburger schnell erfahren sollte! Aber RUDOLF erwies sich als kluger, besonnener und seine Ziele beharrlich verfolgender Politiker, den die Ausweglosigkeit seiner bescheidenen Machtposition in besonderem Maße gereizt zu haben scheint. Glück und Erfolg waren auf seiner Seite: Besonders im deutschen Südwesten gelang es ihm in kurzer Zeit, die entfremdeten *Königsrechte* wiederherzustellen.

Die Habsburg im Kanton Aargau

»Glück und Erfolg waren auf seiner Seite«

RUDOLF verdankt seine Stellung in der deutschen Geschichte nicht nur dem Tatbestand, daß er der Stammvater jener Habsburger wurde, die später abendländische Geschichte schreiben sollten. Dieser Herrscher hatte in veränderten Zeiten vor allem die Prioritäten königlicher Politik neu gesetzt. Er erkann-

Ottokar II. von Böhmen
In der Schlacht bei Dürnkrut (1278) wurde er von Rudolf I. besiegt. Das war der Grundstein für den Aufstieg der Habsburger. (Prag, Veitsdom, sächsische Kapelle)

Die Normannenkrone
gilt als Symbol der Herrschaft über Unteritalien. (Palermo, Schatzkammer des Doms; ▸ *S. 486)*

te nämlich, daß er sich, um seine Reichsgewalt behaupten zu können, zuallererst eine eigene Hausmacht werde aufbauen müssen! Die Staufer ließen sich einst im Kampf um Reichsitalien sowie durch die Auseinandersetzungen mit dem Papsttum aufreiben, RUDOLF dagegen blieb bodenständig und wurde dadurch ungemein erfolgreich. Sein politisches Kapital bestand in seiner zahlreichen weiblichen Nachkommenschaft – ein Umstand, der schon den Wahlakt der Reichsfürsten des Jahres 1273 beeinflußt haben muß. „*Welche Sicherheit habe ich, wenn Rudolf gewählt wird, vor seiner Verfolgung?*“ läßt der Chronist MATTHIAS VON NEUENBURG († vor 1370) beim Entscheidungsgang der Königswahl den Herzog von Bayern, der seine Gemahlin hatte enthaupten lassen, fragen: „*‚Hat er eine Tochter, die er mir zur Gemahlin geben würde?‘ Als nun jener versicherte, daß Rudolf sechs Töchter hätte, und dafür, daß ihm eine von diesen würde gegeben werden, mit Einsetzung aller seiner Besitzungen sich verbürgte, stimmte der Herzog dem Mainzer bei. Da dies der Herzog von Sachsen und der Markgraf von Brandenburg hörten, welche auch beide keine Frauen hatten, stimmten sie gleichfalls bei, nachdem ihnen Sicherheit gegeben war, daß sie Töchter Rudolfs zu Gemahlinnen erhalten würden. Und so wurde er einstimmig erwählt im Jahre des Herrn 1273 am 30. September*“. Noch am Tage seiner Krönung vermählte RUDOLF seine erstgeborene Tochter mit dem Herzog von Bayern und seine drittgeborene mit dem Herzog von Sachsen.

König RUDOLF war in die »neue« Politik eher hineingewachsen, als daß er sie in vollem Umfang vorsätzlich betrieben hätte. Denn er plante durchaus schon bald nach seiner Krönung einen *Romzug* im Sinne herkömmlicher Italienpolitik deutscher Könige, um die Kaiserkrone zu erwerben. Doch hielten ihn die deutschen Umstände stets aufs neue gefangen; auch war er von vornherein von der staufischen »Erblast« befreit, aus dynastischen Gründen um die *normannische* Krone kämpfen zu müssen. Die folgenreichsten Veränderungen deutscher »Innenpolitik« ergaben sich aus RUDOLFS Konflikt mit dem schon erwähnten *Premysliden* OTTOKAR II. VON BÖHMEN. Dieser verweigerte RUDOLF die Huldigung als deutschem König und hielt es auch nicht für nötig, vor dem Hoftag zu erscheinen, um seinen Erwerb von Österreich, der Steiermark, von Kärnten und Krain zu rechtfertigen. Also verfiel er der Reichsacht, und RUDOLF zog gegen ihn zu Felde. In der *Schlacht bei Dürnkrut* wurde OTTOKAR am 26. August 1278 besiegt, anschließend auf der Flucht gefangengenommen und erschlagen. Nun geschah das Überraschende: RUDOLF schlug seine Residenz in Wien auf und verwaltete die erledigten *Reichslehen* selbst. Drei Jahre lang verhandelte er, stets klug auf Ausgleich bedacht und im Interesse eines allgemeinen Landfriedens, mit dem einheimischen Adel, dem Klerus sowie den Städten, um die Länder im Südosten des Reichs an die neuen Bedingungen zu gewöhnen.

Als er Wien im Sommer 1281 wieder verließ, setzte er seinen ältesten Sohn ALBRECHT als *Verweser* ein. Das Geschlecht der Habsburger war schon nach wenigen Jahren aus dem deutschen Südosten nicht mehr wegzudenken. Dazu trug auch bei, daß der König für seine Töchter und Söhne weiterhin eine geschickte *Heiratspolitik* betrieb. Später sollte dem Geschlecht dieser Habsburger die Devise zugeschrieben werden: *Mögen andere Kriege führen, Du glückliches Österreich heirate!* (»Bella gerant alii. Tu felix Austria nube!«); sie war schon für den ersten Dynasten des Hauses äußerst zutreffend! Die Reichsfürsten verfolgten den atemberaubenden Aufstieg des kleinen Grafengeschlechts mit großem Argwohn, konnten auf dem Augsburger Reichstag des Jahres 1282 indes nicht verhindern, daß die Königssöhne ALBRECHT und RUDOLF mit dem eingezogenen Reichsgut belehnt und in den *Reichsfürstenstand* erhoben wurden. So begann eine über 600 Jahre währende Herrschaft dieses Geschlechts an der Südostflanke des Reichs – sie begann mit den Herrschertugenden des überlegenen Taktierens und des nüchtern-kargen Rechnens im Dienste konsequenter Dynastenpolitik. „*Herrgott im Himmel, sitze fest, sonst nimmt Dir dieser*

Die Geburtsurkunde der Schweiz

Die Waldstätte Uri, Schwyz und Unterwalden lagen nördlich des St. Gotthard an der Handelsstraße, die das Rheinland und die Lombardei verband. Nach dem Tode König Rudolfs schlossen sich die »Eidgenossen« zum sog. »Ewigen Bund« zusammen, um neben den Grundherren-Rechten, die sie schon unter den Staufern erlangt hatten, ihre entstehende Landeshoheit zu erweitern. In dem berühmten Bundesbrief vom 1. August 1291 heißt es u. a.:

Im Namen Gottes! Amen. Es ist ein ehrbar Werk und gereicht der Öffentlichkeit zum Wohl, wenn Verträge, die der Ruhe und dem Frieden dienen, in richtiger Form gesichert werden. Daher vernehme jedermann, daß die Männer des Tales Uri, die Gemeinde des Tales Schwyz und die Gesamtheit der Leute von Unterwalden in Nidwalden in Anbetracht der Arglist der Zeit und um sich und ihre Habe leichter verteidigen und im richtigen Zustande besser erhalten zu können, sich in guten Treuen versprochen haben, sich gegenseitig mit Hilfe, mit jeglichem Rat und jeglicher Förderung mit Leib und Gut beizustehen, und zwar innerhalb und außerhalb der Täler, mit aller Macht und Kraft, gegen eine Gesamtheit oder gegen Einzelne, die ihnen oder einem von ihnen Gewalt antun, sie belästigen oder ihnen Unrecht zufügen und gegen ihren Leib und ihr Gut Böses im Schilde führen sollten. Und jede Gemeinde hat versprochen, der anderen zu Hilfe zu eilen ...

Dabei hat es jedoch die Meinung, daß jeder gemäß seinem Stande seinem Herrn nach Gebür untertan sein und ihm dienen soll. Mit gemeinsamem Rate und einhelliger Zustimmung haben wir uns zugesichert, beschlossen und festgesetzt, daß wir in den vorgenannten Tälern keinen als Richter je annehmen oder entgegennehmen wollen, der sein Amt durch irgendwelche Dienstleistung oder durch Bezahlung einer Geldsumme irgendwie erworben haben oder der nicht unser Landsmann sein sollte.

Der Bundesbrief der Schweizer Waldstätte
(Bern, Schweizer Landesbibliothek)

Rudolf Deinen Platz!" soll der Bischof von Basel ausgerufen haben, als ihn die Kunde erreichte, daß die Königswahl auf den Habsburger gefallen sei. RUDOLF war in jener Zeit gegen den Bischof zu Felde gezogen.

Aber RUDOLF wäre trotz aller Befähigung zum Herrschen mittel- und machtlos geblieben, hätte er nicht die Bedeutung der Städte erkannt und deren wirtschaftliche Kraft für seine eigenen Ziele nutzbar gemacht. Er unterstützte deren Bestreben, das Joch ihres bischöflichen oder fürstlichen Stadtherrn abzustreifen, um *reichsunmittelbar* zu werden. Als Förderer des Landfriedens machte er darüber hinaus den Raubrittern und Wegelagerern das Leben schwer, wo immer er hinzog und Friedensbrechern das Handwerk zu legen versuchte. Darum war der erste Habsburger ausgesprochen volkstümlich – ein Freund der Kaufherren und kleinen Leute. Aber die Kurfürsten und die anderen Territorialgewalten beargwöhnten den »sonderbaren« Aufstieg und Machtzuwachs des Habsburgers. Aus diesem Grunde ist der König in einem wesentlichen Punkt zuletzt gescheitert – in der Frage der Thronfolge für einen seiner Söhne. Von persönlichen Schicksalsschlägen nicht verschont, verblieb ihm am Ende seines Lebens nur noch sein Sohn ALBRECHT (*1255, †1308), auf den aber inzwischen auch die gesamten habsburgischen Besitztümer übergegangen waren.

Grabplatte Rudolfs von Habsburg
(Speyer, Dom; ▸ *S. 456)*

Die Kurfürsten fürchteten nun um ihren eigenen Einfluß, votierten bald nach RUDOLFS Tod für einen schwachen Nachfolger und wählten also den Grafen ADOLF VON NASSAU (1292-1298) zum neuen König. Sie entschieden sich mithin für die Marionette auf dem deutschen Thron, um die durch RUDOLF wiederhergestellte *Königsgewalt* in Kontrolle halten zu können. Dieses Urteil ist von den Historikern immer wieder als »zu hart« erachtet worden. Doch bleibt festzuhalten, daß die »Königsmacher« durchaus verständlich handelten: Die Zeit schien vorbei, da ein deutscher König als der designierte Führer des christlichen Abendlands »stark« zu sein hatte; und die Zeit schien gekommen, da er sich durch nichts vom Ehrgeiz der »Großen« des Reichs unterschied (und unterscheiden mußte) – das heißt, in aller Nüchternheit die Räume der *eigenen* Herrschaft zu behaupten und nach Möglichkeit zu erweitern. Wir befinden uns, als König RUDOLF 1291 starb, mitten im Übergang vom *Hoch-* zum *Spätmittelalter.* Um in eine deutsche Königsidee mehr hineinlegen zu können als eben dieses kurfürstliche Kalkül, hätte Deutschland, das Kernland des *Heiligen Römischen Reichs*, politisch »definiert« sein müssen. Aber »nationale Tendenzen« waren der europäischen Mitte noch völlig fremd!

Deutsche Partikulargewalten: Fallbeispiel Hanse

Das deutsche Spätmittelalter – also jener große Zeitraum zwischen dem *Interregnum* und der *Reformation* MARTIN LUTHERS (*1483, † 1546) – ist, wie wir noch sehen werden, eine Epoche der Krisen, aber auch des »Neuen«, hinter dem sich enorme *Initiativkräfte* des Politischen, Ökonomischen und Kulturellen auftun, die der beginnenden *Neuzeit* sodann ihre Schubkraft verleihen. Am Beispiel RUDOLFS I. VON HABSBURG haben wir den »neuen« Umgang mit der »alten« Königsgewalt erkennen können: Durch seine gekonnte Hausmachtpolitik baute sich der Habsburger selbst zur Partikulargewalt auf, um seinem königlichen Reichsregiment überhaupt erst einmal Nachdruck zu verleihen. Das deutsche Spätmittelalter brachte die Kräfte zur »Selbsthilfe« entscheidend voran. Kaufmannssinn und Bürgergeist waren in nahezu allen gesellschaftlichen Bereichen gefragt. Auch RUDOLF hatte davon – er war nicht nur ein »Bürgerfreund«, wie wir schon wissen, sondern fand in dem Bürgersmann HEINRICH VON ISNY auch seinen besten Helfer und Berater (*cordis nostri secretarius*). Dieser ISNY machte eine steile Karriere und stieg am Ende bis zum Erzbischof von Mainz auf, darum von seinen Zeitgenossen ob seiner nichtadligen Herkunft viel bestaunt. Als Prototyp dieses „neuen Menschen" begegnet uns der Stadtbürger, der in seinen Mitbürgern die Partner für Zweck- und Interessenbünde fand; der mächtigste Zusammenschluß dieser Art war die deutsche *Hanse* (aus althochdeutsch *hansa* »die Schar«, dann soviel wie „Interessen"- oder „Initiativgemeinschaft").

Im Jahre 1962 bargen Taucher aus dem Weserschlick bei Bremen die Holzplanken eines alten Schiffes. Sie gehörten zu einer *Kogge* (▸ S. 477) aus dem 14. Jahrhundert. Das war eine wissenschaftliche Sensation! Fachleute hatten sodann damit begonnen, dieses Kaufmannsschiff originalgetreu nachzubauen. Es ist über 23 Meter lang und siebeneinhalb Meter breit. In seinem Rumpf konnten über 100 Tonnen Fracht transportiert werden. Die Kogge – das war das Symbol der ersten europäischen Wirtschaftsgemeinschaft – der Hanse. Diese Handelsgemeinschaft sicherte während des gesamten Spätmittelalters ihren Kaufleuten für Auslandsgeschäfte besondere Vorrechte. Güteraustausch waren der Hanse wichtiger als Gewalt und Krieg. Sie prägte das wirtschaftliche Leben im gesamten Nord- und Ostseeraum über dreihundert Jahre lang (zwischen 1250 und 1550) und schuf zugleich ein Stück europäische Kultur am Vorabend unserer abendländischen Neuzeit. Das Rückgrat der

Hansekogge aus dem 15. Jahrhundert
(aus einem Reisebuch des Jahres 1486)

Restaurierte Hansekogge
(vor dem Stapellauf; Kiel, 1989)

Spuren der Hanse auf Gotland
(Ruine der Kirche S. Clemens; gotische Treppengiebelhäuser, dahinter die Domkirche S. Maria zu Visby)

Hanse bildeten die Schiffahrtslinien in Nord- und Ostsee. Als sich immer mehr deutsche Städte des Binnenlandes der Hanse anschlossen, gewann diese Handelsgemeinschaft schließlich eine monopolartige Vorherrschaft im gesamten Norden Europas. Die »Königin« der Hanse und die Hauptstadt ihres Güterumschlags war Lübeck. Schiffe, die Lübeck anliefen, hatten Kupfer aus Schweden, Wachs aus Rußland oder Hanf aus dem Baltikum an Bord. Alles, was der Osten an Rohstoffen anbot, konnte im Hansehafen der Stadt gelöscht werden. Sodann nahmen die Koggen Waren an Bord, die über Hamburg aus dem Westen gekommen waren. Beladen mit flandrischen Tuchen, rheinischem Wein oder Lüneburger Salz segelten sie zurück in die fernen Städte der Ostsee. Von den alten Lübecker Hafenanlagen ist heute nichts mehr erhalten. Aber vor 150 Jahren waren noch Reste der alten Stadtmauer zu sehen, die fast bis an das Wasser heranreichte. Alte Lithographien vermitteln uns noch heute Details: Auf dem Kai vor der Mauer wurden die Waren gestapelt. Senkrecht angelehnt an sie, standen eng beieinander die langen Stangen aus Eisen. Sie waren so schwer, daß niemand sie vom Hafen in ein Lager weiterschleppen mochte. Schon die Händler der Hansezeit verkauften das Eisen deswegen direkt am Hafen. Der Staumauer bekam es freilich nicht, daß man immer wieder die schweren Stangen gegen sie lehnte! Sie wurde brüchig und mußte im 19. Jahrhundert abgerissen werden ....

Die Hanse entwickelte sich aus dem Zusammenschluß von Kaufleuten, die meinten, ihre Interessen gemeinsam besser verfolgen zu können. Den Ost-West-Seeverkehr beherrschten bekanntlich lange Zeit die *Wikinger*. Aber mit dem Aufblühen der Städte auf dem europäischen Festland seit dem 12. Jahrhundert ging die Initiative im wesentlichen auf den Kontinent über – auf Kaufleute aus dem Reichsgebiet (*homines imperatoris*). Im Westen bildeten flandrische Englandfahrer die *Kaufmannschaften* von Brügge (▸ S. 477), Ypern und Lille, im Osten gewann Lübeck bald nach seiner Neugründung durch HEINRICH DEN LÖWEN (1158) und die Verleihung kaiserlicher Privilegien durch FRIEDRICH II. (1226) eine exponierte Stellung. Die Stadt vermochte sich von einer 20jährigen *Dänenherrschaft* zu befreien und profitierte ganz außerordentlich von der deutschen *Ostsiedlung*, die die wirtschaftliche Bedeutung des Großraums sprunghaft hatte anwachsen lassen. Kaum hundert Jahre nach seiner Wiedergründung, um die Mitte des 13. Jahrhunderts, war Lübeck Anfangs- und Endpunkt aller Warenströme des Nordens. Die neuen Städte an der südlichen Ostseeküste hatten Lübisches Recht erhalten, so insbesondere Rostock, Stralsund,

Wismar (▸ S. 426) und Greifswald (*Wendische Hanse*). Ausgehend von Lübeck, bauten deutsche Kaufleute auch Visby zu einem festen Stützpunkt aus *(Gemeinschaft der deutschen Gotlandfahrer)* und trugen den Handel von hier aus weiter nach Nordosten; von Gotland aus faßten sie dann an dem alten Handelsplatz Nowgorod (▸ S. 479) Fuß, gründeten dort einen eigenen Bezirk *(Petershof)* und drängten die russischen Kaufleute mehr und mehr an den Rand.

Die hansischen Niederlassungen

Ein wichtiger Handelspartner und Beschützer war der Hanse seit dem 13. Jahrhundert durch den *Deutschen Ordensstaat* zugewachsen, der sich über einen breiten Küstenstreifen zwischen Danzig und Reval (▸ S. 478) tief ins Landesinnere erstreckte. Die *Ordensritter* veranlaßten die Gründung neuer Städte und riefen deutsche Handwerker, Kaufleute und Bauern ins Land. Bei alledem gab sich Lübeck als der Dreh- und Angelpunkt eines profitablen Kreislaufs, der in Schwung gekommen war: Hier trafen sich die deutschen Auswanderer, um in ihre neuen Siedlungsgebiete aufzubrechen; dort beteiligten sich die Neuankömmlinge an der Aufbauleistung des Ordensstaats, und Lübeck wiederum hatte späteren Anteil am Ost-West-Warenumschlag des neu geschaffenen Wirtschaftsraums.

Anders stellte sich das günstige Interessengefälle in den Handelsbeziehungen mit Skandinavien dar: Der schwedische Norden hatte hochwertiges Eisen und Kupfer zu bieten; aber Schweden war noch rückständig! Der Kontinent konnte die

Die Hansestadt Lübeck
Die Abb. oben zeigt den Lübecker Marktplatz mit dem Rathaus in der Bildmitte, die Abb. links ein Modell der Stadt um 1650.

Der Deutsche Ritterorden
Hanse und die deutschen Ordensritter pflegten seit dem 13. Jh. enge Handelsbeziehungen. Im Jahre 1309 machte der Hochmeister des Ordens, Friedrich von Feuchtwangen, der von Venedig nach Preußen übersiedelte, die Marienburg an der Nogat zur Hauptresidenz und Verwaltungszentrale des Ordens. Die Abb. zeigt links den Palast des Hochmeisters, rechts das Konventsgebäude. (Polen, Marienburg; *▸S.478)*

überlegene Technik bieten, die von Fachleuten aus den deutschen Bergbaugebieten vermittelt wurde. Besondere Vorrechte genoß der deutsche Kaufmann auch in Norwegen, da das Land auf die Einfuhr von Getreide dringend angewiesen war. Lübeck und die Städte der *Wendischen Hanse* hatten die Nordseekaufleute inzwischen aus dem Feld geschlagen, weil das baltische »Hinterland« den norwegischen Bedarf günstiger decken konnte. In Bergen erhielten die Lübischen Händler darum Monopolrechte und errichteten eine mächtige Niederlassung (*Deutsche Brücke*, ▸ S. 477), von wo aus sie auch die englischen Häfen der Ostküste anlaufen konnten.

Nun wurde auch der flandrische Kaufmann, der vormals die Tuche seiner Heimat auf dem Seewege bis nach Nowgorod gebracht hatte, vom deutschen Hansekaufmann abgelöst, der der begehrten Ware, meist von Hamburg aus, einfach entgegenfuhr und im Ausgangshafen seine Niederlassung schuf. Im flandrischen Brügge erhielten die deutschen Kaufleute in den Jahren 1252 und 1253 eine Reihe wichtiger Handelsprivilegien zugestanden. Etwa zur selben Zeit gewährte der englische König HEINRICH III. (1216-1272) deutschen Kaufleuten Schutz und Zollfreiheit für alle englischen Waren, die sie exportieren wollten. 1282 schlossen sie sich zusammen und gründeten den Londoner *Stalhof*. Die »Osterlinge« (*Easterlings*), wie die Engländer die deutschen Hansekaufleute zu nennen pflegten, genossen über Jahrhunderte hohes Ansehen und standen bei feierlichen Anlässen nur dem Londoner *Lord Mayor* und seinen Beamten protokollarisch nach.

Der hansische Wirtschaftsraum

Die Hanse war ein Städtebündnis, dem in seiner Glanzzeit (14./15. Jh.) über hundert Städte angehörten. Fast zweihundert Jahre diktierte es auch das politische Geschehen im Norden. Als sich mit der Entdeckung Amerikas die Schiffahrtswege in den atlantischen Raum verlagerten, nahm die Bedeutung der Hanse ab.

Brügge und London im Westen, Bergen im Norden, Nowgorod im Osten und Lübeck in der verkehrsgeographisch günstigen Mittellage – dieses einzigartige Netzwerk privilegierter Standorte machte die deutschen Hansekaufleute seit Mitte des 13. Jahrhunderts zu unentbehrlichen Mittlern zwischen europäischen Wirtschaftsräumen, die getrennt, aber aufeinander angewiesen waren. Die hansischen Niederlassungen, sogenannte *Kontore*, erließen ihre eigenen Maß- und Münzordnungen und verfügten über gesonderte Hafenbezirke, Lager- und Speicherhallen, Stapelplätze, Verkaufsbuden, Geschäftslokale, Weinstuben etc. sowie auch über Büros, in denen bereits *schriftliche* Unterlagen zur reibungslosen Abwicklung der Geschäfte erstellt wurden. Aber vor allem beruhte die Überlegenheit der Hanse auf ihrem Schiffstyp – der breitbäuchigen Kogge, die in ihrer größten Ausführung, als *Holk*, bis zu 300 Tonnen Fracht aufnehmen konnte und damit die Ladekapazität herkömmlicher Schiffe um ein Zehnfaches, die herkömmlicher Fuhrwerke um ein Hundertfaches überstieg! Ein derartiges Großraumschiff verringerte die Frachtkosten der Ware erheblich und bot natürlich auch mehr Schutz vor seeräuberischen Übergriffen.

Lange Zeit waren die Interessen der deutschen Kaufmannshansen im Ausland siegelführend von der *Gemeinschaft der deutschen Gotlandfahrer* wahrgenommen worden. Aber Visbys große Zeit endete mit dem auslaufenden 13. Jahrhundert, als sich Lübeck, der *Vorort* der *Wendischen Hanse*, mehr und mehr zur Geltung gebracht hatte. Diverse Handelskonflikte nötigten die Hansen schließlich zu einer strafferen Organisation von oben. So wandelte sich das Bündnis von Kaufleuten im Ausland zu einem Bündnis der heimatlichen Städte untereinander, für die sich ja die Wahrung der Handelsprivilegien ihrer Fernkaufleute als eine lebenswichtige Aufgabe darstellte. Seit 1358 wurden deshalb in unregelmäßiger Folge »Hansetage« abgehalten, und zwar in Lübeck. Auf ihnen besprach man das jeweils gemeinsame Vorgehen und faßte Beschlüsse (*Hanse-Rezesse*).

Der Bund »van der dudeschen hanse«

Es begann nun die Ära glänzender Erfolge. Zeitweilig diktierte die Hanse das politische Geschehen im gesamten nordeuropäischen Großraum. Im 15. Jahrhundert hatten sich über 150 Städte dem Hansebündnis angeschlossen (Bund *van der dudeschen hanse*), die vielfach tief im Binnenland lagen (z. B. Köln), bisweilen sogar außerhalb des Reichsgebiets (z. B. Krakau). Da eine gemeinsame Bundeskasse mit regelmäßigen Einkünften

Lübecker Kaufmannshäuser

In der Diele wurden die Waren aus Nord- und Osteuropa angeliefert, die der Kaufmann in einer eigens abgeteilten Schreibstube (Dornse) registrierte. (Schabbelhaus in der Mengstraße)

Die Luxuswaren lagerten im feuersicheren Keller, in dessen zahlreichen Nischen Talglichter brannten, damit die Kunden die hochwertigen Güter begutachten konnten. (Lübeck, Koberg 2)

fehlte, ergab sich die Teilnahme an den *Hansekriegen*, die nun folgen sollten, von Fall zu Fall. Ihre Feuertaufe als politische Großmacht bestand die Hanse, als Lübeck ein breites Kriegsbündnis gegen den Dänenkönig WALDEMAR IV. (1340-1375) zustandebrachte, um die Handelsvorrechte auf den Schonenschen Messen in Südschweden durchzusetzen (*Kölner Konföderation*). Die Deutschen kauften hier den weithin als Fastenspeise begehrten Hering zu Konditionen ein, die bis dahin äußerst günstig waren. Ihre starke Flotte siegte schließlich (Mai 1368), und Dänemark wurde mit Krieg überzogen, Schonen besetzt. Im *Stralsunder Frieden* von 1370 sah sich WALDEMAR zu großen Zugeständnissen gezwungen. Der Hanse wurde ein Mitspracherecht bei der dänischen Thronfolge eingeräumt.

Es war ein Sieg des *Stadtbürgertums* über eine nationale *Feudalgewalt*, der in der deutschen Geschichte einzig dasteht. Der Städtebund hatte ohne fremde Hilfe – beispielsweise der des Kaisers – die Vormachtstellung im Ostseeraum errungen und griff fortan bis tief ins 16. Jahrhundert hinein immer wieder in die Händel der nationalen Anrainerstaaten von Nord- und Ostsee ein, jedoch nur, wenn die diplomatischen Mittel versagten. Hansepolitik blieb außerdem bemerkenswert strikt Handelspolitik – also darauf ausgerichtet, Handelsprivilegien zu wahren und Blockaden zu brechen. Allerdings wachte der Bund, nach innen gerichtet, argwöhnisch über die Vorrechte der *patrizischen* Oberschicht gegenüber den aufbegehrenden *Zünften*. Als es im Jahre 1374 in der Hansestadt Braunschweig zu einem blutigen Aufstand der *Bürgerschaft* gegen den *Rat* kam und aus den *Zünften* ein neuer hervorging, beschloß der *Hansetag* harte Repressalien.

Die Seeräuberei machte der Hanse schwer zu schaffen. Legendär ist ihr Konflikt mit den sogenannten *Vitalienbrüdern*, der schließlich zur Enthauptung der Freibeuter KLAUS STÖRTEBEKER und GÖDEKE MICHELS führte. Der Konflikt entbrannte, als das Haus Mecklenburg nach dem Tode WALDEMARS im Kampf um die drei nordischen Kronen (Dänemarks, Schwedens und Norwegens) unterlag. ALBRECHT (*um 1340, † 1412), der Sohn des regierenden Herzogs, war 1364 zum schwedischen König gewählt worden, konnte sich aber gegen die dänische Königin MARGARETE (*1353, † 1412) zuletzt nicht halten. Stockholm wurde mehrere Jahre belagert. ALBRECHTS Helfer versorgten die Belagerten währenddessen mit Lebensmitteln (darum *Vitalienbrüder* genannt). Die Hanse unterstützte zwar die Deutschen Stockholms, die dort die Hälfte der *Ratsmitglieder* stellten, gab die Stadt aber der Dänenkönigin preis, nachdem

Das Schweden-Eisen
wurde mit den Koggen transportiert, am Hafen von den Händlern verkauft und u. a. von den Lübecker Bauherren als Stützen der Häuser verwendet. Das mutet höchst ungewöhnlich an, denn Holz mußte um vieles billiger gewesen sein. Die »schwedische Eisenstange« war ein genormtes Maß für dieses Importprodukt. Wer Eisen in Schweden bestellte, für welchen Zweck auch immer, gab die Zahl der Stangen an und wußte somit genau, wieviel Material er bekam. Handelsnormierung und Qualitätssicherheit - der Kaufmann konnte am Ort im voraus planen und kalkulieren. Das Gütezeichen der schwedischen Hütte, noch heute unter der Anti-Rost-Farbe zu sehen, bürgte für erste Qualität!

Hinrichtung des Klaus Störtebeker
Die Seeräuberei machte der Hanse schwer zu schaffen. Klaus Störtebeker und seine Kumpane wurden 1402 vor den Toren Hamburgs enthauptet. (Bilderbogen, um 1850)

ihr Kaufmannsgeist gesiegt hatte und ihre nordländischen Handelsprivilegien bestätigt worden waren. ALBRECHTS Heer wurde 1389 bei Falköping (Südschweden) geschlagen, aber die *Vitalienbrüder* ließen nicht locker und führten nun einen allgemeinen *Kaperkrieg*, der sich auch gegen die Hanse richtete. Die Quellen sprechen von *allerlei rechtlosem Volk*, das sich jetzt zusammentat. Sie nannten sich auch *Likedeeler*, weil sie ihre Beute zu gleichen Teilen (*to liken deelen*) unter sich aufteilten. So gewannnen sie ein sozialrevolutionäres Charisma, das der Legendenbildung um die *Vitalienbrüder* zweifellos Vorschub leisten sollte. Als der *Deutsche Orden* 1398 ihren Stützpunkt Gotland eingenommen hatte, verlagerten sie ihr Operationsgebiet sogar in die Nordsee und beeinträchtigten aufs Schwerste den hansischen England- und Flandernhandel. Lübeck und der Bund boten zwei Jahre später eine Armada aus Koggen und kleineren Begleitschiffen auf und bereiteten dem Spuk im Jahre 1402 schließlich ein Ende. KLAUS STÖRTEBEKER, GÖDEKE MICHELS und ihren Helfern wurde das Handwerk gelegt: „*...sie schlugen an die vierzig tot und fingen an die siebzig bei Helgoland. Sie brachten die Gefangenen alle mit nach Hamburg und ließen ihnen die Köpfe abschlagen. Diese steckten sie an der Elbe auf eine Wiese zum Zeichen, daß die Gerichteten die See beraubt hatten.*“

Konnte die Hanse auch diese Herausforderung noch meistern, so bahnte sich in dem soeben begonnenen 15. Jahrhundert doch schon ihr allmählicher Niedergang an. Innere Konkurrenz, zum Beispiel die zwischen Lübeck und dem aufstrebenden Danzig, schwächte den Bund. Außerdem brachten sich die holländischen und englischen Kaufleute immer stärker ins Spiel. Die Hanse versuchte, in langwierigen Kaper- und Handelskriegen

Klaus Störtebeker
So soll er ausgesehen haben. Das Porträt (um 1515), das eigentlich den von Maximilian I. zum Ritter geschlagenen Kunz von der Rosen zeigt, wurde durch eine spätere Inschrift in Störtebeker umgedeutet.

Die spätmittelalterliche Sicht des Todes
Der »Schwarze Tod« Mitte des 14. Jhs. raffte in Europa Millionen Menschen dahin. Todeserfahrung war Alltagserfahrung geworden. Das mittelalterliche Weltbild, die Sicherheit im Glauben, das Gefühl von richtiger Ordnung schwanden dahin. Auf Grabplatten stellten die Menschen nun ihre Vergänglichkeit dar; und Christus ist nicht mehr Triumphator, sondern leidender Mensch. Die Scheu der Künstler, den Tod in seiner ganzen naturalistischen Drastik darzustellen, ging endgültig verloren. (Elisabethkirche in Marburg, Landgrafenchor; ▶ S. 448)

ihre Vormacht zu bewahren und sogar auszudehnen. Aber als die Heringsschwärme vor Schonen ausblieben, der Hafen von Brügge zu versanden begann und Nowgorod 1478 unter die Herrschaft des Moskauer Großfürsten IWAN III. (*1440, † 1505) geriet, war der Zenit überschritten. In den Jahren 1468-1474 brachte die Hanse unter dem Lübecker Bürgermeister HINRICH CASTORP noch einmal ein breites Bündnis gegen die Engländer zustande. Wenige Jahrzehnte später gelang dies nicht mehr: In den Wirren der *Reformationszeit* kam es in den Hansestädten überall zu schweren innerstädtischen Krisen. Die Zünfte beendeten die patrizische Ratsherrschaft und übernahmen die Macht. In Lübeck wurde 1533 JÜRGEN WULLENWEVER, ein Vorkämpfer des *Protestantismus*, Bürgermeister. Ganz Volkstribun, wollte er die alte Größe der Hanse wiederherstellen und nahm den Kampf gegen Dänemark auf. Doch die anderen Hansestädte ließen Lübeck im Stich! So kämpfte die lübische Flotte auf verlorenem Posten und wurde vernichtend geschlagen. Es kostete WULLENWEVER Amt und Leben. 1537 wurde er als *Wiedertäufer* hingerichtet. Die große Zeit des hansischen Städtebundes war vorbei.

Der Schwarze Tod

Mitte des vierzehnten Jahrhunderts kam der große Schrecken über das Abendland. Eine schleichende Seuche breitete sich aus. Unaufhaltsam drang sie in die Städte. Sie kroch in alle Häuser. Die Pest, auch der *Schwarze Tod* genannt, griff um sich! Sie nahm ihren Anfang in Innerasien, wo unter den dortigen Nagetieren um das Jahr 1330 eine Seuche ausgebrochen war. Die *Nomaden* der weiten Steppen des Ostens zählten zu den ersten Opfern. Sie trugen die Seuche über die *Seidenstraße* nach Westen. Im Jahre 1345 erreichte sie die Wolga und das Schwarze Meer. Hier endeten die kontinentalen Routen des Ostens nach Europa. Italienische Kaufmannsschiffe nahmen die Ladungen in den Schwarzmeerhäfen auf und transportierten mit den Waren auch den Pestbazillus weiter nach Westen. 1348 erreichte die Pest Mitteleuropa, von wo sie dann nach Norden und Osten ausgriff. Marodierende Banden, Plünderer und Erbschleicher hatten in jenen Jahren Hochkonjunktur. Die großen Städte Deutschlands, wie zum Beispiel Köln oder Mainz, waren besonders schwer betroffen. In den Kreuzgängen des Franziskanerklosters zu Magdeburg traf man, wie überliefert ist, nach Abklingen der Seuche auf drei völlig verwirrte Mönche – die einzigen Überlebenden weit und breit ...

Sankt Rochus
ist der Schutzpatron gegen die Pest und andere Seuchen. Um 1295 geboren, soll er sich nach der Legende bei der Pflege von Pestkranken selbst angesteckt haben. Die Abb. stellt den Heiligen dar, der während seiner Erkrankung von einem Engel gepflegt und von einem Hund mit Brot ernährt wird. (Holzschnitt, um 1480)

Diese verheerende Katastrophe (die *Große Pest*) übertraf alles, was die Christen ihrer Zeit einzuordnen vermochten. Zwischen 1346 und 1352 wurden von der Pest etwa 20 Millionen Menschen weggerafft, das heißt ein Drittel der europäischen Bevölkerung. Grauenhaft wütete die Seuche in England und Frankreich, wo die Bevölkerung zum Teil jeweils auf ein Drittel dezimiert wurde. Deutschland verlor etwa 30 Prozent seiner damaligen Einwohnerschaft, wobei der Westen mehr als der Osten, der Süden mehr als der Norden betroffen waren, die Stadt mehr als das Land. Ein deutscher Chronist schreibt nieder, es habe sich um *„das größte Sterben“* gehandelt, *„daß je gewesen. Es ging von einem Ende der Welt bis zum anderen ...“* In England hörte das Parlament auf zu tagen, der *Hundertjährige Krieg* zwischen Frankreich und England ruhte, die internationale Diplomatie kam zum Erliegen, der Papst verließ seine Gemächer nicht mehr, die Genueser schlossen ihren Hafen, und der Adel verbarrikadierte seine Wohnstätten ... doch vergeblich! Arm und Reich, Jung und Alt, Mann und Frau – keine Schicht der Gesellschaft blieb unversehrt! Wer krank wurde, starb meist in wenigen Tagen. Die Ärzte waren hilflos. Zu Hunderten und

Verbrennung der Juden
*Weil man ihnen die Schuld an der Pest gab, verbrannte man in den Städten die jüdischen Nachbarn. (Illustration aus der Luzerner Chronik des Diebold Schilling, *1460, †um 1520; Zentralbibliothek Luzern)*

Giovanni Boccaccio
(Statue von Fanatachiotti; Florenz, Uffizien)

»Man betrieb darum allerlei Quacksalberei.«

Tausenden mußten die Leichen vor den Mauern der Städte verscharrt werden. Und durch alle Straßen wehte der widerwärtige Pestgestank. In jenen Jahren schien die Welt aus den Fugen geraten zu sein. Das berühmteste Zeitzeugnis über den *Schwarzen Tod* des vierzehnten Jahrhunderts stammt aus dem *Decamerone* des italienischen Humanisten GIOVANNI BOCCACCIO (*1313, †1375). Dort schildert er das Wüten der Seuche in seiner Heimatstadt: „*Viele Vornehme schieden aus dieser Welt ohne einen Zeugen. Nur sehr wenigen waren bei ihrem Hinscheiden die Tränen ihrer Freunde vergönnt. Selten nur war eine Leiche von mehr als zehn oder zwölf Männern begleitet, und nicht die angesehensten Bürger trugen die Bahre, sondern gedungene Totengräber, die man Pestknechte nannte. Sie hoben die Bahre auf und trugen sie so schnell als möglich nach der nächsten Kirche, ohne den Wunsch des Verstorbenen in dieser Beziehung zu beachten. Was die niederen Klassen und auch zum Teil den Mittelstand betrifft, so ging es hier noch jämmerlicher her. Manche hauchten ihr Leben auf den Straßen aus, andere wieder schlossen sich in ihren Häusern ein, bis der herausdringende Stank den Nachbarn die erste Kunde von ihrem Tode brachte.*“

Die Pest wurde durch den Biß des Rattenflohs übertragen und führte nach einer Inkubationszeit von drei bis sechs Tagen zu Fieber, Schüttelfrost und Schwellungen der Lymphdrüsen (in der Sprache der Zeit: „*... zeigten sich hier bei Männern und Frauen an den Weichen oder in den Armhöhlen Geschwülste von der Größe eines Apfels oder eines Eies*“). Die Sterblichkeit dieser Pestart (»Beulenpest«) betrug im Mittelalter etwa 10 bis 20 Prozent. Man versuchte sie zu behandeln, indem man die geschwollenen Lymphknoten aufschnitt. Verheerend wirkte die Krankheit aber erst, wenn die ganze Blutbahn mit den Bazillen überschwemmt und die Lungen befallen waren (»Lungenpest«). Die Sterblichkeit dieser Pestart betrug nahezu 100 Prozent. Sie wurde durch die Tröpfcheninfektion übertragen und war darum hochgradig ansteckend.

Nichts von alledem wußte die medizinische Heilkunde zur Zeit der *Großen Pest* von 1346-1352! Man betrieb darum allerlei Quacksalberei. BOCCACCIO berichtet für das sonst bereits so »aufgeklärte« Italien, daß die Florentiner sich stark duftende Kräuter vor die Nase hielten, damit das Gehirn durch Wohlgerüche gestärkt werde. Der Leibarzt Papst CLEMENS' VI. (1342-1352) läßt uns wissen, daß die Menschen glaubten, schon der Anblick eines Kranken würde zur Ansteckung führen. An die Stelle der ärztliche Behandlung trat darum vorrangig die Frage, wie man sich der Kranken auf dem schnellsten Wege entledigen könne. Menschlicher Anstand und menschliche Hilfsbereitschaft hörten auf zu existieren. Noch einmal BOCCACCIO: *„Die allgemeine Angst ward so groß, daß ein Bruder floh, daß ein Weib den Mann verließ und daß die Eltern ihre Kinder im Stich ließen.“* Für eine Seuche dieser Art mußte besonders die mittelalterliche Stadt, wo die Häuser dicht an dicht standen und jeglicher Unrat einfach auf die Straßen gekippt wurde, eine ideale Brutstätte darstellen. Es nimmt darum nicht Wunder, daß es Städte gab, deren Bürgerschaften vom *Schwarzen Tod* vollkommen ausgerottet wurden! Die Menschen kannten zwar die Gesetze der Hygiene nicht, aber sie scheinen geahnt zu haben, daß von hygienischer Vorsorge eine präventive Wirkung ausgeht.

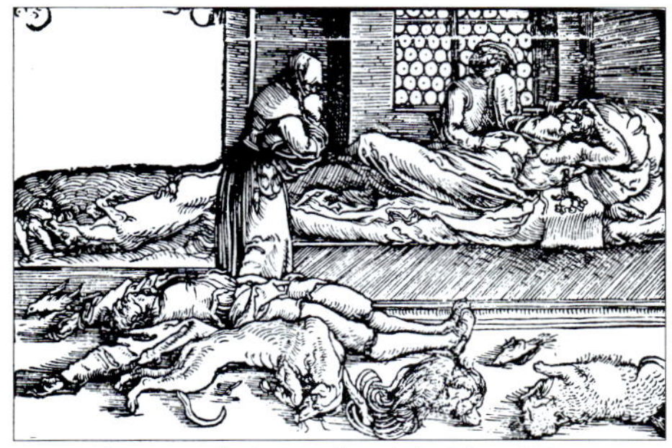

Die Pest bringt den Tod ins Haus
(Holzschnitt aus dem 16. Jh.)

Die Massenhysterie der Pestjahre

Die meisten Menschen glaubten, Gott halte ein *Strafgericht* ab. Man suchte nach »Sündenböcken«. Bald wurden Gerüchte ausgestreut, die *Juden* seien Schuld. Sie hätten die Brunnen vergiftet und auf diese Weise die Seuche verursacht. Also zerrten in vielen, vor allem französischen und deutschen Städten aufgeschreckte Menschen ihre jüdischen Mitbürger aus den Häusern und verbrannten sie zu Tausenden auf öffentlichen Scheiterhaufen; so geschehen in Basel, Frankfurt, Nürnberg, Mainz und in vielen weiteren der etwa 350 deutschen Städte mit jüdischen Gemeinden. Das Christenvolk sah in den Juden die »Mörder Christi«. Die Juden, im Abendland durch Berufsverbote in die Geldgeschäfte abgedrängt, erfreuten sich als »Zinsnehmer« ohnehin geringer Beliebtheit, zumal sich seit einsetzendem Spätmittelalter auch ein Kreditmarkt mit christlichen Geldgebern durchzusetzen begann. An sich genossen die Juden den besonderen Schutz des jeweiligen *Stadtherrn*, der sich diese Fürsorge, sei er nun Kaiser oder Territorialfürst gewesen, einträglich bezahlen ließ, und zwar vom »geschützten« Personenkreis selbst (*Judensteuer*).

Judenpogrom
(Illustration aus einer jüdischen Chronik des 14. Jhs; Wolfenbüttel, Herzog-August-Bibliothek)

Aber gegen die *Massenhysterie* der Pestjahre kamen die *Ratsversammlungen* und *Herren* der Städte zumeist nicht an oder erlagen ihr nicht selten selbst. So sandte der *Rat* der Stadt Lübeck an Herzog OTTO VON BRAUNSCHWEIG-LÜNEBURG den Bericht über einen »geständigen« Juden, der die Brunnen der Stadt vergiftet haben sollte. Der Brief schloß mit der Bitte um Aufhebung des *Judenschutzes* und um Vernichtung aller Juden in seinem Territorium, um dem von Tag zu Tag schlimmer werdenden Sterben der Menschen Einhalt zu gebieten. Über den *Straßburger Judenpogrom* von 1349 berichtet JAKOB TWINGER

Die Flagellanten
sahen in der Pest eine Strafe Gottes. (Ausschnitt aus einer Konstanzer Weltchronik des 14. Jhs.; München, Bayerische Staatsbibliothek)

Pestkrankes Ehepaar
(Holzschnitt aus H. Folz' »Spruch von der Pestilenz«, 1482)

VON KÖNIGSHOFEN: *„Am Samstag auf St. Valentin verbrannte man sie auf einem hölzernen Gerüst in ihrem Kirchhof, es waren an zweitausend. Wer sich taufen lassen wollte, durfte am Leben bleiben, es wurden auch viel kleine Kinder aus dem Feuer gegen ihrer Eltern Willen genommen, um sie zu taufen. Was man den Juden schuldig war, galt als bezahlt, alle Pfänder und Schuldbriefe wurden zurückgegeben. Das Bargeld der Juden nahm der Rat und verteilte es unter das Handwerk. Das Geld war auch die Ursache, warum die Juden getötet wurden. Wären sie arm und die Landesherren ihnen nichts schuldig gewesen, so hätte man sie nicht verbrannt.*"

Die Volksfrömmigkeit des Spätmittelalters hatte in den Todeserfahrungen der Pestzüge ihre eigentliche Wurzel. Die schrecklichen Ängste lenkten den Sinn allen Handelns auf das Jenseits, schwächten aber zugleich den Einfluß der Papstkirche auf die breiten Volkmassen. Denn den Menschen wurde deutlich vor Augen geführt, daß vor dem Tode alle Standesunterschiede aufhören und der Mann von Adel wie die Geistlichkeit ihre Schwächen und Ängste in gleichem Maße offenbart hatten wie das »gemeine Volk«. Religiöse Inbrunst und schwindende Autorität der Kirche führten deshalb seit 1349 zur Bewegung der sogenannten *Flagellanten* (»Geißler«), die durch ihre Aufrufe zur öffentlichen Selbstgeißelung das Elend der Zeit abwenden wollten. Sie zogen das Volk in Scharen an und taten entsprechend dem Lebensalter Christi dreiunddreißigeinhalb Tage lang öffentliche Buße, um den Zorn Gottes abzuwenden. Diese Flagellanten-Bruderschaften, die ihre Schwerpunkte in Österreich, Thüringen, Franken, Süd- und Westdeutschland hatten, zogen von Stadt zu Stadt, prangerten das sittenlose Leben der Geistlichkeit an und sahen das *Weltenende* kommen. Einige Städte verwehrten ihnen Einlaß, da sie sich vor *antiklerikalen* Handlungen innerhalb ihrer Mauern fürchteten.

Im Juni 1349 erlebte Straßburg das Heranziehen von 700 Flagellanten, die einen Anführer und zwei Unterführer hatten, welchen der Rest offenbar Gehorsam schuldete: *„Als sie den Rhein überschritten hatten, bildeten sie unter Zulauf des Volks einen weiten Kreis, in dessen Mitte sie Kleider und Schuhe ablegten und herumgingen. Einer nach dem anderen warf sich in diesem Kreise wie ein Gekreuzigter zu Boden, und jeder von ihnen berührte im Vorübergehen den Hingestreckten mit der Geißel. Die letzten, welche sich zuerst niedergeworfen, standen zuerst wieder auf, schlugen sich mit Geißeln, welche Knoten mit vier eisernen Stacheln hatten, und zogen, in deutscher Sprache zum Herrn singend, unter vielen Anrufungen vorüber. Nach-*

Der Totentanz *wurde zu einem geläufigen Motiv spätmittelalterlicher Künstler, um auszudrücken, daß vor dem Tode alle Menschen gleich sind. (Stich von Bernt Notke, 1463; Lübeck, Holstentor-Museum;* ▸ *S. 426)*

dem sie dies lange so getrieben, beugten auf ein gegebenes Zeichen alle die Knie und fielen wie Gekreuzigte unter Schluchzen und Beten auf das Antlitz."

Als die Pest 1352 abgeklungen war, hatte sie entvölkerte Städte hinterlassen, den Frauen die Kinder und den Männern die Frauen genommen. Die Lage der Bauern verschlechterte sich, weil die *Agrarpreise* fielen. Die deutsche *Ostsiedlung*, einst Folge der Überbevölkerung im Altreich, kam nun zum Erliegen. Obgleich die Todesrate in den Städten in aller Regel höher lag als auf dem platten Land, erholten sich diese wegen ihrer stärkeren wirtschaftlichen Anziehungskraft rascher. Das blieb freilich nicht ohne Folgen: Viele Siedlungen und fruchtbare Ackerfluren wurden jetzt aufgegeben, weil die Bauern den raschen wirtschaftlichen Aufschwung in der Stadt suchten. Solche spätmittelalterlichen *Wüstungen* hatte es mit unterschiedlichem Ausmaß im gesamten Reichsgebiet gegeben. Es ist errechnet worden, daß in Deutschland auf diese Weise etwa 25 Prozent der ländlichen Siedlungen aufgegeben wurden. Sie gehen nicht ausschließlich auf die *Große Pest* Mitte des vierzehnten Jahrhunderts zurück, vielmehr auf alle spätmittelalterlichen Katastrophen – auf die vielen Hungersnöte, Kriege und auch auf weitere Pestzüge, die in teils regelmäßigen, teils unregelmäßigen Abständen folgten. Diese Geißel des Abendlandes wütete bis tief in die Neuzeit hinein. Sie sollte das Leben so vieler unserer namenlosen Vorfahren auslöschen und das Bewußtsein der Überlebenden nachhaltig verändern ...

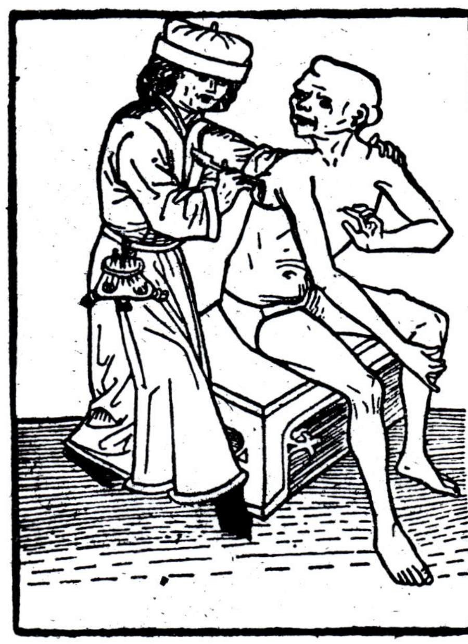

Behandlung der Beulenpest
(Holzschnitt aus H. Folz' »Spruch von der Pestilenz«, 1482)

Das späte Mittelalter

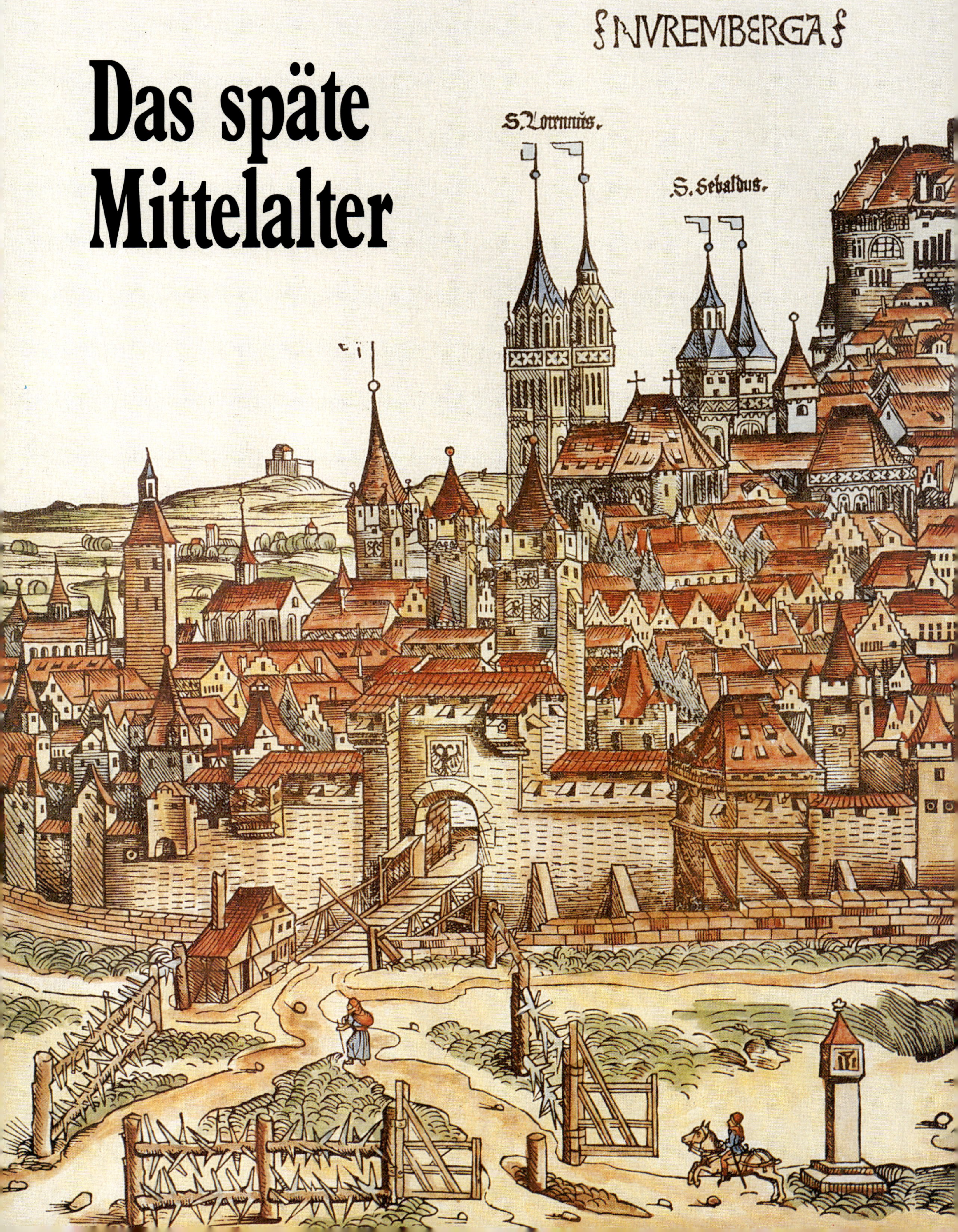

Nürnberg im 16. Jahrhundert
Schedelsche Weltchronik

Jeder, der in diese Stadt kommt, darf hier frei und unbehelligt sich niederlassen, wenn er nicht der Leibeigene irgendeines Herrn ist ...
(Gründungsurkunde der Stadt Freiburg, 1120)

Ludwig der Bayer
(Nachbildung des Reliefs von der Grabtumba in der Münchner Frauenkirche, um 1490; München, Bayerisches Nationalmuseum)

Von Ludwig dem Bayern zu Karl IV.

Ein König floh vor der Pest. Kündigte sich irgendwo die Seuche an, rief er zum sofortigen Aufbruch. Er war in Paris erzogen worden und – ungewöhnlich genug für einen Herrscher des Mittelalters – hochgebildet, ein Mann, der zudem viele Sprachen beherrschte, der Latein, deutsch, französisch, italienisch und tschechisch sprach. Seine Erblande waren das Königreich Böhmen, und er entstammte dem Geschlecht der *Luxemburger*, das seit den Tagen Kaiser HEINRICHS VII. (*um 1274, † 1313) neben den *Habsburgern* als königsfähig galt; gemeint ist der deutsche König KARL (*1316, † 1378), der vierte seines Namens, den die deutschen *Kurfürsten* 1346 als Gegenkönig zu dem *Wittelsbacher* Kaiser LUDWIG DEM BAYERN (König: 1314-1347) aufstellten. Später sollte KARL auch noch die Kaiserkrone des *Heiligen Römischen Reichs* erwerben. Die Historiker sehen in ihm den bedeutendsten Herrscher des Spätmittelalters.

Bemerkenswertes war im Reich während seiner Jugendjahre geschehen: Der Habsburger FRIEDRICH DER SCHÖNE (*1286), der sich 1314 von einer kurfürstlichen Partei zum Gegenkönig hatte wählen lassen, wurde in der berühmten *Schlacht bei Mühldorf* am Inn 1322 von LUDWIG DEM BAYERN besiegt, aber am Ende als *Mitkönig* geduldet. So kam es zu einer legalen Doppelherrschaft zweier Dynastien – erstmals in der deutschen Geschichte! Diese Doppelherrschaft währte freilich nicht lange; FRIEDRICH starb im Jahre 1330. Zur Jahrhundertmitte nun, da der Luxemburger KARL beständig dem Seuchenzug der Pest auswich, begann sich die deutsche Königsherrschaft allmählich wieder zu konsolidieren. Das tat bitter not, denn niemals zuvor in der deutschen

Reichsgeschichte waren die dynastischen Königshändel so verworren wie in den ersten Jahrzehnten des 14. Jahrhunderts. König KARL erwies sich als geschickter, ja gerissener Politiker, der mit den Schwierigkeiten der Anfangsjahre seiner Königsherrschaft fertig wurde, weil er die Schwächen seiner Gegner auszunutzen wußte und somit anderen überlegen war, die in der haudegenhaften Manier eines Rittersmannes allein dem Schlachtenglück nachhingen. Vor allem schaffte er es, nach Art eines Kaufmanns zwischen den Zwecken, die es zu erreichen galt, und den Mitteln, die zu Gebote standen, sorgsam abzuwägen – darin König RUDOLF I. VON HABSBURG nicht unähnlich. Der Luxemburger war ein Mann, der sich klug zu bescheiden wußte, dem seine böhmischen Erblande wichtiger waren als das Reich. Das trug ihm die vielzitierte, auf den späteren Habsburgischen Kaiser MAXIMILIAN I. (*1459, †1519) zurückgehende Charakterisierung als der *Erzvater Böhmens* und der *Erzstiefvater des deutschen Reiches* ein. Dieser Sarkasmus ist ungerecht und eine Übertreibung, weil er bei KARLS Akzentsetzung von einer Interessenkollision zu Lasten des Reichs ausgeht, die es jedenfalls in dieser Form, wie wir bald noch sehen werden, nicht gegeben hat.

»König Karl erwies sich als geschickter, ja gerissener Politiker ...«

Die Schlacht bei Mühldorf
In Mitteleuropa war dies der letzte bedeutende Kampf ohne Feuerwaffen. (Miniatur aus der Prachthandschrift des Landgrafen Heinrich von Hessen, 1334; Kassel, Landesbibliothek)

Zu Rhens am Rhein wählten die deutschen Kurfürsten KARL am 11. Juli 1346 zum deutschen König. Das geschah mit französischer Unterstützung und nach päpstlicher Anmahnung. Kaiser LUDWIG DER BAYER, schon seit den zwanziger Jahren in die letzte große abendländische Auseinandersetzung zwischen Kaisertum und Papsttum verstrickt, war 1324 von Papst JOHANNES XXII. (1316-1334) gebannt worden. Aber er hatte politisch überlebt und sich während seiner langen Herrscherzeit immer neuen Gegnern erfolgreich widersetzen können. KARLS

Kaiser Karl IV.

Skulptur von Peter Parler
(Prager Veitsdom, ▸ *S. 482)*

Kaiser Karl liebte das leise Auftreten, das vielen Zeitgenossen befremdlich vorkam. In dem florentinischen Chronisten Matteo Villani, der den Luxemburger während seines ersten Romzugs (1354-1355) begleitete, hatte Karl einen scharfen Beobachter. Villani schreibt:

Karl war von mittlerer Größe, für einen Deutschen eher klein, und nicht ganz gerade gewachsen, da er den Hals und den Kopf ein wenig nach vorne hielt. Er hatte eine dunkle Hautfarbe, ein breites Gesicht und große Augen. Seine Backen waren dick, sein Bart schwarz, die Stirne flach und der Vorderkopf kahl. Seine Kleidung war einfach, immer zugeknöpft, ohne Schmuck und Verzierung. Wenn er Leute empfing, war es seine Gewohnheit, mit einem Messerchen Weidenruten in kleine Stücke zu schnitzeln. Dabei sah er dem Besucher nicht ins Gesicht, seine Augen wanderten umher, und seine Gedanken schienen in der Ferne zu schweifen. Allein er hörte genau zu und gab mit knappen Worten, ohne lang zu überlegen oder zu beratschlagen, eine treffende Antwort. Sein Rat bestand aus wenigen Baronen ... Allein das Ergebnis der Beratungen ging immer von ihm aus, da er mit schlagenden und maßvollen Gründen die Ansichten anderer widerlegte.

(Matteo Villani)

Lage nach seiner Wahl war prekär; seine Gegner im Reich titulierten ihn spöttisch als *Pfaffenkönig*, da er seit frühen Jugendjahren vorzügliche Kontakte zu Papst CLEMENS VI. unterhielt. Aber was waren diese nach seiner Wahl noch wert, nachdem doch die deutschen Kurfürsten bereits 1338 in Rhens (*Kurverein von Rhens*) ganz entschieden erklärt hatten, daß ein gewählter König auch ohne päpstliche Zustimmung rechtmäßig herrschen könne? Dem Luxemburger stand jetzt das Glück zur Seite. Den Rest besorgten seine diplomatischen Künste, die er nun voll entfaltete. LUDWIG erlag im folgenden Jahr auf der Bärenjagd einem Schlaganfall. Ohne eigenes Zutun war der König plötzlich und unerwartet seinen Hauptwidersacher los, der gerade noch einen neuen Italienzug geplant hatte!

Was immer die Wittelsbacher nun taten, um ihre Ansprüche gegen den jungen König durchzusetzen, wurde von KARL durchkreuzt: Sie ließen den englischen König EDUARD III. (*1327, † 1377) von einer Kurfürstenpartei zum deutschen König wählen. Der Geehrte, gegen den KARL in der *Schlacht bei Crécy* an der Somme soeben erst (1346) auf französischer Seite gekämpft hatte, lehnte ab, und KARL schloß ein Zweckbündnis mit ihm. Sie stellten FRIEDRICH, den wettinischen Landgrafen von Thüringen und Markgrafen von Meißen, zum Gegenkönig auf; der Prätendent verzichtete auf die Thronkandidatur und mußte die Verständigung mit KARL suchen, weil in der Markgrafschaft Brandenburg, also in seiner unmittelbaren Nachbarschaft, die Macht der Wittelsbacher ziemlich erschüttert worden war. Dort war ein Pilger aufgetaucht, der sich als der verschollene Markgraf WOLDEMAR ausgab, der letzte Sohn aus dem Geschlechte der *Askanier*.

Dann ließen sie den thüringischen Grafen GÜNTHER VON SCHWARZBURG (*1304, † 1349) wählen; doch KARL landete einen Überraschungscoup, indem er sich mit der Tochter des Wittelsbacher Pfalzgrafen RUDOLF vermählte und so die gegnerische Front aufbrach. Gegenkönig GÜNTHER nahm er den Wind aus den Segeln. Genervt und inzwischen sterbenskrank, gab dieser schließlich gegen eine stattliche Summe Geldes auf. Immer überlegen taktierend, gewann der Böhme auch die Habsburger und die Reichsstädte für sich. Was letztere anbelangt, so bediente er sich in seiner Eigenschaft als oberster Lehnsherr einer Politik der materiellen Begünstigung städtischer Ratsversammlungen. Man darf getrost sagen: er bediente sich des Instruments der »Bestechung« – auch unter Duldung, ja Förderung von *Judenpogromen*. Am Ende war der König »pleite«, aber er hatte das Reich gewonnen. In der trockenen Sprache des

Chronisten nimmt sich dieser Tatbestand wie folgt aus: „*Da König Karl also seine Feinde erkauft und überwunden hatte, da fuhr er von einer Stadt zur anderen und ward da recht empfangen als ein König; und hatte also viel ausgegeben und sich also viel verausgabt um das Reich, daß er also arm ward, daß ihm in manchen Städten die Wirte nicht borgen wollten, wenn er ihnen nicht Pfand oder Bürgen gab.*"

Die karolinische Reichspolitik

Als KARLS deutsche Königsherrschaft gesichert war, dachte er an den Erwerb der Kaiserkrone; und er wurde gerufen – zum Beispiel von dem römischen Abenteurer COLA DI RIENZO (*um 1313, †1354), der 1347 als Führer einer kleinen Schar Aufständischer die stadtrömische Adelsherrschaft gebrochen hatte und sich nach altrömischem Vorbild zum *Volkstribun* erhob. Später mußte dieser COLA unter nicht ganz geklärten Umständen Rom verlassen und kam 1350 an den Prager Hof, um von dem Böhmen militärische Unterstützung für seine Pläne zu erwirken, ganz Italien unter kaiserlicher Schutzherrschaft zu einen. Der nüchterne König ließ sich für solche Phantastereien indes ebensowenig gewinnen wie von dem »Geheimnis«, das dieser ihm anvertraute, beeindrucken, er sei ein Sohn des luxemburgischen Kaisers HEINRICH VII. Auch der große italienische Dichter und Humanist FRANCESCO PETRARCA (*1304, †1370) wurde wenig später brieflich vorstellig und trug KARL die Wiedererrichtung Roms in antiker Größe und die Erneuerung des Imperiums an. Der König ließ antworten: „*Die alten Zeiten nämlich, die Du erwähnst ... kannten nicht die Bedingungen der heutigen, die ihnen gerade entgegengesetzt sind.*"

KARL fand gleichwohl Gefallen an dem Humanisten PETRARCA, ging mit ihm eine 12 Jahre währende seltsame Brieffreundschaft ein, traf ihn auch persönlich, hielt ihn als Politiker zu guter Letzt aber für einen Dilettanten. Immerhin – befrachtet mit Gedanken über Idee und Wirklichkeit des Kaisertums, brach er im September 1354 mit kleinem Gefolge, sozusagen als »Geschäftsmann«, nach Rom auf, um die Kaiserkrone zu erwerben. Und um Geschäfte ging es zunächst: Von den Städten trieb er die seit langem nicht gezahlten *Reichssteuern* ein – allein Florenz zahlte ihm einhunderttausend Gulden! In Mailand ließ er sich zum König von Italien krönen, und am Ostersonntag des Jahres 1355 nahm ein päpstlicher Legat für den in Avignon weilenden Papst die Kaiserkrönung vor. KARL hatte sich den Kaiserwunsch auf seine Weise erfüllt. Seine

Karl IV.
auf der Altane der Marienkirche in Mühlhausen. (um 1370, ▶ *S. 440**)*

Die Burg Karlstein bei Prag
1348-1357 erbaut, war sie bevorzugter Aufenthaltsort Karls IV. Im Hauptturm befindet sich die Kreuzkapelle, in der die Reichskleinodien aufbewahrt wurden (▶ *S. 482**).*

Die Goldene Bulle *war die bedeutendste Verfassungsurkunde des Heiligen Römischen Reichs. Sie stammt aus dem Jahre 1356, regelte das Verfahren der Königswahl und definierte die rechtliche Stellung der sieben Kurfürsten. Dabei sollte die Festschreibung des Mehrheitsprinzips Doppelwahlen für alle Zukunft verhindern. Die Kurfürsten erhielten für ihre Territorien bestimmte Vorrechte (z. B. unbeschränkte Gerichtsbarkeit, das Berg-, Salz-, Münz- und Zollregal). – Die Abb. zeigt König Wenzels Prachthandschrift der Goldenen Bulle aus dem Jahre 1400. (Wien, Österreichische Nationalbibliothek)*

Kritiker zeterten: Wie ein Krämergeist habe er sich die Taschen gefüllt, statt in Italien für Ordnung zu sorgen.

Seiner nun gesteigerten Autorität taten solche Worte keinen Abbruch. Gestärkt hielt er im darauffolgenden Jahr Hoftage in Metz und Nürnberg ab, deren wichtigstes Ergebnis der Erlaß der sogenannten *Goldenen Bulle* war. Sie setzte die Rechte der sieben Kurfürsten fest und bestimmte alle Befugnisse des Herrschers einschließlich der Nachfolge im Königtum. Mit ihr wurden die bestehenden Machtverhältnisse gänzlich unspektakulär, aber gerade darum ungemein ordnungsstiftend für alle Zukunft festgeschrieben. Niemand sollte dieses *Reichsgrundgesetz* je anzweifeln oder gar versuchen, es außer Kraft zu setzen. Es war das Dokument, das den deutschen Dualismus zwischen *Kaiser* und *Reich* staatsrechtlich begründet hat.

Das Reich war KARLS Ehrgeiz, aber Böhmen seine »Bastion«. Ihm blieb wie allen seinen Vorgängern seit RUDOLF VON HABSBURG gewärtig, daß er sich nur mit einer starken Hausmacht behaupten konnte. Sie zu mehren und das Bestehende zu konsolidieren, nahm er sich vor. Durch Kauf, Pfandnahme und Tausch sowie eine planvolle *Heiratspolitik* für sich und seine Nachkommen erwarb er im Altreich mancherlei Streubesitz. Bedeutsamer aber waren seine kompakten Territorialerwerbungen im Osten. Er konnte die Ober- und Niederlausitz, Schlesien und die Markgrafschaft Brandenburg an sein Haus binden. Dabei scheint er den Erwerb der Markgrafschaft von langer Hand geplant zu haben: Durch seine vierte Ehe mit ELISABETH VON POMMERN (1363), einer Dame von walkürenhafter Statur, von der überliefert ist, daß sie Hufeisen verbiegen konnte,

Die sieben Kürfürstentümer

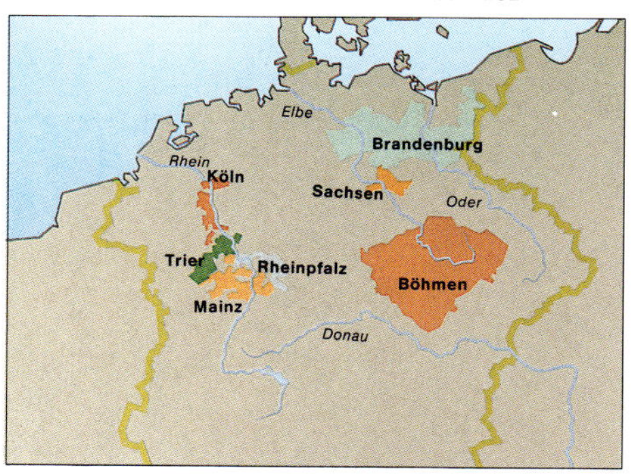

Der Erzbischof von Trier war »Erzkanzler« für Burgund, der von Köln für Italien, der von Mainz für Deutschland; der König von Böhmen war »Erzschenk«, der Pfalzgraf bei Rhein »Erztruchseß«, der Herzog von Sachsen-Wittenberg »Erzmarschall« und der Markgraf von Brandenburg »Erzkämmerer«.

begann er von Norden aus auf die Kurmark zu drücken. Nach dem Tod des Wittelsbacher Markgrafen LUDWIG († 1365) wurde KARL die Verwaltung des Territoriums zugesprochen. Im Jahre 1373 schließlich legte er die horrende Summe von 500 000 Goldgulden auf den Tisch, um Brandenburg endgültig zu erwerben. Der Empfänger hieß OTTO († 1379), war Wittelsbacher und hatte sich den wenig schmeichelhaften Beinamen »der Faule« verdient. Nun erlag dieser deutsche Kurfürst den Verlockungen seines intelligenten Gegenübers, der lieber zehnmal in die Tasche greifen mochte, als *einen* Krieg zu führen. Die für die deutsche Geschichte folgenreichste Entscheidung karolinischer Hauspolitik betraf den Erbvertrag mit den Habsburgern (1364). Darin kamen beide Häuser überein, sich wechselseitig zu beerben, sollte eines der beiden Geschlechter aussterben. Der Fall trat mit dem Tode Kaiser SIGISMUNDS ein, der 1437 starb. So begann der Aufstieg des Hauses Habsburg.

Elisabeth von Pommern
(Skulptur von Peter Parler, Prager Veitsdom; ▶ *S. 482)*

Prag – Stadt der hundert Türme

Böhmen gehörte zu den reichsten Ländern Europas. Man hatte hier im 13. Jahrhundert Silber gefunden. In Böhmen und Schlesien zusammen wurden im 14. Jahrhundert weit mehr als die Hälfte allen Silbers und ein großer Teil des Goldes des *Heiligen Römischen Reichs* gewonnen. So war KARL einer der vermögendsten Fürsten im damaligen Europa, und der Reichtum floß zum größten Teil in die Hauptstadt Prag. Kein zweites europäisches Land zeigte in gleichem Ausmaß wie Böhmen eine solche Ausrichtung auf die Hauptstadt. Bis hierhin war der *Schwarze Tod* noch nicht vorgedrungen. Die einheimische Bevölkerung bestand aus Tschechen. Im Zuge der *deutschen Ostsiedlung* hatten sich in Prag aber Kaufleute aus dem Westen angesiedelt, weil es eine Brücke über die Moldau gab. Trotzdem scheint das Land, in das KARL im Alter von siebzehn Jahren zurückkehrte, in ziemlich desolatem Zustand gewesen zu sein. Er selbst bezeugt autobiographisch die Eindrücke nach seiner Heimkehr: „*Das Königreich (Böhmen) war völlig heruntergekommen. Keine einzige Burg war frei; sie waren sämtlich mit allen Krongütern verpfändet, so daß wir keine Bleibe hatten, es sei denn wie jeder andere Bürger in einem Stadthaus. Die Prager Burg war seit den Zeiten Ottokars so verödet, verfallen und zerstört, daß sie gänzlich dem Boden gleichgemacht war. Dort ordneten wir mit großen Kosten aufs neue den Bau des weiträumigen, stattlichen Palastes, wie er heute noch vor dem Blick des Betrachters steht ... Alle ehrlichen Böhmen liebten uns,*

Die Erblande Karls IV.

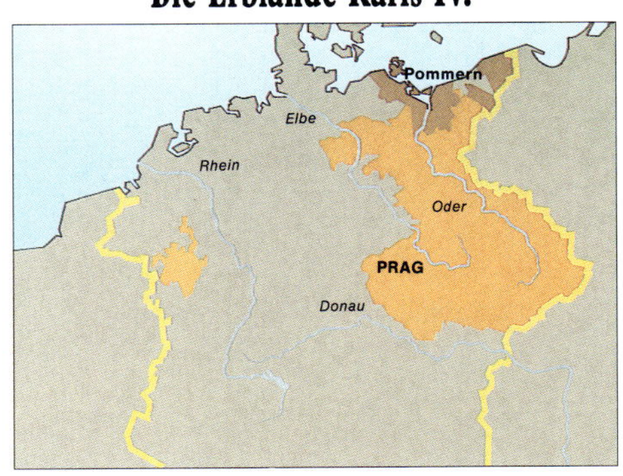

Karls Stellung basierte auf seiner geschlossenen Hausmacht. Wichtigster Bestandteil war neben dem Königreich Böhmen die Kurmark Brandenburg, die er 1373 erwarb. Zwischen den Stammlanden im Westen (Grafschaft Luxemburg, ab 1354 Herzogtum) und der östlichen Hausmacht lagen noch kleinere Streubesitztümer.

Selbstbildnis Peter Parlers
*Der bedeutende Baumeister (*um 1330, †1399) wurde 1356 von Karl IV. an den Prager Veitsdom berufen, dessen Chor er schuf. Von ihm stammen auch die Bildnisse Karls und seiner Ehefrauen sowie der Entwurf der Prager Moldaubrücke. (Skulptur im Prager Veitsdom, Triforium;* *▸S. 482)*

da sie wußten, daß wir ein Sproß aus dem alten böhmischen Königsgeschlecht waren, und liehen uns ihre Hilfe zur Wiedergewinnung der Burgen und des Königsgutes. Mit großen Kosten und Mühen gelang die Rückgewinnung ... verpfändeter und der Krone entfremdeter Güter. Wir verfügten über zahlreiche bereitwillig dienende Krieger. Das Königreich gedieh von Tag zu Tag.“ Aus diesen Worten spricht verhaltener Stolz über die Aufbauleistung, und dieser Stolz ist berechtigt.

KARL machte Prag praktisch aus dem Nichts zur ersten Residenzstadt Europas. Im Jahre 1348 gründete er dort nach dem Vorbild von Bologna und Paris die erste deutsche Universität, die den *Scholaren* nördlich der Alpen fortan das teure Studium im Ausland ersparen konnte. Schon bald soll die Prager Universität nicht weniger als 10000 Studenten angezogen haben, neben Tschechen und Deutschen auch Engländer, Franzosen, Italiener, Ungarn und Polen. KARLS Gründungsdiplom lehnte sich eng an jenes des Staufers FRIEDRICH für Neapel an, und wir dürfen daraus schließen, daß es auch von ähnlichen Absichten getragen war, nämlich ein geistiges und kulturelles Zentrum für den Landesausbau zu schaffen. In Wahrheit erschöpft sich die Bedeutung der Prager Universität darin aber keineswegs; denn sie hat ihrerseits vorbildhaft auf die späteren deutschen Gründungen gewirkt, insbesondere durch die sich damals durchsetzende feste Besoldung der *Magister*, den besonderen Rang des *Rektors* sowie durch vielerlei andere Unterstützungsmaßnahmen aus dem Geiste landesherrlicher Fürsorge. Das historische Prag, an dem die Touristen noch heute ihr

Prag
mit Karlsbrücke und Veitsdom auf der Königsburg (»Hradschin«)

Gefallen haben mögen, geht zu wesentlichen Teilen bereits auf diesen Kaiser und böhmischen König zurück. Um die Mauern des älteren Stadtkerns ließ er auf dem rechten Ufer der Moldau die Prager *Neustadt* entstehen und vergrößerte das städtische Areal um mehr als das Doppelte. Auch das Gebiet zwischen dem Burgberg mit der Königsburg (*Hradschin*) und der Moldau, die sogenannte Prager *Kleinseite*, bekam erst unter KARL städtische Konturen. Bereits 1344 ließ er den Grundstein für den berühmten Prager *Veitsdom* legen; später ordnete er den Neubau der Moldaubrücke an, die die Prager *Altstadt* mit der Prager *Kleinseite* verbindet (*Karlsbrücke*). Er war Städteplaner und Bauherr in einem und förderte die Initiative der Bürger und des Adels – wer Gärten und Häuser anlegte, dem wurde vieljährige Abgabenfreiheit gewährt.

Unter KARL blühte Prag auf zur »Stadt der hundert Türme«, ein Rom nördlich der Alpen. Politischer und kultureller Mittelpunkt der Residenzstadt Prag waren der Herrscher selbst und sein Hof. Ihm gehörte ein harter Kern von etwa 200 bis 300 Bediensteten an, Geistliche und Laien, Deutsche und Tschechen, Juristen, Literaten, Künstler, auch Gaukler und Schauspieler. KARL hatte in seiner Jugend sieben Jahre am Hofe französischer Könige verbracht und von daher eine Vorstellung von der Kultur und Prachtentfaltung erhalten. Französischen Vorbildern eiferte er nach. Zugleich zogen ihn vom italienischen *Frühhumanismus* geprägte Geister an, die er zu Mitgliedern seiner Hofkanzlei machte, allen voran sein *Kanzler* JOHANN VON NEUMARKT (Kanzler: 1353-1373) und der Prager Erzbischof ERNST VON PARDUBITZ. Die Literaten und Kanzleibeamten am *karolinischen* Hof wirkten vor allem stilbildend für die Entwicklung der deutschen und tschechischen Sprache.

KARL selbst war nicht eigentlich ein Frühhumanist, vielmehr ein gottesfürchtiger Mann mit einem gewissen Hang zur mystischen Frömmigkeit, der dynastische Heiligtümer wie die *Wenzelskapelle* im Prager Dom stiftete und mit wahrer Leidenschaft *Reliquien* aus dem gesamten Abendland zusammentrug. Er ließ sie auf der Burg *Karlstein* südwestlich von Prag aufbewahren, wohin er sich für das Gebet und die Meditation gern zurückzog. Als er am 29. November 1378 seine Augen für immer schloß, war ein Kosmopolit durch Erziehung und Werdegang, aber ein bodenständiger Böhme nach Charakter und Neigung gestorben. Er hatte seine königlichen Vorfahren aus dem Geschlecht der *Premysliden* über alles geliebt, blieb aber gleichermaßen den alten Idealen der römisch-deutschen Kaiseridee verbunden. KARL DER GROSSE, sein kaiserlicher Namens-

Der Prager Veitsdom
mit Blick auf den Hochchor.
(geweiht 1385, *▸S. 482)*

»Ein Kosmopolit durch Erziehung und Werdegang, aber ein bodenständiger Böhme...«

vetter, besaß für den Luxemburger eine ungewöhnlich starke Ausstrahlung. Bezeichnenderweise ließ er sich nach seiner Bonner Krönung von 1346 drei Jahre später, als sich seine Stellung im Reich konsolidiert hatte, noch einmal in der alten Kaiserstadt Aachen krönen. Ganz sicher stand der große Karolinger auch Pate für die Entwicklung seiner Hofkultur. In ihr liegt sein bedeutendstes historisches Verdienst. Denn durch sie wurde die Idee der festen »Residenz« in Deutschland heimisch. Erst die Residenz ermöglichte die Entfaltung von Pracht und Kultur sowie eine effiziente Verwaltung, für die KARL fortan das große Vorbild war.

Das Entstehen der mittelalterlichen Stadt

Bau einer Kirche *mit Werkzeugen (Hammer, Winkeleisen, Kran; - Buchillustration aus der Toggenburger Weltchronik von 1411; Berlin, Kupferstichkabinett;* *▶ S. 488)*

KARL IV. war ein moderner Mann, der erkannt hatte, daß es die Städte waren, die den Pulsschlag seiner Zeit bestimmten. Das erklärt auch, warum er sich zu Anfang seiner Königsherrschaft darauf verstand, verbissen um seinen Einfluß auf die Stadt Nürnberg zu kämpfen – damals (1348) gegen die *Wittelsbacher* Partei. Nürnberg nannte er einmal die *vornehmste und bestgelegene Stadt des Reiches*. Das Nürnberger Geld hatte es ihm angetan. Die Einwohner erhielten von ihm im Laufe der Zeit eine Vielzahl von Privilegien. Es war dies aber für alle sichtbar ein »Geben« *und* ein »Nehmen«: Die Nürnberger revanchierten sich, indem sie zum Beispiel seinen *Romzug* von 1354-1355 allein mit 100 000 Gulden unterstützten! Später, im Jahre 1375, stattete der Kaiser, den stets der sichere Instinkt für das politisch Opportune leitete, der Stadt Lübeck demonstrativ einen Besuch ab. Er trat nicht fordernd auf (das hätte ihm auch nichts eingebracht!). 11 Tage soll gefeiert worden sein ... KARL zollte diesen »Hanseaten« also den ihnen gebührenden Respekt, wußte er doch, daß sie seit dem *Frieden von Stralsund* (1370) über mächtigen politischen Einfluß verfügten. Nürnberg und Lübeck – zwei aufstrebende Städte wurden von einem deutschen Kaiser umworben; dem Tatbestand kommt symptomatische Bedeutung zu. Offenkundig waren dem Reich in den letzten zweihundert Jahren *von unten* Kräfte nachgewachsen, an denen die Herrscher des Spätmittelalters nicht mehr vorbeikamen. *Stadtluft macht frei!* hatte es immer schon geheißen, seit die mittelalterliche Stadt zu ihrer stürmischen Entwicklung ansetzte. Am Anfang stand noch der Wille des feudalen *Stadtherrn* – der des Kaisers, Königs, des weltlichen oder geistlichen Reichsfürsten, des Burggrafen oder Vogts ...

Lassen wir uns auf ein Beispiel aus der Frühzeit der Stadtentwicklung ein: KONRAD III. aus dem Geschlecht der *Zähringer*

Turnier auf dem Nürnberger Markt (*Gemälde aus dem 15. Jh., München, Bayerisches Nationalmuseum*)

gründete 1120 die Stadt Freiburg (▸ S. 468). In der Gründungsurkunde heißt es: „*Nachdem ich Kaufleute der Umgebung zusammengerufen habe, habe ich diesen Markt gegründet und aufgerichtet ... Folgende Bestimmungen (sind) festgesetzt worden: 1. Allen denen, die zu meinem Markt kommen, gewähre ich Frieden und Schutz innerhalb meines Marktbereichs ... 5. Wenn ein Streit unter den Bürgern entsteht, soll nicht von mir oder meinem Richter darüber gerichtet werden, sondern nach Gewohnheit und Recht aller Kaufleute ... 11. Jeder, der in diese Stadt kommt, darf hier frei und unbehelligt sich niederlassen, wenn er nicht der Leibeigene irgendeines Herrn ist ...*" Aus diesen Formulierungen läßt sich unschwer das Wesentliche einer mittelalterlichen Stadt erkennen: Sie ist als eine Zone *besonderen* Rechts definiert. Die Kaufleute (*Bürger*), die in ihr wohnen, besitzen *Freiheiten*, die sie von den anderen (nichtstädtischen) Bewohnern im Geltungsbereich der geistlichen oder weltlichen *Herrschaft* trennt. Die ehemaligen provinzialrömischen Städte auf deutschem Boden wie zum Beispiel Köln, Regensburg oder Trier waren darum nicht »automatisch« schon Städte im Sinne des Mittelalters gewesen, auch wenn sie die topographischen Kriterien einer Stadt, das Siedeln der Menschen auf engstem Raum, erfüllt haben mögen. Erst die Verleihung eines städtischen *Freibriefs* hatte sie zu mittelalterlichen Städten werden lassen.

Im neunten Jahrhundert gab es in Mitteleuropa weniger als 40 Städte; bis zur Mitte des 12. Jahrhunderts verfünffachte sich diese Zahl bereits; und als Kaiser KARL IV. starb, hatten sich in Deutschland schon fast 3 000 Städte herausgebildet, von denen

Das Kaufhäuschen *mit hohem Giebelturm zwischen Patrizierhäusern am Markt zu Fritzlar;* ▸ *S. 439)*

ungefähr 15 mehr als 10 000 Menschen eine Bleibe boten. Aber die ganz überwiegende Mehrzahl dieser deutschen Städte kam über eine Einwohnerschaft von 2 000 nicht hinaus. Die größten deutschen Städte des Spätmittelalters waren Köln mit ca. 40 000 Einwohnern, Lübeck, Nürnberg, Straßburg, Danzig und Hamburg mit jeweils zwischen 22 000 und 25 000. Sie alle waren aus ehemaligen Römersiedlungen entstanden, aus Treffpunkten der Kaufleute nahe der Herrensitze (Burgen) herausgewachsen oder auch aus Knotenpunkten der Handelswege.

Man fragt sich, was die weltlichen und geistlichen »Herren«, die übrigens vom König erst im Verlaufe der mittelalterlichen Entwicklung das Recht zur Stadtgründung (*Marktregal*) verliehen bekommen hatten, bewogen haben mag, solche *Marktrechte* nach Art des Zähringers zu vergeben. Die Antwort: Der *Stadtherr* versprach sich höhere Einkünfte, indem er Handel und Wandel förderte und zudem günstige Voraussetzungen für die Entwicklung des Handwerks schuf. Ihm stand der Sinn nach wirtschaftlicher Förderung in seinem Herrschaftsgebiet. Die Verleihung von Marktrechten war natürlich nur *ein* Instrument unter vielen, das diesen territorialherrlichen Zwecken dienen konnte. Aber es bot sich eben an: Im voranschreitenden Mittelalter ernährte die Landwirtschaft eine wachsende Zahl von Menschen, so daß es Teile der inzwischen *unfrei* gewordenen Landbevölkerung in neue, möglichst geschützte »Freiräume« drängte. Auch hatte sich die Intensität des Güterumschlags im Laufe der Zeit enorm vergrößert. So lag es in der Logik

Die gotische Kirche *ist eine Manifestation stadtbürgerlicher Kultur. (Nürnberger Frauenkirche, gestiftet 1329;* ▸ *S. 458.* *Rechtes Bild: Ausschnitt mit dem berühmten Glockenspiel - „alle sieben Kurfürsten treten heraus und verneigen sich vor dem Kaiser")*

dieser Entwicklung, neue Märkte zu schaffen oder alte neu zu beleben. Sie alle standen unter dem »Schutz und Schirm« des Stadtherrn, der für seine alsbald mehr oder weniger fiktive Schutzaufgabe allerlei Abgaben und Steuern kassierte – ganz im Sinne alter feudaler Herrschaftsausübung. Um die Städte wurden nach dem Vorbild des Burgenbaus Mauern mit Türmen und Toren gezogen, denn der Reichtum, den eine Stadt erwirtschaften konnte, war weit und breit begehrt und darum ständiger Bedrohung von außen ausgesetzt. Spätestens mit dieser Ummauerung sollte die Herausbildung des Lebenskreises »Stadt« als eines vom Umland getrennten Raums abgeschlossen sein.

Von Stadtherren, Patriziern und Zünften

Die Entwicklung der Stadt des deutschen Mittelalters ist davon geprägt, daß die Bürger im Laufe der Zeit eine immer größere Selbständigkeit von ihrem Stadtherrn erlangten. Manche Städte erreichten sogar die vollkommene Unabhängigkeit und wurden *frei*, das heißt, ihr Status war durch die sogenannte *Reichsunmittelbarkeit* gekennzeichnet. Sie hatten dann allein den deutschen König und Kaiser als ihren Stadtherrn über sich. Diese Reichsunmittelbarkeit trug den freien Städten bestimmte Privilegien ein, so zum Beispiel das *Marktrecht*, die *Zollfreiheit* oder das *Stapelrecht*, das den städtischen Händlern den Ankauf der auswärtigen Waren zum Ortspreis erlaubte. Den Namen einer *freien Reichsstadt* wollte sich natürlich jede deutsche Stadt

Das Rathaus
ist das politische Zentrum der mittelalterlichen Stadt. (Rathaus im spätgotischen Stil am Prinzipalmarkt von Münster, 1335 errichtet; *▸ S. 438.* *Rechtes Bild: Ausschnitt mit allegorischen Figuren der Kaiseridee des Heiligen Römischen Reichs)*

Handwerker der spätmittelalterlichen Stadt
Bild oben: der Weber; Bild Mitte: der Panzerhemdenmacher; Bild unten: der Schmied. (Illustrationen aus dem Hausbuch der Mendelschen Zwölfbrüderstiftung zu Nürnberg, um 1420; Nürnberg Stadtbibliothek)

verdienen. Am Ende haben es indes nur die mächtigsten geschafft – im 15. Jahrhundert gab es ungefähr hundert an der Zahl, mit einer gewissen Konzentration im deutschen Südwesten und an der Nord- und Ostseeküste. Alle anderen Städte blieben in mittelbarer (»mediater«) Stellung zum Reich, was bedeutete, daß nicht sie, sondern ihr jeweiliger Stadtherr, sei er nun weltlicher oder geistlicher Fürst, selbst reichsunmittelbar war. Aber die Position einer *unfreien*, landesherrlich eingebundenen Stadt konnte durchaus ähnlich machtvoll sein wie die Nürnbergs oder Lübecks gegenüber KARL IV. Der ärgste Feind der Städte war das sogenannte *Raubrittertum* verarmter Landedler, das den Kaufleuten, die mit ihren Waren von Stadt zu Stadt unterwegs waren, arg zusetzte. Der *Raubritter* griff nicht ohne eine gewisse Berechtigung zum *Fehderecht*, da die Stadt im Umland die *hörigen* Arbeitskräfte abwarb. Zudem konnte sie überlegen und darum konkurrenzlos produzieren, verkaufen und die Preise diktieren. Die Stadt war zwar durch ihre Mauern als rechtliche Schutzzone nach außen abgeschirmt, wirkte aber trotzdem in die Region selbst hinein und ist insofern allen Herrschaftsträgern des Umlands bald ein Dorn im Auge gewesen.

Wer waren diese Bürger, von denen eine solche Macht ausgehen konnte, die bisweilen sogar von Kaisern und Fürsten hofiert, in jedem Fall immer stark beachtet wurden? Schon der stadtherrliche Freibrief für Freiburg zeigt an, daß der Stadtherr für das entstehende Bürgertum Formen der *Selbstverwaltung* vorsah. Der Zähringer hatte nämlich beurkundet, es solle nach *Gewohnheit und Recht aller Kaufleute* gerichtet werden. Aus Privilegien solcher Art entwickelte sich seit Ende des 12. Jahrhunderts in immer mehr Städten eine eigene Stadtregierung (*Rat*) mit 12 bis 18 *Ratsherren* – meist infolge schwerer Auseinandersetzungen mit dem Stadtherrn, gegen den sich die ansässigen, in *Gilden* zusammengeschlossenen Kaufleute »verschworen« und eine *Eidgenossenschaft* (»coniuratio«) mit gegenseitiger Treue-, Friedens- und Hilfspflicht bildeten. Der Rat gestaltete das politische Leben der Stadt und setzte in dem Maße eigene Behörden ein, wie es ihm gelungen war, den Einfluß des Stadtherrn zurückzudrängen. Alle »Bürger«, aber nicht alle »Einwohner« der Stadt, hatten an den Gemeinschaftsaufgaben teil. Es kam gelegentlich vor, daß nicht einmal die Hälfte aller Einwohner über städtische Bürgerrechte verfügte. Die durch einen stadtherrlichen Freibrief »freien« Stadtbürger waren niemals »gleich«, sondern unterschieden sich von vornherein aufgrund ihrer Vermögensverhältnisse. Der Berufsstand der Kaufleute und Handwerker setzte sich nach »oben« von den

Tagelöhnern, Gesindekräften, in größeren Städten auch Bettlern und anderen *Unfreien* ab, nach »unten« von den *Ministerialen* des Stadtherrn, die dessen städtische Ämter verwalteten. Aus diesen Dienstmannen und den vermögenden Gewerbetreibenden (häufig den ortsansässigen Fernkaufleuten) bildete sich alsbald das *Patriziat* – die städtische Oberschicht. Die Oberhäupter dieser Familien erwarben für ihre Geschlechter zumeist Sitz und Stimme im Rat. Er legte die Bau-, Markt- , Kleider- und Straßenordnung usw. der Stadt fest, wählte den Bürgermeister und bestimmte die »Politik« gegenüber dem Stadtherrn. Die Handwerker bildeten den städtischen Mittelstand. Sie waren in *Zünften* organisiert, die der Kupferschmiede, Glaser, Bäcker, Metzger, Sattler, Gerber, Gürtelmacher, Tuchmacher ...

Jede Zunft stellte eine nach strikten Regeln funktionierende Arbeits- und Lebensgemeinschaft dar, die nicht nur die Qualität und Preise ihrer handwerklichen Produkte überwachte, sondern, modern gesprochen, »freien Wettbewerb« unterband und streng darauf aus war, daß keiner dem anderen seine Kunden abwarb. Die Zunftgenossen traten öffentlich gemeinsam auf. Die große Zeit der Zünfte kam, als sich die städtischen Handwerke allmählich differenzierten, ihr Anteil an der Stadtbevölkerung darum zunahm und ihre »Auftragslage« durch stadtbürgerliche Prachtentfaltung, die beispielsweise der Bau gotischer Dome noch heute erkennen läßt, mehr als gesichert war. Trotzdem brachen im deutschen Spätmittelalter vielerorts blutige innerstädtische Revolten aus, für die meist *einzelne*, notleidende Zünfte verantwortlich waren. In Köln standen 1369 die Weber auf, die schließlich durchsetzen konnten, daß neben dem patrizischen ein aus den verschiedenen Zünften zusammengesetzter zweiter Rat gebildet wurde. Mehr als zweihundert Aufstände dieser Art verzeichnen die Quellen für unseren

Städtische Gerichtsszene *(Illustrationen aus dem Hamburger Stadtrecht »Van pynliken Saken dat hogeste belangende«; Hamburg, Staatsarchiv)*

Die Leiche im Strafverfahren
Nach altem Brauch war bei einem Totschlagverfahren die Anwesenheit der Leiche des Erschlagenen während des ersten Gerichtstages notwendig. Die Blutsverwandten trugen stellvertretend für den Toten die Klage vor. Durch das Zusammenbinden der Hände und Füße des Leichnams wollte man das Wiederkommen oder Spuken des Toten verhindern.

Zunfterhebung von 1368
(Illustration von Jörg Breu, »Geheimes Ehrenbuch der Fürnehmen und Ehrlichen Bürgerlichen und Zunfftlichen Regierung des Heiligen Reichs Statt Augsburg«; 16. Jh., Staats- und Stadtbibliothek Augsburg)

Das Badeleben
galt im Spätmittelalter als eine Form des Zeitvertreibs. Um Hygiene ging es weniger. »Wiltu eyn tag fröhlich seyn? geh, ach geh ins pad hinein«, sagte ein Sprichwort. Bad und Bordell waren dabei vielfach eins. Es herrschte mitunter ein heiter-frivoles Treiben. (Buchillustration aus dem letzten Viertel des 15. Jhs.; Jena, Universitätsbibliothek)

Zeitraum. Die Ursachen dafür waren zu vielfältig, um diese Aufstände verallgemeinernd als *Zunftrevolutionen* bezeichnen zu können – als Versuch des handwerklich organisierten Mittelstands, die patrizische Oberschicht abzulösen. Die Kaufherren der deutschen Stadt betraten die Schwelle der Neuzeit vielmehr unbeschadet und werden uns im 16. Jahrhundert als »frühkapitalistische Unternehmer« begegnen.

Städtebünde und Territorialgewalten

Zur Sicherung des *Landfriedens* und zur Wahrung städtischer Interessen kam es im Spätmittelalter immer wieder auch zu Zusammenschlüssen der Städte. Den Beginn machten Worms und Mainz, die im Jahre 1254 ein *Ewiges Bündnis* schworen. Daraus entwickelte sich schnell der *Rheinische Städtebund*, dem König WILHELM VON HOLLAND seine Anerkennung nicht verwehren konnte. Die Reichsfreiheit der großen Städte und deren Politik blieb freilich niemals unangefochten. Denn die Reichsfürsten neideten dem König und Kaiser die Einkünfte und Abgaben der *reichsunmittelbaren* Städte und nutzten jede Gelegenheit, um ihm Zugeständnisse abzupressen.

So hatte sich Kaiser KARL IV. im Verlaufe seiner langen Herrscherzeit bei den Städten mehrfach unbeliebt gemacht, indem er königliche Hoheitsrechte (*Regalien*), die den Reichsstädten einst verliehen worden waren, an die Reichsfürsten, diese potentiellen Landesherren der Zukunft, verpfändete. Gegen diese Praxis fanden sich 14 oberdeutsche Reichsstädte unter Führung Ulms 1376 zum *Schwäbischen Bund* zusammen. Kaiser KARL mußte schließlich einlenken. Aber der Konflikt schwelte weiter, als der Kaiser wenig später starb und sein ebenso machtloser wie unfähiger Sohn WENZEL (*1361, † 1419) ihm als deutscher König folgte. Nun offenbarte der Konflikt seine wahre Natur als unversöhnlicher Interessengegensatz zwischen den Reichsstädten einerseits und den Fürsten andererseits, denen diese Städte beim Ausbau ihrer Landesherrschaft im Wege standen. Und die Reichsstädte fürchteten um ihre Unabhängigkeit, da der »natürliche« Bundesgenosse, eine starke Königsgewalt, ihren Interessen jetzt zuwiderhandelte beziehungsweise ihnen überhaupt abhanden gekommen war. Elsässische, rheinische und niedersächsische Städte zeigten sich im Zuge der politischen Eskalation dieser Jahre gleichfalls zur Gegenwehr entschlossen, gründeten seit 1379 weitere *Städtebünde* und traten zueinander in Verbindung. In den Jahren 1388-1389 kam es dann zum sogenannten *Ersten Städtekrieg* des

Reichs. Durchaus folgenreich für die deutsche Geschichte, ist dieser Machtkampf am Ende zugunsten der verbündeten Ritter und Fürsten ausgegangen: Am 23. August 1388 wurden die Schwäbischen Städte von dem Württembergischen Grafen EBERHARD DEM GREINER (*1315, † 1392) bei Döffingen (Landkreis Böblingen) entscheidend geschlagen, am 6. November desselben Jahres die Rheinischen Städte von dem Pfalzgrafen RUPRECHT II. bei Worms. Die Geschichtsquellen überliefern, daß auf beiden Seiten mit äußerster Härte und Brutalität gekämpft wurde – kein Wunder, denn es ging um nichts weniger als die politische Vormachtstellung im königsschwachen Reich des Spätmittelalters: „*Besonders die von Württemberg taten den Reichsstädten viel Leid, Schmach und Schaden. Sie ritten vor die Städte und zerstörten in der Umgebung und in den Dörfern, was*

»... am Ende zugunsten der verbündeten Ritter und Fürsten«

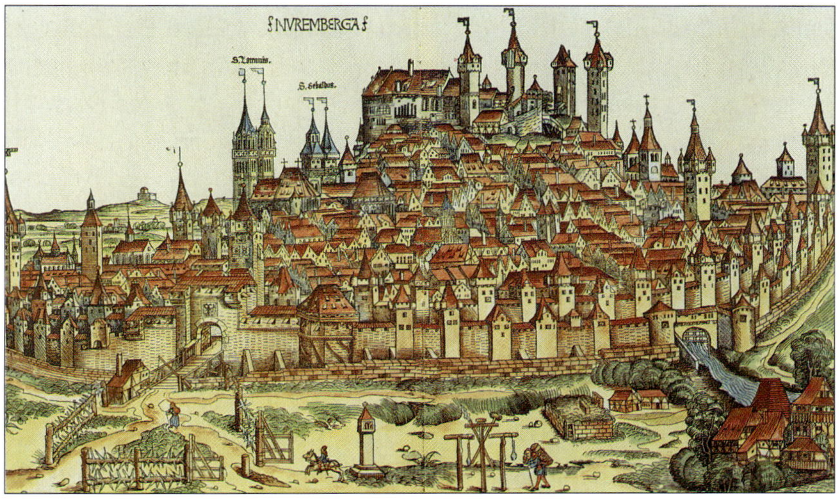

Nürnberg im Jahre 1493
(aus der Schedelschen Weltchronik)

sie nur konnten, sie hieben das Kraut mit den Schwertern ab, sie ackerten Matten und Feld, die den Städten gehörten, und säten Senf darein, denn wo einmal Senf wächst, da breitet er sich immer mehr aus, so daß man seiner nicht mehr Herr wird. Sie hieben die Reben und die Obstbäume ab. Aber die Städte taten nichts anderes, denn daß sie den Herren das Vieh nahmen, raubten und brannten und die Leute fingen, wie man es in offenen Kriegen tut.“ Im *Reichslandfrieden von Eger* (1389) mußten die Städte auf ihre Bündnisse verzichten. Allmählich zeichnete sich nun der Umschwung zuungunsten der reichsbürgerlichen Freiheit ab; Eger markiert die historische Wende. Alles sprach in Zukunft für die Herausbildung des modernen Flächenstaats, und nur die bedeutendsten Reichsstädte sollten sich auch in der Neuzeit behaupten können. Ein großer Teil geriet in die Abhängigkeit der entstehenden Territorialgewalten.

Burggraf Friedrich von Nürnberg
wird 1417 von Kaiser Sigismund mit der Kurmark Brandenburg belehnt. (Illustration aus der Chronik des Ulrich von Richental; Prag, Universitätsbibliothek)

Das Konzilsgebäude
Obwohl das Konzil im Konstanzer Münster tagte, gilt die Kaufhalle am Hafen als das eigentliche Konzilsgebäude (errichtet für den Leinwandhandel im Jahre 1388, ▸*S. 469**).*

Vom Schisma zum Konstanzer Konzil

Konstanz im Jahre 1414 – alles strömte in die Stadt. Ein halbes Jahr verging, bis alle Berufenen sich eingefunden hatten. Es waren dies vor allem geistliche Würdenträger: drei Patriarchen, dreiunddreißig Erzbischöfe, hundert Äbte, dreihundert Doktoren der Theologie, sechsundzwanzig Fürsten sowie viertausend Priester, Mönche, Edelleute, Vertreter der Städte und Gesandte ausländischer Fürsten. Die Stadt beherbergte zeitweise fünftausend Geladene bei einer Einwohnerschaft von 6 000! Was war geschehen? Der Papst hatte für den 1. November des Jahres ein *Konzil* einberufen, und Konstanz war Ort des Geschehens. Es sollte das größte Konzil in der Geschichte der Kirche werden. Einen Rattenschwanz von Begleitpersonen, darunter auch fünfzehnhundert Prostituierte, zog es in die Stadt. Die Welt blickte nach Konstanz, und alle hofften darauf, daß es den Beratungen des Konzils gelingen möge, die *Römische Kirche* aus schwerster Krise herauszuführen. Im Todesjahr Kaiser Karls IV., noch zu seinen Lebzeiten, war es nämlich zu einer verhängnisvollen päpstlichen *Doppelwahl* gekommen: Nach dem Tode Papst Gregors XI. (1370-1378) wählten die Kardinäle in Rom Urban VI. (1378-1389) zum Nachfolger, wenig später aber Clemens VII. (1378-1394), da sie sich mit der Politik des ersteren unzufrieden zeigten. So war es zum sogenannten *Großen Abendländischen Schisma* (1378-1417) gekommen – zur Kirchenspaltung.

Urban, der vor allem in Deutschland Unterstützung fand, behauptete sich fortan in Rom, während sein Widersacher Clemens, der Frankreich, die iberischen Königreiche sowie Neapel für sich gewinnen konnte, in Avignon residierte. Beide hielten sich für rechtmäßig gewählte Nachfolger auf dem *Stuhl Petri*, deren Anhänger sich später auch jeweils für einen *eigenen* Nachfolger entschieden, als die genannten Päpste 1389, beziehungsweise 1394 starben. Europa hatte sich also über den Tod der Päpste Urban und Clemens hinaus in zwei Lager gespalten, die *Urbanisten* und die *Clementisten* – nach dem *Konzil zu Pisa* (1409), das eigentlich zum Zwecke der Überwindung der Kirchenspaltung einberufen worden war, sogar in drei Lager, weil es dort zur Wahl eines dritten Papstes kam! Nach drei Jahrzehnten der Kirchenspaltung schien eine Lösung des Problems nun ferner denn je. Und doch – Pisa hatte dem *Konzilsgedanken* endlich zum Durchbruch verholfen, dem Gedanken nämlich, daß in Zeiten der Not nicht der Papst, sondern nur eine allgemeine Versammlung (*Konzil*) als höchste Instanz der Kirche gelten könne.

Auf dem Konstanzer Konzil ... *Umzug des Kaisers. (Illustration aus der Chronik des Ulrich von Richental, 1482; Konstanz, Rosgarten-Museum)*

Schon der große italienische Denker MARSILIUS VON PADUA (*um 1275, † 1343) hatte sich neben anderen (z.B. WILHELM VON OCKHAM, *um 1285, † 1349) in scharfen Worten gegen den Absolutismus der *Papstkirche* gewandt. In seinem Werk »Der Verteidiger des Friedens« (*Defensor pacis*) forderte er 1324 ein *allgemeines Konzil*, in welchem er den *höchsten gläubigen Gesetzgeber* erblicken wollte. MARSILIUS, der 1313 zum Rektor der Pariser Universität ernannt worden war und später Kaiser LUDWIG DEN BAYERN in dessen Kampf gegen die römische Kurie unterstützte, schleuderte den Päpsten seines Zeitalters entgegen: *„Der römische Bischof oder jeder andere handelt in blinder Unvernunft, ohne jedes sittliche Recht und ohne Rücksicht auf den Sinn der göttlichen Schriften.“*

Zwei deutsche Magister der Pariser Universität, HEINRICH VON LANGENSTEIN (*1325, † 1397) und KONRAD VON GELNHAUSEN (*um 1320, † 1390), konkretisierten nach Ausbruch des Schismas solche Gedanken. Sie versuchten in mehreren *Traktaten*, die Einberufung eines allgemeinen Konzils aus dem Recht der Kirchengemeinschaft abzuleiten, die in Notzeiten souverän handeln müsse. Als die lang anhaltende Kirchenspaltung überall Enttäuschung auslöste, verschafften sich solche Positionen mehr und mehr Gehör, zumal sich seit langem auch diejenigen Stimmen mehrten, die gegen die *Verweltlichung* der Kirche zu Felde zogen und somit deren Autorität zusehends untergruben. *„Alle Mühe gibt sich euer Oberhirte in Gemeinschaft mit seinen Kardinälen, die christliche Kirche zugrunde zu richten“*, läßt BOCCACCIO in seinem *Decameron* schon Mitte des 14. Jahrhunderts einen frommen Juden sagen, der zur kritischen Rechtfertigung seines mosaischen Glaubens nach Rom reiste, um den Lebenswandel des Papstes und seiner Kardinäle einer Prüfung zu unterziehen. Die Hofhaltung der Päpste, der

Auf dem Konstanzer Konzil ... *Papst Johannes XXIII. schenkt König Sigismund eine geweihte goldene Rose. (Illustration aus der Chronik des Ulrich von Richental, 1482; Konstanz, Rosgarten-Museum)*

kommerzielle Mißbrauch mit dem Freikauf von den Sünden (*Ablaß*), das lasterhafte Leben der hohen Geistlichkeit und die Deklassierung der niederen entfachten im Volk eine von der Kirche gelöste und gegen sie eingestellte religiöse Erregung. Es kursierten in jenen Jahren allerlei obskure Lehren. Man meinte, daß seit dem *Großen Schisma* niemand mehr in das Paradies aufgenommen worden sei. Das *Jüngste Gericht* werde in Kürze kommen, und die Geistlichkeit sei die Verkörperung des *Antichristen*. Religiöse Schwärmer, pantheistische Freigeister, Laienprediger (*Waldenser*), neue religiöse Gemeinschaftsformen außerhalb der monastischen Tradition mit Gelübde und Klosterregel (sog. *Beghinen* und *Begharden*) beeinflußten besonders seit der zweiten Hälfte des 14. Jahrhunderts den Glauben der »kleinen Leute«. Sie alle wandten sich gegen die kirchliche Lehrautorität und Hierarchie, die Sakramente, die Heiligenverehrung, auch gegen den Ablaß, die Todesstrafe usw., stellten darum eine ernste Bedrohung für die bestehende Kirche dar und wurden rücksichtslos verfolgt.

Der Papst-Palast von Avignon
(erbaut seit 1316, ▶ S. 481)

Wir wissen von diesen Strömungen im Volk über die Aufzeichnungen zahlloser *Inquisitionsverfahren*, die uns zudem überliefert haben, daß solche Prediger als *Ketzer* und *Häretiker* die Scheiterhaufen besteigen mußten. Für die Kirche standen jetzt Ansehen, Einfluß und Glaubwürdigkeit auf dem Spiel. Die Erfahrungen eines Jahrzehnte andauernden Schismas hatte scharfsichtige Theologen, wie zum Beispiel den einflußreichen päpstlichen Kanzleibeamten DIETRICH VON NIEM (*1340, † 1418), zu der Überzeugung geführt, daß es bei einem allgemeinen Konzil in Zukunft nicht mehr nur um die Aufhebung der Kirchenspaltung gehen dürfe; vielmehr müsse der Konzilsgedanke nun mit dem Problem einer universalen *Kirchenreform* verknüpft werden.

Auf dem Konstanzer Konzil ...
Fahrende Bäcker auf der Straße. (Illustration aus der Chronik des Ulrich von Richental, 1482; Konstanz, Rosgarten-Museum)

Die Kirchenreform und Jan Hus

Man schrieb das Jahr 1410, als DIETRICH mit seiner Schrift *Dialogus* zum leidenschaftlichen Fürsprecher solcher Positionen wurde. Im selben Jahr kam es in Deutschland zur Wahl des Luxemburgers SIGISMUND zum deutschen König. Er folgte dem glücklosen Wittelsbacher RUPRECHT VON DER PFALZ (1400-1410), den die Kurfürsten für den durch sie abgesetzten König WENZEL gewählt hatten. SIGISMUND war der jüngere Bruder WENZELS, zugleich Träger der Krone Ungarns, so daß ihm im Kampf gegen die *Türken*, die seit geraumer Zeit im Südosten Europas für ständige Unruhe sorgten, naturgegeben die Rolle eines Verteidigers des *Abendlandes* zuwuchs. Tatkräftig und phantasiebegabt, erkannte er die Zeichen der Zeit, nutzte seine Königsstellung, um sich als *Vogt* der Kirche zu begreifen, und setzte sich darum auch energisch für die Einberufung eines allgemeinen Konzils ein. SIGISMUND lebte in der Hoffnung, Europa durch eine *reformierte* Kirche stark zu machen gegen äußere Feinde. Den auf das *Konzil zu Pisa* zurückgehenden Papst JOHANNES XXIII. (1410-1415), der auf das Bündnis mit dem König angewiesen war, um sich überhaupt halten zu können, veranlaßte er, die Christenheit nach Konstanz zu laden und ebendort selbst zu erscheinen.

Als man im Januar 1415 die Verhandlungen des Konzils aufnahm, galt es, drei Aufgaben anzugehen – die Wiederherstellung der Kircheneinheit (*Causa unionis*), die Erhaltung des reinen Glaubens, das heißt: die Beseitigung des Ketzertums (*Causa fidei*) sowie die Erneuerung der Kirche (*Causa reformationis*). Das Konzil tagte unter dem Vorsitz König SIGISMUNDS, der anfänglich geschickt Regie führte und einiges für das europäische Ansehen des deutschen Königtums tun konnte, das bekanntlich jahrhundertelang unter der Vormachtstellung des Papsttums gelitten hatte. Nach dem Vorbild der Universitäten stimmten die Konzilsteilnehmer entsprechend ihrer Zugehörigkeit zur »Nation« der Deutschen, Engländer, Franzosen (und später auch der Spanier) ab. Den Kardinälen wurde eine weitere Stimme zugeschrieben. Aber schon die Verhandlungen über die Wiederherstellung der Kircheneinheit erwiesen sich als schwierig, da Papst JOHANNES XXIII. nicht, wie vorgesehen, zurücktrat, sondern dem Konzil die Zuständigkeit bestritt, über ihn zu richten. Daraufhin führten die Konzilsväter eigens einen Beschluß herbei, der ihre *Obergewalt* unterstrich. Dem *pisanischen* Papst wurde der Prozeß gemacht; er endete mit seiner Absetzung. Jetzt trat auch der *römische* Papst GREGOR XII. (1406-1415) zurück. BENEDIKT XIII. (1394-1417), der letzte *avignonesische* Papst, wurde schließlich 1417 für abgesetzt erklärt. Mit der einmütigen Wahl Papst MARTINS V. (1417-1431) hatte das Konzil am Ende einen wichtigen Teilerfolg erreicht – das *Schisma* galt mit dem Jahre 1417 als beendet.

Da jedoch die Kirchenreform, ein weiteres Aufgabenfeld des Konzils, erst *nach* vollzogener Papstwahl in Angriff genommen wurde, blieben angesichts der nun wieder konsolidierten Machtstellung des Papstes alle Fragen einer grundlegenden Reform »an Haupt und Gliedern« zuletzt ungelöst – sehr zum Verhängnis der weiteren historischen Entwicklung, wie wir aus der Retrospektive urteilen müssen. König SIGISMUND, dessen Auto-

Aus den Schriften des John Wyclif

Die Bibel ist für alle Menschen das Allgemeingesetz, der Freiheitsbrief, die Magna Charta der Kirche, die jeden Stand befreit und bindet. Gottes Wort ist die Grundlage für jeden Glaubenssatz, das Vorbild und der Spiegel, in dem der Christ jeden Irrtum und jede ketzerische Verkehrtheit erkennen kann. (Über das Papsttum:) Wenn wir hinsehen auf die Schriften der Apostel, die geschrieben sind aus dem Glauben an den Herrn Jesum Christum, und auf die päpstlichen Schriftstücke, die Bullen und Dekretalbriefe ..., dann können wir ersehen, wie wenig sie in ihrem Inhalt übereinstimmen; denn die päpstlichen Schriften sprechen von Macht in der Welt, die evangelischen Schriften aber von demütiger Flucht aus der Welt. Christus war sehr milde und sanftmütig, wie es bei Matthäus 11, 29 heißt. Der Papst aber ist, wie man sagt, ein hochmütiger Mensch und ein grausamer Rächer. Denn wenn ihm die Macht des weltlichen Arms fehlt, so wendet er die Strafe der Exkommunikation an und verleiht angeblich Ablässe allen denen, die ihn an seinen Feinden rächen wollten ...

Wenn es hundert Päpste gäbe und alle Bettelmönche Kardinäle würden, man dürfte ihnen in Glaubenssachen doch nur insoweit beipflichten, als sie mit der Heiligen Schrift übereinstimmen. (Über den Zölibat:) Petrus und andere Apostel hatten erlaubtermaßen eigene Frauen und keine eigenen Güter ... Im Gesetze des Herrn haben wir, die Stellvertreter der Apostel, das ausdrückliche Gebot, uns vor dem Zeitlichen in acht zu nehmen, nicht aber, uns der ehelichen Handlung zu enthalten. (Ermahnung der Geistlichen zur apostolischen Armut:) Die Wurzel der lästerlichen Verwirrung in der Kirche hat darin ihren Ursprung, daß die Kleriker sich scheuen vor der Armut Christi und sich in die Geschäfte der Welt verwickeln ... Es gibt aber vielfältige Gründe, weshalb die Kleriker ein armes Leben führen sollen nach der Weise Christi. Zunächst nach dem Alten Testament. Denn Num. 18, 20 steht zu lesen: 'Der Herr sprach zu Aaron: in ihrem Lande sollt ihr nichts besitzen und sollt unter ihnen kein Erbteil haben; ich bin dein Teil und dein Erbe inmitten der Kinder Israel.' ...

Papst Benedikt XIII.
(tendenziöse Darstellung seiner Absetzung und Verfluchung auf dem Konstanzer Konzil; aus der Chronik des Ulrich von Richental)

»… Jan Hus war von alledem stark betroffen«

rität durch längere Abwesenheit von Konstanz inzwischen schwächer geworden war, hatte sich mit seiner Meinung, der *Causa reformationis* den zeitlichen Vorrang vor der Wahl des neuen Papstes einzuräumen, nicht mehr durchsetzen können. Was schließlich die *Glaubensfrage* des Konzils anbelangt (»Causa fidei«), so stand der Ketzerprozeß gegen den ehemaligen Rektor der Prager Universität und Magister Jan Hus (*um 1370, † 1415) im Mittelpunkt der Verhandlungen. In Böhmen war es seit dem letzten Jahrzehnt des 14. Jahrhunderts zu starken antiklerikalen Strömungen gekommen; und an der Prager Universität faßten die Lehren des Oxforder Theologieprofessors John von Wyclif (*um 1320, † 1384) Fuß, der das Ideal der *urchristlichen Armut* lehrte, die Oberherrschaft des Papsttums kritisierte, den *Zölibat* verwarf und das Wort der Bibel in den Mittelpunkt der christlichen Religion sowie über jede Autorität stellte. Wyclif formulierte seine Glaubensthesen ebenso deutlich wie kompromißlos: „*Die Autorität der Heiligen Schrift überragt jegliche geschaffene Autorität; die Wirksamkeit der darin enthaltenen Gedanken ist nützlicher und ihre Aussage verehrungswürdiger als jeder andere Gedanke und jede andere Aussage.*"

Die Prager Universität mußte gegen die Verbreitung solcher Glaubenssätze einschreiten und verbot 45 seiner Thesen (1403). Die Entscheidung war durch die in drei *Nationen* gegliederten deutschen Magister (gegenüber *einer* böhmischen) zustande gekommen, wodurch der theologische Streit von nun an von dem Nationalen zwischen *Deutschen* und *Böhmen* überlagert wurde. Er verschärfte sich, als König Wenzel 1409 in die Prager Universitätsstatuten eingriff und die Gewichte zugunsten der Böhmen veränderte, da er bei den Deutschen keine Unterstützung für seine Kirchenpolitik erhalten hatte. Daraufhin zogen die Professoren und Studenten der nichtböhmischen Nationen aus der Prager Universität aus.

Der Böhme Jan Hus war von alledem stark betroffen. Die Historiker sehen in ihm nicht nur einen leidenschaftlichen Verfechter des englischen Reformers, sondern auch der böhmischen Sache. Er radikalisierte seine kirchlichen Reformforderungen im Geiste Wyclifs, mußte 1412 folglich Prag verlassen, ging sodann aufs Land und sammelte dort durch seine in tschechisch gehaltenen leidenschaftlichen Predigten über »christliche Nächstenliebe« eine große Anhängerschaft um sich. Schon als Prediger an der Prager *Bethlehemskapelle* sprach er vor allem die armen Leute der einheimischen böhmischen Bevölkerung an. Hus wurde schließlich gegen Sigismunds

Zusicherung des freien Geleits vor das Konstanzer Konzil geladen, wo man ihm den Prozeß machte. Da er seine für ketzerisch befundenen Thesen, insbesondere die seiner Schrift *Über die Kirche* (»De ecclesia«) nicht widerrief, sich darum der Autorität des Konzils nicht unterwerfen mochte, war sein Schicksal besiegelt: Vor den Toren der Stadt Konstanz erlitt er am 6. Juli 1415 den Feuertod ... „*und als er (auf dem Scheiterhaufen) zum dritten Male begonnen hatte zu singen, schlug ihm alsbald der Wind die Flamme ins Gesicht, und also in sich betend und Lippen und Haut bewegend, verschied er im Herrn. Im Augenblick der Stille aber, bevor er verschied, schien er sich zu bewegen, und zwar solange, als man zwei oder höchstens drei Vaterunser schnell sprechen kann ... Sie gingen herum und schürten die Knochen mit Stangen zusammen, damit sie umso schneller zu Asche würden*“.

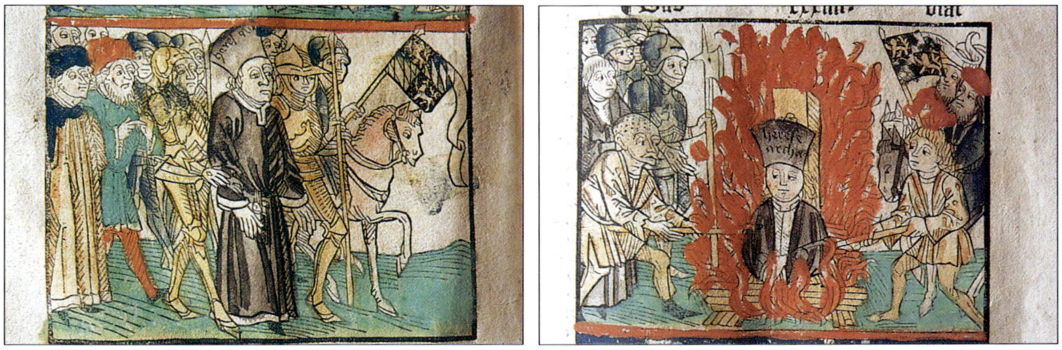

Die Verbrennung des Jan Hus
(Illustration aus der Chronik des Ulrich von Richental, 1482; Konstanz, Rosgarten-Museum)

Die Hussiten-Bewegung

Feierlicher Umritt
des Papstes Martin V. zum Abschluß des Konstanzer Konzils. König Sigismund führt das Pferd. (Illustration aus der Chronik des Ulrich von Richental)

Hus' Tod auf dem Scheiterhaufen sollte Konsequenzen nach sich ziehen, die wohl keiner der Verantwortlichen vorausgesehen hatte, am wenigsten der wortbrüchige König Sigismund, gegen den sich bald eine nationaltschechische Opposition aufbaute. Schon auf dem böhmischen *Ständetag* im September 1415 begehrte der Adel gegen das Ketzerurteil auf, übersandte dem Konzil eine mit 451 Siegeln versehene *Protestnote* und schloß sich zu einem Bündnis zusammen. Auch weite Teile der böhmischen Bevölkerung gerieten nun in Bewegung, nannten sich provozierend *Hussiten*, waren sich einig in der Forderung nach Einführung des *Laienkelches* (Brot und Wein des Abendmahls auch für Laien) und zogen gegen die verhaßten *Katholiken* zu Felde. Kirchen wurden geplündert, Kleriker ermordet und viele Deutsche, insbesondere aus Prag, vertrieben. Am 30. Juli 1419 ereignete sich der sogenannte erste *Prager Fenster-*

Der Hussitenführer Ziska
und die taboritischen Streiter mit der Kelch-Fahne. (Illustration aus einer Göttinger Handschrift, 15. Jh.)

sturz – Anhänger des Jan Hus stürmten das Rathaus der Prager *Neustadt* und warfen die katholischen Stadträte, die eine hussitische Prozession stören ließen, aus dem Fenster in die aufgebrachte Menschenmenge. Dort wurden sie von den aufgestellten Lanzen aufgespießt.

Wenzel, der böhmische König, überlebte diese Aufregung nicht und starb wenige Tage später! Nun geriet Sigismund, der ihn beerben wollte, in eine schwierige Lage: Verließ er den Boden der rechtgläubigen Kirche, um den Hussiten entgegenzukommen, verdarb er es mit dem Papst und gefährdete seine avisierte Kaiserkrönung. Ließ er dagegen nach Art seines verstorbenen Bruders die Zügel schleifen, drohte ein ruinöser Territorialverlust für die Luxemburger. Der König entschied sich im Bund mit dem Papst für die gewaltsame Lösung, um die katholische Ordnung wiederherzustellen. Papst Martin rief zum Kreuzzug gegen die Hussiten auf. Im Sommer 1420 richtete der König sein *Kreuzheer*, Kontingente seiner bömischen Anhänger und deutscher Fürsten, gegen Prag und ließ sich im *Veitsdom* vom Prager Erzbischof krönen, ohne für diesen Akt die Anerkennung der böhmischen *Stände* zu erhalten und ohne den Aufständischen die Stadt entreißen zu können.

Es folgte eine Zeit bitterer militärischer Niederlagen für Sigismund. Schließlich wurde er am 7. Juli 1421 von dem Landtag in Tschaslau (südöstlich von Prag) für abgesetzt erklärt. Das tschechische Nationalbewußtsein hatte sich zur Geltung gebracht. Es einte *alle* Hussiten ebenso wie die Kritik an der bestehenden katholischen Ordnung. Darüber hinaus gab es freilich innerhalb der hussitischen Bewegung starke Gegensätze, die zunächst mit den sogenannten *Vier Prager Artikeln* (freie Predigt, Laienkelch, Verzicht des Klerus auf weltliche Macht, wider die Simonie, Genußsucht und den Luxus) überbrückt werden konnten. Aber bald taugten diese nur noch als Plattform für die gemäßigten Hussiten...

Diese nannten sich *Utraquisten* (als Anhänger des Abendmahls in *zweierlei* Gestalt – sub utraque specie: durch Brot *und* Wein), während sich die im niederen Klerus und bei den ländlichen Unterschichten wurzelnden radikalen Kräfte als *Taboriten* bezeichneten (nach ihrer südböhmischen Hügelfestung »Tabor«). Diese Taboriten waren theologisch kompromißlose Anhänger Wyclifs und Hus', die glaubten, daß das *Tausendjährige Reich* herannahe; auch vertraten sie sozialrevolutionäre Ideen, die sie unmittelbar aus dem biblischen Wort ableiteten. Ihr legendärer Feldhauptmann hieß Johann Ziska von Tratzenau († 1424) – ein ungewöhnlich befähigter Heer-

König Sigismund im Jahre seiner Kaiserkrönung 1433. Gegen die Hussiten konnte er sich erst 1436 durchsetzen; mit seinen 1434 aufgestellten Artikeln zur Reichsreform scheiterte er am Widerstand der Stände. (Gemälde von Antonio di Puccio Pisano, 1433; Wien Kunsthistorisches Museum)

führer, der erstmals in offener Feldschlacht die neuen *Feuerwaffen* einsetzte, Wagenburgen und Feldbefestigungen errichten ließ und auf eine hohe Kampfmoral seiner Truppen setzen konnte. Gegen den Hussitenführer ZISKA und seinen Nachfolger PROKOP DEN KAHLEN erwiesen sich die katholischen Kreuzheere als ziemlich wirkungslos – nicht zuletzt wegen der völlig unzulänglichen Wehrorganisation des Reichs. Die Taboriten, denen sich unter PROKOP auch Plünderer anschlossen, verheerten bald benachbarte Reichsgebiete wie Österreich, Schlesien, Brandenburg, Franken, Sachsen und Bayern. Sie wiegelten die kleinen Handwerker sowie andere Unterschichten gegen die reichen Bürger auf und forderten 1430 die deutschen Städte in einem *Manifest* auf, *den Papst und alle seine Pfaffheit* zu vertreiben. König SIGISMUND und auch die päpstliche Partei mußten schließlich einsehen, daß den böhmischen Ketzern mit Waffengewalt nicht beizukommen war.

Ein letztes Kreuzheer versagte am 14. August 1431 nahe der westböhmischen Stadt Taus schmählich. Wenige Monate zuvor war in Basel das neue Generalkonzil zusammengetreten, das die Konstanzer Verhandlungen neuerlich aufgreifen wollte. Dort in Basel sollte im Jahre 1433 eine hussitische Gesandtschaft unter Führung PROKOPS erscheinen. Die Anhänger des zum Märtyrer gewordenen Ketzers JAN HUS erhielten am Ende doch noch einige Zugeständnisse, und zwar in der Frage des Laienkelchs. Die Zeiten hatten sich geändert, aber die Krise der Kirche war noch lange nicht zu Ende ...

»Die Krise der Kirche war noch lange nicht zu Ende ...«

sie/Ich heilige vnd Opffere mich für sie Mit meinen wunden etc.
Es ist nur ein Mitler.
So Wir sundigen, haben Wir einen vorsprecher beim Vater, Darumb last uns getrost zu dem gnadenstuel treten.
Ich bin der weg/Niemat etc.
Sihe dz ist dz lamb Gottes etc.
IN·RI
Trincket alle daraus. Matthe. 26.
Alle Propheten zeugen von diesem/dz kein ander name vnter dem himel sey. Act. 4.10.

Luther

Martin Luther
Holzschnitt von Lucas Cranach d. J.

So dreht sich Deine Weisheit im Kreise herum, mit welcher Du beschlossest, keiner der Parteien anzuhängen und zwischen Scylla und Charybdis sicher hervorzugehen.

(Luther an Erasmus von Rotterdam, »De servo arbitrio«, 1525)

Die »lichte Welt« der Renaissance

Florenz
war der Ausgangspunkt einer Rückbesinnung auf die Kunst und Philosophie der Antike. (Dom Santa Maria del Fiore, vollendet 1436)

Aus hochbegütertem süddeutschen Patriziergeschlecht wuchs im letzten Drittel des 15. Jahrhunderts ein junger Mann heran, der später Kriegsmann Kaiser MAXIMILIANS I. (1508-1519), Ratsherr in Nürnberg und vor allem ein bedeutender Vertreter des deutschen *Humanismus* werden sollte. Im Jahre 1489 reiste er aus Nürnberg zum Studium nach Italien. Er war 19 Jahre alt und glaubte die Welt zu kennen. Aber im Süden gingen ihm die Augen auf ... Die Rede ist von WILLIBALD PIRCKHEIMER (*1470, †1530), ein Weggefährte des Malers ALBRECHT DÜRER (*1471, †1528) und im übrigen ein Gelehrter mit internationalem Freundeskreis. Sein Haus muß eine bemerkenswerte Atmosphäre ausgestrahlt haben. Seine Stimme hatte beim Kaiser, bei den Ratsherren seiner Heimatstadt Nürnberg, an Fürstenhöfen und bei den Humanisten von europäischem Rang gleichermaßen Gewicht. ERASMUS VON ROTTERDAM (*1466, †1536) fand aufschlußreiche Worte für diesen PIRCKHEIMER, an den er am 16. Oktober 1515 schrieb: *„Ein wahrhaft seltsamer Vogel bist Du in diesem Jahrhundert, da Du mit Deiner außergewöhnlichen Bildung und so großem Glanz des Reichtums diesen wiederum mit soviel Zuvorkommenheit und Menschlichkeit verbindest ...“* ERASMUS' Worte lassen erkennen, welche Wertschätzung der Nürnberger unter den Humanisten seiner Zeit genoß. Die Pirckheimers waren reich, und WILLIBALD verfügte darum wie kaum ein zweiter über die Möglichkeit zu ausgedehnten Studienreisen. Es war ihm eine Lust, in Italien zu studieren. Mit seinen Freunden wandelte er über die antiken Stätten und gedachte der alten Griechen und Römer, ihrer weisen Schriftsteller und würdevollen Philosophen. Selbstvergessen und mit der Begeisterungsfähigkeit eines jungen Menschen hat er so die »lichte Welt« der italienischen Renaissance und des Humanismus aufgenommen und – was das Entscheidende war – später nach Deutschland getragen. Trotz politischer Zerrissenheit war Italien in Wissenschaft und Kunst inzwischen zur führenden Region in Europa geworden. Gestützt auf die Weltläufigkeit der oberitalienischen Seestädte Venedig, Genua und Pisa, die den gesamten mittelmeerischen Güterverkehr kontrollierten, sowie der Geldmetropole Florenz, hatte hier ein weltliches Denken und Tun um sich gegriffen, wie es das Abendland bis dahin noch nicht gesehen hatte. Plötzlich war man bereit, die mittelalterliche Bindung an die christliche Weltanschauung zu lockern und dem Menschen einen »irdischen« Eigenwert als historische Persönlichkeit zuzumessen. Eines der berühmtesten literarischen Zeugnisse, die dieses neue Verhältnis des Menschen zu sich selbst und zur Natur erkennen lassen, stammt von dem italienischen Dichter und Philologen FRANCESCO PETRARCA (*1304, †1374). Am 26. April 1336 beschrieb er in einem Brief seine Besteigung des Mont Ventoux in den provençalischen Kalkalpen: *„Den höchsten Berg dieser Gegend, den man nicht unverdientermaßen Ventosus, den Windigen, nennt, habe ich am heutigen Tage bestiegen. Dabei trieb mich einzig die Begierde, die ungewöhnliche Höhe dieses Flecks Erde durch Augenschein kennenzulernen ... Zuerst stand ich, durch einen ungewohnten Hauch der Luft und durch einen ganz freien Rundblick bewegt, einem Betäubten gleich. Ich schaue zurück nach unten: Wolken lagerten zu meinen Füßen, und schon sind mir (die heiligen griechischen Berge) Athos und Olymp minder unglaublich geworden, da ich das, was ich über sie gelesen und gehört, auf einem Berge von geringerem Rufe zu sehen*

Francesco Petrarca
Der Begründer des Humanismus wurde 1341 in Rom zum »Poeta laureatus« gekrönt. (Gemälde von Justus van Gent, nach 1476; Urbino, Palazzo Ducale)

Willibald Pirckheimer *kaufte Schriften antiker Autoren und übersetzte sie. Seine Bibliothek war bald international berühmt. (Kupferstich von Albrecht Dürer, um 1524)*

Sixtinische Madonna
*Das Gemälde von Raffael (*1483, †1520), entstanden um 1513, zählt zu den Hauptwerken der Renaissancekunst. (Dresden, Staatliche Kunstsammlungen)*

Papst Sixtus IV.
Der bedeutende Mäzen der Künste und Wissenschaften ließ 1473-1481 die Sixtinische Kapelle errichten und förderte die Vatikanische Bibliothek. (Detail aus einem Wandteppich, 1479; Assisi, Museo S. Francesco)

bekomme." Im Verlauf seines Briefes treibt PETRARCA den Gedanken bis zur Erkenntnis, daß nichts bewundernswert sei *„außer der Seele: neben ihrer Größe ist nichts groß. Da beschied ich mich, genug von dem Berge gesehen zu haben, und wandte das innere Auge auf mich selbst.*" Berge, die bis in den Himmel wachsen – so hatte sich das von Gott beherrschte Mittelalter die Alpen vorgestellt. Aus PETRARCAS Natur- und Selbstbetrachtung zieht sich der Christengott nun deutlich zurück. Später ließ ein Florentiner Theologe Gott zum ersten Menschen sogar sagen: *„Ich habe dich ins Zentrum der Welt gestellt. Du bist dein Herr. Du kannst zum Tier absinken oder dich zum Göttlichen emporschwingen. Alles hängt von deinem Willen ab.*" Diese neue, auf den Menschen gerichtete Sicht (»Humanismus«) sollte nach und nach alle künstlerischen und kulturellen Bereiche des Lebens durchdringen und im Italien des 15. Jahrhunderts (»Quattrocento«) für eine beispiellose schöpferische Entfaltung des menschlichen Geistes sorgen.

Schon lange vor der Eroberung Konstantinopels durch die Türken (1453) verschlug es immer mehr byzantinische Gelehrte nach Westen. Sie brachten neben der griechischen Sprache auch ihr eigenes kulturelles Erbe der Antike mit – insbesondere setzten sie die entscheidenden Impulse für eine Wiederentdeckung platonischen Denkens. Dadurch wurden der Aristotelismus und sophistische Scharfsinn der Scholastik zurückgedrängt. Man kann sagen: Das »neue Denken« legte eine um das menschliche Selbst kreisende Tiefendimension frei. Dieser »Revolution« entsprach in den begüterten Oberschichten der italienischen Stadtrepubliken jenes neue Lebensgefühl, das PIRCKHEIMER so begeisterte. Diese paganen Lebenskünstler der Epoche, die den raffinierten Tafelluxus und die üppige Dekoration ihrer Wohnräume ebenso liebten wie die architektonische Pracht ihrer Häuser oder gar Paläste, hatten ihren »Ideologen« in LORENZO VALLA (*1407, †1457), der eine epikureische Moral vertrat und im übrigen dem theokratischen Hierarchiegedanken des Mittelalters einen schweren Schlag versetzte, indem er mit philologischer Akribie die *Konstantinische Schenkung* (auf der die Macht des Papstes basierte) als Fälschung entlarvte. Als der *Friede von Lodi* (1454) zur Konsolidierung der inneritalienischen Verhältnisse führte, waren die Bedingungen für die künstlerische Entfaltung des »Neuen« vollends geschaffen. Architekten, Bildhauer, Maler und Literaten sollten das Lebensgefühl des Zeitalters jetzt auch *gestalten*. Und sie taten es! Florenz war der Ausgangspunkt dieser Kunstbewegung. Man konnte es hier vom einfachen Handwerker zum Palastbesitzer bringen. In dieser Stadt gab es mehr Künstler als in Nürnberg Schneider! Aber dieses Aufblühen der Kunst und Kultur im Zeichen einer Rückbesinnung auf die Antike (*Renaissance*) faßte überall und auch in Rom Fuß, wo verschiedene Päpste (»Renaissance-Päpste«) als Mäzene auftraten und imposante Werke der abendländischen Kunst in Auftrag gaben. So veranlaßte Papst SIXTUS IV. (1471-1484) den Bau der nach ihm benannten »Sixtinischen Kapelle«, deren monumentale Deckengestaltung MICHELANGELO BUONAROTTI (*1475, †1564) ausführen sollte. Papst PIUS II. (1458-1464), ein Vorgänger dieses SIXTUS, war selbst namhafter Autor geographischer und historischer Werke. Die Pirckheimers kannten ihn persönlich ...

Die Sixtinische Kapelle
Michelangelo freskierte 1536-1541 die Altarwand dieser Palastkapelle mit einer Darstellung des Jüngsten Gerichts. (Vatikan)

Über deutsche Verhältnisse

Im Jahre 1495 beendete WILLIBALD sein Studium der Rechte an den Universitäten von Padua und Pavia und kehrte nach Deutschland zurück. Er verzichtete nur ungern auf eine Promotion in diesem Fach. Sie hätte sich auf das *Römische Recht* bezogen, das in Nürnberg lange nicht gelitten war – niemand dieses Abschlusses hatte die Möglichkeit, in den *Rat* der Stadt einzuziehen! Die konservativen Ratsherren sperrten sich lange Zeit gegen die Übernahme der modernen, wissenschaftlich durchgebildeten und darum klareren römisch-rechtlichen Normen, deren Anwendung das »Herkommen«, das heißt die überlieferte germanische Rechtstradition mit ihrer ganzen Vielfalt erworbener Rechtstitel aus den Angeln hob. PIRCKHEIMER verhielt sich karrierebewußt: Er verkniff sich den Erwerb des Doktorgrades, heiratete und zog in den Rat der Stadt ein. Er sollte indes erfahren, daß die ehrwürdigen Herren des *Rats* so altmodisch inzwischen nicht mehr waren. Neues Recht war in der Diskussion! Man wollte die Verwaltung durch Vereinheitlichung und Vereinfachung überlieferter Rechtssätze endlich reformieren. Männer vom Schlage eines HIERONYMUS HOLZSCHUHER waren es, die Nürnberg in jenen Jahren von Grund auf modernisierten; und PIRCKHEIMER bewährte sich als vorzüglicher Fachmann. Mit seinen Sprachkenntnissen, seiner weltoffenen Art und seinem Verhandlungsgeschick verhalf er der Stadt zu hohem Ansehen. So stand er zweimal, nämlich von 1496 bis 1501 und von 1506 bis 1523, mitten im politischen und wirtschaftlichen Leben seiner Heimatstadt, deren Interessen er auch als Diplomat und Truppenführer vertrat – in alledem eine Art »Nürnberger Pendant« zu dem Humanisten und Ratssyndikus von Augsburg, KONRAD PEUTINGER (*1465, †1547), der

»Männer vom Schlage eines Hieronymus Holzschuher ...«

Maximilians Artillerie
bei der Eroberung Flanderns und Burgunds. (Faksimile einer Miniatur; Original in der Graphischen Sammlung Albertina, Wien)

Die Reichsstadt Nürnberg
mit der Burg »Luginsland« lag wie eine Spinne im Zentrum der europäischen Handelsstraßen zwischen Italien und Schweden, Frankreich und Böhmen. Die Abb. oben zeigt eine Ansicht der Stadt von Hans Wurm (um 1515; Nürnberg, Germanisches Nationalmuseum); die Abb. rechts zeigt die Umgebung Nürnbergs aus der Vogelperspektive. (16. Jh., Stadtarchiv Nürnberg)

seine Vaterstadt Nürnberg auf den Reichstagen vertrat und im übrigen ein Vertrauter Kaiser MAXIMILIANS I. (König:1493-1519) war. Im sogenannten *Schwabenkrieg* gegen die *Eidgenossen* (1499) befehligte PIRCKHEIMER an der Seite seines humanistischen Mentors MAXIMILIAN das *Nürnberger Reichskontingent*. In jener Auseinandersetzung ging es um die Ausdehnung der Beschlüsse des Wormser Reichstags von 1495 auf das Gebiet der *Schweizer Eidgenossenschaft*. Der *Frieden von Basel* (1499) führte sodann zum faktischen Ausscheiden der Schweiz aus dem Reichsverband. PIRCKHEIMER, seines Zeichens *General-Kapitän und Oberster*, versuchte sich als »strategischer Kopf« zu profilieren und dachte gewiß moderner als so mancher Offizier der Reichstruppen. Durch seine Kenntnisse der Naturwissenschaften setzte er auf die neuen Feuerwaffen der Artillerie. Sie wurden in den Waffenschmieden seiner Heimatstadt Nürnberg hergestellt ...

Durch enormen Landerwerb wuchs Nürnberg bis Anfang des 16. Jahrhunderts zur gebietsmächtigsten deutschen Reichsstadt mit etwa 40 000 Einwohnern heran. Schon 1427 hatte der Magistrat von den *Hohenzollern* die Nürnberger Burg erworben. In der näheren Umgebung, im Reichswald, gab es reiche Holzkohlevorkommen, ferner Tongruben. Zusammen mit den Erzen und Metallen schuf dieser natürliche Reichtum die Voraussetzungen für eine prosperierende Wirtschaft. Nürnbergs Waffenschmieden und Geschützgießereien waren die größten Europas. Die Artilleriewaffen hatten nicht ihresgleichen auf der Welt! Nürnbergs Kaufleute erfreuten sich in über 70 europäischen Städten besonderer Handelsprivilegien und waren gegen Ende des Mittelalters zur gefährlichen Kon-

kurrenz für die niederdeutschen Hansen geworden. Man hat die damalige Stadt zu Recht als *Spinne im europäischen Verkehrsnetz* bezeichnet. Im Jahre 1492, als WILLIBALD noch in Italien weilte, ging die weltberühmte Handelsgesellschaft der PIRCKHEIMERS bankrott. Es war das Jahr der ersten großen Reise des CHRISTOPHER KOLUMBUS (*1451, †1506) nach Amerika. Alle Augen blickten schon seit geraumer Zeit in den Westen; denn der atlantische Raum begann sich zu regen. Ein Sohn Nürnbergs, MARTIN BEHAIM (*1459, †1507), war im Jahre 1491 aus dem fernen Lissabon in seine Heimatstadt zurückgekehrt und veranlaßte die Fertigung des heute ältesten Erdglobus.

Der Erdglobus
von Martin Behaim zeigt die damals bekannte Welt erstmals auf einem Globus. (Nürnberg, Germanisches Nationalmuseum)

Der deutsche Humanismus

So geschätzt PIRCKHEIMER sich in Nürnberg trotz seiner gelegentlichen Arroganz und Grobheit auch fühlen konnte – die Politik war nicht sein ganzes Leben. Mit griechischen Lehrbüchern und römischen Liebesgedichten im Gepäck stand er einst als Heimkehrer vor den Toren seiner Heimatstadt. Als er begann, Übersetzungen antiker Texte zu verbreiten, die vermeintlich unmoralische Lehren enthielten, war für die Nürnberger Ratsherren das Maß voll. PIRCKHEIMER verließ den Rat und widmete sich seinen *Studia humanitatis*, das hieß: den fünf Wissenschaften der Grammatik, der Rhetorik, der Poetik, der Geschichte sowie der Ethik. Insbesondere war er als Herausgeber griechischer Schriftsteller tätig, die er – oft durch Kaiser MAXIMILIAN angeregt – ins Lateinische übertrug. »Zu den Quellen« (*ad fontes*) hieß ein Losungswort der Zeit. Die Humanisten wollten die ursprüngliche Fassung eines jeweiligen Textes möglichst getreu wiederherstellen. Dazu bedurfte es profunder Kenntnisse und philologischer Akribie. PIRCKHEIMER besaß für seine Studien eine große Privatbibliothek, die er samt seinem Haus auch seinen humanistischen Freunden zur Verfügung stellte. Er war das Haupt des Nürnberger Humanistenzirkels, PEUTINGER war es in Augsburg, der Buchdrucker JOHANN AMERBACH (*um 1440, †1513) in Basel. Viele andere Humanistenbiographien ließen sich für diesen Zusammenhang anführen. Auch gab es aufgeschlossene Fürstenhöfe, die ein Mäzenatentum entfalteten und der neuen Gelehrsamkeit auf diese Weise Unterstützung angedeihen ließen. Sie alle liebten das Sammeln antiker Altertümer und Inschriften, trugen Bücher zusammen, edierten und kommentierten alte Handschriften, vergnügten sich am »unverdorbenen«, klassischen Latein, imitierten die sprachlichen Kunstwerke und Kunststücke der

Humanistensitzung
mit Pirckheimer (vorne rechts, Illustration aus Reginbald Moehners »Epitomae rerum Suevicorum«; Augsburg, Staats- und Stadtbibliothek).

griechischen und römischen Klassiker und freuten sich als Münzsammler über jeden *Sack mit heidnischen Pfennigen*, den sie erwerben konnten. Der antiquarische Sammler par excellence war KONRAD PEUTINGER, mit dessen Namen die sogenannte »Peutinger-Tafel« (*Tabula Peutingeriana*) verbunden bleibt – die älteste, auf eine römische Straßenkarte zurückgehende kartographische Erfassung des deutschen Raums.

Nördlich der Alpen gewann dieser Humanismus durchaus ein eigenes Gepräge. Hier waren Bildung und Wissenschaft stärker als in Italien eine nahezu ausschließliche Angelegenheit der Universitäten, an denen die Theologie und mit ihr das *scholastische* Denken eine zentrale Rolle spielten. Die deutschen Humanisten hatten es also einigermaßen schwer, sich zur Geltung zu bringen. Alle bedeutenden Köpfe zeichneten sich vor allem durch eine eigenwillige, bisweilen gar exzentrische Lebensgeschichte aus. CONRAD CELTIS (*1459, †1508), den man gern als den deutschen »Erzhumanisten« bezeichnet hat, war zunächst ein armer Wanderpoet, ein vagabundierender Propagandist humanistischer Ideen, bevor er, von Kaiser MAXIMILIAN nach Wien berufen, im Jahre 1501 dort das *Collegium poetarum et mathematicorum* gründete.

Konrad Peutinger
Die Rolle als geselliger Gastgeber für Gleichgesinnte einnehmen, den institutionalisierten mündlichen Austausch in Gesprächskreisen suchen, Bildungs- und Bibliotheksreisen unternehmen, durch briefliche Korrespondenz auch im Großen den Zusammenhalt stiften - das gehörte zum Lebensstil dieser humanistisch gestimmten Schicht reicher Bürger. (Gemälde von Christoph Amberger, 1543; Museum Augsburg)

In Deutschland verband sich das »neue Denken« thematisch eng mit der christlichen *Glaubensfrage*. So wurde es zum Wegbereiter der *Reformation*. Was ist richtiges Christentum? So fragte ERASMUS VON ROTTERDAM und machte sich frei von all dem Wust an gewundenen Philosophien der kirchlichen Überlieferung. Zurück zum ursprünglichen Wortlaut der Bibel, zum Griechischen und Hebräischen, dort lag die Wahrheit! ERASMUS studierte die Quellen und brachte 1516 die erste philologisch fundierte griechische Ausgabe des *Neuen Testaments* heraus. Der kaum minder bedeutende deutsche Humanist JOHANNES REUCHLIN (*1455, †1522) ebnete den Weg zum Hebräischen, um somit das *Alte Testament* wissenschaftlich erschließen zu können. Er war überzeugt, daß die christliche Lehre bereits in der griechischen Philosophie und jüdischen *Kabbala* angelegt sei. Seine Forderung, man solle die hebräische Sprache lernen, um die Weisheiten der Juden zu verstehen, führte nach 1509 zu einem jahrelangen, erbittert geführten »Federkrieg«. Denn gegen REUCHLIN trat der Nürnberger Schriftsteller und getaufte Jude JOHANNES PFEFFERKORN (*um 1469, †1523) auf und machte sich dafür stark, alle außerbiblischen Schriften des Judentums zu vernichten, um so die Voraussetzungen für eine christliche »Bekehrung« der Juden zu schaffen. REUCHLIN und seine humanistischen Freunde in ganz Deutschland waren empört; sie

Ulrich von Hutten gilt als Verfasser des zweiten Teils der Dunkelmännerbriefe (Abb. links: Titelblattholzschnitt von 1517). Seinen leidenschaftlichen Kampf gegen die Scholastik und das Papsttum verband er mit nationalen Forderungen nach einem starken, auf die Reichsritterschaft gestützten Kaisertum (Abb. rechts: Holzschnitt von Erhard Schön, um 1520; Staatsbibliothek Berlin).

wollten einzig durch wissenschaftliche »Belehrung« überzeugen. REUCHLIN antwortete seinem Kontrahenten PFEFFERKORN mit der Schrift *Handspiegel* (1511). Nun entbrannte der *Reuchlinsche Streit* erst richtig, der das gelehrte Deutschland in zwei Lager spaltete. Die berühmtesten Tiraden des Reuchlinschen Streits, der erstmals eine Art *öffentliche Meinung* konstituierte, sind die sogenannten *Dunkelmännerbriefe*, die dem Humanisten und Reichsritter ULRICH VON HUTTEN (*1488, †1523) zugeschrieben werden. Er stellte seine publizistische Tätigkeit in den Dienst REUCHLINS und zog mit Spott gegen jede klerikale Rückständigkeit und Engstirnigkeit zu Felde.

In dem »Weltbürger« ERASMUS VON ROTTERDAM begrüßten die deutschen Humanisten ihren »Geistesfürsten«. Wie dieser waren die meisten von ihnen ebenso antiklerikal wie letztlich doch gottergeben. Die *Reformation* sollten sie nach anfänglicher Zustimmung durchweg ablehnen. Zu unwägbar erschienen ihnen die Konsequenzen einer Kirchenspaltung. Aber frühe Patrioten waren sie allemal! Schon der Elsässer JAKOB WIMPFELING (*1450, †1528) veröffentlichte 1505 die erste deutsche Geschichte – natürlich in Latein, der internationalen Humanistensprache. CONRAD CELTIS gab die *Germania* des TACITUS heraus und durchwanderte ganz Deutschland, um Land und Leute danach beschreiben zu können. Aufkeimendes Nationalgefühl und Antiklerikalismus konnten bei den Humanisten übrigens schnell eine Verbindung eingehen. Denn im fernen Rom war die Kirche inzwischen einer Prachtentfaltung verpflichtet (Bau der *Peterskirche*), mit der die rechtschaffen denkenden Humanisten nichts zu tun haben wollten.

Erasmus von Rotterdam
Seine Auseinandersetzung mit Martin Luther über den »freien Willen« (1524) führte zum Bruch zwischen den Humanisten und Reformatoren. (Gemälde von Hans Holbein d. J., 1523; Kunstmuseum Basel)

Der Buchdruck und die Entdeckung der Erde

Johannes Gutenberg
(ältestes authentisches Bildnis; koloriert nach einem Kupferstich von Theret, 1484)

Mitte des 15. Jahrhunderts machte JOHANNES GUTENBERG (*um 1397, †1468) eine Erfindung, die die Welt verändern sollte. Er stellte Gießformen für Buchstaben her. Dann erhitzte er eine Legierung aus Blei, Antimon, Wismut und Zinn und goß diese Schmelze in die Form, wo sie rasch kalt und hart wurde. Auf diese Weise entstanden einzelne Buchstaben aus Metall, die in beliebiger Kombination zu Wörtern, Zeilen und Seiten zusammengestellt werden konnten. Viele hundertmal ließen sich die Lettern verwenden. Von nun an waren Bücher schneller und billiger herzustellen. GUTENBERG entwickelte nach dem Vorbild einheimischer Weinpressen eine Druckpresse. In den Rahmen spannte er Papier. Dann färbte er den Buchstabensatz mit einer Mischung aus Kienspan, Galläpfeln und Ruß ein, klappte den Rahmen auf die Lettern, schob das Ganze unter die Presse – und fertig war die Seite! Von Mainz aus trat das neue Gewerbe (*Schwarze Kunst*) einen Siegeszug ohnegleichen durch das ganze Abendland an.

In GUTENBERGS Mainzer Werkstatt entstand 1452 die erste mit beweglichen Lettern gedruckte Bibel. Diese 42zeilige Bibel gilt bis heute als das schönste gedruckte Buch der Welt. Nicht lange danach kostete eine *Gutenbergbibel* 42 Gulden; dafür konnte man sich damals einen Ochsen kaufen – aber eine handgeschriebene Bibel entsprach dem Wert eines Bauernguts (etwa 300 Gulden)! Ein Menschenalter später bezahlte man für eine *Lutherbibel* nur noch eineinhalb Gulden! Die erste europäische Großdruckerei stand in Nürnberg. Hier beschäftigte das Verlagshaus ANTON KOBERGERS (*um 1440, †1513) hundert Setzer und Drucker, die an 24 Pressen ihre Arbeit taten. KOBERGER hatte seine Firma 1470 gegründet und bis zur Jahrhundertwende über 250 Druckerzeugnisse herstellen können, unter anderem im Jahre 1493 die berühmte *Weltchronik* des Humanisten, Arztes und Geschichtsschreibers HARTMANN SCHEDEL (*1440, †1514). Schnell hatten auch andere Humanisten die Mächtigkeit des neuen »Mediums« erkannt und vergaben Aufträge an KOBERGER und andere Firmen. Eine Flut an gelehrtem Wissen überschwemmte das damalige Europa. Als eine dieser neuen, »druckgestützten« Hochburgen des Geistes trat nun Schlettstadt im Elsaß hervor. Sein berühmter Sohn BEATUS RHENANUS (*1485, †1547), ein Freund des ERASMUS und der hochgeschätzte Gesprächspartner so vieler deutscher Humanisten, tat am Ende seines Lebens, was Humanistensinn war: Er schenkte seiner Vaterstadt alle Schriften, die er besaß...

Gutenbergbibel
Erste Seite der 42-zeiligen lateinischen Bibel mit handgemalten Initialen und Verzierungen (um 1455 in Mainz vollendet).

Neue Druckerzeugnisse in Auftrag zu geben, das war mehr als Humanisteneitelkeit. Es gab noch und noch Anlaß, neues Wissen in Umlauf zu bringen. Unsere »Erde« wurde jetzt mit anderen Augen gesehen. Ein gewisser JOHANNES MÜLLER, genannt »Regiomontanus« (*1436, †1476), seit 1471 in Nürnberg ansässig, war Astronom, Professor für alte Sprachen, Mathematiker, Bibliothekar und Bischof. In Nürnberg baute er die erste Sternwarte Deutschlands. REGIOMONTANUS konstruierte Fernrohre, Sternenhöhenmesser und Kompasse; auch entwarf er astronomische Tabellen, die die Ortsbestimmung auf hoher See erleichterten. Sein Werk *Ephemerides ab anno 1475-1506* aus dem Jahre 1474 wurde zum Vorbild aller späteren nautischen Jahrbücher und von CHRISTOPHER KOLUMBUS, VASCO DA GAMA (*1460/69, †1524) und AMERIGO VESPUCCI (*1451, †1512) benutzt. Ohne die Studien der Humanisten wären die großen Entdeckungsfahrten der Epoche nicht möglich gewesen. Auf der Suche nach verborgenen Handschriften fiel ihnen eine Erdbeschreibung des alten griechischen Astronomen CLAUDIUS PTOLEMÄUS (*um 100 n. Chr., †nach 160) in die Hände. Die nahezu eintausendvierhundert Jahre alte Beschreibung war für alle Mathematiker und Astronomen eine Fundgrube. Schon PTOLEMÄUS hatte sich die Erde als Kugel vorgestellt! Er hatte einen »Äquator« berechnet und ein feines Netz von Längen- und Breitengraden erdacht, mit denen sich die geographische Lage eines jeden Ortes beschreiben ließ. Auch PIRCKHEIMER stand im Banne der Fragestellungen dieses griechischen Gelehrten – er setzte die Arbeiten des REGIOMONTANUS fort und vollendete in seinem letzten Lebensjahr die lateinische Übertragung der Ptolemäischen »Erdbeschreibung« (*Einführung in die Darstellung der Erde*).

Humanistenbibliothek
Die Bibliothek der alten Lateinschule in Schlettstadt war Mittelpunkt der elsässischen Humanistenzirkel um Beatus Rhenanus und Jakob Wimpfeling. Die Büste zeigt den Straßburger Buchdrucker Johann Mentel.

Für die Fernkaufleute, Seefahrer und Berater der Königshöfe gab es auch handfeste Gründe, aus eigenem Antrieb mit ganzer Energie neue Handelswege zu finden. Im christlichen Abendland lebte schon vor dem Fall Konstantinopels der Kreuzzugsgedanke wieder auf. Der *Infant* von Portugal, HEINRICH DER SEEFAHRER (*1394, †1460), der übrigens nie selbst zur See gefahren ist, ließ fieberhaft nach einer *West-Ost-Passage* quer durch Nordafrika forschen, um auf südlicher Route zum *Heiligen Grab* in Jerusalem vorstoßen zu können. Seine portugiesischen, venezianischen und genuesischen Seefahrer und Abenteurer suchten vergebens! Stattdessen erreichten sie die Azoren, die Madeira-Gruppe, schließlich die Küsten Senegals, Gambias und Guineas (1444-1446). Die Glücksritter lockte das sagenumwobene Gold, das man im Süden (*terra australis*) zu finden

Die Flottenrückkehr
(Ausschnitt aus einem Gemälde, 16. Jh.; Neapel, Museo di Capodimonte)

Die Landung auf Haiti
(Illustration des Briefes von Kolumbus über die Entdeckung Hispaniolas, 1493)

glaubte, ferner auch der Handel mit Negersklaven. Im Jahre 1487/1488 umsegelte der Portugiese BARTOLOMEO DIAZ (*um 1450, †1500) die Südspitze Afrikas, die er »stürmisches Kap« (*cabo tormentoso*) nannte, und konnte dem König von Portugal nach seiner Rückkehr vermelden, daß der Seeweg nach Indien endlich gefunden sei. KOLUMBUS vermochte den portugiesischen Hof nun nicht mehr für seine phantastischen Reisepläne zu gewinnen, nämlich über eine Westroute den mutmaßlich kürzesten Weg nach Indien zu erkunden. DIAZ' Entdeckung hatte also Folgen: Der Genuese schloß stattdessen 1492 mit dem spanischen Königspaar ISABELLA I. VON KASTILIEN (1474-1504) und FERDINAND II. VON ARAGON (1479-1516) einen Vertrag, welcher ihn zum *Vizekönig* des zu entdeckenden *westlichen Indien* machte. Sein Vorhaben scheiterte; eine riesige Landmasse stand ihm im Wege – Amerika. Er fand die Bahamas, Kuba und Haiti, das er übrigens für Japan hielt. Die Entdeckung, die er 1493 machte, war epochal für die weitere Weltgeschichte. Der Genuese hatte das Tor zur *Neuen Welt* aufgestoßen! Spanien, das der arabischen Herrschaft auf der Iberischen Halbinsel soeben erst (1492) ein Ende gesetzt, das heißt die *Reconquista*

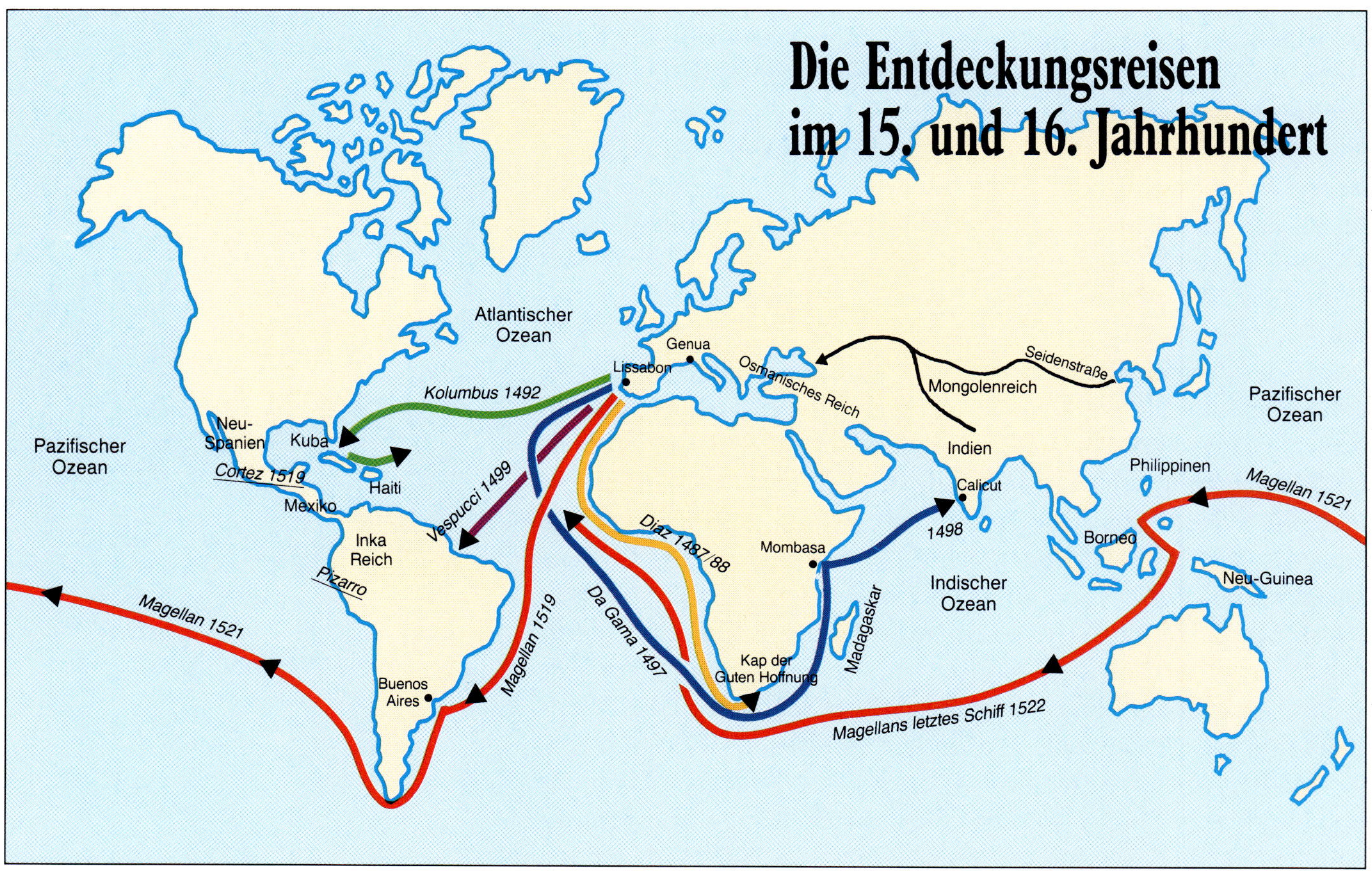

abgeschlossen hatte, konnte sich nun ganz der Eroberung und Ausplünderung des neuen Kontinents widmen. Seefahrer, vermögenslose Adlige und Desperados hörten die Berichte vom märchenhaften Reichtum, der in der Neuen Welt zu holen war, und folgten in den nächsten Jahrzehnten bereitwillig den spanischen Eroberern um HERNANDO CORTEZ (*1485, †1547) und FRANCISCO PIZARRO (*1478, †1541). Der deutsche Kaiser und Erbe der spanischen Krone, KARL V. (1519-1556), sollte über ein Reich herrschen, in dem *die Sonne nicht untergeht*. Ein neues Zeitalter war angebrochen. Mit der Landnahme im fernen Amerika begann der *Kolonialismus* und mit ihm der frühe *Welthandel*. Deutschland blieb nur das Staunen über die neuen Wunderwelten des Orients und Amerikas. Das Zentrum des Abendlandes verlagerte sich so aus dem mitteleuropäischen Raum in die atlantischen Küstenländer. Verlierer waren auch die Venezianer, deren Kaufleute schon 1500 im ägyptischen Alexandria nicht einen einzigen Pfeffersack auftreiben konnten ...

Die Neue Welt
Karte aus der »Cosmographia Universalis« (1550) des deutschen Humanisten Sebastian Münster (1488, † 1552).*

Das Reich an der Schwelle zur Neuzeit

Die Konzilsbewegung der ersten Hälfte des 15. Jahrhunderts, die in den großen Kirchenversammlungen zu Konstanz (1414-1418) und Basel (1431-1449) gipfelte, hatte die Frage einer Erneuerung der abendländischen Kirche nicht lösen können – somit auch nicht die damit im Zusammenhang stehenden Probleme der *Reichsreform*. Letztere wurde immer dringender, da angesichts der vorherrschenden Partikularinteressen der entstehenden deutschen Territorialgewalten eine einheitliche *Reichspolitik* kaum noch möglich war. Kaiser SIGISMUND stellte sich bekanntlich an die Spitze der Konzilsbewegung und hatte der deutschen Zentralgewalt so noch einmal einen Hauch des alten Glanzes mitgeben können. Durch das Scheitern einer universalen Kirchenreform war auch dieser dahin. Der bedeutendste deutsche Theologe und Philosoph des 15. Jahrhunderts, NIKOLAUS VON KUES (*1401, †1464) führte in seiner Schrift *De concordantia catholica* hellsichtig schon 1433 die allerbitterste Klage über die Zustände im Reich und malte die Konsequenzen drastisch aus: *„Wenn so die Glieder alle Gewalt des Hauptes und des Reiches zerrissen und zerfleischt haben, wird alle hierarchische Ordnung aufhören; denn es ist kein Erster dar, zu dem man seine Zuflucht nehmen kann. Und wo keine Ordnung ist, da ist Verwirrung, da ist keiner sicher. Und wenn die Adeligen so untereinander streiten, werden sich solche erheben, die alles Recht in der eigenen Waffe suchen ...“* KUES' Worte waren nie

Das Reich der Habsburger

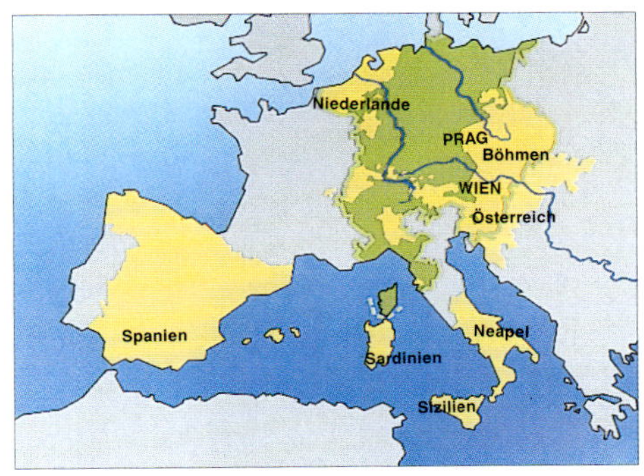

Gegründet auf die geschickte Heiratspolitik Kaiser Maximilians I., erreichte das Reich der Habsburger sodann unter Karl V. seine größte Ausdehnung.

Maximilian I.
war ein bedeutender Kunstmäzen. Das Bild zeigt ihn auf einem Pferd, Audienz haltend, und im Boot mit einem Fisch dargestellt. (Illustration aus dem Fischereibuch Maximilians, Faksimile; Original in der Österreichischen Nationalbibliothek Wien)

Beschuß einer Burg
Maximilian fühlte sich durch Frankreich bedroht und bombardierte dessen Bastionen. (Illustration aus »Der Zaiger« von Jacob Mennel, 1518; Österreichische Nationalbibliothek Wien)

mehr ganz vergessen worden. Es entsprach dem nun aufkeimenden deutschen Zusammengehörigkeits- und Nationalgefühl, den Belangen des Reichs verstärkt Sorge zu tragen.

Auf den letzten *Luxemburger* König und Kaiser SIGISMUND folgte der *Habsburger* ALBRECHT II. (1438-1439), durch dessen frühen Tod sein Vetter als FRIEDRICH III. (1440-1493) deutscher König und seit 1452 auch Kaiser wurde. FRIEDRICH zog sich aus der Reichspolitik weitgehend zurück, was ihm den Beinamen *Erzschlafmütze* des Reichs eintrug. Aber durch die Heirat seines Sohnes MAXIMILIAN mit MARIA (1477), der Tochter des frankreichfeindlichen Burgunders KARLS DES KÜHNEN (*1432, †1477), führte er seiner Dynastie den Anspruch auf die Besitzungen des reichen Herzogs zu, der von einem großen burgundischen Königreich träumte. Das Haus Habsburg war unter FRIEDRICH zu einer Dynastie von europäischem Rang geworden. Aber es warteten jetzt auch europäische Verwicklungen auf das Haus, deren Charakter und Ausmaß neu waren. Kriege drohten und wurden geführt – sie kosten bekanntlich Geld! Es war klar, daß ein Habsburger auf dem deutschen Königsthron in Zukunft darum stärker als bisher der Unterstützung der *Reichsstände* bedurfte und sich kompromißfähig zeigen mußte. Unter diesen waren seit dem *Reichstag zu Frankfurt* (1486) die Bemühungen um eine *Reform der Reichsverfassung* so richtig in Gang gekommen. Führender Kopf dieser Politik war der Erzbischof und Kurfürst von Mainz, BERTHOLD VON HENNEBERG (1484-1504).

Als MAXIMILIAN 1493 nach dem Tode seines Vaters die Regierung im Reich übernahm, standen – was nach Sachlage niemanden überraschen wird – die Zeichen auf eine konstruktive Zusammenarbeit zwischen dem gewählten König und den Ständen des Reichs. So kam es im Jahre 1495 zu den berühmten Beschlüssen des *Wormser Reichstags*. Die Versammlung brachte im wesentlichen vier Gesetze durch: die Verkündung des *Ewigen Landfriedens*, wodurch auf immer das mittelalterliche Fehderecht verboten wurde; die Errichtung eines *Reichskammergerichts*, das zunächst in Frankfurt seinen Sitz erhielt und als höchste Rechtskörperschaft des Reichs über den Landfrieden wachen beziehungsweise seine Durchführung gewährleisten sollte; die Erhebung des *Gemeinen Pfennigs*, das heißt die Einführung einer allgemeinen Reichssteuer für jeden Reichsstand zur Finanzierung der Reichsreform; schließlich die *Handhabung Friedens und Rechts*, wonach sich König und Stände darauf einigten, jährlich einen *Reichstag* durchzuführen. Alle vier Gesetze stellten einen Kompromiß dar. Der König zielte eigentlich auf eine grundlegende Stärkung seiner Zentralgewalt und die Stände auf die Einrichtung einer ständischen Reichsregierung (*Reichsregiment*). Beide Seiten mußten schließlich zurückstecken. Trotz der Halbheiten, auf die sich der Wormser Reichstag verstehen mußte – ein Anfang war für die zukünftige Verfassungspolitik getan.

Maximilians überaus glückliche Ehe mit Maria von Burgund fand ein jähes Ende, als diese 1482 an den Folgen eines Reitunfalls verstarb. Der Habsburger hatte nun schwer zu kämpfen, um seine burgundischen Ansprüche zu behaupten. Die Truppenkontingente, welche Fürsten, Vasallen und Städte früher aus *Lehnspflicht* entsandten, reichten Ende des 15. Jahrhunderts nicht mehr aus, um auf den Schlachtfeldern Europas bestehen zu können. Maximilian wußte das und begann, das Heereswesen zu reorganisieren. Er befahl, in Stadt und Land unter den »Landeskindern« die Werbetrommel für seine Kriege zu rühren – *Landsknechte* im Solddienst, also »unter Vertrag« und »gegen Bezahlung«, anzuwerben. Das Jahr 1493 brachte ihm wenige Wochen vor dem Tode seines Vaters endlich einen großen Teilerfolg. Im *Frieden von Senlis* (nordöstlich von Paris) konnte er Frankreich wesentliche Zugeständnisse in der *burgundischen Frage* abringen. Nach Jahrzehnten endlich wieder ein weithin geachteter deutscher König, werden die Zeitgenossen gedacht haben!

Was diesen deutschen Herrscher so beliebt gemacht hatte, war sein wagemutiges Festhalten an der alten Politik mittelalterlicher Kaiser, seine *ritterliche* Gesinnung, seine Leutseligkeit gegenüber dem »einfachen Manne« bei gleichzeitigem Humanistensinn – kurz, in ihm vereinigten sich die Tugenden und Ideale der Vergangenheit mit einem Sinn für die »moderne Zeit«. Er gilt der Geschichtsschreibung darum nicht zu Unrecht als der »letzte Ritter« und zugleich als »Vater der Landsknechte«. Bis zum Ende seines Lebens bewegten ihn sogar Pläne für einen großen *Kreuzzug* gegen die Türken, um sich als Führer der Christenheit hervortun zu können. Für seine hochfahrenden Ziele brauchte er Kanonen. Ihm war klar – diese neuen Waffen würden in Zukunft über Sieg oder Niederlage entscheiden. Er kaufte hunderte von Geschützen modernster Bauart, von denen viele aus Nürnberg stammten. Kanonen waren aber teuer; auch die Landsknechte ließen sich hoch bezahlen. Wer in Deutschland besaß schon soviel Geld? Maximilian hatte es jedenfalls nicht. Er stürzte sich in aberwitzige Schulden; und die *Fugger* zahlten. Diese einflußreichste deutsche Unternehmerfamilie des vom blühenden Städtewesen getragenen *Frühkapitalismus*

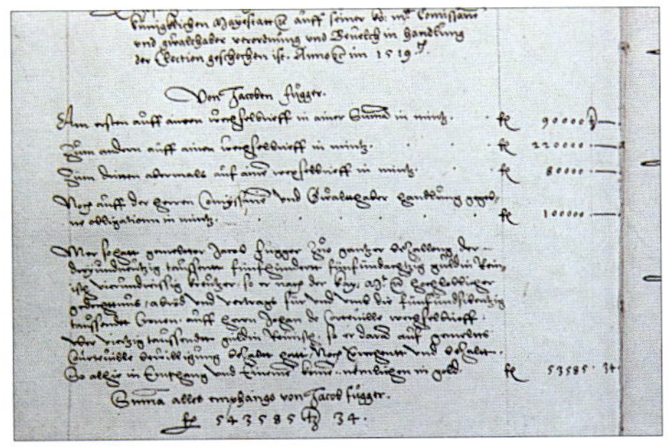

Abrechnung
der Fugger über die für die Kaiserwahl Karls V. vorgeschossenen Gelder. (Augsburg, Staats- und Stadtbibliothek)

Jakob Fugger der Reiche
(Gemälde von Albrecht Dürer; Augsburg, Staatsgalerie)

Maximilian I. und Maria von Burgund *im Kreise ihrer Familie. Das Gemälde, um 1515 von Bernhard Striegel anläßlich einer Habsburger Doppelverlobung angefertigt, symbolisiert die Devise: Andere mögen Kriege führen, du, glückliches Österreich, heirate! (Wien, Kunsthistorisches Museum)*

Geschlechtertanz *im Augsburger Tanzhaus. (Gemälde von Heinrich Vogtherr d. Ä., um 1500; Augsburg, Maximilianmuseum)*

war aus der Augsburger Weberzunft hervorgegangen. Der Fugger JAKOB II., genannt »der Reiche« (*1459, †1525), stieg zum bedeutendsten Bankier der Habsburger auf. Er gewährte gekrönten Häuptern großzügigste Kredite, die gar nicht zurückzuzahlen waren. Dafür sicherte sich das Haus wertvolle Handelsprivilegien und Bergrechte. Einige Jahrzehnte lang machte allein dieser Augsburger Geldadel die wirklich hohe Politik in Europa. Dem späteren deutschen Kaiser KARL V. räumte JAKOB vor dessen Wahl einen Kredit von einigen hunderttausend Gulden ein. Mit diesem Geld konnte KARL die deutschen Kurfürsten bestechen und sich von ihnen zum neuen Kaiser wählen lassen.

Es versteht sich, daß MAXIMILIAN auch darin alter Kaiserpolitik nacheiferte, daß er dem Reich und seiner Dynastie den Einfluß in Italien zu sichern suchte. Am Ende reichten seine Mühen aber nur zum Erwerb der Kaiserkrone. Im Dom zu Trient ließ er sich mit päpstlicher Zustimmung am 4. Februar 1508 zum *Erwählten römischen Kaiser* erheben. Den traditionellen *Romzug* im Stile mittelalterlicher Krönungen schaffte er nicht mehr. Italien war aus diesen Verhältnissen inzwischen längst herausgewachsen; der Kaiser entwickelte ein feines Gespür dafür und verzichtete. Hartnäckiger kämpfte er um *Reichsitalien*. Erst als der junge französische König FRANZ I. (1515-1547) 1515 in Oberitalien einfiel und sich in der *Schlacht von Marignano* (südöstlich von Mailand) mit Hilfe deutscher Söldner gegen die Schweizer *Eidgenossen* behauptete, gab der alternde Kaiser seine Ansprüche im Süden endgültig auf. Durch und durch erfolgreich aber war er als Dynast, der seinem Haus durch eine außerordentlich geschickte *Heiratspolitik* den Aufstieg zur Weltgeltung ermöglichte. Wir werden seinen Enkel noch vorstellen ...

Martin Luther und die Reformation

Die großen Familien des deutschen Frühkapitalismus waren kometenhaft aufgestiegen. Wie moderne Unternehmer führten sie gewaltige Wirtschaftsimperien. Überall setzte sich das »Neue« durch, aber die religiöse Vorstellungswelt des Mittelalters blieb lebendig und beschäftigte die Menschen bis in ihr tiefstes Inneres. Sie bangten um ihr Seelenheil und warteten auf das *Jüngste Gericht*; an diesem Tage würde der Herr die »Auserwählten« von den »Verdammten« scheiden. Viele litten unter entsetzlichsten Höllenqualen. Maler wie HIERONYMUS BOSCH (*um 1450, †1516) setzten sie auch in Bilder um. Der verzweifelte Kampf um Erlösung führte zu bewegenden Einzel-

Das Weltgericht
(Gemälde des Meisters von St. Severin, um 1500; Köln, Wallraf-Richartz-Museum)

schicksalen, welche jene Jahre treffend kennzeichnen. Zu Schwabach bei Nürnberg wurde am 24. September des Jahres 1505 die *Zauberin Barbara* verbrannt. Sie soll ihren Christengott um Vergebung ihrer Sünden angerufen haben, notierte der Chronist, *„solange sie irgend vor Rauch und Hitze zu schreien vermochte.“*

Das gesteigerte Heilsverlangen des Kirchenvolks war eine Erbschaft des Mittelalters. Dem frommen Bedürfnis der Gläubigen, die Sündenstrafen abzubüßen, um den Aufenthalt im *Fegefeuer* zu verkürzen, kam die katholische Kirche entgegen. Ihre Lehre vom Ablaß (*indulgentia*) besagte, daß dem reuigen Sünder für bestimmte Leistungen (z. B. Pilgerfahrten, Stiftungen, Bußübungen etc.) »Straferlaß« gewährt werden könne. Durch den gestiegenen Finanzbedarf der *Kurie* bürgerte sich seit den Tagen der Kreuzzüge immer mehr der Mißbrauch ein, solche Ablässe gegen den christlichen Sinn tiefer Reue auch käuflich erwerben zu können. Papst SIXTUS IV. verfügte 1474 sogar, auch Verstorbenen dürfe durch Geldzahlungen die Zeit des *Fegefeuers* verkürzt werden. Die Kirche wurde reich. Pracht- und prunkliebende *Renaissance-Päpste* schürten stets aufs neue den schwungvollen Handel mit dem Seelenheil der Christen. Im Jahre 1506 schrieb JULIUS II. (1503-1513), ein bedeutender Förderer der Künste, den Ablaß für den Neubau der *Peterskirche* in Rom aus. Das Geschäft kam jetzt so richtig auf Touren. ALBRECHT VON BRANDENBURG (*1490, †1545), der Erzbischof von Magdeburg *und* von Mainz, sollte wegen dieser Ämterhäufung, und zwar entsprechend einer Ablaßvereinbarung, die er 1515 mit Papst LEO X. (1513-1521) getroffen hatte,

„... um den Aufenthalt im Fegefeuer zu verkürzen“

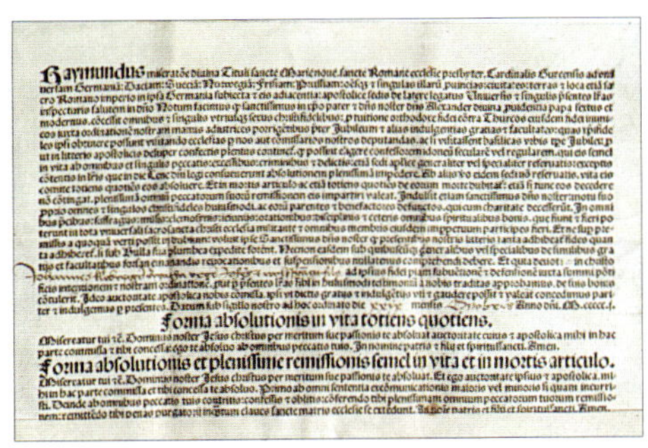

Forma absolutionis in vita totiens quotiens.

Forma absolutionis et plenissime remissionis semel in vita et in mortis articulo.

Ablaßbrief aus dem Jahre 1501
Als »Drucksache« entworfen, brauchte nur der Name des jeweiligen Gläubigen eingetragen zu werden. (Nürnberg, Germanisches Nationalmuseum)

Der Ablaßprediger Tetzel
(zeitgenössisches Spottbild; Nürnberg, Germanisches Nationalmuseum)

Martin Luther
(Gemälde von Lucas Cranach d. Ä., 1526; Wartburg)

29 000 Gulden aufbringen. Das Bankhaus Fugger hatte ihm diese hohe Summe zunächst vorgestreckt. Im Jahre 1517 erließ der Kirchenfürst sodann für seine Ablaßverkäufer und Beichtväter eine Instruktion mit gestaffelten Taxen für alle Poenitenten – vom König bis zum gemeinen Mann.

Gegen einen gewissen JOHANNES TETZEL (*um 1465, †1519), der als *Ablaßprediger* durch ALBRECHTS Magdeburger Erzsprengel zog und eine besonders widerwärtige Kampagne betrieb, empörte sich der Wittenberger Professor für Bibelexegese, MARTIN LUTHER (*1483, †1546). Er verfaßte seine berühmten *fünfundneunzig Thesen* und sandte sie am 31. Oktober 1517 an den Erzbischof: „*Es wird im Land umhergeführt der päpstliche Ablaß ... zum Bau von Sankt Peter. Ich will dabei gar nicht über der Ablaßprediger großes Geschrei Klage führen, das ich nicht gehört habe. Aber ich beklage die falsche Auffassung, die das arme, einfältige, grobe Volk draus entnimmt und die jene Prediger allenthalben marktschreierisch rühmen. Denn die unglücklichen Seelen glauben infolgedessen, wenn sie nur Ablaßbriefe lösen, seien sie ihrer Seligkeit sicher; weiter glauben sie, daß die Seelen ohne Verzug aus dem Fegefeuer fahren, sobald man für sie in den Kasten einlege.*“ Luther verschickte seine »Thesen« an einige Kollegen. Ohne sein Wissen wurden sie gedruckt und überall verbreitet. Dabei sprach er aus, was das Volk empfand: „*Warum befreit der Papst nicht aus dem Fegefeuer allein um der heiligsten Liebe und der höchsten Not der Seele willen, statt um des unseligen Geldes willen?*“ (These 82). In kürzester Zeit war seine scharfe Kritik in ganz Deutschland bekannt. Die Buchdrucker witterten ihr Geschäft und machten es auch. Ein unbekannter Mönch und Professor war nun in aller Munde – und darüber erschrocken!

Vier Jahre später: LUTHER saß auf der Wartburg. Der Mann, der schließlich den Bruch mit der Kirche ausgelöst hatte, mußte sich in den Tiefen des Thüringer Waldes verstecken. Er war gebannt und geächtet. Die Häscher des Papstes und des Kaisers waren hinter ihm her. Sie wollten ihn töten. Der Mann, der unerschrocken die reformatorische Frage aufgeworfen hatte, lebte unerkannt, als *Junker Jörg* verkleidet, in Sicherheit. Freund und Feind glaubten, er sei ermordet worden. Stattdessen übertrug er das *Neue Testament* ins Deutsche (Erstdruck 1522). Später halfen ihm gelehrte Juden und sein enger Mitarbeiter PHILIPP MELANCHTHON (*1497, †1560) bei der Übertragung des *Alten Testaments*. Schließlich konnte im Jahre 1534 die erste Lutherische Vollbibel erscheinen (*Biblia, das ist die gantze Heilige Schrifft Deudsch*). Jeder einzelne sollte das *Wort Gottes*

Friedrich der Weise war anfänglich von Papst Leo X. für die Kaiserwahl favorisiert worden. Als 1519 Karl V. gewählt wurde, verschärfte sich die Gangart der Kurie gegenüber Luther. (Gemälde von Cranach d. Ä.; Augsburg, Staatsgalerie)

Luther als Junker Jörg *(Stich von Cranach d. Ä.; Nürnberg, Germanisches Nationalmuseum)*

jetzt unmittelbar in seiner Muttersprache erfahren können. LUTHERS überragende Leistung beruhte auf seiner Fähigkeit zur ebenso verständlichen wie bildhaft-kräftigen Sprache.

Was war dem unfreiwilligen Aufenthalt auf der Wartburg vorausgegangen? Von LUTHERS Thesen gegen den Ablaß erfuhr der Papst schon im Dezember 1517. Im Juli des darauffolgenden Jahres erging die Aufforderung an den Mönch, binnen zwei Monaten in Rom zu erscheinen. Ein Verfahren wegen Ketzerei wurde eröffnet. Aber LUTHERS Landesherr, der Kurfürst FRIEDRICH III., genannt »der Weise« (*1463, †1525), hielt die Hand über ihn und erreichte, daß sich der Wittenberger Professor auch in Deutschland erklären konnte. Vor dem Augsburger Reichstag wurde er von dem päpstlichen Legaten, Kardinal CAJETAN (*1469, †1534), verhört (10.-14. Oktober 1518), konnte indes nicht zum Widerruf seiner Kritik bewegt werden. In großer Erregung schleuderte der Kuriendiplomat daraufhin dem sächsischen Starrkopf entgegen: *„Geh und komm mir nicht wieder vor die Augen, es sei denn zum Widerruf!"* Zwischen dem 4. und 15. Juli 1519 fand die berühmte *Leipziger Disputation* zwischen dem Ingolstädter Theologieprofessor JOHANNES ECK (*1484, †1543) und LUTHER statt. Inzwischen vertrat Letzterer die Meinung, daß neben dem Papst auch allgemeine Konzile irren könnten. LUTHERS Position begann nun um einen neuen Kirchenbegriff zu kreisen. Er veröffentlichte im Jahr darauf drei reformatorische Grundschriften von großer Breitenwirkung: 1. *An den christlichen Adel deutscher Nation von des christlichen Standes Besserung* ; 2. *De captivitate Babylonica ecclesiae* (Von der babylonischen Gefangenschaft der Kirche); 3. *Von der Freiheit eines Christenmenschen.* Alle diese Schriften gehen das Thema einer erneuerten Kirche mit der Bibel als Grundlage des Glaubens an.

Luther im Verhör vor Cajetan *(kolorierter Holzschnitt aus den »Historien« des Ludwig Rabus, 1557; Wittenberg, Staatliche Lutherhalle)*

Das Wormser Edikt 1521

Als die Mehrzahl der Reichsstände schon abgereist war, erließ Karl das vom päpstlichen Gesandten ausgearbeitete Edikt mit der Achterklärung über Luther, welcher nur die wenigen in Worms noch verbliebenen Fürsten ihre Zustimmung gaben:

Und weiter gebieten wir Euch allen und jedem einzelnen bei seinen Pflichten, womit Ihr uns und dem heiligen Reich untertan seid, ... daß Ihr allesamt und jeder einzelne nach Ablauf der oben erwähnten 20 Tage, die am 14. Tag des gegenwärtigen Monats Mai enden, den vorgenannten Martin Luther nicht in Euer Haus aufnehmt, nicht bei Hofe empfangt, ihm weder zu essen noch zu trinken gebt, ihn nicht versteckt, ihm nicht mit Worten oder Werken heimlich noch öffentlich irgendeine Hilfe, Anhängerschaft, Beistand, oder Vorschub erweiset, sondern wo Ihr ihm beikommen, ihn ergreifen und seiner mächtig werden könnt, ihn gefangen nehmt und uns wohlbewahrt zusendet oder das zu tun beauftragt oder uns wenigstens, wenn er Euch in die Hände gebracht wird, unverzüglich verkündet und anzeigt und ihn inzwischen im Gefängnis behaltet, bis Euch von uns Bescheid gegeben wird, was Ihr ferner nach Rechtsordnung gegen ihn unternehmen sollt und Ihr für ein solches heiliges Werk, Eure Mühe und Kosten eine angemessene Entschädigung empfangen werdet. Aber gegen seine Verbündeten, Anhänger, Verberger, Vorschubleister, Gönner und Nachfolger sowie deren bewegliche und unbewegliche Güter sollt Ihr Kraft der heiligen Konstitution und unser und des Reiches Acht und Aberacht in dieser Weise handeln: nämlich sie niederwerfen und fangen und ihre Güter in Eure Hände nehmen und sie zu Eurem eigenen Nutzen verwenden und behalten ohne irgend eine Behinderung ...

Ferner gebieten wir Euch ..., daß keiner von Euch die Schriften des obengenannten Martin Luther, die von unserem Heiligen Vater, dem Papst, wie oben steht, verdammt, ... als boshaft, argwöhnisch und verdächtig und von einem offenbaren, hartnäckigen Ketzer ausgegangen, kaufe, verkaufe, lese, behalte, abschreibe, drucke oder abschreiben und drucken lasse, noch sich seiner Meinung anschließe...

LUTHER hatte seinen Standpunkt als Reformator nun gefunden. Mehrere hunderttausend Exemplare seiner Werke waren inzwischen im Umlauf. Es erging die päpstliche *Bannandrohungsbulle Exurge Domine* (Erhebe dich, Herr!). Der Reformator sollte widerrufen, reagierte stattdessen aber äußerst heftig – vor dem *Elstertor* in Wittenberg verbrannte er am 10. Dezember 1520 diese Bulle. LUTHER wurde gebannt und mußte nun vor Kaiser und Reich erscheinen. Am 18. April 1521 hielt er auf dem Reichstag zu Worms seine berühmte Rede, die er mit folgenden Sätzen schloß: *„Wenn ich nicht mit Zeugnissen der Schrift oder mit offenbaren Vernunftgründen besiegt werde, so bleibe ich von den Schriftstellen besiegt, die ich angeführt habe, und mein Gewissen bleibt gefangen in Gottes Wort. Denn ich glaube weder dem Papst, noch den Konzilien allein, weil es offenkundig ist, daß sie öfters geirrt und sich selbst widersprochen haben. Widerrufen kann und will ich nichts, weil es weder sicher noch geraten ist, etwas gegen sein Gewissen zu tun. Gott helfe mir, Amen."* Drei Wochen später verhängte der junge Kaiser die *Reichsacht* über LUTHER und ordnete die Vernichtung seiner Schriften an. FRIEDRICH DER WEISE hatte ihn inzwischen auf die Wartburg in Sicherheit bringen lassen ...

Aufruhr in Deutschland

MARTIN LUTHERS reformatorische Schriften waren mehr als das theologische Ringen um einen neuen Kirchenbegriff – sie waren ein Aufschrei nach mehr Freiheit und Verantwortlichkeit für den einzelnen Menschen. Als die *Bauern* die tiefe Unruhe vernahmen, die Deutschland seit 1517 ergriffen hatte, träumten sie ihren eigenen Traum von der Freiheit. Nicht anders erging es den *Rittern*, die die militärische Bedeutung, die sie im Mittelalter innegehabt hatten, längst an die Söldnerheere verloren hatten und sich nun zur Wehr setzten – am nachdrücklichsten im *Ritterkrieg* der Jahre 1522-1523 (*Sickingensche Fehde*) unter der Führung des FRANZ VON SICKINGEN (*1481, †1523). Der Humanist und Luther-Anhänger der ersten Stunde, ULRICH VON HUTTEN, hatte diesen durch viele Fehden erprobten Haudegen für die Reformation gewonnen. Unter SICKINGEN schlossen sich im Sommer 1522 etwa 600 oberrheinische Ritter zu einer *brüderlichen Vereinigung* zusammen, die vom Pathos der neuen *evangelischen Freiheit* getragen war, aber tatsächlich das politische Ziel verfolgte, die überkommenen Rechte des reichsfreien Niederadels zu verteidigen. SICKINGEN und seine Standesbrüder scheiterten: Weder kam es zu einer reichsweiten Erhebung der Ritter, noch konnte der angezettelte *Pfaffenkrieg* gegen das Erzbistum Trier (1522-1523) gewonnen werden. Die trutzige Ritterfreiheit vermochte sich gegen die moderne Kriegstechnik der Fürstenmacht nicht mehr durchzusetzen. SICKINGEN starb, tödlich verwundet – und mit ihm die Illusion eines Standes, über den die Entwicklung hinweggegangen war.

Auch die Bauern kämpften um verlorenes Terrain – im Namen des *alten* und *göttlichen* Rechts, wie sie es nannten. Das geschah überall in Deutschland, im einzelnen aus sehr unterschiedlichen Gründen, aber alle rebellierenden Bauern erhoben sich fast gleichzeitig – in den Jahren 1524-1525. Dieser *Deutsche Bauernkrieg* wird von den Historikern als ein Hauptereignis deutscher Geschichte zu Beginn der Neuzeit betrachtet. Die Bauern sollten ihren Kampf freilich verlieren, dadurch die Fürstenmacht indirekt stärken und – anders als das Bürgertum – auch als politischer Faktor zukünftigen Geschehens ausscheiden. Eine Eigentümlichkeit des Deutschen Bauernkriegs besteht darin, daß Kaiser und Reichsregiment in die Ereignisse nicht eingriffen, vielmehr den Territorialgewalten das Feld überließen. So versäumte die Reichsspitze ihre vielleicht letzte Möglichkeit, im Bund mit den Bauern und Städten gegen die Fürstenmacht vorzugehen und diese zu brechen.

Im Jahre 1514 kam es in ganz Württemberg zur Revolte des »gemeinen Mannes«. Herzog ULRICH (*1487, †1550) hatte die Steuern erhöht. In Stadt und Land war die Empörung groß. Der Landesherr mußte sogar seinen Konflikt mit den *Landständen* beilegen (*Tübinger Vertrag*, 8.7.1514), um im Bündnis mit diesen das bedrohliche Aufbegehren niederschlagen zu können. So brach der Aufstand auch rasch zusammen, und die Rädelsführer dieser Bewegung *(Armer Konrad)* wurden hingerichtet. Schon seit 1493 erschütterten die *Bundschuh-Revolten* am Oberrhein den deutschen Südwesten – so genannt nach der typisch bäuerlichen Fußbekleidung, dem durch Riemen um den Knöchel »gebundenen« Schuh, der seit der Mitte des 15. Jahrhunderts Symbol und Feldzeichen der Bauernaufstände geworden war. Die Bundschuh-Verschwörer nahmen sich den Freiheitskampf der *Schweizer Eidgenossen* zum Vorbild und erhofften sich deren Unterstützung. Sie blieb freilich aus. Ihr bedeutendster Anführer war der leibeigene Bauer aus Untergrombach bei Bruchsal, JOSS FRITZ, der verschiedene Aufstände organisierte, insbesondere den *Speyrer Bundschuh* von 1502 sowie den *Bundschuh am Oberrhein* von 1517. Die Verschwörer scheiterten jeweils durch Verrat, aber FRITZ konnte entkommen. Die Bewegung wandte sich im Namen *göttlicher Gerechtigkeit*

Franz von Sickingen
*gewährte den Anhängern Luthers Zuflucht auf der Ebernburg (**▶ S. 455;** zeitgenössischer Stich, Staatliche Lutherhalle Wittenberg)*

Der Bundschuh
(Titelblattholzschnitt eines warnenden Gedichts von Pamphilus Gengenbach, 1514)

Aufständischer Bauer
(Holzschnitt aus Thomas Murners satirischem Gedicht »Von dem großen Lutherischen Narren«, 1522)

Oberschwäbischer Haufen
(Titelblattholzschnitt der Memminger Bundesordnung der Bauern vom 7. März 1525)

gegen alle herkömmlichen Dienste und Abgaben der Bauern, forderte die Aufteilung des Kirchenguts und bekannte sich dazu, *niemandes Herrschaft* dulden und *mit Waffengewalt jede Freiheit* erringen zu wollen.

In den Dörfern der *Herrschaft Stühlingen* im Schwarzwald setzte der Aufruhr im Sommer 1524 wie ein Flächenbrand ein und erfaßte danach ganz Schwaben. Die Bauern bewaffneten sich mit Sensen, Sicheln, Äxten und Keulen und schlossen sich zu sogenannten *Haufen* zusammen. Die frühen Zentren des Aufruhrs waren der *Allgäuer Haufen* (in Sonthofen), der *Seehaufen* (am Bodensee) sowie der *Baltringer Haufen* (oberes Donaugebiet), insgesamt etwa 30 000 Mann! Seinen programmatischen Ausdruck fand der Protest schließlich in den *Zwölf Artikeln der Bauernschaft in Schwaben*, die der Kürschnergeselle SEBASTIAN LOTZER (*1490, †nach 1525) sowie der Prediger CHRISTOPH SCHAPPELER (*1472, †1551) abgefaßt hatten. Die »Artikel« wurden von den *verschworenen* Bauern auf einem gemeinsamen Treffen in der Reichsstadt Memmingen (5.-7. März 1525) verabschiedet und durch sofortigen, tausendfachen Druck überall in Deutschland verbreitet.

Die beiden Verfasser hatten alle wesentlichen Anliegen der Bauern zusammengetragen und forderten unter anderem die freie Wahl des Gemeindepfarrers (Art. 1), die Abschaffung der Leibeigenschaft (2), die Wiederherstellung der dörflichen Nutzungsrechte (5, 10) sowie die Befreiung von *ungebührlichen* Diensten (6) und Lasten (7). Ein Charakteristikum der Memminger Programmschrift ist, daß sie mit großem Nachdruck auf das biblische Wort verweist. Es besteht kein Zweifel – die Bauern erblickten in diesem Bezug die eigentliche Legitimität ihres Anliegens. *„Wenn einer oder mehr Artikel allhier aufgestellt sein sollen, die dem Wort Gottes nicht gemäß ... dann sollen sie von Stund an tot und abgetan sein und nichts mehr gelten. Desgleichen: Wenn sich an Hand der Schrift der Wahrheit gemäß noch weitere Artikel finden sollten, sie wider Gott und die eine Beschwernis für den Nächsten wären, die wollen wir uns auch vorbehalten und in unsere Beschlüsse mit aufgenommen haben.“* Gegen die drei schwäbischen *Bauernhaufen*, die sich seit Memmingen zu einer *Christlichen Vereinigung* zusammengeschlossen hatten, rückten die schwäbischen Reichsstände *(Schwäbischer Bund)* unter GEORG TRUCHSESS VON WALDBURG (*1488, †1531) vor. Die radikalen Bauernführer gewannen angesichts der bedrohlichen Lage nun an Boden. Es kam zu Gewalttaten. Ende März 1525 steckten die Aufständischen Schlösser und Klöster in Brand. Wenige Tage später siegte

Bauern beim Dreschen
(aus dem Monatszyklus von Hans Wertinger; Nürnberg, Germanisches Nationalmuseum)

TRUCHSESS mit seinen Bundeskräften über den Baltringer Haufen (4. April). Mit dem Seehaufen schloß er am 17. April den *Weingartener Vertrag*, der den schwäbischen Bauern zwar die Möglichkeit ließ, ein Schiedsgericht anzurufen, aber ihre Sache war im Grunde verloren.

Die Niederschlagung der Bauernheere

Inzwischen hatte sich der Bauernkrieg ausgeweitet. Im Fränkischen bildete das Gebiet um die Reichsstadt Rothenburg ein weiteres Zentrum der Empörung. Viele Bürger schlossen sich dem *fränkischen Bauernhaufen* an, dessen namhafter Vertreter der Reichsritter FLORIAN GEYER (*um 1490, †1525) war. Die Franken forderten: *„Es sollen alle Geistlichen und Weltlichen, Edle und Unedle, hinfür des gemeinen Bürger- und Bauernrechts halten und nicht mehr sein als ein anderer gemeiner Mann."* Dieser die spätere »Egalität« der Französischen Revolution vorwegnehmende Programmpunkt wurde auch in die Tat umgesetzt – Burgen, Schlösser und Klöster gingen nun in Flammen auf, allein 63 im Raum Würzburg. Zwischen Heilbronn und Aschaffenburg operierte der *Odenwälder Haufen*. Bei der Besetzung der württembergischen Stadt Weinsberg ließen die Bauern den Verteidiger der Stadt und rücksichtslos-kompromißlosen Vertreter der Adelspartei, den Grafen LUDWIG VON HELFENSTEIN, zusammen mit anderen Rittern und Knechten nach Landsknechtsart (*Spießrutenlaufen*) brutal töten. Wegen dieser singulären *Bluttat von Weinsberg* eilte den revoltierenden Bauern von nun an kein guter Ruf mehr voraus.

Die Schlacht von Gaisbeuren 1525
Ein Bauernheer und berittene Söldner stehen sich gegenüber. (Glasmalerei von 1528, Wappenscheibe des Überlingener Rathauses)

Die Marktbauern
Nach altem Recht mußten die Bauern dem Grundherrn den »Zehnten« zahlen. (Stich von Albrecht Dürer, 1519; Dresden, Staatliche Kunstsammlung)

Thomas Müntzer
(kolorierter Kupferstich von Christoffel van Sichem)

Gleichviel – bis Anfang Mai des Jahres 1525 hatten die Aufständischen an Main, Tauber und Neckar beachtliche militärische Erfolge aufzuweisen. Auch traten Städte, geistliche und weltliche Herren sowie einzelne Reichsritter dem Bauernbündnis bei oder wurden gezwungen, die *Zwölf Artikel* anzuerkennen. In Württemberg war sogar Herzog ULRICH auf die Seite der Bauern übergetreten – übrigens nicht aus Gründen der Selbstlosigkeit. Führender Kopf der *Odenwälder* war der studierte Jurist und kurpfälzische Sekretär WENDEL HIPLER (*um 1465, †1526), auf dessen Betreiben hin Mitte Mai eine Versammlung aus Vertretern der Region in der Reichsstadt Heilbronn zustandekam. Dieses *Bauernparlament* war freilich nicht mehr als eine Episode im Rahmen des Bauernkriegs – aber eine bemerkenswerte! Denn die versammelten Bauernführer hatten im Sinn, »von unten« eine allgemeine, auf der Ebene der *Stände* bisher gescheiterte *Reichsreform* in Angriff zu nehmen. Ihnen schwebte neben den »Zwölf Artikeln« unter anderem auch eine starke kaiserliche Zentralgewalt vor, eine Reform des Wirtschafts- und Rechtslebens im Reich, schließlich die allgemeine Fürsorge für die Armen und Notleidenden.

Noch während die Bauernführer in Heilbronn tagten, kam der Umschwung der Ereignisse zugunsten der Fürstengewalt. Innerhalb weniger Wochen, zwischen dem 12. Mai und 4. Juni 1525, wurden die Bauern in Württemberg (*Schlacht bei Böblingen*, 12. Mai), in Thüringen (*Schlacht bei Frankenhausen*, 15. Mai), im Rheinland (vor Zabern und bei Schlettstadt im Elsaß, 15.-17. Mai) und in Franken (*Schlacht bei Königshofen*, 2. Juni) vernichtend geschlagen. Mit dieser Serie von Niederlagen war der Widerstand der Bauern in den Kernlanden des Reichs gebrochen. Lediglich im Erzstift Salzburg und in Tirol dauerte die Erhebung bis in das folgende Jahr an. MICHAEL GAISMAIR (*um 1490, †1532), der Führer der Tiroler Bauernschaft, entwickelte in seiner *Tiroler Landesordnung* das Konzept einer christlich demokratischen Bauernrepublik, vielleicht das konkreteste, durchdachteste und zugleich radikalste Programmpapier des Deutschen Bauernkriegs, das direkt auf die Übernahme der Rechte der *Landschaft* durch die Aufständischen zielte. 1526 griffen die Truppen des Schwäbischen Bundes auch in Salzburg ein und beendeten die größte Massenbewegung der älteren deutschen Geschichte, in deren Verlauf 100 000 Bauern erschlagen, grausam gefoltert und hingerichtet wurden. Um das Ausmaß der Tragödie zu begreifen, muß man sehen, daß der Bauer auch in den *Landsknechtshaufen* der Fürstenmacht kämpfte! Ein schwermütig gestimmter Kurfürst FRIEDRICH,

»der Weise«, schrieb in den Tagen vor den entscheidenden Schlachten des Jahres 1525 an seinen Bruder: *„Gott wende seinen Zorn von uns. Will es Gott also haben, so wird es also hinausgehen, daß der gemeine Mann regieren soll.“*

MARTIN LUTHER, dem die Bauern so viel zu verdanken hatten, verfaßte im Frühjahr 1525 ein scharfes Pamphlet gegen die Bauern (*Wider die räuberischen und mörderischen Rotten der Bauern*), in dem er die Fürsten zum Eingreifen aufforderte: *„Liebe Herren, steche, schlage, würge, wer da kann.“* LUTHER urteilte aus den Erfahrungen des mitteldeutschen Aufstandes mit seinem Zentrum im thüringischen Mühlhausen. Hier wirkte die wohl schillerndste Figur des Bauernkriegs, eine der umstrittensten Gestalten der deutschen Geschichte überhaupt, der Theologe und radikale Sozialreformer THOMAS MÜNTZER (*1489, †1525). Er war politisch wie theologisch der eigentliche Gegenspieler LUTHERS und sah sich im alttestamentlichen Sinn des Wortes als »Prophet der Bauern«, der diese wie alle anderen »Entrechteten« aus ihrer Unwissenheit herausleiten wollte. Es schien MÜNTZER geboten, das *Reich Gottes auf Erden* zu verwirklichen, und in diesem Zusammenhang, *die Mächtigen vom Thron zu stürzen*, damit die *Niedrigen erhöht werden*. Im sächsischen Allstedt hielt er 1524 seine berühmte *Fürstenpredigt*, mit der er die Obrigkeit für seine Ziele gewinnen wollte. MÜNTZER scheiterte und ging nach Mühlhausen, wo er mit dem ehemaligen Mönch HEINRICH PFEIFFER (†1525) im September 1524 die *Mühlhäuser Artikel* aufstellte. Mit ihnen war den revolutionären Kräften der thüringischen Bauernmacht (*Frankenhäuser Haufen*) eine über eng begrenzte materielle Forderungen hinausgehende Zielstellung gesetzt worden. MÜNTZER übernahm schließlich die Führung des 6000 Mann starken Frankenhäuser Haufens, wurde nach der oben genannten Entscheidungsschlacht am 15. Mai 1525 eingekerkert, gefoltert und dann hingerichtet.

Der weitere Kampf um den neuen Glauben

Die reformatorische Frage entsprach vor allem der Mentalität des deutschen Stadtbürgers, der über ein höheres Bildungsniveau verfügte als der Dorfbewohner. Hier im Fluidum städtischen Lebens wurde das Neue *gelesen* und eben auch *gepredigt*, so daß die illiteraten Schichten am Gedankengut LUTHERS in gleicher Weise teilhaben konnten wie die gebildeten. Getragen von einer moralischen Entrüstung über die Mißstände in der Kirche, forderten die Anhänger LUTHERS zuerst die »freie Pfarrerwahl«,

Ermanunge zum
fride auff die zwelff artickel
der Bawrschafft ynn
Schwaben.
Auch widder die reubischen
vnd mördischen rotten
der andern bawren.
Mart. Luther.
Wittemberg.

Luthers Kampfschrift gegen die Bauern
Mit den 12 Artikeln wollte der Verfasser der 95 Thesen nicht in Verbindung gebracht werden. (Titelblatt von 1525; Wittenberg, Staatliche Lutherhalle)

»...eingekerkert, gefoltert und dann hingerichtet.«

Spottbild über die kirchlichen Mißstände
Man erkennt den Papst mit der Tiara und Luther, der auf die Schrift weist. (16. Jh.; Nürnberg, Germanisches Nationalmuseum)

Der Bildersturm
Die radikalen Reformer bekämpften die Verehrung der Heiligen, den Marienkult und jegliche Ausschmückung der Kirche. (Flugblatt um 1530; Nürnberg, Germanisches Nationalmuseum)

Das Ende des Täuferreichs in Münster
Bockelson, Knipperdolling und ihre Helfer wurden hingerichtet und in eisernen Käfigen am Turm der Lamberti-Kirche aufgehängt. (Titelblattholzschnitt, 1536; Münster, Staatsarchiv)

das heißt die städtische Zuständigkeit bei der Stellenbesetzung, und die »freie Predigt«, die Verkündigung des »göttlichen Wortes« ausschließlich nach den Zeugnissen der Bibel.

Einen besonderen Akzent setzte vor allem die *Täuferbewegung*. Die Kirche sollte nach den Vorstellungen der *Täufer* eine *freiwillige* Gemeinschaft sein, die ihre Gläubigen erst im »mündigen« Erwachsenen- und nicht schon im Kindesalter aufnimmt und tauft. Von ihren Gegnern *Wiedertäufer* genannt, lehnten diese radikalreformatorischen Sekten anfangs jegliche Waffengewalt ab, setzten sich für praktische Nächstenliebe ein und nannten sich untereinander *Brüder* und *Schwestern*. Wegen ihrer Lehre wurden sie bald grausam verfolgt. Allein für die Jahre zwischen 1527 und 1533 sind über 600 Täuferexekutionen bezeugt. Doch Verfolgung radikalisierte sie. Im westfälischen Münster gelang es ihnen 1534 sogar, das *Stadtregiment* an sich zu reißen. Sie bildeten einen *Täuferrat* mit zwölf *Aposteln* und wollten entsprechend einer »Prophetie« des Wanderpredigers MELCHIOR HOFMANN (*vor 1500, †1543) das *Reich Gottes auf Erden* errichten. Der Schneidergeselle JAN BOCKELSON (*1509, †1536) ließ sich im September 1534 zum König des *Neuen Jerusalem* ausrufen, führte die Gütergemeinschaft und Vielweiberei ein und ordnete über seine »rechte Hand«, den Tuchhändler BERNT KNIPPERDOLLING (†1536), die Verfolgung eines jeden an, der sich seinem Willen widersetzte. Gegen diese Schreckensherrschaft der Täufer schritten schließlich die katholischen und protestantischen Reichsstände gemeinsam ein.

Die Reichsstände dokumentierten ihre Fürstenmacht stets eindrucksvoll und schafften es allemal, sich durchzusetzen – gegen Ritter, Bauern und nun auch gegen die radikalen Reformatoren. Auch der Kaiser begünstigte die Fürsten im Reich. Wir wissen es schon: Er hieß KARL V. und war der Enkel MAXIMILIANS. Von seinem Vater PHILIPP DEM SCHÖNEN (*1478, †1506) kam das habsburgische Erbe auf ihn über, von seiner Mutter JOHANNA DER WAHNSINNIGEN (*1479, †1555) das Spanische Reich. Dieser *Weltherrscher* steckte zu tief in europäischen Konflikten, um sich gebührend um die Angelegenheiten des Reichs kümmern zu können. Aber den Reichsständen war es recht so! Über zwanzig Jahre mußte sich KARL mit dem französischen König FRANZ I. auseinandersetzen. Vier Kriege waren zu führen. Am Ende versuchte der Kaiser, den Franzosen für eine versöhnliche Friedensregelung zu gewinnen. Er schloß 1544 einen Kompromiß (*Frieden von Crépy*), um FRANZ dafür zu gewinnen, gegen die Türken sowie *protestantischen Reichsstände* zu Felde zu ziehen.

Die Formierung der Protestanten

Wie kam es dazu? Auf dem berühmten *Wormser Reichstag* von 1521 gab es diese *Protestanten* jedenfalls noch nicht! Aber ihr Entstehen ist letztlich dem dort beschlossenen Reichsgesetz (*Wormser Edikt*) zu schulden, das neben LUTHERS Ächtung zugleich verfügte, den alten Glauben unter den Schutz des *Landfriedens* zu stellen. Das bedeutete im Klartext: Jeder Reichsstand, der ein Befürworter der Reformation war, stand von nun an unter der Androhung von Acht und Strafe. Die *evangelisch* gesonnenen Mitglieder des *Reichsregiments* erklärten allenthalben und schelmisch, sie könnten dem Wormser Edikt nur *so weit wie möglich* nachkommen. Auf dem *Speyerer Reichstag* von 1526 wurde die reformatorische Glaubensfrage auf ein künftiges Konzil vertagt. Bis dahin sollten sich die Reichsstände so verhalten, *„wie ein jeder solches gegen Gott und die kaiserliche Majestät hofft und vertraut zu verantworten."* Die Reformation geriet nun zusehends in die Zuständigkeit der Landesfürsten. Diese begannen mit der Errichtung eines *landesherrlichen Kirchenregiments*, also dem Aufbau einer jeweils *eigenen* lutherischen Landeskirche. Gegen diese Tendenzen machten die *Altgläubigen* alsbald mobil. Der Konflikt beherrschte sodann den *Speyerer Reichstag* des Jahres 1529, auf dem die katholischen Reichsstände auf strikte Umsetzung des Wormser Edikts pochten. Sechs evangelische Fürsten und vierzehn Abgesandte reformfreudiger Reichsstädte verwahrten sich mit einer *Protestation* gegen die Annullierung des Abschieds von 1526 und erklärten, daß Mehrheitsbeschlüsse nicht bindend sein könnten, wenn es um Glaubensfragen ginge. Die *Protestanten*, wie man sie deshalb nannte, verließen daraufhin den Reichstag.

1530 weilte KARL V. nach langer Abwesenheit wieder in Deutschland. In jenem Jahr trat der Reichstag zu Augsburg zusammen. Vor dem Kaiser wurde die *Confessio* der evangelischen Reichsstände (*etlicher Fürsten und Städte*) verlesen. Dieses im wesentlichen von PHILIPP MELANCHTHON ausgearbeitete Bekenntnis (*Confessio Augustana*) legte die entscheidenden Punkte des neuen Glaubens fest. Wegen der unterschiedlichen Standpunkte in der *Abendmahlslehre* zwischen LUTHER und dem Schweizer Reformator ULRICH ZWINGLI (*1484, †1531) waren die Eidgenossen mit einer eigenen Bekenntnisschrift erschienen. Die katholische Gegenerklärung (*Confutatio*) zur Confessio Augustana wurde im wesentlichen von dem Theologen ECK ausgearbeitet. Trotz wochenlanger Verhandlungen

Die Ausbreitung der Reformation

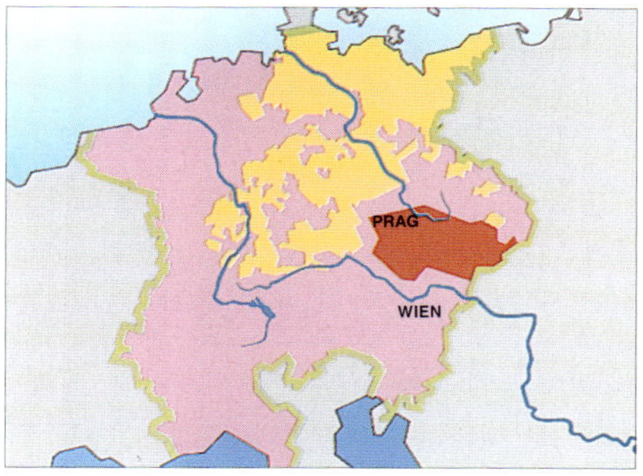

Territorien (gelb), in denen bis 1550 die von Wittenberg ausgehende Reformation eingeführt wurde.

Übergabe der Confessio Augustana *durch Kurfürst Johann den Beständigen an Karl V. (Gemälde von Andreas Hemeisen, 1601; Nürnberg-Mögeldorf, Pfarrkirche St. Nikolaus)*

Philipp Melanchthon *(nach 1532, aus der Werkstatt Lucas Cranachs d. Ä.; Gemäldegalerie Dresden)*

»In dem kleinen thüringischen Ort Schmalkalden ...«

Landgraf Philipp von Hessen *führte 1526 die Reformation in Hessen ein und gründete in Marburg 1527 die erste protestantische Universität. (Gemälde von Hans Brosamer, um 1530; Wartburg)*

erwiesen sich die dogmatischen und politischen Gegensätze als unüberbrückbar. Das Ergebnis war, daß KARL schließlich wieder auf die Durchführung des Wormser Edikts pochte. Den Protestanten drohten nun Kammergerichtsprozesse wegen Landfriedensbruchs. In dem kleinen thüringischen Ort Schmalkalden schlossen sich daraufhin am 24. Februar 1531 mehrere evangelische Reichsstände unter Führung Kursachsens und Hessens zu einem Verteidigungsbündnis zusammen (*Schmalkaldischer Bund*). Diese bewaffnete Macht der Protestanten sollte den Kaiser dann zum Einlenken führen. Auf einer Reichsversammlung zu Nürnberg (bei gleichzeitig tagendem Regensburger Reichstag) wurde den Protestanten die freie Religionsausübung vorläufig zugestanden. Im Gegenzug erhielt der Kaiser die lang erbetene *Türkenhilfe*. Dieses Stillhalteabkommen (*Nürnberger Anstand*) erwies sich für beide Seiten als vorteilhaft: KARL hatte nun freie Hand für seine außenpolitischen Unternehmungen, die protestantischen Reichsstände, um der evangelischen Lehre Kirchengestalt zu geben.

Erst nach Crépy scheint im Kaiser der Entschluß gereift zu sein, sich endlich auch im Reich durchzusetzen. Jedenfalls zog er nun zwei prominente Vertreter des Reichsfürstenstandes aus der Front seiner Gegner heraus: Dem Herzog WILHELM IV. VON BAYERN (*1493, †1550) stellte er eine Heiratsverbindung mit seinem Haus in Aussicht und dem Herzog MORITZ VON SACHSEN (*1521, †1553) machte er Hoffnungen auf die sächsische Kurwürde sowie die Bistümer Magdeburg und Halberstadt. KARL stand außerdem seit Sommer 1546 im förmlichen Bündnis mit Papst PAUL III. (1534-1549), der ihm für den Sieg über die Protestanten Gelder, Truppen und verschiedene Privilegien versprach. Es galt nun, keine Zeit mehr zu verlieren, da inzwischen auch die Kurpfalz die Einführung der Reformation plante, mithin die letzte weltliche *Kurstimme* für den Kaiser verloren schien. Also schlug der Habsburger zu: Am 20. Juli 1546 verhängte er über Kurfürst JOHANN FRIEDRICH VON SACHSEN (*1503, †1554) sowie Landgraf PHILIPP VON HESSEN (*1504, †1567), die beiden Häupter des *Schmalkaldischen Bundes*, die *Reichsacht* und eröffnete mit diesem Schritt den *Schmalkaldischen Krieg*. Dem Kaiser gelang in der *Schlacht bei Mühlberg* an der Elbe der entscheidende Sieg (24.4.1547). Militärisch unterlegen, war der Schmalkaldische Bund nun auch politisch am Ende. Auf dem folgenden Augsburger Reichstag (*geharnischter Reichstag* vom 1.9.1547 bis 30.6.1548) diktierten die Sieger die Bedingungen. Auf dem Wege zur Wiederherstellung der Kircheneinheit machte die kaiserliche Partei den

Kaiser Karl V. *in der Schlacht bei Mühlberg. Der siegreiche Kaiser, der den in Gefangenschaft geratenen sächsischen Kurfürsten Johann Friedrich ursprünglich enthaupten lassen wollte, schenkte den Bitten anderer Fürsten Gehör und ließ kaiserliche Gnade vor Recht walten. (Gemälde von Tizian; Madrid, Prado)*

Protestanten Zugeständnisse, die zwar nur als Zwischenlösung gedacht waren (*Augsburger Interim*), de facto aber einen entscheidenden Schritt zur Glaubensspaltung darstellten.

Der Kaiser konnte seine starke Stellung nicht lange halten. Ausgerechnet MORITZ VON SACHSEN, der JOHANN FRIEDRICH die Kurwürde abgejagt hatte und von seinen protestantischen Glaubensgenossen fortan als *Judas von Meißen* bezeichnet worden war, setzte sich an die Spitze einer Fürstenerhebung (1552), um die *deutsche Libertät* zu verteidigen. Politisch isoliert und militärisch ungerüstet, mußte KARL nach Kärnten fliehen. Sein Bruder, der spätere Kaiser FERDINAND I. (1556-1564) vereinbarte mit MORITZ noch 1552 die Aufhebung des Augsburger Interims. Bis zur Verabschiedung eines dauerhaften Religionsfriedens sollte den Protestanten erneut die freie Religionsausübung gewährt werden. Am 25. September 1555 war es dann soweit: Auf dem Augsburger Reichstag wurde zwischen FERDINAND und den Reichsständen der *Augsburger Religionsfriede* vereinbart, wonach die Anhänger der *Augsburger Konfession* von 1530 die gleichen Rechte der Religionsausübung haben sollten wie die Katholiken. Damit war die prinzipielle Rechtlosigkeit des Protestantismus beendet. Alle weltlichen Reichsstände erhielten das Reformationsrecht (*ius reformandi*), was besagte, daß sich die Untertanen fortan nach dem Bekenntnis des Landesherrn des jeweiligen Territoriums zu richten hatten (*cuius regio, eius religio*).

Der Augsburger Religionsfriede

Die Urkunde
(Wien, Staatsarchiv)

Durch den überraschenden Angriff Moritz von Sachsens auf den Kaiser gewannen die entmachteten protestantischen Stände erneuten Verhandlungsspielraum. Der mit den Altgläubigen sodann erzielte Vergleich besiegelte einerseits die konfessionelle Spaltung des Reichs, schuf aber andererseits die territoriale Glaubensfreiheit.

Und damit ein solcher festgesetzter Frieden auch in bezug auf die Religionsspaltung desto beständiger zwischen der Römischen Kaiserlichen Majestät und uns, auch den Kurfürsten, Fürsten und Ständen des heiligen Reiches Deutscher Nation angestellt, aufgerichtet und erhalten werden möchte, so sollen die Kaiserliche Majestät, Wir, auch Kurfürsten, Fürsten und Stände des heiligen Reichs keinen Stand des Reichs wegen der Augsburgischen Konfession und deren Lehre, Religions und Glaubens halber mit der Tat gewaltsam überziehen, schädigen, vergewaltigen oder in anderer Weise gegen sein Gewissen und Wollen von dieser Augsburgischen Konfession, Religion, Glauben, Kirchengebräuchen, Ordnungen und Zeremonien, so sie aufgerichtet haben oder nachmals aufrichten möchten, in ihren Fürstentümern, Landen und Herrschaften bedrängen oder durch Mandat oder in anderer Weise beschweren oder verachten, sondern bei solcher Religion ..., auch bei ihrem Hab und Gut, liegendem oder fahrendem, Land, Leuten, Herrschaften, Obrigkeiten, Herrlichkeiten und Gerechtigkeiten ruhig und friedlich bleiben lassen.

Dreißig Jahre Krieg

Schlacht bei Lützen
Herzog Anton-Ulrich-Museum, Braunschweig

Den Knecht legten sie gebunden auf die Erde,
steckten ihm ein Sperrholz ins Maul
und schütteten ihm einen Melkkübel voll
garstig Mistlachenwasser in den Leib;
das nannten sie einen »schwedischen Trunk« ...
(Johann Jakob Christoffel
von Grimmelshausen, »Simplicissimus«, 1669)

Europa im Zeitalter der Gegenreformation

Karl V.
zur Zeit des Nürnberger Religionsfriedens (Nürnberger Anstand) von 1532. Nach seiner Abdankung verbrachte er seine beiden letzten Lebensjahre in der monastischen Abgeschiedenheit des kastilischen Klosters San Jeronimo de Yuste. (Gemälde von Jakob Seisenegger, Ausschnitt; Wien, Kunsthistorisches Museum)

Der *Augsburger Religionsfriede* von 1555 zeigt, daß das dreißigjährige Bemühen um eine religiöse und kirchliche Einigung Deutschlands gescheitert war. Die Kräfte, die die Einheit wiederherstellen wollten, hatten sich erschöpft. KARL V., der Sieger von Mühlberg, schaffte es nicht mehr, die politischen Früchte seines militärischen Sieges zu ernten. Ein viertel Jahrhundert lang hatte er die lutherfreundlichen Reichsstände gewähren lassen müssen. Das Rad der Geschichte ließ sich nicht mehr zurückdrehen; und so lagen die Augsburger Beschlüsse des Jahres 1555 in der inneren Logik der Entwicklung. Deutschland, das Ursprungsland der Reformation, schien nun anderen Ländern voraus zu sein. Denn inmitten europäischer Kriege, die in der zweiten Jahrhunderthälfte ausgetragen wurden und mehr oder weniger konfessionelle Ursachen hatten, verlief unsere eigene »Nationalgeschichte« jetzt in vergleichsweise ruhigen Bahnen und nahezu isoliert vom Geschehen Europas. Erst der *Dreißigjährige Krieg* (1618-1648) sollte Deutschland mit ganzer Wucht auf die europäische Bühne zurückholen. Dieser längste Krieg unserer Geschichte, vielleicht auch der mit den einschneidendsten Konsequenzen für die weitere Entwicklung, ließ offenkundig werden, daß der Augsburger Religionsfriede nicht mehr als ein »Stillhalteabkommen« sein konnte. Das Zeitalter der durch die *Glaubensfrage* diktierten Gegensätze dauerte fort.

Was geschah um uns herum? KARL V., der Politik überdrüssig, dankte 1556 ab. Seinem Bruder FERDINAND I. überließ er die Kaiserkrone, vermachte indes die Hauptmasse des Habsburgischen Weltreiches seinem Sohn Philipp II. (*1527, †1598), unter dessen Herrschaft Spanien nun einige Jahrzehnte lang zur europäischen Vormacht aufstieg. Entscheidend für die spanische Hegemonialstellung war der Ausgleich mit Frankreich, der im *Frieden von Cateau-Cambrésis* (1559, heute: Le Cateau im frz. Dép. Nord) nach den beständigen Kämpfen der Vergangenheit zwischen den rivalisierenden Häusern Habsburg und Valois besiegelt wurde. Danach verzichtete der französische König Heinrich II. (1547-1559) auf seine Ansprüche in Italien, welches dem spanischen Machtbereich zugeschlagen wurde, während Frankreich seine Position an der Nord- und Ostgrenze stabilisieren konnte. Da Philipp aber insbesondere die ertragreichen Niederlande verblieben, die rechtlich zum Teil dem deutschen Reichsverband zugehörten, konnte er Spanien wichtige Positionen im westlichen Zentraleuropa sichern. Zudem heiratete der Habsburger 1560 in dritter Ehe Elisabeth von Valois, die Tochter des französischen Königs Heinrich. Der Bund der katholischen Mächte war nun geschmiedet. Er stiftete für ganz Europa neue Impulse zur Regeneration des alten Glaubens und läutete das Zeitalter der *Gegenreformation* ein. Vielleicht war Philipp der erste Bürokrat auf dem Königsthron, in jedem Fall aber der erste frühmoderne Hegemon in Europa, der nicht zugleich die abendländische Kaiserkrone trug. Er handelte als Nationalspanier, dem aus christlich-katholischer Ethik heraus überstaatliche Aufgaben zugewachsen waren. Etwa 60 Kilometer nordwestlich seiner neuen Hauptstadt Madrid ließ er seit 1563 den *Escorial-Palast* errichten, eine festungsähnliche, klösterliche Residenz. Die monumentale Wucht dieser Anlage hinterläßt noch heute einen nachhaltigen Eindruck vom sakralen Sendungsbewußtsein, das in der königlichen Majestät dieses spanischen Habsburgers verankert war. Der Escorial ist das zu Stein gewordene Programm der Gegenreformation.

Der Protestantismus der Lutherischen Reformation verlor nach der Jahrhundertmitte seinen einstigen Schwung. Durch Leben und Werk des Schweizer Reformators Johann Calvin (*1509, †1564) wurden ihm aber auch neue Kräfte zugeführt, die in einer zweiten Reformationswelle das westliche Deutschland, Polen, Ungarn, Siebenbürgen, Frankreich, Schottland und die nördlichen Niederlande erreichten. Calvin, der aus Frankreich geflohen war, als Franz I. die Protestanten verfolgen ließ, verschlug es schließlich nach Genf, wo er schon seit den 30er Jahren, insbesondere aber seit Mitte der 50er Jahre, eine christliche Stadtgemeinde nach den Maßstäben strengster Kirchenzucht aufbaute. Alle Bereiche des privaten und öffentlichen

Ferdinand I.
ermöglichte 1552 die Aufhebung des Augsburger Interims und 1555 den Augsburger Religionsfrieden. (Gemälde von Hans Schwarz, 1524; Florenz, Uffizien)

Philipp II.
stellte seine Politik in den Dienst des katholischen Glaubens. (Gemälde von Tizian, Ausschnitt; Madrid, Prado)

Johann Calvin
(zeitgenössisches Gemälde; Genf, Musée d'Art et d'Histoire)

Das Konzil von Trient
(zeitgenössisches Aquarell aus M. Burgklehners »Tiroler Adler«)

Lebens sollten von »gottesdienstlicher« Strenge durchherrscht sein. Sein Hauptwerk, das in erster Fassung bereits 1536 erschienen war (*Christianae religionis institutio*), ist eine Art calvinistisches Kompendium der evangelischen Glaubenslehre. Darin entwickelte der Genfer Reformator vor allem seine Lehre von der Vorausbestimmung des Menschen durch Gott – sei es zur *ewigen Verdammnis*, sei es zur *ewigen Seligkeit*. CALVINS Auffassung von dieser *doppelten Prädestination* wirkte sich auch auf das wirtschaftliche und politische Verhalten seiner Anhänger aus und schuf vor allem für den westeuropäischen Protestantismus die Voraussetzungen für dessen politisches Überleben im Zeitalter der Gegenreformation.

1545 war das *Trienter Konzil* einberufen worden. Es tagte in drei Sitzungsperioden (1545-1547; 1551-1552; 1562-1563) und hatte ursprünglich die Wiederherstellung des alten Glaubens zum Ziel. Alle religiösen Probleme, die das 16. Jahrhundert bewegten, wurden aufgegriffen. Am Ende kamen jedoch nur einzelne Dekrete zustande, die das praktische Kirchenleben verbesserten, das katholische Dogma präzisierten oder gegenüber anderen Konfessionen abgrenzten. Gleichwohl gab das Konzil dem Katholizismus neue Kraft. Vor allem aber führten die strikten Formulierungen seiner Beschlüsse zur Verhärtung der konfessionellen Fronten und förderten zudem das *inquisitorische* Vorgehen gegen die *Ketzer* (wozu in einigen Ländern auch die Protestanten zählten). Zunächst gilt: Es war für die katholische Seite schon ein großer Erfolg, daß das Konzil überhaupt abgeschlossen werden konnte! Denn die katholischen Mächte einerseits und die Konzilsväter andererseits zogen durchaus nicht immer an ein und demselben Strang. Besonders Spanien, Frankreich und Kaiser FERDINAND hegten tiefes Mißtrauen gegenüber der *Kurie*, ob diese sich auch tatsächlich mit dem gebotenen Ernst an die aus praktischen Gründen dringend notwendige Reform heranwagen wollte. Papst PIUS IV. (1560-1565) bewies sodann eine glückliche Hand, als er 1563 den römischen Spitzendiplomaten, Kardinal GIOVANNI MORONE (*1509, †1580), als Konzilspräsident nach Trient schickte. Klug verstand es dieser, alle strittigen Fragen auszuklammern und die Verhandlungen derart auf die Ausarbeitung positiver Reformschritte zu lenken. Mit dem Abschluß des Konzils hatte das katholische Lager die Fähigkeit unter Beweis gestellt, doch noch mit *einer* Stimme reden zu können. Die kirchliche Führungsspitze wurde fortan unter römischer Leitung in besonderen Hochschulen ausgebildet. Auch einfache Priester mußten nun Seminare besuchen, die von *Jesuiten* eingerichtet wurden. Das

Die spanische Inquisition *Das Reich des spanischen Habsburgers, Philipps II., war das Kernland der europäischen Gegenreformation. Rücksichtslos schickte der Monarch seine Inquisitoren aus, um das Land von »ketzerischen Elementen« zu säubern. Das Bild zeigt die Szene eines Inquisitionsverfahrens (zeitgenössisches Gemälde von Alonso Berruguete, Ausschnitt; Madrid, Prado).*

Konzil stärkte nicht nur den Katholizismus insgesamt, sondern speziell auch das Papsttum. Deshalb geriet die katholische Kirche später nicht in dem Maße wie die protestantische in die Abhängigkeit der weltlichen Landesherren.

In England setzte sich nach dem Tode der Königin und Gemahlin Philipps, Marias der Katholischen (*1516, †1558), endgültig die *anglikanische*, von Rom losgelöste Staatskirche durch. Der *Anglikanismus* war von Marias Vater Heinrich VIII. (1509-1547) eingeleitet worden (1534: *Act of Supremacy*) und hatte insbesondere unter seinem Nachfolger, Eduard VI. (1547-1553), dem Einfluß deutscher Reformatoren Raum gegeben. Königin Elisabeth I. (1558-1603) stellte sodann die Anglikanische Kirche in vollem Umfang wieder her. Der erneuerte *Act of Supremacy* (1559) machte die Tudor-Monarchin zur *obersten Leiterin in allen geistlichen und kirchlichen Dingen*. Das war ein empfindlicher Schlag gegen den Anspruch des katholischen Universalismus und machte jede römische Hoffnung auf Fortsetzung der Rekatholisierungspolitik zunichte! Die Wiederaufrichtung der Anglikanischen Kirche fand in den berühmten *39 Artikeln* von 1563 ihren förmlichen Abschluß. Diese Artikel faßten das englische Kirchenleben in dogmatischen Sätzen zusammen und grenzten es sowohl gegenüber dem Luthertum als auch gegenüber dem Calvinismus deutlich ab.

Auszug aus den Glaubensartikeln der anglikanischen Kirche

Die sichtbare Kirche ist eine Versammlung gläubiger Menschen, in welcher das reine Wort Gottes gepredigt wird und wo die Sakramente in allem, was wesentlich zu ihnen gehört, nach der Einsetzung Christi verwaltet werden ...

20. Die Kirche hat die Macht, Gebräuche und Feierlichkeiten anzuordnen und in Streitigkeiten über Glaubenssachen zu entscheiden. Jedoch steht es ihr nicht frei, etwas vorzuschreiben, was dem geschriebenen Wort Gottes zuwider ist; auch darf sie von keiner Stelle der Schrift eine solche Erklärung geben, daß sie einer andern widerspricht ...

21. Allgemeine Kirchenversammlungen dürfen ohne Befehl und Willen der Fürsten nicht zusammenberufen werden. Wenn sie zusammenberufen sind, so können sie irren, und sie haben zuweilen geirrt, selbst in Dingen, welche Gott angehen; denn sie sind eine Versammlung von Menschen, die sich nicht alle von dem Geiste und Worte Gottes leiten lassen. Daher hat auch das, was von ihnen als zur Seligkeit notwendig verordnet wird, weder Kraft noch Gültigkeit, wenn nicht bewiesen werden kann, daß es aus der Heiligen Schrift genommen ist.

37. ... Indem wir des Königs Majestät die höchste Regierungsgewalt beilegen - ein Ausdruck, der, wie wir bemerken, den Gemütern einiger verleumderischer Menschen anstößig ist -, so übertragen wir damit unseren Fürsten nicht das Amt der Predigt und der Auslegung des göttlichen Wortes und der Verwaltung der Sakramente, wie solches aus den kürzlich erschienenen Verordnungen unserer Königin Elisabeth aufs deutlichste erhellt, sondern wir geben ihnen das einzige Vorrecht, welches Gott selbst, wie wir sehen, allen frommen Fürsten in der Heiligen Schrift stets verliehen hat und welches darin besteht, daß sie alle Stände und Klassen, geistliche sowie auch weltliche, die ihrer Aufsicht und Sorgfalt von Gott anvertraut sind, regieren und die Widerspenstigen und Übeltäter mit dem weltlichen Schwert in Schranken halten.

Gaspard de Coligny
Admiral von Frankreich und Führer der Hugenotten; rechts und links neben ihm seine Brüder (zeitgenössische Zeichnung; Chantilly, Musée Condé).

Die Hugenottenkriege und der Abfall der Niederlande

Seit den Tagen Franz' I. war das Haus Valois darum bemüht, Frankreich durch eine strikt antiprotestantische Politik innere Geschlossenheit zu verleihen. Blutige Verfolgungen der Glaubensgegner waren spätestens seit den 40er Jahren an der Tagesordnung. Der Erfolg dieser Politik war indes ausgeblieben. Schon unter Heinrich hatten die Protestanten überall in Frankreich an Boden gewonnen. Als der König dann an den Folgen eines Turnierunfalls starb (1559), verfiel das Land unter der Herrschaft seiner drei Söhne, den Königen Franz II. (1559-1560), Karl IX. (1560-1574) und Heinrich III. (1574-1589) in die Agonie eines konfessionellen Bürgerkrieges. Die Glaubensverfolgten schöpfen neuen Mut. Eher calvinistisch als lutherisch geprägt, erbten sie die harte und entschlossene Haltung des Genfer Reformators und nannten sich dementsprechend *Hugenotten* (»Eidgenossen«). Der konfessionelle Bürgerkrieg konnte ausbrechen, weil der französische Hochadel selbst in Katholiken und Protestanten gespalten war. Die katholische Adelsfraktion scharte sich um die Prinzen aus dem Hause *Lothringen-Guise*, die protestantische um die *Bourbonen*. Nach dem Scheitern eines *Religionsgesprächs* (1561) wurde Frankreich zwischen 1562 und 1570 von drei blutigen *Hugenottenkriegen* heimgesucht. Am Ende mußte König Karl IX. den Hugenotten die bedingte Religionsfreiheit zugestehen (*Edikt von Saint-Germain* bei Paris, 1570).

»... von drei blutigen Hugenottenkriegen heimgesucht«

Die Protestanten hatten sich mehr als behauptet, denn ihr Führer, Admiral Gaspard de Coligny (*1519, †1572), übte einen immer stärkeren Einfluß auf den jungen König aus. Coligny, der 1557 nach vorübergehender Gefangenschaft in Spanien zum reformierten Glauben übergetreten war, wollte Karl IX. für den »nationalen« Kampf Frankreichs gegen die

Aufmarsch der katholischen Adelsfraktion
(genannt »Liga«) auf der Place de Grève in Paris. (Gemälde eines französischen Meisters aus dem 16. Jh.; Paris, Musée Carnavalet)

spanische Vormacht gewinnen. Nun schlug die Guisenpartei mit Wissen der Königsmutter, KATHARINA VON MEDICI (*1519, †1589), zurück und inszenierte die berüchtigte *Bartholomäusnacht* (23. auf 24. August 1572). In Paris wurden in jener Blutnacht etwa 4 000 Protestanten ermordet. Den anschließenden Verfolgungen in den französischen Provinzen fielen weitere 20 000 Hugenotten zum Opfer. Nach der Pariser Bartholomäusnacht nahm der französische Glaubenskonflikt Züge eines konfessionellen Vernichtungskrieges an. Aber schließlich setzte sich die Einsicht durch, daß das »nationale« französische Interesse höher einzustufen sei als der konfessionelle Glaubensstandpunkt. Die Guisenpartei (*Liga*) hatte sich mit PHILIPP VON SPANIEN verbündet, der während der Hugenottenkriege von der Furcht vor einem protestantischen König auf dem französischen Thron geplagt war. So verloren die militanten Katholiken Zug um Zug an Glaubwürdigkeit. Im berühmten *Edikt von Nantes* (1598) wurde den Hugenotten weitgehende Religionsfreiheit zugesichert. Die Dynastie der Valois hatte den konfessionellen Bürgerkrieg unserer Nachbarn indes nicht überlebt – seit 1589 regierte das Haus *Bourbon*. HEINRICH IV. (1589-1610), der erste König der neuen Dynastie und einstige Hugenottenführer, tat einen Schritt der *Staatsräson*, denn sein Übertritt zum katholischen Glauben (1593) ermöglichte den konfessionellen Ausgleich.

Ganz ähnlich ging es den *Niederlanden* im Norden. Doch herrschten hier völlig andere Bedingungen. Denn das Gebiet war seit den Tagen KARLS V. fester Bestandteil der spanischen Krone. In den Provinzen *Holland* und *Seeland* florierten seit eh und je Handel und Wandel, ebenso in den reichen Städten des Südens (Brügge, Gent, Antwerpen). Aber alle litten unter der spanischen Fremdherrschaft, die den selbstbewußten und freiheitsliebenden Niederländern um so unerträglicher wurde, je straffer die Habsburger ihre Brüsseler Zentralverwaltung ausbauten. PHILIPP schätzte dieses Juwel der spanischen Krone über alles, doch mißfiel ihm der Glaubenspluralismus, der sich hier infolge der Reformation auszubreiten drohte. So beschloß er, gegen die niederländischen Lutheraner, Täufer und Calvinisten einzuschreiten. Er erließ harte *Ketzeredikte* und provozierte die Opposition des einheimischen Adels sowie protestantischer Gemeinden, als spanische *Inquisitoren* in den Provinzen Angst und Schrecken verbreiteten. Die offene Empörung brach im Jahre 1566 aus, als die Adelsopposition eine Bittschrift zur Abschaffung der Inquisition, zur Aufhebung der Religionsedikte und zur Einberufung der Ständevertreter (*Generalstände*) bei PHILIPPS Generalstatthalterin, der Regentin MARGARETE VON

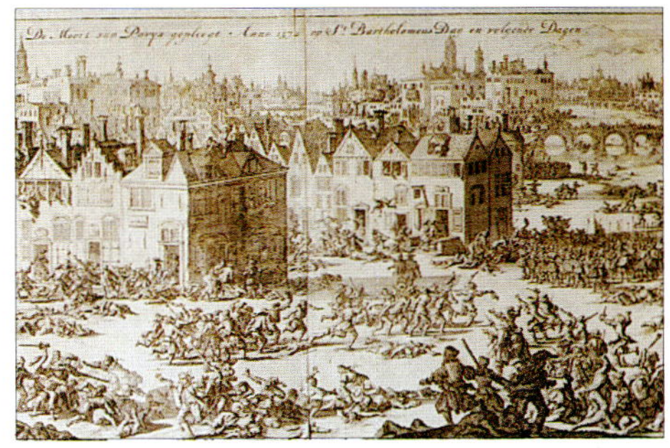

Die Bartholomäusnacht
In jener Blutnacht wurden etwa 4000 Protestanten ermordet, die anläßlich der Vermählung zwischen der Königsschwester Margarete und dem Bourbonenprinzen Heinrich von Navarra nach Paris gekommen waren. (Gemälde von F. Dubois; Lausanne, Musée des Beaux-Arts)

Die Börse zu Amsterdam
Über die Seestädte Amsterdam und Rotterdam wurde damals ein beträchtlicher Teil des Welthandels abgewickelt. (Stich aus dem 17. Jh.; Nürnberg, Germanisches Nationalmuseum)

Fernando Herzog von Alba
(spanischer Feldherr und Staatsmann; Druck nach einem Gemälde von Anton van Dashorst, um 1550)

PARMA (*1522, †1586) einreichte – und keinen Erfolg hatte! Die Bittsteller waren als Bettler (*gueux*, daraus »Geusen«) verspottet worden. Überall im Land kam es zu Bilderstürmen und Plünderungen. Der spanische König setzte daraufhin (1567) eine Armee nach Norden in Marsch. An der Spitze stand sein bester General, Herzog ALBA (*1507, †1582), KARLS V. Feldherr im Schmalkaldischen Krieg, der den Aufstand schnell niederschlagen konnte und ein blutiges Strafgericht abhalten ließ. Tausende wurden hingerichtet, darunter auch die aufständischen Grafen EGMONT (*1522, †1568) und HOORNE (*1524, †1568).

Aber die Spanier hatten den Freiheitswillen der Niederländer unterschätzt. An die Spitze der Aufständischen trat nun Prinz WILHELM VON ORANIEN (*1533, †1584), der Statthalter der Provinzen *Holland, Seeland, Utrecht* und *Westfriesland.* Gegen den Kleinkrieg der *Wassergeusen* zwischen Meer und Kanälen blieben die Spanier zuletzt machtlos. Es gelang ihnen zwar, den katholischen Süden zu behaupten, der Norden indes sagte sich im Jahre 1581 endgültig von Spanien los. In der Unabhängigkeitserklärung der niederländischen *Generalstände* heißt es: *„Ein Volk ist nicht wegen des Fürsten, sondern ein Fürst um des Volkes willen geschaffen; denn ohne das Volk wäre er ja kein Fürst.“* Damit war die Spaltung der Niederlande in einen »freien« Norden und den habsburgischen Süden besiegelt, doch der spanisch-niederländische Krieg ging noch Jahrzehnte weiter. Erst 1648 sollten die Niederlande endgültig ihre völkerrechtlich anerkannte Unabhängigkeit erhalten.

Das Wirken der Jesuiten

Unweit der *Piazza del Campidoglio* in Rom steht eine Kirche, die die barocke Sakralbauweise des katholischen Europa entscheidend beeinflußt hat. Sie heißt »Il Gesu« und ist die Mutterkirche der *Jesuiten.* Hier liegt ihr spanischer Ordensstifter, IGNATIUS VON LOYOLA (*1491, †1556), begraben. Wie LUTHER wollte er die Mißstände in der Kirche beseitigen. Aber anders als dieser machte er nicht den Papst für alle Übel verantwortlich. Man müsse wieder ernsthaft predigen, meinten er und seine ersten Gefährten, man müsse Seelsorge betreiben und die Priester in der richtigen Lehre unterweisen. Allgemein sei der »Dienst am Nächsten« in Vergessenheit geraten. IGNATIUS hatte schon ein bewegtes Leben hinter sich, bevor er 1534 den Jesuitenorden (*Societas Jesu*) gründete, welcher den Geist des Trienter Konzils ebenso »vorwegnahm« wie er später dessen Beschlüsse »vollstreckte«. Als Offizier im Dienste des

Ignatius von Loyola
überreicht Papst Paul III. die Ordensregel der Societas Jesu. (Gemälde aus dem 17. Jh.; Vorhalle der Sakristei der Kirche »Il Gesu«, Rom)

spanischen Vizekönigs von Navarra schwer verwundet (1521), kamen ihm auf dem Genesungslager bittere Selbstzweifel über sein bisheriges Leben. Nach eigenem Zeugnis war er *den Eitelkeiten dieser Welt ergeben*, bevor er durch strengste Buß- und Konzentrationsübungen für Körper und Geist (*Exerzitien*) zu einem Leben im Dienste Jesu Christi fand. IGNATIUS wußte, daß sich der katholische Glaube mit Waffengewalt *allein* nicht durchsetzen ließ. In erster Linie müsse man die Menschen davon überzeugen, daß das wahre Christentum nur in der *alten* Kirche gelebt werden könne. Die Jesuiten kämpften um jede Seele. Nach außen war der Orden tolerant. Im Innern aber herrschte strengster Gehorsam. Der Orden entschied sich nicht für ein Leben in monastischer Abgeschiedenheit, vielmehr wollte er »mitten im Leben« stehen und die »Papstkirche« gegen die Reformation verteidigen sowie hernach erneuern. In der *Ordensregel* der Jesuiten heißt es: *„Jeder einzelne ist verpflichtet, alles, was der jetzige römische Bischof und alle folgenden zu ihrer Zeit befehlen, ohne Weigerung und Entschuldigung auf der Stelle und nach besten Kräften auszuführen."* Aus dieser kämpferischen Grundeinstellung bezogen die Jesuiten ihre Stärke und Überzeugungskraft. Sie gründeten Missionswerke, Schulen sowie Universitäten und überzeugten vor allem auch das einfache Volk durch aufopfernde Nächstenliebe. Als IGNATIUS VON LOYOLA im Jahre 1556 starb, zählte der Orden bereits über tausend Mitglieder.

Die katholische Erneuerung in Deutschland ist vor allem mit dem Namen eines Mannes verbunden – dem Niederländer PETRUS CANISIUS (*1521, †1597), der vom *Römischen Stuhl* in bewußter Anlehnung an die einstige Mission des heiligen BONIFATIUS 1549 nach Deutschland geschickt wurde. CANISIUS war ein Jesuit der »erster Stunde«. Der Niederländer stand seit 1556 als *Provinzial* der deutschen Ordensprovinz der Jesuiten vor, wirkte unablässig auf die Gründung neuer Ordenshäuser hin, war der Beichtvater hochgestellter Persönlichkeiten, insbesondere Kaiser FERDINANDS I., und vermochte so direkt und indirekt Einfluß auf die hohe Politik zu nehmen. Männer wie CANISIUS, die fest zum alten Glauben standen, ohne die tatsächlichen Zustände beschönigen zu wollen, gaben dem Katholizismus etwas von dem Schwung und der inneren Überzeugungsfähigkeit zurück, die ihm seit der gescheiterten Kirchenreform des 15. Jahrhunderts abhanden gekommen waren. Jesuitenkritik aus diesem Geiste der Erneuerung war ebenso deutlich wie wachrüttelnd. Im Bündnis mit den katholischen Fürsten wollten die Erneuerer den charakterfesten, in allen Glaubensangelegenheiten kundigen und beim einfachen Volk beliebten Priester

Ignatius
*hat eine Himmelsvision, die seine Ordensbrüder nicht sehen können. In stolzer Haltung vor dem Altar stehend, treibt er Dämonen aus, von denen eine Epileptikerin besessen ist. (Altargemälde von Peter Paul Rubens, *1577, † 1640; Wien, Kunsthistorisches Museum)*

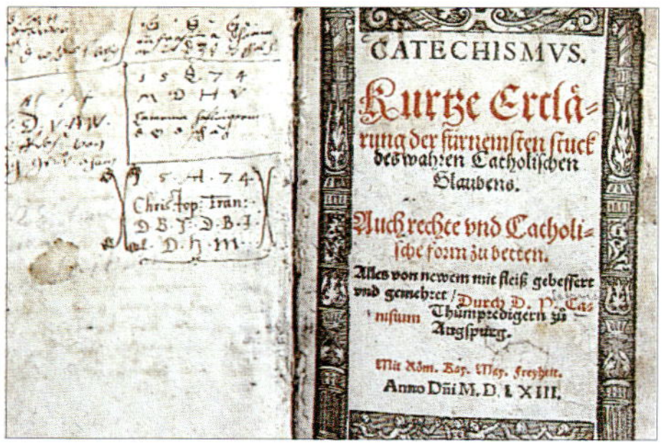

Der Katechismus von Canisius
Mit seinen Gebetbüchern und den drei Katechismen (der »Große« 1555, der »Kleine« 1556, der »Mittlere« 1558), die bis heute über 500 Auflagen erfuhren, gehört Canisius zu den bedeutendsten katholischen Seelsorgern der Neuzeit.

Petrus Canisius
trat 1543 in den Orden der Jesuiten ein, wirkte als Professor und Prediger in Ingolstadt, Wien, Prag, Augsburg und Innsbruck. (Gemälde von 1546; München, Alte Pinakothek)

heranbilden. Mit besonderer Zähigkeit nahmen sie sich darum des Bildungswesens an. Überall entstanden Jesuitenschulen und Hochschulen, so zum Beispiel in Dillingen, Würzburg, Paderborn und Graz. Anderswo erhielten sie die Aufsicht über den Lehrunterricht an der theologischen Fakultät, so zum Beispiel 1578 an der Kölner Universität. Das Zusammenwirken zwischen Politik und Orden brachte beiden Seiten große Vorteile – die tatkräftigen Landesherrn nutzten den »Pakt« zum Aufbau ihrer frühabsolutistischen Gemeinwesen, und die Glaubensritter sicherten sich auf diesem Wege wichtige Positionen in den Zentren der Macht. Als der Dreißigjährige Krieg ausbrach, war der Orden auf etwa 3000 Mitglieder angewachsen.

Politik im Zeichen der Gegenreformation

In den Jahrzehnten, die dem Augsburger Religionsfrieden von 1555 folgten, übernahm Bayern die Rolle eines Vorkämpfers der Gegenreformation. Der regierende Wittelsbacher Herzog ALBRECHT V. (1550-1579), ein Kunstliebhaber und Mäzen, der die Staatsbibliothek, das Münzkabinett, das Aquarium und die Kunstkammer gründete und München somit zur Kunststadt erhob, rief 1559 die Jesuiten ins Land. Schon zuvor (1557) hatte er den *Religionsrat* geschaffen (seit 1570: *Geistliches Ratskollegium*), der mit der Beaufsichtigung aller Glaubensfragen betraut worden war. Entsprechend den Beschlüssen des Konzils von Trient ließ der Bayer später die Kirchen und Schulen reformieren. Er wußte den Spielraum zu nutzen, der einem katholischen Herrscher seiner Zeit trotz des römischen Universalanspruchs in Fragen der Kirchenverfassung, des -dogmas und des -kultes verblieb, um so ein Verfügungsrecht nach dem anderen unter die landesherrliche Kontrolle zu zwingen. Unter Führung der

Herzog Albrecht V. von Bayern
(Ausschnitt eines Gemäldes von Hans Mielich, 1572; Ingolstadt, Mitteltafel des Hochaltars der Frauenkirche)

Jesuiten wurde die Universität Ingolstadt nun zu einer Hochburg des alten Glaubens. Seine bayerischen Landesbeamten ließ ALBRECHT den Eid auf das *Tridentinische Glaubensbekenntnis* leisten, den Untertanen wurde der Kirchgang verordnet, und die evangelischen Stände zwang er, zum alten Glauben zurückzukehren. Wer sich widersetzte, mußte das Land verlassen. Seit 1563 schloß der Herzog den evangelischen Adel und die glaubensgleichen Stadtvertreter aus dem Landtag aus. Die Macht der Stände war damit gebrochen, die des Fürsten mithin *absolut*. Das Haus Wittelsbach profitierte noch Generationen später von diesem frühen Durchbruch zur Moderne. Um 1600, zur Zeit Herzog MAXIMILIANS I. (1597-1651), des späteren Gründers der *katholischen Liga*, war der bayerische Fürstenhof der modernste und bedeutendste in Deutschland.

Seit 1569 regierte ALBRECHT nach strengen Zensurverordnungen. *Sozialdisziplinierung* hat man die landesherrliche Kirchenpolitik dieser Epoche genannt, weil es den Herrschern nicht ausschließlich um den Glauben ging und gehen konnte, sondern zugleich um eine möglichst weitreichende Kontrolle über die *Landeskinder*. Nun griff ein neues Politikverständnis um sich: Während es den mittelalterlichen Feudaloberen vor allem darum ging, »Rechte« und »Privilegien« für sich und ihre Dynastie zu kumulieren, verschrieb sich der frühmoderne Landesherr seinem »Territorium« – es sollte geordnete Finanzen geben, »Friede und Recht« sollten herrschen, und das Bildungsniveau der »Untertanen« wollte man durch die Förderung von Schulen und Universitäten heben. Mit der Durchsetzung des einheitlichen Glaubens im Territorium ging darum der Aufbau einer Behördenorganisation (*gute Polizey*) einher. Kennzeichnend für die Jahrzehnte nach dem Augsburger Religionsfrieden ist, daß dasselbe Ziel auch von den protestantischen Herrschern des Reichs verfolgt wurde. Ihr *landesherrliches Kirchenregiment* war ein »Staatskirchentum« par excellence. Denn sie setzten sich selbst als »obersten Bischof« (*summus episcopus*) ein und schufen »darunter« synodale und konsistoriale Kontroll- und Mitwirkungsorgane. Kein der römischen Kirche vergleichbarer, länderübergreifender Universalismus stand ihnen bei der Ausübung dieser Souveränität im Wege!

So war der Glaube »nach innen«, „in die Territorien hinein“, zum Motor der modernen Staatswerdung geworden. »Nach außen«, „ins Reich hinein“, traten sich die Konfessionen durch das Bündnis mit der Politik, das sie eingingen, zusehends unversöhnlicher gegenüber. Jahrzehnte grober Intoleranz hoben an. Man war entweder »gut« oder »böse«. Jeder wähnte sich im

Vorlesung der Ingolstädter Professoren
(Gemälde; Ingolstadt, Liebfrauenmünster)

Die »böse Hexe«
bei der Zubereitung ihrer Zaubertränke. (Illustration aus dem Hamburger Stadtrecht, Staatsarchiv Hamburg)

Hexenverbrennung
Farbstich einer Schrift mit dem Titel: »Ein erschröckliche Geschicht / So zu Derneburg in der Grafschaft Reinstein am Harz gelegen von dreien Zauberinnen und zweien Mannen in etlichen Tagen des Monats Oktober des 1555. Jahr ergangen ist«. (Nürnberg, Germanisches Nationalmuseum)

Besitz der alleinigen Wahrheit und verketzerte den anderen. Die Theologen witterten allerorten den »Teufel« am Werk. Nicht zufällig nahmen *Hexenwahn* und *Hexenverfolgungen* nun ihre fürchterlichen Ausmaße an, denen Zehntausende Unschuldiger beiderlei Geschlechts und aller Schichten zum Opfer fielen. Die landesherrlichen Edikte gegen die »Hexerei« und die Einrichtung von »Hexenkommissionen« drückten übrigens auch das Bemühen der fürstlichen Obrigkeit aus, den Bereich von Sitte und Sittlichkeit ihrer »Untertanen« endlich kontrollieren zu können. Also stand die Reichsgeschichte jetzt unter allerschwersten Belastungen. Größere Konflikte, Deutschland als Ganzes betreffend, konnten anfänglich wohl nur deshalb vermieden werden, weil der deutsche Protestantismus vor allem von LUTHER und nicht, wie beispielsweise in Frankreich und den Niederlanden, von CALVIN geprägt wurde. Die zunächst »ruhige« Entwicklung des Reichs war indes trügerisch. Unter der Oberfläche brodelte es ...

Rudolf II.
(Halbgouache um 1630; Berlin, Kunstbibliothek Preußischer Kulturbesitz)

Auf Kaiser FERDINAND I., der schon 1526 die böhmische und ungarische Krone für sein Haus erwerben konnte und damit eine wichtige Voraussetzung für den späteren Aufstieg der *österreichischen* Habsburger zur Großmacht schuf, folgte sein ältester Sohn MAXIMILIAN II. (1564-1576). Dieser neigte in Glaubensfragen zur Toleranz. In seinen Landen betrieb er eine *gegenreformatorische* Kirchenpolitik, freilich ohne den offenen Konflikt mit seinen protestantischen Landständen zu riskieren. Die *Türkengefahr* war permanent und machte darum weitreichende Zugeständnisse erforderlich. Auf den Reichstagen (1566 zu Augsburg; 1570 zu Speyer; 1576 zu Regensburg) kam es zwar regelmäßig zu Reibereien und Zusammenstößen, aber das politische Klima blieb dennoch einigermaßen erträglich. Der Kaiser fand unter den Fürsten viel Verständnis für sein

Bemühen, Einvernehmen zu erzielen. Das änderte sich erst, als die Pläne für eine Reform des *Reichskriegswesens* sowie für eine Stärkung der kaiserlichen Zentralgewalt nach dem Regensburger Reichstag von 1576 endgültig gescheitert waren. Nun wurde die Reichspolitik schwierig, zumal die Gegenreformation erste Erfolge zeigte und diese den katholischen Reichsständen den Rücken stärkten. 1576 übernahm MAXIMILIANS Sohn RUDOLF II. (†1612) die Geschäfte des Vaters. Er war ein begabter, wissenschaftlich interessierter Mann, der an seinen Prager Hof Astronomen vom Rang eines JOHANNES KEPLER (*1571, †1630) oder TYCHO BRAHE (*1546, †1601) holte – als Mensch freilich blieb dieser Habsburger ein humorloser Grübler und als Kaiser ohne Elan. Auf den Reichstagen zogen die Stände die Initiative an sich. RUDOLF war stets nur dann durchsetzungsfähig, wenn ihm die katholische Partei stützte. Da der Augsburger Religionsfriede viele Fragen offengelassen hatte, hätte es eines energischeren Kaisers bedurft, um Konflikte in der Nachfolge von Augsburg schon im Keim ersticken zu können.

Der Weg in den konfessionellen Bürgerkrieg

Im Jahre 1555 war auch der sogenannte *Geistliche Vorbehalt* ausgesprochen worden, wonach ein geistlicher Reichsfürst seine Herrschaft und Rechte verlieren sollte, wenn er zum protestantischen Glauben überwechselte. De facto waren so die Rechte der evangelisch gewordenen Dynastien beschnitten worden, weil sie die Reichsstifte und -bistümer nun nicht mehr mit Mitgliedern ihrer Familien besetzen konnten. Als der Kölner Erzbischof GEBHARD II. TRUCHSESS VON WALDBURG (1577-1583) sein Kurfürstentum 1582 säkularisieren wollte, um die Beziehungen zu einem adligen Stiftsfräulein zu legalisieren, begann der *Kölner Krieg* um das Erzstift (1583-1589). Ein evangelisches Kurfürstentum Köln hätte die Mehrheitsverhältnisse im Kurkolleg zugunsten der Protestanten geändert und somit unabsehbare Folgen für die nächste Königswahl gehabt. Das konnte und mochte die katholische Seite nicht hinnehmen, zumal das Erzstift den Eckpfeiler des Katholizismus im ganzen Nordwesten des Reichs bildete. Unter Führung des Herzogs WILHELM V. VON BAYERN (1579-1594), wie sein Vater ALBRECHT überzeugter Verfechter der katholischen Sache, kam eine internationale Allianz zur Verteidigung des Geistlichen Vorbehalts zustande: Der Papst schickte beträchtliche Hilfsgelder, und die Spanier boten Truppen aus den benachbarten Niederlanden auf. Die Partei GEBHARDS wurde vor allem von dem Pfalzgrafen und

Vom Laster der Zauberey

Dahero ist gantz kein Zweiffel, daß auch die Deutschen vor Einführung der Academien (Universitäten), nicht solten geglaubet haben, daß die Zauberer mit dem Teuffel ein Bündniß hätten, daß also nachmahls bey Einführung derselben die Meynung der Ausleger ... gar leicht Beyfall gefunden. Wer hiervon mehr zu wissen verlanget, schlage dasjenige Buch auff, welches den Titel Mallei Malleficarum, oder Hammers der Hexen führet ...

Nun solte zwar jemand meinen, daß die Leute durch Lutheri Reformation, dadurch sie doch sonst von vielen Päbstlichen Aberglauben befreyet worden, auch von diesen Mönchs- und Pfaffen-Geschwätze von der Zauberer Bündniß mit dem Teuffel frey worden wären, aber es ist, nichts weniger, als dieses geschehen ..., weil Lutherus selbst noch mit vielen Vorurtheilen von der Macht und Gewalt des Satans eingenommen gewesen, gleichwie aus seinen Schriften erhellet ...

Dieses sind nun die Ursachen, warum nicht allein bey Papistischer Obrigkeit auch nach der Reformations-Zeit so viele Processe wider die Hexen vorgenommen; sondern auch bei den Protestanten in Europa, vornehmlich aber bei den Lutheranern öffters so wunderliche und grausame Specktacul angerichtet worden, vornehmlich da diejenigen, so der Richter Gewissen besser hätten unterrichten sollen, theils aus einer Staats-Maxime theils aus einem guten Absehen und frommen Einfalt die Obrigkeit und Richter vielmehr pflegen anzureitzen ... Ich erinnere mich, daß mir damahls von einem glaubwürdigen Manne, der eben durch Deutschland reisete und selbst ein Adsessor des Gerichts gewesen, welches der König in Schweden wider die Hexen angeordnet, erzehlet worden, wie er, und die andern Adsessores gleich Anfangs leicht gemercket, daß gar kein Fundament vorhanden, eine Inquisition wider die angeklagten Personen anzustellen, indem kein ander Merckmal und Anzeigung vorhanden gewesen, als eine Phantastische Aussage einiger minderjähriger und noch nicht erwachsener Knaben, diesem aber ungeachtet hätten die Geistlichen die Oberhand behalten, indem sie vorgegeben, der Heilige Geist ... würde nimmermehr zugeben, daß diese Knaben Lügen aussageten ...

(Christian Thomasius, 1701)

Regensburger Religionsgespräch von 1601
Im Rathaussaal diskutierten Maximilian I. von Bayern und Philipp Ludwig von Pfalz-Neuburg, ob die Bibel allein, oder auch die kirchliche Tradition Quelle der Glaubenswahrheiten sei (kolorierter Kupferstich, Museum der Stadt Regensburg).

Regensburger Rathaus
Fenster des späteren Reichstagssaalas (▶ S. 482)

calvinistischen Heißsporn JOHANN CASIMIR (*1543, †1592) unterstützt, während sich die Lutheraner zurückhielten. So war der Konflikt politisch rasch entschieden, auch wenn er sich militärisch zu einer langwierigen Auseinandersetzung auswuchs. Der Papst exkommunizierte den Abtrünnigen 1583. Die Gegenreformation hatte einen wichtigen Sieg errungen, der das politische Klima gefährlich verändern sollte.

In den Jahren des Kölner Kriegs kam es im Reich zu einer ganzen Serie von konfessionell bedingten Konflikten. Immer ging es um Fragen des Augsburger *ius reformandi* beziehungsweise des Säkularisierungsverbots von Klöstern und Stiften, gegen das die Protestanten vermeintlich oder tatsächlich verstoßen hatten. Da die konfessionellen Querelen im Jahre 1588 auch in die sogenannte *Visitationskommission* des Reichskammergerichts hineingetragen wurden, war dieses Reichsorgan praktisch handlungsunfähig. Ähnliches traf bald auch für den *Reichstag* zu: Als er 1608 in Regensburg zusammentrat, entbrannte dort ein heftiger Streit um Donauwörth (▶ S. 464). Was war vorausgegangen? In dieser süddeutschen Reichsstadt hatten Spannungen zwischen der protestantischen Mehrheit und der katholischen Minderheit den Wiener *Reichshofrat* auf den Plan gerufen. Aber die protestantischen Stadtbürger widersetzten sich dessen Rechtsspruch. Daraufhin wurde über Donauwörth die *Reichsacht* verhängt und Herzog MAXIMILIAN I. von Bayern mit der *Exekution* beauftragt.

In Regensburg kam es darüber sodann zum offenen Bruch zwischen den konfessionellen Blöcken. Das protestantische Lager bestritt die Zuständigkeit des Reichshofrats und machte geltend, daß der *Schwäbische Reichskreis* mit der Exekution hätte beauftragt werden müssen. Schließlich verließen die Protestanten unter Führung der Kurpfalz den Reichstag, welcher sich ohne *Abschied* auflöste. Nun war auch dieses Reichsorgan handlungsunfähig! Noch im selben Jahr gründete die Kurpfalz zusammen mit anderen protestantischen Reichsständen Süddeutschlands die *Union* (1608), Bayern führte im Jahr darauf die katholische Partei in der *Liga* zusammen. Aber noch stand der konfessionelle Bürgerkrieg nicht unmittelbar bevor, denn in beiden Zusammenschlüssen rangierte das »politische« Denken anfänglich vor dem »militärischen«. Vor dem Einsatz von Waffengewalt schreckte man letztlich zurück, sogar zur Führung einer aktiven Reichspolitik waren beide Seiten noch nicht bereit, da sich wichtige Reichsstände aus dieser Blockbildung heraushielten – zum Beispiel Österreich auf katholischer und Kursachsen auf protestantischer Seite.

Zum Ausbruch des Dreißigjährigen Krieges führten erst die labilen Machtverhältnisse im Südosten. Dazu trug nicht wenig die ständige Türkengefahr bei. Die damit im Zusammenhang stehenden Tendenzen zur Verselbständigung der habsburgischen Reichsteile Siebenbürgen, Ungarn und Böhmen taten ein übriges. 1606 wurde Kaiser RUDOLF als Chef seiner Dynastie entmachtet. Sein Bruder MATTHIAS, der spätere Kaiser (1612-1619), nahm das Heft in die Hand. Lachende Dritte des *Bruderkampfes* waren die Stände, die entweder protestantisch waren oder den Protestantismus protegierten. Um seine Macht wenigsten in Böhmen zu erhalten, ging der Kaiser in die Offensive und verbündete sich mit den Ständen, denen er im *Böhmischen Majestätsbrief* (1609) verschiedene politische Privilegien, insbesondere die volle Religionsfreiheit, zusicherte. Im Mai 1612, vier Monate nach dem Tode RUDOLFS, wurde MATTHIAS von den Kurfürsten einstimmig zum Kaiser gewählt. Er war wie alle Söhne Kaiser MAXIMILIANS II. kinderlos geblieben. Man einigte sich im Hause Habsburg schließlich darauf, die Erbansprüche dem jungen Erzherzog FERDINAND (*1578, †1637) zu übertragen. FERDINAND sollte König von Böhmen *und* Kaiser werden. In Böhmen regte sich Widerstand gegen diese Pläne. Man liebäugelte in ständischen Oppositionskreisen mit dem Plan, dort ein eigenes *Wahlkönigtum* einzurichten. Außerdem eilte dem Erzherzog der Ruf voraus, ein überzeugter Katholik zu sein. Die böhmischen Stände willigten in die Wahl FERDINANDS 1617 schließlich ein, weil er das Versprechen gab, sich an den Majestätsbrief von 1609 zu halten. Doch gleich nach seiner Thronbesteigung häuften sich die Klagen im protestantischen Adel gegen seine massive Begünstigung der Katholiken. Am 23. März 1618 erschien eine Abordnung der Protestanten auf der Prager Burg (*Hradschin*), um bei den kaiserlichen Statthaltern SLAWATA und MATINITZ Protest einzulegen. Die Aktion endete mit dem *Prager Fenstersturz*, der gemeinhin als Beginn des Dreißigjährigen Krieges bezeichnet wird.

Kaiser Ferdinand II.
(Gemälde um 1624, aus der Werkstatt von Justus Sustermans; Wien, Kunsthistorisches Museum)

Der Dreißigjährige Krieg

Die verhaßten habsburgischen Statthalter, die man samt ihrem Sekretär zum Fenster hinausgeworfen hatte, stürzten in den 15 Meter tiefer gelegenen Schloßgraben. Daß sie dort unversehrt auf einem Misthaufen landeten, war ein Ärgernis für die Protestanten und wurde von den Katholiken als Zeichen der »Gegenwart Mariens« gedeutet. Die aufständischen böhmischen Stände bildeten eine eigene Regierung aus dreißig

Der Prager Fenstersturz
Diese Aktion, ein alter böhmischer Brauch, leitet den Dreißgjährigen Krieg ein (kolorierter Kupferstich von Matthäus Merian aus dem »Theatrum Europaeum«, 1635).

Friedrich V. von der Pfalz
Friedrich, in dessen kurze Königsherrschaft nur ein Winter fiel, wurde von seinen Gegnern als »Winterkönig« bespöttelt. (Gemälde von Willem van Honthorst; Hannover, Landesgalerie)

Die Kurfürstentümer

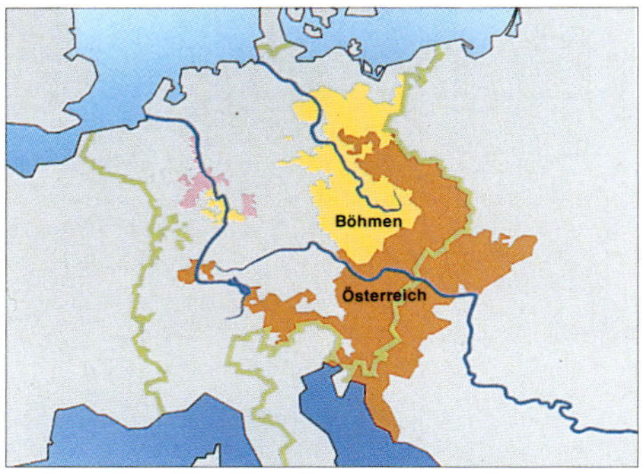

Die Karte zeigt das Verhältnis von katholischen (violett) zu protestantischen (gelb) Kurfürstentümern während der kurzen Zeit des »Winterkönigs« (1619/20) sowie die Gebiete Österreichs.

»Direktoren« und stellten eine Armee auf, mit der sie unter der Führung des Grafen MATTHIAS VON THURN und des Söldnerführers ERNST VON MANSFELD (*um 1580, †1626) zunächst einige Anfangserfolge über die Kaiserlichen erstreiten konnten. Im Juni 1619 standen sie vor Wien. Das Haus Habsburg war bereits durch den Tod des Kaisers (20.3.1619) in eine prekäre Lage geraten, denn die Stände der Erblande verweigerten FERDINAND die Huldigung. Die Gefahr eines Generallandtags, mithin eine »Hollandisierung« an der Südostflanke Mitteleuropas, zeichnete sich ab. Die böhmischen Stände, inzwischen mit den österreichischen verbündet, trugen dem Führer der protestantischen *Union*, dem calvinistischen Kurfürsten FRIEDRICH V. VON DER PFALZ (1610-1620), am 27. August desselben Jahres die *Wenzelskrone* an, nachdem sie FERDINAND wenige Tage zuvor für abgesetzt erklärt hatten. Doch der gedemütigte Habsburger erzielte nur einen Tag später einen Erfolg, – in Frankfurt wählte ihn das *Kurkolleg* als FERDINAND II. (1619-1637) einstimmig zum neuen Kaiser. Mit ihm gelangte eine Persönlichkeit an die Macht, der es ein letztes Mal um die Rückgewinnung realer Machtpositionen im Reich ging.

Der Pfälzer ließ sich auf das »böhmische Abenteuer« ein. Am 4. November 1619 wurde er im Prager Veitsdom gekrönt. Als böhmischer König und Kurfürst von der Pfalz war er nun Inhaber zweier Kurstimmen. Aufgrund der somit geänderten Mehrheitsverhältnisse im Kurkolleg zeichnete sich ein zukünftiges protestantisches Kaisertum ab! Kaiser FERDINAND und die katholische Partei waren entschlossen, einer solchen Gefahr vorzubeugen. In dieser Situation diente sich der ehrgeizige Führer der katholischen *Liga*, Herzog MAXIMILIAN I. VON BAYERN, seinem Vetter mit einem Heer aus 30 000 Söldnern an. Dem Bayern wurde als zusätzlicher Anreiz die pfälzische Kurwürde in Aussicht gestellt. Die Lage FRIEDRICHS in Prag war einigermaßen verzweifelt, als sich sodann ein vereinigtes Heer aus kaiserlichen und ligistischen Truppen unter der Führung des Generals JOHANN TSERCLAES VON TILLY (*1559, †1632) in Marsch setzte. Denn dem Pfälzer fehlte die tatkräftige Unterstützung der evangelischen Union. Seine Truppen und die der böhmischen Aufständischen mußten darum in der *Schlacht am Weißen Berg* (bei Prag, 8.11.1620) eine vernichtende Niederlage hinnehmen. Mit den Anführern des Aufstandes machte man kurzen Prozeß und ließ sie hinrichten. Am nachhaltigsten auf die böhmischen Verhältnisse wirkten sich die Neuansiedlung von Katholiken und die Flucht von etwa 150 000 Deutschen und Tschechen aus. Das Hab und Gut dieser Protestanten ging in die

Hände loyaler Katholiken und der Kaiserlichen über. Ein gewisser ALBRECHT VON WALLENSTEIN (*1583, †1634) kaufte an die fünfzig konfiszierte Adelsgüter auf, so daß er schließlich zum reichsten Grundbesitzer Böhmens aufstieg.

Die *Schlacht am Weißen Berg* hatte die Entscheidung in Böhmen gebracht. In der Pfalz wurde indes weitergekämpft. Denn hier waren inzwischen die Spanier einmarschiert, weil sie eigene Gebietsinteressen verfolgten und dem Kaiser den Rücken freihalten wollten. Sie drängten nun auf eine vollständige Unterwerfung der Kurlande. TILLY setzte seine ligistischen Truppen in Marsch und konnte FRIEDRICHS Residenzstadt, die calvinistische Metropole Heidelberg (▸ S. 456), nach dreimonatiger Belagerung einnehmen (16.9. 1622). MAXIMILIAN ließ sich daraufhin 1623 den Erwerb der pfälzischen Kurwürde vertraglich zusichern und erhielt die Oberpfalz als *Pfandbesitz*. Die protestantische Union mußte sich bereits am 14. Mai 1621 auflösen *(Mainzer Akkord)* – sie hatte kläglich versagt. Aber einige protestantische Heerführer machten auf eigene Faust weiter, insbesondere ERNST VON MANSFELD, ein Kondottiere ersten Ranges, sowie CHRISTIAN VON BRAUNSCHWEIG (*1599, †1626), der *tolle Halberstädter*, wie man diesen Haudegen nannte. Nach der Devise, *der Krieg soll den Krieg ernähren* (Mansfeld), zogen sie mit ihren Söldnertruppen raubend, mordend und sengend von Süd- nach Nordwestdeutschland, immer verfolgt von Kontingenten der katholischen Liga. MANSFELD suchte zunächst das Elsaß heim, wo er sich 1622 ein eigenes Territorium aufbauen wollte, verwüstete im darauffolgenden Jahr aber auch Ostfriesland, wo er neue Truppen rekrutieren ließ. Der »Halberstädter« seinerseits wurde von TILLY schon 1622 vernichtend geschlagen. Aber er war gleichwohl nicht kleinzukriegen, stellte sich ein weiteres Mal, hatte erneut das Nachsehen, diesmal bei Stadtlohn (westlich von Münster), und floh dann nach Schottland – immer rastlos in dem Bemühen, neue Truppen auszuheben ...

Maximilian I. von Bayern
wurde durch Ferdinand II. mit der pfälzischen Kurwürde belehnt (zeitgenössisches Gemälde; Kloster Scheyern, Kapitelkirche).

Lagerleben
Söldner vor einem Marketenderzelt versuchen während einer Rast den Kriegsalltag zu vergessen. (Gemälde von Philips Wouwerman, Ausschnitte; Kunsthalle Hamburg und Niedersächsisches Landesmuseum Hannover)

Johann Tilly
(Gemälde eines unbekannten Künstlers)

Während TILLY in diesen Jahren die Rekatholisierung Norddeutschlands mächtig vorantrieb, suchte der protestantische König CHRISTIAN IV. VON DÄNEMARK (1596-1648) das Bündnis mit den norddeutschen Reichsständen. Er spekulierte auf Arrondierung seiner norddeutschen Besitztümer; schon gar nicht mochte er die im Norden wachsende Macht des Katholizismus tatenlos hinnehmen. Da bot WALLENSTEIN dem Kaiser seine Dienste an. Der steinreiche böhmische Edelmann hatte schnell eine gigantische Privatarmee von 24 000 Mann aufstellen lassen, nachdem er mit FERDINAND handelseinig geworden war. WALLENSTEIN bot seinen Soldaten ein freies Leben, sehr hohen Sold und nahm jeden auf, Katholiken wie Protestanten gleichermaßen – Gesellen mit ihren Frauen, Bauernburschen, Reiter aus Griechenland, polnische Husaren und Kosaken, ein jeder frei von Steuerlasten, mit einer Waffe und reichlich Abenteuerlust ausgestattet. Kinder liefen im Lager herum; jahrelang sollten sie hinter den Regimentern ihrer Väter herziehen, gemeinsam mit vielen, die durch den Krieg entwurzelt waren, mit Händlern, Dirnen und allen anderen, die von der Beute der Soldateska profitierten. Die »Bagage« war oft größer als die Truppe selbst!

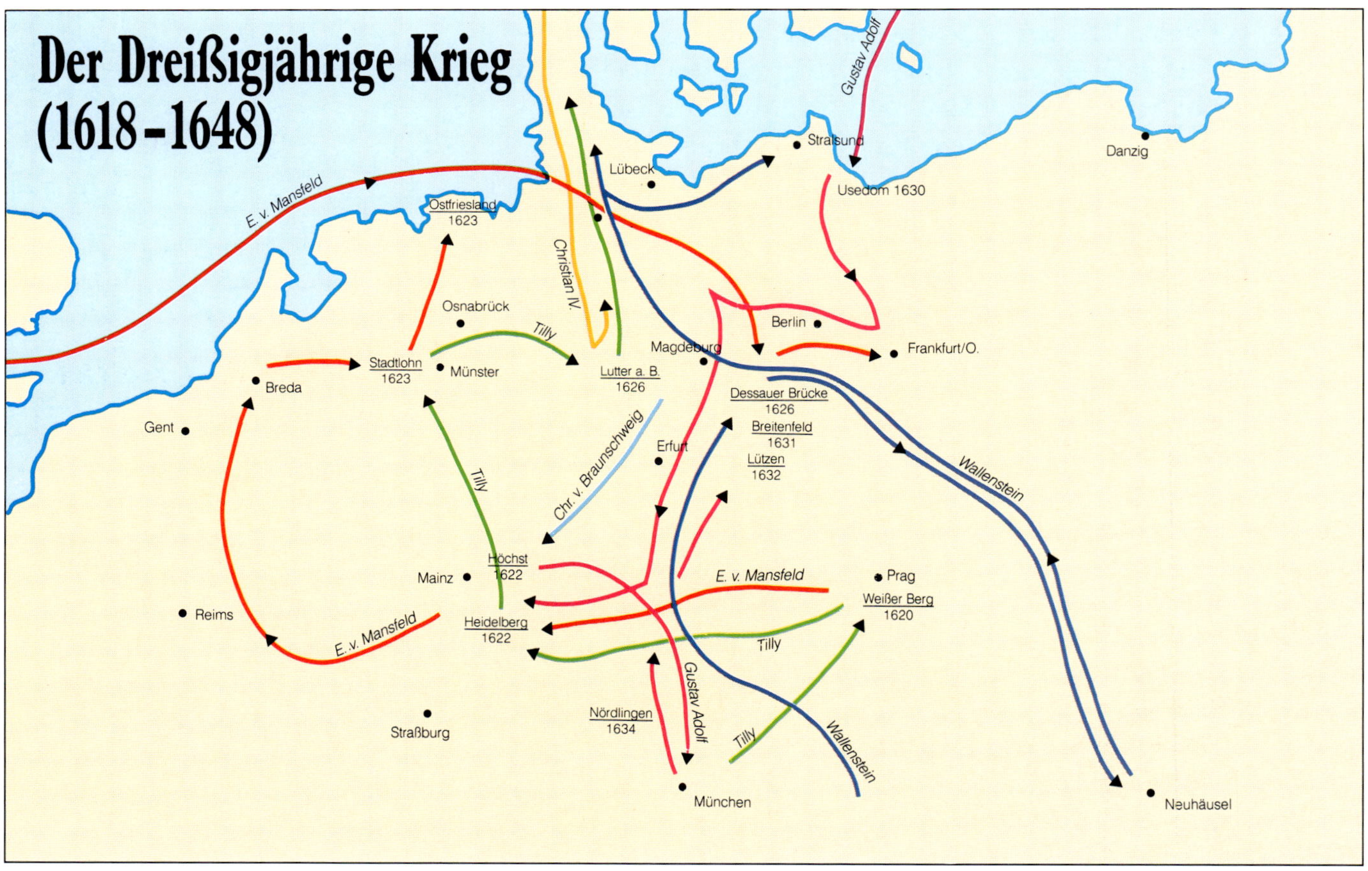

Als *Generalissimus* aller kaiserlichen Truppen zog WALLENSTEIN 1626 nach Norden und schlug am 25. April desselben Jahres an der *Dessauer Elbbrücke* die Söldner des ERNST VON MANSFELD. Monate später unterlagen auch die vereinten Truppen CHRISTIANS IV. und der norddeutschen Stände der katholischen Liga unter der Führung TILLYS (*Schlacht bei Lutter am Barenberg* südlich von Braunschweig; 27.8.1626). Ohne nennenswerte Gegenwehr konnten die beiden Sieger der katholischen Partei im darauffolgenden Jahr Holstein, Mecklenburg und Pommern besetzen. Die kaiserlichen Söldner standen jetzt an der Ostsee. Lediglich Stralsund, von der See aus durch die Schweden und Dänen versorgt, widerstand einer langwierigen Belagerung. Im *Frieden von Lübeck* (22.5.1629) mußte der Däne seine ehrgeizigen Pläne endgültig aufgeben. WALLENSTEIN erhielt für seine Verdienste vom Kaiser das Herzogtum Mecklenburg als Lehen und stieg in den *Reichsfürstenstand* auf. FERDINAND und sein Generalissimus standen nun im Zenit ihrer Macht. Schon vor dem Friedensschluß hatte der Habsburger im *Restitutionsedikt* (6.3.1629) verfügt, daß alle seit dem *Passauer Vertrag* von 1552 säkularisierten Kirchengüter von den Protestanten zurückzugeben seien. Die Exekution dieser Verordnung, die übrigens ohne Zustimmung der *Kurfürsten* zustandegekommen war, hätte nicht nur den norddeutschen Protestantismus erledigt, sondern dem Kaiser auch eine beispiellose Machtstellung im Reich beschert. Selbst im katholischen Lager regte sich Widerstand gegen eine derartige Machtfülle des Kaisers. Auf dem *Kurfürstentag* zu Regensburg (1630) verwehrte man diesem prompt die Wahl seines Sohnes zum *Römischen König*. Stattdessen wurde die Absetzung WALLENSTEINS und eine Verkleinerung des kaiserlichen Heeres beschlossen. Den böhmischen Emporkömmling im erlauchten Kreis der Reichsfürsten zu dulden, das war allen zuwider! WALLENSTEIN mußte sich auf seine Güter zurückziehen und sann auf Rache.

Der Eintritt Schwedens in den Krieg

Auf Usedom im Oderdelta landete im Juli 1630 ein Heerführer an der Spitze seines 12 000 Mann starken Aufgebots. Er hieß GUSTAV ADOLF und war König der Schweden (1611-1632). Der Monarch befehligte abgehärtete Nordländer, die auch im Winter kämpfen konnten, dem Luther-Glauben treu verbunden waren und »national« empfanden. GUSTAV ADOLF wollte ein schwedisches Imperium errichten und führte Krieg mit Polen. An seiner Seite stand ein außerordentlich befähigter Politiker, Kanzler

Albrecht von Wallenstein
(Ölkopie nach einem Gemälde von Anthonis van Dyck; München, Bayerische Staatsgemäldesammlung)

Der Dreißigjährige Krieg (1629)

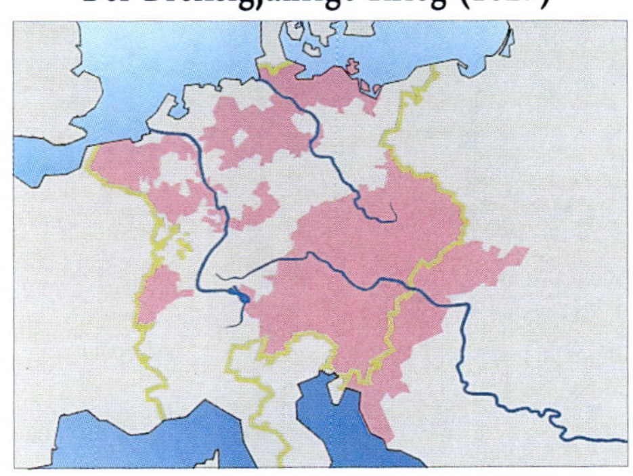

Die Karte zeigt die von der Liga eroberten Territorien (violett).

Der Dreißigjährige Krieg (1632)

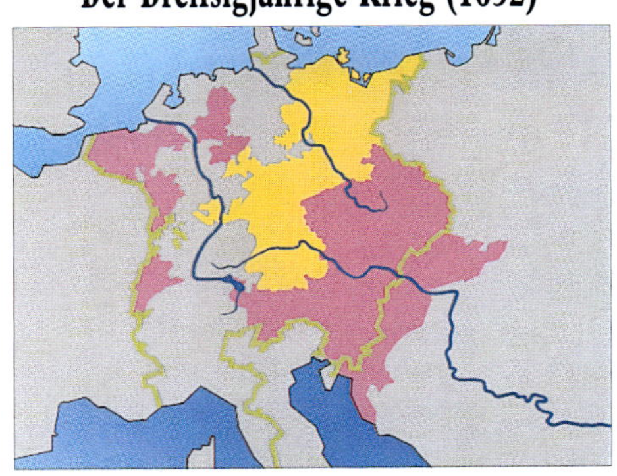

Die Karte zeigt die unter Gustav Adolf dem Protestantismus zurückgewonnenen Gebiete (gelb).

Gustav Adolf
(Ölgemälde von Heinrich Bollandt, 1631; Berlin, Jagdschloß Grunewald)

Kardinal Richelieu
Das Tripleporträt von Philippe de Champaigne war als Vorarbeit für ein Denkmal gedacht. (London, National Gallery)

AXEL OXENSTIERNA (*1583, †1654), der ein kühler Rechner und geborener Diplomat war und darum seinen draufgängerischen König ideal ergänzte. Nach seiner Landung ließ GUSTAV ADOLF verbreiten, er käme, um Deutschland vom katholischen Joch zu befreien. Der wichtigste Verbündete Schwedens war Katholik – Kardinal RICHELIEU (*1585, †1642), ein Staatsmann mit vielen Gesichtern, der einerseits die Hugenotten aus dem eigenen Lande vertreiben konnte und andererseits bereit war, mit einem protestantischen Monarchen zu paktieren, um den Kaiser nachhaltig zu schwächen. Im schwedisch-französischen *Bündnisvertrag von Bärwalde* (bei Frankfurt an der Oder) verpflichtete sich RICHELIEU Ende Januar 1631 zu einer jährlichen Zahlung von einer Million *Livres*. Schweden sollte dafür in Deutschland ein ständiges Heer von 30 000 Mann Infanterie sowie 6 000 Mann Kavallerie unterhalten.

Zu den deutschen Bundesgenossen GUSTAV ADOLFS gehörte auch Magdeburg (▸ S. 433). Mit ihren 30 000 Einwohnern galt die protestantische Stadt als uneinnehmbar. TILLY ließ Magdeburg, dieses strategische Operationszentrum für ganz Mitteldeutschland, seit Herbst 1630 belagern; und am 20. Mai des folgenden Jahres wurde die Stadt durch einen brutalen Draufgängertyp, General GOTTFRIED HEINRICH VON PAPPENHEIM (*1594, †1632), eingenommen. Es konnte nicht ausbleiben, daß die *Magdeburger Greuel* die protestantischen Landesherren auf den Plan riefen. Im Waffenbund mit dem sächsischen Kurfürsten JOHANN GEORG I. (1611-1656) fügte ein schwedisch-sächsisches Aufgebot TILLY sodann am 17. September 1631 bei Leipzig *(Schlacht bei Breitenfeld)* eine vernichtende Niederlage zu.

Der Brand von Magdeburg
Die »Pappenheimer« richteten 1631 ein fürchterliches Blutbad an und zogen plündernd und brandschatzend durch die Stadt. Eine Feuersbrunst machte alles nieder. Am Leben blieben die Frauen, die sich die Söldner vor der Plünderung ins Lager geholt hatten. (Magdeburger Museum)

Dem Sieger stand nun der Weg nach Süden offen. Die Protestanten begannen, sich über ihren Befreier Gedanken zu machen. Man munkelte, der Schwede wolle neuer Kaiser werden.

Als Triumphator zog GUSTAV ADOLF am 17. Mai 1632 in München ein, hinter ihm tat sich eine Schneise planmäßiger Verwüstungen auf. Das ligistische Lager befand sich in einer schweren Krise, denn inzwischen war TILLY tödlich verwundet worden. Ein zweites Mal kam nun die Stunde WALLENSTEINS. Vom Kaiser in geheimer Absprache mit unumschränkten Vollmachten ausgestattet, sammelte er sein Heer, verjagte die Sachsen aus Böhmen und stellte sich den Schweden nahe Leipzig in der *Schlacht bei Lützen* (16.11. 1632). Der Kampf endete unentschieden, aber die ehrgeizigen Pläne der Schweden fanden ein jähes Ende – GUSTAV ADOLF war gefallen! Während OXENSTIERNA als schwedischer *Reichsverweser* die Protestanten im *Heilbronner Bund* (23.4. 1633) noch einmal zusammenführen konnte, schmiedete WALLENSTEIN undurchsichtige Pläne. Wollte er sich zum böhmischen König aufwerfen? Der Kaiser witterte Verrat und ordnete seine Verhaftung an – tot oder lebendig! In der Nacht vom 25. auf den 26. Februar 1634 wurde der militärische Draufgänger und politische Abenteurer auf seiner Festung Eger brutal ermordet... Der Krieg zog sich hin und war verlustreicher denn je. In der *Schlacht bei Nördlingen* (6.9. 1634) trafen 33 000 Kaiserliche auf 25 000 Protestanten. Allein 12 000 Schweden ließen ihr Leben. OXENSTIERNA begann zu resignieren. Die Sachsen, seine wichtigsten Bündnispartner, fielen von ihm ab und machten mit dem Kaiser ihren Frieden. Aufkeimender Reichspatriotismus brach sich Bahn. Im *Frieden von Prag* (30.5. 1635), dem die meisten protestantischen Reichsstände später beitraten, erhielt FERDINAND zum gemeinsamen Kampf gegen die Schweden den Oberbefehl über eine Reichsarmee. Das *Restitutionsedikt* von 1629 wurde ausgesetzt.

Noch während in Prag die Friedensbedingungen ausgehandelt wurden, hatte Frankreich Spanien den Krieg erklärt (19.5. 1635). Mit dem Übergang aus der verdeckten in die offene Kriegsführung wollte RICHELIEU sein Land aus der habsburgischen Umklammerung lösen und zugleich einen »deutschen Frieden« zwischen Kaiser und Reich unterminieren. Darum trat das katholische Frankreich an der Seite der arg bedrängten Schweden in den Krieg gegen den Kaiser ein. Die *schwedisch-französische Kriegsphase* begann – die letzte und längste. Die Schweden hausten fürchterlich in Sachsen und Brandenburg, die Franzosen schlugen die Kaiserlichen und diese die Franzosen ... Das Schlachtenglück wechselte so häufig wie die Koalitionen.

Die »Pappenheimer«
Rüstungen des Kürassierregiments, das unter Gottfried Heinrich von Pappenheim Magdeburg einnahm. (Ingolstadt, Bayerisches Armeemuseum)

Die Greuel des Dreißigjährigen Kriegs
(Radierungen aus Jacques Callots »Misères de la guerre«, 1633-1635; Kopie, Germanisches Nationalmuseum Nürnberg)

„Deutschland verlor nahezu 50 Prozent…“

Die Belagerung Prags *durch die Schweden dauerte bis zum Oktober 1648 an. (Zeichnung von Carlo Screta nach einem Kupferstich von M. Merian, Ausschnitt)*

Der freudenreiche Postillion *von Münster, der am 24. und 25. Oktober 1648 den Frieden verkündete. (Zeitgenössischer Kupferstich eines Einblattdrucks)*

Am Ende waren alle Parteien kriegsmüde. Als in Münster und Osnabrück dann endlich die Friedensglocken läuteten, waren ganze Landstriche verödet. Deutschland verlor nahezu 50 Prozent seiner ländlichen und 30 Prozent seiner städtischen Bevölkerung. Eine Statistik sagt, daß infolge des Krieges 1976 Schlösser, 1629 Städte und 18 310 Dörfer zerstört worden sind. ANDREAS GRYPHIUS (*1616, †1664) hatte schon anno 1636 in seinem Gedicht *Tränen des Vaterlandes* geklagt: „*Die Türme stehn in Glut, die Kirch ist umgekehret/ Das Rathaus liegt im Graus, die Starken sind zerhaun/ Die Jungfern sind geschändt, und wo wir hin nun schaun/ Ist Feuer, Pest und Tod, der Herz und Geist durchfähret/ Hier durch die Schanz und Stadt rinnt allzeit frisches Blut/ Dreimal sind schon sechs Jahr, als unser Ströme Flut/ Von Leichen fast verstopft, sich langsam fortgedrungen/ Doch schweig ich noch von dem, was ärger als der Tod/ Was grimmer denn die Pest und Glut und Hungersnot/ Daß auch der Seelenschatz so vielen abgezwungen.*“ Die Heiterkeit des *Schwanks* war den Deutschen genommen. Schwermut und barocke Empfindsamkeit hielten Einzug. Deutschland war ein anderes Land geworden.

Der Westfälische Friede

Die Friedensverhandlungen begannen bereits im Dezember 1644. Doch zogen sie sich endlos hin. Immer wieder gaben die Siege und Niederlagen Anlaß zu Spekulationen und Verzögerungen. Die deutschen Fürsten bestanden übrigens darauf, daß ihre Gesandten den ausländischen Interventionsmächten protokollarisch gleichgestellt und als *Exzellenzen* angesprochen wurden. Das war ein Stück Gleichrangigkeit, mit der es sich im Reich besser leben ließ, um die eigenen Interessen insbesondere gegenüber dem Kaiser durchzusetzen. Der Dreißigjährige Krieg endete nicht in einem »Diktatfrieden«, denn am Ende gab es keine Sieger und Besiegte. So konnte schließlich ein europäisches Friedenswerk auf der Basis der Souveränität und Gleichberechtigung aller Staaten gelingen, das in seinem Kern viele Generationen überdauerte. Am 24. Oktober 1648 war es dann soweit: In dem katholischen Münster und im protestantischen Osnabrück (▸ S. 431), den beiden Verhandlungsstädten, wurde der allgemeine Friede gleichzeitig unterzeichnet, und zwar unter großem höfischen Zeremoniell sowie mit Dankgottesdiensten, Friedensgeläut und Freudensalut. Durch Deutschland ging in den folgenden Tagen und Wochen ein Aufatmen, wenn der *Freudenreiche Postillion* seine Kunde verlauten ließ. Diese übertönte das Fluchen der Söldner, die ihre Felle davonschwimmen sahen, und das hysterische Geschrei der Lagerweiber, die im Krieg geboren worden waren, kein Zuhause hatten und nun nicht wußten, wohin des Weges.

148 Gesandte aus Europa, darunter 111 Deutsche, hatten sich endlich über Religions- und Verfassungsfragen geeinigt und einen Interessenausgleich erreicht. Die nördlichen Niederlande und die Schweiz zählten fortan nicht mehr zum Reichsverband, der nun aus 300 halbsouveränen Kleinstaaten und etwa 1500 unabhängigen Reichsritterschaften bestand. Frankreich bekam die ehemals zum Reich gehörigen, aber seit 1552 besetzten Bistümer Metz, Toul und Verdun zugesprochen, außerdem die habsburgischen Besitzungen im Elsaß. Schweden erhielt die Bistümer Verden und Bremen, die Insel Rügen und das Gebiet der Odermündung sowie Vorpommern mit Stettin (▸ S. 478). Der junge FRIEDRICH WILHELM VON BRANDENBURG, der später als der »Große Kurfürst« Karriere machen sollte (1640-1688), wurde für die schweren Heimsuchungen seiner Lande mit Hinterpommern, den Bistümern Kammin, Halberstadt und Minden sowie der Anwartschaft auf das Erzbistum Magdeburg entschädigt. Kursachsen garantierte man den Besitz der Lausitz. Dem Sohn des »Winterkönigs«, blieb fortan nur noch die Rheinpfalz; eigens für ihn und seine Erben schuf man eine neue, die achte Kurstimme. In der *konfessionellen Frage* wurde der Augsburger Religionsfriede im wesentlichen bestätigt. Der Calvinismus erhielt die gleichen Freiheiten wie der Protestantismus lutherischer Prägung. In der Frage des landesherrlichen *ius reformandi* wurden die Rechte der Landeskinder beträchtlich ausgebaut. Zwar konnte der Fürst Andersgläubige auch weiterhin ausweisen, aber dies zog nicht mehr den Güterverlust nach sich. Schließlich wurde für die Aussetzung des *Restitutionsediktes* von 1629 das sogenannte *Normaljahr* 1624 zugrundegelegt. Das hieß: Besitzverhältnisse sollten so gelten, wie sie sich in jenem Jahr dargestellt hatten.

Die deutschen Reichsfürsten konnten nun nach eigener Wahl mit ausländischen Mächten Verträge und Bündnisse schließen, nur gegen »Kaiser und Reich« durften sich diese politischen Aktivitäten nicht richten. Aber die Macht des Kaisers war im Grunde bedeutungslos geworden. Gleichwohl – das politische Leben des Reichsverbands dürfen wir uns keineswegs als tot vorstellen. *Kammergericht* und *Reichstag* wurden neues Leben eingehaucht. Beide Institutionen haben bis zum Ende des alten Reiches dazu beigetragen, daß das Zusammengehörigkeitsgefühl aller Deutschen erhalten blieb ...

Anreise der Diplomaten
aus Holland zu den Unterhandlungen in Münster. (Gemälde von Gerard Terborch, Kopie: Stadtmuseum Münster)

Verkündigung des Friedens
im Rathaussaal zu Münster. (Gemälde von G. Terborch, Kopie: Stadtarchiv Münster)

Ratifikation des Westfälischen Friedens
Die Urkunde zeigt das rote Siegel der schwedischen Königin Christina und das dunkle Ludwigs XIV. von Frankreich. (Staatsarchiv Wien)

Die Zeit der Vernunft

Die Tafelrunde von Sanssouci
Adolph von Menzel, Nationalgalerie, Berlin

Fahren Sie fort, großer Fürst, großer Mensch; vernichten Sie das Ungeheuer des Aberglaubens und des Fanatismus, diesen Feind der göttlichen Vernunft. Seien Sie der König der Philosophen.

(Voltaire in einem Brief an Friedrich II. von Preußen)

Nach dem Dreißigjährigen Krieg

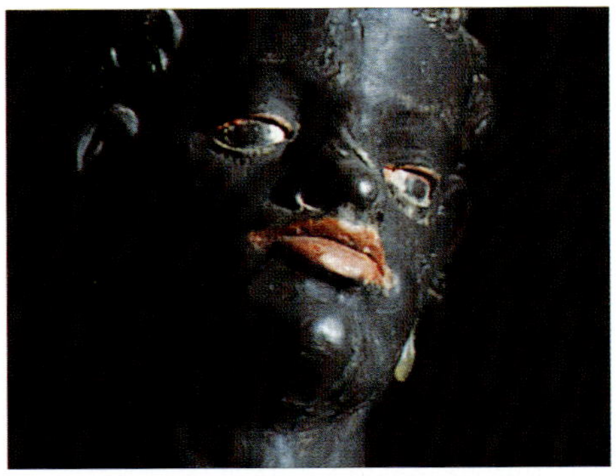

Die Mohrenskulpturen *wurden nach lebenden Afrikanern geschnitzt und stehen heute als Emporenstützen in der Dorfkirche von Putzar (Vorpommern). Mit dem Verkauf der brandenburgischen Kolonie in Guinea an die Holländer (1721) ging auch die Handelskompanie für Übersee-Güter bankrott. So endete eine frühe Episode deutscher Kolonialgeschichte.*

Im Jahre 1683 erlebte ein deutscher Kapitän zum erstenmal afrikanische Ureinwohner. *„Sie sind pechschwarz“*, schrieb er in sein Tagebuch, *„leben armselig und essen vornehmlich Fische, welche sie so lange aufhängen, bis die Maden hineinkommen. Was sie sonst nötig haben, bitten sie vom Teufel. Dazu schlagen sie auf eine Trommel, so ihrem Bedünken nach die lieblichste Harmonie gibt, wonach die andern so lange tanzen und jauchzen, bis sie vor Müdigkeit auf die Erde fallen. Sie sind alle baumstarke Leute und bedecken ihre Scham mit dem Bast der Bäume. Sie stinken wie Ziegenböcke und glänzen wie ein Spiegel. Die Einwohner sind so wild, daß sie Menschen fressen. Ihre Namen enden alle auf »Quaqua«, als wann ein Haufen Enten in einem Pfuhl zusammen schnatterten.“* Der Schreiber ist Kapitän OTTO FRIEDRICH VON DER GROEBEN (*1657, †1728), der im Auftrag des Kurfürsten von Brandenburg mit zwei Schiffen an der westafrikanischen Küste ankerte, um Handel zu treiben. *„Sooft die Schwarzen an Bord kamen, schrien sie »Qua, qua, qua«, welches soviel als Freundschaft bedeuten sollte. Die Neger kamen haufenweise mit Elefantenzähnen, davon unsere Schiffe viertausend Pfund für dreißig Fäßchen Armringe einhandelten. Sie boten auch zwei kleine Mädchen von fünf Jahren feil für drei Musketen.“* Der Kapitän war bestürzt. Anstandshalber kaufte er sich eines dieser Mohrenmädchen – das schönste! Es gab in Deutschland Männer, die von Kolonien träumten und es den Spaniern, Portugiesen, Holländern und Engländern gleichtun wollten. Doch alsbald mußten sie erkennen, daß sich Kolonien für sie nicht lohnen. Es fehlte für Unternehmungen dieser Art das Kapital. Europas Mitte war verarmt.

Noch Jahrzehnte nach dem Friedensschluß von 1648 blieben die Spuren der Verwüstung für jedermann sichtbar. Allerdings waren die Regionen des Reichs sehr unterschiedlich betroffen. Im Herzogtum Württemberg sank die Bevölkerungszahl von 312 000 im Jahre 1610 auf 100 000 im Jahre 1639 – ein besonders krasses Beispiel! Dagegen blieben Teile Schleswig-Holsteins und Niedersachsens relativ unversehrt. Der allgemeine Bevölkerungsrückgang erklärt sich freilich nur zum Teil durch die Kriegshandlungen selbst. Auch Ernteausfälle, Hungersnöte und Seuchen trugen zu dem deutschen Desaster bei. Besonders die Pestwelle zwischen 1634 und 1640 führte unter der Bevölkerung zu entsetzlich hohen Verlusten. Am Ende fielen die Getreidepreise wegen zu geringer Nachfrage. So mancher verzweifelte Bauer suchte die neue Friedenszeit zu nutzen, um sich in die nächste Stadt durchzuschlagen.

Aber auch dort gab es nicht immer Arbeit! Die Gewerbe lagen darnieder und die internationalen Handelsbeziehungen waren weithin unterbrochen. Die Territorialherren des Reichs holten sich nun die qualifizierten Fachkräfte, die in Deutschland fehlten, aus Italien, Frankreich, England und den Niederlanden. Auch gründeten sie auf eigenem Boden technische Lehranstalten, ließen Straßen und Kanäle ziehen, neue Steuern erheben, das Münzwesen vereinheitlichen und sorgten sich um die Neuansiedlung von Kolonisten. Um die einheimischen Güter vor überlegenen Waren des Auslands zu schützen, ließen sie die Grenzzölle erhöhen und die Binnenzölle aufheben. 40 Prozent der deutschen Gewerbeproduktion geschah nun durch das *Verlagswesen* – eine Produktionsform außerhalb der inzwischen unrationell wirtschaftenden Zünfte, bei der die Rohprodukte, zum Beispiel Textilien, in Heimarbeit oder bescheidener Hausindustrie verarbeitet wurden und sodann auf den Markt gelangten. Für den Absatz sorgten organisationsbegabte und kapitalkräftige Kaufleute (*Verleger*) im Auftrag des Landesherrn. Neben diesem Verlagswesen, bei dem Beschaffung und Vermarktung zentral, die Produktion aber dezentral organisiert wurden, förderten die Fürsten auch die Errichtung von *Manufakturen*. Sie waren die Vorläufer unserer modernen Fabriken.

Einen besonderen Ruf erlangten die landesherrlichen *Porzellanmanufakturen*, die in der ersten Hälfte des 18. Jahrhunderts gegründet wurden und zum Teil noch heute fortbestehen. Überall war die staatswirtschaftliche Initiative der Landesherren zu spüren. Sie »herrschten« durch ein ganzes Bündel »dirigistischer«, das heißt die Untertanen bevormundender Maßnahmen, mit denen sie letztlich ihr Handelsvolumen

Armut, Hunger und Elend
Die Folgen des Krieges hielt der französische Maler Jacques Callot in diesen Radierungen fest (um 1635; Nürnberg, Germanisches Nationalmuseum).

L'État c'est moi!
Ludwig XIV. identifizierte seine Person mit dem Staat. Doch am Ende seiner absolutistischen Herrschaft stand Frankreich vor dem Staatsbankrott. (Gemälde von Hyacinthe Rigaud, 1701; Paris, Louvre)

erhöhen wollten. Das brachte Geld, und dieses wurde für den Aufbau eines eigenen Heeres, die Hofhaltung sowie die Beamtenschaft benötigt. *Merkantilismus* (in Deutschland auch *Kameralismus*) nennt man diese Form des Wirtschaftens, die darauf abzielte, den Reichtum der Fürstenmacht zu stärken, damit der Herrscher seine »Staatszwecke« besorgen konnte.

Der Absolutismus des Sonnenkönigs

In allem war Frankreich nun das große Vorbild. Dort regierte seit 1661 LUDWIG XIV. (*1638, †1715), der sein Land schnell zur größten Macht Europas geführt hatte. Er zog den französischen Adel an den Hof, um aus ihm abhängige *Höflinge* zu machen. Während seiner langen Regierungszeit baute LUDWIG eine gigantische Armee auf. Die enormen Ausgaben ließ der König über seinen »Staatsapparat«, bestehend aus 40 000 Spitzeln und Beamten, eintreiben. Alles, was er tat, war einzigartig im damaligen Europa. Seinen Hof verlegte er nach *Versailles* (▸ S. 481), wo er seit 1660 eine prachtvolle Schloß- und Gartenanlage mit 14 000 Springbrunnen und künstlichen Seen errichten ließ. Dorthin zog er 1682 mit seinem gesamten Hofstaat – er bestand aus 3 000 Bediensteten! Der Franzose ist als *Sonnenkönig* in die Geschichte eingegangen, weil er seine Herrschaft mit der wohltätigen Wirkung und dem Glanz der Sonne verglich. So sonderbar uns dieser Vergleich aus heutiger Sicht erscheinen mag, er hatte einen rationalen Kern. Denn die Philosophen des modernen *Naturrechts* hatten unter dem Eindruck der europäischen

Audienz
des päpstlichen Gesandten Sigismondo Chigi vor Ludwig XIV. in Fontainebleau, 1664. Nach der Aufhebung des Edikts von Nantes (1685) verlor Frankreich wegen der dadurch ausgelösten Flucht der Hugenotten, u. a. nach Brandenburg, einen Großteil seiner Intelligenz. (Lithographie nach einem Gobelinentwurf von Charles Lebrun, dem Schöpfer des repräsentativen Stils »Louis-quatorze«)

Religionskriege und der mit diesen einhergehenden Erschütterung der staatlichen und gesellschaftlichen Ordnung geltend gemacht, daß ein Monarch zur Aufrechterhaltung des Gemeinwohls *absolut* regieren müsse.

Die deutschen Fürsten blickten gebannt auf die moderne Staatskunst des Franzosen und eiferten ihr nach Kräften nach. Jeder kleine *Duodezfürst* war nun Anhänger des französischen *Absolutismus* und ließ es seine »Untertanen« durch eigene Prachtentfaltung und höfisches Gepränge auch wissen. »Bei Hofe« hatte sich alles an der französischen Mode und am französischen Geschmack zu orientieren. Unzählige Kleinresidenzen entstanden damals und mit ihnen die vielen barocken Schlösser, die in Architektur und Ausstattung das herrscherliche Lebensgefühl des Zeitalters ausdrücken. Vom »Reich« selbst schien indes aller Glanz gewichen. So sah es auch der zeitgenössische Natur- und Völkerrechtler SAMUEL VON PUFENDORF (*1632, †1694), der den deutschen *Staatskörper*, wie er das Reich nannte, mit einem *Monstrum* verglich – es sei ein Gebilde geworden, das sich *„im Laufe der Zeit durch die träge Nachgiebigkeit der Kaiser, durch den Ehrgeiz der Fürsten und die Ruhelosigkeit der Pfaffen aus einer Monarchie zu einer so ungeschickten Staatsform umgestaltet“* habe, daß es weder *Monarchie*, noch *Föderation*, vielmehr ein *„Mittelding zwischen beiden“* sei.

Dieses Reich hatte der Hegemonialmacht im Westen wenig entgegenzusetzen. Schon unter dem Kardinal JULES MAZARIN (*1602, †1661), der bis zu seinem Tode die französische Politik bestimmte und das Vertrauen des jugendlichen LUDWIG genoß, versuchte Frankreich, seinen Einfluß auf das Reich zu verstärken. Der Kardinal schickte seine Diplomaten aus, um unter den Reichsfürsten eine antihabsburgische Stimmung zu schüren, und konnte einen wichtigen Anfangserfolg verbuchen. Denn im Jahre der Kaiserwahl des Habsburgers LEOPOLD I. (1658-1705) kam es zur Gründung des *Rheinbundes*, dem neben den drei geistlichen Kurfürstentümern sowie Pfalz-Neuburg, Hessen-Kassel, Braunschweig-Lüneburg und Bremen-Verden auch Frankreich beitrat. Dieses politische Bündnis, als dessen Vorkämpfer sich insbesondere der Mainzer Erzbischof und Kurfürst JOHANN PHILIPP SCHÖNBORN (*1605, †1673) hervortat, entwickelte sich zusehends zu einem Instrument französischer Politik, obwohl es eigentlich dem Ziel dienen sollte, im Reich das politische Gleichgewicht wiederherzustellen. Der Rheinbund vermochte die Rolle als »dritte Kraft« zwischen Habsburg und Frankreich nicht zu spielen und löste sich 1668 auf. Das war ein schwerer Schlag für alle Patrioten, die das »Reich« aufwerten

August der Starke
eiferte der Hofhaltung des Sonnenkönigs nach. Der Kurfürst von Sachsen (1694-1733) und zeitweilige König von Polen ließ seine Residenzen in Warschau und Dresden im Stile von Versailles ausbauen. Seine Prunkliebe und die Förderung der Oper sowie der Meißner Porzellanmanufaktur ruinierten schließlich seine Staatsfinanzen. (Dresden, Gemäldegalerie)

Aus der Schatzkammer
Augusts des Starken (Dresden, Albertinum und Zwinger; ▶ S. 452)

Die Kaiserwahl Leopolds I. *Der kolorierte Stich von Caspar Merian zeigt die »Abbildung des Kaiserlichen und Kurfürstlichen Banquets auf dem Römer in Frankfurt den 22. Juli bis 1. August 1658«.*

und den »Kaiser« in die Pflicht nehmen wollten. Schönborn wurde vor allem deshalb Lügen gestraft, weil Ludwig XIV. nach dem Tode Mazarins zu einer scharfen *Annexionspolitik* übergegangen war, die sich zunächst gegen die *Spanischen Niederlande* (1667-1668), sodann auch gegen Holland (1672-1678) und schließlich direkt gegen das Reich richtete. 1680 begann der Franzose mit seiner »friedlichen« Eroberung des Elsaß und anderer linksrheinischer Gebiete (*Reunionspolitik*). Er ließ seine Gerichte feststellen, welche »irgendwann einmal« der französischen Krone zugehörigen Gebiete jetzt mit Frankreich »wiederzuvereinigen« (zu *reunieren*) seien. Die Deutschen waren empört über das fadenscheinige Argumentieren Ludwigs, aber dieser nutzte die Spannungen im Reich geschickt aus und hatte am Ende Erfolg. Im *Regensburger Stillstand* von 1684 wurden alle seit dem 1. August 1681 »reunierten« Gebiete Frankreich zugesprochen – unter anderem das Elsaß und Gebiete in Eifel und Hunsrück.

Kardinal Jules Mazarin *(Gemälde aus der Werkstatt von Philippe de Champaine, um 1650; Schloß Versailles)*

Die nächste Gelegenheit, im Reichsgebiet einzugreifen, bot sich infolge des *pfälzischen Erbstreites* nach dem Aussterben des Hauses Pfalz-Simmern im Jahre 1685. Ludwig beanspruchte für seine Schwägerin Liselotte von Orléans (»Liselotte von der Pfalz«, *1652, †1722) einen Teil der Erbschaft. Nach geltendem Recht waren seine Ansprüche haltlos. Dennoch rückte der König mit seinen Truppen auf Reichsgebiet vor. In seltener Einmütigkeit zeigten sich die deutschen Fürsten nun allerdings entschlossen, Ludwig entgegenzutreten, und erklärten Frankreich den Krieg. Das Bündnis wuchs sich schließlich zu einer großen europäischen Koalition aus. Frankreich war isoliert und wurde zur See von einer englisch-holländischen Flotte vernichtend geschlagen (1692). Unterdessen waren die Reichstruppen am Ober-, Mittel- und Niederrhein aufmarschiert. Angesichts der militärisch aussichtslosen Lage gab Ludwig den Befehl zur Brandschatzung und Zerstörung ganzer Regionen beiderseits des Rheins. Heidelberg, Mannheim, Speyer, Worms, Oppenheim, Bingen und andere Städte gingen in Flammen auf und wurden völlig zerstört. Den Verbündeten ihrerseits gelang schon 1689 die Besetzung der strategisch wichtigen Stützpunkte Mainz, Bonn und Kaiserswerth (bei Düsseldorf). Aber die Allianz setzte nicht nach, und so zogen sich die Kämpfe noch Jahre hin. Im *Frieden von Rijswijk* (bei Den Haag, 1697) mußte der »Sonnenkönig« die meisten *Reunionen* (außer dem Elsaß mit Straßburg, ▸ S. 461) zurückgeben.

Habsburg und das Osmanische Reich

Die österreichischen Habsburger stellten seit den Tagen FERDINANDS I. die deutschen Kaiser. Aber mit dem *Westfälischen Frieden* von 1648 kündigte sich nicht nur der Niedergang der *Kaisergewalt* im Reich an, sondern zugleich die Vormacht Frankreichs in Europa. Kaiser LEOPOLD I. ließ LUDWIG XIV. im Westen gewähren und stellte die Reichsinteressen hintan. Die spezifischen »Staatszwecke« des *leopoldinischen* Absolutismus ergaben sich aus der geopolitisch schwierigen Mittellage zwischen dem *Osmanischen Reich* und den Hegemonialansprüchen des Bourbonen-Königs.

Die *Türken* bedrohten die abendländische Staatenwelt bereits seit Jahrhunderten. Schon im Herbst 1529 standen sie unter ihrem legendären Führer SÜLEYMAN II., genannt der »Prächtige« (1520-1566), vor Wien, mußten die Belagerung der Stadt indes wegen eines frühen Wintereinbruchs aufgeben. Doch die Bedrohung hielt an. Die Türken galten lange Zeit als unbesiegbar. Nach dem Tode SÜLEYMANS büßten sie ihre militärische Schlagkraft vorübergehend ein. Sichtbares Zeichen ihrer Schwäche war die schwere Niederlage, die sie in der *Seeschlacht von Lepanto* (am Golf von Korinth, 1571) einstecken mußten. Erst um die Jahrhundertwende verstärkten die Türken dann neuerlich den militärischen Druck und nötigten die Habsburger zu wichtigen Zugeständnissen gegenüber den Ständen der Kronlande, insbesondere im umkämpften Großraum Ungarn-Siebenbürgen. Hier prallten schon seit Jahrzehnten konkurrierende Machtansprüche der einheimischen Stände, der »Pforte« und der Krone hart aufeinander.

Im Jahre 1683 standen die Türken ein zweites Mal vor Wien. Im österreichischen Teil Ungarns hatte sich der einheimische Adel gegen den habsburgischen Zentralismus empört und Kontakt mit den »Ungläubigen« aufgenommen. Diese konnten darum unter ihrem Großwesir KARA MUSTAPHA (*1634, †1683)

Liselotte von der Pfalz über das Unglück ihrer Heimat

Euer Liebden wissen wohl, daß ich nichts ungerners tue als lamentieren, und allebenwohl, wenn wenn man so traurig ist, als ich leider seit einer langen zeit her bin, kann man sich dessen schwerlich enthalten, und wes das herz voll ist, geht der mund leicht über ... Kaum hatte ich mich über des armen Carllutz tod ein wenig erholt, so ist das erschreckliche und erbärmliche elend in der armen Pfalz angangen, und was mich am meisten daran schmerzt, ist, daß man sich meines namens gebraucht, um die armen leute ins äußerste unglück zu stürzen. Und wenn ich darüber schreie, weiß man mirs gar großen undank und man protzt mit mir drüber.
Sollte man mir aber das leben darüber nehmen wollen, so kann ich doch nicht lassen, zu bedauern und zu beweinen, daß ich sozusagen meines vaterlands untergang bin und überdies alle des Kurfürsten, meines herrn vater seligen sorge und mühe auf einmal so über einen haufen geworfen zu sehen an dem armen Mannheim. Ja ich habe einen solchen abscheu vor alles, so man abgesprengt hat, daß alle nacht, sobald ich ein wenig einschlafe, deucht mir, ich sei zu Heidelberg oder zu Mannheim und sähe alle die verwüstung und dann fahr ich im schlaf auf und kann in zwei ganzen stunden nicht wieder einschlafen. Dann kommt mir in sinn, wie alles zu meiner zeit war, in welchem stand es nun ist, ja in welchem stand ich selber bin, und dann kann ich mich des flennens nicht enthalten. Was mir noch schmerzlicher ist, ist, daß der König just gewartet hat, um alles ins letzte elend zu bringen, bis ich vor Heidelberg und Mannheim gebeten.

(Brief an die Herzogin Sophie von Hannover, 20.3. 1689)

Die Schlacht am Kahlenberg
Am 12. September 1683 versucht Kara Mustafa (auf dem Schimmel, Abb. rechts) vergeblich, das heranstürmende Befreiungsheer vor Wien abzuwehren. Die Abb. unten halten verschiedene Szenen fest: Am 6. September beschießen die Türken zum letzen Mal Wien und versuchen einen Sturm- und Minenangriff durch die Laufgräben (Rand oben); dann stoßen die einzelnen Kontingente der Entsatzarmee vom Kahlengebirge herab auf die Belagerer (Mitte); an der Spitze der polnischen Truppen, deren Reiterei den Großwesir gerade bedrängt, ist König Johann III. Sobieski (auf dem Apfelschimmel, unten) zu sehen, gefolgt von seinem Sohn (zeitgen. anonymes Gemälde, Ausschnitte; Wien, Heeresgeschichtliches Museum).

nahezu unbehelligt nach Westen vordringen – mit einer Heeresmacht von annähernd 200 000 Mann! Wien hielt einer dreimonatigen Belagerung stand, bis der polnische König JOHANN III. SOBIESKI (1674-1696) und Herzog KARL V. VON LOTHRINGEN (*1643, †1690) ein christliches Entsatzheer herangeführt hatten. 1683 kam es zur *Schlacht am Kahlenberg*, in der die Türken entscheidend geschlagen wurden. Zwei junge Offiziere kämpften in den Reihen der Sieger, bewährten sich und hatten großen Anteil an späteren erfolgreichen Feldzügen: Markgraf LUDWIG WILHELM VON BADEN, genannt »Türkenlouis« (*1655, †1707), und PRINZ EUGEN VON SAVOYEN (*1663, †1736), der Sieger vieler Schlachten und Vertraute dreier Kaiser. Kahlenberg markiert die Wende in der jahrhundertelangen Auseinandersetzung, und die *Schlacht von Zenta* (an der Theiß in Jugoslawien, 1697) begründete sodann den Ruhm des PRINZEN EUGEN, weil er sich gegen einen überlegenen Gegner durchsetzen konnte. Die Türken mußten nun Frieden schließen und den Habsburgern Ungarn, Siebenbürgen und Teile Sloweniens und Kroatiens überlassen (*Friede von Karlowitz*, 1699).

Dreh- und Angelpunkt habsburgischer Westpolitik war die Frage der *spanischen Sukzession*, die Europa fast ein ganzes Menschenalter in Atem hielt. LEOPOLD I. war mit dem spanischen Königshaus verschwägert und erhob Ansprüche auf den spanischen Thron – für den Fall des Aussterbens der spanischen Linie der Habsburger. Der Bourbone LUDWIG XIV. war nicht minder erbberechtigt und hielt dagegen. Mit dem schwächlichen KARL II. (König: 1665-1700) erlosch die spanische Linie der Habsburger. Das bedeutete unweigerlich Krieg, wenn keine

Seite nachgeben mochte; und dieser Fall trat ein. Als die französische Diplomatie den spanischen Hof für die Einsetzung des Bourbonen PHILIPP VON ANJOU (*1683, †1746) als Universalerben gewinnen konnte, bildete sich rasch eine antifranzösische Koalition aus den beiden *Seemächten*, Holland und England, sowie dem Kaiser und der Mehrheit der Reichsfürsten, darunter auch Brandenburg-Preußen. Kurfürst FRIEDRICH III. (1686-1713) hatte von LEOPOLD soeben die Anerkennung als »König in Preußen« erhalten und schuldete diesem darum besonderen Dank. In dieser Koalition (*Große Allianz*) zog man aus ganz unterschiedlichen Gründen gegen die Bourbonen zu Felde: Der Habsburger sah die Pläne durchkreuzt, seinem zweiten Sohn, Erzherzog KARL (*1685, †1740), das spanische Universalerbe zu sichern, die deutschen Fürsten fürchteten sich vor weiteren französischen Übergriffen auf das Reich, und die Seemächte bangten um das Gleichgewicht in Europa.

1701 schmiedeten die Bourbonen-Gegner ihren Bund im Haag. Als Seele des ganzen Unternehmens tat sich noch einmal der alte Kämpfer aus den Tagen des *Holländischen Krieges*, WILHELM III. VON ORANIEN (*1650, †1702), hervor, der seit 1674 Erbstatthalter der Niederlande war und seit 1689 auch König von England. Der Krieg, welcher nun entbrannte (*Spanischer Erbfolgekrieg*), wurde auch in den Kolonien ausgetragen. In Europa eilte die Allianz nach Anfangserfolgen der Franzosen von Sieg zu Sieg. Am 13. August 1704 wurden die Franzosen und die mit ihnen verbündeten Bayern bei Höchstädt an der Donau von dem Herzog von Marlborough, JOHN CHURCHILL (*1650, †1722), und dem Prinzen EUGEN vernichtend geschlagen. Schon zeichnete sich eine Erbfolge zugunsten der Habsburger ab, da verstarb Kaiser JOSEPH I. (1705-1711) ohne männlichen Erben, so daß sein Bruder, der spanische Gegenkönig KARL III., als KARL VI. auch zum deutschen Kaiser gewählt wurde (Kaiser: 1711-1740). Darüber zerbrach die Große Allianz. England näherte sich aus Furcht vor einem übermächtigen Habsburg Frankreich an und zeigte sich im *Frieden zu Utrecht* (1713) mit der Bourbonenherrschaft in Spanien einverstanden. Österreich erhielt die Spanischen Niederlande sowie alle spanischen Besitzungen in Italien. Der Kaiser hatte seine Maximalziele nicht erreicht und mußte der Regelung im darauffolgenden Jahr zähneknirschend beitreten (*Friede von Rastatt*). Immerhin – der Gebietszuwachs war beträchtlich.

Österreich war nun eine europäische Großmacht. In Wien zeigte man sich sofort bereit, den Kampf gegen die Türken wiederaufzunehmen. Nach dem Fall der Festung Belgrad

Ludwig Wilhelm von Baden
Der um die Befreiung Wiens verdiente »Türkenlouis«, Reichsgeneralfeldmarschall seit 1707, erhielt 1693 den Oberbefehl am Oberrhein und hielt nach der Rückeroberung Heidelbergs die Verteidigungslinien gegen Frankreich bis zum Frieden von Rijwijk (1697; zeitgen. Gemälde).

Herzog Marlborough
überredet einen fliehenden englischen General zur Umkehr und zum Angriff, während die Schlacht bei Höchstädt tobt. (Lithographie aus »Rotteck's allgemeiner Weltgeschichte«, 1832)

Prinz Eugen
(Reiterdenkmal vor der Wiener Hofburg, ▶ *S. 490)*

Belvedere
ist das italienische Wort für eine »schöne Aussicht«. Das gleichnamige Lustschloß und Gartenpalais des Prinzen Eugen wurde 1697 begonnen und 1723 von Johann Lukas von Hildebrandt vollendet. (Oberes Belvedere, Wien)

(1717), einer spektakulären Tat des Savoyarden, konnte Österreich im *Frieden von Passarowitz* (1718) weitere Gebietsgewinne verbuchen. Sie bescherten dem Land die größte Ausdehnung seiner Geschichte. Der »Held der Türkenkriege«, PRINZ EUGEN, gewann nun auch als Staatsmann, Diplomat und Förderer der schönen Künste entscheidenden Einfluß auf das neue Österreich, welches im Inneren erst jetzt zur vollen Errichtung zentralistisch-absolutistischer Herrschaftsstrukturen übergehen konnte. Als der Prinz starb, hatte der Geist der Frühaufklärung nicht zuletzt durch sein Wirken bereits Einzug gehalten ...

Der Aufstieg Brandenburg-Preußens

Wer im Jahre 1640, zum Zeitpunkt des Regierungsantritts FRIEDRICH WILHELMS (*1620, †1688), den man später den »Großen Kurfürsten« nannte, prophezeit hätte, einst werde die Dynastie der *Hohenzollern* bestimmenden Einfluß auf die deutsche Geschichte erlangen können, wäre für verrückt erklärt worden. Das Land Brandenburg trug besonders schwer an den Verwüstungen des Dreißigjährigen Krieges und schien durch die Streulage seiner einzelnen Gebiete wenig »regierbar« zu sein. Die Hohenzollern konnten aber auch auf Erfolge zurückblicken: Kurfürst JOHANN SIGISMUND (1608-1619) war 1613 zum calvinistischen Glauben übergetreten und hatte mit pfälzisch-niederländischer Unterstützung die westlichen Territorien Kleve, Mark und Ravensberg erhalten (1614). 1618 wurde dieser Hohenzoller außerdem Herzog von Preußen. FRIEDRICH WILHELM mußte nicht lange warten, um seiner Dynastie einen weiteren Erfolg zu bescheren. Denn im *Westfälischen Frieden* bekam er Hinterpommern und die säkularisierten Bistümer Kammin, Minden sowie Halberstadt zugesprochen; außerdem die Anwartschaft auf Magdeburg. Das Leben gestaltete sich hart in jenen Notjahren zu Beginn seiner Herrschaft. Manches Mal waren die Kassen so leer, daß sich der Kurfürst vom Magistrat der Stadt Berlin 15 Taler borgen mußte ... Und doch – der Kurfürst »war wer«: Mit seiner *Kurstimme* konnte er, wenn nötig, aktiv in die Reichspolitik eingreifen, als Herrscher über ein deutsches Territorium mittlerer Größe war er darüber hinaus für auswärtige Mächte bündnisfähig. Auch fehlte es ihm nicht an »Weltläufigkeit«. In seinen Jugendjahren studierte er in Leyden, lernte drei Sprachen, befaßte sich mit moderner Kriegs- und Verwaltungskunst, machte sich mit der niederländischen Handelspolitik vertraut und blieb lebenslang von calvinistischer Pflichterfüllung, Ordnungsliebe und Sparsamkeit erfüllt.

Der atemberaubende Aufstieg des Hauses Brandenburg vollzog sich gewissermaßen im Windschatten der europäischen Großereignisse. Was der Kurfürst tat, wurde nie über Gebühr beachtet, war indes nach innen ungemein planvoll und nach außen von jenem rücksichtslosen, mit diplomatischem Geschick vorgetragenen Raffinement, welches man von den führenden Mächten des Zeitalters lernen konnte. Die Erfahrungen des großen Krieges hatten den Hohenzollern auch gelehrt, daß man ein schlagkräftiges Heer brauche, um der eigenen Politik Nachdruck verleihen zu können. Schon Mitte der fünfziger Jahre verfügte er über knapp 20 000 gut ausgebildete Soldaten, die er ständig unter Waffen hielt (*Stehendes Heer*) und die ihm und seiner Regierung uneingeschränkten Gehorsam schuldeten. Die *Kriegsunternehmer* und *Söldnerführer* früherer Zeiten hatten ausgedient! Nun zogen Ordnung und Disziplin ein. Auch die Bewaffnung und Bekleidung wurden jetzt vereinheitlicht (*Uniformierung*). Grundlage für den Aufbau eines Stehenden Heeres war der berühmte *Landtagsrezeß* vom 26. Juli 1653, wonach die kurmärkischen Stände über einen Zeitraum von sechs Jahren zweckgebundene Gelder in Höhe einer halben Million Taler bewilligten. Als Gegenleistung erhielt der Adel für den Geltungsbereich seiner Besitzungen die Justiz- und Polizeigewalt und auch die Steuerfreiheit zugesichert.

Dieser »Pakt« stellte die Grundlage des kurfürstlichen Absolutismus dar. Fortan wurde die kurmärkische »Landschaft« nicht mehr versammelt. FRIEDRICH WILHELM hatte sich durchgesetzt, und der Adel freute sich seiner Privilegien ... Schwerer tat sich der Kurfürst mit den Ständen seiner anderen Landesteile, insbesondere Preußens. Die Anerkennung der vollen Souveränität in diesem Herzogtum hatte er erst im *Frieden von Oliva* (bei Danzig, 1660) erlangt, nachdem sich seine Truppen im *Nordischen Krieg* an der Seite Schwedens gegen die Polen 1656 erstmals bewähren konnten. Doch die preußischen Stände, die sich bisher auf die polnische Oberherrschaft zu stützen verstanden, fühlten sich übergangen und machten sich auf dem *Langen Landtag* (1661-1663) mit heftigem Widerstand bemerkbar. Der Hohenzoller mußte schon mit Heeresmacht erscheinen, um seinen Souveränitätsanspruch durchzusetzen. Im Jahre 1663 lenkten die »selbstherrlichen« Landstände schließlich ein und leisteten den geforderten Eid.

Als die Preußen dem Kurfürsten nach dessen Gewaltandrohung endlich huldigten, war sein innenpolitischer Durchbruch perfekt. Nun konnte der Ausbau des absolutistischen Staates beginnen. FRIEDRICH WILHELM wollte ihn, wie er es in barocker

Der Große Kurfürst
als Scipio anläßlich eines Turniers (um 1660; Kleve, Städtisches Museum).

Luise Henriette von Oranien
ehelichte 1646 Friedrich Wilhelm, den Großen Kurfürsten. Sie stammte aus der Familie des Hugenottengenerals Coligny. (Gemälde von Matthias Czwiczek, 1649, Ausschnitt; Berlin, Schloß Charlottenburg)

Politisches Testament

Das »Politische Testament« des Großen Kurfürsten (1667) läßt die Motive seines Handelns erkennen. Darin mahnt er seinen Sohn an, stets darauf bedacht zu sein, den Frieden zu wahren. Geordnete Staatsfinanzen und ein schlagkräftiges Heer würden in erster Linie dazu dienen, „allzeit in guter Postur" zu stehen. Dennoch dürfe man bei großen Verwicklungen „nicht stille sitzen" meint er und fährt fort:

Die liebe Justiz lasset Euch in allen Euren Landen höchlichst befohlen sein und sehet dahin, damit sowohl den Armen als Reichen ohne Ansehung der Person Recht verschaffet werde und daß die Prozesse beschleunigt und nicht aufgehalten werden mögen, denn das befestigt die Stühle der Regenten. Und weil Ihr wegen Eurer anderen Regierungsgeschäfte die Justizsachen selten hören könnet, so gebt fleißig acht auf die Räte, so dazu bestellt sind. Und wenn Ihr erfahret, daß sie sich korrumpieren lassen und mit der Justiz nicht recht umgegangen sind, so strafet dieselbigen dergestalt, daß sich alle anderen davor zu spiegeln haben. Würde aber einer aus Bosheit über die Räte klagen, so ist derselbe auch billig zu strafen, damit der Justiz ihr gebührender Respekt verbleibe ...

Was nun für Räte und Diener Ihr ins Künftige zu gebrauchen habt und wie dieselben qualifiziert sein sollen, weil eines Herren Reputation daran hängt, was vor Räte er erwähle, so habt Ihr Euch in solcher Wahl wohl vorzusehen und nicht zu übereilen und weiß ich Euch deren keine besseren zu benennen und besseren vorzuschlagen als solche, welche der Jethro dem Mose beschreibt, nämlich daß es solche Leute sein sollen, so solche Qualität haben, daß sie zuvorderst Gott fürchten und dem Geiz von Herzen feind, überdem verschwiegen, eines ehrbaren Lebens, aufrichtigen Gemütes sind. Nach solchen sehet Euch in und außer Landes mit höchstem Fleiße um. Wenn Ihr solche dazu erwählet und annehmen werdet, so wird es Euch wohlgehen, Gottes Segen in der Regierung verspüren, auch wird Euch die Last alsdann nicht so schwer zu tragen ankommen.

Er nutzte nun das von den Ständen nicht mehr bestrittene Recht zur uneingeschränkten Erhebung von Steuern, für deren zentrale Verwaltung er das *Generalkriegskommissariat* einrichten ließ, das seit den siebziger Jahren einen enormen Kompetenzzuwachs erfuhr. Es bekam dann immer neue Verantwortungsbereiche zugewiesen, stellte den *Geheimen Rat* als oberstes kurfürstliches Beratungsorgan schnell in den Schatten und stieg schließlich zur mächtigsten, hierarchisch gegliederten Behörde des Staats auf. Der *Generalkriegskommissar* beaufsichtigte das Stehende Heer, organisierte die Ansiedlung der Einwanderer, kontrollierte den Handel, förderte die Wirtschaft und ließ auf den unteren Ebenen die Steuern eintreiben.

So war im Staatsapparat bald genügend Platz für die jüngeren Söhne des Adels, die im Heer und in der Verwaltung Aufnahme fanden und dem künftigen preußischen Offizierskorps sowie dem Beamtentum das Gepräge gaben. Aus dem vom ständischen Selbstbewußtsein getragenen (*frondierenden*) Adel wurden treue Staatsdiener – nicht von heute auf morgen, aber FRIEDRICH WILHELM und seine Helfer, allen voran der Reichsgraf JOSIAS VON WALDECK, schufen die Grundlagen. Seit 1667 wurden die Städte mit einer ständigen, einheitlichen Verbrauchssteuer (*Akzise*) belegt. Der Kurfürst förderte darum den Unternehmungsgeist seiner Untertanen nach Kräften. Der *Friedrich-Wilhelm-Kanal* entstand (1662-1669), und beiderseits der Spree wurden die Residenzstädte Berlin und Cölln unter Leitung des holländischen Baumeisters JOHANN MEMHARDT ausgebaut. Mit dem *Edikt von Potsdam* (1685) gewährte der Kurfürst den aus Frankreich vertriebenen hugenottischen Glaubensbrüdern Asyl.

Die Belagerung von Stralsund *durch Friedrich Wilhelm (1678). Im Bündnis mit Dänemark versuchte der Große Kurfürst die letzten schwedischen Bastionen auf deutschem Reichsboden zu erobern.*

Etwa 20 000 Flüchtlinge folgten dem Ruf, gründeten neuen Industrien und waren ebenso wie ihre Nachfahren stets loyale Untertanen. Ein Menschenalter später (1731/32) gesellten sich noch 18 000 Salzburger hinzu, die von ihrem lutherischen Bekenntnis nicht lassen mochten und darum aus ihrer Heimat ausgewiesen wurden. Die Toleranz in Glaubens- und Gewissensfragen hat später viele aufgeklärte Geister für Brandenburg-Preußen Partei nehmen lassen.

Kein Souverän seines Zeitalters hatte so oft die Seiten gewechselt wie der Hohenzoller (*brandenburgisches Wechselfieber*), dessen Größe vor allem darin besteht, es als politischer »Zwerg« immer aufs neue geschafft zu haben, im Konzert der Großen »mitzumischen«. Umgeben von Mächten, denen er das Wasser nicht reichen konnte, koalierte er mal mit den Polen im Osten oder den Schweden im Norden, mal mit dem Kaiser im Süden oder mit Frankreich im Westen und – aus innerem Antrieb – mit den Holländern im Nordwesten. An den europäischen Höfen kam Bewunderung für den Kurfürsten auf, als er 1675 die *Schlacht bei Fehrbellin* (nordwestlich von Potsdam) gewann und den geschlagenen Schweden Vorpommern abjagen konnte. Die Nordländer galten als die besten Soldaten ihrer Zeit! Am Ende aber half der große Sieg wenig, denn die Mächtigen Europas einigten sich im *Nimwegener Frieden* (1678/79), der den *Niederländischen Krieg* zwischen LUDWIG XIV. und Holland beendete, auf die Wiederherstellung des Friedens von 1648. Größer ist Brandenburg-Preußen unter dem Großen Kurfürsten darum nicht mehr geworden. Für eine expansive, auf Territorialerwerb ausgerichtete Politik fehlten ihm schlicht die geeigneten Druckmittel. Er trieb Großmachtpolitik, ohne mächtig zu sein – ein Visionär mit Ausstrahlungskraft auf die Nachfahren seiner Dynastie.

Der Sohn des Großen Kurfürsten nahm als FRIEDRICH I. (*1657, †1713) die Würde eines *Königs in Preußen* an. Am 18. Januar 1701 setzte er sich in Königsberg selbst die Krone aufs Haupt und krönte anschließend seine Gemahlin SOPHIE CHARLOTTE (*1668, †1705). Der erste preußische König ist wegen der pomphaften Überhöhung seiner Majestät immer arg belächelt worden. Aber unter seiner Herrschaft entstanden Berlins erste berühmte Bauten – darunter das *Zeughaus* und das *Charlottenburger Schloß*. Auch stiftete er die Berliner Akademie der Künste und die Sozietät der Wissenschaften. Die Hauptstadt, in der seit 1694 der berühmte Bildhauer und Baumeister ANDREAS SCHLÜTER (*um 1660, †1714) wirkte, erhielt schnell den Ehrennamen *Spree-Athen*. Den Stil bei Hofe prägte die

Salzburger Emigranten *begegnen Friedrich Wilhelm I. (Illustration eines 1732 erschienenen Buches über Salzburger und Waldenser)*

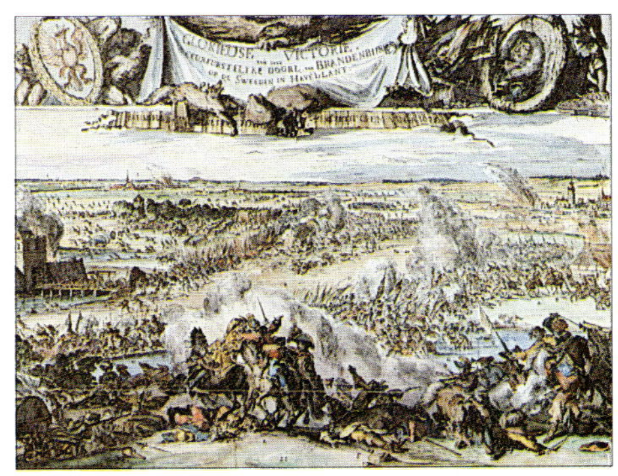

Die Schlacht bei Fehrbellin *(Amsterdamer Flugblatt aus dem Jahr 1675)*

Friedrich I. im Krönungsornat *(zeitgen. Gemälde; Berlin, Schloß Charlottenburg)*

Friedrich Wilhelm I.
Der »Soldatenkönig« wurde der Vater des preußischen Pflichtbewußtseins. Für die schönen Künste hatte er keinen Sinn, um so mehr aber für Soldatisches. (Gemälde von A. Pesne, um 1733; Berlin, Schloß Charlottenburg)

Österreichische Territorien (1740)

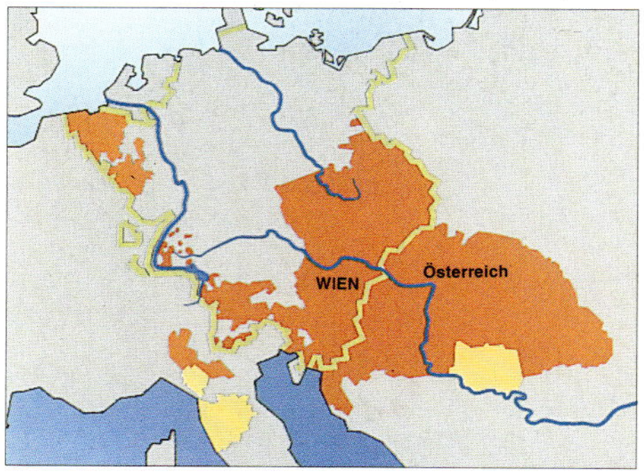

Preußische Territorien (1740)

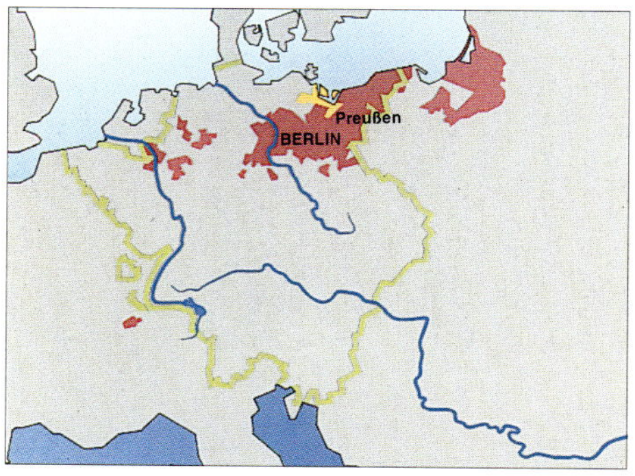

geistvolle und hochgebildete SOPHIE CHARLOTTE, die in ihrem »Salon« namhafte Künstler, Theologen und Gelehrte empfing. Sie zog so bedeutende Geister wie GOTTFRIED WILHELM LEIBNIZ (*1646, †1716) an und galt an den deutschen Fürstenhöfen als hübscheste Frau ihrer Zeit. Als der König starb, hinterließ er seinem Sohn FRIEDRICH WILHELM I. (1713-1740) einen Schuldenberg von 20 Millionen Talern. Unter diesem zweiten Preußenkönig wurde nun »ordentlich«, »sparsam« und »pünktlich« regiert und verwaltet. Überall entstanden neue Exerzierplätze – in Berlin vor allem im Lustgarten, Tiergarten und auf dem Tempelhof. In Preußen ging es nun waffenklirrend zu; trotzdem bescherte der »Soldatenkönig«, wie man ihn zu bezeichnen pflegt, seinen Untertanen die friedfertigsten Jahrzehnte! FRIEDRICH WILHELM, der von sich selbst gern in der dritten Person sprach, erklärte: *„Ich will der Generalfeldmarschall und Finanzminister des Königs von Preußen sein, das wird dem König von Preußen gut bekommen.“* Der König reorganisierte 1722/23 den Verwaltungsaufbau, indem er das *Generalfinanzdirektorium* und das *Generalkriegskommissariat* in einer neuen Oberbehörde *(Generaldirektorium)* zusammenfaßte. Bei seinem Tode hinterließ er seinem Sohn einen Staatsschatz von acht Millionen Talern, die er in den Kellern des Berliner Schlosses hatte verstauen lassen.

Die Anfänge Friedrichs II. von Preußen

Das Jahr 1740 ist ein Epochenjahr deutscher Geschichte. In Preußen übernahm FRIEDRICH II. (†1786), der Sohn des Soldatenkönigs, die Regierungsgeschäfte, und in Österreich folgte MARIA THERESIA (†1780) ihrem Vater Kaiser KARL VI. Dieser hatte bereits 1713 eine umstrittene Regelung der Erbfolge im Hause Habsburg getroffen. Sie sah die Thronfolge nach dem Erstgeburtsrecht auch für seine Töchter vor, sollte der Kaiser ohne männlichen Erben sterben (*Pragmatische Sanktion*). Dieser Fall war nun eingetreten. Der Hohenzoller und die Habsburgerin sollten jetzt vier Jahrzehnte lang die Szene in Mitteleuropa beherrschen. Drei Kriege führten sie gegeneinander. Das Jahr 1740 markiert somit auch den Beginn des *deutschen Dualismus* zwischen Preußen und Österreich. Er endete erst auf den Schlachtfeldern bei *Königgrätz* – einhundertfünfundzwanzig Jahre später (1866).

Dabei schien der heranwachsende preußische Kronprinz so gar nichts für die soldatische Seele des Vaters übrigzuhaben. Wie soll ein musizierender, dichtender und philosophierender Sohn

Kronprinz Friedrich *um 1739, zur Zeit der Abfassung des »Antimachiavell«. Aus dem „effeminierten Kerl", wie der Vater sich ausdrückte, wurde eine Persönlichkeit mit widersprüchlichen Charaktereigenschaften. (Gemälde von Pesne; Berlin, Gemäldegalerie)*

Friedrich II. *in Herrscherpose. Er ließ sich in allen Regierungsgeschäften unterweisen und ging 1733 eine vom Vater befohlene Ehe mit Elisabeth von Braunschweig-Bevern ein. (Berlin, Schloß Charlottenburg)*

nach dem Tode des Vaters den Staat führen können? FRIEDRICH hatte immer härtere Erziehungsmethoden zu ertragen. Schließlich wollte er sich mit seiner Schwester WILHELMINE (*1709, †1758) und Vertrauten nach England absetzen, wurde aber ergriffen und zum Tode verurteilt, dann begnadigt und auf der Festung Küstrin gefangengehalten. Von der Gefängniszelle aus mußte er der Enthauptung seines mitverschworenen Freundes, des Leutnants HANS HERMANN KATTE (*1704, †1730), zusehen. Der Schock veränderte Leben und Einstellung FRIEDRICHS entscheidend. Ungebrochen im Willen, eignete sich der Sohn jetzt jenen Zynismus an, der einer machthungrigen und durchsetzungsfähigen Herrschernatur allemal zukommt. Dabei wirkte in diesem Hohenzoller gleichzeitig die tiefe Überzeugung des *aufgeklärten* Zeitalters fort, daß nämlich »Vernunft« und »Gerechtigkeit« obwalten müßten. Die Augen vieler Zeitgenossen richteten sich deshalb auf diesen Prinzen, vom dem man sich den »fürstlichen Philosophen« erwartete, der die Ideen der Aufklärung in die Tat umsetzen werde.

„... zum Tode verurteilt, dann begnadigt ..."

Der Sohn erfüllte die Erwartungen des Vaters und versöhnte sich schließlich. Er zog sich auf Schloß Rheinsberg zurück, wo er seinen berühmten »Antimachiavell« (1739) schrieb – eine Abhandlung über die Idee der *Staatsraison*, in der er allem skrupellos-machtstaatlichen Handeln abschwor. In der Vorrede zu dieser Schrift heißt es: *„Wie beklagenswert ist das Schicksal der Völker, wenn sie von dem Mißbrauch der Herrschergewalt alles zu fürchten haben, wenn ihr Vermögen der Habgier des Fürsten, ihre Freiheit seinen Launen und ihr Leben seiner Grausamkeit zum Opfer fällt! Man sollte in der Geschichte nur die Namen der guten Fürsten aufbewahren, und die anderen mit ihrem Stumpfsinn und ihren Ungerechtigkeiten der Vergessenheit anheimfallen lassen."* Der große französische Philosoph

Schloß Rheinsberg bei Neuruppin *Hier beschäftigte sich der Kronprinz mit den Schriften des Philosophen Christian Wolff (*1679, †1754); um sie lesen zu können, mußte er sie ins Französische übersetzen lassen.*

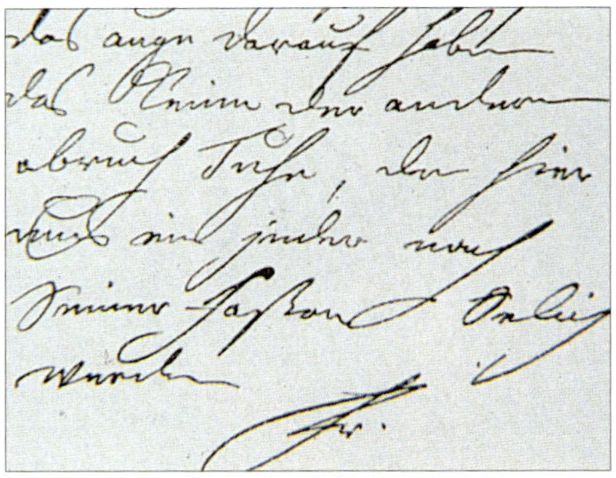

Religiöse Toleranz
Am 22. Juni 1740 versah Friedrich einen Beschwerdebrief der Katholiken mit dieser denkwürdigen Notiz.

Der Philosoph auf dem Streitroß
Anfang Dezember 1740 gab Friedrich den Befehl: „Meine Herren, ich unternehme einen Krieg, ... brechen Sie auf zum Rendezvous des Ruhms, wohin ich Ihnen ungesäumt folgen werde." (Stich; Hamburg, Staatsbibliothek)

Schlesien

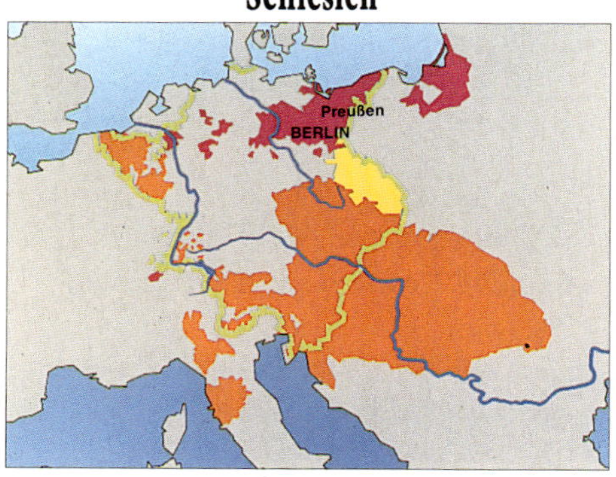

Am 16.12.1740 marschierten die Preußen ins österreichische Schlesien ein.

VOLTAIRE (*1694, †1778), der dem Preußen lange zugetan war, jubelte über den »Roi philosophe«: *„Fahren Sie fort, großer Fürst, großer Mensch; vernichten Sie das Ungeheuer des Aberglaubens und des Fanatismus, diesen Feind der göttlichen Vernunft. Seien Sie der König der Philosophen ..."*

FRIEDRICH nahm seine vornehmen Grundsätze zunächst ernst. Am zweiten Tag nach Übernahme der Regierungsgeschäfte ließ er in Erwartung einer schlechten Ernte verbilligtes Korn aus öffentlichen Speichern an die Armen verkaufen, und am dritten Tag ordnete er die Abschaffung der Folter an. Wenig später notierte er in der ihm eigenen Orthographie: *„Die Religionen müsen alle Tolleriret werden... den hier mus ein jeder nach Seiner Faßon selich werden."* Aber sechs Monate später war der »Philosoph« auf das »Streitroß« umgestiegen und gab seinen Truppen den Befehl zum Einmarsch in Schlesien. Hinter dieser Tat standen mehr als zweifelhafte Erbansprüche. Historiker haben in dem Gewaltakt des Preußen denn auch das *sensationellste Verbrechen der Neuzeit* gesehen. Der Hohenzoller spekulierte auf die Unterstützung Dritter und erhielt sie, als sich seine durch preußischen Drill überlegene Infanterie in der *Schlacht bei Mollwitz* (südöstlich von Breslau, 10.4. 1741) gegen die Österreicher durchsetzen konnte.

Der *Schlesische Krieg* wuchs sich zum *Österreichischen Erbfolgekrieg* aus. FRIEDRICH schloß ein Bündnis mit Frankreich. Am französischen Hof witterte man die Chance, den »ewigen Rivalen« Habsburg schwächen zu können, und Bayern und Sachsen, die die Pragmatische Sanktion ohnehin nicht anerkannt hatten, hofften auf territorialen Zugewinn. MARIA THERESIAS Lage war verzweifelt. Gegen ihren Erbanspruch stritt vor allem der bayerische Kurfürst KARL ALBRECHT (*1697, †1745), der nach der Erstürmung Prags zum böhmischen König und in Frankfurt wenig später einstimmig zum deutschen Kaiser gewählt wurde. Aber am Tage der Kaiserkrönung marschierten österreichische Truppen in München ein. Es war der 24. Februar 1742. MARIA THERESIA hatte durch ein geheimes Stillhalteabkommen mit Preußen (*Klein-Schnellendorfer Konvention*, 9.10. 1741) Luft bekommen und den Kaiser mit einer militärischen Gegenoffensive zum armen, landlosen Mann degradiert. Entmachtet und gedemütigt – so hatte sich Frankreich schon immer die deutschen Kaiser gewünscht! Um seine bisherigen Erfolge nicht ernsthaft gefährdet zu sehen, schlug FRIEDRICH in Verletzung der Klein-Schnellendorfer Konvention am 17. Mai 1742 erneut zu. Im *Berliner Frieden* (28.7. 1742) bekam Preußen Schlesien sodann zugesprochen.

Der *Erste Schlesische Krieg* war beendet, doch die europäische Auseinandersetzung ging weiter. Die Franzosen wurden von einem aus Niederländern, Engländern, Österreichern und deutschen Söldnern gebildeten Aufgebot (*Pragmatische Armee*) völlig aufgerieben (*Schlacht bei Dettingen* am Main, 27.6. 1743). FRIEDRICH eröffnete mit dem Einmarsch in Böhmen im Sommer 1744 den *Zweiten Schlesischen Krieg*. Für den preußischen König schien zunächst alles verloren, aber er zeigte nun seinen harten Durchhaltewillen, der ihm später mehrfach das militärische Überleben sichern sollte. *„Ich will"*, so erklärte er, *„meine Machtstellung behaupten oder untergehen und alles, selbst den Namen Preußens, mit ins Grab nehmen."* Die Preußen siegten bei Hohenfriedberg (westlich von Breslau, 4.5. 1745), Soor (Nordböhmen, 30.9. 1745) und Kesseldorf (nahe Hirschberg im Riesengebirge, 15.12. 1745) und gaben dem Krieg damit doch noch eine ihnen günstige Wende. Im *Frieden von Dresden* (25.12. 1745) wurde FRIEDRICH der Besitz Schlesiens bestätigt; dafür erkannte er Wahl (13.8. 1745) und Krönung (4.10. 1745) des neuen Kaisers FRANZ I. († 1765) an. Der König aus Berlin aber war seinen gesamten Staatsschatz los und das Land am Ende seiner Möglichkeiten. Sein Monarch beschied nun, kriegerischen Abenteuern den Rücken zu kehren: *„Von der Leidenschaft der Schlachten bin ich glücklich kuriert, der Rausch ist vorbei."*

Karl Albrecht von Bayern
war am Tage seiner Krönung ein armer Kaiser ohne Land. (aus der Werkstatt Georg Desmares, um 1742; Frankfurt, Historisches Museum)

Der aufgeklärte Absolutismus

Schulden hin, Schulden her – mit Schlesien wurde das Land größer und mächtiger. Die Eroberungen führten dem Staat eine Million neue Untertanen zu; das war ein Drittel der Gesamtbevölkerung. FRIEDRICH, von seinen Berlinern inzwischen als »der Große« bejubelt, ließ sich von GEORG VON KNOBELSDORFF (*1699, † 1753) nun das Sommerschloß »Sanssouci« („sorglos") bei Potsdam errichten – in seinem feingliedrigen Klassizismus und seiner reifen *Rokoko*-Ornamentik ein wahres Kleinod friderizianischer Baukunst. KNOBELSDORFF war ein alter Weggefährte des Königs aus der Rheinsberger Zeit, der nach FRIEDRICHS Ideenskizze arbeitete und auch den herrlichen Park anlegte. Die Wand- und Deckenmalerei im Schloßinneren schuf der Berliner Hofmaler französischer Herkunft, ANTOINE PESNE (*1683, † 1757), der sich auch als Porträtist der königlichen Familie und des preußischen Hofs einen Namen machte. Er malte auch die bildschöne italienische Tänzerin BARBARA CAMPANINI, genannt »La Barberina« (*1721, † 1799), von der die ganze Berliner Gesellschaft schwärmte – der begeisterte König

Sanssouci
Das Rokokoschloß, 1745-1747 erbaut, diente Friedrich als Kulisse für Feste, Soupers und Gespräche. (oben: Ausschnitt eines Kupferstichs aus einem Prospekt von 1750; *▸ S. 435)*

La Barberina
tanzte 1743-1748 in Berlin, protegiert und privilegiert von Friedrich II. 1788 ließ sie sich von dem Sohn des preußischen Großkanzlers Cocceji scheiden und wurde Äbtissin eines aus ihren Besitzungen geschaffenen Damenstifts.

Voltaire
traf im Juli 1750 in Berlin ein. Für den großen Philosophen aus Paris interessierte sich Friedrich mehr als für die deutschen Denker. (Skulptur von Jean-Antoine Houdon, 1778; Hamburg, Kunsthalle)

eingeschlossen. Ihr Bild schmückte als einziges das königliche Schreibkabinett. Barberinas Gagen waren zehnmal so hoch wie das Gehalt des Hofmalers und übertrafen sogar noch das eines preußischen Ministers um das Dreifache!

„Wenn ich in Sanssouci bin, bin ich ohne Sorgen", bekannte FRIEDRICH. Hier verbrachte der König seine Mußestunden, musizierend oder im Kreise der Künstler, Gelehrten und Literaten, die der »Roi philosophe« an seinen Hof gezogen hatte. Zu der legendären *Tafelrunde von Sanssouci* gesellte sich

Schreibkabinett Friedrichs II.
Korrespondenz erledigte Friedrich schon beim Ankleiden - zwischen drei und vier Uhr morgens; und beim Frühstück referierte er mit den Generalen. (Schloß Charlottenburg)

1750 auch der große französische Aufklärer VOLTAIRE. Beide verband eine skeptische Distanz zur Religion und eine gewisse Bewunderung für den Absolutismus des »Sonnenkönigs«. Dem deutschen Geistesleben seiner Zeit stand FRIEDRICH aber seltsam fremd gegenüber. Er schätzte LEIBNIZ und die Naturrechtsphilosophen CHRISTIAN WOLFF (*1679, †1754), auch CHRISTIAN THOMASIUS (*1655, †1728), aber die Geistesvertreter seiner *eigenen* Generation sagten ihm wenig. Er betrachtete sie als biedere *Handwerker*, die den französischen *Künstlern* nicht das Wasser reichen könnten.

Dennoch entwickelte sich Berlin zum Zentrum der deutschen Aufklärung. Hier wirkte CHRISTOPH FRIEDRICH NICOLAI (*1733, †1811), der Verleger und Herausgeber der berühmten *Allgemeinen Deutschen Bibliothek*. Diese Zeitschrift war das Sprachrohr der Berliner Aufklärung. Ihre Geister waren nüchtern, kritisch und patriotisch gestimmt. In Berlin wirkte auch MOSES MENDELSSOHN (*1729, †1786), ein Popularaufklärer ersten Ranges, und zeitweilig GOTTHOLD EPHRAIM LESSING (*1729, †1781), der lange Zeit das anerkannte Haupt des literarischen Deutschland war. Das kritische »Räsonnieren« deutscher Literaten und Gelehrter ging FRIEDRICH aber zu weit. In dieser Frage empfand er ähnlich wie so mancher engherzige und engstirnige »Duodezfürst« seiner Zeit, der Kritik an Staat und Regierung als politischen »Frevel« verstand und dagegen mit strengen Zensurmaßnahmen einschritt.

In Deutschland begannen viele auch, sich zu ducken. Andere trafen sich in *Geheimen Gesellschaften*. Man formulierte mutig, nahm sich aber auch wieder zurück. Wer im Fürstendienst stand, hatte einiges zu verlieren! Eine unübertroffen klare Diagnose deutscher Befindlichkeit liefert der große deutsche Philosoph IMMANUEL KANT (*1724, †1804). In seiner berühmten Schrift *Was ist Aufklärung?* forderte er 1784 leidenschaftlich, Mut zur Wahrheit zu haben. Dies gelte aber nicht für den Staatsdiener, der zu gehorchen habe. KANTS logische Hammerschläge konnten dem friderizianischen Preußen wenig anhaben. König FRIEDRICH wollte ohnehin der *erste Diener seines Staates* sein. Auch er übte sich also nach eigenem Verständnis im »Gehorsam«. Er trachtete danach, die absolutistische Regierungsform mit den Ideen der Aufklärung zu verbinden (*aufgeklärter Absolutismus*): *„In eigener Person Recht zu sprechen, ist eine Aufgabe, die kein Herrscher auf sich nehmen kann, und ein König von Preußen noch weniger als ein anderer"*, erklärt er in seinem *Politischen Testament* aus dem Jahre 1752.

Die Reform des preußischen Justizwesens ergab sich von daher nahezu zwangsläufig. Mit ihr wurde sein *Großkanzler*, SAMUEL VON COCCEJI (*1679, †1755), beauftragt. Dieser ließ eine neue Prozeßordnung ausarbeiten (1748), um frischen Wind in die Rechtsverfahren zu bringen, denn gelegentlich zogen sich Gerichtssachen schier endlos hin. Jetzt hatte die preußische Justiz einen einheitlichen Instanzenweg mit dem *Berliner Kammergericht* an der Spitze des Gerichtsaufbaus. Zukunftweisend war auch die Schaffung des unabhängigen Richterstandes.

Leibniz *(links) behauptet, daß nicht zwei Blätter völlig ähnlich seien. (Kupferstich, 1796)*

Lessing *(rechts) in Berlin bei Mendelssohn und Lavater. (Lithographie um 1850)*

Immanuel Kant
(Gemälde von Becker, um 1768)

Was ist Aufklärung?

Aufklärung ist der Ausgang des Menschen aus seiner selbstverschuldeten Unmündigkeit. Unmündigkeit ist das Unvermögen, sich seines Verstandes ohne Leitung eines anderen zu bedienen ... Nun höre ich aber von allen Seiten rufen: räsonniert nicht! Der Offizier sagt: räsonniert nicht, sondern exerziert! Der Finanzrat: räsonniert nicht, sondern bezahlt! Der Geistliche: räsonniert nicht, sondern glaubt! ... Ich antworte: Der öffentliche Gebrauch seiner Vernunft muß jederzeit frei sein, und der allein kann Aufklärung unter Menschen zustande bringen; der Privatgebrauch derselben aber darf öfters sehr enge eingeschränkt sein, ohne doch darum den Fortschritt der Aufklärung sonderlich zu hindern.
Ich verstehe aber unter dem öffentlichen Gebrauche seiner eigenen Vernunft denjenigen, den jemand als Gelehrter von ihr vor dem ganzen Publikum der Lesewelt macht. Den Privatgebrauch nenne ich denjenigen, den er in einem gewissen ihm anvertrauten bürgerlichen Posten oder Amte von seiner Vernunft machen darf ...

(Immanuel Kant)

Soldaten
wurden mit Geld und Freibier angeworben (Bild oben: Stich von H. F. Flemming, Staatsbibliothek Hamburg) und dann auf den Exerzierplätzen gedrillt. (Mitte und unten: Stiche von D. M. Chodowiecki; Berlin, Märkisches Museum)

COCCEJI sollte nach dem Willen des Königs auch ein *Allgemeines Landrecht* (ALR) ausarbeiten – ein solches, das dem *natürlichen Recht* der Aufklärung Rechnung tragen konnte. Unter dem späteren Großkanzler HEINRICH VON CARMER (*1720, †1801) sowie dessen Mitarbeiter CARL GOTTLIEB SVAREZ (*1746, †1798) nahm dieses rechtsreformerische Mammutunternehmen schließlich konkrete Gestalt an. Nahezu 20 000 Paragraphen waren am Ende kodifiziert worden, als das Gesetzeswerk 1794 in Kraft treten konnte. Das ALR hat später viele Generationen preußischer Justizbeamten geprägt und wurde erst im Jahre 1900 vom *Bürgerlichen Gesetzbuch* (BGB) abgelöst.

Dem Preußenkönig war nach siegreichem Abschluß der beiden Schlesischen Kriege klar, daß Österreich darauf aus sein werde, die verlorenen Gebiete zurückzuerobern. Die neue Provinz mußte so rasch als möglich in den Staatsverband integriert werden. Das gelang schneller als erwartet. Um die zerrütteten Staatsfinanzen wieder in Ordnung zu bringen, mahnte er für alle Stände strengste Arbeitsdisziplin und äußerste Sparsamkeit an. Das alles sollte erhöhter Wachsamkeit, im Grunde neuerlicher Kriegsbereitschaft dienen. Er ließ die preußische Heeresmacht auf 150 000 Mann Friedensstärke erhöhen. Dafür mußte die landeseigene Bauernschaft herhalten. Der Adel stellte das Offizierskorps, konnte sich dergestalt seiner Unentbehrlichkeit erfreuen und mußte keine schwerwiegenden Eingriffe in die ländliche Sozialverfassung befürchten. An der *Leibeigenschaft* der Bauern wurde im friderizianischen Preußen nicht gerüttelt!

„Meine Herren“, bläute FRIEDRICH seinen Ministern immer wieder ein, *„ich empfehle Ihnen besonders die Erhaltung und Unterstützung meines Adels.“* Um den immer komplexer werdenden Aufgaben des Staates gerecht zu werden, setzte FRIEDRICH die »gute Tradition« seines Vaters fort und reorganisierte das Verwaltungswesen. Alle wichtigen Entscheidungen wurden nun von Berliner Fachministerien zentral aufbereitet, und die überkommene Provinzialverwaltung verlor immer stärker an Bedeutung. Dabei nahm der König alles selbst in Augenschein – die Trockenlegung der weiten Sumpfgebiete des Warthe- und Oderbruchs zum Beispiel, durch die 200 000 Morgen Ackerland gewonnen werden konnten, oder den Fortschritt seiner *Peuplierungspolitik*. FRIEDRICH rief Glaubensflüchtlinge aus ganz Europa, und viele kamen. Er siedelte sie auf dem Neuland an und gab ihnen beste Chancen zur Integration, indem er sie steuerlich begünstigte und vom Kriegsdienst befreien ließ.

Dieser Preuße hatte unermüdlich den despotischen Wohlfahrtsstaat im Sinne. Aber schon Zeitgenossen bezweifelten, ob es gut gehen könne, ein Gemeinwesen als »Staatsmaschine« zu lenken. Der König mit dem autokratischen Herrscherstil »befahl« seinen Untertanen den »Erfolg«. Und diese mußten ihm in drei verlustreiche Kriege folgen. Der dritte war der *Siebenjährige Krieg*. Er sollte FRIEDRICHS Ruhm endgültig begründen ...

Der Siebenjährige Krieg

Auch »Kaiserin« MARIA THERESIA, wie man die Habsburgerin seit der Wahl ihres Gemahls zum deutschen Kaiser nannte, schwebte die Umgestaltung ihrer Erblande im Sinne einer absolutistischen Monarchie vor. Sie beauftragte den Grafen WILHELM VON HAUGWITZ (*1702, †1765), eine Verwaltungsreform durchzuführen. Dieser schuf ein *Direktorium*, das die ständisch zusammengesetzten Hofkanzleien ersetzte. Aber anders als in Preußen verlor der Adel im Zuge der Neuerungen entscheidende Machtpositionen. Vor allem wurde er steuerpflichtig! Die Kaiserin, eine fromme Katholikin, ließ sogar die Rechte der Kirche beschneiden. Jetzt wurde erkannt, daß das Volksschulwesen eine Aufgabe des Staats sei. Auch die Universität unterstellte man zentral weltlicher Aufsicht. Dort konnte nun auch das moderne Naturrecht der Aufklärung, vor allem aber das für die Umgestaltung des Gemeinwesens so dringend benötigte *praktische* Wissen gelehrt werden. Bereits seit 1748 war die Justiz so gut wie unabhängig. Österreich schien auf der Höhe der Zeit zu sein – im selben Jahr erschien CHARLES DE MONTESQUIEUS (*1689, †1755) epochales Werk zur modernen Gewaltenteilung (*L'esprit des lois*).

Dreh- und Angelpunkt aller politischen Überlegungen der Österreicher war Schlesien. MARIA THERESIA wollte den *Frieden von Dresden* revidieren. So beauftragte sie ihren General LEOPOLD VON DAUN (*1705, †1766) mit der Durchführung einer Heeresreform. Allen Verantwortlichen der Monarchie war klar, daß die Rückgewinnung Schlesiens nur im Rahmen einer Allianz möglich war. Schon 1746 kam es zu einem Bündnis mit der preußenfeindlichen Zarin ELISABETH (1741-1762), und seit 1750 versuchte der österreichische Gesandte in Paris, Graf WENZEL VON KAUNITZ (*1711, †1794), die Aussöhnung mit Frankreich einzuleiten. In London und Berlin herrschte eine gewisse Nervosität über die Möglichkeit neuer Bündniskonstellationen, die den eigenen Interessen zuwiderliefen. Im Inselreich saßen seit 1714 die Hannoveraner auf dem Thron. Das bedeutete:

Maria Theresia
Die große Gegenspielerin Friedrichs wollte niemals etwas von ihren Ländern abtreten. „Ohne das Juwel Schlesien" sagte sie, „taugt die ganze Krone nichts". (Gemälde von Martin van Meytens, 1744; Wien, Kunsthistorisches Museum)

Herzog Franz Stephan
von Lothringen, seit 1745 Kaiser Franz I., stand im Schatten der »Kaiserin«, seiner Gemahlin Maria Theresia. (Aachen, Rathaus)

Die Schlacht bei Kolin
in der Art eines Schlachtplans gemalt. (Ausschnitt eines zeitgen. Gemäldes von August Querfurt; Wien Heeresgeschichtliches Museum)

»... der blutigste Waffengang des Jahrhunderts ...«

Nach den Schlachten...
(Stiche von H. F. Flemming)

Der englische König war als Kurfürst von Hannover auch in die Händel des Reichs verwickelt. So fanden schließlich Preußen und England Gefallen aneinander und schlossen am 16. Januar 1756 die *Westminsterkonvention*. Der französische König LUDWIG XV. (1715-1774) war empört! Seine Diplomaten gaben nun dem österreichischen Werben nach und gingen ihrerseits mit dem Wiener Hof ein Bündnis ein (1.5. 1656), beendeten also ihre alte Feindschaft und stellten mit einem Schlage die europäische Mächtekonstellation auf den Kopf (*Renversement des alliances*). Der Preußenkönig hatte mit einem solchen Zusammengehen der Erzfeinde nicht gerechnet und sah sich jetzt zu einem Präventivschlag genötigt. Noch im selben Jahr ließ er seine Truppen in das neutrale Sachsen einmarschieren, um einen potentiellen Bündnispartner Österreichs auszuschalten. Der *Siebenjährige Krieg* hatte begonnen. Er sollte der blutigste Waffengang des Jahrhunderts werden.

Sachsen wurde schnell erobert. Die »Landeskinder« mußten in die preußische Armee eintreten und mit nach Böhmen marschieren. Vor Prag gedachte FRIEDRICH die letzte Schlacht vor dem ersehnten Frieden zu schlagen. Doch inzwischen zeichnete sich ein verheerender Mehrfrontenkrieg ab. Der *Regensburger Reichstag* hatte die *Reichsexekution* gegen Preußen beschlossen, das sich einer feindlichen Allianz aus der Mehrheit der Reichsstände, Frankreich, Schweden, Österreich und Rußlands gegenübersah. Am 18. Juni 1757 kam es bei Kolin (östlich von Prag) zum Kampf zwischen 54 000 Österreichern und 34 000 Preußen. Der König, der kurz vorher noch vor Prag gesiegt hatte (6.5. 1757), wurde erstmals in offener Feldschlacht geschlagen; sein Nimbus der Unbesiegbarkeit war dahin. Die Truppen der Allianz rückten nun von allen Seiten vor – die Schweden in Pommern, die Russen in Ostpreußen und die Österreicher in Niederschlesien. Die Franzosen und Reichstruppen ihrerseits standen schon in Thüringen und wollten die Front zu den Österreichern schließen. Ein kaiserliches Streifkorps drang sogar bis nach Berlin vor!

Die Kapitulation der Preußen schien nur noch eine Frage der Zeit zu sein. Aber General FRIEDRICH WILHELM VON SEYDLITZ (*1721, †1773) leitete mit seiner überlegen geführten Reiterei den Blitzsieg bei Roßbach (südlich von Halle, 5.11. 1757) gegen die Franzosen und die Reichsarmee ein. Letztere hatte sich unsterblich blamiert und verdiente sich durch die preußische Propaganda schnell den Titel *Reißausarmee*. Daß diese militärisch gedemütigt wurde, nahm die deutsche Öffentlichkeit überschwenglich für den Preußenkönig ein, der geradezu zum

Reitergeneral von Seydlitz
in der Schlacht bei Roßbach. Er gilt als der kühnste Reiterführer der deutschen Wehrgeschichte (zeitgen. Gemälde von Johann Christian Frisch, Schloß Hechingen).

nationalen Heros aufstieg. Einen Monat später siegten die Preußen auch bei Breslau gegen die doppelt so starken Österreicher (*Schlacht bei Leuthen*, 5.12. 1757).

Ein schnelles Ende des Gemetzels war nach dem wechselnden Glück des Jahres 1757 nicht in Sicht. Selbst FRIEDRICH, der den Krieg angezettelt hatte, mußte eingestehen: *„Wie wird die Bevölkerung überall gequält, besonders das arme Sachsen. Von allen Seiten wird das Land ausgesaugt. Der Krieg ist etwas Schreckliches. Was für ein Leben führen die armen Soldaten!"* Im Sommer 1760 ging die Elbmetropole Dresden in Flammen auf. Berlin ging es nicht anders: Im Oktober desselben Jahres besetzten alliierte Truppen die Stadt; und die Sachsen nahmen Rache für die schweren Verwüstungen ihrer Residenz und zogen plündernd und brandschatzend durch die Straßen. Mehrfach schien die endgültige Niederwerfung Preußens unmittelbar bevorzustehen – besonders nach der militärischen Katastrophe von Kunersdorf (bei Frankfurt an der Oder, 12.8. 1759), als die Preußen gegen ein vereinigtes russisch-österreichisches Heer völlig aufgerieben wurden. FRIEDRICH schrieb nach Berlin: *„Zum Schluß dachte ich selbst gefangen zu werden und war das Schlachtfeld zu räumen gezwungen. Mein Rock ist total durchlöchert, zwei Pferde sind mir getötet worden, mein Unglück ist es, noch zu leben. Unser Verlust ist sehr bedeutend. ... Man wird in Berlin gut tun, an seine Sicherheit zu denken. Das ist ein grausamer Umschlag. Ich werde ihn nicht überleben. Die Folgen der Schlacht werden schlimmer sein als die Schlacht selbst. Ich habe keine Hilfsquellen mehr, und, um nicht zu lügen, ich glaube, alles ist verloren ..."*

Waffenniederlegung der Preußen

Die Siegesnachricht
Während Friedrich sich mit dem Gedanken trug, die Giftpillen, die er immer bei sich trug, zu schlucken, traf in Wien die Nachricht vom Sieg bei Kunersdorf ein. (Gemälde mit der Ankunft des Kuriers im Schloß Schönbrunn von Bernardo Canaletto; Wien, Kunsthistorisches Museum)

Friede von Hubertusburg
Preußen hat sich sieben Jahre lang gegen drei Großmächte behauptet, ohne endgültig geschlagen zu werden. (Dokument mit der Unterschrift Friedrichs; Wien, Staatsarchiv)

Die Alliierten versäumten es, entschlossen nachzusetzen, und so zog sich der Krieg in die Länge. Der preußische König vermochte 1760 noch einmal eine starke Armee von 100 000 Mann aufzustellen. Aber als der englische Premierminister WILLIAM PITT, genannt »der Ältere« (*1708, †1778), im Oktober 1761 gestürzt wurde und eine profranzösische Friedenspartei an die Macht kam, stellte England seine Geldzahlungen für Preußen ein. Das war schlimmer als Kunersdorf! Die österreichische Generalität überlegte nun fieberhaft, wie der letzte Stoß gegen Preußen zu führen sei. Lagekarten wurden ausgebreitet ... Dann aber kam eine verhängnisvolle Nachricht aus St. Petersburg: Die wichtigste Verbündete Österreichs, Zarin ELISABETH, war schwer erkrankt. Man fürchtete das Schlimmste, und die Allianz zeigte sich zerstritten. Als die Zarin am 5. Januar 1762 starb, konnte der Siebenjährige Krieg schließlich ein Ende finden, denn ihr Nachfolger, Zar PETER III. (*1728, †1762), gab sich als leidenschaftlicher Anhänger des Preußenkönigs und ging sofort ein Bündnis mit ihm ein. Preußen und seine Dynastie waren plötzlich wie durch »wundersame Fügung« gerettet (*Mirakel des Hauses Brandenburg*). Im *Frieden von Hubertusburg* (bei Leipzig, 15.2.1763) erhielt Preußen nun die Bestätigung seiner schlesischen Eroberung von einst.

Am Vorabend der Französischen Revolution

Preußen war in den Rang einer Großmacht aufgestiegen. Das bedeutete aber auch weitere Konkurrenz und Mißgunst. Charakteristisch für das Denken absolutistischer Herrscher blieb das Bestreben, ihre Territorien auf Kosten schwächerer Nachbarstaaten zu vergrößern. Schon lange hatte FRIEDRICH den Erwerb Westpreußens im Sinn gehabt, das dem wirtschaftlich und politisch ohnmächtigen Königreich Polen angehörte. Er wollte Ostpreußen durch eine »Landbrücke« mit Pommern verbinden. 1772 schmiedete er mit der Zarin KATHARINA DER GROSSEN (1762-1796) und JOSEPH II. (1780-1790), seit 1765 deutscher Kaiser und Mitregent seiner Mutter MARIA THERESIA, ein Komplott zur Zerstückelung Polens (*Erste polnische Teilung*). Rußland schob seine Westgrenze an Düna und Dnjepr vor, Österreich eignete sich Galizien an, und der Hohenzoller erhielt Westpreußen mit dem Ermland. Die Habsburgerin hatte gegen das Unrecht, welches Polen angetan werden sollte, heftig protestiert, konnte sich gegen den Sohn indes nicht durchsetzen.

Isabella von Parma
Die Braut Josephs zieht in einem silbergrauen Prachtwagen in Schloß Schönbrunn ein. (zeitgen. Gemälde, Schönbrunn)

Dieser jugendliche Heißsporn bewunderte den Preußenkönig. Er haßte den Hof, den Adel, die Priester und alle Bonzen in Militär und Verwaltung. Als er nach dem Tode seiner Mutter (1780) endlich allein das Sagen hatte, ließ er das Wiener Schloß *Schönbrunn*, den Ort so vieler Festlichkeiten, schließen. So räumte er auf mit all der überflüssigen Pracht, Repräsentation und Verschwendung bei Hofe. Schon 1765 schrieb er: *„Es sind Vorurteile, die uns glauben machen wollen, wir stünden höher als die anderen, weil wir einen Grafen zum Ahnen und ein von Karl V. unterfertigstes Pergament in unserer Truhe haben. Unsere Eltern können uns nur das körperliche Leben verleihen"*. Kaiser JOSEPH wollte die Menschen zwangsbeglücken! Er hob die Leibeigenschaft auf und gewährte Religionsfreiheit – ein Radikalaufklärer, der während seiner Herrschaft mehr als 6 000 Edikte erließ! Die meisten erwiesen sich indes als viel zu ungestüm und mußten später zurückgenommen werden. Sein Versuch, den Vielvölkerstaat mit doktrinärer Härte in eine aufgeklärte »Staatsmaschine« umzuwandeln, mißlang.

Während dieser Zeit konkurrierten Preußen und Österreich weiterhin um die Vorherrschaft im Reich. Kaiser JOSEPH wollte den Verlust Schlesiens auf irgendeine Weise wieder wettmachen. Er heckte den Plan aus, Bayern im Tausch gegen die fernab liegenden Österreichischen Niederlande zu erwerben. Es war klar, daß Preußen einem Machtzuwachs der Habsburger im Reich nicht zustimmen konnte. FRIEDRICH mobilisierte seine Truppen und ließ sie über die böhmische Grenze vorrücken. JOSEPH verstand die Drohgebärde, ließ sich auf den *Frieden zu Teschen* (Südschlesien, 13.5. 1779) ein, verfolgte aber sein Ziel beharrlich weiter – nun in dem Bemühen, bei den europäischen Großmächten Unterstützung zu erhalten und Preußen zu isolieren.

Im Reich ging die Sorge um den Status quo der Reichsverfassung um. Zu deren Verteidigung gründeten Preußen, Hannover und Sachsen am 23. Juli 1785 den *Drei-Kurfürsten-Bund*, dem sich weitere Reichsstände anschlossen, unter ihnen auch der Mainzer Erzbischof und Reichserzkanzler. Alter *Reichspatriotismus* keimte wieder auf. Plötzlich sah man Preußen als Vorkämpfer deutscher Freiheit (*Libertät*). War am Ende gar eine Reform am totgeglaubten Reichskörper möglich? Aus den Träumen wohlmeinender Duodezfürsten und der jungen bürgerlichen Intelligenz wurde nichts mehr. FRIEDRICH dachte »dynastisch« statt »national«. Ihm kam nicht im entferntesten in den Sinn, im Reich den Garanten politischer Stabilität für Mitteleuropa zu sehen.

Vor der Sittenkommission des Kaisers
(Stich, 18. Jh.; Mittelalterliches Kriminalmuseum, Rothenburg ob der Tauber, *▶ S. 457)*

Der »Bauernkaiser« Joseph am Pflug
Der Radikalaufklärer lebte asketisch; seine tägliche Speise kostete 6 Gulden 40 Kreuzer. (Stich von J. B. Bergmüller; Wien, Österreichische Nationalbibliothek)

Das Vorbild
Die Abb. zeigt den Preußenkönig, der von Kaiser Joseph glühend verehrt wurde. (1770, Gemälde von H. Francke; Berlin, Schloß Charlottenburg)

frühe Schaffensphase, die ihn den »Werther« schreiben ließ, war nun überwunden, und das Lebensgefühl der deutschen »Klassik« bahnte sich an.

In Rom lebte er weitgehend unerkannt als »Kaufmann Müller« und paßte sich den Lebensgewohnheiten der Italiener an. Vor den Toren der Stadt, an der *Via Appia Antiqua*, verzehrte er im heiteren Sonnenschein Brot und Trauben, Wein und Wasser. Der Ruhm, die höfischen Pflichten, das Dunkel im germanischen Norden waren weit weg. GOETHE notierte: *„Wie heilsam ist mir es, unter einem ganz sinnlichen Volke zu leben."* Eine schöne Mailänderin kreuzte seinen Weg ... Eine andere Leidenschaft galt der Kunst. In den griechischen und römischen Herrlichkeiten war alles eine große Einheit – Ideal und Wirklichkeit, Vergangenheit und Gegenwart schienen zu verschmelzen. Die überragenden Werke der italienischen Renaissance, die eines RAFFAEL und MICHELANGELO, zogen ihn in ihren Bann: *„Der Verstand und die Konsequenz der großen Meister ist unglaublich. Wenn ich bei meiner Ankunft in Italien wie neu geboren war, so fange ich jetzt an, wie neu erzogen zu sein ... Ich freue mich der gesegneten Folgen auf mein ganzes Leben."*

Als GOETHE 1788 nach Weimar zurückkehrte, entzog er sich Schritt für Schritt seinen Verpflichtungen als Staatsdiener. Einst hatte ihn der Erzieher des jungen KARL AUGUST an den Hof geholt. Der Dichter und der Herzog wurden Freunde. GOETHE schaffte rasch den beruflichen Aufstieg, wurde 1782 Leiter der Weimarer Finanzkammer und setzte politische Reformen durch, die dem Fürstentum KARL AUGUSTS in ganz Deutschland hohe Achtung eintrugen. Junge Künstler und Literaten fühlten sich angezogen und kamen – schon früh JOHANN GOTTFRIED HERDER (*1744, †1803), der Schöpfer eines tieferen Verständnisses für die Individualität der Völker und ihrer Kultur. GOETHE übernahm 1791 die Leitung des *Weimarer Hoftheaters*, das bald zur ersten Bühne Deutschlands wurde. Gemeinsam mit FRIEDRICH SCHILLER, mit dem er seit 1794 aufs engste zusammenarbeitete, schuf er die Grundlagen der deutschen Klassik. Die beiden Dichterfürsten meinten, daß der sittlich gute Mensch die Welt verändern könne! All unser Handeln müsse auf *Ideale* zielen – auf Selbstbeherrschung, Einsatz für die Gemeinschaft und Ehrfurcht vor Gott. Die Weimarer Bühne war ihr Forum. Hier erlebten ihre wichtigsten Dramen die Uraufführung und traten sodann ihren Siegeszug durch Deutschland an, beispielsweise GOETHES *Egmont* (1789) oder SCHILLERS *Wallenstein* (1799). Weimar war nun zu einem Anziehungspunkt für alle berühmten Vertreter des deutschen Geistes geworden. Sie

Italienische Landschaft
Die schlichte Einheit von Natur und Architektur faszinierte Goethe. (Farbzeichnung von Goethe; Frankfurt, Goethe-Museum)

Der Corso in Rom
Hier wohnte Goethe eine Zeitlang und erlebte, „wie Rom auf Rom folgt und nicht allein das neue aufs alte, sondern die verschiedenen Epochen des alten selbst ..."

Die Dichterfürsten
Goethe und Schiller vor dem Nationaltheater in Weimar. (▶ *S. 450*)

Goethes Gartenhaus in Weimar

Abendgesellschaft
am Musenhof des Herzogs Karl August; Goethe liest vor. (Zeichnung von G. M. Kraus, um 1780; Darmstadt, Hessisches Landesmuseum)

Johann Gottfried Herder
(Gemälde von Franz Kügelgen; Frankfurt, Freies Deutsches Hochstift)

suchten die Nähe GOETHES, in dem man mal den Dichter, mal den Dramatiker, mal den Verfasser des klassischen Bildungsromans (*Wilhelm Meister*), mal den Naturforscher, mal den Politiker bewunderte. Die Philosophen JOHANN GOTTLIEB FICHTE (*1762, †1814) und FRIEDRICH WILHELM SCHELLING (*1775, †1854) kamen, der Erzähler JEAN PAUL (*1763, †1825), der preußische Bildungsreformer und Sprachforscher WILHELM VON HUMBOLDT (*1767, †1835), der Dichter NOVALIS (*1772, †1801) und auch der Dramatiker HEINRICH VON KLEIST (*1777, †1811). Weimar, dieser deutsche *Musenhof* inmitten einer Schloßgemeinde ländlichen Charakters von kaum 6000 Einwohnern, war für Jahrzehnte das Zentrum deutscher Kultur. Als das Reich zerfiel, entstand die *Kulturnation*. Sie wurde von Werten getragen, die eindeutig und objektiv erschienen; und sie hatten Bestand! Das einfache Volk erreichte die Botschaft GOETHES und SCHILLERS freilich nicht! Aber es gab in Deutschland fortan kaum einen Gebildeten, der sich den »klassischen Idealen« entziehen mochte.

Deutschland war ein Reich ohne Hauptstadt, ein Land ohne zentrale Führung – ein kulturgeographischer Raum, den sich zwei Mächte von europäischem Rang, nämlich Preußen und Österreich, mit vielen deutschen Mittel- und noch mehr deutschen Kleinstaaten politisch teilen mußten. Es ging provinziell zu in diesem Deutschland! Die vergleichsweise weltoffenen städtischen Metropolen wie Hamburg, Köln oder Frankfurt stellten die Ausnahme dar. So mancher »Landesvater« begegnete seinen »Untertanen« mit Großmut, andere dagegen, wie KARL EUGEN VON WÜRTTEMBERG (*1728, †1793), standen für das tyrannische Gebaren kleiner Despoten. Das nahmen die bürgerlichen Literaten, Professoren, Juristen und Ärzte, die im Schatten der Höfe lebten, sowie die Kaufleute und Handwerker in den Städten weitgehend hin, weil sie die Verhältnisse für reformierbar oder mit Blick auf den eigenen Vorteil gar für erträglich hielten. *„Ein ordentlicher Bürger, der sich ehrlich und fleißig nährt“*, sollte GOETHE seinen deutschen Zeitgenossen später ins Stammbuch schreiben, *„hat überall soviel Freiheit, als er braucht.“* Es gab in Deutschland 314 reichsständische Territorien – für wahr ein reiches Betätigungsfeld für jeden »Tüchtigen«, der den Fürstendienst nicht verschmähte und den Schaffensraum nutzte, den der Landesherr ihm ließ! Fast alle Deutschen blieben diesen engen Verhältnissen verwachsen. Die außerhalb der Ständeordnung stehenden bürgerlichen und plebejischen Schichten des deutschen Volks waren von den Höfen darum viel abhängiger als im westlichen Europa.

„Was ist der Dritte Stand?" fragte der französische Abbé EMMANUEL DE SIEYÈS (*1748, †1836) in seiner Flugschrift von 1788 – es war der Vorabend der Französischen Revolution. Der Abbé argumentierte überaus selbstbewußt, indem er das französische Bürgertum als den »Kern« der Nation begriff. Er verglich es mit einem *„starken und urgesunden Mann"*, bei dem lediglich *„dessen einer Arm noch angekettet"* sei. Publizistische Drohgebärden dieser Art konnten die Deutschen nicht an den Tag legen. Ihre politischen Theoretiker pochten statt dessen auf die heimische *Naturrechtslehre*, welche die »Revolution« (in der Begriffssprache der Zeit: *Aufkündigung des Gesellschaftsvertrages*) seit eh und je nur als Rückkehr in die Anarchie eines vorpolitischen *Naturzustands* beschreiben konnte, in welchem es keine Sicherung der Rechte des einzelnen gäbe. Im übrigen: Hatte der deutsche *Fürstenbund* nicht erst jüngst bewiesen, daß eine das deutsche Volk insgesamt betreffende Reichspolitik so unendlich schwierig geworden war? Wer politisches Handeln auf *Nation, Vaterland* und *Volk* beziehen wolle, der jage einem Traumgespinst nach – so dachten sie alle, diese »Männer des Geistes« im Fürstenstaat. Natürlich gab es unter den jüngeren Intellektuellen auch Idealisten mit Tatendrang. Sie wollten nichts sehnlicher als eine »humane« Welt für *alle* Menschen herbeiwünschen. *„Ich schreibe als Weltbürger, der keinem Fürsten dient"*, erklärte der junge FRIEDRICH SCHILLER 1784 in Anspielung auf die Konflikte mit seinem württembergischen Landesherrn KARL EUGEN. Der ehemalige Regimentsmedikus fuhr fort: *„Acht Jahre lang rang mein Enthusiasmus mit der militärischen Regel; aber Leidenschaft für die Dichtkunst ist feurig und stark, wie die erste Liebe. Was sie ersticken sollte, fachte sie an. Verhältnissen zu entfliehen, die mir zur Folter waren, schweifte mein Herz in eine Idealenwelt aus – aber unbekannt mit der wirklichen ..."*

Heinrich von Kleist
(Miniatur von Peter Friedel, 1801; Berlin, Staatsbibliothek Preußischer Kulturbesitz)

„...Weltbürger, der keinem Fürsten dient"

Friedrich Schiller
(Gemälde von Ludowice Simanowiz, 1793; Marbach, Schiller-Nationalmuseum)

1789 – Beginn der Französischen Revolution

Während sich SCHILLER seinen weltbürgerlichen Schmerz von der Seele schrieb, hatten die vormals den philosophischen Idealen der Aufklärung verpflichteten französischen Intellektuellen die konkrete Politik für sich entdeckt. Man kritisierte den staatlichen *Merkantilismus* und bewunderte den englischen *Liberalismus* des freien Wirtschaftens sowie die freiheitliche Verfassung der nordamerikanischen Siedler, die sich vom englischen Mutterland losgesagt hatten (*Declaration of Independence*, 4.7.1776). Es gab Anlaß für diese »realistische Wende«

Ludwig XVI.
(Gemälde von Joseph-Siffred Duplessis, um 1775)

der französischen Aufklärung. Denn im absolutistischen Frankreich, dicht besiedelt, einst mächtig, aber am Ende des 18. Jahrhunderts durch viele Kriege ausgezehrt, gärte es gewaltig. Ein Engländer, der das Land 1787 bereiste, kehrte mit dem Eindruck heim, Frankreich *„befinde sich am Vorabend einer großen Revolution"*. In der Tat – LUDWIG XVI. (1774-1792) wurde der permanenten Finanzkrise seines Staates nicht mehr Herr, der grundbesitzende Adel blockierte die dringend erforderlichen Steuerreformen, um seine Privilegien zu retten, die Bauern stöhnten unter den Diensten und Abgaben, und bei den städtischen Unterschichten herrschten Hunger, Elend und Arbeitslosigkeit. Der König mußte schließlich die *Generalstände* einberufen, die seit 1614 nicht mehr zusammengetreten waren. Sie sollten die Quadratur des Kreises lösen – nämlich ihrem energielosen und wankelmütigen König den Ausweg aus der Finanzkrise weisen.

Am 5. Mai 1789 nahmen sie in Versailles ihre Arbeit auf. In den Beratungen entbrannte sofort ein Kampf um das politische Gewicht zwischen der Geistlichkeit (Erster Stand), dem Adel (Zweiter Stand) und dem Bürgertum (Dritter Stand). Als nach sechs Wochen immer noch keine Lösung in Sicht war, konstituierten sich die vor allem im Dritten Stand versammelten Reformkräfte am 17. Juni zur *Nationalversammlung* und beschlossen wenig später, erst auseinanderzugehen, wenn sie eine *Verfassung* ausgearbeitet hätten (*Ballhausschwur*). Das war ein politischer Doppelschlag – gerichtet sowohl gegen die alte Ständeordnung als auch gegen den Absolutismus des Königs! Getragen von der Politisierung, die das ganze Land ergriffen hatte, zeigte der Dritte Stand damit seinen ganzen politischen Mut. *„Alles"* wolle er sein, hatte der Abbé SIEYÈS ebenso wuchtig wie schlicht verkündet. Paris glich in diesen Sommerwochen einem Hexenkessel. Redner heizten die Stimmung bei der ohnehin tief erregten Bevölkerung an. Wilde Gerüchte gingen um. Würde der König die Nationalversammlung auflösen lassen? In Paris wurden die Lebensmittel von Woche zu Woche knapper. In dieser Situation entließ der König auch noch seinen populären Finanzminister JACQUES NECKER (*1732, †1804). Drei Tage später, am 14. Juli 1789, entlud sich schließlich der Volkszorn. Eine aufgebrachte Menschenmenge stürmte die alte Pariser Festung (*Bastille*), die als Staatsgefängnis diente und zum verhaßten Symbol absolutistischer Herrschaft geworden war. Vier Fälscher, zwei Geisteskranke und ein Adliger, der ausschweifenden Lebensführung bezichtigt, konnten befreit werden. Weitere Gefangene gab es nicht ...

Der Ballhausschwur
(Stich um 1823; Paris, Nationalbibliothek)

Der *Sturm auf die Bastille* war mehr als das Geschehen eines Tages. Der Pariser »Mob« hatte ein Fanal gesetzt, die Ohnmacht des Königs offenbart, seine Truppen lächerlich gemacht und landesweit für das Signal zur Volkserhebung gegen das verhaßte System (*Ancien régime*) gesorgt. Überall in den Städten und Ortschaften des Landes wurden in den folgenden Wochen gleichartige Aufstände angezettelt. Der Adel emigrierte nun massenhaft ins Ausland, bei den Bauern grassierte die »Große Furcht« (*grande peur*) vor einem Adelskomplott. Sie plünderten

Das Fanal *Etwa 900 Einwohner von Paris belagern das kaum noch genutzte Staatsgefängnis und stürmen es schließlich (zeitgen. Gemälde; Paris, Musée Carnavalet).*

die Herrensitze und zerstörten die Archive, welche die bäuerlichen Feudallasten verzeichneten. Doch Frankreich versank keineswegs im Chaos. Denn mit der »verfassunggebenden Nationalversammlung« (*Assemblée nationale constituante*), der sich durch den Druck des Pariser Volkes die beiden ersten Stände inzwischen wieder angeschlossen hatten, war schon vor dem Sturm auf die Bastille ein neues Zentrum der Macht geschaffen worden. Ungemein folgerichtig und in atemberaubendem Tempo erließ sie Dekret für Dekret: Die Bauern wurden von ihren Feudallasten befreit, der Adel verlor seine Privilegien, der Kirchenbesitz wurde zum *Nationaleigentum* erklärt und in kleinen Parzellen verkauft. Auch diente er zur Deckung der Staatsschulden sowie als Pfand für Schatzanweisungen (*Assignate*), mit denen die »Konstituante« das Bündnis zwischen liberalem Bürgertum und der antifeudalen Bauernschaft zu stärken trachtete. Am 26. August 1789 wurde nach amerikanischem Vorbild eine allgemeine Erklärung der Menschen- und Bürgerrechte (*Déclaration des droits de l'homme*) verabschiedet, die bereits alle Prinzipien einer modernen Verfassung aussprach. Lange dauerte dann die Ausarbeitung der Verfassung (*Constitution*) selbst. Im September 1791 konnte sie endlich

Bewaffnete Bürger *und Leibgardisten greifen die Festung mit fünf Kanonen an; von der Schweizer Garde wird das Feuer erwidert. (Ausschnitt)*

Die Pariser Bastille *Das Symbol des Despotismus wurde als schloßähnliche Festung im 14. Jh. erbaut und war seit Richelieus Zeiten ein berüchtigtes Gefängnis. Nach der Erstürmung wurde das achttürmige Gebäude restlos zerstört und an seiner Stelle 1840 die »Julisäule« errichtet – zum Gedenken an die Julirevolution 1830. (Paris, Musée Carnavalet)*

Erklärung der Menschen- und Bürgerrechte

Die Menschen werden frei und gleich an Rechten geboren und bleiben es. Die gesellschaftlichen Unterschiede können nur auf dem allgemeinen Nutzen begründet werden. 2. Der Zweck jeder staatlichen Vereinigung ist die Erhaltung der natürlichen und unverjährbaren Menschenrechte. Diese Rechte sind Freiheit, Eigentum, Sicherheit, und Widerstand gegen Unterdrückung. 3. Der Ursprung jeder Herrschaft liegt wesensmäßig beim Volke; keine Körperschaft, kein einzelner kann Herrschaft ausüben, die nicht ausdrücklich von ihm (dem Volk) ausgeht. 4. Die Freiheit besteht darin, alles tun zu können, was einem anderen nicht schadet; also hat die Ausübung der natürlichen Rechte eines jeden Menschen keine anderen Grenzen als jene, die den anderen Mitgliedern der Gesellschaft den Genuß dieser gleichen Rechte sichern ... 5. Das Gesetz darf nur die Handlungen verbieten, die der Gesellschaft schaden. Nur das, was das Gesetz verbietet, kann untersagt werden, und niemand kann zu einer Handlung gezwungen werden, die das Gesetz nicht gebietet.

6. Das Gesetz ist der Ausdruck des allgemeinen Willens. Alle Bürger haben das Recht, an seiner Gestaltung persönlich oder durch ihre Vertreter mitzuwirken ... 9. Da jeder Mensch solange für unschuldig gehalten wird, bis er für schuldig erklärt worden ist, soll ... jede Härte, die nicht notwendig wäre, um sich seiner Person zu versichern, durch das Gesetz streng unterbunden werden. 10. Niemand darf wegen seiner Ansichten, selbst nicht der religiösen, bedrängt werden, vorausgesetzt, daß ihre Äußerung nicht die durch das Gesetz festgelegte öffentliche Ordnung stört. 11. Die freie Mitteilung der Gedanken ist eines der kostbarsten Menschenrechte; daher kann jeder Bürger frei sprechen, schreiben, drucken, mit dem Vorbehalt, daß er verantwortlich ist für den Mißbrauch dieser Freiheit ... 12. Die Sicherung der Menschen- und Bürgerrechte erfordert eine öffentliche Macht; diese Macht ist also zum Vorteil aller eingesetzt und nicht zum besonderen Nutzen derer, denen sie anvertraut ist ...

verkündet werden. Sie spiegelt die Errungenschaften der Revolution wieder und besiegelte den Übergang von der »absoluten« zur »konstitutionellen« Monarchie.

Mit der »Deklaration« von 1789 und der »Konstitution« von 1791 schrieben sich die französischen Revolutionäre in die Herzen der Fortschrittsfreunde ganz Europas – auch und vor allem Deutschlands. Als Weltbürger begrüßten sie die *neufränkische Freiheit*, wie sie sagten, tauschten Bruderküsse, stellten Freiheitsbäume auf oder sangen mit hymnischer Inbrunst ihre Revolutionslieder. HERDER, KLOPSTOCK, WIELAND und viele andere sahen insbesondere in der feierlichen »Erklärung der Menschenrechte« die große Tat der Befreiung. SCHILLER wurde für seine Verdienste um die Freiheit vom französischen Nationalkonvent 1792 sogar der Titel eines »Ehrenbürgers« (*citoyen français*) verliehen! Noch 1798, längst hatte die Revolution ihre anderen Gesichter gezeigt, erinnerte sich der Philosoph IMMANUEL KANT voll Sympathie: Eine Begebenheit wie die Französische Revolution *„vergißt sich nicht mehr"*. Sie ist *„zu sehr mit dem Interesse der Menschheit verwebt und ihrem Einflusse nach auf die Welt in allen ihren Teilen zu ausgebreitet, als daß sie nicht den Völkern bei irgendeiner Veranlassung günstiger Umstände in Erinnerung gebracht und zu Wiederholung neuer Versuche dieser Art erweckt werden sollte."* Dann allerdings folgerte der Philosoph mit der ganzen Strenge seiner Logik: *„Es ist doch süß, sich Staatsverfassungen auszudenken, die den Forderungen der Vernunft entsprechen; aber vermessen, sie vorzuschlagen, und strafbar, das Volk zur Abschaffung der jetzt bestehenden aufzuwiegeln."* Wie KANT ging es allen deutschen Intellektuellen – der Begeisterung folgte die Ernüchterung. Was war geschehen?

Von der Monarchie zur Republik

Die *konstitutionelle Monarchie* wurde von den Franzosen nicht »angenommen«, am wenigsten von ihrem König selbst. Er versuchte, außer Landes zu fliehen, scheiterte aber und stand in seinem Pariser Königsschloß (*Tuilerien*) von nun an praktisch unter »Hausarrest«. Inzwischen waren die Träger der Revolution gespalten. Im *Jakobinerclub* wurden flammende Reden für einen Krieg gegen die europäischen Fürsten gehalten, um die »Errungenschaften der Revolution« zu sichern. Andere hielten dagegen. JACQUES PIERRE BRISSOT (*1754, †1793), einer der Wortführer der bürgerlichen Mitte (*Girondisten*) erklärte dort im Dezember 1791, *„daß ein Volk, das nach zehn Jahrhunderten* *der Sklaverei die Freiheit errungen hat, des Krieges bedarf. Es braucht den Krieg, um die Freiheit zu befestigen...*" Das war mehr als pure Kriegstreiberei. Denn schon seit langem ging die Furcht vor einem konterrevolutionären Bündnis zwischen dem einheimischen Adel und auswärtigen Interventionsmächten um. Französische Emigranten hatten besonders in Deutschland für einen Kampf zur Wiederherstellung der alten Zustände geworben. In Preußen und Österreich war man geneigt zuzuhören. *Neufränkische Zustände* wollte man im eigenen Lande nicht haben ...

Die Legislative der Pariser Nationalversammlung entschloß sich, präventiv zu handeln, und erklärte Österreich am 20. April 1792 den Krieg. Ganz Frankreich wurde nun von einer Welle der nationalen Begeisterung erfaßt. Ein Kampflied ging um, das Freiwillige aus Marseille gesungen hatten, als sie in Paris einmarschierten – die »Marseillaise«. Der Krieg werde die Nation zusammenführen und der neuen Freiheit zum Sieg verhelfen – so dachte man. Zunächst sah es nicht danach aus. In Wien und Berlin war man entschlossen, rasch zu handeln, und stellte eine gemeinsame preußisch-österreichische Armee auf. Im Sommer des Jahres setzte sie sich in Marsch. Ihr Oberbefehlshaber, Herzog KARL VON BRAUNSCHWEIG (*1735, †1806), drohte in einem Manifest die Zerstörung der Hauptstadt an, falls LUDWIG und seiner Familie etwas zustoße.

Paris geriet in Panik und Aufruhr. Die Massen wähnten eine konterrevolutionäre Verschwörung am Werke. Schwerbewaffnete Garden erstürmten darum am 10. August 1792 die Tuilerien. Der König wurde gefangengesetzt. Unter dem Druck der »Straße« entschloß sich die Legislative, das für die unteren Volksklassen ungünstige Zensuswahlrecht abzuschaffen und Neuwahlen zum *Nationalkonvent* auszuschreiben. Der Konvent trat am 21. September 1792 zusammen und beschloß sofort die Abschaffung der Monarchie. Frankreich wurde zur *einheitlichen*

Einnahme der Tuilerien
Nationalgardisten (blaue Uniformen) stürmen die Residenz Ludwigs XVI., welche die Schweizer Garde (rote Uniformen) vergeblich zu verteidigen suchte (zeitgen. Kupferstich).

Immanuel Kant
Seiner anfänglichen Begeisterung für die Revolution folgte die Ernüchterung. (Porträt aus den Jahren der Französischen Revolution.)

„Der Krieg werde die Nation zusammenführen..."

Das Vordringen der Revolution

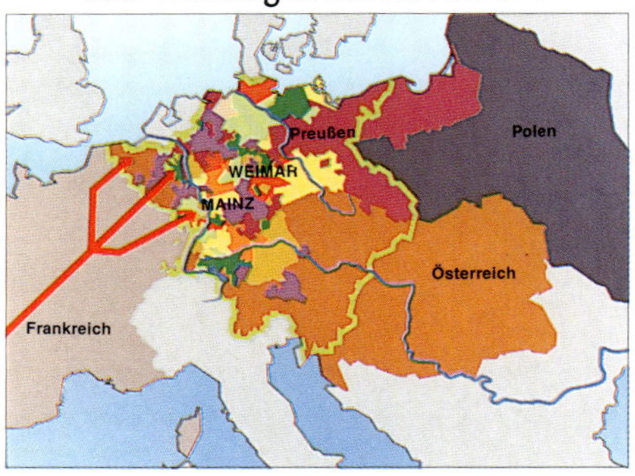

Bis 1795 erwarb das revolutionäre Frankreich alle linksrheinischen Reichsgebiete zwischen Speyer und Kleve.

Die Beschießung von Mainz
In der Nacht vom 28. auf den 29. Juni 1793 brannte der Mainzer Dom. (Stich und kolorierte Zeichnung, Stadtarchiv Mainz)

und unteilbaren Republik erklärt. Der Krieg hatte die Revolution revolutioniert! 150 Kilometer vor Paris war es am Tage zuvor zu der berühmten *Kanonade von Valmy* (Champagne) gekommen, bei der die Revolutionstruppen zur Überraschung aller den verbündeten Interventionsmächten standhielten. GOETHE, der das Scharmützel von österreichischer Seite aus beobachtet hatte, notierte vielsagend: *„Von hier und heute geht eine neue Epoche der Weltgeschichte aus, und ihr könnt sagen, ihr seid dabeigewesen."* Valmy markiert den Beginn einer mehr als zwei Jahrzehnte andauernden Epoche kriegerisch-revolutionärer Auseinandersetzungen, in deren Verlauf sich die deutschen Verhältnisse politisch wie sozial grundlegend verändern sollten.

Die Herrschaft des Konvents

Valmy war eine Bewährungsprobe für die Revolutionstruppen. Sie setzten nach und stießen ins Linksrheinische vor. Zwei Jahre später standen alle Städte am Rhein unter ihrer Herrschaft. Als Zeichen der Unterwerfung lieferten die Bürgermeister die Stadtschlüssel aus. Gestützt auf die französischen Besatzer, riefen 1793 deutsche *Jakobiner* die *Mainzer Republik* aus und erklärten am 21. März desselben Jahres den Anschluß an das revolutionäre Frankreich. Diese erste freiheitliche Republik auf deutschem Boden mußte freilich schon wenige Wochen später den preußischen Kanonen weichen. Doch Preußens Interesse an einer Kriegführung gegen Frankreich hatte inzwischen spürbar nachgelassen, denn im Osten zeichnete sich die endgültige Zerstückelung Polens ab, bei der man nicht übergangen werden wollte. Im neutralen Basel verhandelten preußische und französische Unterhändler darum über einen Sonderfrieden, der am 5. April 1795 sodann unterzeichnet wurde (*Baseler Frieden*). Preußen schied aus dem Krieg gegen Frankreich aus und gestand den neuen Machthabern aus Paris deren linksrheinische Annexionen zu, zunächst unter Vorbehalt, aber immerhin ... Die nationalen Kräfte, die sich in Deutschland reichlich zehn Jahre später regen sollten, hatten Preußen dieses Ausscheren aus der Koalition sehr verübelt. Berlin, so meinte man, hatte die Interessen des deutschen Volkes verraten!

Was man freilich damals noch nicht sehen konnte – dem gesamten norddeutschen Raum wurde durch den Friedensschluß eben auch eine Friedensdekade geschenkt, die der »geistigen Erneuerung« Deutschlands sehr gut bekam. Die Revolutionskriege spielten sich andernorts ab. König FRIEDRICH WILHELM II. (1786-1797) konnte nach dem Vertragsabschluß schweren Herzens aufatmen. Der Handel mit den Revolutionären aus Frankreich war ihm nicht leicht gefallen. Aber seine Diplomaten hatten jetzt freie Hand für die Lösung der *polnischen Frage*. Noch im Jahre des Baseler Friedens einigten sich Rußland, Preußen und Österreich auf eine endgültige Zerschlagung Polens und teilten dessen Gebiete unter sich auf. Der Staat verschwand nach 800 Jahren seiner Geschichte von der Landkarte. Vorausgegangen war ein blutiger, aber zuletzt doch vergeblich geführter Freiheitskampf des polnischen Volks.

Das Ende Ludwigs XVI. *Ein Gehilfe des Henkers zeigt das Haupt des guillotinierten Königs. Ein großes Truppenaufgebot umgibt das Schafott, um Ausschreitungen des Volkes vorzubeugen. (Stich; Vizille, Musée de la Révolution Française)*

Während der Herrschaft des Konvents (1792-1794) war die Französische Revolution in ihre blutigste Phase getreten. König LUDWIG XVI. hatte man wegen Landesverrats zum Tode verurteilt und am 21. Januar 1793 hinrichten lassen. Unter dem Eindruck dieser Bluttat trat das Reich in das europäische Kriegsbündnis gegen Frankreich ein. Die junge Republik war nun äußerst bedroht. Im Jahre »II« des neuen Revolutionskalenders (Jahr »I« beginnend mit dem ersten Tag der Republik, dem 22. September 1792) versanken das Land und die Hauptstadt zusehends im Chaos. Als die Getreidelieferungen ausblieben, ließen aufgebrachte Volksmassen erklären: *„Wo es kein Brot mehr gibt, gibt es kein Gesetz, keine Freiheit, keine Republik mehr.“* Der Konvent mußte dem revolutionären Druck der »kleinen Leute« (*Sansculotten*) schließlich nachgeben und seinem Exekutivorgan (*Wohlfahrtsausschuß*) diktatorische Vollmachten übertragen (5.9.1793). Das war der Übergang zur Zwangsbewirtschaftung. Die Häscher des Konvents schwärmten landesweit aus, ergriffen Tausende von Gegnern dieser Kriegs- und Versorgungsdiktatur und ließen sie unter dem Fallbeil (*Guillotine*) hinrichten. Die Getreidekammern der Hauptstadt waren leer, dafür deren Gefängnisse überfüllt. Die

Der König von Frankreich *auf dem Weg zum Schafott. Ein kniender Protokollant zeichnete am 21.1.1793 die letzten Worte Ludwigs auf: „Möge mein Tod das Heil Frankreichs bewirken. Ich sterbe unschuldig.“ (Stich, 1794; Kieler Privatsammlung)*

Marie Antoinette *Die Gemahlin des Königs wurde am 16.10.1793 hingerichtet. (Wien, Schloß Schönbrunn)*

Maximilien de Robespierre
In einem Nachruf heißt es: „Das Ungeheuer hat fünfunddreißig Jahre gelebt, war fünf Fuß, zwei Daumen groß, hatte leicht verkniffene Züge und einen fahlen, galligen Teint ...“ (Gemälde eines unbekannten Künstlers; Paris, Musée Carnavalet)

Logik dieser Diktatur lautete: Wenn die Revolution in Schwierigkeiten ist, muß es Schuldige geben, denn die Revolution selbst kann nicht schuldig sein! In dieser Situation hatte die Stunde des Advokaten MAXIMILIEN DE ROBESPIERRE (*1758, †1794) geschlagen. Dieser von den Abgeordneten der Nationalversammlung einst als »Kauz« eingestufte Sonderling hielt sich selbst für die Inkarnation des *Volkswillens*. So meinte er, die Legitimität für jede Rücksichtslosigkeit zu haben. ROBESPIERRE ließ nicht nur »Taten«, sondern auch »Gesinnungen« verfolgen. Das letzte Terrorgesetz, das er vom Konvent beschließen ließ, verweigerte den Opfern der Guillotine sogar den Rechtsbeistand und lieferte selbst Konventsmitglieder jedweder Willkür des *Revolutionstribunals* aus! Endlich kam im Sommer 1794 die Wende. Denn inzwischen zeichnete sich im Inneren wie an der Front eine Konsolidierung der Lage ab. Die *Schreckensherrschaft* hatte sich überlebt. ROBESPIERRE geriet nun selbst unter das Fallbeil (28.7. 1794) und mußte somit das Schicksal seiner Opfer teilen.

Der Aufstieg Napoleons

Nach der Hinrichtung ROBESPIERRES drängten die bürgerlich-liberalen Kräfte (*Girondisten*) zurück an die Macht. Die radikalen Jakobiner und ihre militanten Helfershelfer der Straße hatten ausgespielt. 1795 wurde ein fünfköpfiges *Direktorium* eingesetzt, das sich mit Hilfe der jungen Revolutionsgenerale an der Macht halten konnte. Einer von ihnen war der Korse NAPOLEON BONAPARTE (*1769, †1821) – willensstark, ehrgeizig, ein Mann von ungewöhnlich vielseitiger Begabung und vor allem von hoher Ausstrahlungskraft. In seinen Reihen standen Soldaten, die sich inzwischen als »Bürger in Waffen« verstanden und die Kriegsziele der »Nation« zu ihrer eigenen Sache machten. Sie wußten, daß die Revolutionsarmeen von ihresgleichen geführt wurden. Das setzte eine Begeisterungsfähigkeit frei, die den Berufsheeren des alten Europa fehlte. Wie kein zweiter verstand es der Korse BONAPARTE, das Pathos der Revolution wachzuhalten und seinen Soldaten zu vermitteln. Im Frühjahr 1796 stand er, inzwischen vom Direktorium zum Oberbefehlshaber der Italienarmee ernannt, mit seinen Truppen in Oberitalien und erließ folgenden Aufruf: *„Soldaten, in vierzehn Tagen habt Ihr 10 Siege davongetragen, 21 Fahnen, 55 Kanonen ... erobert; Ihr habt 15 000 Gefangene gemacht, an die 10 000 Mann getötet oder verwundet. Bisher hattet Ihr um kahle Felsen gekämpft. Erst bar aller Mittel, seid Ihr jetzt mit allem versorgt. Ihr habt Schlachten ohne Kanonen gewonnen, Flüsse*

»Wie kein zweiter verstand es der Korse...«

ohne Brücken überquert, Gewaltmärsche ohne Schuhe zurückgelegt, ohne Schnaps und oft ohne Brot biwakiert. Nur die republikanischen Heerscharen, die Soldaten der Freiheit, waren fähig, das zu erdulden, was Ihr erduldet habt. Aber Soldaten, ... Ihr müßt noch Schlachten schlagen, Städte einnehmen, Flüsse überqueren ... Ihr alle wollt ... mit Stolz sagen können: 'Ich gehöre zu der Eroberungsarmee Italiens!' Freunde, ich verspreche Euch diese Eroberung; aber Ihr müßt schwören ..., die Völker, die ihr befreit, zu achten ...“

Während die im süddeutschen Raum operierenden Revolutionstruppen Kaiser und Reich nicht entscheidend treffen konnten, seit Herbst 1796 sogar zum Rückzug über den Rhein gezwungen wurden, gelang dem Korsen auf italienischem Boden eine Serie überragender Siege. Kaiser FRANZ II. (1792-1806) sah seine Erblande nun von Süden her bedroht und mußte den *Frieden von Campo Formio* (bei Udine, 17.10.1797) hinnehmen, welcher Frankreich den Rhein als seine *natürliche Grenze* in Aussicht stellte. Der junge JOSEPH GÖRRES (*1776, †1848), damals noch Anhänger der Französischen Revolution und einer »Rheinischen Republik« (*Cisrhenanische Republik*), sah mit Häme bereits den Untergang des Reiches voraus. So unrecht hatte er nicht, wenn es auch noch einige Jahre dauern sollte ... Zunächst setzte der Kaiser alles daran, eine Korrektur der getroffenen Friedensvereinbarung von Campo Formio zu erzwingen, und trat einem Bündnis mit Rußland und England bei. Der *Zweite Koalitionskrieg* gegen Frankreich (1799-1802) erbrachte für Österreich und das Reich indes keine Verbesserung der Verhandlungsposition gegenüber Frankreich. Im Gegenteil: Auf dem deutschen Kriegsschauplatz und in Oberitalien behielten die gegnerischen Waffen eindeutig die Oberhand. Den entscheidenden Sieg erfocht einmal mehr NAPOLEON (*Schlacht bei Marengo* nahe Alessandria, 14.6.1800), der in Paris erst wenige Monate zuvor, am 9. November 1799, die Macht erputscht, das Direktorium aufgelöst und als *Erster Konsul* einer provisorischen Regierung die Revolution für beendet erklärt hatte. Im *Frieden von Lunéville* (bei Nancy, 9.2.1801) mußten Kaiser und Reich das gesamte linke Rheinufer endgültig und de jure an Frankreich abtreten. Deutsche Fürsten mit linksrheinischem Besitz sollten entschädigt werden.

Das Konzept der Entschädigung entwickelte die Siegermacht Frankreich. Preußen und Österreich sollten und konnten als betroffene Gliedstaaten nicht in eigener Sache richten. Das »Geschäft« wuchs sich schnell zu einer territorialen Neuordnung Deutschlands im großen Stile aus. Ein französisch-

Napoleon Bonaparte
am St. Bernhard. Der Italienfeldzug des Jahres 1796/97 begründete seinen militärischen Ruhm. (Gemälde von Jaques Louis David, 1800; Wien, Kunsthistorisches Museum)

Der 18. Brumaire
Nach dem Revolutionskalender am 18. Tag des zweiten Monats (9.11.1799) wurde Napoleon durch einen Staatsstreich »Erster Konsul«.

Charles Maurice de Talleyrand (Gemälde von Pierre-Paul Prud'hon, 1807, Ausschnitt; Paris, Musée Carnavalet)

Reichsdeputationshauptschluß

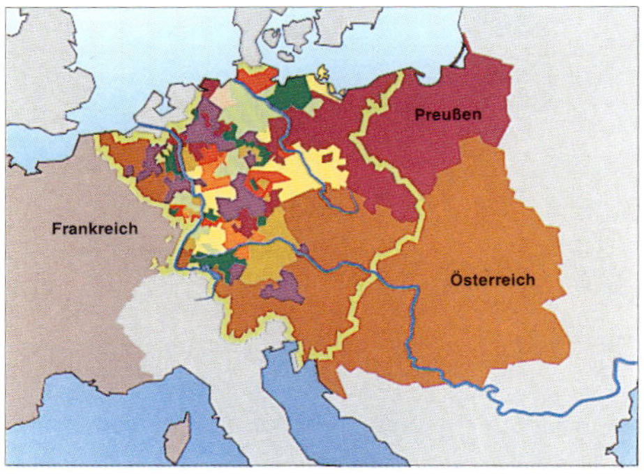

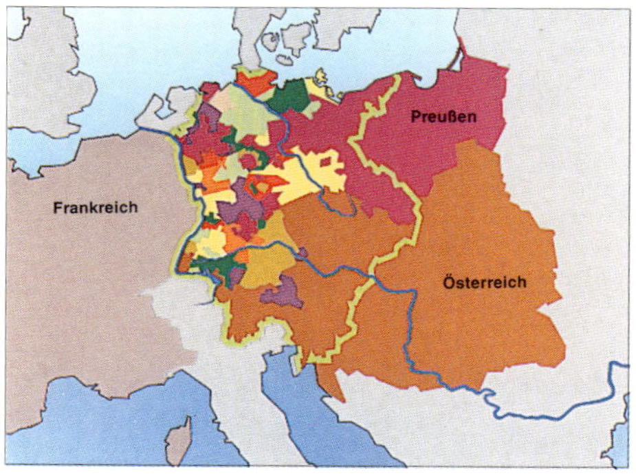

Der Kartenvergleich zeigt die Grenz- und Gebietsveränderungen im Jahre 1803 (säkularisierte Territorien: violett).

russischer Plan sah vor allem die Arrondierung der Mittelstaaten im Altreich vor. NAPOLEON zielte damit auf die Schaffung einer von Frankreich kontrollierten »Dritten Kraft«, um im westlichen Vorfeld der beiden deutschen Großmächte eine Pufferzone zu errichten. Das verhieß mehreren Reichsständen, insbesondere des deutschen Südwestens (aber selbst Preußen), Territorialgewinne, die deren linksrheinische Verluste um ein Vielfaches wettmachten. Hocherfreut zahlten die deutschen Dynasten dem französischen Außenminister CHARLES MAURICE DE TALLEYRAND (*1754, †1838) Schmiergelder, die sich sehen lassen konnten. Ein Ausschuß des Regensburger Reichstags führte sodann aus, was Frankreich »befohlen« hatte. Kaiser und Reichstag verabschiedeten diese Ergebnisse und machten sie im Frühjahr 1803 rechtskräftig (*Reichsdeputationshauptschluß*). Die Entschädigungsmasse ergab sich aus der Auflösung der Reichsstandschaft vieler Städte (*Mediatisierung*) sowie zahlreicher Klein- und Kleinstterritorien, ferner aus der Annullierung der geistlichen Fürstentümer sowie dem Einzug der Kirchengüter (*Säkularisation*). Auf diese Weise »verschwanden« 112 Reichsstände rechts des Rheins. Allein die Säkularisation der reichsunmittelbaren Bistümer, Abteien, Klöster, Stifte und Orden führte zu einer disponiblen Entschädigungsmasse von 10 000 Quadratkilometern! Das bedeutete: Über drei Millionen bis dahin geistliche Staatsuntertanen wurden neuen weltlichen Landesherren unterstellt. Einen vorzüglichen Schnitt machte beispielsweise Bayern, das erst jetzt zu einem kompakten, geschlossenen Territorium heranwuchs. Die Wittelsbacher erhielten für ihre linksrheinischen Verluste die Bistümer Würzburg, Bamberg, Freising, Augsburg und Passau, ferner zahlreiche Reichsabteien und Reichsstädte im Territorialgebiet. – NAPOLEONS Eingriff in die Reichsstruktur sollte sich später noch als segensreich erweisen; denn der Korse reduzierte die politische Vielfalt Deutschlands und kräftigte, was überlebensfähig war. Ohne es zu wollen, schuf er somit eine Voraussetzung für den späteren deutschen Einigungsprozeß.

Unter Napoleonischer Fremdherrschaft

Der *Friede von Lunéville* hatte Frankreich zur politischen Vorherrschaft in Kontinentaleuropa verholfen und zudem NAPOLEONS Stellung im Inneren gefestigt. Als Erster Konsul konnte er seine beiden Mitkonsuln berufen, Gesetze erlassen und Verträge mit auswärtigen Mächten abschließen. Gestützt auf zwei Volksabstimmungen, machte er sich 1802 zum *Konsul auf Lebenszeit* und 1804 zum *Kaiser der Franzosen*. Der Erhebung ließ er in bewußter Anlehnung an das römisch-karolingische Herkommen noch seine Selbstkrönung folgen und erhielt von Papst PIUS VII. (1800-1823) die traditionelle Weihe. Als Ort der feierlichen Zeremonie wählte er die Kathedrale *Notre-Dame* zu Paris – es war der 2. Dezember 1804. Die europäischen Großmächte entwickelten nun schnell ein Gespür für den Sinn dieser Tat: NAPOLEON wollte sich offenkundig zum »Protektor« ganz Europas aufschwingen! England und Rußland hielten dagegen und schlossen in St. Petersburg eine gegen Frankreich gerichtete *Offensivallianz*, der sich das erschöpfte und wenig kriegsbereite Österreich nach langem Zögern am 9. August 1805 anschloß. Kaiser FRANZ war in einer wenig beneidenswerten Lage: Im Westen Deutschlands neigten die Fürsten bereits Frankreich zu, so daß die Auflösung des Reichs nur noch eine Frage der Zeit zu sein schien, und in Norditalien überging NAPOLEON fortgesetzt die erbländischen Interessen des Hauses Habsburg. Österreichs Entscheidung für den Krieg endete schließlich in einem militärischen Debakel.

NAPOLEON hatte in einer Blitzaktion Bayern, Baden und Württemberg für einen Feldzug gegen FRANZ gewinnen können, ließ seine Truppen in schnellen Bewegungen durch Süddeutschland vorrücken, rieb die schlecht geführten österreichischen Truppen völlig auf und stand am 13. November 1805 in Wien. Die kriegsentscheidende Schlacht wurde 19 Tage später bei Austerlitz im Südmährischen geschlagen, als NAPOLEONS Armee gegen zahlenmäßig überlegene Kräfte der Alliierten unter Zar ALEXANDER I. (1801-1825) und Kaiser FRANZ II. siegreich blieb (*Dreikaiserschlacht*).

Napoleon I. im Krönungsornat
Der Maler François Gérard verstand es wie kein zweiter, das Charisma des Imperators mit diesem Gemälde festzuhalten. (1806, Ausschnitt; Dresden, Staatl. Kunstsammlung)

Die Schlacht bei Austerlitz
In der Dreikaiserschlacht am 2.12.1805 besiegte Napoleon mit seiner Armee die Heere von Kaiser Franz II. und Zar Alexander I. (Gemälde von Siméon Fort, um 1840; Schloß Versailles)

Franz II.
Nach dem Ende des Heiligen Römischen Reichs blieb ihm die Titularwürde als »Kaiser von Österreich«. (Gemälde von L. Streitenfeld, 1874; Wien, Hofburg)

Friedrich Wilhelm III.
und Königin Luise. Sie war das Vorbild aller Damen des Berliner Bürgertums. (Gemälde von Friedrich Georg Weitsch, 1799; Berlin Schloß Charlottenburg)

Der Untergang des *Heiligen Römischen Reichs Deutscher Nation* war nun nicht mehr aufzuhalten. Rußland war geschlagen, Österreich war geschlagen, und Kaiser FRANZ II. hatte ohnmächtig hinnehmen müssen, daß sich 16 deutsche Staaten unter den Schutz des französischen Kaisers stellten. Diese schlossen sich am 16. Juli 1806 zum *Rheinbund* zusammen und traten aus dem Reichsverband aus. Was sie taten, machte aus ihrer Sicht Sinn; jedem der beitretenden Staaten hatten die französischen Diplomaten Vorteile in Aussicht stellen können. Die größeren Territorien wurden mit respektablen Titeln ausgestattet – Bayern und Württemberg erhielten sogar die Königswürde zuerkannt! NAPOLEON setzte sodann nach und forderte den Kaiser in Wien ultimativ auf, die Reichskrone niederzulegen. Das kam einer neuerlichen Kriegsdrohung gleich. Unter Gegenzeichnung des österreichischen Außenministers, Graf JOHANN PHILIPP VON STADION (*1763, †1824), gab der letzte Dynast einer uralten Tradition, die sich bis auf die *Ottonen* zurückverfolgen läßt, in seiner Rücktrittsurkunde zu verstehen, *„daß wir das Band, welches uns bis jetzt an den Staatskörper des Deutschen Reichs gebunden hat, als gelöst ansehen, daß wir das rechtsoberhauptliche Amt und Würde durch die Vereinigung der konföderierten rheinischen Stände als erloschen und uns dadurch von allen übernommenen Pflichten gegen das Deutsche Reich losgezählt betrachten und die von wegen desselben bis jetzt getragene Kaiserkrone und geführte kaiserliche Regierung, wie hiermit geschieht, niederlegen.“* Die Titularwürde blieb dem Habsburger freilich erhalten, denn er hatte für sich und seine Erben vorausschauend schon im Vorjahr eine österreichische Kaiserkrone geschaffen (*Kaiser von Österreich*).

Preußen war von seiner Politik der strikten Neutralität gegenüber Frankreich seit dem Baseler Frieden nicht mehr abgewichen. Das schien sich ausgezahlt zu haben. Von den Wechselfällen der napoleonischen Kriege war man weitgehend verschont geblieben, und die Erben FRIEDRICHS DES GROSSEN konnten frohlocken: Der Streubesitz zwischen Elbe und Rhein hatte sich enorm vergrößert. Doch Streubesitz ist »unsicheres Gut«. Das wußte man in Berlin. NAPOLEONS übermächtiges Auftreten in Deutschland machte den Hof zusehends nervöser. Übergriffe und diplomatische Ränke begann man jetzt als Vorboten eines Überfalls zu deuten. Aus Paris drang die Kunde, man wolle den Preußen das erst jüngst erworbene Hannover wieder entreißen. König FRIEDRICH WILHELM III. (1797-1840), rechtschaffen und einfach, aber schwankend in seinen Entscheidungen, hörte auf seine Kabinettsräte und ging in die Offensive.

In völliger Fehleinschätzung der preußischen Kräfte forderte er die Franzosen ultimativ auf, ihre Truppen aus Süddeutschland abzuziehen. Das bedeutete Krieg und zuletzt die militärische Katastrophe Preußens. NAPOLEON vermochte seine Truppen, die noch aus dem Vorjahr in den süddeutschen Verfügungsräumen standen, sofort in Bewegung zu setzen. In der Doppelschlacht von *Jena und Auerstedt* (nahe Erfurt) wurden die preußischen Truppen am 14. Oktober 1806 vernichtend geschlagen. Vierzehn Tage später zog NAPOLEON als siegreicher Imperator in Berlin ein.

Selbst Preußen war unter den französischen Kanonen nun zusammengebrochen. Welch eine Schmach, als der Kaiser der Franzosen vom Brandenburger Tor (▸ S. 488) das Symbol der Kraft, die *Quadriga*, herunterholen und nach Paris transportieren ließ! Er gebärdete sich wie KARL DER GROSSE und konnte nun über große Teile Festlandeuropas gebieten. Der preußische Hof war nach Königsberg geflohen. 1807 mußte Preußen in *Tilsit* einen schmachvollen Diktatfrieden hinnehmen. Der Staat wurde um die Hälfte verkleinert und bestand nur noch aus den Kernprovinzen Brandenburg, Ostpreußen, Pommern und Schlesien. Ungeheure Kriegskontributionen waren zu zahlen, und die französischen Truppen verblieben im Land. Königin LUISE (*1776, †1810), eine beherzte und ungezwungen auftretende Frau, die im Volk viele Sympathien genoß, schätzte die Katastrophe, die über das Land gekommen war, treffsicher ein: *„Wir haben uns auf den Lorbeeren Friedrichs des Großen ausgeruht."* Die Niederschlagung des Landes nahm NAPOLEON zum Anlaß, um aus den preußischen Provinzen des Westens sowie aus Kurhessen, Braunschweig und den südlichen Landesteilen Hannovers ein neues *Königreich Westfalen* zu machen, das er seinem Bruder JÉRÔME (1807-1813) vermachte. Dieser residierte in Kassel und wurde in Anspielung auf seine notorische Verschwendungssucht von seinen Untertanen *König Lustik* genannt.

Nach Tilsit gliederte sich Deutschland, grob gesprochen, in drei Großräume, die dem napoleonischen Herrschaftssystem in unterschiedlicher Weise zugeordnet waren: Im Osten hatten Preußen und Österreich, die beiden Hauptmächte des ehemaligen Reichs, ihre Staatlichkeit bewahren können, wenn auch unter erheblichen Gebietsverlusten; im Westen wurden die linksrheinischen Lande Frankreich direkt einverleibt; in Mainz, Trier, Koblenz und Aachen leiteten französische Präfekten vier künstlich geschaffene *Départements*. Es galt das moderne französische Zivilgesetzbuch (*Code Napoléon*); das mittlere

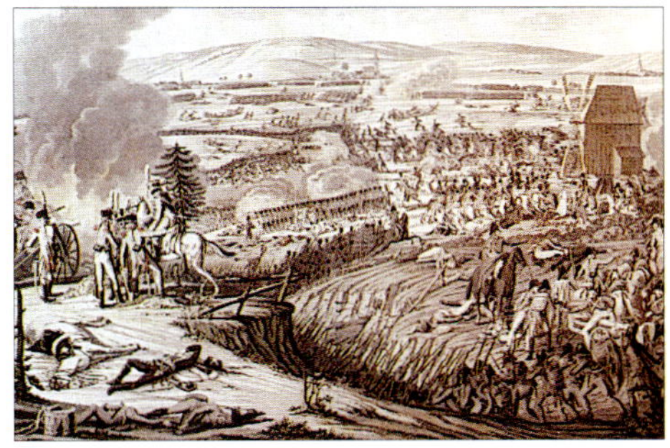

Die Schlacht bei Jena
Die Abb. zeigt den französischen Angriff auf die Preußen bei der Kippendorfer Mühle, wo heute ein Gedenkstein steht.

Napoleons Einzug in Berlin
(27. Oktober 1806)

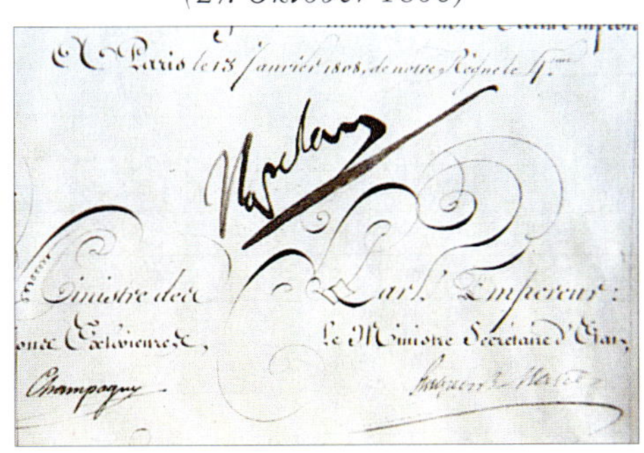

Der Friede von Tilsit
Urkunde mit dem Schriftzug »Napoleon« (Merseburg, Zentrales Staatsarchiv)

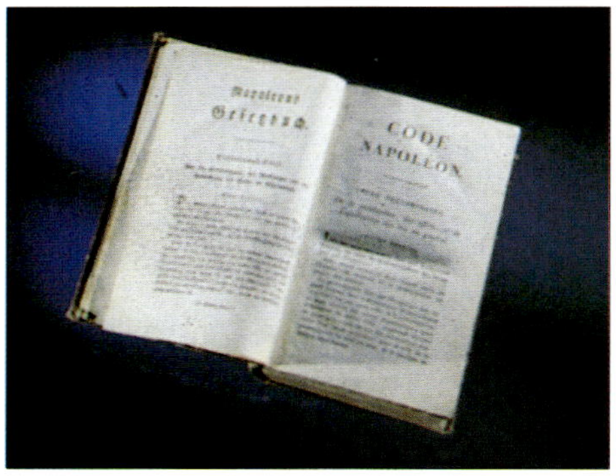

Code Napoléon
Die Paragraphen der französisch-deutschen Ausgabe, 1808 in Straßburg gedruckt, behielten auch nach Napoleons Sturz vielerorts ihre Geltung. (Hamburg, Staatsbibliothek)

Deutschland wurde vom Rheinbund beherrscht, dem im Laufe der Zeit sämtliche deutsche Staaten außer Preußen und Österreich angehörten. Dieser Zusammenschluß stellte eine Staatenkonföderation unter der Schutzgewalt seines Protektors NAPOLEON dar. Die Fürsten der Konföderation waren ihm durch ein *Offensiv-* und *Defensivbündnis* verbunden – mit anderen Worten, dem politischen und militärischen Willen des französischen Kaisers völlig unterworfen. So kam über das in seinen politischen, wirtschaftlichen und rechtlichen Strukturen überalterte Reich ein regelrechter »Modernisierungsschub«, denn NAPOLEON, dessen Wille gelten sollte, zerschlug, vereinfachte, räumte mit »Verstaubtem« auf und ließ Deutschland so an vielen Errungenschaften der Französischen Revolution teilhaben.

Die Stein-Hardenbergschen Reformen

Während das politische Preußen die Entwicklung verschlief, am Ende durch das Vordringen NAPOLEONS nach Deutschland isoliert war und sodann einer verheerenden Fehleinschätzung erlag, herrschte im Berlin der vorausgehenden Friedensdekade ein Klima geistiger Freiheit wie niemals zuvor. Man traf sich ohne besondere Einladung in den privaten Wohnzimmern des Großbürgertums. Die berühmtesten Begegnungsstätten dieser Art unterhielten jüdische Frauen. In den *Salons* der HENRIETTE HERZ (*1764, †1847), der RAHEL LEVIN (*1771, †1833) und der DOROTHEA MENDELSSOHN (*1763, †1839) gingen Männer und Frauen, Adlige und Bürgerliche, Juden, Christen und Atheisten gleichermaßen ein und aus. Sie »parlierten« über alles, was in bewegter Zeit Interesse fand, über das »Vaterland«, über die »Kirche«, die »Ehe«, auch über das »Eigentum«, selbst über die Aufhebung der Standesschranken und die Emanzipation der

Der Salon
Die Berliner Bürgerfrauen jüdischen Glaubens waren weltoffen. In ihren Salons, die zum Forum der Klassik und Romantik wurden, traf sich die bürgerliche und adlige Intelligenz; Standesdünkel gab es nicht.

Henriette Herz
Die meisten Berliner Gelehrten und Künstler, die später bekannt wurden, hatten eine Zeitlang ihrem Lebenskreis angehört. (Gemälde von Anton Graff, 1792; Berlin, Nationalgalerie der Staatl. Museen)

Frau. Bildung adelt – und nur sie, dachte man in diesen Zirkeln. Hier begegnete der Prinz dem verarmten Schriftsteller, der jüdische Großbürger dem arrivierten Schauspieler, der Höfling dem jungen Offizier. In einem Klima ohne Standesdünkel redete man über neue Theaterstücke, Gedichte und Romane. Bei alledem knüpften Frauen die Fäden. Mit ihren Salons stifteten sie einen Verfügungsraum der Geselligkeit jenseits der friderizianischen Standesordnung, welche dem Mann von Adel untersagte, Bürgerliche niederer Abkunft zu besuchen oder zu empfangen.

Preußen war militärisch besiegt worden, aber geistig und moralisch keineswegs am Ende. Einsichtige Staatsdiener der jüngeren Generation hatten sich mit den Ideen der Französischen Revolution auseinandergesetzt und die Notwendigkeit von Reformen frühzeitig erkannt. Dem König war als Thronfolger einst vorgetragen worden, ein Herrscher müsse in seinen Untertanen *freie Bürger* und nicht *Maschinen* sehen! Der so Belehrte ließ so manches anpacken, freilich ohne durchgreifenden Erfolg. Es bedurfte darum des äußeren Anstoßes der Niederlage – nach dem Tilsiter Diktatfrieden war Preußen in einer jämmerlichen Lage und bangte um sein staatliches Überleben. Die Sieger beließen 150 000 Mann Besatzungstruppen im Land, und ihre Verwalter, fortgesetzt auf der Suche nach weiteren Quellen für die Tributzahlungen, jagten der Bevölkerung jede Münze ab. Die Stunde der Neuerer hatte geschlagen. Sie meldeten sich in *Denkschriften* und *Manifesten* zu Wort, die darauf zielten, *Reformen* ins Werk zu setzen. Diese sollten dem Staat die Zukunft sichern und schließlich darauf hinwirken, das Joch der Fremdherrschaft abzuschütteln.

Führender Kopf war der kantige, aufbrausende, aber ideenreiche Reichsfreiherr FRIEDRICH KARL VOM UND ZUM STEIN (*1757, †1831), der sich schon vor dem militärischen Zusammenbruch des Jahres 1806 nicht gescheut hatte, die *Kabinettsregierung* des Königs in einer Denkschrift scharf anzugreifen. STEIN wollte statt dessen *verantwortliche* Ministerien eingerichtet sehen, deren Ressortchefs beim König das *Vortragsrecht* haben sollten. FRIEDRICH WILHELM war beleidigt und entließ seinen obersten Staatsbeamten für das Fabrik- und Handelswesen. Doch der Reichsfreiherr gelangte schnell zu neuen Ehren, als nämlich NAPOLEON 1807 auf Entlassung des leitenden Ministers am königlichen Hof, des Freiherrn CARL AUGUST VON HARDENBERG (*1750, †1822), bestand und an dessen Stelle STEIN empfahl. *„Das ist ein Mann von Geist"*, sagte der Kaiser. Der Ritter aus dem Nassauischen dachte reichspatriotisch und

Freiherr vom und zum Stein
(Kopie von W. Körber nach einem Gemälde von Johann Christoph Rincklake, 1804)

Fürst von Hardenberg
(Gemälde von Johann Heinrich Tischbein, um 1800; Schloß Nörten)

Preußische Stadtverordnete *versammelten sich 1808 in der Berliner Nicolaikirche. (Aquarell von F. A. Calau, 1809; Berlin, Märkisches Museum)*

Der Nationalgeist

Stein faßte in seinem »Politischen Testament« vom 24. November 1808 Erreichtes und Erforderliches zusammen:

Das nächste Erfordernis scheint ... eine allgemeine Nationalrepräsentation. Heilig war mir und bleibe uns das Recht und die Gewalt unseres König. Aber damit dieses Recht und unumschränkte Gewalt das Gute wirken kann, was in ihr liegt, schien es mir notwendig, der höchsten Gewalt ein Mittel zu geben, wodurch sie die Wünsche des Volkes kennenlernen und ihren Bestimmungen Leben geben kann. Wenn dem Volk alle Teilnahme an den Operationen des Staates entzogen wird, kommt es bald dahin, die Regierung teils gleichgültig, teils in einzelnen Fällen in Opposition mit sich zu betrachten. Mein Plan war daher, jeder aktive Staatsbürger ... habe ein Recht zur Repräsentation. Von der Ausführung oder Beseitigung eines solches Plans hängt Wohl und Wehe unseres Staates ab, denn auf diesem Wege allein kann der Nationalgeist positiv erweckt und belebt werden.

national, war überzeugt vom »historischen Recht« der Landstände, die der Absolutismus einst zerschlagen hatte, und kannte JUSTUS MÖSERS *Patriotische Phantasien* (1775-86), in denen dieser vom freien Gemeindeleben der alten Germanen geschwärmt hatte. FRIEDRICH WILHELM folgte der Empfehlung des Kaisers und stattete STEIN am 30. September 1807 mit nahezu unbeschränkten Vollmachten aus. Der Berufene machte sich sofort ans Werk und ließ durch königliches Edikt nur wenige Tage nach seiner Amtsübernahme die Erbuntertänigkeit der Bauern aufheben (*Edikt über die Bauernbefreiung*, 9.10.1807). Es zielte auf die Schaffung eines freien Bauerntums und sollte aus dem allgemeinen Desaster, in dem sich die Landwirtschaft befand, heraushelfen. Der König verfügte, der preußische Bauer solle fortan Herr auf eigenem Grund und Boden sein – mit all den Vorteilen, aber auch all den Risiken, die mit »freiem Besitz« verbunden sind. Im Vorspruch zu den Bestimmungen heißt es, es sei *„ebensowohl den unerläßlichen Forderungen der Gerechtigkeit als den Grundsätzen einer wohlgeordneten Staatswirtschaft gemäß, alles zu entfernen, was den einzelnen bisher hinderte, den Wohlstand zu erlangen, den er nach dem Maß seiner Kräfte zu erreichen fähig war.“* Damit hatte sich der neue Geist liberaler Staatsgesinnung Bahn gebrochen!

Mit der *Städteordnung* vom 19. November 1808 ließ STEIN 13 Monate später das zweite große Reformedikt folgen. Der Absolutismus hatte die altüberlieferten Eigenrechte der Stadtgemeinden durch staatliche Aufsichts- und Weisungsrechte längst ausgehöhlt. Jetzt sollten diese zu neuem Leben erweckt werden. Um FRIEDRICH WILHELM für sein Reformvorhaben einzunehmen, ging der Minister mit der bisherigen polizei- und wohlfahrtsstaatlichen Verwaltungspraxis hart ins Gericht. Er trug dem König vor: *„Der Bürger hatte weder Kenntnis vom Gemeinwesen noch Veranlassung, dafür zu wirken ... Eifer und Liebe für die öffentlichen Angelegenheiten, aller Gemeingeist, jedes Gefühl, dem Ganzen ein Opfer zu bringen, mußten verlorengehen. Selbst Bürger zu sein, ward längst nicht einmal mehr für Ehre gehalten.“* Das Edikt selbst bricht in konsequenter Umsetzung dieser Kritik mit dem Grundsatz der staatlichen Leitung der Stadtverwaltung. Die Bürger sollten über ihre Angelegenheiten nun in *eigener* Verantwortung entscheiden und eine *Stadtverordnetenversammlung* wählen, aus deren Mitte die Stadtregierung (*Magistrat*) zu bilden sei. Freilich konnte nicht jeder Einwohner das *Bürgerrecht* erwerben. Zwischen der Steinschen *Bürgergemeinde* von 1808 und unserer modernen *Einwohnergemeinde* lag noch ein weiter Weg ...

STEINS Reformen blieben unvollkommen. Ursprünglich wollte er seinen Gedanken der Selbstverwaltung auch auf die preußischen Landgemeinden übertragen und dachte sogar an die Einrichtung einer gewählten preußischen Nationalrepräsentation (*Reichsstände*). Diese repräsentative Körperschaft sollte den großen Abstand zwischen Staat und Gesellschaft überbrücken helfen. Dazu kam es nicht mehr. Der Minister hatte sich bei konservativen Kräften und vor allem bei NAPOLEON unbeliebt gemacht und mußte bereits nach 14 Monaten gehen. Am Tage seiner zweiten Entlassung erging das noch von ihm vorbereitete *Organisationsedikt* (24. 11. 1808), welches die Errichtung einer *Ministerialregierung* verfügte und somit die Gedanken seiner Denkschrift aus dem Jahre 1806 umsetzte.

Doch die Reformen gingen weiter. Im Jahre 1810 wurde HARDENBERG als *Staatskanzler* in die Verantwortung berufen – nun mit Billigung NAPOLEONS. HARDENBERG war ein geschmeidiger Politiker, der die Finessen der Diplomatie vorzüglich beherrschte und den König zu nehmen wußte. Der Staatskanzler dachte nicht »ständisch«, wie STEIN, sondern »gouvernemental«, das heißt: freiheitlich im Sinne des Naturrechts und der »aufgeklärten« Regierungskunst. So entwickelte er ein erstaunlich unbefangenes Verhältnis zur Französischen Revolution, die er auf ihre liberalen Grundsätze zu reduzieren verstand: *„Die Gewalt dieser Grundsätze"*, notierte er in seiner berühmten *Rigaer Denkschrift* von 1807, *„ist so groß, sie sind so allgemein anerkannt und verbreitet, daß der Staat, der sie nicht annimmt, entweder seinem Untergang oder der erzwungenen Annahme derselben entgegensehen muß"*. Als HARDENBERG sein Amt übernahm, drohte der *Staatsbankrott*. NAPOLEONS horrende Kontributionsforderungen hatten die Steuerkassen völlig leergefegt. Und mehr: Um England in die Knie zu zwingen, hatte der Kaiser die *Kontinentalsperre* verhängen lassen – Schmuggelware wurde aufgrund einer französischen Anordnung aus dem Jahre 1810 sogar öffentlich verbrannt! Was in Flammen aufging, fehlte in allen Landesteilen. Besonders in Ostpreußen

Der Kampf um Lübeck
Die neutrale Stadt profitierte vom Handel mit englischen Schmuggelwaren, erlebte aber im November 1806 Tage des Schreckens, als die Franzosen die preußischen Truppen angriffen, die sich nach der Niederlage von Jena und Auerstedt in der Innenstadt verschanzt hatten. (Lübeck, Holstentor-Museum)

Öffentliche Verbrennung
englischer Schmuggelwaren in Hamburg am 16.11.1810 (zeitgen. Aquarell; Hamburg, Staatsarchiv).

Schandtaten der Franzosen
in Süddeutschland (zeitgen. Kupferstiche; Nürnberg, Stadtgeschichtliches Museum).

Pferde in der Kirche
Die Petrikirche in Hamburg benutzten die französischen Truppen als Stall und Magazin (zeitgen. Aquarell; Hamburg, Staatsarchiv).

Gerhard von Scharnhorst
stammte aus ärmlichen Verhältnissen. Der große militärische Erzieher und Denker, 1802 geadelt, gehörte zu den ersten, die allein aufgrund ihrer Verdienste höchste Ränge im preußischen Heer bekleideten. (Gemälde von Friedrich Bury, um 1800; Hannover, Niedersächsisches Landesmuseum)

herrschte nun schlimme Not. Dem Staatskanzler drängte sich das Problem einer Modernisierung Preußens mit Nachdruck auf. Nun sollte die Wirtschaft von Grund auf liberalisiert werden. Er und seine Mitarbeiter sagten: Weg mit dem System staatlicher Bevormundung, der Bürger muß »frei« und in »Eigeninitiative« wirtschaften dürfen! So ließen diese Männer ihren König das epochemachende *Gewerbesteueredikt* verkünden (28.10.1810). Von nun an galt *Gewerbefreiheit* – jeder Volljährige sollte jedes Gewerbe an jedem Ort eröffnen und betreiben können. Damit war auch die Vormacht der Zünfte gebrochen. Das Gebot, sich in ihnen zu organisieren (*Zunftzwang*), wurde 1811 aufgehoben. Das Gewerbesteueredikt war die »Magna Charta« des preußischen Wirtschaftsliberalismus.

Bürgergeist und nationale Erhebung

Im Sinne der Stein-Hardenbergschen Erneuerung wirkten auch andere Persönlichkeiten von überragendem Profil – allen voran GERHARD VON SCHARNHORST (*1755, †1813), der führende Kopf der preußischen *Heeresreform*, sowie WILHELM VON HUMBOLDT, der die preußische *Bildungsreform* ins Werk setzte. SCHARNHORST, seit 1807 Direktor des *Kriegsdepartements* und Chef des Generalstabs, schwebte der Aufbau eines preußischen *Nationalheeres* nach französischem Muster vor. Zusammen mit seinem engen Mitarbeiter in der *Militär-Reorganisationskommission*, NEIDHARDT VON GNEISENAU (*1760, †1831), schuf er die Voraussetzungen für die spätere *Volksbewaffnung* des Jahres 1813. Die fortschrittlichen Militärs hatten erkannt, daß eine ausschließlich von adligen Offizieren geführte Berufsarmee nicht mehr zeitgemäß war. So öffneten sie die Offizierslaufbahn für jeden »Tüchtigen«, schafften stumpfsinnigen Drill, drakonische Prügelstrafen und das entwürdigende *Spießrutenlaufen* ab.

Die Armee sollte durch »nationales Ehrgefühl« und »Pflichtbewußtsein« ein neues Rückgrat erhalten. 1808 wurde das Ausbildungssystem entscheidend verbessert: Für die beurlaubten, »ausgebildeten« Soldaten (*Kantonisten*) rückten nun neue Jahrgänge nach (*Rekruten*), so daß dem Präsenzheer eine beständig wachsende »stille Reserve« zugeführt werden konnte (*Krümpersystem*). Das »Geheimnis« der preußischen Reformer war das kluge und weitsichtige, Abstand vom Tagesgeschehen gewinnende Trachten nach strukturellen Veränderungen. Allen war bewußt, daß vor allem die Standesschranken fallen mußten – auch HUMBOLDT, der 1809 in die Leitung der Sektion Kultus- und Unterrichtswesen im preußischen Innenministerium berufen worden war und seine 16monatige Amtszeit sodann nutzte, um das Fundament für eine grundlegende Reform des Bildungswesens zu legen. In zahlreichen Denkschriften, Gutachten und Sektionsberichten legte er seine Reformpläne nieder. Sie zielten auf eine allgemeine *Volkserziehung* – von der neuen »Elementarschule«, die er ganz im Sinne des Wegbereiters der modernen »Volksschule«, des Schweizer Pädagogen JOHANN HEINRICH PESTALOZZI (*1745, †1827), verstand, bis zu den »Gymnasien«. HUMBOLDT war ein durch die Weimarer Klassik geprägter Geist, der auf die »freie« Entfaltung der sittlichen Kräfte in jedem einzelnen baute. So gab er die entscheidenden Impulse zur Überwindung der überkommenen Berufs- und Standeserziehung, die in Übereinstimmung mit den Zielen der Aufklärung eng auf »konkrete«, »nützliche« Zwecke ausgerichtet blieb. Er gab ferner den Anstoß zur Gründung einer neuen Universität, um dieser vornehmen »Freiheit« auch in Forschung und Lehre eine Heimstätte zu geben. 1810 wurde die Berliner *Friedrich-Wilhelms-Universität* gegründet.

Je länger die napoleonische Herrschaft dauerte, um so deutlicher zeichnete sich der allgemeine Stimmungsumschwung in der Bevölkerung ab. Die Deutschen wurden gezwungen, Soldaten für die französische Armee zu stellen. Im Jahre 1808 waren es fast 120 000 Mann! Es war klar geworden, daß die *imperiale*, auf Eroberung ausgerichtete Politik für den Kaiser Vorrang vor dem Gedanken einer Modernisierung der beherrschten Länder hatte. Die Intellektuellen heizten die Stimmung an. Der Philosoph FICHTE hielt in den Jahren 1807 und 1808 seine berühmten *Reden an die deutsche Nation*, in denen er den französischen Kaiser zum Verräter an der Revolution abstempelte und das Volk zu den Waffen rief. Die *Partikularisten*, so formulierte er, sollten sich endlich ihrer *Deutschheit* besinnen, denn die Deutschen seien das *Urvolk* der Menschheit! Solche Töne waren neu. Aus ihnen sprach tiefe Demütigung, die NAPOLEON den Deutschen zugefügt hatte, aber ebenso tiefe Sehnsucht nach neuer Identität, welche nach dem Verlust der politischen Souveränität verlorengegangen war. Publizisten, Literaten und Wissenschaftler »vergaßen« nun ihre Rede über »Aufklärung« und »Fortschritt« und tasteten sich stattdessen zurück in die *„heiligen Ursprünge der eigenen Denkart."* Man begann, »romantisch« und »national« zu empfinden. Der »deutsche Geist« rang um eine moralische Erneuerung und um ein neues Selbstbewußtsein. Patriotische Gefühle rührten die Deutschen an, auch Haß und Verzweiflung kamen auf. König JÉRÔME VON WESTFALEN schrieb seinem kaiserlichen Bruder am

Wilhelm von Humboldt
(Gemälde eines unbekannten Künstlers; Frankfurt, Freies Deutsches Hochstift)

„So gab er die entscheidenden Impulse..."

Johann Gottlieb Fichte
als Mitglied des Berliner Landsturms, 1813. (Druck nach einer Zeichnung von C. Zimmermann; Berlin, Staatsbibliothek Preußischer Kulturbesitz)

5. Dezember 1811 einen sorgenvollen Brief, der diese Stimmung festhält: *„Ich weiß nicht, Sire, unter welchem Gesichtspunkt Ihre Generale und Agenten die öffentliche Meinung in Deutschland betrachten. Wenn sie von Unterwerfung, Ruhe und Schwäche sprechen, so täuschen sie sich und Eure Majestät. Die Gärung ist auf dem höchsten Grad angelangt... Der Adlige, der Bürger und der Landmann, mit Schulden und Verpflichtungen überhäuft, scheinen keine andere Hilfe zu erwarten als die Wiedervergeltung, die sie mit allen Fasern ihres Herzens ersehnen und auf die alle ihre Gedanken gerichtet sind."*

Im Sommer 1812 überfiel NAPOLEON Rußland. Die stärkste Armee der Weltgeschichte, rund 400 000 Mann, darunter 150 000 Deutsche, war auf dem Weg nach Moskau, um mit dem Zarenreich auch England endgültig in die Knie zu zwingen. Das riesige Aufgebot des Kaisers (*Grande Armée*) sorgte zunächst für große Anfangserfolge. Die kaiserlichen Truppen erreichten schnell Moskau (14. September), wurden aber von schweren Nachschubproblemen geplagt. Als die Russen eine Kriegslist anwendeten und die Stadt in Brand setzten, mußte der Kaiser den Befehl zum Rückzug geben. Die Franzosen, und mit ihnen die Deutschen, verbluteten und erfroren im eisigen Winter. Die traurigen Reste der deutschen Kontingente kehrten halbverhungert zurück und lösten eine Volkswut ohnegleichen aus.

Im litauischen Grenzdorf Tauroggen kam es am 30. Dezember 1812 zur folgenreichsten Meuterei der deutschen Kriegsgeschichte. Ohne königliche Weisung schlug sich General LUDWIG VON YORK (*1759, †1830), der das preußische Hilfskorps für NAPOLEONS Feldzug befehligt hatte, auf die Seite der Russen (*Konvention von Tauroggen*). In diesen Wochen wurde FRIEDRICH WILHELM III. mit Briefen bombardiert, er solle endlich den Befehl zur Volkserhebung gegen die Fremdherrschaft erteilen. Nach langem Zögern rang sich der königliche Zweifler schließlich zu einem Bündnis mit Rußland durch, erklärte Frankreich daraufhin am 16. März 1813 den Krieg und erließ am nächsten Tag seinen berühmten Aufruf *An mein Volk*: *„Brandenburger, Preußen, Schlesier, Pommern, Litauer! Ihr wißt, was Ihr seit fast sieben Jahren erduldet habt, Ihr wißt, was Euer trauriges Loos ist, wenn wir den beginnenden Kampf nicht ehrenvoll enden... Aber, welche Opfer auch von einzelnen gefordert werden mögen, sie wiegen die heiligen Güter nicht auf, für die wir sie hingeben, für die wir streiten und siegen müssen, wenn wir nicht aufhören wollen, Preußen und Deutsche zu sein."* Schon zuvor hatte er am Geburtstag der verstorbenen Königin LUISE den Orden des *Eisernen Kreuzes* gestiftet.

Napoleons Rußlandfeldzug
Als das brennende Moskau in Schutt und Asche versank, mußte die Grande Armée den Rückzug antreten. Tausende von Soldaten erfroren oder ertranken beim Überschreiten des Flusses Beresina.

Die Völkerschlacht bei Leipzig
Professoren, Handwerker, Bauernsöhne und Kaufleute kämpften, zusammen mit den regulären Truppen, vier lange Tage gegen die Armeen Napoleons. (Leipzig, Völkerschlachtmuseum; ▶ *S. 442)*

Der König warb also um die Unterstützung seines Volkes, das indes längst zu jeder Opferbereitschaft entschlossen war. Massenhaft meldeten sich nun Freiwillige aus allen Schichten zu den Waffen. In leidenschaftlichen Liedern, Aufrufen und Flugschriften drückten sich die Liebe zum deutschen *Vaterland* und der Wille zur *nationalen* Erhebung gegen NAPOLEON aus. Der Schriftsteller ERNST MORITZ ARNDT (*1769, †1860) verfaßte damals seinen *Katechismus für den deutschen Wehrmann* und putschte wie viele andere Patrioten und Aktionisten die Gemüter kräftig auf: *„Auf denn, redlicher Deutscher! Bete täglich zu Gott, daß es Dir das Herz mit Stärke fülle und Deine Seele entflamme mit Zuversicht und Mut."* Im Sommer 1813 war der größte kontinentale Waffenbund geschmiedet, der je gegen NAPOLEON gekämpft hatte. Und noch im selben Jahr kam es im Gebiet um Leipzig zur verlustreichen *Völkerschlacht* (16.-19. Oktober), bei der die Kontingente der Verbündeten 52 000 und die Franzosen 70 000 Mann verloren. Den Feldherrn und Kaiser hatte abermals das Kriegsglück verlassen! Er mußte seine Truppen über den Rhein zurückziehen.

Die letzte Schlacht auf deutschem Boden war geschlagen. Nun galt es, NAPOLEON vom Thron zu stürzen. In der Neujahrsnacht 1813/1814 setzte der Oberbefehlshaber des preußischen Feldheeres, GEBHARD LEBERECHT VON BLÜCHER (*1742, †1819), wegen seines unbändigen Offensivdrangs schon damals eine Legende (*Marschall Vorwärts*), bei Kaub über den Rhein und trug den Krieg nach Westen. Frankreich hatte politisch und militärisch die Initiative verloren. Eine Neuordnung Europas zeichnete sich ab ...

Blücher bei Kaub
(Ölskizze von Richard Knötel; Rastatt, Museum)

Die Ludwigsbahn von Nürnberg nach Fürth
Lithographie

Biedermeier und Revolution

Es wird kommen der Tag, der Tag des edelsten Siegesstolzes,
wo der Deutsche vom Alpengebirg und der Nordsee,
vom Rhein, der Donau und der Elbe den Bruder im Bruder umarmt,
wo die Zollstöcke und Schlagbäume, wo alle Hoheitszeichen
der Trennung und Hemmung und Bedrückung verschwinden ...

(Jakob Siebenpfeiffer; aus seiner Rede vom
27. Mai 1832 auf dem Hambacher Fest)

Fürst Klemens von Metternich
(Kopie des Gemäldes von Th. Lawrene, 1819)

Der Wiener Kongreß
tagte in der Staatskanzlei am Ballhausplatz (zeitgen. Stich von Jean Godefroy; Wiener Museen).

Der Wiener Kongreß

In Europa hatte sich das Blatt gewendet. NAPOLEON entsagte im April 1814 der Krone und mußte nach Elba ins Exil gehen. Noch im selben Jahr fanden sich in Wien die Vertreter von rund 200 Ländern, Städten und Herrschaften zu einem gewaltigen Kongreß ein. Die Verhandlungen dieses *Wiener Kongresses* waren von rauschenden Festen begleitet, für die die feine Wiener Gesellschaft die Bühne gab. Ausgelassen und selbstzufrieden feierten die Mächtigen Europas den wiedergewonnenen Frieden. Ihm waren mehr als zwanzig Kriegsjahre vorausgegangen.

Regie führte der österreichische Außenminister, FÜRST KLEMENS VON METTERNICH (*1773, †1859). Er war ein Mann des 18. Jahrhunderts, der die alte Kabinettsdiplomatie meisterhaft beherrschte und der Donaumonarchie nun zu neuem Ansehen verhalf. Aber er wollte nicht einfach den alten Zustand wiederherstellen, der in der vornapoleonischen Zeit geherrscht hatte. Entthronte Fürsten sollten auch enthront bleiben! Sein Ziel war die Schaffung einer dauerhaften Ordnung in Europa. Das schien nur möglich, wenn die Staaten im Inneren gefestigt blieben. Liberalismus, Bürgerbeteilung an der Regierungsgewalt und Nationalismus waren ihm Schreckgespenste. Freies Diskutieren an den Universitäten und ein allgemeines Wahlrecht für die »Untertanen«? – Nein! Wohin das führte, hatte die Revolution in Frankreich doch bewiesen, nämlich zu Terror und Blutvergießen. Dabei ahnte er, daß die Gesellschaft sich in einer Übergangszeit befand: *„Mein geheimster Gedanke ist, daß das alte Europa am Anfang seines Endes ist. Ich werde – entschlossen, mit ihm unterzugehen – meine Pflicht zu tun wissen."*

Ein zähes Ringen um Verhandlungspositionen hob an. Denn wenn es auch allen Kongreßteilnehmern um die Wiederherstellung des Gleichgewichts im Sinne der alteuropäischen Staatenwelt vor 1789 ging (*Restauration*), blieben die Vorstellungen im einzelnen doch von harten Gegensätzen geprägt. Zeitweilig drohte der Kongreß sogar zu platzen. METTERNICH stellte sich energisch gegen das Bestreben Zar ALEXANDERS I. (1801-1825), ganz Polen für sein Reich zu gewinnen. Die österreichische Haltung fand vor allem die Unterstützung durch den englischen Außenminister sowie durch Frankreich, das sich durch das Verhandlungsgeschick TALLEYRANDS eine überraschend starke Stellung zurückerobern konnte. Staatskanzler HARDENBERG, der neben WILHELM VON HUMBOLDT die preußischen Interessen vertrat, wollte die Annexion Sachsens betreiben, um die Hohenzollernmacht in Deutschland gefestigt zu sehen. Das beargwöhnte nun wiederum METTERNICH ...

Das diplomatische Tauziehen wurde jäh unterbrochen, als eine Hiobsbotschaft aus dem Westen kam: Der entthronte Franzosenkaiser hatte sich nach einem *Marsch auf Paris* zurück an die Macht geputscht und war am 20. März 1815 in die Hauptstadt eingezogen. Es begann seine *Herrschaft der Hundert Tage*. Dem lähmenden Schrecken unter den Kongreßteilnehmern folgte entschlossenes Handeln. Die eingeschworenen Napoleon-Gegner setzten englisch-deutsche Truppen unter Führung des britischen HERZOGS VON WELLINGTON (*1769, †1852) sowie preußische unter BLÜCHER gen Westen in Bewegung. Nahe Brüssel wurde die *Schlacht bei Waterloo* geschlagen (18.6. 1815). Dem Herzog stand das Kriegsglück zur Seite, denn am Abend der Kämpfe erschienen die Preußen, die NAPOLEON auf dem Rückzug wähnte. BLÜCHER schaffte es, den französischen Truppen in den Rücken zu fallen. Das war das Ende der *Hundert Tage*. Die letzte Schlacht der *Freiheitskriege* war geschlagen. Wenig später schlossen sich die Monarchen Rußlands, Österreichs und Preußens zur *Heiligen Allianz* (26.9. 1815) zusammen und bekräftigten ihren Willen zur Wahrung der christlichen Werte sowie der alteuropäischen Regierungskunst.

Politisch bedeutsam für die Territorialverschiebungen in Deutschland waren Preußens Gewinne am Rhein (Erwerb von Kur-Trier, Kur-Köln, Aachen, Westfalen, Jülich und Berg). Österreich gab Belgien und den Breisgau auf, verbesserte dafür aber seine Macht in Oberitalien und in Galizien. Während die Donaumonarchie darum immer weiter aus Deutschland herauswuchs, konnte Preußen seine Stellung in den alten Kernlanden

Das Wiener Ballhaus
In dieser ehemaligen Geheimen Staatskanzlei Metternichs befindet sich heute das Bundeskanzleramt der österreichischen Regierung.

Marschall Blücher und Herzog Wellington
vor dem Gehöft »Belle-Alliance« am Abend nach der Schlacht bei Waterloo am 18. Juni 1815 (zeitgen. Lithographie, Ausschnitt; Paris, Musée de l'Armée).

Die Heilige Allianz
Rußland, Österreich und Preußen verbündeten sich »im Namen der heiligen und einigen Dreifaltigkeit« (allegorische Darstellung von Heinrich Olivier, 1815; Dessau, Staatl. Kunstsammlungen).

verstärken. Die alle Patrioten bewegende Zentralfrage aber lautete: Was wird aus Deutschland? In den Tagen der allgemeinen Erhebung gegen die napoleonische Fremdherrschaft schien die Stunde zur Bildung eines deutschen *Nationalstaates* nahe. Doch was im Jahre 1813 als *Volkskrieg* begonnen hatte, entwickelte sich schnell zu einem konventionellen Waffengang verbündeter Regierungen. Am Ende hatte nicht die deutsche »Nation« gesiegt, sondern eine internationale »Allianz«, deren Ordnungswille primär vom *bewahrenden* Machterhalt für gekrönte Häupter und Fürsten geprägt war. So mochten weder die beiden deutschen Großmächte noch die Mittel- und Kleinstaaten von ihrer Souveränität lassen. Zur Enttäuschung der Jugend, der patriotischen Publizisten und weniger Vertreter des Kongresses setzte sich darum nicht die *bundesstaatliche* Lösung der *deutschen Frage* durch, sondern die *staatenbundliche*. Am 16. Mai 1815 kam es zur Paraphierung einer Akte, in der sich die deutschen Teilstaaten zu einem *beständigen Bunde* zusammenschlossen. Sein Zweck sollte die Erhaltung der äußeren und inneren Sicherheit Deutschlands sowie der Unabhängigkeit und Unverletzlichkeit der einzelnen

Der Deutsche Bund von 1815

deutschen Länder sein. Es gab nur *ein* gemeinsames Verfassungsorgan – die *Bundesversammlung* in Frankfurt, in der Österreich den Vorsitz führte. Im Artikel 13 der *Bundesakte* stellte man dem Volk politische Mitwirkungsrechte in Aussicht. Es heißt: *„In allen Bundesstaaten wird eine landständische Verfassung stattfinden.“* Damit war 1815 eine wirkliche Volksvertretung gemeint. Auf diesen Artikel beriefen sich bald alle, die in ihren Ländern mehr Demokratie forderten. Diese neue politische Organisation hieß *Deutscher Bund*. Er bestand aus 34 Fürstentümern und vier freien Reichsstädten. Die größeren Staaten unter ihnen wie Bayern, Württemberg oder Sachsen waren lebensfähig genug, um sich in Zukunft behaupten zu können. Preußen und Österreich blieben die stärksten Kräfte des Bundes – zwei eifersüchtig sich beäugende Großmächte. Ein Nationalstaat unter einheitlicher Führung war mit diesem System indes in weite Ferne gerückt.

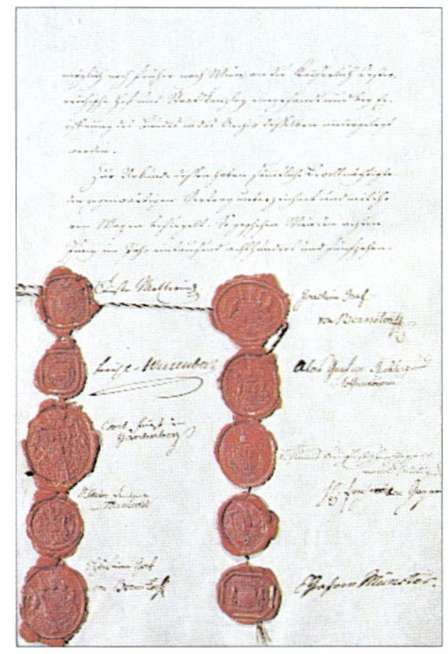

Artikel 13 der Bundesakte
(Frankfurt am Main, Bundesarchiv)

Die politische Reaktion

Als die studentische Jugend nun in die Hörsäle der Universitäten zurückströmte, machte sich tiefe Enttäuschung breit. In Jena taten sich ehemalige Angehörige des legendären *Lützowschen Freikorps* zusammen, das von französischen Truppen im Sommer 1813 fast völlig aufgerieben worden war, und gründeten die *Jenaer Burschenschaft* – in den Farben ihres Waffenrockes von einst: Schwarz-Rot-Gold. Die Burschenschafter deuteten diese zugleich als die Farben des untergegangenen alten Reichs (schwarzer Adler mit roten Fängen auf goldenem Grund). Wie ihre Symbolik war ihr Programm: Sie wollten das *eine* und *freie* Vaterland, nannten sich *Germanen, Arminen* und *Teutonen*, schwärmten zudem für eine *christlich-altdeutsche Wesensart* und entwickelten ihren Hang zur Politik aus dem Gemüt. Schnell machte Jena Schule, insbesondere an den Universitäten Mitteldeutschlands und des deutschen Südwestens. Die *Burschen* waren in ihrer Gesinnung protestantisch und militant. Im Jahre 1817 trafen sie sich zum *Wartburgfest*. Die Jenaer hatten geladen, 500 kamen – immerhin etwa drei Prozent der deutschen Studentenschaft. In *heiligem Zug* ging es von Eisenach (▸ S. 449) aus hoch hinauf, vorneweg das *Burschenschwert* und inmitten die *Burschenfahne*. Der Anlaß des Treffens war die vierte Wiederkehr der Völkerschlacht bei Leipzig und die Dreihundertjahrsfeier des Lutherschen Thesenanschlags. Ein Student sagte, man feiere das *„doppelte Fest der Wiedergeburt des freien Gedankens und der Befreiung des Vaterlandes“*. Und

Burschenschaftsdenkmal
vor der Universität Jena

Das Wartburgfest
(Stich aus der »Gartenlaube«, 1898; Hamburg, Staatsbibliothek)

Die Ermordung Kotzebues und das Ende seines Mörders Sand
Beide Illustrationen (oben: Stich eines Flugblattes von 1819; unten: Radierung von 1820) waren damals verboten. (Mannheim, Reiss-Museum)

ein anderer: *„Vier lange Jahre sind seit jener Schlacht auf den Fluren Leipzigs verflossen. Das deutsche Volk hatte schöne Hoffnungen gefaßt. Viel Großes und Herrliches, was geschehen konnte und mußte, ist unterblieben. Mit heiligen und edlen Gefühlen ist Spott und Hohn getrieben worden“.* Die Redner des Festes forderten einen einheitlichen deutschen Nationalstaat, die Souveränität des Volkes, die Aufhebung der Leibeigenschaft sowie die Presse- und Versammlungsfreiheit. Als die Siegesfeier beendet war, inszenierte eine Gruppe Radikaler noch eine symbolische Gewalttat: Sie verbrannten reaktionäres, ihrem Geist von *Freiheit* und *Vaterland* widersprechendes Schrifttum, darunter auch die Werke des Dramatikers und Gesandten in russischen Diensten, August von Kotzebue (*1761, †1819).

Die Worte und Taten des Wartburgfestes wurden in ganz Deutschland gehört. Die Presse lobte die Ziele der Studenten, aber die Regierungen tadelten sie. 1818 kam es zur Gründung der *Allgemeinen Deutschen Burschenschaft* – man wollte mit diesem Akt die Einheit Deutschlands auf studentischer Ebene vorwegnehmen. Jakobinismus westeuropäischer Prägung und altdeutsche Schwärmerei beherrschten die Szene. Metternich paßte die ganze Richtung der freisinnigen, national und liberal gestimmten Presse nicht. Noch mochten die deutschen Regierungen nicht zu harten Gegenmaßnahmen greifen. Aber da ereignete sich Empörendes. Am 23. März 1819 klopfte ein geistig verwirrter Theologiestudent namens Karl Ludwig Sand (*1795, †1820) an die Tür Kotzebues, in dem er einen Hauptvertreter der politischen Reaktion vermutete, erhielt Einlaß und stach dem Gastgeber ein Messer in die Brust. Sands Gewalttat löste schlimme Folgen aus. Denn endlich hatte Metternich einen Vorwand gefunden, gemeinsame Maßnahmen des Deutschen Bundes zur Abwehr *demagogischer Umtriebe* durchzusetzen. Es folgten die sogenannten *Karlsbader Beschlüsse*, hervorgegangen aus einer Ministerkonferenz der am entschiedensten konservativ eingestellten deutschen Regierungen (6.-31.8.1819). Diese Beschlüsse wurden wenig später

Der Denker-Club
Karikatur auf die Unterdrückung der Meinungs- und Pressefreiheit (zeitgen. Kupferstich).

auch *bundesrechtlich* sanktioniert. METTERNICH hatte Preußen für seine auf Ruhe und Ordnung zielende Politik gewonnen – ein schwerer Schlag für alle Fortschrittskräfte, die auf das Land der Reformer so viele Hoffnungen gesetzt hatten!

Die *Maßregeln* richteten sich vor allem gegen die Presse und die Universitäten. Hart traf es die Burschenschaften – sie wurden verboten. *Aufsässige* Professoren mußten den Dienst quittieren, unter anderen ERNST MORITZ ARNDT, die nationale Symbolfigur aus den Tagen der Befreiungskriege. Der Schöpfer der deutschen *Turnbewegung*, FRIEDRICH LUDWIG JAHN (*1778, †1852), erhielt eine langjährige *Festungshaft*. Solche *Demagogenverfolgungen* richteten sich gegen Schriftsteller, Journalisten, Lehrer, Professoren und gegen alle, *die sich zusammenrotteten*. In Mainz tagte fortan eine *Zentraluntersuchungskommission*, um jede freiheitliche Regung der Bürger im Keime ersticken zu können. Das Prinzip der Pressefreiheit (Art. 18 der Bundesakte) wurde praktisch aufgehoben. Bücher mit einem Umfang bis zu 320 Seiten unterlagen nun der *Vorzensur*, das heißt, sie konnten *vor* der Drucklegung beschlagnahmt, verboten oder vernichtet werden. In Deutschland gingen über Nacht die Lichter aus. Ruhe kehrte ein – es war die Ruhe des *Polizeistaates*.

»Turnvater« Jahn
mit Sportsfreunden auf dem ersten Berliner Turnplatz (zeitgen. Stich; Berlin, Märkisches Museum).

»... es war die Ruhe des Polizeistaates.«

Die neue bürgerliche Gesellschaft

Das Aufbegehren der Liberalen und Radikalen zog also die politische Repression nach sich. Die Deutschen entdeckten für sich die »Welt des Kleinen«, in der sie sich einzurichten verstanden und von der Geborgenheit ausging. In den Bildern des Malers CASPAR DAVID FRIEDRICH (*1774, †1840) drückt sich beides aus: die romantische Sehnsucht nach einer anderen Welt, wie sie die Ideale der Freiheitskriege verheißen hatten, und die »Einkehr« in hingebungsvollem »Schauen« der Natur, die voller Symbole schien. Der Blick war nun auf die Landschaft, die Heimat, das Dorf und die Kleinstadt gerichtet – auf die »eigene« Lebenswelt. Es sollte Frieden herrschen, damit ein jeder sich in vertrauter Häuslichkeit einzurichten vermochte. Die Deutschen trachteten danach, eine harmonische und sittliche Ordnung zurückzugewinnen, die in den dramatischen Veränderungen der vergangenen Jahrzehnte verloren gegangen war. Im Zentrum der neuen Sinnstiftung stand jetzt die Familie. Die Eltern sagten, daß es ihre Kinder »einmal besser haben sollten«. Bescheidenheit, Leistungsbereitschaft, Anstand, Ordnungsliebe und Besonnenheit, solche Tugenden taten jetzt not, denn die gesellschaftlichen Verhältnisse waren im Wandel begriffen.

Zwei Männer, den Mond betrachtend
Der Mond gilt als Zeichen der Hoffnung, die abgestorbene Eiche symbolisiert den Zustand Deutschlands, und die Männer tragen die verbotene altdeutsche Tracht, die während der Freiheitskriege in Mode kam. „Die beiden" scherzte Caspar David Friedrich über sein Gemälde, „machen demagogische Umtriebe." (1819; Dresden, Staatliche Kunstsammlungen)

Biedermeier-Idylle
Das Gemälde zeigt den zu Wohlstand gekommenen Schlossermeister Hauschild im Kreise seiner Familie. (Gemälde von Eduard Gaertner, 1843; Berlin, Märkisches Museum)

Großgrundbesitzer auf Hasenjagd
(zeitgen. Gemälde von Franz Krüger; Dessau, Staatliche Galerie)

Idyllisches Landleben
(Zeichnung aus einem zeitgen. Bauernhof-Bilderbogen; Nürnberg, Germanisches Nationalmuseum)

Es waren die Jahre des *Biedermeier.* Wer zu etwas Wohlstand gekommen war, drückte dies auch aus und gestaltete gern das Innere seiner Wohnung (*Biedermeier-Interieur*). Dort las die Großmutter den Enkeln vor, während Dienstboten und Kindermädchen im Haushalt zur Hand gingen. Im Alltäglichen des Lebens, im »Besonderen« und manchmal auch »Absonderlichen« lag die Poesie. Die Bilder der Zeit haben sie eingefangen. Es war eine Welt der Kaufleute und Beamten, der Offiziere, Zöllner und Hauslehrer, der Gutsbesitzer und Bauern, ebenso aber auch der Taglöhner, Pferdeknechte und Waschfrauen; letztere wurden allesamt äußerst mäßig bezahlt und hatten darum kaum je in ihrem Leben die Möglichkeit zur Eheschließung. Am Ende der napoleonischen Kriege betrug die Einwohnerzahl der Länder des Deutschen Bundes etwa 33 Millionen. Die Deutschen dieser Zeit lebten mehrheitlich auf dem Lande. Dort ging es freilich kaum so verklärt und idyllisch zu, wie die Künstler des Biedermeier uns glauben machen wollten. Ganz überwiegend sahen sich die Menschen der Mühsal des täglichen Broterwerbs ausgeliefert. Das galt insbesondere für die landlosen *unterbäuerlichen* Schichten wie Taglöhner, Gesinde etc., in Jahren schlechter Ernten indes auch für die landbesitzenden Bauern, aber nie für die adligen Gutsbesitzer, die in aller Regel ökonomisch »rentabel« wirtschaften konnten und zudem durch gute Beziehungen zu den Höfen ihrer Landesherren sozial bestens abgefedert waren.

Der Anteil der städtischen Bevölkerung an der gesamten Einwohnerzahl Deutschlands betrug 1816 etwa 25 Prozent. Vertraute Großstädte unserer heutigen Gegenwart waren damals noch beschaulich klein. 1819 hatte Karlsruhe 16000, Hannover 28000 Einwohner. Selbst die Residenzen der deutschen Großmächte nahmen sich eher bescheiden aus. Wien wies eine Bevölkerungszahl von 254000, Berlin von 201000 auf. Im statistischen Durchschnitt umfaßte die deutsche Stadtgemeinde 12000 Einwohner. Für sie galten mannigfaltige Beschränkungen rechtlicher, ökonomischer und verkehrsgeographischer Art, welche die Entwicklung eines einheitlichen Marktes sowie eine England vergleichbare, früh einsetzende Industrialisierung verhindert haben. Erste Anfänge gehen auf die späten dreißiger Jahre zurück; aber das Zeitalter der *Industriellen Revolution* setzte erst nach der Jahrhundertmitte ein.

Fast unmerklich hatte die Gesellschaft begonnen, sich ein neues Gesicht zu geben. Es zeigte sich zuerst in den urbanen Lebensverhältnissen. Die Wälle, Mauern und Tore, die kleinen Gärten und Felder verschwanden aus dem Stadtareal nun

Parade unter den Linden
(Gemälde von Franz Krüger, 1839; Potsdam, Schloß Sanssouci)

vollständig oder wurden zurückgedrängt. In den Hauptstädten trat dies zuerst in Erscheinung. Besonders Berlin wurde nun zu einer lebendigen Stadt, in der es sich für jeden, der sein Auskommen hatte, lohnte zu leben. Unter der Regie des Baumeisters FRIEDRICH KARL SCHINKEL (*1781, †1841) entstanden klassizistische Musterbauten wie die *Neue Wache* (1817/18) oder das *Alte Museum* (1822-1830). Das vielleicht bedeutendste Werk des Meisters war die Berliner *Bauakademie*, ein 1835 fertiggestelltes, viergeschossiges Backsteingebäude mit quadratischem Grundriß, gleicher Fassadengestaltung sowie feuerfesten Massivdecken. Trottoirs wurden angelegt, eine Kanalisation gebaut. Auch unternahm man erste Versuche mit Asphalt als Straßenbelag. Berlin sei eine Stadt, *„wo alles beisammen ist"*, sagte der alte GOETHE im Jahre seines Todes (1832). Sprichwörtlich war die Begeisterung der Berliner für das kulturelle Leben in ihrer Stadt. Ein Zeitgenosse: *„Das Theater ist die heiligste Angelegenheit des Berliner Publikums, der einzige Gegenstand, worüber das ganze Volk Berlins ohne ... freie Presse frei denkt, spricht und schreibt, je nachdem ihm Hirn, Zunge und Feder gewachsen. Es ist das gewaltige Triebrad der großen Konversationswalkmühle Berlins."*

In der Tat – lebendig ging es in dieser Stadt zu. Hier lehrte seit 1818 auch das Haupt des *Deutschen Idealismus*, der Philosoph GEORG WILHELM FRIEDRICH HEGEL (*1770, †1831). Vom Katheder verkündete er seine Lehre von der »Gesetzmäßigkeit« historischer Entwicklungen und von der *bürgerlichen Gesellschaft* seiner Zeit, die dank der preußischen *Gewerbefreiheit* von 1812 einerseits zwar *übermäßig* reich sei, andererseits

Poesie des Privatlebens
Quartettabend bei Bettina von Arnim. (Gemälde von Johann Carl Arnold, um 1855; Frankfurt a. M., Goethe-Museum)

Im Lese-Café
Die politischen Verhältnisse lösten zunächst eine Leserevolution aus (zeitgen. Stich; Hamburg, Staatsbibliothek).

Georg Wilhelm Friedrich Hegel *(zeitgen. Gemälde von Jakob Schlesinger, Ausschnitt; Berlin Nationalgalerie)*

aber auch *übermäßig* arm, so daß der *Pöbel* der Habenichtse entstanden war. Seine Berliner Studenten registrierten diese Gedanken aufmerksam und gaben sie an jüngere Komilitonen weiter. Einer von ihnen war der Trierer KARL MARX (*1818, †1883), der sich nach seinem Berliner Studium der Rechte (1836-1841) der Hegelschen Philosophie zuwandte und diese alsbald auch kritisierte. In einem Café am Berliner Gendarmenmarkt trafen sich die jungen Intellektuellen und begannen in ihrem *Doctorclub* HEGELS philosophische Kritik auf die Politik zu beziehen. Zur selben Zeit begann das Herz der Berliner Philanthropen lauter zu pochen. Sie hatten das soziale Elend hinter den glänzenden Fassaden der königlichen Hauptstadt erkannt und appellierten an das Gewissen ihres neuen Königs FRIEDRICH WILHELM IV. (1840-1861), endlich etwas gegen Hunger und Not der *unteren Volksklassen* zu unternehmen. Feinsinnige Geister waren inzwischen ratlos geworden – der Bürger drängte wirtschaftlich nach vorn, und die ständische Gesellschaft des 18. Jahrhunderts war längst in Auflösung begriffen. Nicht mehr ausschließlich die »Geburt« bestimmte nun die Stellung des einzelnen, sondern »Leistung« und »Beruf« waren mit ausschlaggebend. Die Mehrzahl der gebildeten Deutschen begrüßte diese Entwicklung. Aber da Tradition und Herkunft das Zusammenleben nicht mehr zu legitimieren vermochten, verloren die Menschen dieser Epoche nun zusehends ihre Selbstgewißheit; manche gerieten in Isolierung und viele in Not.

Die konstitutionellen Freiheitsrechte

Historiker betrachten die Zeit zwischen dem *Wiener Kongreß* von 1814/15 und der *Deutschen Revolution* von 1848 gewöhnlich als einen in sich geschlossenen Abschnitt deutscher Geschichte und nennen ihn den *deutschen Vormärz* – geschichtliches Geschehen *vor* den *Märzereignissen* des Jahres 1848. Es waren Jahre der »Stille« und Jahre des »Umbruchs«; beide Bestimmungsmerkmale sind eng aufeinander bezogen und bedingen sich darum wechselseitig. *Staat* und *Gesellschaft* hörten in dieser Epoche nun auf, wie noch im 17. und 18. Jahrhundert eine wirtschaftliche und politische Einheit darzustellen. Die Bürger, in der Sprache der Zeit: die *Untertanen*, wollten sich von staatlicher Bevormundung befreien, ihre eigenen Ideen leben, ihr eigenes Glück suchen, und sie wollten Einfluß auf die politische Zukunftsgestaltung in ihrem Gemeinwesen sowie auf die Schaffung eines deutschen *Nationalstaates* gewinnen. Das war in Preußen nicht anders als in Österreich

Gebrüder Jacob und Wilhelm Grimm *(Jacob im Profil; Gemälde von Elisabeth Jerichau-Baumann, 1855; Berlin, Nationalgalerie)*

und dort nicht anders als in Bayern, Baden oder Hessen. Trotzig, selbstbewußt und entschlossen, so traten die Sprecher dieser neuen Grundhaltung auf – der deutsche *Liberalismus* hatte sich Bahn gebrochen. Diese neuen *liberalen* Ideen wurden von Vertretern der freien Berufe wie Publizisten, Literaten, Apothekern, Ärzten, Anwälten, jungen Unternehmern und Verlegern vorgetragen, vor allem aber von der Professorenschaft. Diese bestimmte das politische Klima. Unter ihnen ragten Staatsrechtler hervor wie KARL THEODOR WELCKER (*1790, †1869), Historiker wie KARL VON ROTTECK (*1775, †1840), Germanisten wie die Gebrüder JACOB (*1785, †1863) und WILHELM (*1786, †1859) GRIMM, Literaturwissenschaftler wie GEORG GOTTFRIED GERVINUS (*1805, †1871), schließlich Privatrechtslehrer wie GEORG BESELER (*1809, †1888). Ihr Sprachrohr war das enzyklopädisch angelegte, monumentale *Rotteck-Welckersche Staatslexikon*, das seit 1834 in 15 Bänden erschien und die gemäßigt-liberale Meinung (*juste milieu*) zu allen Fragen der Politik zum Ausdruck brachte. Die genannten Wissenschaftler und Beamten im Hochschuldienst standen für den Typus des *politischen Professors*. Diese Sprecher des Fortschritts fanden in der deutschen Bevölkerung am Ende breiteste Zustimmung. Später, als es zur Bildung einer *Deutschen Nationalversammlung* kam, saßen sie denn auch als politische Autoritäten des deutschen Volkes (*Honoratioren*) im *Parlament* der Frankfurter Paulskirche, welches man deshalb auch als »Professorenparlament« bezeichnet hat.

Die Liberalen handelten in einer »um sie herum« entstehenden neuen Welt. Es war die bürgerliche Gesellschaft, auf die folgende Merkmale zutrafen: 1. Sie entließ den einzelnen aus den Bindungen der überlieferten ständischen Ordnung und räumte ihm in dem, was er politisch, wirtschaftlich und privat wollte, grundsätzlich das Recht zur freien *Persönlichkeitsentfaltung* ein. 2. Sie baute auf den Leistungswillen jedes einzelnen, der im Verfolgen seiner eigenen Ziele sowie im *freien Spiel der Kräfte* seinen Vorteil und damit auch den der *Allgemeinheit* erreichen sollte. 3. Sie schuf neue soziale Differenzierungen in der Bevölkerung, insbesondere eine *bürgerliche* Führungsschicht, in der die liberalen Professoren und Studenten die Vorhut bildeten. 4. Sie verhalf der *öffentlichen Meinung* zur Geltung. Deren Profilierung wurde durch die obrigkeitlichen *Zensurmaßnahmen* zwar lange gestört, verhindert werden konnte sie am Ende aber nicht. Zur Jahrhundertmitte hatte sich diese öffentliche Meinung endgültig zu einer politischen Kraft entwickelt. Sie blieb keineswegs die einzige Waffe der deutschen

Der Bücherwurm
*Unübertroffen hat der Maler und Apotheker Carl Spitzweg (*1808, †1885) mit feinem Humor die Stimmungsidyllen des »kleinen Deutschlands« nachzuzeichnen verstanden. (1850; Schweinfurt, Sammlung Dr. G. Schäfer)*

»... verhalf der öffentlichen Meinung zur Geltung.«

Die Presse-Explosion
(Stich von Andreas Geiger, um 1845; Wien, Österreichische Nationalbibliothek)

Die deutsche Kleinstaaterei

Ein Handwerksbursche berichtet in seinen Lebenserinnerungen von einer Wanderung durch Deutschland im Jahre 1830:

Jeder Duodez-Fürst, deren es eine Menge gab, hatte seinen Schlagbaum und seine Münze. Es ist vorgekommen, daß ich an einem Tage drei Mal das Geld habe wechseln müssen, und jedes Mal mußte ich dabei verlieren. Kaum hatte man eine Meile gemacht, so war man an einem Schlagbaum, dann hieß es: 'Wer hat ihm erlaubt, in unser Fürsten- oder Herzogtum zu kommen? Paß her!' ... Wenn es einmal das Schicksal so beschlossen hat, dachte ich, daß du nicht ins Ausland kommen sollst, so wird auch in Preußen für dich Brot sein – und ging längst der Uckermark nach Lindow ...
Zwischen Lindow und Liebenwalde lag ein Gasthaus an der Straße; es war sehr warm, und ich trat ein, um ein Glas Bier zu trinken. In der Schenkstube ging ein wohlgekleideter Reisender auf und ab ... Er trat an mich heran, reichte mir die Hand und fragte in hochrheinischem Dialekt: 'Freund, wohin des Weges?' Ich sagte ihm, ich wollte nach Hamburg, bin aber auf meinem preußischen Paß überall zurückgewiesen worden. Da lächelte er mitleidig und sagte: 'Unsere Regierung ist doch besser! Wir können reisen, wohin wir wollen'. – 'Unter welcher Regierung stehen Sie denn?' fragte ich. 'Unter französischer', war die Antwort, und er fügte hinzu: 'Ich bin in Straßburg am Rhein zu Hause'.

Frühliberalen. Denn schon früh hatten sich einige deutsche Staaten dazu durchgerungen, ihrem Land *Verfassungen* zu geben, die den Bürgern *persönliche Freiheit* und dem *Staatsvolk* politische Mitwirkungsrechte gewährten. Auf dieser Basis entstand insbesondere in den Königreichen Bayern und Württemberg sowie in den Großherzogtümern Baden und Hessen-Darmstadt ein lebendiges, die gesellschaftlich-liberalen Kräfte mit einbeziehendes politisches Leben – der sogenannte *süddeutsche Konstitutionalismus.*

„Aus freiem Entschlusse“, so heißt es in der bayerischen *Verfassungsurkunde* vom 26. Mai 1818, gewähre *„Maximilian Joseph, von Gottes Gnaden König von Bayern“*, seinen Untertanen eine *Konstitution.* Etwas Ungeheuerliches war somit geschehen! Denn der König räumte nun ein, daß er nicht mehr »Eigentümer« des Staates sei, sondern dessen »Organ«. Die Verfassung sollte durch ihre Bestimmungen seine Machtvollkommenheit *begrenzen*, indes das *Monarchische Prinzip* seiner Herrschaft nicht in Frage stellen. Ein einprägsamer Satz der zeitgenössischen Staatslehre lautete: *Der Monarch herrscht, aber er regiert nicht.* Die bayerische Urkunde enthielt unter anderem das Bekenntnis zu den *unveräußerlichen* Grundrechten (Presse-, Religions-, Gewissens- und Meinungsfreiheit, Freiheit des Eigentums, Gleichheit vor dem Gesetz usw.), zur Gewaltenteilung (z. B. Unabhängigkeit der Rechtsprechung usw.) sowie zu repräsentativen Mitwirkungsrechten des Volks, und zwar durch die Einrichtung eines Landtags (*Abgeordnetenkammer*). Von Demokratie war zwar noch nicht die Rede, denn das Wahlrecht blieb einer Minderheit vorbehalten, aber ein Anfang in die richtige Richtung war immerhin getan. Der bayerische König MAXIMILIAN I. (1806-1825) mußte sich fortan an der Verfassung messen lassen! Aber anderswo in Deutschland verweigerten die Monarchen vorerst diese Konstitutionalisierung des politischen Lebens ...

Der Aufbruch zur nationalen Einheit

Wieder sollte ein Ereignis des Nachbarlandes, nämlich die französische *Juli-Revolution* von 1830, auf die deutschen Verhältnisse beschleunigend einwirken: In den süddeutschen Landtagen faßten die Sprecher der liberalen Fraktionen neuen Mut. So mußte beispielsweise der Großherzog von Baden ein liberales Pressegesetz einräumen; und im selben Territorium stellte der großherzogliche Kammerabgeordnete WELCKER den forschen Antrag, auf die *„organische Entwicklung des Deutschen Bundes* *zur bestmöglichen Förderung deutscher Nationaleinheit und deutscher staatsbürgerlicher Freiheit*" hinzuwirken. In Braunschweig ging das Schloß in Flammen auf; und Herzog KARL, ein absolutistischer Willkürherrscher im Sinne des 18. Jahrhunderts, mußte seinem Bruder WILHELM (Herzog: 1830-1884) *die Zügel der Regierung* überlassen. Diese Unruhen und der Thronwechsel führten schließlich zu einer Übereinkunft zwischen den Ständen und dem Herzog, die in Form einer *Landschaftsordnung* (12.10.1832) festgehalten wurde. Der Braunschweiger Absolutismus war gebrochen. In Hessen-Kassel wurde Kurfürst WILHELM II. aufgefordert, die *Landstände* einzuberufen. Durch die Braunschweiger Vorgänge vorsichtig geworden, willigte er ein. Die Kasseler Bevölkerung feierte

Das Braunschweiger Schloß in Flammen *(zeitgen. Lithographie von K. D. Pirscher; Braunschweig, Städt. Museum)*

diesen Sieg in spontanen Bürgerversammlungen. Anderswo im Land rebellierten die Bauern. Auch in diesem deutschen Land mußte der regierende Herrscher weichen – im Falle WILHELMS zugunsten des Kurprinzen FRIEDRICH WILHELM. Kurhessen erhielt eine Verfassung (5.1.1831). Somit hatte der Konstitutionalismus endlich auch im mittleren Deutschland Fuß gefaßt, zumal auch der sächsische König ANTON (1827-1836) der liberalen Verfassungsbewegung nachgab. In Leipzig, Dresden und anderen Städten war es im Herbst 1830 zu schweren Unruhen gekommen, erneut im April des folgenden Jahres. Um das radikale Aufbegehren nicht aus dem Ruder laufen zu lassen, gewann eine reformfreudige Ministergruppe die Oberhand und machte sich an die Ausarbeitung einer Verfassung. Sie wurde am 4. September 1831 verkündet.

Die liberalen Kräfte befanden sich nun im Aufwind. Zahllos waren die politischen Proteste der Deutschen gewesen, aber ohne einen übergreifenden, »nationalen« Zusammenhang

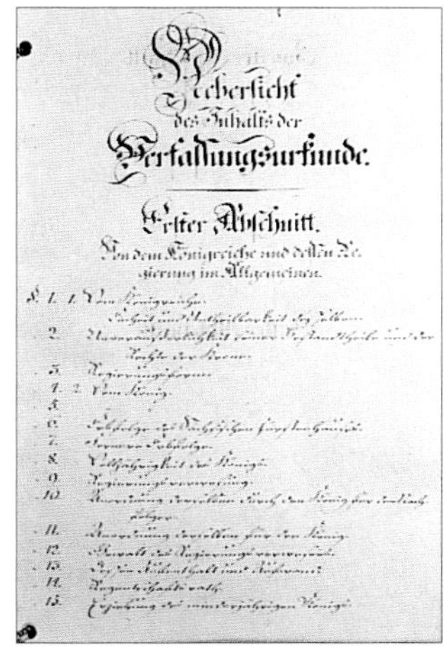

Uebersicht des Inhalts der Verfassungsurkunde.

Erster Abschnitt.

Die Verfassung *des Königreichs Sachsens vom Jahre 1831. (Dresden, Staatsarchiv)*

Kurfürst Wilhelm II. von Hessen *empfing am 15. September 1830 aus den Händen des Kasseler Bürgermeisters die Petition einiger Deputierter. Im Januar gab der Monarch seinem Land eine der fortschrittlichsten Verfassungen des Vormärz. (Stich von Ludwig Emil Grimm, 1830; Kassel, Stadtarchiv)*

aufzuweisen. Da geschah Unvorhersehbares: Zwischen dem 27. und 30. Mai 1832 versammelten sich etwa 30 000 Bürger, Studenten, Handwerker und Bauern auf der Ruine des Hambacher Schlosses (▸ S. 455), um den Jahrestag der bayerischen Verfassung von 1818 zu begehen. Dieses *Hambacher Fest* wuchs sich zur größten deutschen Massenveranstaltung vor der Revolution von 1848 aus. Die Hauptinitiatoren dieser Willenskundgebung für *Freiheit* und *Einheit* waren die beiden Homburger Journalisten JAKOB SIEBENPFEIFFER (*1789, †1845) und GEORG AUGUST WIRTH (*1798, †1848), die im Vorfeld zu dieser Veranstaltung den *Deutschen Preß- und Vaterlandsverein* gegründet hatten. Er stellte die erste vereinsmäßig organisierte politische Partei Deutschlands dar. Der Name des Vereins läßt erkennen, daß deren Urheber sich vorstellten, durch den entschlossenen Kampf *für* und sodann *durch* eine freie Presse zur deutschen Einheit zu gelangen. Der Preßverein griff über Filialen rasch in den Südwesten, Süden und sogar nach Mitteldeutschland aus – unterstützt durch Flugschriften sowie in harter Auseinandersetzung mit den Zensurbehörden.

»... etwa 30 000 Bürger, Studenten, Handwerker und Bauern ...«

Im April des Jahres erging die Einladung zum Hambacher

Die Initiatoren *der größten Massenkundgebung im Vormärz waren Siebenpfeiffer (links) und Wirth (rechts; zeitgen. Zeichnungen; Neustadt an der Weinstraße, Maxburg).*

Fest. Auf der Veranstaltung selbst ergriff SIEBENPFEIFFER neben anderen das Wort und drückte in pathetischen Sentenzen aus, was die meisten Teilnehmer bewegte: „*Es wird kommen der Tag, ... wo der Deutsche vom Alpengebirg und der Nordsee, vom Rhein, der Donau und der Elbe den Bruder im Bruder umarmt, wo die Zollstöcke und die Schlagbäume, wo alle Hoheitszeichen der Trennung und Hemmung und Bedrückung verschwinden, samt den Konstitutiönchen, die man etlichen mürrischen Kindern der großen Familie als Spielzeug verlieh; wo freie Straßen und freie Ströme den freien Umschwung aller Nationalkräfte und Säfte bezeugen; wo die Fürsten die bunten Hermeline feudalistischer Gottstatthalterschaft mit der männlichen Toga deutscher Nationalwürde vertauschen ...*“

Das Hambacher Fest *(zeitgen. Stich; Neustadt an der Weinstraße, Maxburg)*

Die politische Reaktion tobte. Der Präsident des preußischen Staatsrats, Herzog Karl von Mecklenburg, sah sogar *den frechsten Sanscullotismus der früheren französischen Revolution* noch überboten, und Metternich fürchtete das Heraufziehen einer Revolution. Auf Druck Österreichs und Preußens mußte die bayerische Regierung in der Rheinpfalz den *Belagerungszustand* ausrufen – zur Wiederherstellung von Ruhe und Ordnung. Die führenden Teilnehmer des Festes, unter anderen Siebenpfeiffer und Wirth, wurden verhaftet und anschließend gerichtlich abgeurteilt. Einschneidender noch waren die Maßnahmen des Deutschen Bundes in Folge des Hambacher Festes: Per Gesetz vom 5. Juli 1832 wurden die Zensurbestimmungen jetzt nochmals verschärft. Ferner erging ein hartes Vereins- und Versammlungsverbot, um jedweder politischen Regung in Deutschland Herr zu werden. Aber Metternich und seine Gesinnungsfreunde *restaurativer* Politik handelten plump und überzogen. Die Friedhofsruhe der Jahre nach den *Karlsbader Beschlüssen* ließ sich nun nicht mehr herbeizwingen.

Der Stimmungsumschwung in Deutschland war unverkennbar und begann, tiefe Wurzeln zu schlagen. Angeregt von den Schriften Heinrich Heines (*1797, †1856) und Ludwig Börnes (*1786, †1837), die nach Paris ins Exil gegangen waren, bildete sich eine Gruppe junger Literaten (u.a. Karl Ferdinand Gutzkow, Heinrich Laube, Georg Herwegh, Ferdinand Freiligrath), die mit ihrer Lyrik, ihren Dramen und ihren Romanen die politisch-gesellschaftlichen Zustände ihrer Zeit ebenso geistreich wie bitter-herb kritisierten. Die Programmschrift dieser literarischen Richtung verfaßte der Bonner Universitätsdozent und Journalist Rudolf Wienbarg (*1802, †1872) mit seinen *Ästhetischen Feldzügen* (1834), die er, wie er sagte, dem *jungen Deutschland* widmen wollte. Dieses »jungdeutsche« Schrifttum wurde 1835 verboten, wodurch die Gruppe Publizität gewinnen konnte und deren Schriften endlich zu wirken begannen. Dem »Jungen Deutschland« zugehörig war auch ein gewisser Breslauer Professor für Germanistik namens Heinrich Hoffmann von Fallersleben (*1798, †1876). Wegen seiner engagierten, freiheitlich-vaterländischen Lyrik (*Unpolitische Lieder*, 1840/41) wurde er aus Preußen ausgewiesen, aber von den Deutschen gleichzeitig als Märtyrer des Freimuts verehrt. Eines seiner Lieder, Vetter *Michels Vaterland*, fragt nach der Identität der Deutschen: *„Sag, wo ist, sag, wo ist Vetter Michels Vaterland?/ Sag, wo ist, wo ist es doch?/ Wo Belagerungszustand ein Recht ist/ Und das Volk ein gehorsamer Knecht ist,/ Da ist, da ist Vetter Michels Vaterland!/ Wo die Volksvertreter Philister*

Heinrich Heine
(Lithographie nach dem Gemälde von Moritz Oppenheim, 1831)

Hoffmann von Fallersleben
(zeitgen. Radierung von C. Hoffmeister, Ausschnitt)

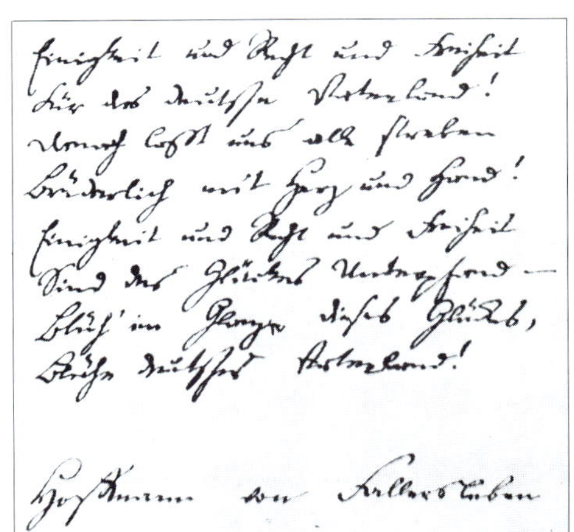

Einigkeit und Recht und Freiheit
Für das deutsche Vaterland!
Danach laßt uns alle streben
Brüderlich mit Herz und Hand!
Einigkeit und Recht und Freiheit
Sind des Glückes Unterpfand –
Blüh' im Glanze dieses Glückes,
Blühe, deutsches Vaterland!

Hoffmann von Fallersleben

Lied der Deutschen
(3. Strophe der Urschrift von 1841)

Die Göttinger Sieben
Ein Sturm der Entrüstung ging durch ganz Deutschland, als König Ernst August von Hannover (1837–1851) im November 1837 das seit vier Jahren geltende Staatsgrundgesetz aufgehoben hatte. Friedrich Christoph Dahlmann, Wilhelm Albrecht, Jacob und Wilhelm Grimm, Georg Gervinus, Wilhelm Weber und Heinrich Ewald – diese sieben Göttinger Professoren protestierten gegen den Verfassungsbruch des Königs, wurden ihrer Ämter enthoben und des Landes verwiesen. (Holzstich nach zeitgen. Bildnissen)

sind/ Und die ärgsten Heuler Minister sind./ Wo der Teufel mit Fürsten im Bunde steht/ Und Einheit und Freiheit zugrunde geht./... Wo die Wahrheit verfolgt und verpönt ist/ Und das Laster bestirnt und gekrönt ist./ Und wo nirgends für Freiheit noch Raum ist/ Und die bessere Zukunft ein Traum ist./ Und wo alles am End einerlei ist,/ Wenn es nur nicht geg'n unsre Polizei ist.“ Im Jahre 1841 entstand sein berühmtes, uns allen bekanntes *Lied der Deutschen* – der Text unserer Nationalhymne ...

Zeiten des wirtschaftlichen Wandels

Der dänische Dichter HANS CHRISTIAN ANDERSEN (*1805, †1875), uns allen durch seine Märchen bekannt, fand überschwengliche Worte für seine erste Eisenbahnfahrt in Deutschland: *„Oh, welche Großtat des Geistes ist doch diese Erfindung! Man fühlt sich so mächtig wie ein Zauberer der alten Zeit! Wir spannen unser magisches Pferd vor den Wagen, und der Raum entschwindet; wir fliegen wie die Wolken im Sturm, tun es den Zugvögeln nach! Unser wildes Pferd schnaubt und prustet, aus seinen Nüstern quillt der schwarze Rauch ... Durch natürliche Mittel sind wir in unserer Zeit ebenso mächtig, wie man im Mittelalter es nur vom Teufel glaubte, unser Scharfsinn hat ihn eingeholt, und ehe er sich's noch versieht, sind wir an ihm vorbei.“* Die erste deutsche Eisenbahn, dieses Symbol für den unaufhaltsamen technisch-wirtschaftlichen Fortschritt, fuhr am 7. Dezember 1835 von Nürnberg nach Fürth und, wie es hieß, im *Geschwindgalopp* von 40 Kilometern pro Stunde auf einer 6000 Meter langen *Kunststraße aus Eisen.* Die Initiatoren dieses Unternehmens waren Privatleute. Die bayerische Regierung mochte damit nichts zu tun haben. Es schien ihr zu teuer und unrentabel zu sein. Für die legendäre Wegstrecke mußten 3000 Zentner Eisen herbeigeschafft werden. Als Lokomotive diente die »Adler«, ein englisches Fabrikat.

Stürmisch verlief die weitere Entwicklung: Aus den sechs Kilometern des Jahres 1835 wurden 20 im nächsten und 548 im Jahre 1840. Schon zur Jahrhundertmitte war Deutschland von einem weitverzweigten, 6000 Kilometer umfassenden »Netz« dieser »Kunststraßen« überzogen. Die abenteuerlichsten Spekulationen wurden angestellt. Einige glaubten sogar, durch die neuen Kunststraßen würde ewiger Friede zwischen den Völkern geschaffen. *„Denn wie ist ein Krieg denkbar, wenn eine Nation ihre hundert Tausende von Soldaten ... sämtlich auf ihre Eisenbahnen einschiffen und morgen unerwartet auf einem Punkte in Schlachtordnung aufstellen kann? Wenn dann ein*

Die erste deutsche Eisenbahn
fuhr 1835 auf der Strecke Nürnberg-Fürth (zeitgen. Zeichnung; Nürnberg, Germanisches Nationalmuseum).

Die Harkortsche Fabrik auf der Burg Wetter an der Ruhr. (Gemälde von Alfred Rethel, 1834)

Volk zum Beispiel eine Million Flinten und Kanonen hat, ein anderes aber nur die Hälfte, so weiß dieses schon im voraus mit Gewißheit, daß es auf dem Schlachtfelde der schwächere Teil sein wird, wodurch dann der Frieden, auch vor dem Blutvergießen, leicht zu kalkulieren sein wird."

Mit der Eisenbahn wurde eine Entwicklung in Gang gesetzt, die nicht nur das Verkehrswesen grundlegend änderte, sondern auch die Wirtschaft revolutionierte. Der Bergbau und die eisenverarbeitenden Gewerbe erhielten nun mächtigen Auftrieb. Trassen mußten gezogen, Brücken und Bahnhofshallen gebaut sowie Kohlen für den Bahnbetrieb gefördert werden. In Wetter an der Ruhr und im sauerländischen Olpe gründete der Kaufmann FRIEDRICH WILHELM HARKORT (*1793, †1880) Maschinenfabriken, Walz- und Eisenwerke. Er wurde einer der bedeutendsten Pioniere des beginnenden Industriezeitalters. Er sagte: *„Die Lokomotive ist der Leichenwagen, auf dem Absolutismus und Feudalismus zum Kirchhof gefahren werden."* HARKORT war ein weitblickender Unternehmer, der die Produktionen seiner Betriebe auf der Burg Wetter geschickt koordinierte und somit bereits Konzernstrukturen des spätere Industriezeitalters vorwegnahm, der aber auch einen Blick für die Not der Arbeiterschaft behielt. Für seine 147 Fabrikarbeiter richtete der Firmeninhaber betriebliche Vergünstigungen ein, unter anderem eine Art »Krankenkasse«. Denn für das entstehende Proletariat der dreißiger Jahre gab es keinerlei Arbeitsschutz. Die Menschen arbeiteten oftmals 16 Stunden täglich und standen vor dem Ruin, wenn sie ihre Arbeitsfähigkeit durch

Das Schienennetz (Mitte 19. Jh.)

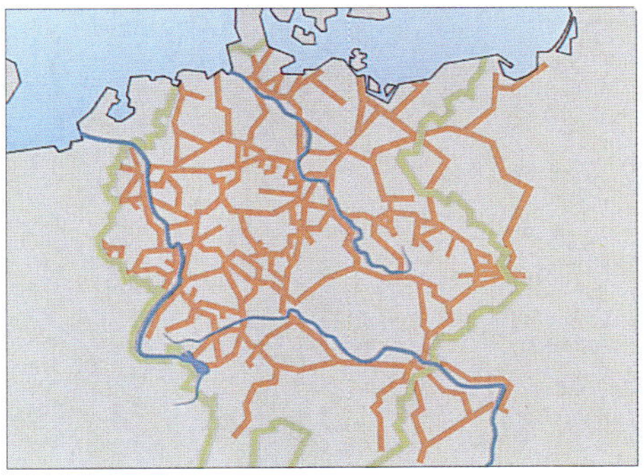

Maschinenfabrik Maffei
in der Hirschau (kolorierter Stahlstich, um 1845; München, Stadtmuseum).

Der Deutsche Zollverein

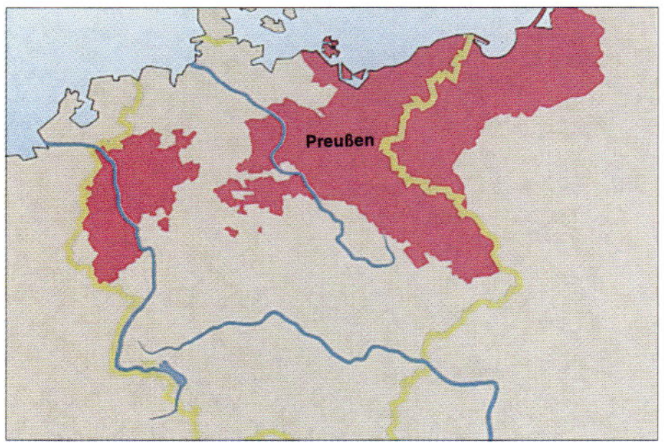

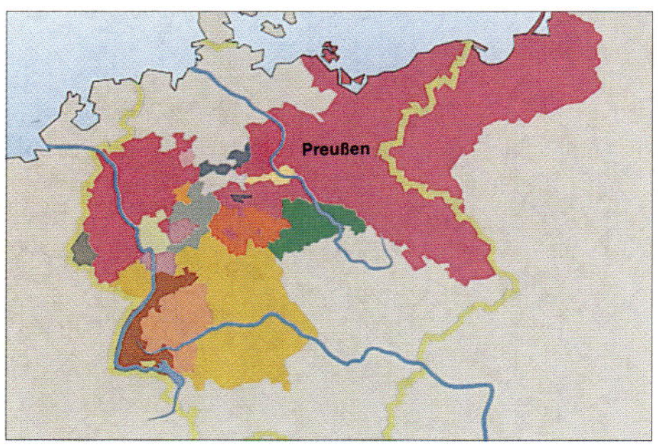

»Nun galt freie Fahrt für alle Fuhrwerke...«

einen Unfall an den Maschinen einbüßten. Dann ließen Eltern ihre Kinder arbeiten, für die es damals weder in Preußen noch sonst irgendwo in Deutschland ein gesetzlich geregeltes Arbeitsverbot gab. HARKORT, der Philanthrop, machte 1838 bankrott. Erfolgreicher war er fortan als Politiker. Unermüdlich machte er auf die Probleme der notleidenden Bevölkerung aufmerksam und focht für eine fortschrittliche *Sozialpolitik*.

Für die einsetzende industrielle Umgestaltung Deutschlands gab es mannigfaltige Barrieren. Noch am einfachsten konnten sie im »Freiraum« der privaten »Wirtschaftsbürger« selbst überwunden werden. Diese taten sich zusammen und gründeten *Aktiengesellschaften*. Dank dieser unternehmerischen Konzentration der Kräfte und Kapitalien kam die deutsche Industrieproduktion langsam, aber stetig in Schwung. Wesentlichen Anteil an dieser Entwicklung hatte auch die über die einzelstaatlichen Grenzen hinausgehende Politik gehabt. Denn in der Neujahrsnacht des Jahres 1834 waren in Deutschland die Handelsschranken gefallen. Preußen hatte mit den deutschen Mittel- und Kleinstaaten nach langwierigen Verhandlungen einen Zollverbund gegründet, für den sich die Bezeichnung *Deutscher Zollverein* einbürgern sollte. Nun galt »freie Fahrt« für alle Fuhrwerke auf allen Straßen im Geltungsbereich des Verbunds – ungeachtet aller sonst fortbestehender Souveränität der Mitgliedstaaten!

Dem Zollverein schlossen sich fast alle deutschen Staaten außer Österreich an. Damit war vollzogen, was lange im Gespräch war. Denn schon früh hatte ein auf Gesamtdeutschland zielender Interessenverband süd- und mitteldeutscher Unternehmer den gemeinsamen Markt im Visier gehabt. Sein Sprecher war der Tübinger Wirtschaftsprofessor FRIEDRICH LIST (*1789, †1846), der bereits 1819 im Namen dieses *deutschen Handels- und Gewerbeverbands* eine Petition an die Frankfurter *Bundesversammlung* richtete: „*Trostlos ist dieser Zustand für Männer, welche wirken und handeln möchten. Mit neidischen Blicken sehen sie hinüber über den Rhein, wo ein großes Volk vom Kanal bis an das Mittelländische Meer, vom Rhein bis an die Pyrenäen ... auf freien Füßen und offenen Landstraßen Handel treibt, ohne einem Mautner zu begegnen.*“ LIST scheiterte, ging nach Amerika und kehrte später nach Deutschland zurück, wo er zum leidenschaftlichen Vorkämpfer für ein *deutsches Eisenbahnsystem* wurde. Darin sah er den Weg zu *nationaler Größe*. Solche patriotischen Ziele lagen Preußen, der treibenden Kraft für das Zustandekommen des Zollvereins, damals gänzlich fern. In Berlin dachte man viel nüchterner. Es galt, danach zu trachten, die durch Kurhessen und Hannover von den Kernlanden getrennten preußischen Westprovinzen wirtschaftlich stärker zu integrieren – das war alles!

Heute wissen wir darum, daß der Unternehmergeist vieler Bürger der Vormärzjahre bei gleichzeitiger Stiftung eines gemeinsamen deutschen Marktes ganz entscheidend war für die Modernisierung Deutschlands, welche nach der Jahrhundertmitte in vollem Umfang Platz griff. Weichen waren gestellt worden, aber deren positive »Effekte« für *alle* Deutschen ließen lange auf sich warten! Die Liberalisierung, die der »Fortschrittsmann« so heiß ersehnte, hatte nämlich viele Gesichter – auch solche, die von Elend und Not kündeten. Die Hauptursache lag in der *Bevölkerungsexplosion*, von der die Mitte Europas nun betroffen war. Im Jahre 1860 lebten in den deutschen Staaten nahezu doppelt so viele Menschen wie 1815! Das war ein bis dahin einmaliger Vorgang unserer Geschichte. Dieser demographische Schub verursachte ein enormes Anwachsen der »Unterschichten« in Stadt und Land. Wo sollten diese Arbeit finden bei einer insgesamt stagnierenden Wirtschaft? Noch blieb der Arbeitskräftebedarf der jungen Industrie und der aufstrebenden Gewerbe zu bescheiden, und die Landwirtschaft vermochte keine neuen Arbeitsplätze zu schaffen. So kam es zu einem regelrechten *Bevölkerungsstau* auf dem Lande.

Die Armut wurde seit etwa 1830 zu einem neuen Massenphänomen. *Pauperismus* nannten es die Zeitgenossen. Zu dieser schweren Strukturkrise des deutschen Lebens gesellten sich Mitte der vierziger Jahre akute Probleme. Sie brachten das Faß zum Überlaufen. Im Jahre 1843 blieben die Ernteerträge in notwendigem Umfange aus. Deutschland wurde von Hungerkrisen geschüttelt. Überall machte sich Unmut breit; und es kam zu örtlichem Aufruhr. Besonders schwere Lebensbedingungen hatten die schlesischen Weber, deren *Hausgewerbe* den *mechanischen Webstühlen*, die die junge Textilindustrie einsetzte, nicht mehr gewachsen war. Das Existenzminimum für eine

»Neujahrsfeier des armen Mannes in der ganzen Welt«
(Titel einer Xylographie der Zeitschrift »Bazar« auf das Jahr 1858)

Die Weber
lebten in bescheidenen Behausungen. Die mechanischen Webstühle raubten ihnen Lohn und Brot. Die Abb. zeigen von links nach rechts eine Weberkate und einen Webstuhl (Freilichtmuseum, Kiel-Molfsee) sowie eine in England hergestellte Webmaschine aus dem 19. Jh. (Schloß Rheydt, Textilmuseum).

Das Elend in Schlesien
Der Weberaufstand im Jahr 1844 wurde mit militärischer Gewalt niedergeschlagen (zeitgen. Holzschnitt aus den »Fliegenden Blättern«).

Friedrich Christoph Dahlmann
(Lithographie von A. Hohneck, 1844)

fünfköpfige Familie lag damals bei etwa 100 Talern Jahreseinkommen. Tatsächlich aber brachten es die Weber auf bestenfalls 60 Taler, abzüglich weiterer Abgaben an die Gutsherren und an den Staat! Im Sommer 1844 erhoben sie sich, um auf ihre katastrophalen Lebensbedingungen aufmerksam zu machen. Die aufgebrachten Weber zogen vor die Häuser der Fabrikherren, in denen sie ihre »Peiniger« sahen, drangen in die Fabrikhallen ein und zerstörten die Webstühle, die ihnen ihr Leben zur Hölle gemacht hatten, und verbrannten die Kaufmannsbücher, die ihre Schulden und Abgaben verzeichnet hielten. In drei Tagen schlug das herbeigerufene Militär den Aufstand blutig nieder und stellte so »Ruhe und Ordnung« wieder her. Aber dieser Aufschrei wurde in ganz Deutschland gehört. Er machte nachdenklich.

Die Anfänge der Deutschen Revolution von 1848

Mit Revolten auf dem platten Land nach Art des *schlesischen Weberaufstands* von 1844 hatte die deutsche Obrigkeit noch leichtes Spiel. Weniger kalkulierbar waren politische Unterströmungen, sollten sie eines Tages von einem urbanen Kontext ihren Ausgang nehmen. Was mochte wohl geschehen, wenn sich das liberale Bürgertum mit den unteren Volksklassen, mit den Handwerkern, Bauern und mit dem Industrieproletariat sowie den *Paupers* zusammenschlösse, wenn gar der Funke von Metropole zu Metropole überspringen würde? Das publizistische Schrifttum der vierziger Jahre läßt eine dumpfe Revolutionsfurcht erkennen, die den klar und verantwortungsvoll denkenden Zeitgenossen geplagt haben muß. Aber in den Kategorien eines breiten Bündnisses *aller* Volksklassen dachte man kaum! Im liberalen Lager des *juste milieu* war die Furcht vor einem gewaltsamen Umsturz ausgeprägter als die Bereitschaft zur revolutionären Tat. In seiner »Politik« (*Die Politik, auf den Grund und das Maß der gegebenen Zustände zurückgeführt*) hatte FRIEDRICH CHRISTOPH DAHLMANN (*1785, †1860), einer der Wortführer des deutschen Frühliberalismus, schon 1835 klassische Worte gefunden: *„Auch die aufs beste ausgehende Revolution ist eine schwere Krise, das Gewissen verwirrend, die innere Sicherheit unterbrechend und nicht minder alle Staatsverträge gefährdend.“* Männer wie DAHLMANN suchten nach Wegen der *Verständigung* mit der Obrigkeit und starrten wie gebannt auf hoffnungsfrohe Anzeichen, beispielsweise den Thronwechsel in Preußen. Im Jahre 1840 war FRIEDRICH WILHELM IV. seinem Vater gefolgt und ließ zunächst erkennen, daß er die halsstarrige, jeder Kompromißbereitschaft mit den Liberalen abholde Politik seines Vaters nicht weiterführen wollte. FRIEDRICH WILHELM IV. war ein versponnener Romantiker auf dem Königsthron, von christlich-altdeutschem Gemüt und obendrein ein »Schwerenöter« ohne Sinn für Realitäten. Er umgab sich mit einem hochkonservativen Freundeskreis (*Kamarilla*), welcher schnell mehr Einfluß gewann als alle Ressortminister. Die Hoffnungen, die die deutschen Liberalen in diesen Hohenzollern gesetzt hatten, waren trügerisch ...

Am Vorabend der Deutschen Revolution von 1848 mehrten sich die Anzeichen dafür, daß sich die oppositionellen Parteiführer der konstitutionellen Bewegung eine *nationale*, die deutsche Einheit vorbereitende Plattform schaffen wollten. Am 12. September 1847 versammelten sich in Offenburg radikale Demokraten um den badischen Landtagsabgeordneten FRIEDRICH HECKER (*1812, †1881) sowie den Rechtsanwalt und Publizisten GUSTAV VON STRUVE (*1805, †1870). Sie verabschiedeten ein Positionspapier (*Offenburger Programm*), das in der Forderung gipfelte, eine *„Ausgleichung des Mißverhältnisses zwischen Arbeit und Kapital“* zu schaffen. *„Wir verlangen“*, so heißt es des weiteren, eine *„Vertretung des deutschen Volks beim Deutschen Bund. Dem Deutschen werde ein Vaterland und eine Stimme in dessen Angelegenheiten! Gerechtigkeit im Innern, eine feste Stellung dem Auslande gegenüber gebühren uns als Nation.“* Die gemäßigten Liberalen mochten einer solchen Zusammenkunft nicht nachstehen. Sie trafen sich knapp vier Wochen später in Heppenheim an der Bergstraße. Unter den Anwesenden waren Wortführer wie WELCKER aus Baden, der spätere Präsident der *Frankfurter Nationalversammlung* HEINRICH VON GAGERN (*1799, †1880) aus Hessen-Darmstadt oder der preußische Wirtschaftspolitiker DAVID HANSEMANN (*1790, †1864) aus dem Rheinland. Die insgesamt 18 Politiker der Mitte stellten *Erwägungen* zu den liberalen Freiheitsrechten und der zu stiftenden deutschen Einheit an, freilich ohne Beschlüsse zu fassen. Das Protokoll der *Heppenheimer Versammlung* erging sich in den allervorsichtigsten Formulierungen.

24. Februar 1848 – an diesem Tage siegte in Frankreich ein drittes Mal nach 1789 und 1830 die Revolution. Der »Bürgerkönig« LOUIS PHILIPPE (1830-1848) mußte abdanken; und eine provisorische Regierung erklärte das Land zur Republik. Die Kunde erreichte Deutschland in Windeseile. Bereits drei Tage später kam es im badischen Mannheim zu einem großen Volksauflauf. Sprecher forderten Presse- und Versammlungs-

Friedrich Wilhelm IV.
Der König von Preußen in seinem Arbeitskabinett. (Kopie des Gemäldes von Franz Krüger, 1846; Berlin, Deutsches Historisches Museum)

Karikaturen auf Friedrich Wilhelm

»Zwischen mir und mein Volk soll sich kein Blatt Papier drängen« (oben) – »Ich werde mich an die Spitze der Bewegung setzen« (unten; Flugblätter aus dem Jahr 1848; Dortmund, Institut für Zeitungsforschung).

Ausbruch der Revolution in Wien

Bestürmung der Mariahilferlinie in Wien am 13. März (oben) und erster Angriff der Kavallerie vor dem Zeughaus (unten) am gleichen Tag. (Wien, Historisches Museum)

Der rote Barrikadentag
Angeführt von einem Studenten, zogen Eisenbahnarbeiter am 26. Mai zum Wiener Palais Schwarzenbergs. (F. Gaul, 1848; Wien, Historisches Museum)

freiheit, die Einrichtung von *Schwurgerichten*, die Aufhebung noch bestehender bäuerlicher Feudallasten sowie die Berufung eines *deutschen Parlaments*. Von gemäßigten liberalen Politikern wie WELCKER klug beraten, gab die badische Regierung dem Druck der Straße nach und erfüllte schnell alle wesentlichen Forderungen. Fast gleichartige Geschehnisse wiederholten sich daraufhin in nahezu *allen* deutschen Staaten – die Bürger demonstrierten, hielten Versammlungen ab und reichten Petitionen (*Märzforderungen*) ein, denen die verdutzten und verschreckten Herrscher fast widerstandslos stattgaben. Die Deutsche Revolution begann somit als *Petitionsbewegung*, nicht als *Bürgerkrieg* mit Barrikadenkämpfen. Das änderte sich erst durch die dramatischen Ereignisse in Wien und Berlin.

Große Teile der Wiener Gesellschaft und des Kulturbetriebs der Hauptstadt waren schon seit langem gegen das Metternichsche Polizeisystem eingenommen. Vom Wiener Buchhändlerverein, dem Gewerbeverein und von der Studentenschaft drangen Anfang März erste Petitionen an die Öffentlichkeit. Sie enthielten die bekannten *Märzforderungen*, die bei den Umwälzungen in Süd-, West- und Mitteldeutschland zum Teil bereits wirksam geworden waren und zu politischen Umwälzungen geführt hatten. Zusätzlich wurde die Forderung nach dem Rücktritt METTERNICHS laut sowie nach der Einberufung einer gesamtösterreichischen *Reichsständeversammlung*. Am 13. März traten im *Wiener Landhaus* die niederösterreichischen Stände zusammen. Studenten, Arbeiter, Handwerker, auch Angehörige der gehobenen bürgerlichen Schichten nahmen diese Zusammenkunft zum Anlaß, um vor das Ständehaus zu ziehen. Zunächst konnte Landesmarschall GRAF MONTECUCCOLI die Menge mit Versprechungen beschwichtigen, dann aber setzte der Wiener Militärkommandeur, ERZHERZOG ALBRECHT, seine Truppen in Marsch, um die Straßen räumen zu lassen. Es kam zu schweren Zusammenstößen mit den Demonstranten, Schüsse fielen, die ersten Toten der Deutschen Revolution waren nun zu beklagen!

In der Wiener *Hofburg* tagte derweil die *Staatskonferenz*, das höchste Entscheidungsgremium der Donaumonarchie. Man beriet, ob sich die Regierung den Volksforderungen beugen oder ob man den allgemeinen *Belagerungszustand* ausrufen sollte. Am Abend mußte Staatskanzler METTERNICH zurücktreten. Die Nachricht vom Sturz dieser Symbolfigur jahrzehntelanger Polizeiwillkür verbreitete sich am folgenden Tag wie ein Lauffeuer. Die durch Volksredner inzwischen aufgeputschten Massen ließen sich indes von der Rücktrittsmeldung sowie von hinhaltenden Zugeständnissen der Regierung nun nicht mehr beschwichtigen. Während in den Wiener Vororten Fabriken in Brand gesetzt und Läden geplündert wurden, übernahm ein radikaldemokratischer, 24köpfiger *Bürgerausschuß* die faktische Regierungsgewalt in der Hauptstadt. Daraufhin entschied sich die Staatskonferenz zu vorbehaltlosem Einlenken. Am 15. März erließ Kaiser FERDINAND I. (1835-1848) ein Manifest, welches endlich ein klares Verfassungsversprechen für die österreichischen Lande (*Konstitution des Vaterlandes*) in Aussicht stellte. Das Volk schien einen wichtigen Sieg errungen zu haben ...

Von den Barrikadenkämpfen zur Paulskirche

Die Wiener Revolution konnte nicht ohne Auswirkungen auf Preußen bleiben – das zweite Bollwerk der politischen *Reaktion*. Seit dem 7. März fanden im Berliner Tiergarten große Protestkundgebungen statt, auf denen Redner ebenfalls die Märzforderungen erhoben. Darunter mischten sich vereinzelt auch radikaldemokratisch-sozialrevolutionäre Töne im Sinne des Offenburger Programms sowie des von KARL MARX und FRIEDRICH ENGELS (*1820, †1895) verfaßten und im Februar 1848 in London veröffentlichten *Manifestes der Kommunistischen Partei*. Solche Zwischentöne vermochten die Berliner Märzereignisse kaum zu beeinflussen. Am 16. März kam es zu schweren Zusammenstößen zwischen den mobil gemachten Truppen der Hauptstadt und Berliner Demonstranten. Barrikaden wurden errichtet. Es gab Tote und viele Verwundete ...

Heldenlaufbahn eines Barrikadenkämpfers

Etwas ironisch erzählt der Schriftsteller Theodor Fontane über seine Teilnahme an den Berliner Märzereignissen des Jahres 1848:

Auf der Neuen Königsstraße rückte eben ein Arbeiterhaufen heran,lauter ordentliche Leute, nur um sie herum etliche verdächtige Gestalten. Es war halb wie eine militärische Kolonne, und ohne zu wissen, was sie vorhatte, rangierte ich mich mit ein und ließ mich mit fortreißen. Es ging über den Alexanderplatz weg auf das Königstädter Theater zu, das alsbald wie im Sturm genommen wurde ... Mittlerweile hatten die weiter in den Innenraum Eingedrungenen all das gefunden, wonach sie suchten ... Degen, Speere ... und vor allem kleine Gewehre, wohl mehrere Dutzend. Wahrscheinlich – denn es gibt nicht viele Stücke, darin moderne Schußwaffen massenhaft zur Verwendung kommen – waren es Karabiner, die man fünfzehn Jahre früher in dem beliebten Lustspiel »Sieben Mädchen in Uniform« verwandt hatte, hübsche kleine Gewehre mit Bajonett und Lederriemen, die, nachdem sie den theaterfreudigen guten alten König Friedrich Wilhelm III. manch liebes Mal erheitert hatten, jetzt, statt bei Lampenlicht bei Tageslicht, wieder in der Welt erschienen ... Ich war unter den ersten, denen eins dieser Gewehre zufiel, und hatte momentan den Glauben, daß einer Heldenlaufbahn meinerseits nun nichts weiter im Wege stehe.

Barrikadenkämpfe in Berlin
an der Breiten Straße in der Nacht vom 18. auf den 19. März 1848 (zeitgen. Kreidelithographie; Berlin, Stadtgeschichtliche Dokumentation).

Heinrich von Gagern
als Präsident der Nationalversammlung (zeitgen. Lithographie von E. Mayer; Berlin, Archiv für Kunst und Geschichte).

Erzherzog Johann
als Reichsverweser. (Lithographie von Kriehuber, 1848)

Nach langem Ringen entschied sich der König in der Nacht vom 17. auf den 18. März, dem Beispiel der anderen deutschen Regierungen zu folgen und die Märzforderungen zu bewilligen. Tags darauf zeigte er sich auf dem Balkon des Berliner Schlosses, vor dem eine große Menschenmenge versammelt war. Die Berliner jubelten dem Hohenzollern zu, aber gleichzeitig wurde der Ruf nach Abzug der Truppen aus der Hauptstadt immer lauter und lauter. FRIEDRICH WILHELM befahl daraufhin, *„dem Skandal ein Ende zu machen"*, und gab dem Militär die Weisung, den Schloßplatz zu räumen. Erneut blieben Tote und Verwundete zurück. Die Bevölkerung fühlte sich von ihrem König verraten. Es bildeten sich zahllose *Revolutionsgarden*, die im Anschluß an die Schloßkundgebung überall Barrikaden errichteten und in den Straßen Berlins zum verzweifelten Abwehrkampf gegen die regulären Truppen entschlossen waren. Ergriffen von den Folgen seines Befehls, gab FRIEDRICH WILHELM nun neuerlich nach und ließ am Morgen des 19. März den königlichen Aufruf *An meine lieben Berliner* verbreiten, worin er um friedliche Verständigung mit seinen Untertanen bat und die Kämpfe als *unseligen Irrtum* darstellte. Das Militär zog sich zurück und überließ den Aufständischen das Feld. Am Mittag desselben Tages wurden die etwa 300 gefallenen Barrikadenkämpfer (*Märzgefallene*) im Schloßhof aufgebahrt; der König erschien auf dem Balkon und verneigte sich vor den Toten. *Preußen geht fortan in Deutschland auf*, ließ er zwei Tage später verlauten. Die Weichen für *Freiheit* und *Einheit* in dem *einen* deutschen Vaterland schienen gestellt.

Noch vor den blutigen Ereignissen in Wien und Berlin trafen sich in Heidelberg 51 Sprecher der liberalen und demokratischen Bewegung Südwestdeutschlands. Ohne von den deutschen Regierungen autorisiert worden zu sein, berieten sie über das weitere Vorgehen zur Bildung eines deutschen Nationalparlaments. Strittige *Verfassungsfragen* ausklammernd, brachten die Versammelten eine gemeinsame Entschließung zu Wege, in der sie die einzelstaatlichen Regierungen aufforderten, sofort Maßnahmen zur Wahl eines deutschen Nationalparlaments zu ergreifen. Die Vertreter der *Heidelberger Versammlung* bestimmten aus ihrer Mitte einen *Siebenerausschuß*, der eine zweite Versammlung aus Vertretern der *deutschen Stämme* vorbereiten sollte. Dieses *Vorparlament* wurde tatsächlich Wirklichkeit! Am 31. März 1848 trafen sich nahezu 500 Delegierte aus allen deutschen Ländern, um die Wahlen zur deutschen Nationalversammlung vorzubereiten. Ort des Geschehens war die *Paulskirche* zu Frankfurt am Main. In den

Sitzungen traten schnell unüberbrückbare Gegensätze zutage – zwischen einer Minderheit radikaler Republikaner um HECKER und STRUVE einerseits und der Mehrheit gemäßigter Liberaler um GAGERN und WELCKER andererseits, die sämtlich Anhänger der *konstitutionellen Monarchie* waren. Man klammerte Streitpunkte aus, einigte sich aber in der *Wahlrechtsfrage. Allgemeine* und *gleiche* Wahlen sollten es sein! Sie wurden abgehalten, und am 18. Mai 1848 zogen die in ihrer Mehrheit aus dem Bildungsbürgertum gewählten *Volksvertreter* unter feierlichem Glockengeläut in die Frankfurter Paulskirche ein.

Eröffnung der Nationalversammlung *in der Paulskirche zu Frankfurt am 18. Mai 1848 mit Präsident Gagern (kolorierter Holzstich, um 1890; nach einer Zeichnung von Vantadour).*

Der Tag war ein Freudenfest für die meisten Deutschen. Alle Augen richteten sich nun auf das Tun der Abgeordneten, die mit tausend guten Wünschen und ebenso vielen Hoffnungen auf den Weg nach Frankfurt, der Stadt früherer deutscher Kaiserkrönungen, geschickt worden waren. Aber auch bange Fragen wurden gestellt: Würde das deutsche Parlament seiner Aufgabe gewachsen sein, die *eine* Verfassung *und* die *eine* Nation zu stiften? Das »Hohe Haus« nahm seine Arbeit sofort auf. Gleichgesinnte taten sich zusammen und bildeten politische Clubs, die sich nach den Frankfurter Gasthöfen nannten, wo sie ihre Sitzungen abhielten. Die erste Amtshandlung des Parlaments war die Wahl HEINRICH VON GAGERNS zum *Präsidenten der Nationalversammlung*. Dieser trat am 24. Juni 1848 mit einem berühmt gewordenen Wort vor die Volksvertreter: *„Ich tue einen kühnen Griff, und ich sage Ihnen, wir müssen die provisorische Zentralregierung selbst schaffen!“*

Wenige Tage darauf erging ein Gesetz über die Einsetzung einer provisorischen Zentralgewalt (28.6.1848). Die Exekutivgewalt in allen Fragen wurde einem *Reichsverweser* übertragen. Die Wahl fiel auf ERZHERZOG JOHANN VON ÖSTERREICH (*1782, †1859), den Bruder Kaiser FERDINANDS I. Der Erzherzog galt als volkstümlicher Mann, der den liberalen Ideen seiner Zeit aufgeschlossen gegenübertrat. Aber wie sollte eine unter ihm tätige *Reichsregierung* Autorität gewinnen, wenn Preußen, Österreich und alle anderen Staaten des Deutschen Bundes von ihrer Souveränität nicht lassen mochten? Die Nationalversammlung verlor sich in endlosen Debatten, insbesondere über die *Grundrechte des deutschen Volkes*. So vergingen wertvolle Wochen und Monate, ohne daß eine Entscheidung über die *konkrete Gestalt* des zu schaffenden Einheitsstaats getroffen wurde. In dieser Zeit »verzehrten« sich die parlamentarischen Energien bei dem Versuch, den demokratischen Verfassungsstaat »von unten« auch wirklich aufzubauen. Die *Konterrevolution* sammelte jetzt ihre Kräfte ...

»... wir müssen die provisorische Zentralregierung selbst schaffen!«

Bismarck

Die Proklamierung des Deutschen Kaiserreiches
Anton von Werner; Bismarck-Museum, Friedrichsruh

Setzen wir Deutschland, sozusagen, in den Sattel, reiten wird es schon können.

(Otto von Bismarck in seiner Rede vor dem Norddeutschen Reichstag, 11. März 1867)

Der Sieg der Konterrevolution

Historisierende Fresken von A. Rethel. *»Der Sturz der Irminsul 772«. Aus dem Leben Karls des Großen (Bild oben); – »Kaiser Otto III. in der Gruft Karls des Großen«. Aus dem Leben des Ottonen. (Bild unten; Farbdrucke nach den Fresken aus dem Aachener Rathaus)*

Die Volksvertreter der Paulskirche mühten sich, dem »Deutschen« eine zeitgemäße politische Identität zu geben. Um die Mitte des 19. Jahrhunderts verherrlichten die Deutschen aber auch ihre Vergangenheit – sie suchten sich im Spiegel ihrer Geschichte. Dem *Alten Fritz*, so meinten viele Berliner, würden sie alles verdanken! Im Jahre 1851 wurde auf der Straße »Unter den Linden« sein gewaltiges Reiterstandbild enthüllt. Das Denkmal war als Symbol preußischer, aber auch deutscher Größe gedacht. Die Bayern interessierten sich wenig für die preußische Geschichte. Sie hatten ältere Traditionen. Ihre Könige ließen sich auf den Stauferkaiser FRIEDRICH II. zurückführen. Aber war dieser sizilische Monarch des 13. Jahrhunderts wirklich ein Deutscher? Die Bürger der altehrwürdigen Stadt Aachen griffen noch weiter zurück. Sie besannen sich auf KARL DEN GROSSEN, den Einiger und Beherrscher Europas vor langer, langer Zeit. KARL erschien als Vorbild, auf das sich alle Deutschen einigen konnten, die ihr Land groß und stark zu sehen wünschten. In Wirklichkeit war Deutschland aber arm, müde und vielgeteilt – von Größe keine Spur! Es war entlastend, in die Vergangenheit zu blicken. Im Jahre der deutschen Revolution ging im Aachener Rathaus ein Mann ein und aus. Er hieß ALFRED RETHEL (*1816, †1859), war Maler und hatte den Auftrag erhalten, die Innenwände des Rathauses mit Szenen aus dem Leben KARLS auszuschmücken. Während der Meister auf Leitern an den Wänden balancierte und sich mit seiner Historienmalerei abmühte, blieb der Saal für den Publikumsverkehr geöffnet. Besucher machten Witze über den schmächtigen

Maler, der unter den Strapazen stöhnte, denn Freskomalerei ist Schwerstarbeit! RETHELS Berufskollegen belächelten die etwas hausbackene Konzeption des Malers. Nur der preußische König fand Gefallen an ihr. Solche Verherrlichungen des alten Königtums taten seiner Seele wohl. In diesem *tollen Jahr* 1848, wie die Zeitgenossen sich ausdrückten, war die Idee der Königsgewalt in Gefahr geraten. Rückbesinnung hieß für den Hohenzollern, neue Kräfte für das Tagesgeschehen zu sammeln.

Den Verfassungsvätern der Frankfurter Paulskirche war es nicht gelungen, die »vom Volke ausgehende« politische Gewalt gewissermaßen exklusiv im Inneren ihrer parlamentarischen Wirkungsstätte »versammelt« zu halten. Die Legislative debattierte, debattierte und debattierte, und die Exekutive regierte, regierte und regierte, aber die außerparlamentarische Bewegung ging weiter. Stände-, Klassen- und Berufsgruppierungen führten während der Sommermonate des Jahres 1848 eigene Veranstaltungen und Kongresse durch und beargwöhnten die ergebnislose Betriebsamkeit im deutschen Parlament. In Frankfurt probten Mitte September radikaldemokratische Kräfte den Aufstand. Zur selben Zeit operierten badische Freischärler, die mit der Linken der Paulskirche in Verbindung standen, von Stützpunkten im Elsaß und in der Schweiz aus. Am 21. September proklamierte STRUVE in Lörrach die »Deutsche Republik«. Aber badische Regierungstruppen stellten »Ruhe und Ordnung« bereits nach wenigen Tagen wieder her.

In der österreichischen Hauptstadt Wien hatten am 6. Oktober die Linken ein zweites Mal die politische Macht an sich gerissen und übten sie mit Hilfe einer revolutionären Schutztruppe (*Mobilgarde*) auch tatsächlich aus. Feldmarschall ALFRED FÜRST ZU WINDISCHGRAETZ (*1787, †1862) sammelte vor der Hauptstadt die militärischen Kräfte der *Konterrevolution* und eroberte am 31. Oktober die Wiener Innenstadt zurück. Das war das »Aus« – die kaiserliche Restauration hatte damit endgültig gesiegt. Alle Rädelsführer wurden standrechtlich erschossen. Unter den Hingerichteten befand sich auch der Abgeordnete der Frankfurter Linken, ROBERT BLUM (*1807), der an der Wiener Oktoberrevolution teilgenommen hatte. Österreichs neuer »starker Mann«, FELIX FÜRST ZU SCHWARZENBERG (*1800, †1852), setzte sich, diesen Gewaltakt billigend, somit bewußt über ein geltendes, von den Paulskirchenvätern erst wenige Wochen zuvor geschaffenes *Immunitätsgesetz* für Abgeordnete hinweg. Was er tat, zeigte der deutschen Öffentlichkeit an, wie zynisch die neue österreichische Regierung mit dem legal gewählten Parlament in Zukunft umzuspringen gedachte.

Aufstände in Frankfurt
Am 18. September 1848 griffen radikale Republikaner das in der Paulskirche (▶ S. 448) tagende Nationalparlament an. (Stich aus der Bilderzeitung »Das merkwürdige Jahr 1848«; Frankfurt am Main, Historisches Museum)

Wiener Oktoberrevolution
Im Morgengrauen des 30. Oktober 1848 wurden österreichische Truppen vor der brennenden Stadt Wien zusammengezogen (zeitgen. Zeichnung; Wien, Historisches Museum).

Berliner Straßen-Krawall
Am 21. August 1848 warfen Demokraten Steine durch die Fenster des Hotels, in dem der preußische Ministerpräsidenten Auerswald gerade ausländische Gesandte empfing, die sich ducken und schließlich durch den Hintergarten davonstehlen mußten. (»Neuruppiner Bilderbogen«; Berlin, Landesarchiv)

Lager der Preußen vor Rastatt
im Juli 1849 (zeitgen. Lithographie; Rastatt, Stadtmuseum).

In den konservativen Amtsstuben Preußens und am Berliner Hof staunte man nicht schlecht über diese Entwicklung. Die verfassungsgebende Nationalversammlung Preußens, die nach den Wahlen vom 1. Mai 1848 zusammengetreten war, fand wegen unüberbrückbarer Gegensätze zwischen den Abgeordneten der Rechten, der Mitte und der Linken kein politisches Rezept, ihre Verfassungsarbeit zügig anzugehen. Man zerrieb sich an Grundsatzfragen über das parlamentarische Selbstverständnis des Hauses. Im Sommer und Herbst zerschlissen sich mehrere Regierungen, die der König bestellt hatte.

Derweil konnte die konservative Fronde ihre Kräfte neu sammeln und ihren Einfluß bei Hofe verstärken. Schließlich paßte dem König »die ganze Richtung« einer von unten aufgebauten Politik nicht mehr. Berliner Ausschreitungen nahm er zum Vorwand, die Verlegung und Vertagung der preußischen Nationalversammlung nach Brandenburg anzuordnen; und am 10. November ließ er, auf neuerliche Unruhen der Radikalen reagierend, den *Belagerungszustand* verhängen. Seinem General FRIEDRICH GRAF VON WRANGEL (*1784, †1877) erteilte er sodann den Befehl, in Berlin einzumarschieren, um die öffentliche Ordnung wiederherzustellen. Das war der Beginn des preußischen »Staatsstreichs« von oben. Dieser fand seinen förmlichen Abschluß in der königlichen Verfügung vom 5. Dezember 1848, worin die *Auflösung der Nationalversammlung* angeordnet und aus monarchischer Machtvollkommenheit gleichzeitig eine königliche, gleichwohl liberale Verfassung in Kraft gesetzt wurde (*Verfassungs-Oktroi*). Nachdem die Konterrevolution gesiegt hatte, waren für die Paulskirchenväter alle

Festungsanlagen von Rastatt
Entschiedene Demokraten wollten 1849 den Kampf um die Errungenschaften der Revolution noch nicht aufgeben. Ihre letzte Hoffnung richtete sich im Sommer schließlich auf badische Aufständische, die sich in der Festung Rastatt verschanzt hatten und von preußischen Truppen angegriffen wurden. (Stich; Rastatt, Stadtmuseum)

politischen Möglichkeiten verspielt. Es half nichts, daß man noch einmal über Strukturfragen des zukünftigen *einen* Deutschland stritt – über die Fragen nämlich, ob man eine Republik oder eine Monarchie begründet wollte, sowie, ob das Reich *großdeutsch* unter österreichischer oder *kleindeutsch* unter preußischer Führung stehen sollte. In der Schlußabstimmung (27.3. 1849) entschied sich eine Mehrheit der Abgeordneten für die kleindeutsche Lösung. Unter dem Präsidenten der Nationalversammlung, EDUARD SIMSON (*1810, †1899), begab sich eine Delegation nach Berlin, um dem Hohenzollernkönig die deutsche Kaiserkrone anzutragen. FRIEDRICH WILHELM war diese »Volkskrone« jedoch nicht gut genug. Er hielt sie für einen Reif, dem der *Ludergeruch der Revolution* anhaftete, dankte und lehnte ab. Was folgte, war der schnelle Zerfall der Frankfurter Nationalversammlung. Ein *Rumpfparlament* zog sich nach Stuttgart zurück. Das war das Ende.

Carl Schurz
*(*1829, †1906), ein preußischer Revolutionär, der später in die USA auswanderte und es dort bis zum Innenminister brachte, nahm 1849 an den Kämpfen um Rastatt teil. (Federzeichnung; Rastatt, Heimatmuseum)*

Zeit der Reaktion

Von nun an hatte das Wort »Revolution« in Deutschland einen faden Beigeschmack. Wer sich jetzt als »Liberaler«, als »Demokrat« oder gar als »Sozialist« ausgab, bekam Schwierigkeiten mit den Behörden. In den Jahren zwischen 1849 und 1854 emigrierten über eine Million Deutsche – die meisten in das »Land der unbegrenzten Möglichkeiten«, in die Vereinigten Staaten von Amerika. Wer zuhause blieb, mußte sich ducken. In fast allen deutschen Staaten wurden die liberalen Verfassungsänderungen von 1848 wieder zurückgenommen. Die deutschen Fürsten saßen nun fester im Sattel als zuvor. Über die Gesetzgebung und die Verwaltung hatten sie ihre alte Autorität wiederhergestellt. Spitzel und Agenten schwärmten aus auf der Suche nach politisch »Verdächtigen«. Wer auffiel, wurde zunächst heimlich überwacht, dann vor Gericht gestellt und am Ende ins Gefängnis geworfen. Man »reinigte« die Beamtenschaft von »liberalen Elementen«, und die Versammlungs-, Vereins- und Pressefreiheit wurden drastisch beschnitten. In Baden und in Österreich mußten die Professoren alles unterlassen, was mit der *christlichen Lehre unvereinbar* schien. Anderswo gab es ähnliche Absonderlichkeiten. Die *Reaktion* diktierte nun das politische Geschehen.

Auf einem Auswandererschiff
(Holzstich aus der »Leipziger Illustrierten Zeitung«, 1849)

Derweil hatten sich im mährischen Olmütz die beiden deutschen Großmächte Preußen und Österreich auf eine Rückkehr zur alten Ordnung geeinigt. Diese *Olmützer Punktation* (29.11. 1850) war auf Druck Rußlands zustandegekommen und

Transport eines Geschützrohres
aus den Essener Krupp-Werken.
(Foto, um 1860)

Dampfstielhammer
der Krupp-Werke. (Foto, um 1850)

»Pessimistischen Prognosen zum Trotz entwickelte sich Preußen...«

machte alle preußischen, die nationalen Bestrebungen aufgreifenden *Unionspläne* für die deutsche Staatenwelt zunichte. Wien erhoffte sich, die deutschen Angelegenheiten wie einst unter METTERNICH kontrollieren zu können, und so drang der österreichische Ministerpräsident SCHWARZENBERG auf eine Wiederbelebung des *Deutschen Bundes*. Im Mai 1851 wurde der Frankfurter Bundestag sodann neu eröffnet. FRIEDRICH WILHELM schickte den pommerschen Landedlen OTTO VON BISMARCK (*1815, †1898) als Gesandten nach Frankfurt. Dieser BISMARCK hatte sich als schroffer Gegner der preußischen Unionspolitik bereits lautstark hervorgetan. Die gesunde Grundlage eines Staates, so sagte er, sei staatlicher *Egoismus und nicht die Romantik*. Mit dieser Haltung stand er auf dem Boden des Olmützer Vertrages. Acht Jahre sollte BISMARCK die preußischen Interessen im Frankfurter Bundestag vertreten. Er tat dies hart, kompromißlos, unverhohlen und gelegentlich auch verletzend. Die Österreicher bissen sich die Zähne an ihm aus! Aus der Restauration des »Systems Metternich« wurde nichts! BISMARCK legte seine Haltung zum deutsch-deutschen Dualismus 1853 in einem Brief an LEOPOLD VON GERLACH (*1790, †1861) dar, der der Kamarilla des Königs angehörte: *„Für beide ist kein Platz nach den Ansprüchen, die Österreich macht, also können wir uns auf Dauer nicht vertragen.“*

Was BISMARCK damals freilich noch nicht wissen konnte – die Zeit sprach ohnehin für Preußen. Abgestoßen vom ausgefeilten Polizeisystem des preußischen Ministerpräsidenten OTTO FREIHERR VON MANTEUFFEL (*1805, †1882), wandten sich weite Kreise des Bürgertums in den 50er Jahren von der Politik sowie von allen nationalen Erwartungen ab und fanden auf dem Gebiet der Wirtschaft ein besseres Betätigungsfeld. Der Wirtschaftsliberalismus hatte in der preußischen Verwaltung eine lange, bis auf HARDENBERGS *Gewerbesteueredikt* von 1810 zurückreichende Tradition. So zeigte der Staat trotz aller polizeistaatlicher Reaktion die Beweglichkeit, die die im konjunkturellen Aufschwung befindliche Wirtschaft jetzt benötigte. Pessimistischen Prognosen zum Trotz entwickelte sich Preußen in den 50er Jahren überraschend schnell zu einem modernen, leistungsfähigen Industriestaat. Hier standen schon bald die meisten Dampfmaschinen des deutschen Raumes, hier rackerten die Angestellten der angesehensten Banken, und hier hatte sich durch umsichtige Planung frühzeitig ein gut funktionierendes Verkehrsnetz herausgebildet. Mit Hilfe der Eisenbahnen rückten die preußischen Industriezonen an Rhein und Ruhr sowie in Schlesien und Sachsen enger zusammen.

Die Donaumonarchie „verschlief" die Entwicklung zum modernen Industriestaat regelrecht. Die Verfassung von 1849, die niemals in Kraft getreten war, wurde am 31. Dezember 1851 per Dekret (*Silvesterpatent*) endgültig aus der Welt geschafft. Nach dem überraschend frühen Tod SCHWARZENBERGS im Jahre 1852 übernahm der junge Kaiser FRANZ JOSEPH I. (1848-1916) höchst persönlich das politische Regiment. Dabei stützte er sich auf eine kleine Gruppe Vertrauter aus Armee und katholischer Kirche. Aber dem Kaiser gebrach es an politischem Weitblick. Er war mehr damit beschäftigt, den Nationalismus in seinem Vielvölkerstaat niederzuhalten als, nach vorne blickend, seiner Monarchie eine Zukunft zu geben. Die Armee verschlang Unsummen und belastete den Staatshaushalt. Auch Österreichs außenpolitische Lage wurde seit Mitte der 50er Jahre prekär. Denn infolge des *Krimkriegs* (1853-1856), in den direkt oder mittelbar alle europäischen Großmächte verstrickt waren, verlor Österreich seinen alten Bündnispartner Rußland. Zar ALEXANDER II. (1855-1881) war seit 1856 auf eine Schwächung Österreichs aus, um Rußlands Interessen auf dem Balkan besser durchsetzen zu können. Er ermunterte den französischen Kaiser NAPOLEON III. (1852-1870) zu einer antihabsburgischen Politik. Der Franzose griff diesen Zuspruch auf und provozierte im Zusammenspiel mit dem piemontesischen Ministerpräsidenten, CAMILLO GRAF CAVOUR (*1810, †1861), die Donaumonarchie zu einem überhasteten Vorgehen in Oberitalien. Im Mai 1859 kam es zum Krieg zwischen Österreich und einer französisch-piemontesischen Allianz. Aber die Österreicher kämpften allein, da Preußen dem Bundespartner die Unterstützung versagte. In Oberitalien gingen nun Schlacht um Schlacht verloren. Im *Frieden von Zürich* (10.11. 1859) mußte Österreich die Lombardei an Piemont abtreten.

Der eiserne Pavillon *im Wiener Stadtpark. (Gemälde von Franz Alt, 1866; Wien, Historisches Museum)*

Die Lage der Donaumonarchie war einigermaßen beklagenswert: In Italien ging die Hegemonialstellung verloren und in Deutschland der Kredit, Entscheidendes für den nationalen Einigungsprozeß tun zu können. In diesem Jahr 1859 kam neuerlich Bewegung in die *deutsche Frage*. Just am Tage des Friedensschlusses von Zürich wogte die nationale Begeisterung hoch – erstmals wieder seit 1848. Den Anlaß bot FRIEDRICH SCHILLERS einhunderster Geburtstag. Keine deutsche Stadt, die auf sich hielt, ließ es sich nehmen, des Dichterfürsten zu gedenken. Die *Schillerfeiern* nahmen kein Ende. Zwei Monate zuvor war es in Frankfurt, der Stadt des Deutschen Bundestages, zur Gründung des *Deutschen Nationalvereins* gekommen. Juristen und Politiker um den *nationalliberalen* Oppositons-

Kaiser Franz Joseph *(Gemälde von Franz Xaver Winterhalter; Wiener Hofburg)*

Krönung Wilhelms I.
zum König von Preußen am 18. Oktober 1861 in Königsberg (zeitgen. Farblithographie).

Otto von Bismarck
als preußischer Ministerpräsident. (Lithographie von G. Engelbach, 1863)

führer im Hannoverschen Landtag, RUDOLF VON BENNIGSEN (*1824, †1902), und den linksliberalen Genossenschaftsführer HERMANN SCHULZE-DELITZSCH (*1808, †1883) hatten im Sinn, das deutsche Nationalbewußtsein zu mobilisieren. Der Verein warb fortan für einen deutschen Einheitsstaat unter Preußens Führung (*kleindeutsche Lösung*), in der Konsequenz also unter Ausschluß Österreichs.

Inzwischen hatte Preußen die schlimmsten Jahre der politischen Reaktion *(Ära Manteuffel)* überwunden. Prinz WILHELM (*1797, †1888) führte seit 1858 die Regierungsgeschäfte für seinen königlichen Bruder, der mehr und mehr in geistige Umnachtung gefallen war. Der Regent und spätere Kaiser WILHELM I. (1871-1888) begann als Reaktionär, wußte sich aber geänderten Bedingungen anzupassen und wandelte sich bald zu einem »Reformkonservativen«. Doch in erster Linie dachte er als Soldat. So lag ihm besonders eine weitgehende *Heeresreform* am Herzen. Sie lief darauf hinaus, die Truppenstärke von 40 000 auf 60 000 Mann zu erhöhen, eine dreijährige Dienstzeit einzuführen und darüber hinaus die selbständige *Landwehr* abzuschaffen, die seit den Tagen der Befreiungskriege der preußischen »Nation«, nicht dem »Monarchen« verpflichtet war. Die angestrebte Reform zielte also auf eine Stärkung der königlichen Macht. Dagegen regte sich erbitterter Widerstand unter den Abgeordneten des preußischen Landtags. Die Kammer verweigerte nun die Budgetmittel für das Jahr 1863. Das war der Verfassungskonflikt! Was sollte nun gelten – der monarchische Wille oder das Votum des Landtags?

WILHELM, nach dem Tode seines Bruders im Jahre 1861 inzwischen auch der neue König, war ziemlich durcheinander und dachte sogar an Rücktritt. In dieser Situation brachte sein Kriegsminister, ALBRECHT VON ROON (*1803, †1879), BISMARCK in Erinnerung. Die beiden Herren wogen dessen junkerliche Fähigkeiten zu unbeirrbarer Machtpolitik, und BISMARCK selbst vermochte den verstörten Monarchen wenig später davon zu überzeugen, daß er »der richtige Mann« sei, das königliche Interesse politisch durchzusetzen. Am 23. September 1862 erhielt er seine Ernennung zum preußischen Ministerpräsidenten. Der Berufene machte schon wenige Tage später klar, welchen Kurs Deutschland und Preußen von ihm zu erwarten habe. Nicht Preußens Liberalismus, sondern dessen Macht seien entscheidend; nicht Reden und Mehrheiten seien wesentlich, sondern *Blut und Eisen*. Der frisch gebackene preußische Ministerpräsident setzte sich nun über das Kammervotum hinweg, das den *Verfassungskonflikt* heraufbeschworen hatte, führte die Heeresreform durch und regierte fortan ohne genehmigten Staatshaushalt, das heißt, er brach im Namen des Königs bedenkenlos die preußische Verfassung! Aber BISMARCK scheute weder die öffentliche Meinung, die er gegen sich wußte, noch die Liberalen, denen das Entsetzen in den Augen geschrieben stand. Preußen hatte einen neuen »starken Mann« ...

Technische und wirtschaftliche Entwicklung

Die Maschinen des 19. Jahrhunderts revolutionierten das Leben der Menschen. Sie schufen ein neues Zeitgefühl. Regelmäßig bewegten sie sich im Takt; und die Arbeiter mußten sich diesem Rhythmus anpassen, ob sie wollten oder nicht. Diese Maschinen wurden durch Dampf angetrieben. Über ein Wellensystem liefen Transmissionsriemen, die die gesamte Fabrikhalle durchzogen. Jeder Riemen bewegte ein Schwungrad, welches die Wärme in mechanische Energie umsetzte. Dieser Vorgang »imitierte« das handwerkliche Fertigungsgeschick des Menschen und übertraf dieses durch Kraft, Präzision und Ausdauer bei weitem. Die Produktion der Güter konnte um ein Vielfaches gesteigert werden. Lassen wir uns zur Verdeutlichung auf die Herstellung von Drahtstiften ein. In der herkömmlichen Schmiede mußte jeder Nagel einzeln gegossen werden. Das Verfahren war zeitaufwendig und das Produkt, der Nagel, darum ein teures Gut. Nun wurde der Produktionsvorgang bahnbrechend revolutioniert: Die Arbeiter griffen sich eine Drahtrolle und spannten sie in eine dampfgetriebene Maschine ein, die es sodann schaffte, selbsttätig und in berechenbarem

Die Borsig-Werke in Berlin.
(Aquarell von Eduard Biermann, 1847; Berlin, Borsig Vermögensverwaltung)

Das Eisenwalzwerk
(Gemälde von Adolph Menzel, 1875; Berlin, Nationalgalerie)

Alfred Krupp
(Gemälde von Julius Grün, um 1880; Essen, Villa Hügel)

Albert Borsig
während seiner Taufrede anläßlich der 1000. in seiner Fabrik hergestellten Lokomotive. (Lithographie, 1858; Berlin-Museum)

Rhythmus Drahtstücke abzuschneiden und deren Enden zu Nagelköpfen zu pressen. So entstanden in wenigen Minuten Hunderte von Präzisionsnägeln! Der Fabrikherr hatte gut lachen. Jetzt ging es ans Verdienen! Die Euphorie, die wir unserem Fabrikherrn unterstellen, war indes nicht einhellig. Die jungen Unternehmer konnten von jeder Rezession betroffen sein, und manche plagte ein schlechtes Gewissen, weil sie aus eigener Anschauung die menschenunwürdigen Arbeitsbedingungen kannten, denen ihre Industriearbeiter jeden langen Tag ausgesetzt waren.

In Deutschland setzte die *Industrielle Revolution*, später als in England oder auch Belgien, *nach* der gescheiterten Revolution von 1848/49 ein – in den Jahren der Reaktion. Die Kraft des politisch unmündigen Bürgertums floß nun in die Wirtschaft. In ganz Europa und ebenso in den Vereinigten Staaten von Amerika begann um die Jahrhundertmitte eine Epoche beispiellosen wirtschaftlichen Aufschwungs. Am verblüffendsten aber war die Entwicklung in Deutschland. Während hier die Industrie 1850 nur auf eine Kapazität an Maschinenkraft zugreifen konnte, die einem Zehntel der englischen entsprach, hatten die Deutschen zwanzig Jahre später bereits gleichgezogen. In beiden Ländern förderte und beschleunigte der für damalige Verhältnisse gigantische Schub von nunmehr 900 000 Maschinen-PS die industrielle Fertigung. Im Jahre 1871 war das neugegründete Reich inzwischen zur führenden Wirtschaftsmacht auf dem Kontinent geworden.

Preußen stellte den Vorort dieser Entwicklung dar. Zug um Zug hatten Politik und Verwaltung dort alle restlichen Hindernisse beiseite geräumt, die einem ungehemmten Wirtschaftsliberalismus noch im Wege standen. *„Machen wir Preußen industriös, damit es stark wird!“* riefen sich die Beamten des Staatsapparates zu. Die Unternehmer klatschten Beifall und gingen ans Werk. Einer der deutschen Pioniere des Industriezeitalters war ALFRED KRUPP (*1812, †1887). Mit 14 Jahren übernahm er ein bescheidenes Gußstahlwerk, das sein Vater zur Zeit der napoleonischen *Kontinentalsperre* in Essen gegründet hatte. ALFRED begann mit zwei Arbeitern. Am Ende seines Lebens war die Firma Krupp ein Weltunternehmen der Stahlerzeugung mit Tausenden von Arbeitern. Die Krupps hatten Glück – aus deutscher Familiengeschichte wurde deutsche Industriegeschichte. In den *Gründerjahren* des Reichs, den Jahren nach 1871, strotzte der Firmenboss vor Selbstbewußtsein. Seinen Arbeitern gab er mit auf den Weg: Ich will *„in meinem Hause, wie auf meinem Boden Herr sein und bleiben.“*

Mit »Zuckerbrot und Peitsche« regierten die Wirtschaftsführer ihre Unternehmen. Der nüchternen Geschäftswelt in den Kontoren und dem harten Leben in den Maschinenhallen fehlte jede Poesie. Firmen- und Produktionsjubiläen sollten diesen Mangel kompensieren helfen, sollten ein »Wir-Gefühl« stiften zwischen der Firmenleitung und der Arbeiterschaft. Im Jahre 1858 durfte ALBERT BORSIG, Sohn des Berliner Maschinenbaufabrikanten AUGUST BORSIG (*1804, †1854), der Welt ausgelassen zuprosten – anläßlich des *„Ausgangs des 1000sten Schleppers aus der Fabrik von A. Borsig am 21. August"*. Der Firmenerbe, wie sein Vater aus ganzem Herzen fortschrittsgläubig, hatte die Gelegenheit beim Schopfe ergriffen, um für über 30 000 Berliner ein Stadtfest auszurichten und sich somit selbst als ein neuer preußischer Fürst darzustellen. Er konnte aus gutem Grund stolz sein. Seine »Schlepper«, für die sich erst um 1870 die Bezeichnung »Lokomotiven« allgemein einbürgern sollte, fuhren in ganz Preußen und auch anderswo in Deutschland und der Welt.

Für den Bau der Lokomotiven benötigte man große Mengen Stahl. Not macht bekanntlich erfinderisch, und so wurde die Industrialisierung von Anbeginn an von großen Neuerungen begleitet. Im Jahre 1855 entwickelte der Engländer HENRY BESSEMER (*1813, †1898) die nach ihm benannte *Bessemer-Birne*. Sie ermöglichte fortan die Massenerzeugung von Flußstahl. Der geniale Brite konstruierte ein birnenförmiges Großgefäß (*Bessemer-Konverter*), welches das Entkohlen des flüssigen Roheisens ohne die schwere körperliche Arbeit des »Puddelns« (Umrührens) besorgte. Nun konnten in kürzester Zeit große Mengen Stahl erzeugt werden. Denn der neue »Konverter« erledigte das Tagespensum eines *Puddelofens* bereits in zwanzig Minuten! Immer war die *industrielle* zugleich auch eine *technologische Revolution.*

In der Leihanstalt
Mit diesem realistischen Gemälde war der Künstler Gotthard Kuehl auf der Wiener Weltaustellung 1873 hervorgetreten. (Dortmund, Museum für Kunst und Kulturgeschichte)

Die Arbeiterbewegung

Trotz harscher Konjunktureinbrüche waren dies »goldene Jahre« für die deutsche Unternehmerschaft. Es mangelte ihr nicht an billigen Arbeitskräften. Vor den Fabriktoren drängten sich Männer, Frauen und Kinder, um einen der schlecht bezahlten und zudem wenig gesicherten Arbeitsplätze zu ergattern, von denen sie gerüchteweise gehört hatten. Sie träumten vom Aufstieg zum Facharbeiter, die der Fabrikherr eigens ausbilden ließ, damit sie seine Maschinen zu bedienen und zu warten wußten ... Private Initiativen, Unterstützungskassen für Kranke

Bautaglöhner
(Gemälde von F. G. Waldmüller, 1859; Wien, Historisches Museum)

Karl Marx
(koloriertes Foto, um 1880)

»Die Proletarier haben nichts zu verlieren als ihre Ketten.«

und erste kirchliche Maßnahmen konnten in dieser Frühzeit der Industrialisierung die allgemeine Not der Unterschichten zwar lindern helfen, abzuschaffen vermochten sie diese aber nicht. Das allgemeine Gewissen begann sich zu melden; erst zaghaft und vereinzelt, dann im Ton der Anklage und allerorten. Und die Betroffenen selbst? Gesellen, »Handwerker-Arbeiter« und Industrie-Facharbeiter begannen sich in *Arbeiterbildungsvereinen* zu organisieren, wo sie eigene Formen der Geselligkeit, der Bewußtseinsbildung und des politischen Verständnisses entwickelten. Schon im Jahre der Deutschen Revolution fand in Berlin der erste *Deutsche Arbeiterkongreß* statt. Hauptsprecher und Organisator war STEPHAN BORN (*1824, †1898), der zusammen mit anderen Sprechern des *Vierten Standes* das *Zentralkomitee der deutschen Arbeiterverbrüderung* ins Leben rief. Der Gesamtverband gliederte sich in Orts- und Bezirkskomitees, in denen während der Jahre 1848/49 immerhin bereits 15 000 Mitglieder organisiert waren. Diese debattierten über Fragen der Lohnhöhe, der Arbeitsvermittlung, der Streiks etc. Als eine *revolutionäre Kraft* mochten sie sich allerdings nicht verstehen!

Zur gleichen Zeit fanden die Interessen der Industrie-Arbeiterschaft auch ihren ersten theoretischen Ausdruck. Im Februar 1848 ließen MARX und ENGELS ihr *Manifest der kommunistischen Partei* veröffentlichen. Sie prognostizierten die *klassenlose Gesellschaft*, nachdem das über die *Bourgeoisie* siegreiche *Proletariat* selbst die politische Macht übernommen haben werde und alle Klassengegensätze aufgehoben seien. Das Manifest schloß mit den Worten: *„Mögen die herrschenden Klassen vor einer kommunistischen Revolution zittern. Die Proletarier haben nichts zu verlieren als ihre Ketten. Sie haben eine Welt zu gewinnen."* Die beiden Begründer der Lehre vom *Historischen Materialismus* meldeten sich wortgewaltig, freilich ohne anfangs viel Gehör zu finden. MARX gelangte schließlich als politischer Flüchtling nach London, wo er sich auf Dauer einrichtete und zum brillanten Analytiker der *bürgerlichen Gesellschaft* wurde – als Philosoph, Historiker und Ökonom. Seine wegweisenden Arbeiten, insbesondere *Das Kapital*, dessen erster Band 1867 erschien, erreichten die deutsche Arbeiterbewegung anfänglich allenfalls auf Umwegen. Was MARX analysierte, mußte erst eine populäre Umsetzung erfahren, ehe es die Betroffenen verstehen konnten; und diese Umsetzung dauerte ...

Die »Arbeiterbildungsvereine« konnten sich wirkungsvoll entfalten, als die schlimmsten Jahre der Reaktion vorüber waren. Man strebte in diesen Vereinen nach *Bildung*, sowohl im

Versammlung streikender Arbeiter um einen Agitator (zeitgen. Zeichnung; Nürnberg, Germanisches Nationalmuseum).

Sinne einer berufspraktischen Qualifikation als auch im Sinne des Erwerbs von Wissen, um sich als ein dem Bürgertum gleichrangiger Bestandteil der demokratischen Volksbewegung begreifen zu können. In den frühen 60er Jahren sprachen die Arbeiter noch wenig vom grundsätzlichen Gegensatz zu den politischen Zielen des liberalen Bürgertums. Man glaubte, die Not der kleinen Handwerker, des Industrieproletariats sowie der Taglöhner und Arbeitslosen auf der Basis der *bestehenden* Gesellschaftsordnung lindern zu können, und zwar durch Selbsthilfeeinrichtungen der Betroffenen. *Genossenschaften* und *Assoziationen* sollten zur *eigenen* Kapitalbildung des »Vierten Standes« führen, mithin dergestalt zur *Entproletarisierung des Proletariats*.

Daß solches Ansinnen illusionär war, erkannten bald viele. Sie forderten eine *selbständige* Interessenpolitik für den neuen Stand der »Lohnarbeiter« – besonders lautstark, scharfsinnig, polemisch und darum mit der größten Überzeugungskraft der Publizist FERDINAND LASSALLE (*1825, †1864). Dieser politische Kopf war seiner geistigen Herkunft nach ein Hegelianer, der in den Jahren 1848/49 im Rheinland zum Umfeld von MARX gehört hatte. LASSALLE sagte: Weg mit dem *Bourgeois-Liberalismus*, der an eine Versöhnung von Kapital und Arbeit glaubt! Nicht die sozialen Forderungen der Arbeiterschaft hätten Priorität, sondern deren eigenständiger Kampf für demokratische Rechte, insbesondere das des *allgemeinen Wahlrechts*. LASSALLES offensive, gegen die Liberalen gerichtete Programmatik gab den entscheidenden Impuls zur Leipziger Gründung des *Allgemeinen Deutschen Arbeitervereins* im Mai 1863. Zum

Ferdinand Lassalle
(kolorierter Lichtdruck von Philipp Graff, um 1862)

Traditionsbanner
Die Fahne der Breslauer Lassalleaner zeigt den Handschlag, das Symbol der Arbeiterverbrüderung. (Bonn, Friedrich-Ebert-Stiftung)

Frankfurter Fürstentag
im Palais »Thurn und Taxis«. Bismarck bewog den preußischen König, diesem Kongreß fernzubleiben, und durchkreuzte dadurch österreichische Pläne. (Stich; Bonner, Kunsthalle)

Präsidenten dieser ersten Arbeiterpartei auf deutschem Boden ließ er sich selbst wählen. Der neue Arbeiterführer verstand durch Scharfsinn, Gelehrsamkeit und selbstbewußtes Auftreten zu überzeugen. In der *nationalen Frage* setzte LASSALLE auf die *kleindeutsche Lösung* und glaubte, den preußischen Staat für die Idee eines *sozialen Königtums* gewinnen zu können. Streng geheim, aber folgerichtig führte er 1863/64 sogar Verhandlungen mit dem preußischen Ministerpräsidenten BISMARCK. In Ehrenhändel verstrickt, bereitete er seinem Leben 1864 allerdings ein jähes Ende. Bei einem Pistolenduell in einer Waldlichtung nahe Genf starb er den sinnlosen Sühnetod.

Das Ende des deutschen Dualismus

BISMARCK, der neue preußische Ministerpräsident, regierte nun jahrelang am Parlament vorbei – ohne Rücksicht auch auf die öffentliche Meinung. Er handelte nur im persönlichen Auftrag seines monarchischen Herrn, den er meisterhaft zu nehmen wußte. Der Junker wog Kühnes im Kopfe, wagte es aber noch nicht auszusprechen: die Einigung Deutschlands unter preußischer Führung. Das zog unweigerlich eine Auseinandersetzung mit Österreich nach sich, vor welcher sich bisher noch jedes Berliner Kabinett gescheut hatte – nicht so BISMARCK, dem sich schnell eine Gelegenheit bot, Wiener Pläne zu durchkreuzen. Österreich strengte 1863 eine Reform des Deutschen Bundes an. Die Zeit schien günstig, denn durch die antiliberale Politik Preußens erwachten in der deutschen Öffentlichkeit neuerlich *großdeutsche*, also österreichische Sympathien. Der Kaiser, nach dem oberitalienischen Debakel eines besseren belehrt, hatte 1860 einen *Staatsminister* »zum Vorzeigen« berufen, den liberalen, ehemaligen Paulskirchen-Abgeordneten ANTON RITTER VON SCHMERLING (*1805, †1893). Nun lud der Habsburger die deutschen Fürsten zum Kongreß nach Frankfurt ein (*Frankfurter Fürstentag*, 18.8.1863). Der österreichische Reformplan sollte erörtert werden. Er sah vor, die Exekutive des Bundes durch ein fünfköpfiges Fürstendirektorium und die Legislative durch ein Delegiertenparlament zu stärken. BISMARCK wertete solcherlei Ansinnen als verdeckten Versuch, Österreichs führende Position im Bund zu festigen, und wußte die Teilnahme seines Königs zu verhindern.

Im Jahre darauf bot sich dem preußischen Ministerpräsidenten eine günstige Gelegenheit, sein ramponiertes Image, aber auch Preußens Reputation in Deutschland und Europa aufzubessern. Seit den 40er Jahren des 19. Jahrhunderts gab es um die

Herzogtümer Schleswig, Holstein und Lauenburg einen teils offenen, teils latenten deutsch-dänischen Nationalitätenkonflikt. Die Herzogtümer waren dänisches Krongut. Aber es lebten dort überwiegend Deutsche. Lauenburg und Holstein gehörten dem Deutschen Bund an, nicht indes Schleswig. Im Revolutionsjahr 1848 waren preußische Truppen im Auftrag des Deutschen Bundes, getragen auch von der deutschen Nationalbewegung jener Zeit, bis ins dänische Jütland vorgedrungen. Doch da eine russisch-englische Intervention am »Bosporus des Nordens« drohte, wurden die Preußen damals zurückgepfiffen. Im *Londoner Protokoll* bekräftigte man 1852 erneut die alte Personalunion zwischen Dänemark und den Herzogtümern, aber zugleich sollte auch deren überkommene Sonderstellung fortbestehen. Danach durfte also nicht geschehen, was die großdänische Partei (*Eiderdänen*) anstrengte: die Eingliederung des dem Deutschen Bund nicht zugehörenden Herzogtums Schleswig in den dänischen Reichsverband.

1863 unterschrieb der Dänenkönig CHRISTIAN IX. (1863-1906) aus dem Hause Schleswig-Holstein-Sonderburg-Glücksburg eine neue Verfassung für Dänemark, deren Geltungsbereich sich auch auf Schleswig beziehen sollte. Das war ein Bruch des Londoner Protokolls. Die national gestimmte Öffentlichkeit Deutschlands war empört, agitierte wie wild, schürte die Emotionen und stellte die Forderung nach einem selbständigen *Schleswig-Holstein* unter FRIEDRICH VII. (*1829, †1880) aus dem Hause Schleswig-Holstein-Sonderburg-Augustenburg auf. Der *Augustenburger* hatte noch eine erbrechtliche Rechnung offen. In diesem kaum zu durchschauenden Nationalitätenkonflikt zwischen Dänen und Deutschen, der zudem die Großmächte betraf und am Ende zu einem Ringen um die Lösung der *deutschen Frage* geriet, behielt BISMARCK den kühlsten Kopf. Ihm ging es von vornherein um eine Machterweiterung Preußens im Norden. Diese Absicht verbergend, wählte er mit sicherem Instinkt den »Königsweg« zum Ziel. Er verfocht den Rechtsstandpunkt des Londoner Protokolls, erntete als »Hüter der europäischen Ordnung« somit den Zuspruch der Großmächte und vermochte doch zugleich Österreich in seine Arme zu zwingen. Denn die Devise der kränkelnden Donaumonarchie, die in der *deutschen Frage* erst jüngst eine ziemliche Schlappe erlitten hatte, konnte nur lauten, außenpolitisch alles Erdenkliche zu tun, was den Status quo in Europa erhalten konnte. Getrieben auch vom Mißtrauen über die eigentlichen Ziele BISMARCKS, entschied sich Wien folglich zu einem gemeinsamen Vorgehen mit Preußen. Die beiden deutschen Großmächte

Schießscheibe
eines vaterländisch gesonnenen Schützen-, Sänger- und Turnervereins aus dem Jahre 1862. (Bonn, Kunsthalle)

Die Rolle Preußens

Im Jahre der Schleswig-Holstein-Krise äußerte sich Bismarck in einem Brief vom 24.12.1863 über den deutschen Dualismus:

Die Frage ist, ob wir eine Großmacht sind oder ein deutscher Bundesstaat, und ob wir, der ersten Eigenschaft entsprechend, monarchisch oder, wie es in der zweiten Eigenschaft allerdings zulässig ist, durch Professoren, Kreisrichter und kleinstädtische Schwätzer zu regieren sind. Die Jagd hinter dem Phantom der Popularität »in Deutschland«, die wir seit den vierziger Jahren betrieben, hat uns unsre Stellung in Deutschland und in Europa gekostet, und wir werden sie dadurch nicht wiedergewinnen, daß wir uns vom Strome treiben lassen in der Meinung, ihn zu lenken, sondern nur dadurch, daß wir fest auf eignen Füßen stehen und *zuerst* Großmacht, *dann* Bundesstaat sind.
Das hat Österreich zu unserm Schaden stets als richtig für sich anerkannt, und es wird sich von der Komödie, die es mit deutschen Sympathien spielt, nicht aus seinen europäischen Allianzen, wenn es überhaupt solche hat, herausreißen lassen. Gehen wir ihm zu weit, so wird es scheinbar noch eine Weile mitgehen, namentlich mitschreiben, aber die 20 Prozent Deutsche, die es in seiner Bevölkerung hat, sind kein in letzter Instanz zwingendes Element, sich von uns wider eignes Interesse fortreißen zu lassen.

Erstürmung einer Mühle *bei Vejle durch österreichische Jäger (mit weißen Armbinden) im Februar 1864. (Gemälde eines unbekannten Künstlers; Wien, Heeresgeschichtliches Museum)*

forderten Dänemark am 16. Januar 1864 ultimativ zur Zurücknahme der neuen Verfassung auf; andernfalls drohe die Pfandnahme Schleswigs unter Einsatz militärischer Mittel. Wenig später begann der *Deutsch-Dänische Krieg*, weil CHRISTIANS Diplomaten BISMARCKS Kabinettstück der Ausgrenzung Englands, Rußlands und Frankreichs auf der einen Seite und der Einbindung Österreichs auf der anderen nicht durchschaut hatten. Nahe dem Dorf Düppel in Nordschleswig erstürmten preußische Truppen am 18. April desselben Jahres die dänischen Befestigungen (*Düppeler Schanzen*). Das war der militärische Durchbruch in einem schnellen Waffengang. Die Dänen kapitulierten wenig später. Im *Frieden von Wien* (30.10. 1864) mußten sie auf die drei Herzogtümer verzichten, die Preußen und Österreich fortan gemeinsam verwalten wollten.

BISMARCK zeigte sich sofort bereit, die neue Lage kühl und rücksichtslos auszunutzen. Dabei kam ihm sehr zustatten, daß das preußisch-österreichische Kondominium über die Kriegsbeute nur mehr eine »Zwischenlösung« sein konnte. Denn zweierlei war noch keineswegs vom Tisch – aus der Sicht Österreichs die Gefahr einer preußischen Annexion der Herzogtümer und aus der Sicht der Öffentlichkeit die Kandidatur des Augustenburgers zum Zwecke der Errichtung eines neuen deutschen Mittelstaates. Als Wien auf die Linie dieser Kandidatur einschwenkte, wähnte man sich auch im Bunde mit den meisten deutschen Regierungen – freilich um den Preis einer schroffen Brüskierung BISMARCKS, dem eine solche Lösung nicht ins Konzept paßte. In der *Gasteiner Konvention* (14.8. 1865)

Erstürmung der Düppeler Schanzen *Am 18. April 1864 eroberten preußische Truppen diese dänische Festungsanlage (zeitgen. Holzstich aus dem »Mainzer Bilderbogen«).*

konnten die beiden deutschen Großmächte noch einmal zu einer Regelung finden und damit die drohende Kriegsgefahr vorerst abwenden. Sie vereinbarten die *vorläufige* Verwaltungsteilung der Herzogtümer – übrigens mit dem besseren Ende für Preußen, weil es Lauenburg für zweieinhalb Millionen dänische Taler erwerben konnte, die Verwaltung für Schleswig zugesprochen bekam, sich aber gleichzeitig Sonderrechte im nun österreichisch verwalteten Holstein sicherte.

Die ständigen Reibereien um Rechte und Kompetenzen im Norden gingen nun weiter. Im preußischen *Kronrat* begann man seit Jahresbeginn 1866 auf Krieg zu setzen. Daß Rußland oder England im Falle eines deutsch-deutschen Krieges intervenieren würden, schien Bismarck unwahrscheinlich, da beide Mächte durch innere Reformen und imperiale Zielstellungen gebunden waren. Wie würde sich Napoleon III. verhalten? Der Franzosenkaiser versprach sich von einem Waffengang der beiden deutschen Großmächte die Rolle eines »lachenden Dritten«, auf Kompensation für in Aussicht gestellte Neutralität setzend. Von Bismarck in dieser Absicht hingehalten, schloß Napoleon ein solches Abkommen sodann mit Österreich (12.6.1866). Darin verzichtete die Donaumonarchie auf Venetien. Preußen hatte sich derweil der Unterstützung Italiens versichert und war am 8. April mit dessen Regierung zu einem auf drei Monate befristeten *Offensiv- und Defensivbündnis* gekommen. In dieser Phase allseits wachsender Kriegsbereitschaft stellte Preußen im Frankfurter Bundestag den Antrag auf Einrichtung einer *aus direkten Wahlen und allgemeinem Stimmrecht der ganzen Nation hervorgehenden Versammlung* – wohl wissend, daß die österreichische Doppelmonarchie wegen ihrer nicht-deutschen Reichsteile mit dem Plan eines *Nationalparlaments* im Grunde nichts anfangen konnte; wohl wissend auch, daß ein solcher Vorstoß bei der deutschen Öffentlichkeit Eindruck hinterlassen mußte. Österreich reagierte daraufhin mit der Ankündigung, sich in der Holstein-Frage, also dem von ihm verwalteten Teil der Kriegsbeute, einem Bundesvotum zu unterwerfen.

Der österreichische Schachzug stellte eine für Preußen gefährliche Verlagerung des deutsch-deutschen Konflikts dar. In Berlin entschied man sich für eine Flucht nach vorn und ließ Holstein besetzen – in dem Bewußtsein, daß ein Krieg jetzt unvermeidlich war. Daraufhin beschloß der Deutsche Bundestag mehrheitlich die *Bundesexekution* gegen Preußen. Der *Bruderkrieg*, wie viele Zeitgenossen zurecht formulierten, war jetzt da. Kein Nationalkrieg, kein Revolutionskrieg – ein Kabinettskrieg

Der Deutsch-Dänische Krieg 1864

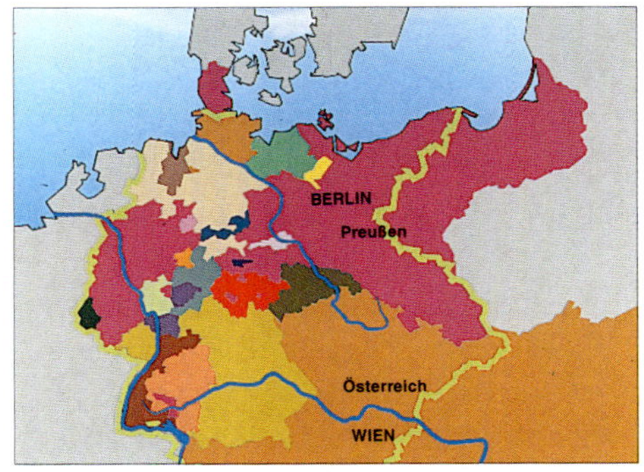

Eroberung und Aufteilung Schleswig-Holsteins zwischen Preußen und Österreich

Seegefecht
zwischen Österreichern und Dänen am 9. Mai 1864. (Gemälde von J. C. Neumann; Hillerod, Schloß Frederiksborg)

Schloß Nicolsburg
bei Wien war das Hauptquartier der preußischen Truppen im Krieg gegen Österreich. (Lithographie aus den »Erinnerungsblättern aus dem Feldzug in Böhmen und Mähren 1866«; Rastatt, Wehrgeschichtliches Museum)

Auf dem Schlachtfeld von Königgrätz
*Das Gemälde von Christian Sell zeigt König Wilhelm I., Helmuth von Moltke (*1800, †1891) und Bismarck. (Rastatt, Wehrgeschichtliches Museum)*

alter Art hob nun an, von dem alle Welt meinte, daß er lange dauern werde. NAPOLEON frohlockte. Völlig unerwartet kam das Ende der Kriegshandlungen aber schnell, und das Ergebnis war eindeutig: Die taktisch und strategisch überlegen geführten, zudem besser ausgerüsteten preußischen Truppen schlugen die Österreicher am 3. Juli 1866 kriegsentscheidend in der *Schlacht bei Königgrätz* (Ostböhmen; tschech. »Sadowa«). An dem Geschehen waren etwa 450 000 Soldaten beteiligt! Das deutsch-deutsche Gemetzel muß fürchterlich gewesen sein: 30 000 österreichische und knapp 10 000 preußische Soldaten blieben tot oder verwundet auf dem Schlachtfeld. Im *Frieden von Prag* (23.8. 1866) mußte Österreich der Auflösung des Deutschen Bundes sowie einer Neugestaltung Deutschlands unter Preußens Führung zustimmen.

Die Reichseinigung – eine preußische Initiative

Die Bundesexekution gegen Preußen hatte die deutsche Staatenwelt gespalten. Die kleinen und mittleren Territorien des Nordens standen auf der Seite Berlins, die vier Königreiche Bayern, Hannover, Sachsen, Württemberg sowie die Großherzogtümer Baden und Hessen-Darmstadt, außerdem Kurhessen auf der Seite Österreichs. Diese Allianzen des *Deutschen Krieges* waren militärisch ziemlich bedeutungslos. Politisch kam das »dicke Ende« aber nach. Denn Preußen annektierte nun Hannover, Kurhessen, Nassau und Frankfurt a.M. Was die Elbherzogtümer Schleswig und Holstein anbelangte, so hatte Österreich schon zuvor alle seine Rechte an den Sieger abgetreten. Der Hohenzollernstaat verfügte nun über ein zusammenhängendes Staatsgebiet, das von Königsberg bis Saarbrücken reichte. BISMARCK setzte sich über das Gefühl dynastischer Legitimität seines Königs hinweg, indem er die betroffenen Monarchen entthronen ließ. Er liquidierte also rücksichtslos, baute aber auch auf: An die Stelle des Deutschen Bundes unter Führung Österreichs trat jetzt der *Norddeutsche Bund* unter Führung Preußens, der kein »Staatenbund« war, wie jenes Konstrukt des Wiener Kongresses, sondern ein »Bundestaat« mit Verfassung und Parlament (*Norddeutscher Reichstag*), welches sich auf der Basis des *allgemeinen, gleichen* und *direkten* Wahlrechts zusammensetzte. Im Norddeutschen Bund, der zurecht als Vorstufe des *Deutschen Reichs* von 1871 betrachtet wird, schlossen sich zusammen: Preußen (mit den annektierten Gebieten), seine Verbündeten von 1866, das Königreich Sachsen und die nördlichen Teile des Großherzogtums

»Er liquidierte also rücksichtslos, baute aber auch auf…«

Hessen-Darmstadt. Am 12. Februar 1867 fanden Wahlen zum neuen Reichstag statt. Fortan entfalteten Konservative, Freikonservative, Altliberale, Nationalliberale und andere ein von den Gliedstaaten getragenes, über diese aber hinauswirkendes *konstitutionelles Leben* – erstmals in der deutschen Geschichte!

Mit der Schaffung des Norddeutschen Bundes hatte der neue Kanzler einer »national« und »liberal« gestimmten Öffentlichkeit gewissermaßen den Wind aus den Segeln genommen. Seine herzlose, Kriege mit ins Kalkül ziehende Machtpolitik der vergangenen Jahre mochte man nicht. Aber eben diese begann sich augenscheinlich auszuzahlen! Man vergaß den »Konfliktpolitiker«, der BISMARCK gewesen, und lobte den »Staatsmann«, der er geworden war. Der Stimmungsumschwung im Bürgertum war nun allgemein – aus den »Liberalen«, die »Freiheit« und Einheit« auf ihr Panier geschrieben hatten, wurden »Nationalliberale«, die ihre konstitutionell-freiheitlichen Forderungen erfüllt sahen. *Mit Macht in den deutschen Nationalstaat!* lautete nun die Devise. Man darf dies wörtlich nehmen – die Liberalen entwickelten ein positives Verhältnis zur »Macht«. Im preußischen Landtag waren die Abgeordneten sogar bereit, BISMARCK dessen alte Sünden nachzusehen. Sie erteilten ihm *Indemnität*, das heißt, sie billigten nachträglich all sein Regierungshandeln, das die Rechte des Parlaments mißachtet hatte ...

Eröffnung des Norddeutschen Reichstages
im Thronsaal des Berliner Schlosses. Hier rief Bismarck am 11. März 1867 den Abgeordneten zu: „Setzen wir Deutschland, sozusagen, in den Sattel, reiten wird es schon können!“ (Lithographie aus der »Leipziger Illustrierten Zeitung«; Dresden, Staatsarchiv)

Großpreußen, wie der Nordbund hin und wieder genannt worden ist, endete am Main. Weiter mochte sich BISMARCK mit Rücksicht auf das unwägbare Verhalten NAPOLEONS III. und die in den süddeutschen Staaten tief verwurzelte antipreußische Stimmung vorerst nicht vorwagen. Bei genauerem Hinsehen war die *kleindeutsche* Lösung unter Ausschluß Österreichs jedoch schon weit fortgeschritten. Im Sommer 1866 banden sich Württemberg, Baden, Hessen und Bayern durch geheime *Schutz- und Trutzbündnisse* militärisch an Preußen. Auch die Zollgemeinschaft rückte jetzt enger zusammen. Sie schuf sich einen *Zollbundesrat* und ein *Zollparlament*. So gerieten die süddeutschen Staaten, die nach Auflösung des Deutschen Bundes *formal* in die volle Souveränität entlassen worden waren, *faktisch* in eine weit größere Abhängigkeit als je zuvor. Gestützt vom politischen Katholizismus, mochten die Bauern und Kleinbürger des Südens diese Entwicklung nicht wahrhaben, die Liberalen freilich begrüßten den Trend.

Der Norddeutsche Bund

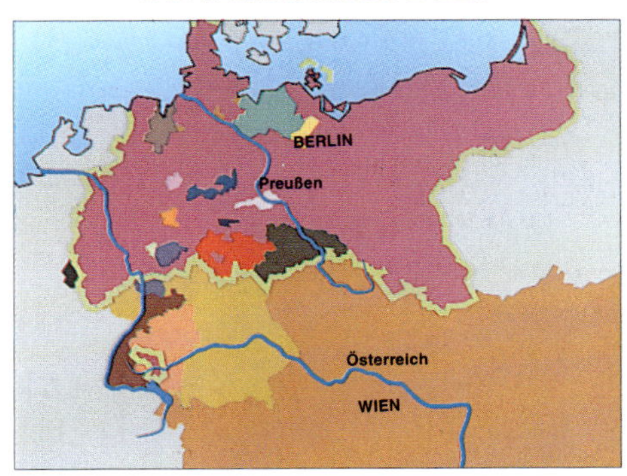

Die französische Öffentlichkeit betrachtete die politischen Veränderungen bei den deutschen Nachbarn zusehends mit Argwohn. Und NAPOLEONS Diplomaten fühlten sich von BISMARCK ein ums andere Mal regelrecht ausgespielt. Daß der

Franzosenkaiser 1866 leer ausgegangen war, diese Schmach saß tief und schürte nationale Empfindlichkeiten. Dann kam die Angst hinzu. Der Stein des Anstoßes war LEOPOLD VON HOHENZOLLERN-SIGMARINGEN (*1835, †1905), den die Madrider Regierung als Kandidaten für den verwaisten spanischen Thron favorisierte. Obgleich die katholischen Sigmaringer zum preußischen Königshaus nur in sehr lockerer Verbindung standen, machte sich in Paris Bestürzung breit, als diese *spanische Bombe* am 1. Juli 1870 platzte. Gedanken an das 16. und 17. Jahrhundert wurden wach, als Frankreich sich durch den Habsburger KARL V. und seine dynastischen Erben aus Deutschland und Spanien einer doppelten Bedrohung zu erwehren hatte. Am Berliner Hof wußte man schon Monate zuvor über den spanischen Plan. BISMARCK griff die Kandidatur auf, um sie diplomatisch auszuschlachten, doch sein königlicher Herr blieb unschlüssig wie der Erbprinz selbst.

Als in Paris die Wellen hochschlugen, weilte WILHELM im mondänen Kurort Bad Ems. Hier bedrängte ihn der französische Botschafter GRAF BENEDETTI (*1817, †1900) gleich an mehreren Tagen, zuletzt mit neuer Absicht am 13. Juli 1870. Denn da der Sigmaringer tags zuvor seine Thronkandidatur offiziell zurückgezogen hatte, ging es der französischen Diplomatie nun darum, dieses deutsche Zurückweichen in vollen Zügen auszukosten. BENEDETTI, der den König beim morgendlichen Spaziergang auf der Kurpromenade anging, wollte diesen zu einer umfassenden Garantieerklärung bewegen: Preußen solle eine solche Kanditatur jetzt und für alle Zukunft ausschließen! Der bedrängte Monarch lehnte ab, ließ den Diplomaten stehen und telegraphierte den Sachverhalt (*Emser Depesche*) nach Berlin. BISMARCK las das Telegramm beim Mittagessen, straffte den Text, um den Wortlaut zu verschärfen, und übergab die redigierte Fassung dann der Presse. WILHELMS Abweisung wirkte nun so schroff, daß Frankreich sich seinerseits äußerst brüskiert fühlen mußte! Die Tischgäste des Ministerpräsidenten,

Bismarcks Kurzfassung der Emser Depesche

Nachdem die Nachrichten von der Entsagung des Erbprinzen von Hohenzollern der Kaiserlichen Französischen Regierung von der Königlich Spanischen amtlich mitgeteilt worden sind, hat der französische Botschafter in Ems an S. M. den König noch die Forderung gestellt, ihn zu autorisieren, daß er nach Paris telegraphiere, daß S. M. der König sich verpflichte, niemals wieder seine Zustimmung zu geben, wenn die Hohenzollern auf ihre Kandidatur wieder zurückkommen sollten.

S. M. der König hat es darauf abgelehnt, den französischen Botschafter nochmals zu empfangen, und demselben durch den Adjutanten vom Dienst sagen lassen, daß S. M. dem Botschafter nichts weiter mitzuteilen habe.

Der Deutsch-Französische Krieg
Die illustrierte Zeitschrift »Vom Kriegsschauplatz« berichtete über alle aktuellen Geschehnisse der militärischen Auseinandersetzung. Die Abb. (von links nach rechts) zeigen die Abfahrt bayerischer Truppen, den Vormarsch der Soldaten und die Beschießung von Paris.

Kriegsminister ROON und der Chef des Generalstabs MOLTKE, gerieten ins Schwärmen: *„Wie eine Fanfare als Antwort auf eine Herausforderung“*, so lautete ihr Kommentar zur überarbeiteten Emser Depesche. Den Herren war klar, was kommen würde. Sie setzten auf einen Waffengang und bekamen ihn auch.

Die französische Kriegserklärung, die folgte (19.7. 1870), war die einzige Offensivtat, die NAPOLEON noch verblieb. Danach verlor er die Initiative sofort an seine Gegner, deren Aufmarsch im Westen schnell und reibungslos vonstatten ging; ja man kann sogar sagen: perfekt klappte, weil die preußischen Planer ganz auf die neue Technik gesetzt hatten – auf die Eisenbahn, den Telegraphen und die Schnellfeuerwaffe. Die Deutschen begeisterten sich vom ersten Tage an für diesen »nationalen Krieg«; vor allem: Ihr Hochgefühl machte an der Mainlinie nicht halt, so daß die süddeutschen Staaten auch nicht zögern mochten, an der Seite Preußens zu kämpfen. Nach ersten Grenzschlachten im August gelang es den Deutschen, die französische Hauptarmee bei Sedan einzukesseln. NAPOLEON mußte kapitulieren und geriet in Gefangenschaft (2.9. 1870). Zwei Tage später rief der Napoleon-Gegner LEON GAMBETTA (*1838, †1882) die *Französische Republik* aus und organisierte den weiteren Kampf. GAMBETTAS republikanische *Volksheere* machten den Deutschen schwer zu schaffen. Doch konnten letztere rasch nach Paris vorstoßen und die Hauptstadt einschließen (19.9. 1871). Paris gab sich erst nach einer viermonatigen Belagerung geschlagen und kapitulierte schließlich am 28. Januar 1871.

Das bedeutete das Ende eines Waffengangs (*Deutsch-Französischer Krieg*), der die politische Ordnung Festlandeuropas nun von Grund auf verändern sollte. Denkwürdiges hatte sich bereits am 18. Januar desselben Jahres abgespielt: Im winterlich-kalten *Spiegelsaal* von Versailles war ein neuer deutscher Nationalstaat aus der Taufe gehoben worden! In seinem zeremoniellen Charakter glich dieser Reichsgründungsakt (*Kaiserproklamation*) freilich eher einer mittelalterlichen Schilderhebung im Beisein der »Reichsoberen«. Die Nation war gar nicht vertreten! Am Ende war klar: Ein Deutscher Bund mit neuem Namen, neuen Strukturen und neuer Vormacht sollte es sein – ein *Deutsches Reich* also mit einem *Kaiser* an der Spitze. WILHELM, dem diese neue Kaiserwürde zugedacht war, gab seinen melancholischen Gefühlen am Vorabend der Proklamation Raum. Er sagte: *„Morgen ist der unglücklichste Tag meines Lebens. Da tragen wir das preußische Königtum zu Grabe, und daran sind Sie, Graf Bismarck, schuld!“* Aber am nächsten Tag ließ man *Seine Kaiserliche Majestät, den Kaiser Wilhelm* hochleben...

Degenübergabe
Nach der Schlacht von Sedan überreichte der geschlagene Napoleon dem Sieger seinen Degen (zeitgen. Farbzeichnung; Nürnberg, Germanisches Nationalmuseum).

Sedan nach dem Krieg
(Foto; Ingolstadt, Bayerisches Armeemuseum)

Die Anfänge des Deutschen Reiches

Die Reichsgründung
Wilhelm I. und Kronprinz Friedrich zu Pferde, neben ihnen Bismarck (allegorisches Fresco von Hermann Wislicenus, um 1875; Goslar, Kaiserpfalz; ▶ *S. 440)*

BISMARCKS Befähigung als »Architekt« des deutschen Nationalstaats ist unbestritten. Klug tat er Schritt für Schritt, seine deutschen wie auswärtigen Gegner mal für sich einnehmend, mal sie bekämpfend. Was er bewirkte, verdient Respekt und Kritik gleichermaßen – Kritik deshalb, weil der so überaus Erfolgreiche die überkommenen Kräfte in Staat und Gesellschaft wesentlich und auf Dauer stärkte; Kritik auch deshalb, weil er keine Mittel scheute, zum Ziel zu gelangen. Drei Kriege, der *Deutsch-Dänische* von 1864, der *Deutsche* von 1866 und der *Deutsch-Französische* von 1870/71 waren erforderlich, um den Deutschen spät, sehr spät, doch noch die »kleine Lösung« des Nationalstaats zu ermöglichen. Im *Frankfurter Frieden* (10.5.1871) wurden der jungen französischen Republik harte Bedingungen auferlegt: Sie mußte Elsaß-Lothringen an das *Deutsche Reich* abtreten und eine Kriegsentschädigung in Höhe von fünf Milliarden Francs leisten.

Die Franzosen zahlten überpünktlich und entledigten sich ihrer Zahlungsverpflichtung bereits bis Mai 1873. Diesem Tatbestand verdankte die deutsche Wirtschaft einen boomartigen Aufschwung. Die Freude am Spekulieren und Investieren kannte nun keine Grenzen. Große Aktiengesellschaften schossen wie Pilze aus dem Boden. Jeder setzte auf rasche Gewinne und ließ sein Geld »arbeiten«. In diesen *Gründerjahren* blickten die Deutschen optimistischer denn je in die Zukunft. Bald aber war die Konjunktur der deutschen Wirtschaft heißgelaufen. So mancher mußte erkennen, daß er auf Sand gebaut und sich übernommen hatte. Der massenhaften Bereicherung folgte der massenhafte Bankrott. In Berlin und anderswo brach 1873 die Börse zusammen. Die großen Spekulanten überlebten mit wenigen Ausnahmen, und die kleinen waren um eine Lehre reicher geworden; so einfach ließ sich dem Gegensatz zwischen »arm« und »reich« nicht beikommen!

Das Tempo der Gründerjahre
Das Gemälde von Friedrich Kaiser zeigt die Neubauten an der Berliner Grenadierstraße (um 1875; Berlin, Märkisches Museum).

Nun begann das Leben in insgesamt ruhigeren Bahnen zu verlaufen. Das *Deutsche Reich* war eine *konstitutionelle Monarchie*, in der der preußische König immer auch deutscher Kaiser war. Er hatte den Oberbefehl über das Heer und die Flotte; ihm allein stand das Recht zu, Verträge mit auswärtigen Mächten abzuschließen. Für die Umsetzung kaiserlicher Politik stand dem Monarchen der *Reichskanzler* zur Seite – überflüssig zu sagen, daß BISMARCK dieses Amt fortan bekleidete. Die *Reichsverfassung* stattete das Kanzleramt mit weitgehenden Vollmachten aus, gab mithin einem starken Amtsinhaber, welcher allein dem Hohenzollern-Monarchen verantwortlich war, quasidiktatorische Vollmachten. Kaiser und Kanzler hatten sich längst aneinander gewöhnt und mochten von »Bewährtem« nicht lassen. Im *Reichstag*, der sich aus allgemeinen, gleichen, direkten und geheimen Wahlen zusammensetzte, saßen die parlamentarischen Vertreter des deutschen Volkes. Ihre verfassungsmäßige Kompetenz beschränkte sich im wesentlichen auf das Recht, den *Haushalt* zu verabschieden. Die Außenpolitik, die Zusammensetzung der *Reichsregierung* – all das und vieles andere lag außerhalb der Zuständigkeit deutscher Volksvertreter! Dennoch vermochten diese das politische Leben in Deutschland durchaus mitzugestalten, besonders seit sich die Abgeordneten immer mehr als Vertreter der von ihren Parteien definierten politischen Interessen verstanden – aus *Honoratioren-* darum *Partei-*Abgeordnete wurden.

An den *Wahlen* zum Ersten Deutschen Reichstag (3.3.1871) beteiligten sich 50,7 Prozent der Wahlberechtigten. Dabei bekannten sich allein 202 der 382 Abgeordneten zu den verschiedenen Gruppierungen des Liberalismus von rechts bis links. Das Hauptkontingent stellten die *Nationalliberalen*, auf die 125 Mandate kamen. Die *Konservativen*, die der Reichsgründung eher skeptisch gegenüberstanden, den gliedstaatlichen Dynastien verbunden waren und insbesondere in Preußen um ihre überkommenen Vorrechte bangten, brachten 57 Abgeordnete in den Reichstag. Die sogenannten *Freikonservativen* unterstützten dagegen BISMARCKS Einigungswerk und erhielten 37 Mandate. Als dritte bedeutende Kraft der Anfangsjahre des deutschen Parlaments etablierte sich das *Zentrum* – eine Partei, die soeben erst gegründet worden war und die für die konfessionellen Sonderrechte des katholischen Deutschlands einstand (61 Mandate). Mit diesem Zentrum sollte BISMARCK schnell seine liebe Mühe haben. Papst PIUS IX. (1846-1878) hatte 1864 die Grundsätze des europäischen Liberalismus vom Standpunkt des Glaubens her verdammt (Enzyklika *Syllabus errorum*). Wenig später (1870) beschloß das *Vatikanische Konzil* die Unfehlbarkeit des Papstes in Glaubensfragen (*Infallibilitätsdogma*). PIUS wollte von der Autorität des Römischen Stuhls retten, was noch zu retten war. Das gesamte protestantisch-liberale Lager Deutschlands fühlte sich durch diese Offensive der Kurie arg provoziert. BISMARCK wahrte anfänglich Zurückhaltung und betrachtete das Vorgehen der Kurie als eine innerkatholische Angelegenheit. Erst als katholische Kirchenbehörden gegen Opponenten aus ihren eigenen Reihen (*Altkatholiken*) vorgingen und Theologieprofessoren, Militärgeistlichen und Reli-

Politik im Verfassungsstaat
Die Abb. oben zeigt eine Reichstagssitzung des Jahres 1874 (Stich; Rothenburg o. d. T., Mittelalterliches Kriminalmuseum). Die Abb. unten zeigt Bismarck im Gespräch mit Reichstagsabgeordneten auf einem parlamentarischen Bierabend. Da der Reichskanzler nicht vom Parlament, sondern vom Kaiser ernannt wurde, mußte er sich die notwendigen Mehrheiten gesprächsweise, gewissermaßen »beim Bier« verschaffen. (Gemälde von Ernst Henseler, 1894; Bonn, Kunsthalle)

Ludwig Windthorst
(Foto, um 1885)

gionslehrern wiederholt die Hirtengewalt (*Missio canonica*) entzogen hatten, kam es zum offenen Konflikt zwischen dem politischen Katholizismus einerseits und der Staatsgewalt andererseits. Denn die Gemaßregelten waren nicht nur Kirchen-, sondern zugleich auch Staatsdiener; und die weltliche Gewalt mochte hier nicht zurückstecken. Das war der Beginn einer jahrelangen, erbitterten Auseinandersetzung um Zuständigkeiten, in dessen Verlaufe beiden Seiten einen Strauß um Schulaufsicht, Zivilehe, Lehrbefähigung, das Niederlassungsrecht katholischer Orden und anderes mehr austrugen. In diesem *Kulturkampf* der Jahre 1872-1878 machte BISMARCK eine denkbar schlechte Figur, weil seine rücksichtslosen *Kampfgesetze* gegen den politischen Katholizismus wenig Augenmaß erkennen ließen. Publizisten und Politiker des Zentrums stempelte er zu *Reichsfeinden* ab, die sich internationale (*ultramontane*) Unterstützung bei der römischen Kurie, den katholischen Mächten und nationalen katholischen Minderheiten im Reich (Polen, Elsässer) suchen würden. Aber das Zentrum ließ sich nicht kleinkriegen! Die Fraktion verfügte mit LUDWIG WINDTHORST (*1812, †1891), dem ehemaligen Justizminister des Königreichs Hannover, über einen brillanten Redner und Analytiker, der schnell zum bedeutendsten parlamentarischen Gegenspieler BISMARCKS aufstieg und seiner Partei spürbar Profil verlieh. Als der Kulturkampf gegen Ende der 70er Jahre endlich abflaute, war BISMARCK im Grunde keinen Schritt weiter. Die meisten Kampfgesetze mußten zurückgenommen werden, wurden abgeschwächt oder gerieten schlicht in Vergessenheit. Die staatliche *Schulaufsicht* und die *Zivilehe* indes blieben bestehen.

Bismarcks Kampf um sein Erbe

»Letzterer lernte von Ersterem und sagte 'Donnerwetter!'«

Derweil hatte der Kanzler bereits neue »Reichsfeinde« ausgemacht – die Sozialisten. LASSALLES *Allgemeiner Deutscher Arbeiterverein* von 1863 war nicht das letzte Wort der deutschen Arbeiterbewegung gewesen. Im Sommer 1865 kehrte ein »Achtundvierziger« aus Gießen mit Namen WILHELM LIEBKNECHT (*1826, †1900) aus seinem Londoner Exil nach Deutschland zurück – im Tornister das »ideologische Gepäck« des Marxismus. Der Gießener LIEBKNECHT und der Trierer MARX waren sich in London nicht nur beim Schachspielen nähergekommen ... In Leipzig traf der Heimkehrer nun mit dem Vorsitzenden des örtlichen Arbeiterbildungsvereins, AUGUST BEBEL (*1840, †1913), zusammen. Letzterer lernte von Ersterem und sagte: „*Donnerwetter!*" – das theoretische Rüstzeug

Das Attentat
Am 11. Mai 1878 verübte der Klempnergeselle Max Hödel ein Revolverattentat auf den Kaiser. Der Monarch bleibt unverletzt. Wenig später wurde Wilhelm bei einem zweiten Attentat schwer verletzt (24.5.1878). (Lithographie aus einem zeitgen. Bilderbogen)

vom *Klassenkampf* und *Sieg des Proletariats* öffnete ihm die Augen. Im thüringischen Eisenach gründeten die beiden vier Jahre später die *Sozialdemokratische Arbeiterpartei.* Während die *Lassalleaner* das preußische Einigungswerk unterstützten und darum auch *für* die Bewilligung von Kriegskrediten waren, lehnten die Sozialdemokraten diese ab. In der praktischen Politik und Programmatik unterschieden sich beide Parteien freilich wenig. Darum taten sie, was vernünftig war: Sie reichten sich nach der Reichseinigung die Hand und schlossen sich auf dem *Gothaer Vereinigungsparteitag* (22.-27.5. 1875) zur *Sozialdemokratischen Arbeiterpartei Deutschlands* zusammen. Bei den Reichstagswahlen von 1878 errang diese neue Partei immerhin schon 12 Sitze! BISMARCK wußte von der stetig wachsenden Zahl an Industriearbeitern, von den Wirtschaftskrisen der zurückliegenden Jahre, vom Elend der »kleinen Leute« und der Befähigung der Arbeiterführer, ihre Klientel mobilisieren zu können. Er konnte sich darum ausrechnen, daß deren politischer Wahlerfolg erst der Anfang war. Der Kanzler, tief beunruhigt vor allem über die *internationalistischen* und *revolutionären* Kräfte innerhalb der deutschen Sozialdemokratie, suchte nach einem Anlaß, diese zu verteufeln. Als der Kaiser bei einem Attentat schwer verletzt wurde (24.5. 1878), nutzte BISMARCK die öffentliche Erregung über das *abscheuliche Verbrechen* und brachte das »Gesetz gegen die gemeingefährlichen Bestrebungen der Sozialdemokratie« durch. Dieses *Sozialistengesetz* (21.10. 1878), das bis zum Ende der Bismarckschen Kanzlerschaft immer wieder erneuert wurde, richtete sich gegen

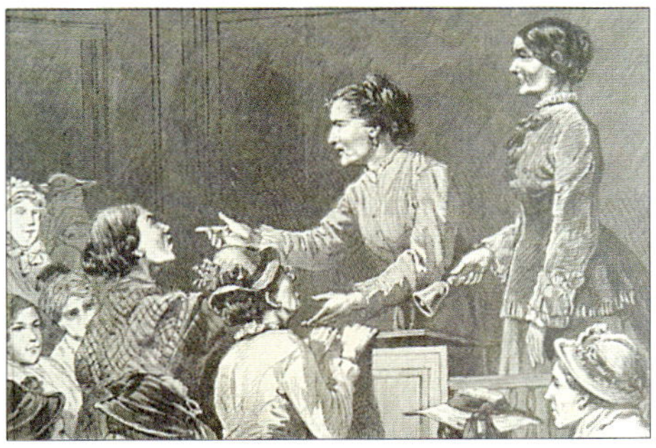

Demokratisches Aufbegehren
Aufgebrachte Arbeiter (Bild oben) versuchten ihre Interessen gegenüber den Unternehmern durchzusetzen. Die sozialdemokratischen Frauen (Bild unten) fochten für sozialpolitische Belange, welche sie aus ihrer angestammten Rolle in der Familie ableiteten. (Zeichnungen; Nürnberg, Germanisches Nationalmuseum)

Altmännerhaus in Lübeck
(Gemälde von Gotthard Kuehl, 1896; Berlin, Nationalgalerie)

Der Berliner Kongreß
(Sitzungssaal; Druck nach einem Gemälde von Anton von Werner)

alle Formen der Parteiarbeit, nicht gegen die Partei selbst. Diese *Kriminalisierung* der Sozialdemokratie mit advokatischen Winkelzügen trieb die Arbeiterbewegung in den Untergrund, schwächte sie vordergründig, aber stärkte sie langfristig. Die politisch bewußten Arbeiter rückten nun enger zusammen, entwickelten starke Solidaritätsgefühle, bildeten Tarnorganisationen (z.B. *Arbeitergesangsvereine*) ... kurz, die Sozialistengesetze entpuppten sich stets aufs neue als ein Fehlschlag des Reichskanzlers.

Erfolgreicher war BISMARCK als Sozialpolitiker. Deutsche Volkswirtschaftler, wie zum Beispiel GUSTAV SCHMOLLER (*1838, †1917), hatten in ihrer Wissenschaft eine lebhafte Diskussion über »Ökonomie« und »Sozialismus« entfacht und dafür plädiert, durch staatliche Intervention einen sozialpolitischen Ausgleich zwischen »Kapital« und »Arbeit« zu schaffen. BISMARCK bewegte sich keineswegs im Fluidum solcher Traditionen; aber doch wußte er aufzugreifen, was seinen innenpolitischen Zwecken dienlich schien: Um die Arbeiter von ihrer Partei zu trennen, mußte er ihnen entgegenkommen. So setzte er mit politischer Energie und Beharrlichkeit eine Serie von sozialpolitischen Gesetzen durch, die Respekt einflößten und bald in ganz Europa Beachtung fanden – unter anderem 1883 die gesetzliche *Krankenversicherung*, 1884 die *Unfallversicherung* sowie 1889 die *Invaliditäts- und Alterssicherung*.

Noch erfolgreicher war BISMARCK als Außenpolitiker. Seine ganze Sorge galt einer Politik, die das Erreichte sichern sollte. Ihm war klar, daß Frankreich wegen der Annexion von Elsaß-Lothringen auf absehbare Zeit kein Bündnispartner sein konnte. Folglich machte er sich auch den Umkehrschluß zueigen, nämlich den republikanischen Nachbarn isolieren zu müssen. Sein erster Schritt war das *Dreikaiserabkommen* von 1873, in dem sich Rußland, Österreich-Ungarn und das Reich verpflichteten, alle Spannungen auf friedlichem Wege zu lösen. BISMARCK wußte, daß dieses Abkommen keinen hohen Verbindlichkeitsgrad besaß, und zettelte im Frühjahr 1875 die sogenannte *Krieg-in-Sicht-Krise* an – eine publizistische Farce, die einen deutsch-französischen Konflikt herbeireden sollte. In einer dem Kanzler nahestehenden Zeitung wurde die Frage gestellt: *Ist Krieg in Sicht?* Der Autor bezog sich dabei auf eine Gesetzesnovelle der Pariser Nationalversammlung, die die Schlagkraft des Heeres im Kriegsfall erhöhen sollte. Als daraus eine Diskussion über einen deutschen *Präventivschlag* gegen Frankreich wurde und Generalstabschef MOLTKE diese auch noch auf die diplomatische Ebene getragen hatte, traten die Großmächte auf den Plan.

BISMARCK mußte abwiegeln, erfuhr freilich Lehrreiches: Rußland und England würden im Falle eines deutschen Angriffs Frankreich beistehen! Nun wurde seine Außenpolitik noch vorsichtiger. Er warb bei allen Großmächten um Vertrauen in die friedlichen Absichten des Reichs und erntete seinen größten diplomatischen Erfolg auf dem *Berliner Kongreß* (13.6. 1878 – 13.7. 1878). BISMARCK vermittelte virtuos zwischen den Großmächten und trat als der *ehrliche Makler* auf, der für das Reich keine Forderungen anmelden mochte. Das beeindruckte besonders die anwesenden Briten, die der Reichsgründung bisher immer mit großer Skepsis begegnet waren. Der Kongreß sollte die politischen Verhältnisse auf dem Balkan neu regeln. Rußland hatte dem Osmanischen Reich im Jahr zuvor eine vernichtende Niederlage beigebracht, dadurch aber österreichische und englische Interessen empfindlich getroffen. Nun wurde verhandelt ..., am Ende einigten sich die Großmächte, statt neuerlich die Waffen sprechen zu lassen.

BISMARCK war nun auf dem Gipfel seines außenpolitischen Erfolges. Der Kongreß hatte ihm, sozusagen zwischen den Türen, das feine Gespür für mögliche und machbare Allianzen, für Absichtsvolles wie für Verborgenes, verschafft. Nun fühlte er sich sicher zu tun, was geboten schien, nämlich Prioritäten zu setzen. Die Basis seiner außenpolitischen Sicherung des Reichs wurde jetzt ein auf Dauer angelegtes Bündnis mit Österreich-Ungarn. Diesem *Zweibund* (7.10. 1879) schloß sich 1882 noch Italien an. Aus dem Zweibund wurde so der *Dreibund*. Des Kanzlers Sicherungssystem sollte nicht nur Deutschland einbinden, sondern zugleich Rußland und die Donaumonarchie, die »natürlichen Feinde« auf dem Balkan, daran hindern, gegeneinander Krieg zu führen. Der Schlußpunkt der Bismarckschen Bündnis-Architektur bildete der *Rückversicherungsvertrag* von 1887, ein *Geheimabkommen* zwischen dem Deutschen Reich und Rußland, welches beide Mächte zu wohlwollender Neutralität im Kriegsfall verpflichtete – ausgenommen war ein deutscher Angriffskrieg gegen Frankreich und ein russischer gegen Österreich-Ungarn. BISMARCK wollte mit diesem Vertragswerk einer Allianz zwischen Rußland und Frankreich vorbeugen, selbst um den Preis eines *ganz geheimen* Zusatzabkommens, worin das Reich Unterstützung für die russische Balkanpolitik zusagte! Der Geist des Zweibunds schien verletzt – nicht für BISMARCK, aber kurz darauf für seinen Nachfolger im Amt, GRAF LEO VON CAPRIVI (*1831, †1899), der diesen Vertrag nicht mehr verlägern mochte. Man schrieb das Jahr 1890, als BISMARCK einem neuen Kaiser inzwischen entbehrlich geworden war...

Bismarck bei Kaiser Wilhelm *im historischen Eckzimmer des königlichen Palais. (Aquarell von Konrad Siemenroth, 1887)*

Das Ende des Reiches

Abnahme der Parade durch Wilhelm II. im Lustgarten
Farbdruck nach einem Gemälde von C. Röchling

Der deutsche Kaiser muß jeden Moment imstande sein, zu einem Leutnant zu sagen: „Nehmen Sie zehn Mann und schließen Sie den Reichstag!“

(aus der Rede des Abgeordneten Elard von Oldenburg-Januschau im Reichstag, 1910)

Herr »Jedermann« zwischen Hoffnung und Sorge

»Der Lotse geht von Bord«
Karikatur von Sir John Tenniel zu Bismarcks Entlassung durch Kaiser Wilhelm II. (aus der englischen Zeitschrift »Punch«, März 1890).

Reichskanzler BISMARCK war am 20. März 1890 entlassen worden. Zwischen ihm und WILHELM II. (1888-1918) kam es wiederholt zu Reibereien, insbesondere über die Verlängerung des *Sozialistengesetzes*, gegen die sich der junge Kaiser sperrte, sowie über die Verlängerung des *Rückversicherungsvertrages* mit Rußland. So mancher Zeitgenosse mochte ratlos darüber sein, wie es in der Innen- und Außenpolitik des *Deutschen Reichs* nun weitergehen sollte; andere frohlockten. Die Entwicklung schritt voran! Eine neue Zeit war angebrochen, Kaiser WILHELM I. im Jahre 1888 hochbetagt gestorben und sein Sohn und Nachfolger, Kaiser FRIEDRICH III. (*1831, †1888), nach 99 Herrscher-Tagen einem Kehlkopfleiden erlegen. Gleichviel – unaufhaltsam nahm die Umwandlung Deutschlands zu einer modernen Industriegesellschaft ihren Lauf. Fast jeder zweite Erwerbstätige arbeitete in der Industrie; und jeder dritte Deutsche war Arbeiter oder Angehöriger einer Arbeiterfamilie. Als Herrn »Jedermann« dieses Industrieproletariats stellen wir *Adolph Schneider* vor. Im Jahre 1900 feierte er seinen 39. Geburtstag und stand als Hamburger Hafenarbeiter in Lohn und Brot. Die Wirtschaft boomte. Von Arbeitslosigkeit fühlte er sich nicht bedroht.

Entsprechend war sein Reallohn kontinuierlich gestiegen. Adolph arbeitete jeden Tag mindestens 10 Stunden – 60 pro Woche! Indes, bedrückt war er deshalb nicht, denn er konnte sich erinnern, daß seinen Großvater noch eine Wochenarbeitszeit von 72 Stunden drückte. Schneider lebte mit seiner Frau und seinen vier Kindern in einer Wohnung, die aus einer Küche und zwei Kammern bestand. Die Familie besaß drei Betten – eines davon hatte sie an einen zugereisten Arbeitskollegen Adolphs vermietet. Mit ihm teilte die Familie Kochtopf und Nachttopf. Schneiders *Schlafgänger* verbesserte die Haushaltskasse ein wenig. Das war gut, denn Adolph mußte ein Drittel seines Jahreslohnes in Höhe von 800 *Reichsmark* für die Miete seiner Wohnung aufbringen! Der Lohn reichte für Wohnung, Nahrung und Kleidung. Bisweilen konnte sogar gespart werden. Adolphs Jugend war bereits vorbei. Er spürte inzwischen den Kräfteverschleiß seiner »Knochenarbeit« im Hamburger Hafen, hatte sich aber schon seit einigen Jahren bescheidene Rücklagen geschaffen. Es galt, Reserven für das Alter zu haben. Gegen einen *Arbeitsunfall* war er versichert, aber was sollte werden, wenn er durch Unfall oder Krankheit überhaupt arbeitsunfähig würde?

Solche Gedanken trieben ihn um, wenn er morgens um sechs seine Wohnung verließ. Wie Adolph Schneider waren auf die Minute genau Millionen anderer Arbeiter auf dem Weg zur Arbeit, seit man 1893 in allen Ländern des Deutschen Reichs die Uhrzeiten vereinheitlicht hatte. Sein Arbeitsweg zum Hafen führte ihn vorbei an prächtigen Hausfassaden. Von den Wänden grüßten Stuckköpfe mit Pickelhauben; es war, als sollte der Passant daran erinnert werden, daß erst der preußische Soldat Reichtum und Wohlstand der Gegenwart ermöglicht hatte. Hier wohnten die »besseren Leute«, zum Beispiel die höheren Beamten, die im *Oberlandesgericht* oder in der *Oberpostdirektion* arbeiteten, ihre Söhne aufs *Gymnasium* schickten und abends ins Konzert, in die Oper oder ins Theater gingen.

Früher war Schneider einmal auf einer Wahlveranstaltung der *Sozialdemokraten* gewesen. Ein Redner hatte gesagt, der Beamte würde das Doppelte eines Arbeiterlohnes verdienen! Und: Der Kaiser würde den *Sozialdemokraten* mißtrauen, weil diese nicht die Tugenden seiner Beamten, wie Zuverlässigkeit, Gehorsam, Pflicht- und Ehrgefühl sowie Ordnungssinn und loyales Verhalten zeigten. Er hielt solche Redeweisen für übertrieben, denn war es nicht der Kaiser höchstpersönlich, der dafür gesorgt hatte, daß das *Sozialistengesetz* nicht mehr erneuert worden war? Natürlich hatte Adolph Schneider bei der letzten *Reichstagswahl* 1898 sozialdemokratisch gewählt, und bei der nächsten Wahl in drei Jahren würde er dasselbe tun! Aber vermochte die Partei seiner Wahl, die die Institutionen des Staates kritisierte, wirklich seine Lebensbedingungen zu verändern? Adolph träumte von einer besseren Zukunft, die sich unmittelbarer auf seine *persönlichen* Umstände bezog. Sein

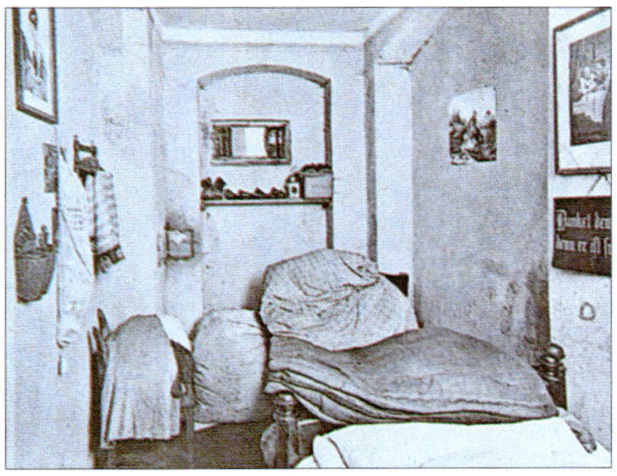

Stube einer achtköpfigen Familie
in einer Berliner Kellerwohnung (Foto, 1906).

Eingang des Hildebrand-Hauses
in Hamburg. (1907/08 erbaut)

Haus der Seefahrt
Typisches Hamburger Kontorhaus (1909/10 erbaut)

»Zum großen Faß«
Hamburger Kneipe um 1912. (Museum für Hamburgische Geschichte)

privates Glück bestand in einer gesicherten Existenz, in sauberer Kleidung, ausreichendem Schlaf und besserem Wohnen. Die Schneiders waren bescheidene Leute, aber eines Tages wollten auch sie in den vielen neuen Geschäften einkaufen können ...

Adolphs Weg zur Arbeit führte auch vorbei an vielgeschossigen Kontorhäusern der Hamburger Kaufmannschaft. Sie waren erst in den letzten Jahren errichtet worden und folgten neuen Konstruktionsprinzipien: Das Dach wurde von schmalen

Schlafkammer
einer Berliner Arbeiterfamilie.

Außenpfeilern getragen, zwischen die die Fenster eingesetzt waren. Die Innenflächen dieser Häuser konnten nach Belieben völlig frei gestaltet werden. *Häuser ohne Wände* nannte man diese hochmodernen Zweckbauten darum. Im Gegensatz zu den alten Hamburger Kaufmannshäusern gab es in ihnen noch Geschäftsräume, die der Hausherr für sein Unternehmen nutzte oder vermietete. Hier arbeitete das Heer der *Angestellten*, das sich im Zuge der Entfaltung des Geschäftslebens herausgebildet hatte. Der wilhelminische Angestellte arbeitete als Handlungsgehilfe, Ein- und Verkäufer, Sekretär und Buchhalter im Im- und Export sowie im Bank- und Versicherungswesen. Seine arbeitsrechtliche Stellung war durch Kündigungsschutz gesichert, der Lohn seiner Arbeit gut dotiert, die Arbeitszeit geregelt und sein Versicherungsschutz deutlich besser als beim Arbeiter. *Stehkragenproletarier* nannten die Sozialdemokraten diese neue Gesellschaftsschicht des Mittelstandes darum nicht ohne Bitterkeit. Adolph Schneider wußte von alledem nur wenig. Er dachte bereits morgens an den Heimweg. Heute wollte er mit einigen seiner Kollegen einen Abstecher in die »Kneipe« machen. Was Adolph Schneider nicht wußte: Dort hielten sich bisweilen auch Gäste auf, die getarnte Polizisten waren. Ihr Auftrag lautete, die Gesinnung der Arbeiterschaft auszuforschen.

Wilhelm II. - ein Kaiser aller Deutschen?

Adolph Schneider teilte das Schicksal von Millionen anderer Deutscher der wilhelminischen Ära. Sie lebten in einer *Klassengesellschaft*, in der die Lebenschancen zwischen »arm« und »reich« empörend ungleich verteilt waren. Während in Deutschland das Bruttosozialprodukt in der Schlußphase der *Industriellen Revolution* von 23,1 Milliarden Reichsmark (1890) auf phänomenale 54,7 Milliarden Reichsmark (1913) anstieg, verringerte sich im gleichen Zeitraum für die Industriearbeiterschaft deren Anteil am Volkseinkommen um mehr als 50 Prozent! Gewiß – die Reallöhne der Arbeiterschaft stiegen, im Jahresdurchschnitt zwischen 1890 und 1913 um etwa ein Prozent, aber das war lächerlich wenig. Solche, die Klassengesellschaft belegenden Mißverhältnisse hatten viele Zeitgenossen dumpf erahnt, manche erkannt und wenige auch unverhohlen ausgesprochen – am deutlichsten die Führer der deutschen Sozialdemokratie, welche übrigens ihren Stimmenanteil bei den Reichstagswahlen von 19,7 Prozent im Jahre 1890 auf immerhin schon 27,2 Prozent im Jahre 1898 steigern konnte!

Auf dem *Erfurter Parteitag* des Jahres 1891 sagte AUGUST BEBEL über die deutschen Verhältnisse seiner Zeit: *„Ich glaube, wir haben die größte Ursache, mit dem Gang der Dinge zufrieden zu sein ... Die bürgerliche Gesellschaft arbeitet so kräftig auf ihren eigenen Untergang los, daß wir nur den Moment abzuwarten brauchen, in dem wir die ihren Händen entfallende Gewalt aufzunehmen haben ...“* Viel Sympathie für den *vierten Stand* läßt auch der Schriftsteller THEODOR FONTANE (*1819, †1898) erkennen, der 1896 offenherzig niederschrieb: *„Alles Interesse ruht beim vierten Stand. Der Bourgeois ist furchtbar, Adel und Klerus sind altbacken ... die neue, bessere Welt fängt erst beim vierten Stand an ...“* Natürlich hatte FONTANE nicht unseren Herrn »Jedermann« im Blick, wohl aber die Partei, die dieser wählte. Im Jahre 1912 sollte sie sich zur stärksten Fraktion des Reichstags mausern. Ihren großen Wahlsieg verdankte die SPD dabei dem Bündnis mit den Linksliberalen, die sich in der 1910 neugegründeten *Fortschrittlichen Volkspartei* zusammengefunden hatten und auf 12,2 Prozent der Stimmen kamen.

Einer, der die gesellschaftlichen Widersprüche seiner Zeit in sich trug, war Kaiser WILHELM II. Anders als sein Großvater, der sich in allem, was er anordnete, auf seinen Kanzler BISMARCK verlassen hatte, wollte er »das Ruder« selbst in die Hand nehmen. Als Hohenzoller war er vom *Gottesgnadentum* seiner

Berliner Arbeiterfamilie
in ihrer Kellerküche (um 1905)

Wohnraum der feinen Gesellschaft
(Gründerzeit; Berlin-Museum)

Eröffnung des Reichstags *durch Wilhelm II. am 25. Juni 1888 (zeitgen. Gemälde von Anton von Werner; Bonn, Kunsthalle).*

»Genau vermag er aber dem Gang der Staatsmaschine nicht zu folgen...«

Herrschaft bis in die Haarspitzen überzeugt. Mutig, intelligent und mitfühlend – so war dieser letzte deutsche Kaiser durchaus, aber eben auch prahlerisch, bis zur Lächerlichkeit eitel, verletzbar und verletzend gleichermaßen. Als Redner versäumte es WILHELM nie, seine Adressaten durch unausgewogene Formulierungen vor den Kopf zu stoßen. Bei aller Aufgeschlossenheit haftete seinem *persönlichen Regiment* darum aber der Makel der Unberechenbarkeit und der fehlenden Kontinuität an.

HUGO GRAF LERCHENFELD (*1843, †1925), der bayerische Gesandte in Berlin, urteilte 1903 mit Scharfsinn und Einfühlungsvermögen: *„Er zeigt heute noch dieselbe jugendliche Frische, dieselbe rasche Auffassungsgabe, denselben persönlichen Mut und denselben Glauben an die Sicherheit seines Urteils und seines Könnens ... Er möchte in alles eingreifen, für alles Verantwortung tragen und betrachtet, wenigstens theoretisch, die Minister lediglich als seine Vollzugsorgane. Genau vermag er aber dem Gang der Staatsmaschine nicht zu folgen, und so sind es meistens Einzelheiten, Lieblingsprojekte, bei denen man sein Eingreifen bemerkt ...“* WILHELM II., der es seinen Verlautbarungen nach *allen seinen Untertanen* recht machen wollte, wurde gerade darum von der Mehrheit der Deutschen geschätzt – bis in die Arbeiterschaft hinein. Daß er den Lauf der Ereignisse nicht wirklich zu bestimmen vermochte, weder außenpolitisch noch innenpolitisch, tat seiner Beliebtheit durchaus keinen Abbruch. Wie kein zweiter verkörperte der Kaiser den Optimismus seiner Zeit. Er war ein Förderer der Schwerindustrie sowie ein Verfechter deutscher *Großmachtpolitik* und hatte somit das Bürgertum hinter sich; er dachte soldatisch, verhätschelte als

Oberster Kriegsherr seine Truppen, liebte das militärische Gepränge und hatte somit die konservativen Führungsschichten der Armee hinter sich; schließlich bekundete er nicht selten, *ein warmes Herz* für die Arbeiterschaft zu haben, und setzte sich in der Tat für *soziale Reformen*, insbesondere einen großzügigeren Arbeiterschutz ein – indes, ohne darin einen konsequenten Weg zu beschreiten. Sein Redeschwall verfehlte bei den unpolitischen Massen des Industrieproletariats seine Wirkung nicht. *„Ich führe euch herrlichen Zeiten entgegen"*, sagte der Kaiser. Er ließ aber auch verlauten: *„Meine Untertanen sollten einfach tun, was ich ihnen sage, aber meine Untertanen wollen immer selber denken, und daraus entstehen dann alle Schwierigkeiten."*

In der illustrierten Wochenzeitschrift *Die Gartenlaube* kamen die Massen in Berührung mit ihrer Herrscherfamilie. Dort wurde Kaiserin AUGUSTE VIKTORIA (*1858, †1921) als treu sorgende Mutter und Gemahlin vorgestellt, ein Vorbild für jeden, dem es im Familienleben um Treue, Bescheidenheit und Anstand ging. Männer und Frauen lasen, wie die Kaiserin ihr *sanftes Zepter* führte, wie sie *traute Häuslichkeit* schuf und wie sie die *festumfriedeten Mauern* des Heims gegen die *Stürme der Außenwelt* verteidigte. Es war selbstverständlich, daß die Deutschen des Mittelstands solchen Vorbildern nacheiferten. Auf dem wilhelminischen Familienfoto wurde der Vater ebenso herausragend postiert wie der Kaiser. Und die Kinder sollten zudem das Gemüt ihres Monarchen anrühren. An *Kaisers Geburtstag* (27. Januar) trugen die Knaben ihren Matrosenanzug: Die Flotte war WILHELMS Steckenpferd, ein Garant deutscher Durchsetzungskraft auf allen Weltmeeren.

Mit »Volldampf« in die Industriegesellschaft

Wir sagten: Den Deutschen der *Wilhelminischen Ära* wurde nahegelegt zu glauben, daß der Fortschritt mit den Händen zu greifen sei. In den Großstädten setzte sich allmählich die elektrische Straßenbeleuchtung durch. Die ersten Autos rollten durch die Innenstädte, Zeppeline und Flugzeuge stiegen auf. Die Zeitungsleser kamen aus dem Staunen nicht mehr heraus. Berichte über immer neue Erfindungen, »Rekorde« und andere Pioniertaten füllten die Kolumnen. Im Jahre 1886 stellten GOTTLIEB DAIMLER (*1834, †1900) und WILHELM MAYBACH (*1846, †1929) ihren ersten vierrädrigen *Kraftwagen* vor. Sechs Jahre später erhielt ein gewisser RUDOLF HERZOG, seines Zeichens Textilkaufmann der Reichshauptstadt, für sein erstes, in Berlin amtlich zugelassenes Automobil das »polizeiliche«

Die deutsche Kaiserin mit ihren Kindern
(Stich aus der »Gartenlaube«, 1889; Hamburg, Staatsbibliothek)

Eine deutsche Familie
(Foto, um 1900; Berlin, Ulstein-Archiv)

Die Kaiserjacht »Hohenzollern«
in Begleitung eines Torpedobootes und zweier Linienschiffe. (Gemälde, 1909; Kiel, Schiffahrtsmuseum)

Kennzeichen »IA-1«. Die »freie Fahrt« auf Berlins Straßen teilte sich der Kaufmann im Jahr der Zulassung mit 16747 »Pferden im Fuhrwesen«, 3187 »Droschken 1. Klasse«, 2460 »Droschken 2. Klasse«, 1220 »Pferdebahnwagen«, 284 »Kremsern« (offene Wagen mit Verdeck) sowie 255 »Pferdeomnibussen«. Am 1. November 1895 war Kino-Premiere in Deutschland! Im Berliner Varieté (*Wintergarten*) organisierte der Schaustellersohn MAX SKLADANOWSKY (*1863, †1939) die erste öffentliche Filmvorführung.

All dies und vieles andere war am Vorabend des *Ersten Weltkriegs* bereits zur Selbstverständlichkeit geworden. Die Menschen konnten »telefonieren«, in München seit 1911 bereits über ein Fernmeldeamt mit Selbstwähldienst, in *Zweiradschulen* das Radfahren lernen, in den großstädtischen Warenhäusern (in Berlin im *Kaufhaus des Westens*, eröffnet 1907) ihren Konsumwünschen nachgehen und in *Ballsportvereinen* sich ertüchtigen. In den deutschen Metropolen war das Leben ganz schön hektisch geworden. Der Typus des Großstädters hatte sich herausgebildet, welcher auf die in weniger als einer Generation vollzogene Umwandlung der deutschen Lebensumstände durch rasches Begreifen und ebenso rasches Reagieren antwortete. *„Der Berliner“*, so beschrieb der junge KURT TUCHOLSKY (*1890, †1935) die Ruhelosigkeit seiner Zeitgenossen, *„ist meist aus Posen oder Breslau und hat keine Zeit. Er hat immer etwas vor, er telephoniert und verabredet sich, kommt abgehetzt zu einer Verabredung und etwas zu spät – und hat sehr viel zu tun. In dieser Stadt wird nicht gearbeitet –, hier wird geschuftet.“*

Neue Häuser *im Industrieviertel. (Gemälde von Hans Baluschek, 1895; Berlin, Märkisches Museum)*

Der beschleunigte Lebensrhythmus der Menschen war nur die Oberflächenerscheinung einer beispiellosen Entfaltung von Industrie, Handwerk und Dienstleistungen. Als Deutschland um die Mitte des 19. Jahrhunderts in die Phase der beschleunigten Industrialisierung eintrat, war England bekanntlich die führende Wirtschaftsmacht der Welt. Die Engländer vermochten zwar ihre Industrieproduktion bis 1913 um nochmals 260 Prozent zu steigern, aber den Deutschen gelang eine Wachstumsrate von 810 Prozent! Damit war das Reich zur führenden Wirtschaftsmacht Europas aufgestiegen. Für die Dynamik der deutschen Industrieentwicklung sorgten vor allem die *Kohle*, die trotz zunehmender Bedeutung von Elektrizität und Erdöl zum alles beherrschenden Energieträger wurde, und das *Eisen* – dieser universale Werkstoff des neuen Zeitalters. Moderne Förder- und Verhüttungstechniken, insbesondere der Übergang vom Eisen zum Stahl, sowie die Herausbildung neuer Fertigungsbranchen im Bereich der metallverarbeitenden Industrie, wie Maschinen-

Proletarierinnen *(Gemälde von Hans Baluschek, 1900; Berlin, Märkisches Museum)*

bau, optische Geräte, Fein- und Elektromechanik, sorgten für eine ständige Verbesserung der volkswirtschaftlichen Produktivität. Im Jahre 1903 hatte das Reich England, den bis dahin weltweit führenden Stahlproduzenten, überholt. Das *Ruhrgebiet* wurde nach der Jahrhundertwende zum Inbegriff deutscher Wirtschaftskraft. Hier konzentrierten sich auf engstem Raum die Hochöfen sowie die Stahl- und Walzwerke der Firmen *Krupp* und *Thyssen*. Transportbänder sorgten dafür, daß Kohle und Erz von den großen Docks in Essen und Duisburg direkt zu den Hochöfen geleitet werden konnten. In die Konstruktionsbüros und Firmenleitungen zogen nun Absolventen der Universitäten und Technischen Hochschulen ein. Sie planten technische Neuerungen und sorgten für eine betriebliche *Rationalisierung* der Arbeitsabläufe. Im Bereich der Schlüsselindustrien war die Zeit legendärer Firmengründer und -pioniere, die alles allein bestimmt hatten, längst abgelaufen! Durch Konzernbildungen und die Konzentration großer Kapitalien hatten sich ganz neuartige gesellschaftliche Machtstrukturen herausgebildet. Dem Hohenzollernkaiser konnten diese nichts anhaben, da er mit der Wirtschaft, insbesondere der Schwerindustrie, in gutem Einvernehmen stand. WILHELM rasselte mit dem Säbel, den die Wirtschaft ihm hergestellt hatte.

Die innenpolitischen Krisen

Die Wilhelminische Ära war von äußerem Glanz bestimmt, der die meisten Deutschen blendete. Sie lebten inmitten einer Welt der Abertausenden von Rentiers, die ihren Lebensunterhalt in einem reich gewordenen Gemeinwesen aus Kapital- und Grundvermögen bestreiten konnten und die die gesellschaftliche »Etikette« ebenso liebten wie den Müßiggang; sie lebten inmitten einer Welt perfekt organisierter Militärparaden und Opernbälle, auf denen sich schöne Damen in noch schönerer Balltoilette ihre Liebschaft mit einem »Reserveoffizier« zuflüsterten und auf denen die Herren in Frack oder Uniform das pathetische »Kaiserwort« der letzten Woche mit Nachsicht wogen. Die Prosa des Alltags und der Politik sah ganz anders aus. Die Wilhelminische Klassengesellschaft war voll der Konflikte. Aber die Parteien des Reichstags, die Konservativen, die Zentrumspartei, die National- und Linksliberalen sowie die Sozialdemokraten, konnten diese nicht nach Art des westeuropäischen Parlamentarismus austragen. Die Befugnisse des Reichstags waren bescheiden, und noch bescheidener war dessen Ansehen in der Öffentlichkeit. Erzkonservative Berater aus der

Das Produktionsjubiläum
(Der 1000. Schiffsdampfkessel einer Hamburger Werft. Foto, 1898; Hamburg, Altonaer Museum)

Gußstahlfabrik Friedrich Krupp in Essen
(Lithographie, 1911; Essen, Villa Hügel)

Einladung zum Maskenball
(Plakat; Frankfurt a. M., Historisches Museum)

Umgebung des Kaisers, und auch dieser selbst, nutzten jede Gelegenheit, dem Ansehen der deutschen Volksvertretung zu schaden. ALFRED GRAF VON WALDERSEE (*1832, †1904), ein mehrfach ausgewiesener Meister des Intrigenspiels zwischen Kaiser, Kanzler und Reichstag, maulte Anfang der 90er Jahre, daß es der Bismarck-Nachfolger LEO GRAF VON CAPRIVI (Reichskanzler: 1890-1894) ein ums andere Mal versäumt habe, *„den halbverrückten Reichstag zum Teufel zu jagen."* Böse Worte über den Reichstag kamen auch von den Volksvertretern selbst. Der konservative Abgeordnete ELARD VON OLDENBURG-JANUSCHAU (*1855, †1937) trat 1910 ans Rednerpult des »Hohen Hauses« und wagte zu sagen: *„Der Deutsche Kaiser muß jeden Moment imstande sein, zu einem Leutnant zu sagen: Nehmen Sie zehn Mann und schließen Sie den Reichstag!"* Äußerungen dieser Art waren mehr als peinliche Entgleisungen – sie haben symptomatischen Charakter und lassen die Schwächen des »politischen Systems« aufscheinen. CAPRIVI machte eine Pressekampagne der *Bismarck-Fronde* zu schaffen und konnte sich von Jahr zu Jahr schwerer gegen die kaiserliche Berater-Troika der PHILIPP GRAF ZU EULENBURG (*1847, †1921), FRIEDRICH VON HOLSTEIN (*1837, †1909) und ALFRED VON KIDERLEN-WAECHTER (*1852, †1912) durchsetzen. Der Reichskanzler, der ohnehin »im Verdacht« stand, ein Mann freiheitlich-rechtsstaatlicher Maximen im Sinne der *Deutschen Fortschrittspartei* zu sein, zog die Gegnerschaft der *Agrarier* auf sich, als er 1891 durch eine Reihe von Handelsverträgen die Importzölle auf Weizen und Roggen senken ließ.

Reichskanzler Caprivi
als Redner vor dem Reichstag.
(Holzstich aus der »Leipziger Illustrierten Zeitung« Nr. 17, 1894; Ausschnitt)

Unüberbrückbar wurden die Gegensätze zwischen Kanzler und Kaiser im Herbst 1894: WILHELM wollte eine schärfere gesetzliche Handhabe gegen die Sozialdemokratie schaffen, gegen *„die Parteien des Umsturzes"*, wie er sagte, – notfalls auch durch Entmachtung des Reichstags, also auf dem Wege des »Staatsstreichs«. CAPRIVI spielte indes nicht mit und mußte gehen. Sein Nachfolger wurde ein Vertreter des süddeutsch-katholischen Hochadels, FÜRST CHLODWIG VON HOHENLOHE SCHILLINGSFÜRST (*1819, †1901; Reichskanzler: 1894-1900). Der Fürst, der an der Schwelle zum Greisenalter zu höchsten Ehren gelangte, war ein erfahrener Berufspolitiker, doch galt er als schwächlich und verbraucht – darum fand der Kaiser an dem »alten Herrn« Geschmack. HOHENLOHES Amtszeit war von der wachsenden Bedeutung der deutschen Arbeiterbewegung geprägt, insbesondere der *Gewerkschaften*, die, verstärkt seit etwa Mitte der 90er Jahre, auf *praktische* und *direkte* Vereinbarungen mit den Vertretern aus Industrie und Handel hinwirkten und so

Das Reichstagsgebäude *in Berlin. (1884-1894 erbaut von Paul Wallot; Farbdruck, 1896;* ▸ *S. 488)*

politisches Profil gewannen. Das hatte Auswirkungen auf die sozialdemokratische Partei selbst. Sie wandelte sich in jenen Jahren langsam aber stetig zu einer Interessenpartei der Arbeiterschaft, die ihre ideologischen Parolen von der *Zerschlagung der bürgerlichen Gesellschaft* hintanstellte und nun den Kampf auf dem Boden der bestehenden politischen Ordnung aufnehmen wollte.

Es kennzeichnet den wenig ausgeprägten politischen Instinkt des Kaisers, daß dieser solche Verschiebungen überhaupt nicht wahrnahm, vielmehr weiterhin darauf setzte, die Bewegung zu schwächen. HOHENLOHE widersetzte sich bis zum Ende seiner Kanzlerschaft ebenso beharrlich wie erfolgreich jedem Ansinnen des Kaisers und seines Umfeldes, mit Sondergesetzen oder gar außergesetzlichen Maßnahmen gegen die Sozialdemokratie und die Gewerkschaften vorzugehen. 1895 brachte die Reichstagsmehrheit eine Gesetzesnovelle zur Verschärfung der Strafen für politische Delikte (*Umsturzvorlage*) zu Fall, ebenso ein ähnlich geartetes Gesetz im Jahre 1899 (*Zuchthausvorlage*). Entnervt und amtsmüde bat HOHENLOHE im Jahre 1900 gleichwohl um seinen Abschied und erhielt ihn am 17. Oktober. Schon lange vorher hatte er seinem Sohn geschrieben, er verliere *„mehr und mehr die Lust, unter diesem Herrn (d.h. dem Kaiser) weiter zu dienen.“* Der »alte Herr« war ein *„Künstler im Vermeiden von Katastrophen“* gewesen, wie es der liberale FRIEDRICH NAUMANN (*1860, †1919), seit 1907 selbst Mitglied des Reichstags, rückblickend und würdigend zu formulieren verstand. Geschmeidig und mit Ausdauer begegnete der Kanzler den Bocksprüngen seines monarchischen Herrn über einen langen Zeitraum und hatte durch seine Opposition gegen

Auflösung einer Arbeiterversammlung *durch die Berliner Polizei. (Holzstich aus der »Berliner Illustrierten Zeitung«, 22.2. 1890; Ausschnitt)*

Bernhard Graf von Bülow
als Redner im Reichstag. (Zeichnung von A. Garratt, 1908)

Die Ost-Afrika-Linie
des Hamburger Unternehmers Eduard Woermann. (Plakat von Charles Fuchs, um 1890)

virulente Staatsstreichpläne darum mehrfach Schlimmes verhindert – etwa, daß ein Militär mit engem Gesichtsfeld an die Spitze der Reichsregierung vorrücken konnte. HOHENLOHES Amt übernahm der bisherige Staatssekretär des Auswärtigen Amts, BERNHARD GRAF VON BÜLOW (*1849, †1929). Mit ihm trat die deutsche Politik in eine Ära, in der die außenpolitischen Schwierigkeiten die innenpolitischen Probleme zu überlagern begannen ...

Deutschlands »Platz an der Sonne«

Dieser BÜLOW hatte am 6. Dezember 1897 vor dem Reichstag erklärt: *„Die Zeiten, wo der Deutsche dem einen seiner Nachbarn die Erde überließ, dem anderen das Meer und sich selbst den Himmel reservierte, wo die reine Doktrin thront – diese Zeiten sind vorüber ... Wir sind endlich gern bereit, in Ostasien den Interessen anderer Großmächte Rechnung zu tragen, in der sicheren Voraussicht, daß unsere eigenen Interessen gleichfalls die ihnen gebührende Würdigung finden. Mit einem Worte: Wir wollen niemanden in den Schatten stellen, aber wir verlangen auch unseren Platz an der Sonne."* BÜLOWS Rede war die Ermordung zweier deutscher Missionare auf der Halbinsel *Shantung* im Norden Chinas vorausgegangen. Die Reichsleitung war eingeschritten, hatte ein Kreuzergeschwader ins Gelbe Meer entsandt und am 15. November 1897 die Bucht von *Kiautschou* besetzen lassen. In Wahrheit ging es bei dieser Mission nur um die Sicherung deutscher Wirtschaftsinteressen im Fernen Osten. Durch Vertrag vom 6. März 1898 überließ China dem Reich das Territorium um die Bucht von Kiautschou pachtweise für 99 Jahre. Ein neues deutsches *Schutzgebiet* war entstanden.

Als BÜLOW seine berühmt gewordenen Worte vom *Platz an der Sonne*, der den Deutschen gebühre, vortrug, war das Reich inzwischen in die Händel auf allen Weltmeeren und auf allen Kontinenten verstrickt. WILHELM, seine Berater und die Reichsleitung hatten sich schon des längeren entschlossen gezeigt, an der *Aufteilung der Erde*, um die es damals ging, kräftig mitzuwirken – es im Nachholverfahren den etablierten Kolonialmächten der Zeit, insbesondere England, Frankreich und Rußland, gewissermaßen gleichzutun. Den Grundstein dieser *Weltmachtpolitik* legten deutsche Kaufleute. Sie bereisten ferne Länder, schlossen mit einheimischen Häuptlingen und Königen private Verträge ab und leiteten seit Mitte der 80er Jahre so den Erwerb deutscher Kolonien ein – in Afrika die Schutzgebiete *Togo, Kamerun, Deutsch-Südwestafrika* und *Deutsch-Ostafrika*;

im pazifischen Raum die Schutzgebiete *Neuguinea*, das *Bismarckarchipel* und die *Marshallinseln*. 1914 nannte das Reich Schutzgebiete sein eigen, die insgesamt knapp 3 Millionen Quadratkilometer umfaßten. In ihnen geboten 28 000 Weiße über 13 Millionen Eingeborene! Kolonien zu haben, war den meisten Deutschen lieb und teuer. Einflußreiche Massen- und Propagandaverbände wie der *Alldeutsche Verband* oder die *Deutsche Kolonialgesellschaft*, deren aktive Fürsprecher vor allem aus der Großindustrie und dem Bildungsbürgertum kamen, nicht indes aus ostelbischen Junkerkreisen, trommelten mächtig, um die deutsche *Kolonialpolitik* in der Öffentlichkeit populär zu machen. Aber in Wahrheit war dieses Abenteuer deutscher Politik fiskalisch stets ein Zuschußunternehmen geblieben. Noch stärker ins Gewicht fiel, daß nun der Bismarcksche Spielraum vertan war, das Reich als »ehrlichen Makler« zwischen widerstreitenden Interessen der Großmächte in Szene setzen und daraus Kapital schlagen zu können. Nun war man selbst »wer«, so glaubte man, und niemand sollte Deutschland den *Platz an der Sonne* streitig machen dürfen!

»... niemand sollte Deutschland den Platz an der Sonne streitig machen dürfen!«

Die neue Arroganz der deutschen Politik kam im Ausland wenig an. Die Engländer schlugen die Hände über dem Kopf zusammen, als sie von Kaiser WILHELMS berüchtigter *Hunnenrede* hörten. In China hatte der religiös-revolutionäre Geheimbund der »Faust-Rebellen« (*Boxer*) seiner Empörung gegen die europäischen Kolonialmächte Luft gemacht, die im »Reich der Mitte« nach Belieben schalteten und walteten. Die Boxer ermordeten am 20. Juni des Jahres 1900 den deutschen Gesandten KLEMENS FREIHERR VON KETTELER (*1853). Alle Europäer der Hauptstadt, etwa 1000 an der Zahl, flüchteten daraufhin verschreckt ins Gesandtschaftsviertel und wurden 64 Tage lang belagert. Schnell stellten die europäischen Kolonialmächte ein gemeinsames Expeditionskorps auf. Der Kaiser war außer sich über die Ermordung seines Diplomaten und verabschiedete seine Truppen mit Worten, die mehr außenpolitischen Schaden anrichten sollten als alles andere, was WILHELM vorher und nachher verlauten ließ: *„Pardon wird nicht gegeben! Gefangene werden nicht gemacht! Wer Euch in die Hände fällt, sei Euch verfallen! Wie vor tausend Jahren die Hunnen unter ihrem König Etzel sich einen Namen gemacht ... so möge der Name Deutscher in China auf tausend Jahre durch Euch in einer Weise bestätigt werden, daß niemals wieder ein Chinese es wagt, einen Deutschen auch nur scheel anzusehen!“* Es war der 27. Juli 1900. WILHELM war der Gaul kräftig durchgegangen. Die Rede ging tags darauf in unzensierter Form um die Welt, und der

Die »Hunnenrede« Wilhelms II. *Im Juli 1900 verabschiedete der Kaiser (auf der Bühne) das deutsche Expeditionskorps zur Bekämpfung des Boxeraufstandes in China. (Foto; Berlin, Ullstein-Archiv)*

Niederschlagung des Boxeraufstandes
Marinesoldaten bei der Erstürmung einer Festung der Boxer (zeitgen. Lithographie).

Hohenzoller wurde fortan hundertfach als Barbarenfürst und Schlächter karikiert. Noch eineinhalb Jahrzehnte später sollte die englische Kriegspropaganda ihre deutschen Gegner als »Hunnen« bezeichnen, und bei Kriegsende forderte die englische Presse: *„Hang the Kaiser!"* Das neue Jahrhundert war seit WILHELMS Hunnenrede mit einer außenpolitischen Hypothek der besonderen Art belastet.

Natürlich konnte die Hunnenrede ihre psychologisch schädliche Wirkung nur darum entfalten, weil sie zu anderer Kunde paßte, die das Ausland vom Reich vernahm. Der Historiker KARL LAMPRECHT (*1856, †1915), nicht einmal oberster Scharfmacher im Lager der *Alldeutschen*, forderte in zackig-strammer Sprache: *„Ausdehnung also zum Größtstaat, also Zusammenfassung aller Kräfte der staatlichen Gesellschaft zu einheitlichen Wirkungen nach außen und deren Führung durch einen Helden und Herren: Das sind die nächsten Forderungen des Expansionsstaats."* Zugegeben – LAMPRECHTS Äußerung entstammt den nervösen Vorkriegsjahren, als das Reich bereits in gefahrvoller Isolierung stand. Doch schon 1886 betrachtete der Bankier KARL VON DER HEYDT die deutsche Kolonialpolitik als

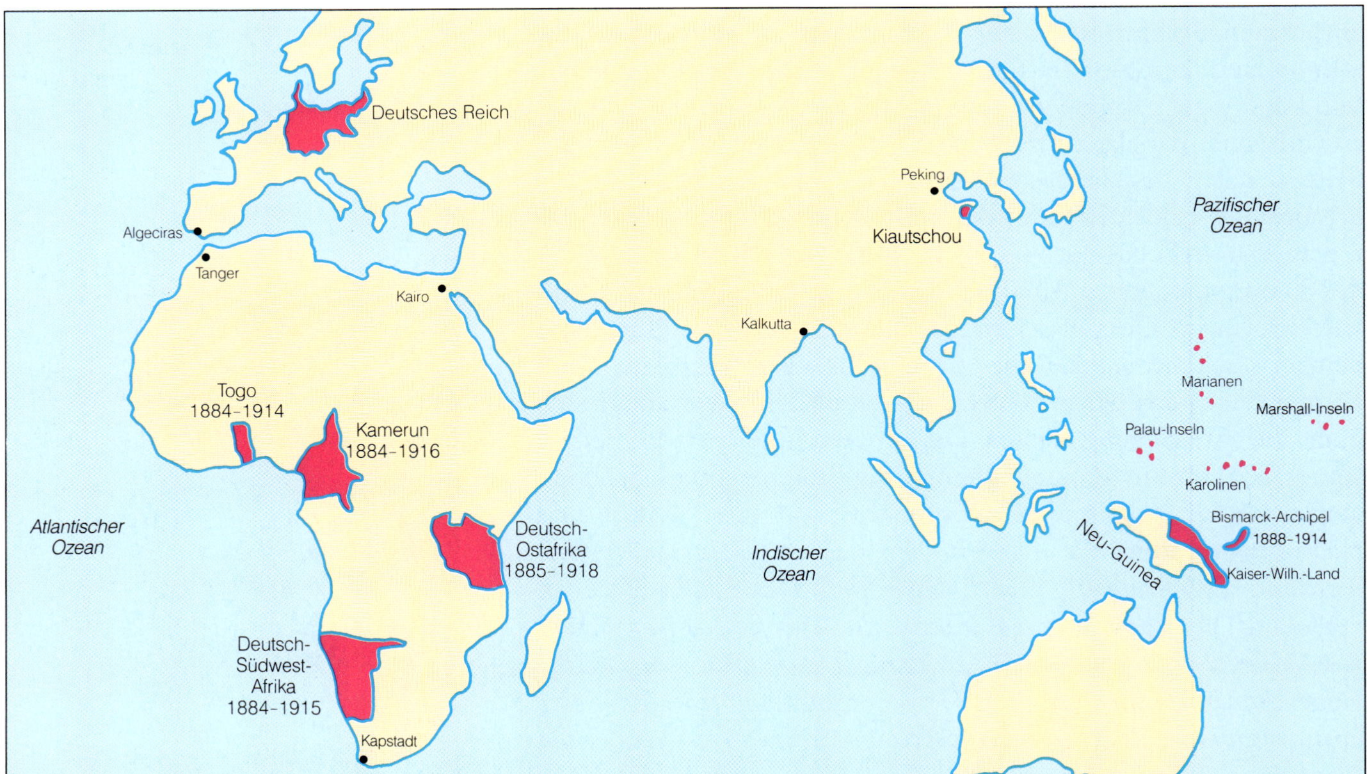

Die deutschen Kolonien

„ein Mittel zur Erreichung der wirtschaftlichen und politischen Weltherrschaft Deutschlands." Fünf Jahre später sollte sich VON DER HEYDT als einer der Gründungsväter des schnell mächtig werdenden Alldeutschen Verbands profilieren können. Dem abstrusen Professoren- und Bankiersgetöse erlagen mit der Zeit immer weitere Kreise der deutschen Mittelschichten. Und so gab es für eine deutsche »Außenpolitik der Unvernunft« lautstarke Promoter und leise, aber massenhafte Zustimmung.

Außenpolitik der Isolierung

Reichskanzler BÜLOW schmeichelte dem Kaiser oftmals bis zur peinlichen Selbstaufgabe und unterschied sich darin auf unangenehme Weise von seinem Vorgänger im Amt. Er gab sich als Außenpolitiker aus Profession aus und war es wohl auch. *„Nur eine erfolgreiche Außenpolitik kann helfen, versöhnen, beruhigen, sammeln, einigen"*, sagte er schon 1897. Äußerungen dieser Art hörte der Kaiser gern. Was beide am Tage der Amtsübernahme nicht ahnten – Erfolge zu erringen, war inzwischen ein schwieriges Unterfangen geworden! Die beiden Herren und ihre Umgebung setzten auf eine Politik der militärischen Stärke, um »freie Hand« zu haben, und erlebten ein Fiasko. In wenigen Jahren, zwischen 1904 und 1907, hatte sich nämlich ein in seinen mittelbaren Konsequenzen gegen das Reich gerichteter *Verständigungsblock*, bestehend aus den führenden Kolonialmächten England, Frankreich und Rußland, herausgebildet.

Diese Weltmächte waren sich aus vielerlei Gründen nähergekommen – nicht zuletzt wegen der deutschen Orientpolitik, die mit einer Reise WILHELMS in die Türkei begonnen hatte (1898). In seiner Begleitung waren führende Vertreter der deutschen Wirtschaft. Sie verhandelten über den Bau einer Eisenbahntrasse quer durch das Osmanische Reich (*Bagdadbahn*). Die Deutschen erhielten den Zuschlag, gründeten bereits im folgenden Jahr die *Anatolische Eisenbahngesellschaft* und erhielten 1901 vom Sultan die Baugenehmigung. Damit war das Reich aber in die russisch-englische Interessensphäre vorgedrungen! Man kann die Reichsleitung verstehen, daß sie in Jahren offener Allianzen alles daransetzte, die deutschen Positionen zu verstärken. Aber was sie auch unternahm, glich eher einer kontraproduktiven *Störpolitik*, die England, Frankreich und Rußland immer enger zusammenführte. Am deutlichsten hatte dies die *Erste Marokko-Krise* von 1905/6 gezeigt. Nachdem sich England und Frankreich 1904 über alle strittigen Kolonialfragen geeinigt hatten *(Entente cordiale)*, suchte BÜLOW nach einem

Untergang im Sandfeld

1904 scheiterte der Aufstand der Herero im ehemaligen Deutsch-Südwestafrika (heute Namibia). Die aufständischen Eingeborenen wurden von deutschen Truppen in die wasserlose Omaheke-Steppe getrieben, wo sie verdursteten. General Lothar von Trotha, der Oberbefehlshaber in Deutsch-Südwestafrika, berichtete am 4. Oktober 1904:

Es fragt sich nun für mich, wie ist der Krieg mit den Herero zu beendigen ... Ich glaube, daß die Nation als solche vernichtet werden muß, oder, wenn dies durch taktische Schläge nicht möglich war, operativ und durch die weitere Detail-Behandlung aus dem Lande gewiesen wird. Es wird möglich sein, durch die erfolgte Besetzung der Wasserstellen von Grootfontein bis Gobabis und durch eine rege Beweglichkeit der Kolonnen die kleinen nach Westen zurückströmenden Teile des Volkes zu finden und sie allmählich aufzureiben ...
Da ich mit den Leuten weder paktieren kann noch ohne ausdrückliche Weisung Seiner Majestät des Kaisers und Königs will, so ist eine gewisse rigorose Behandlung aller Teile der Nation unbedingt notwendig, eine Behandlung, die ich zunächst auf meine eigene Verantwortung übernommen und durchgeführt habe, von der ich auch, solange ich das Kommando habe, ohne direkte Weisung nicht abgehe. Meine genaue Kenntnis so vieler zentral-afrikanischer Stämme, Bantu und andere, hat mir überall die überzeugende Notwendigkeit vorgeführt, daß sich der Neger keinem Vertrag, sondern nur der rohen Gewalt beugt. Ich habe gestern, vor meinem Abmarsch, die in den letzten Tagen ergriffenen Orlog-Leute kriegsgerichtlich verurteilt, aufhängen lassen und habe alle zugelaufenen Weiber und Kinder wieder in das Sandfeld ... zurückgejagt ... Andererseits ist die Aufnahme der Weiber und Kinder, die beide zum größten Teil krank sind, eine eminente Gefahr für die Truppe, sie jedoch zu verpflegen eine Unmöglichkeit. Deshalb halte ich es für richtiger, daß die Nation in sich untergeht und nicht noch unsere Soldaten infiziert ...

Konferenz von Algeciras
Die Algeciras-Akte legte fest, daß die Souveränität des Sultans von Marokko und die Integrität seines Staates nicht angetastet werden, daß Handelsfreiheit und Gleichberechtigung aller Mächte bestehen bleiben, daß in den marokkanischen Hafenstädten eine Polizei aufgebaut wird, und zwar von Spanien und Frankreich, dem zugleich der Vorrang bei der Gründung der marokkanischen Bank eingeräumt wurde.

S.M.S. Schleswig-Holstein
auf der Fahrt durch den Kaiser-Wilhelm-Kanal.
(Fotopostkarte, um 1905)

Weg, auf Paris Druck auszuüben, um den Kriegsgegner von 1870/71 aus der englischen Umarmung zu lösen und in einen *Kontinentalbund* mit Rußland und dem Reich zu zwingen. In der französischen Nordafrika-Politik glaubte man einen Ansatzpunkt gefunden zu haben. Spanien und Frankreich hatten sich im Herbst 1904 über die Aufteilung Marokkos in Interessengebiete geeinigt. Unter Hinweis auf ein altes Abkommen aus dem Jahre 1880 meldete BÜLOW wenig später ein deutsche Mitspracherecht bei der Lösung der *Marokko-Frage* an. Der Kaiser, auf einer Linie mit dem Reichskanzler, begab sich daraufhin nach Tanger und stattete dem Sultan einen demonstrativen, die Souveränität des Monarchen unterstreichenden Besuch ab. In der Hoffnung, Frankreich isolieren zu können, setzte die deutsche Diplomatie nun auf eine internationale Konferenz und schlug darum das französische Angebot aus, die Frage auf dem Wege bilateraler Verhandlungen zu lösen. Das deutsche Vorpreschen in der Marokko-Frage erwies sich schnell als wenig durchdacht. Es war von vornherein zu durchsichtig, zu naßforsch und risikobeladen angelegt. Zwar kam die von den Deutschen geforderte internationale Marokko-Konferenz auch tatsächlich zustande (*Konferenz von Algeciras*), aber am Verhandlungstisch wurde nicht Frankreich, sondern Deutschland isoliert. Das Deutsche Reich hatte nur in Österreich-Ungarn einen Fürsprecher. Als die *Algeciras-Akte* am 7. April 1906 unterzeichnet wurde, war die Kriegsgefahr gebannt, aber der Konferenzverlauf eine politische Schlappe erster Ordnung.

Als im Jahre 1907 auch Rußland und England zu einem Interessenausgleich kamen, dämmerte der Reichsleitung, daß Deutschland politisch isoliert war. Und in der Öffentlichkeit begann man von *Einkreisung* zu reden. Dagegen schien es nur *ein* Rezept zu geben: Aufrüstung und Bewaffnung bis an die Zähne! So lautete die Devise *aller* Großmächte im Zeitalter des Imperialismus, aber der deutschen Aufrüstung haftete eine Komponente besonders gefährlicher Irrationalität an. Sie lag in der aggressiven, von Anbeginn an gegen England gerichteten *Flottenpolitik* begründet. Der Kaiser hatte schon als Kronprinz seine Leidenschaft für die Marine entdeckt. In ALFRED VON TIRPITZ, (*1849, †1930), einem launisch-aufbrausenden, aber mit enormer Schaffenskraft ausgestatteten Charakter, fand der Kaiser einen Mann, der alle taktisch-strategischen Aspekte der deutschen Flottenaufrüstung entwickelte und sie politisch auch durchzusetzen verstand. TIRPITZ, seit 1897 Staatssekretär des Reichsmarineamts, war ein ungemein geschickter Propagandist und Organisator, der die großen deutschen Bankhäuser und die expansionshungrige Schwerindustrie, vor allem aber auch die deutsche Öffentlichkeit für seine Ziele gewinnen konnte. Zum Ausbau der Flotte bewilligte der Reichstag (1898) 400 Millionen Reichsmark. So sollte die Reichsmarine auf eine Ist-Stärke von 19 Schlachtschiffen, 8 bewaffneten Küstenbooten, 12 großen und 30 kleinen Kreuzern gebracht werden, einschließlich einer Hilfsflotte, bestehend aus Torpedobooten, Spezial- und Schulschiffen. Das *Flottengesetz* wurde zwischen 1898 und 1912 mehrfach novelliert, um immer ehrgeizigere Pläne realisieren zu können. Bei Ausbruch des Ersten Weltkriegs war Deutschland zur zweitstärksten Seemacht geworden. Aber das Reich hatte einen hohen, zu hohen Preis zahlen müssen! Denn spätestens nach 1905 blockierte die deutsche Flottenpolitik jede Möglichkeit, mit England doch noch zu einem politischen Ausgleich zu kommen. Und mehr noch: Nach Kriegsausbruch sollte sich alsbald erweisen, daß die deutsche Seemachtstellung militärisch überhaupt nichts einbrachte.

Reichskanzler BÜLOW erhielt am 14. Juli 1909 seinen Abschied. Der äußere Anlaß für seine Demission war eine Abstimmungsniederlage im Reichstag. In Wahrheit war sein Verhältnis zum Kaiser seit der sogenannten *Daily Telegraph-Affäre* schwer belastet. Er hatte ein Interview des Kaisers für die englische Presse ungelesen, wie er behauptete, weitergereicht, sich im Nachhinein indes entlasten wollen und indirekt den Kaiser persönlich dadurch kompromittiert. Das Interview wurde am 28. Oktober 1908 im *Daily Telegraph* veröffentlicht und löste wegen peinlicher Entgleisungen des Kaisers in der englischen wie auch in der deutschen Öffentlichkeit einen Sturm der Entrüstung aus ... BÜLOWS Nachfolger im Amt wurde THEOBALD VON BETHMANN HOLLWEG (*1856, †1921), ein Verwaltungsfachmann ohne außenpolitische Erfahrungen – aber ein Mann des besonnenen Wortes, der sich schnell in die Probleme der deutschen Außenpolitik einfand und zu retten versuchte, was zu retten war. BETHMANN sagte: *„Wir müssen ruhig und geduldig vorwärts schreiten, um jenes Vertrauen wiederzugewinnen, ohne das wir unsere politische und wirtschaftliche Stellung nicht festigen können."* Seine Bemühungen, insbesondere mit England zu einem Ausgleich zu kommen, waren ebenso ehrlich wie wirkungslos, da er den Briten wenig Konkretes anbieten konnte. Der Schlüssel für eine Verständigung mit England wäre ein *Flottenbegrenzungsabkommen* gewesen. Dieses scheiterte am Einfluß, den TIRPITZ auf den Kaiser hatte. Als der englische Kriegsminister LORD HALDANE (*1856, †1928), den Deutschen eher wohlgesonnen, auf Einladung des Kaisers im Februar 1912

Wilhelm II.
in der Uniform der Gardekürassiere.
(Zeichnung von Max Koner, 1891)

Die Bündniskonstellation von 1914

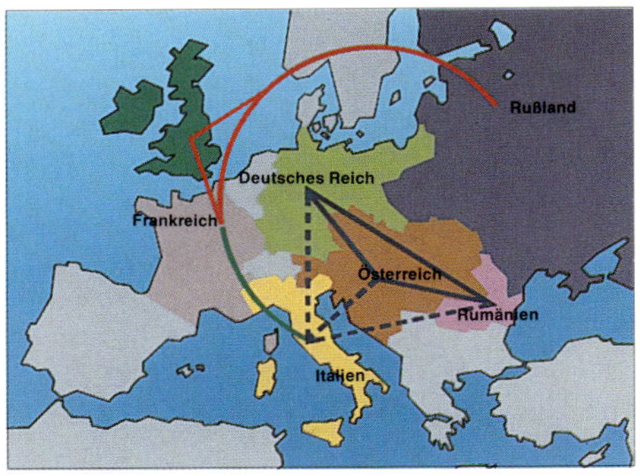

Nachdem es 1904 zwischen Frankreich und England (Entente cordiale) sowie 1907 zwischen Rußland und England zum Ausgleich gekommen war, fühlte sich das Reich bedrohlich »eingekreist«, zumal es sich im Dreibund nur auf Österreich-Ungarn verlassen konnte.

Mahnung
Lange vor dem Krieg warnte die deutsche Sozialdemokratie, daß das wilde Wettrüsten „mit Naturnotwendigkeit zum verheerenden Weltkrieg" führen werde. (Wahlplakat von 1912; Bonn, Friedrich-Ebert-Stiftung)

in Berlin weilte, strengte man deutscherseits ein *Neutralitätsabkommen* mit England an und wollte dafür das Tempo des deutschen Flottenausbaus verlangsamen. Das war HALDANE zu wenig. Er reiste frustriert ab, und der Kaiser tönte in gewohnter Manier, er habe *„den Engländern gezeigt, daß sie, wenn sie an unsere Rüstung tasten, auf Granit beißen ..."* Noch wußte der Hohenzoller nicht, daß soeben die letzte Chance für eine Verständigung mit dem mißtrauischen Inselvolk der Briten vertan war.

Die unheilvolle Kettenreaktion

Angesichts der bedrohlichen »Einkreisung« des Reichs verblieb den Deutschen nur *ein* verlässlicher Bündnispartner: Österreich-Ungarn. An der Bündnistreue Italiens, mithin einer fortbestehenden Funktionsfähigkeit des *Dreibunds*, hegte man seit langem zurecht Zweifel. Um so bereitwilliger unterstützte man jeden Schritt der österreichischen Außenpolitik (*Nibelungentreue*). Das hatte zur Folge, daß das Reich in die Verwicklungen Südosteuropas hineingezogen wurde. Bedingt durch die innere Auflösung des Osmanischen Reichs (*der kranke Mann am Bosporus*), stellte der Balkan schon seit langem einen Konflikherd erster Ordnung dar. Die ehemals türkischen Provinzen *Bosnien* und *Herzegowina* im heutigen Jugoslawien, die entsprechend den Bestimmungen des *Berliner Kongresses* von 1878 unter österreichischer Verwaltung standen, wurden von der Donaumonarchie 1908 für *annektiert* erklärt. Die österreichisch-ungarische Doppelmonarchie verfolgte mit dieser Annexion die Absicht, einen »dritten«, von den Südslawen gebildeten Reichsteil zu schaffen. Dagegen regte sich heftiger Widerstand. Serbische Nationalisten, die ihrerseits von einem *Großserbischen Reich* träumten, bildeten Geheimorganisationen und fanden darin zumindest die mittelbare Unterstützung durch den serbischen König. Der nordwestliche Balkan war nun zum »Pulverfaß« geworden! Um die Lage zu beruhigen, entschloß sich der österreichische Thronfolger, ERZHERZOG FRANZ FERDINAND (*1868), zu einem schicksalhaften Schritt: Zusammen mit seiner Gemahlin SOPHIE VON HOHENBERG stattete er *Sarajewo*, der Hauptstadt von Bosnien und der Herzegowina, am 28. Juni 1914 einen Besuch ab. Das Thronfolgerpaar sollte den Tag nicht überleben! Zwei Schüsse, aus nächster Nähe von einem serbischen Nationalisten auf FRANZ FERDINAND und seine Gemahlin abgefeuert, trafen ins Ziel. Im offenen Wagen brachen beide zusammen. Der Erzherzog war sofort tot, SOPHIE starb auf dem Wege ins Krankenhaus ...

Die tödlichen Schüsse von Sarajewo lösten im damaligen Europa eine unheilvolle *Kettenreaktion* aus. Berlin beeilte sich, der Donaumonarchie seine volle Unterstützung zuzusichern. Österreichische Untersuchungsbeamte fanden schnell heraus, daß der Attentäter, der neunzehnjährige Gymnasiast GAVRILO PRINCIP, dem Geheimbund *Schwarze Hand* angehörte. Daraufhin forderte Österreich Belgrad am 23. Juli ultimativ auf, weitere Nachforschungen auch auf serbischem Hoheitsgebiet durchführen zu können. Belgrad lehnte ab – mußte im Interesse seiner eigenen Souveränität ablehnen! Beide Länder befanden sich somit seit dem 28. Juli im Kriegszustand. Nun mobilisierte auch Rußland, um den Serben zu helfen. Es war der 29./30 Juli 1914. Von diesem Zeitpunkt an folgten alle europäischen Großmächte derselben Logik – nämlich im Interesse ihrer eigenen Sicherheit allen Bündnisverpflichtungen nachzukommen.

Es hatte in den Wochen zuvor nicht an Bemühungen gefehlt, die internationale »Krise«, die das Attentat auslöste, mit diplomatischen Mitteln zu entschärfen. Daß dies nicht gelang, lag nicht zuletzt an der allgemeinen Hochstimmung, die im damaligen Europa herrschte. Eine teils fatalistische, teils ahnungslose *Kriegsbereitschaft* hatte die Menschen aller Länder ergriffen. Getragen von einer Welle patriotischer Begeisterung, glaubten der *Deutsche*, *Russe*, *Franzose* und *Engländer* gleichermaßen, einen »gerechten« Verteidigungskrieg für »ihr« Land zu führen. Selbst die deutsche Sozialdemokratie »vergaß« ihre

Deutsche Hochrüstung
Ausbau der Kriegsflotte in Kieler Werften (zeitgen. Fotografie).

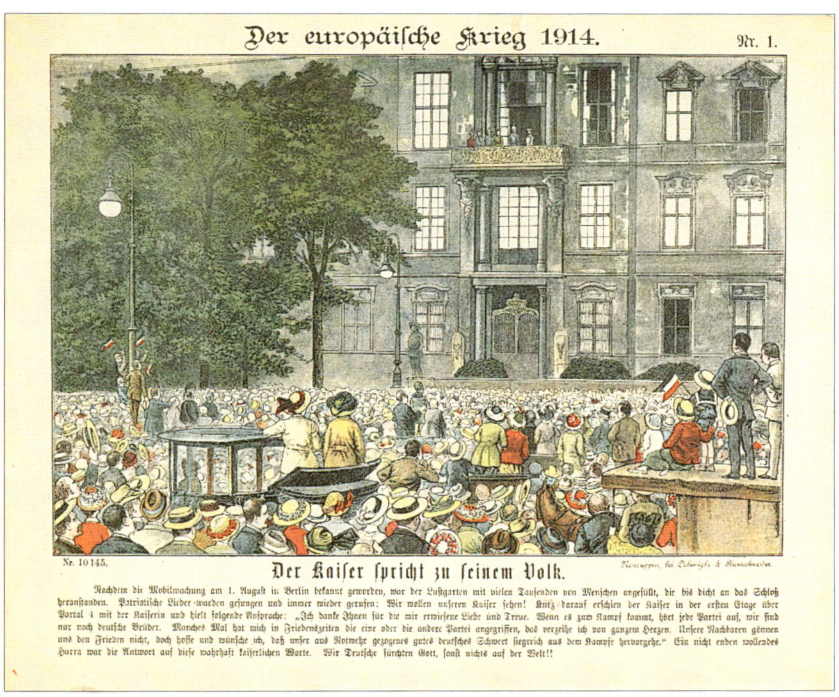
Der europäische Krieg 1914. Nr. 1.

Nr. 10145. Der Kaiser spricht zu seinem Volk. Neuruppin, bei Oehmigke & Riemschneider.

Nachdem die Mobilmachung am 1. August in Berlin bekannt geworden, war der Lustgarten mit vielen Tausenden von Menschen angefüllt, die bis dicht an das Schloß heranstanden. Patriotische Lieder wurden gesungen und immer wieder gerufen: Wir wollen unseren Kaiser sehen! Kurz darauf erschien der Kaiser in der ersten Etage über Portal 4 mit der Kaiserin und hielt folgende Ansprache: „Ich danke Ihnen für die mir erwiesene Liebe und Treue. Wenn es zum Kampf kommt, hört jede Partei auf, wir sind nur noch deutsche Brüder. Manches Mal hat mich in Friedenszeiten die eine oder die andere Partei angegriffen, das verzeihe ich von ganzem Herzen. Unsere Nachbaren gönnen uns den Frieden nicht, doch hoffe und wünsche ich, daß unser aus Notwehr gezogenes gutes deutsches Schwert siegreich aus dem Kampfe hervorgehe.“ Ein nicht enden wollendes Hurra war die Antwort auf diese wahrhaft kaiserlichen Worte. Wir Deutsche fürchten Gott, sonst nichts auf der Welt!!

1. August 1914
Vom Fenster seines Berliner Stadtschlosses aus verkündete der Kaiser einer im Lustgarten versammelten Menschenmenge, „daß unser aus Notwehr gezogenes gutes deutsches Schwert siegreich aus dem Kampfe hervorgehen“ werde. Damals waren alle mobil machenden Länder überzeugt, daß ein kurzer und begrenzter Krieg bevorstünde (zeitgen. Farbdruck aus dem Neuruppiner Bilderbogen).

Gratis! Zweites Extra-Blatt. Gratis!

Berliner Tageblatt

und Handels-Zeitung.

Die Mobilmachung.

Um 6 Uhr abends war noch keine Antwort von Rußland auf das deutsche Ultimatum eingegangen. Infolgedessen ordnete der Kaiser, wie wir im 1. Extra-

Die Mobilmachung
wurde am 1. August durch Plakate und Extrablätter überall bekanntgemacht. (Dortmund, Institut für Zeitungsforschung)

Verteilung von Extrablättern
vor einem Verlagshaus am Tag der Mobilmachung. (Foto; Berlin, Landesbildstelle)

»Auf zum Preisschießen nach Paris!«
Mit dieser Einstellung fuhren deutsche Soldaten im August 1914 an die Front.

internationalistisch-pazifistische Grundüberzeugung und mochte das »bedrohte Vaterland« nicht im Stich lassen; und Kaiser WILHELM II. verkündete in pathetischen Worten für das ganze Reich den sogenannten *Burgfrieden.* Aller »Parteienhader« sollte beendet sein: *„Ich kenne keine Parteien mehr, ich kenne nur Deutsche."* Einstimmig bewilligte der Reichstag am 4. August 1914 alle erforderlichen *Kriegskredite.* Der bis dahin fürchterlichste Waffengang der Weltgeschichte nahm seinen Lauf. Weihnachten wollten die Soldaten wieder zu Hause sein.

Der Erste Weltkrieg bis zum Epochenjahr 1917

Die Deutschen mußten nun den gefürchteten *Zweifrontenkrieg* gegen Frankreich im Westen und Rußland im Osten führen. Die *Entente-Mächte* Frankreich, England und Rußland, dazu Serbien und Montenegro waren den beiden *Mittelmächten* Östereich-Ungarn und Deutschland von ihrer *Volkszahl* her betrachtet weit überlegen. Die Feldheere der Mittelmächte (Truppenstärke bei Kriegsbeginn: 3,7 Mio. Soldaten) setzten darum auf schnelle, kriegsentscheidende Anfangserfolge, noch bevor die Entente-Mächte (Truppenstärke bei Kriegsbeginn: 5,8 Mio. Soldaten) ihre gefürchteten wirtschaftlichen und militärischen Reserven aufbieten konnten. Leider hat das ungleiche Kräfteverhältnis schon in den Wochen *vor* Ausbruch der Kampfhandlungen alle diplomatischen Aktivitäten zur Wahrung des Friedens gewissermaßen »nervös überlagert«. Im Deutschen Reich setzte die militärische Führung auf den sogenannten *Schlieffen-Plan.* Danach sollte der größte Teil des Feldheeres unter Verletzung der *belgischen, niederländischen* und *luxemburgischen* Neutralität gegen Nordfrankreich geführt werden, um die französischen Kräfte mit einem starken rechten Flügel zu umfassen und über Paris hinaus nach Südosten, in Richtung deutsche Grenze, abzudrängen. Derweil sollte das deutsche Ostheer gegen die Russen solange hinhaltend kämpfen, bis im Westen eine Entscheidung gefallen war.

Diese risikoreiche und auf Schnelligkeit setzende Strategie engte den Spielraum der *politischen* Reichsführung entscheidend ein. Mit einsetzender »Mobilmachungsdynamik« der nationalen Feldheere, insbesondere seit der russischen Generalmobilmachung (30.7.1914), gewannen folglich die militärischen Argumente für ein *präventives* Handeln die Oberhand: Deutschland erklärte Rußland den Krieg (1.8.1914); am 3. August fielen deutsche Truppen in das neutrale Belgien ein; und am selben Tag erfolgte die Kriegserkärung gegen Frankreich.

Als Reichskanzler VON BETHMANN HOLLWEG auch noch ebenso offenherzig wie politisch unklug die Verletzung der belgischen Neutralität, und damit den Bruch des *Völkerrechts*, eingestand, erschien das Reich bei seinen Gegnern endgültig als der eigentliche »Kriegstreiber«. Immer wieder geschürt durch Geschehnisse des Krieges, sollten *antideutsche* und *antiösterreichische* Stimmungen den Entente-Mächten kräftig helfen, weitere Bundesgenossen zu finden. Während die *Mittelmächte* nur noch die *Türkei* und *Bulgarien* für sich gewinnen konnten, kämpfte auf »alliierter« Seite am Ende die halbe Welt. Neben dem Kriegseintritt *Italiens* (23. Mai 1915) wirkte sich vor allem das Eingreifen der USA (seit 1917) kriegsentscheidend zugunsten der Entente-Mächte aus.

Französischer Soldat
soeben tödlich getroffen, während der Schlacht an der Somme (1916).

Militärisch schien die Rechnung der Deutschen zunächst aufzugehen. Die Operationen im Westen unter Führung des Chefs des Generalstabs HELMUTH VON MOLTKE (*1848, †1916) verliefen nach Plan. Bereits Ende August 1914 standen die deutschen Truppen an der *Marne* und bedrohten Paris. Vom 5. bis 10. September entbrannten auf dem gesamten Frontabschnitt zwischen *Verdun* und *Paris* schwerste Kämpfe, die später als *Marneschlacht* in die Militärgeschichte eingehen sollten. Der französische Oberbefehlshaber JOFFRE (*1852, †1931) hatte eine Gegenoffensive befohlen, die sich auf einen überdehnten Frontabschnitt des rechten deutschen Flügels richtete und einen gefährlichen Keil zwischen die 1. und 2. Armee trieb. Obwohl sich für Teile der deutschen Verbände ein Erfolg abzeichnete, gab MOLTKE in pessimistischer Einschätzung der Gesamtlage am 10. September den Befehl zum Rückzug und ließ die Marneschlacht abbrechen. Wenige Tage später waren die deutschen Linien wieder geschlossen, aber der *Schlieffen-Plan* ließ sich nun nicht mehr realisieren. Die Franzosen sollten fortan vom »Wunder an der Marne« sprechen; es beendete den *Bewegungskrieg* der Anfangswochen und leitete den *Stellungskrieg* ein. Die militärische Pattsituation, die nun eintrat, führte zu »Materialschlachten« in bis dahin unbekanntem Ausmaß – auch die Zahl der Kriegstoten, die auf beiden Seiten zu beklagen sein sollten, überstieg jedes Vorstellungsvermögen.

»... der Schlieffen-Plan ließ sich nun nicht mehr realisieren.«

Das Kriegsgeschehen im Osten nahm einen umgekehrten Verlauf. Hier bedrohten russische Verbände überraschend schnell *Ostpreußen*. Doch dann kam die Wende: Zurückberufen in den aktiven Dienst, übernahm Generaloberst PAUL VON HINDENBURG (*1847, †1934) das Kommando des *Ostheeres*; sein Stabschef wurde Generalmajor ERICH LUDENDORFF (*1865, †1937). Die neuen Männer ergriffen sofort die Initiative und

Paul von Hindenburg
(Fotopostkarte, um 1917)

konnten der russischen *Narew-Armee* in der *Schlacht bei Tannenberg* (26.-31. 8. 1914; ▸ S. 478) eine vernichtende Niederlage beibringen. Wenig später gelang es weiteren deutschen Verbänden, an den *Masurischen Seen* auch die russische *Njemen-Armee* zurückzuschlagen. Das Ostheer hatte sich gegen jeweils überlegene Kräfte des Feindes durchgesetzt.

Weniger erfolgreich kämpfte Österreich-Ungarn. Die Österreicher mußten zunächst *Galizien* räumen. Erst das zweite Kriegsjahr brachten den Mittelmächten große Raumgewinne im Osten und Erfolge auf dem *Balkan*. Auch die *Türken* wehrten sich an den *Dardanellen* erfolgreich gegen die Engländer. Ende 1915 glichen die Mittelmächte einer riesigen Festung, die sich behauptet hatte, aber durch die *englische Seeblockade* von den Weltmeeren abgeschnitten blieb. Dagegen konnte die deutsche U-Boot-Waffe insgesamt wenig ausrichten. Im Gegenteil: Da sich der sogenannte *uneingeschränkte U-Boot-Krieg* auch gegen Handelsschiffe *neutraler* Staaten richtete, wurde unüberseebarer politischer Schaden angerichtet. Die Versenkung des britischen Passagierdampfers *Lusitania* am 7. Mai 1915 durch ein deutsches U-Boot, in deren Folge 1198 Personen ums Leben kamen, darunter auch 139 US-Bürger, führte zu einer scharfen *Protestnote* der amerikanischen Regierung.

Verzweifelt suchte der Chef der *Obersten Heeresleitung*, General von Falkenhayn (*1861, †1922) 1916 die Kriegsentscheidung im Westen zu erzwingen. Am 21. Februar 1916 begann unter Führung des Kronprinzen Wilhelm (*1882, †1951) die *Verdun-Offensive*, an der nach und nach insgesamt

Untergang der Lusitania
(zeitgen. Aquarell)

die Hälfte des deutschen Westheeres beteiligt war. Frankreich sollte durch eine derartige Angriffskonzentration zu einem *Siegfrieden* niedergezwungen werden. In der »Hölle von Verdun« verbluteten ca. 350 000 deutsche und ebensoviel französische Soldaten. Am 11. Juli 1916 sah sich die deutsche Führung gezwungen, zur Verteidigung überzugehen, und am 2. September wurden die Kämpfe vor Verdun eingestellt. In den Sommermonaten desselben Jahres tobte gleichzeitig die *Schlacht an der Somme*. Auf einem 48 Kilometer breiten Frontabschnitt versuchten die Engländer und Franzosen mit 52 Divisionen und einer erstmals massiv und konzentriert eingesetzten Luftwaffe, die deutschen Verteidigungslinien zu durchbrechen. Dieser alliierte Angriff scheiterte nicht minder als der deutsche vor Verdun; 1,2 Million Soldaten (500 000 auf deutscher, 700 000 auf alliierter Seite) blieben auf den Schlachtfeld!

Nun hatte der Krieg das ganze Grauen des technisierten Mordens offenbart. Am Ende des dritten Kriegsjahres blieb die militärische Lage weiterhin unentschieden, aber die englische *Seeblockade* tat zusehends ihre Wirkung. Abgeschnitten von allen überseeischen *Rohstoffen*, sah sich die deutsche Führung nun gezwungen, den Krieg *total* zu führen, um den Mangel durch effektivere Organisation der Kriegswirtschaft und die Mobilisierung sowie Ausschöpfung aller Reserven auszugleichen. Im August 1916 traten die Symbolfiguren deutscher Anfangssiege an die Spitze der deutschen Kriegsleitung – HINDENBURG als *Chef des Generalstabs* und LUDENDORFF als *Erster Generalquartiermeister*. HINDENBURG forderte die *allgemeine Wehrpflicht* bis zum 60. Lebensjahr, die Stillegung nicht kriegswichtiger Industrien, Sonntagsarbeit sowie den Arbeitszwang für Kriegsbeschädigte, Kriegsgefangene, Frauen und Minderjährige (*Hindenburg-Programm*). Im Winter 1916 auf 1917 kam es zu einer ersten ernsten *Versorgungskrise*, in manchen Regionen bereits zur Hungersnot.

Militärisch schienen die Mittelmächte zu Jahresende 1916 nicht schlecht dazustehen. Sie hatten soeben Rumänien besiegt und damit den Zugriff auf die dortigen Ölfelder erhalten. Für Reichskanzler VON BETHMANN HOLLWEG schien der Zeitpunkt gekommen, um den Alliierten ein jetzt auch bei der deutschen Heeresleitung und den Verbündeten des Reichs durchsetzbares *Friedensangebot* zu unterbreiten. In einer gemeinsamen Note wandten sich die Mittelmächte am 12. Dezember an die Alliierten. Doch diese ließen sich auf das Angebot nicht ein und werteten es als *Vorschlag* ohne *greifbaren Inhalt*. Sie hatten längst begriffen, daß die Zeit für sie arbeiten werde ...

Bethmann Hollweg
(Fotopostkarte, um 1915)

Friedensnote der Mittelmächte

Der furchtbarste Krieg, den die Geschichte je gesehen hat, wütet seit bald zwei und einem halben Jahr in einem großen Teil der Welt ... Deutschland und seine Verbündeten, Österreich-Ungarn, Bulgarien und die Türkei, haben in diesem Kampfe ihre unüberwindliche Kraft erwiesen. Sie haben über ihre an Zahl und Kriegsmaterial überlegenen Gegner gewaltige Erfolge errungen. Unerschütterlich halten ihre Linien den immer wiederholten Angriffen der Heere ihrer Feinde stand. Der jüngste Ansturm im Balkan ist schnell und siegreich niedergeworfen worden ... Getragen von dem Bewußtsein ihrer militärischen und wirtschaftlichen Kraft, und bereit, den ihnen aufgezwungenen Kampf nötigenfalls bis zum äußersten fortzusetzen, zugleich aber von dem Wunsch beseelt, weiteres Blutvergießen zu verhüten und den Greueln des Krieges ein Ende zu machen, schlagen die vier verbündeten Mächte vor, alsbald in Friedenverhandlungen einzutreten.

»Den Namenlosen 1914«
(Gemälde von Albin Egger-Lienz, 1916; Wien, Heeresgeschichtliches Museum)

»Granattrichter«
(Gemälde von Otto Dix, um 1917; Leipzig, Museum der Bildenden Künste)

Das Ende des Reiches

Im vierten Kriegsjahr, noch während sich der im November 1916 wiedergewählte amerikanische Präsident WOODROW WILSON (Präsident: 1913-1921) als Friedensvermittler hervortat, entschied sich die Reichsführung unter dem Druck der Militärs für die Wiederaufnahme des *uneingeschränkten U-Boot-Krieges*. Den Unterseekrieg wollten die Deutschen gewissermaßen als »letzte Offensivkarte« einsetzen, nachdem die großen *Materialschlachten* des Vorjahrs immer offenkundiger gemacht hatten, daß das deutsche Feldheer nur noch defensiv kämpfen konnte. Man hoffte, England so binnen Halbjahresfrist in die Knie zwingen zu können – und bewirkte stattdessen den Kriegseintritt der USA auf seiten der *Entente-Mächte* (6. April 1917). Bis zum Sommer 1918 sollten etwa eine Million US-Soldaten zum Einsatz kommen und die militärische Niederlage Deutschlands schließlich besiegeln.

Inzwischen war in der deutschen Öffentlichkeit eine heftige Debatte über die *Kriegsziele* ausgebrochen, die den *Burgfrieden* arg bedrohte. Auch die von WILHELM II. in seiner *Osterbotschaft* vom 7. April 1917 angekündigte Reform des preußischen *Dreiklassenwahlrechts* förderte die Tendenzen zur Polarisierung des politischen Klimas. Der linke Flügel der SPD spaltete sich nun von der Mutterpartei ab und gründete die *Unabhängige Sozialdemokratische Partei Deutschlands* (USPD). Im Reichstag begannen sich bereits zukünftige *parlamentarische* Mehrheitsverhältnisse abzuzeichnen, als mit den Stimmen der SPD, des Zentrums sowie der Fortschrittspartei die sogenannte *Friedensresolution* des *Reichstags* durchgebracht werden konnte (19. Juli 1917). Sie sprach sich in der Sache entschieden für einen *Verständigungsfrieden* aus. Die Gegner sammelten sich in der von ALFRED VON TIRPITZ und WOLFGANG KAPP (*1858, †1922) 1917 gegründeten *Deutschen Vaterlandspartei*, die ihre mächtigen Fürsprecher in der Industrie sowie der *Obersten Heeresleitung* hatte.

In Rußland mußte Zar NIKOLAUS II. (*1868, †1918) am 15. März 1917 abdanken. Da die bürgerlich-liberale *Revolutionsregierung* jedoch entschlossen war, den Krieg gegen die *Mittelmächte* fortzusetzen, erhielten russische *Bolschewiki*, unter ihnen auch WLADIMIR ILJITSCH LENIN (*1870, †1924), von deutschen Behörden die Genehmigung zur Reise durch das Reichsgebiet, um von ihrem schweizerischen Exil über Schweden nach Rußland zu gelangen. Sie übernahmen in der *Oktober-Revolution* (7. November 1917) die Macht und schlossen am

15. Dezember einen *Waffenstillstand* mit Deutschland. Am 3. März 1918 kam es zum »Diktatfrieden von Brest-Litowsk«, in dem *Sowjetrußland* dem Reich wesentliche Zugeständnisse machen mußte. Die Entlastung an der Ostfront hat den Verfall der *Mittelmächte* freilich nicht mehr aufhalten können. Am 18. Juli gingen die alliierten Streitkräfte zur *Gegenoffensive* über und brachen am 8. August bei Amiens tief in die deutschen Stellungen ein (*schwarzer Tag des deutschen Heeres*). Die Deutschen mußten sich auf die Linie *Arras – Saint-Quentin – Reims* (»Siegfriedstellung«) zurückziehen.

An den anderen Fronten war die militärische Lage der *Mittelmächte* nicht minder prekär geworden. Im deutschen Hauptquartier in Spa (Belgien) schätzte die *Oberste Heeresleitung* die Fortführung des Krieges inzwischen als aussichtslos ein. Am 29. September forderten die Generale LUDENDORFF und HINDENBURG einen *sofortigen Waffenstillstand*. Die »Dioskuren« an der Spitze des Reichs wollten die Entscheidungsgewalt nun den zivilen Politikern »zurückgeben«. Sie forderten ultimativ die Ernennung eines Reichskanzlers, der seine Regierung nach den Mehrheitsverhältnissen im Reichstag bilden und die Parteien an den Waffenstillstandsverhandlungen beteiligen sollte. So war mit der Ernennung des letzten kaiserlichen Reichskanzlers, des Prinzen MAX VON BADEN (Kanzler: 3.10.1918 – 9.11.1918), zugleich die *Parlamentarisierung* des deutschen Verfassungslebens eingeleitet – aber die Militärs hatten sich gewissermaßen aus der Verantwortung gestohlen! Nun ging es Schlag auf Schlag: Am 30. September kapitulierte *Bulgarien*, am 30. Oktober die *Türkei*, am 3. November *Österreich-Ungarn*. Seit Ende Oktober griff eine Meuterei auf der deutsche Hochseeflotte um sich und führte zum *Kieler Matrosenaufstand* (3./4. November). Das deutsche Volk war kriegsmüde geworden. Der Protest dehnte sich wie ein Lauffeuer aus. In München wurde die Dynastie der *Wittelsbacher* gestürzt und eine Revolutionsregierung gebildet (8. November). Einen Tag später dankte Kaiser WILHELM II. ab und ging nach Holland ins Exil. Die alte preußische Monarchie und das junge deutsche Kaisertum hatten aufgehört zu bestehen.

Inzwischen herrschten in Deutschland revolutionäre Zustände. *Arbeiter-* und *Soldatenräte* hatten die Macht an sich gerissen. Die Massen forderten jetzt das sofortige Ende aller Feindseligkeiten und den Rücktritt der herrschenden *Dynastien*. Auch in Berlin spitzte sich die Lage gefährlich zu. Am 9. November riefen Obleute aus den Betrieben und Mitglieder der radikalen Spartakusgruppe zum *Generalstreik* auf. Es kam zu bewaffneten

»Am 29. September forderten die Generale Ludendorff und Hindenburg ...«

»November 1918«
(Karikatur auf die Abdankung Wilhelms II.; Titelblatt des »Simplicissimus«, Dezember 1918)

Philipp Scheidemann
ruft am 9. November 1918 vom Balkon des Reichstags die deutsche Republik aus.

Auseinandersetzungen. Prinz MAX VON BADEN ließ am Vormittag desselben Tages die Abdankungserklärung des Kaisers veröffentlichen und übergab die Regierungsgewalt an den Vorsitzenden der SPD, FRIEDRICH EBERT (*1871, †1925), – mit den Worten übrigens: *„Herr Ebert, ich lege ihnen das Deutsche Reich ans Herz!“* Beide handelten ohne Legitimation, gleichwohl höchst absichtsvoll: Es sollte verhindert werden, daß radikale Kräfte von links die *Reichsgewalt* an sich reißen. Es lag in der Konsequenz dieses Tuns, wenn der Sozialdemokrat PHILIPP SCHEIDEMANN (*1865, †1939) am Nachmittag desselben Tages vom Balkon des *Berliner Reichstages* die Republik ausrief, um den Spartakistenführer KARL LIEBKNECHT (*1871, †1919) zu isolieren, der gleichzeitig vom *Berliner Schloß* aus die *Freie Sozialistische Republik* proklamierte. Mit der doppelten Ausrufung der *Republik* erübrigte sich die Frage nach dem Fortbestand der *monarchischen Staatsform* von selbst, obwohl die Mehrheit der Deutschen noch keineswegs antimonarchisch gesonnen war.

EBERT gehörte dem gemäßigten Flügel der deutschen Sozialdemokratie an. Sein Ziel war die Verwirklichung eines *sozialistischen Programms* auf der Basis der *parlamentarischen Demokratie* westlichen Zuschnitts. Damit setzte er sich deutlich von den *Räterepublikanern* um ROSA LUXEMBURG (*1870, †1919) und KARL LIEBKNECHT ab, die den Umsturz der »bürgerlichen Ordnung« anstrebten, den Parlamentarismus folglich bekämpften und sich mehr oder weniger am *bolschewistischen* Vorbild orientierten. Schon am 10. November gelang es den gemäßigten Kräften der deutschen Arbeiterbewegung, eine *Provisorische Regierung* (»Rat der Volksbeauftragten«) zu bilden, die paritä-

Führer der deutschen Arbeiterbewegung
Friedrich Ebert (Bild rechts), stand der Provisorischen Regierung vor. Karl Liebknecht (links) dem Spartakusbund.

tisch aus je drei führenden Vertretern der *Mehrheitssozialdemokraten* (MSPD) sowie den *Unabhängigen Sozialdemokraten* (USPD) zusammengesetzt war. Doch in Berlin und anderswo dauerten die bürgerkriegsähnlichen Zustände an! Die neu gegründete KPD (»Kommunistische Partei Deutschlands«) erklärte: *„Die Regierung Ebert-Scheidemann ist der Todfeind des deutschen Proletariats!"* In Berlin brach der bewaffnete Aufstand aus. Der sozialdemokratische *Volksbeauftragte* GUSTAV NOSKE (*1868, †1946) ließ auf Arbeiter schießen und den Aufstand blutig niederschlagen (12.1. 1919). Die Provisorische Regierung überstand diese kritischen Anfangswochen bis zum Zusammentreten der *Konstituierenden Nationalversammlung* in Weimar (6.2. 1919) nur, weil der konservative kaiserliche *Verwaltungsapparat* zur Mitarbeit bereit war, und EBERT, unter dem »Zwang zum Machterhalt« für die aufkeimende Republik stehend, auch den »Pakt mit dem Teufel« nicht scheute: Er sicherte der *Obersten Heeresleitung* zu, die *Soldatenräte* im Zaum zu halten, und erhielt im Gegenzug das Versprechen, das alte Heer werde die junge Republik unterstützen.

An der Spitze einer deutschen Delegation unterzeichnete MATTHIAS ERZBERGER (*1875, †1921) am 11. November den *Waffenstillstand.* ERZBERGER gab seine Unterschrift in einem Eisenbahnwagen im Waldstück bei *Compiègne* (Nordfrankreich). Ein Verhandlungsspielraum wurde den Deutschen nicht eingeräumt. Die Siegermächte trugen ihre Waffenstillstandsbedingungen *ultimativ* vor und verlangten deren Anerkennung in vollem Umfang. So wurde der Friedensvertrag von *Brest-Litowsk* annuliert; Deutschland sollte die *besetzten Gebiete* räumen und weiterhin unter den Bedingungen der englische *Seeblockade* leben. Da sich die deutsche Delegation aus Zivilisten zusammensetzte, sie also mit ihrer Unterschrift für etwas geradestehen mußte, was nicht für alle Deutschen akzeptabel war, stand die werdende Republik von Anbeginn an unter einer schweren Hypothek. Schon bei den heimkehrenden Fronttruppen ging das Wort um, das deutsche Heer sei *im Feld unbesiegt* geblieben. Später erklärte HINDENBURG vor dem parlamentarischen Untersuchungsausschuß zur Klärung der Kriegsschuldfrage, den militärischen Zusammenbruch im Herbst 1918 müsse nicht die Armee verantworten, sondern die sozialistische *Friedenspropaganda* in der Heimat und Etappe. Die *November-Revolution* habe das deutsche Heer *von hinten erdolcht.* Von nun an baute die Rechtspresse beharrlich diese *Dolchstoßlegende* auf – zum Schaden der entstehenden Republik.

Rosa Luxemburg
Die Mitbegründerin der KPD wurde nach dem Spartakusaufstand am 15.1. 1919 zusammen mit Karl Liebknecht von rechtsradikalen Freikorpssoldaten ermordet.

HACIFA
29
43

Weimarer Republik und Nationalsozialismus

Der Potsdamer Platz in Berlin
Foto aus dem Jahr 1926

Kein Ermächtigungsgesetz gibt Ihnen die Macht, Ideen, die ewig und unzerstörbar sind, zu vernichten ... Auch aus neuen Verfolgungen kann die deutsche Sozialdemokratie neue Kraft schöpfen.

(Otto Wels in seiner gegen Adolf Hitler gerichteten Reichstagsrede, März 1933)

Die Anfangsjahre der Weimarer Republik

Die Gefallenen des Ersten Weltkriegs

Deutschland	*1 808 000*
Frankreich	*1 385 000*
Großbritannien	*947 000*
Italien	*460 000*
Österreich-Ungarn	*1 200 000*
Rußland	*1 700 000*
Türkei	*325 000*
Vereinigte Staaten	*115 000*

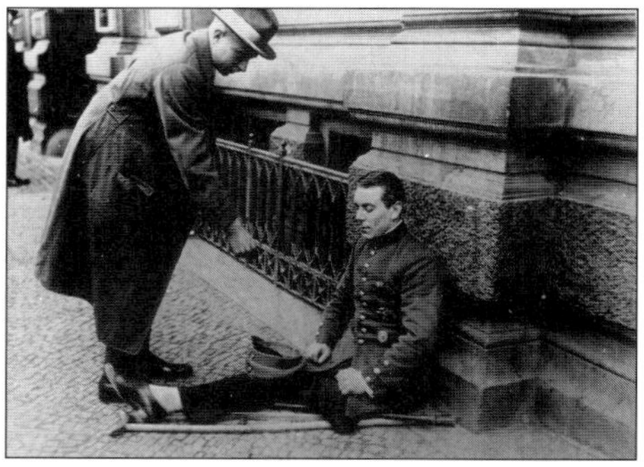

Bettelnder Offizier *in Berlin. In den Krisenjahren der Weimarer Republik mußten die Kriegsversehrten betteln gehen. (Foto, um 1923)*

Der Haß der Alliierten war Kaiser WILHELM II. ebenso gewiß wie der Spott vieler Deutscher, als er ins holländische Exil nach Schloß Doorn (Provinz Utrecht) floh. Dort unterzeichnete er am 28. November 1918 seine *Abdankungsurkunde*, durch die auch das Schicksal des Königreichs Preußen besiegelt wurde – nach 217 Jahren des Bestehens. Der Entthronte sagte: *„Ich bin hier nur noch Privatmann.“* Damit hatte er den Weg für eine *republikanische* Staatsform freigemacht, die viele deutsche Demokraten schon seit 1848 wünschten. Waren die Erben der Revolution von einst jetzt wirklich am Ziel? Hatte tatsächlich das Volk gesiegt? Nein – die Siegermächte weigerten sich in schroffer Form, mit den alten Machthabern Verhandlungen aufzunehmen. Die Dynasten der regierenden Fürstenhäuser reagierten schnell und handelten einmütig: Sie dankten ab und überließen das Feld neuen politischen Kräften, die nun mit der schweren Hypothek einer Niederlage umzugehen hatten.

Die SPD ließ am 19. Januar 1919 Wahlen zur *Verfassunggebenden Nationalversammlung* durchführen – die USPD war inzwischen aus dem *Rat der Volksbeauftragten* ausgeschieden. Erstmals in der deutschen Geschichte gingen auch die Frauen zur Wahlurne. Die SPD wurde mit 37,9 Prozent der Stimmen stärkste Partei und schloß mit dem *Zentrum* (19,7 Prozent) sowie der linksliberalen *Deutschen Demokratischen Partei* (DDP) ein Regierungsbündnis – die sogenannte *Weimarer Koalition*. Die Nationalversammlung wählte FRIEDRICH EBERT zum vorläufigen *Reichspräsidenten*. So nahm die erste deutsche Republik Gestalt an, und das Parlament konnte sich jetzt an seinen Auftrag machen, eine zeitgemäße *Verfassung* auszuarbeiten. Angesichts der nun geschaffenen demokratischen Grundlage glaubten die meisten Deutschen an »günstige« Voraussetzungen für einen Friedensschluß mit den alliierten Siegermächten, etwa auf der Grundlage von WILSONS *Vierzehn-Punkte-Programm* (18.1.1918). Der amerikanische Präsident hatte darin die Vision eines »gerechten Zusammenlebens der Völker« auf der Basis nationaler Selbstbestimmung entwickelt. Es kam anders: Als die alliierten Friedensbedingungen am 7. Mai 1919 bekannt wurden, ging ein Sturm der Entrüstung durch ganz Deutschland. Die Republik sollte den Gebietsverlust von etwa 70 000 qkm hinnehmen, sämtliche Kolonien verlieren, die *alleinige Kriegsschuld* eingestehen und *Reparationen* in noch nicht absehbarer Höhe zahlen! Da die *Alliierten* für den Fall der Nichtunterzeichnung mit der Wiederaufnahme der Kampfhandlungen drohten, blieb der *Reichsregierung* schließlich keine andere Wahl, als den *Diktatfrieden* hinzunehmen. Am 28. Juni 1919, auf den Tag genau fünf Jahre nach dem *Attentat von Sarajewo*, unterzeichnete der deutsche Außenminister HERMANN MÜLLER (*1876, †1931) das Vertragswerk (*Versailler Vertrag*) im *Spiegelsaal* des Schlosses von Versailles – dort also, wo am 18. Januar 1871 das deutsche Kaiserreich ausgerufen worden war.

In der Stille Weimars gedieh derweil das neue Grundgesetz der Republik – die *Weimarer Verfassung*. Sie wurde am 14. August 1919 verkündet und sollte eine Art Friedensvertrag »nach innen« darstellen, eine Aufforderung an alle politischen Gruppen, den *Bürgerkrieg* zu beenden und statt dessen die Rechte im nun demokratisch verfaßten Gemeinwesen zu nutzen. Artikel 1 setzte fest: Das Deutsche Reich ist eine Republik. Die Staatsgewalt geht vom Volke aus, das in allgemeiner, gleicher, geheimer und unmittelbarer Wahl den Reichstag wählt. Die Verfassungsväter betrachteten diesen Reichstag als die eigentliche Verkörperung der *Nation*, aber sie statteten den Reichspräsidenten mit sehr weitreichenden Kompetenzen aus: Er sollte vom Volk direkt gewählt werden, war Oberbefehlshaber der *Reichswehr*, konnte unter bestimmten Umständen *Volksentscheide* herbeiführen und den *Reichstag* auflösen. Für Krisenzeiten stand ihm mit »Artikel 48« das *Notverordnungsrecht* zur Verfügung; es verlieh dem deutschen Staatsoberhaupt geradezu diktatorische Vollmachten. HINDENBURG, der zweite Reichspräsident, sollte später wenig Geschick in der Handhabung dieser gefährlichen Befugnis zeigen. Es war dies der Anfang vom Ende der ersten deutschen Republik.

Kabinettsmitglieder
der am 13. Februar 1919 gebildeten Regierung Scheidemann. (Foto)

Der Versailler Vertrag
Die deutsche Delegation, die von den Friedensverhandlungen ausgeschlossen war, unterzeichnete den »Diktatfrieden« im Spiegelsaal des Versailler Schlosses. (▶ S. 481; Gemälde von William Orpen, um 1921; London, Imperial War Museum)

Walther Rathenau
(Gemälde von Emil Orlik, um 1922; Berlin-Museum)

»Den Parteien der Weimarer Republik fehlte die Kraft...«

Die ersten Jahre der *Weimarer Republik* waren von einer Serie von Gewalttaten und antirepublikanischen Aktionen begleitet: Am 15. Januar 1919 wurden die Führer des Spartakusbundes, ROSA LUXEMBURG KARL LIEBKNECHT, ermordet, wenig später der USPD-Politiker KURT EISNER (*1867, †1919), am 26. August 1921 MATTHIAS ERZBERGER, der Unterzeichner des Waffenstillstands, und am 24. Juni des folgenden Jahres der Außenminister im *Kabinett Wirth,* WALTHER RATHENAU. Er wurde Opfer einer Hetzkampagne der *deutschnationalen* und *rechtsradikalen* Presse, die ihn als »Erfüllungspolitiker« alliierter Reparationsforderungen beschimpfte. Seine Täter kamen aus dem Umfeld aufgelöster *Freikorps* – den Kampfverbänden ehemaliger Frontsoldaten, die sich nicht entwaffnen lassen wollten. Sie hatten schon 1920 von sich Reden gemacht, als sie den Generallandschaftsdirektor WOLFGANG KAPP an die Macht putschen wollten und am 13. März des Jahres das Berliner Regierungsviertel besetzten (*Kapp-Putsch*). Die Verschwörer scheiterten am Widerstand der Gewerkschaften sowie der Loyalität der Berliner Ministerialbürokratie. »Reichskanzler« KAPP mußte nach wenigen Tagen aufgeben – die Lebenskräfte der jungen Republik hatten sich vorerst als stärker erwiesen.

Gewalt und Republikfeindlichkeit geben die Symptome einer schweren Zerreißprobe ab, der Deutschland zwischen 1918 und 1923 ausgesetzt war. Die stärkste antidemokratische Kraft von rechts ging vor dem Aufstieg der *Nationalsozialisten* von der *Deutschnationalen Volkspartei* (DNVP) aus, von links von der KPD, insbesondere nachdem diese die Linkskräfte der USPD integrieren konnte. Verheerend sollte sich auswirken, daß die Weimarer Koalition schon bei den Wahlen zum *Ersten Deutschen Reichstag* ihre Mehrheit verlor und die Regierungsfähigkeit auch nie mehr zurückerlangte. Den Parteien der Weimarer Republik fehlte die Kraft, Koalitionen für eine *dauerhafte* Regierungsverantwortung zu stiften. In der schweren Anfangszeit versuchten acht verschiedene *Reichskanzler* mit zehn verschiedenen Reichskabinetten, das republikanische »Staatsschiff« zu steuern! Dabei hätte mehr Stabilität dringend not getan, denn die Siegermächte setzten den Würgegriff an: Am 5. Mai 1921 wurde das Reich ultimativ aufgefordert, den allierten Reparationsforderungen in Höhe von insgesamt 132 Milliarden *Goldmark*, zahlbar in jährlichen Raten von zwei Milliarden, nachzukommen – andernfalls werde das *Ruhrgebiet* besetzt *(Londoner Ultimatum)*. Solche Summen überstiegen die deutsche Wirtschaftskraft bei weitem! Reichskanzler KONSTANTIN FEHRENBACH (*1852, †1926) trat zurück.

Sein Nachfolger, der Zentrumspolitiker JOSEPH WIRTH (*1879, †1956), unternahm den Versuch, den Reparationspflichten nachzukommen. WIRTH, der mit seinen beiden Kabinetten immerhin über 500 Tage im Amt blieb, *mußte* am Ende scheitern, denn die alliierten Forderungen waren schlechterdings unerfüllbar. In dieser kritischen Zeit sprach der *Völkerbund* zu allem Unglück das reiche *oberschlesische Kohlerevier* den Polen zu. Deutschland verlor auf diese Weise zusätzlich an wirtschaftlicher Leistungskraft ...

Am 11. Januar 1923 besetzten französische Truppen das Ruhrgebiet, weil Deutschland mit seinen Holz- und Kohlelieferungen in Verzug geraten war. Die Reichsregierung rief zum *passiven Widerstand* gegen die Besatzer auf. Die Empörung einte in dieser Frage *alle* Deutschen. Doch der *Ruhrkampf* kam das Reich teuer zu stehen: Der streikenden Bevölkerung mußten millionenfach Unterstützungsgelder gezahlt werden, Steuer- und Zolleinnahmen versiegten, neues Geld mußte her – und es wurde gedruckt; der Wert der *Reichsmark* sank nun rapide. Kostete der US-Dollar zu Beginn des Ruhrkampfes bereits 17 972 Mark, so stand ihm am 15. November 1923 der astronomische Betrag von 4,2 Billionen Mark als Wert gegenüber! Schon im Sommer war klar geworden, daß der Ruhrkampf nicht länger durchzuhalten war. Der parteilose Reichskanzler WILHELM CUNO (*1876, †1933) mußte zurücktreten. An seine Stelle trat der Vorsitzende der *Deutschen Volkspartei* (DVP), GUSTAV STRESEMANN (*1878, †1929), der die Politik des passiven Widerstands an der Ruhr aufgab (26.9. 1923) und damit das Ende der *Inflation* vorbereitete. Mit STRESEMANN trat ein Politiker in den Vordergrund, der mehr Fortune hatte, indem er neue Akzente setzte, insbesondere als Außenpolitiker.

Von der Krise zum außenpolitischen Erfolg

Als die *Verfassunggebende Nationalversammlung* am 6. Februar 1919 in Weimar zusammentrat, hielt FRIEDRICH EBERT die Eröffnungsrede. Er gab den Parlamentariern mit auf den Weg: *„Wie der 9. November angeknüpft hat an den 18. März 1848, so müssen wir hier in Weimar die Wandlung vollziehen vom Imperialismus zum Idealismus, von der Weltmacht zur geistigen Größe. Es charakterisiert durchaus die nur auf äußeren Glanz gestellte Zeit der Wilhelminischen Ära das Lassallesche Wort, daß die klassischen deutschen Denker und Dichter nur im Kranichzug über sie hinweggeflogen seien. Jetzt muß der Geist von Weimar, der Geist der großen Philosophen und*

Die Besetzung des Ruhrgebiets
Mit aufgepflanztem Bajonett hält ein französischer Soldat einen deutschen Zivilisten an. (Foto, um 1923)

Der Ruhrkampf
Aufruf zum passiven Widerstand. (Plakat, 1923)

500 Milliarden Mark

Dichter wieder unser Leben erfüllen." Wer mag da nicht auch an die »Goldenen Zwanziger Jahre« denken, die nun folgen sollten, mit ihrer schöpferischen Entfaltung der »musischen« Kräfte des deutschen Volkes, – an die Künstler der *Neuen Sachlichkeit* wie OTTO DIX (*1891, †1969) oder GEORGE GROSZ (*1893, †1959), an den Roman *Der Zauberberg* von THOMAS MANN (*1871, †1955) oder an ALFRED DÖBLINS (*1878, †1957) feinsinnige Beobachtungen über die »Innerlichkeit« des einzelnen Menschen und die Macht »kollektiver Kräfte« (*Berlin Alexanderplatz*), an WALTER GROPIUS' (*1883, †1969) neue Architektur um das *Staatliche Bauhaus* in Dessau (▸ S. 442), Weimar und Berlin, schließlich an ebendieses Berlin als die neue Weltstadt moderner Theaterkunst? Als seien diese neuen Kräfte durch Wilhelminischen Geschmack und Krieg zurückgehalten worden, brachen sie jetzt mit Macht durch und verschafften sich Geltung – freilich nur für wenige Jahre, denn am Ende erlag die Republik den Krisen, mit denen sie nicht fertig werden konnte.

Der neue Reichskanzler STRESEMANN hatte von seinem Vorgänger eine schwere Hypothek geerbt. Der Ruhrkampf verschlang täglich 40 Millionen Goldmark. Der kleine Mittelstand, der über keine Sachwerte verfügte, wurde durch die »galoppierende« Inflation des Jahres 1923 all seiner Sparguthaben beraubt und war fortan eine sozial schwache und politisch

»Der blaue Engel«
nach dem Roman »Professor Unrat« (1905) von Heinrich Mann. (Filmplakat mit Marlene Dietrich als Lola-Lola und Emil Jannings, 1930)

Die Kunst der »Goldenen Zwanziger«
Die linke Abb. zeigt das gesellschaftskritische Gemälde »Großstadt« eines Triptychons von Otto Dix (1927/28; Stuttgart, Galerie); die rechte Abb. zeigt einen Ausschnitt des Gemäldes »Stützen der Gesellschaft« von George Grosz (1928; Berlin, Nationalgalerie).

anfällige Schicht, deren Interesse kaum darauf gerichtet sein konnte, die junge Demokratie zu retten oder gar auszubauen. Gestützt auf eine *Große Koalition* aus DVP, Zentrum, DDP und SPD sowie auf der Basis eines vom Reichstag angenommenen *Ermächtigungsgesetzes* wurde am 16. Oktober 1923 die Einführung der *Deutschen Rentenmark* beschlossen. Ein radikaler *Währungsschnitt* sollte die Talfahrt der deutschen Mark beenden. Mit Stichtag 15. November 1923 entsprachen eine Billion alter Mark einer neuen »Rentenmark«. Das Wagnis gelang, Wirtschaft und Fiskus erholten sich wieder. Bald sprach man vom *Wunder der Rentenmark*. Die Weimarer Republik hatte ihre bislang schwerste Krise überwunden.

Aber wie schon in den ersten Wochen der Republik traten im Rheinland nun wieder die *Separatisten* hervor, die sich, wenn nicht vom *Reich*, so doch von *Preußen* beziehungsweise *Bayern* lösen wollten. Sie hatten durch die Ruhrbesetzung neuerlich Auftrieb erhalten. Auf den Abbruch des Ruhrkampfes reagierte die bayerische Landesregierung am 26. September 1923 mit der Verhängung des *Ausnahmezustands*. Im Süden gab es starke *völkisch-vaterländische* Gruppierungen, und Bayern forderte jetzt die Berliner Zentrale heraus – ernannte sich selbst zur »Ordnungszelle des Reichs«. Gleichzeitig träumten die *Kommunisten* von einer »deutschen Oktoberrevolution«. In Sachsen und Thüringen wurden Regierungskoalitionen aus KPD und SPD gebildet. Die *Reichswehr* griff ein und beseitigte die Linksregierungen, wandte sich aber nicht gegen Bayern, wo der Monarchist GUSTAV RITTER VON KAHR (*1862, †1934) als *Generalstaatskommissar* zur Durchführung des Ausnahmezustands alle vollziehende Gewalt des Landes in den Händen hielt. In Berlin drohte der Regierung Stresemann inzwischen das „Aus". Gerüchte von einer bevorstehenden Rechtsdiktatur kamen auf. In diesen Wochen schwerster politischer Destabilisierung fand in München der sogenannte *Hitler-Putsch* statt. ADOLF HITLER (*1889, †1945), seit 1921 Chef der rechtsradikalen NSDAP *(Nationalsozialistische Deutsche Arbeiterpartei)*, proklamierte am 8. November 1923 im Münchener *Bürgerbräukeller* die *Provisorische deutsche Nationalregierung* und rief zum »Marsch auf Berlin« auf, wo die *Ruhrverräter* aus ihren Ämtern vertrieben werden sollten. Doch seine Träume vom Reichskanzleramt erfüllten sich vorerst nicht. Im Kugelhagel der Polizei, die tags darauf einen von LUDENDORFF und HITLER angeführten Demonstrationszug vor der Münchener *Feldherrnhalle* zusammenschoß, endete ein Putschversuch, der viel zu dilettantisch vorbereitet war.

Plakat des Völkischen Blocks
zur Reichstagswahl 1924

Putschversuch
Am 9. November 1923 starteten Parteimitglieder im Hof des Münchener NSDAP-Gebäudes zur Feldherrnhalle.

Aristide Briand
während einer Vollversammlung des Völkerbunds in Genf, 1928.

Gustav Stresemann
im Jahre seines Regierungsantritts, 1923.

Es kehrte Ruhe ein, und im westlichen Ausland begann man zu begreifen, daß Deutschland durch überzogene Forderungen von einer Krise in die nächste taumelte. Im sogenannten *Dawes-Plan* zur Neuregelung deutscher Reparationsleistungen (9.4.1924) wurde die jährliche Zahlungsrate auf 2,5 Milliarden Goldmark festgesetzt. Doch da die volle Jahresrate erst mit dem fünften Zahljahr fällig werden sollte und außerdem eine Anleihe von 800 Millionen Goldmark zur Ankurbelung der deutschen Wirtschaft bereitgestellt wurde, verbesserten sich die Verhältnisse nun spürbar. Jahre der wirtschaftlichen Konsolidierung folgten; es zog sogar ein begrenzter Wohlstand ein. Besonders die deutsche Exportindustrie boomte regelrecht. In einigen Sektoren konnten sogar Vorkriegspositionen auf dem Weltmarkt zurückgewonnen werden. Dahinter blieb die Entwicklung der realen Kaufkraft, des Konsumgüterangebots sowie der Sozialleistungen deutlich zurück. Immerhin setzte die Weimarer Republik den *Acht-Stunden-Arbeitstag* durch und erfüllte so die alte Forderung der europäischen Arbeiterbewegungen – natürlich zu Lasten einer linearen Entwicklung der Arbeitsproduktivität. Da das Jahrfünft des wirtschaftlichen Aufschwungs erheblichen konjunkturellen Schwankungen ausgesetzt blieb, wechselten *Vollbeschäftigung* und *Massenarbeitslosigkeit* in kurzer Folge. Um die Jahreswende zwischen 1925 auf 1926 schnellte die Zahl der Arbeitslosen auf zwei Millionen hoch. Diese konjunkturelle Labilität sollte später den »Weg in die Diktatur« vorzeichnen.

Als Reichskanzler überstand STRESEMANN das Krisenjahr 1923 nicht, aber als Außenminister diente er bis zu seinem Tode noch sieben Reichskabinetten. STRESEMANN kann mit Fug und Recht als der fähigste Politiker der Weimarer Republik betrachtet werden – als ein Mann, der die Aussöhnung mit den Kriegsgegnern von einst suchte und Deutschland als gleichberechtigten Partner in den Kreis der europäischen Mächte zurückführen wollte. Seine Außenpolitik trug Züge langfristiger Orientierung und blieb nach Westen ausgerichtet, nachdem einer seiner Vorgänger, WALTHER RATHENAU, bereits zur Verständigung mit der Sowjetunion gefunden hatte (*Rapallo-Vertrag* vom 16.4.1922). STRESEMANNS Bemühungen gipfelten in dem erfolgreichen Abschluß der von ihm angeregten *Konferenz von Locarno* (5.-16.10.1925), die vor allem zur Entkrampfung des Verhältnisses zwischen Deutschland und Frankreich führte. In einer Serie von Verträgen mit Frankreich, Belgien, Großbritannien, Italien, Polen und der Tschechoslowakei erreichte Deutschland die Unverletzlichkeit seiner Westgrenze,

Reichsaußenminister Stresemann
vor dem Völkerbund (10. Sept. 1926)

die *Entmilitarisierung des Rheinlands* sowie ein Gewaltverzichtsabkommen mit Polen. Der »Geist von Locarno« trug dem Reich außerdem die Mitgliedschaft im *Völkerbund* ein. Vor dem Völkerbundsrat erklärt STRESEMANN am 10. September 1926: *„Deutschland tritt mit dem heutigen Tag in die Mitte von Staaten, mit denen es zum Teil seit langen Jahrzehnten in ungetrübter Freundschaft verbunden ist, die zum anderen Teil im letzten Weltkrieg gegen Deutschland verbündet waren. Es ist von geschichtlicher Bedeutung, daß Deutschland und diese letzten Staaten sich jetzt im Völkerbund zu dauernder, friedlicher Zusammenarbeit zusammenfinden."* Das waren Worte eines *neuen* Deutschland, die aufmerksam gehört wurden und weltweite Beachtung fanden! Für seine Bemühungen um *Völkerverständigung* erhielt der deutsche Außenminister zusammen mit seinem französischen Amtskollegen ARISTIDE BRIAND (*1862, †1932) noch im selben Jahr den *Friedensnobelpreis*.

Die letzten Jahre der parlamentarischen Demokratie

Am 28. Februar 1925 trat ein unerwartetes Ereignis ein, das sich für die weitere Entwicklung als schicksalsschwerer Schlag erweisen sollte: FRIEDRICH EBERT starb plötzlich. Mit ihm verloren die Deutschen »den Mann der ersten Stunde«, der ebenso unermüdlich wie unauffällig für den Erhalt der Republik einzutreten wußte. Aber eine politische Integrationsfigur war er nicht geworden: Bei einem großen Teil der marxistischen Arbeiterschaft stieß er auf wenig Gegenliebe; auch war es ihm nicht gelungen, die bürgerlichen Kräfte rechts der Mitte für das

Deutschlands Eintritt in den Völkerbund

Paul Schmidt, ein Mitglied der deutschen Delegation, berichtet von der Aufnahme Deutschlands in den Völkerbund:

Die Tribünen waren überfüllt. Die hellen Sommerkleider der Frauen und einige weiße Turbane von Delegierten oder Zuschauern aus Indien oder Arabien leuchteten als bunte Flecken in der Menge auf, die fast regungslos und schweigend dasaß.

Ich sah noch, wie Stresemann sich plötzlich aufrichtete und dann als erster Deutscher im wahrsten Sinne des Wortes über die Schwelle der kleinen Tür hinweg in den Völkerbund eintrat. Bei seinem Erscheinen setzte im ganzen Saal ein wahrer Beifallssturm nach der vorher herrschenden Stille ein. Schnell folgten ihm Schubert, Gaus und ein Mitglied des Ministerbüros, der damalige Legationssekretär Feine. Ich selbst bildete das »Schlußlicht« dieser kleinen Delegation und war somit der fünfte Deutsche, der richtiggehend in den Völkerbund eintrat. Der Beifall hatte eine wahre Orkanstärke erreicht. Von allen Seiten wurde geklatscht und Bravo gerufen.

Nur mit Mühe konnten sich die drei deutschen Delegierten durch die herandrängende Masse der ausländischen Volksvertreter den Weg zu ihren Plätzen bahnen. Alle wollten ihnen die Hände schütteln und ihnen persönlich zu diesem Ereignis Glück wünschen. Inzwischen tobte das Publikum auf den Tribünen, Tücherwinken, Hüteschwenken, »bravo Stresemann«, Zurufe mit fremdländischen Akzentuierungen – eine Szene, wie sie sich im Völkerbund noch nie abgespielt hatte und wie ich sie selbst in einem so internationalen Kreise auch nie wieder erleben sollte. Dieser Empfang Deutschlands durch die Völker der Welt war wirklich etwas Einmaliges, um ein später so oft mißbrauchtes Wort hier zu verwenden. Recht schwer hatte es der Präsident inmitten dieser Begeisterungsstürme, sich für seine Begrüßungsworte Gehör zu verschaffen. Aber es wurde ganz still, als er Stresemann das Wort erteilte und dieser sich unter atemloser Spannung langsam auf die Rednertribüne begab…

Hermann Müller
Als »Versailles-Müller« geschmäht, hatte es der Reichskanzler (1920 und 1928-1930) schwer, sozialdemokratische Politik durchzusetzen. (Foto um 1924)

Plakat-Kampagne
der KPD gegen die Bedingungen des Versailler Vertrags (um 1924).

neue Gemeinwesen einzunehmen. Sein Nachfolger wurde der greise, inzwischen siebenundsiebzig Jahre alte Generalfeldmarschall PAUL VON HINDENBURG, der Kandidat der DNVP und DVP. Er hatte sich im zweiten Wahlgang mit einfacher Mehrheit gegen den Vorsitzenden des Zentrums, WILHELM MARX (*1863, †1946), den Kandidaten der Weimarer Koalition, und den Kommunisten ERNST THÄLMANN (*1886, †1944) durchgesetzt. HINDENBURG war weder Politiker, noch Staatsmann, sondern Heerführer – ein Mann, den das Alter leicht beeinflußbar gemacht hatte, der zudem an Altersstarrsinn litt. Außer seiner persönlichen Integrität hatte er nichts in die Waagschale zu werfen, um das in Notzeiten mit weitreichenden Kompetenzen ausgestattete Amt des Reichspräsidenten auszufüllen. Zunächst war von alledem noch nichts zu spüren. Erst gegen Ende des Jahrzehnt empörte sich seine soldatische Seele gegen den um sich greifenden Mangel an Disziplin und patriotischer Gesinnung in den Parteien. Ihn schien nun ein tiefes Mißtrauen gegen das pluralistische System der deutschen Republik ergriffen zu haben.

Bei den Reichstagswahlen vom 20. Mai 1928 hatte die SPD kräftig zugelegt. Der Sozialdemokrat HERMANN MÜLLER konnte nach langen Verhandlungen ein *Kabinett der Persönlichkeiten* bilden, an dem sich SPD, DVP, DDP und BVP (Bayrische Volkspartei) beteiligten. Aber alle Regierungsparteien hatten ausdrücklich erklärt, sich an die Kabinettsbeschlüsse nicht gebunden zu fühlen! Die *Fraktionen* fürchteten um ihren parlamentarischen Einfluß und wollten sich nicht die Hände binden lassen. Der englische Botschaftsrat HAROLD NICOLSON beschreibt seine Eindrücke von der Reichstagssitzung des 3. Juli 1928, als MÜLLER sein Regierungsprogramm vorgelegt hatte: *„Der ganze Reichstag ist das Verrückteste, Ordinärste und Lauteste, was ich je gesehen habe. Der Sitzungssaal selber gleicht dem schlimmsten Typ von Bahnhof ... und für mich war das einzige Interessante, daß ich diesen Mann vor genau neun Jahren gesehen habe: im Spiegelsaal von Versailles, wo er den Friedensvertrag unterschrieb. Die Deutschnationalen unterbrachen ihn mit dem Ruf »Versailles-Müller!« Der Arme.“* Es stand nicht gut um den deutschen Parlamentarismus. Reichskanzler MÜLLER war in seiner Amtszeit (28.6.1928 – 27.3.1930) mehr damit beschäftigt, Risse im Kabinett zu kitten, als sozialdemokratische Politik durchsetzbar zu machen. Die beiden Flügelparteien der *Großen Koalition* standen sich unversöhnlich gegenüber: Die DVP vertrat die Interessen der *besitzenden Klasse*, während die SPD hinter den Anliegen der gemäßigten *Arbeiter-*

bewegung stand. Durch STRESEMANNS Tod am 3. Oktober 1929 fehlte plötzlich eine wichtige Autorität, die vermitteln konnte.

Er starb zur Unzeit! Denn inzwischen war es vorbei mit den nur von gelegentlichen *Konjunktureinbrüchen* gestörten Jahren des wirtschaftlichen Aufschwungs. Seit Winter 1928/29 stieg die Zahl der Unterstützungsempfänger von zweieinhalb Millionen auf schließlich über zehn Millionen im Winter 1932/33! Ursache dieser Entwicklung war die *Weltwirtschaftskrise*. Als den Amerikanern nach langer Phase der Hochkonjunktur ihre Überproduktion schwer zu schaffen machte (*Schwarzer Freitag* an der New Yorker Börse, 25. Oktober 1929), zogen sich die überseeischen Finanziers schlagartig aus ihren europäischen Kapitalgeschäften zurück. Deutschland traf die Weltwirtschaftskrise mit besonderer Wucht. Eine allgemeine Kürzung der Löhne und Gehälter griff um sich. Die Gewerkschaften mußten das Geschehen ohnmächtig mitansehen, da ihre eigenen Kassen leergefegt waren und die Waffen des Streiks stumpf blieben. Nun setzte eine Radikalisierung weiter Kreise der Bevölkerung ein. Zum *Volksbegehren* gegen den sogenannten *Young-Plan* (22. Dezember 1929), der die Frage deutscher Reparationsleistungen neu regeln sollte, formierte sich im Sommer 1929 erstmals eine deutschnational-völkische *Einheitsfront*. In ihr taten sich die DNVP unter ALFRED HUGENBERG (1865, †1951), der »Bund der Frontsoldaten« (*Stahlhelm*) und die nun aus ihrer bisherigen Isolierung heraustretende NSDAP unter HITLER hervor. Diese Front mobilisierte ihre Anhänger gegen den Young-Plan mit der Parole: *„Keine Versklavung des Deutschen Volkes!“* Noch hatten die Rechtskräfte keinen Erfolg. Das Volksbegehren scheiterte. Aber das »Kabinett Müller« bot ein trauriges Bild ewiger Zerstrittenheit. Inzwischen hatte sich in der SPD der Standpunkt durchgesetzt, lieber aus der Regierungsverantwortung auszusteigen, als beständig Kompromisse zu Lasten der Arbeiterschaft eingehen zu müssen. Am 27. März 1930 trat HERMANN MÜLLER zurück.

Der »Schwarze Freitag«
Kurseinbrüche an der New Yorker Börse führten zur Weltwirtschaftskrise. (Foto vom 24.10.1929)

Der Anfang vom Ende - die Präsidialkabinette

Einen Tag später beauftragte der Reichspräsident den Zentrumspolitiker und Finanzexperten seiner Partei, HEINRICH BRÜNING (*1885, †1970), mit der Regierungsbildung. Seine bürgerliche *Minderheitsregierung* stützte sich allein auf das Vertrauen HINDENBURGS sowie auf dessen verfassungsmäßige Rechte, Kabinettsvorlagen, die im Reichstag keine Mehrheit fanden, gegebenenfalls über den »Artikel 48« durchzusetzen

Arbeitslose
vor dem Arbeitsamt in Hannover. (Foto, um 1932)

Nationalsozialistischer Terror
Das Propagandabild von Felix Albrecht (1930) zeigt einen SA-Mann während einer Saalschlacht; es steht unter dem Motto: »Dem Terror von links kann man nur mit noch schärferem Terror begegnen«.

»...gab es im Reich 5,7 Millionen Arbeitslose!«

(Notverordnungen). Den Militärs galt BRÜNING als verläßlicher Konservativer, der sich den preußisch-monarchischen Traditionen verbunden fühlte. Als solcher wurde er dem greisen Reichspräsidenten wärmstens empfohlen, insbesondere durch den General KURT VON SCHLEICHER (*1882, †1934). Die Weimarer Verfassung hatte die Wahrnehmung diktatorischer Vollmachten nur für akute Notfälle vorgesehen. Jetzt wurden diese zum Fundament des Regierens schlechthin. Die *Präsidialkabinette* BRÜNINGS (30.3. 1930–30.5. 1932), FRANZ VON PAPENS (1.6. 1932–3.12. 1932) und SCHLEICHERS (3.12. 1932–28.1. 1933) schwächten die parlamentarische Bedeutung des Reichstags zunehmend: Während 1930 noch 98 Gesetze verabschiedet wurden (bei fünf Notverordnungen), waren es 1932 nur noch fünf (bei 60 Notverordnungen). BRÜNING ließ die Staatsausgaben drastisch reduzieren, verfügte Lohn- und Gehaltskürzungen und ordnete eine *Preisüberwachung* an. Seine Politik des »knappen Geldes« trieb die Arbeitslosigkeit schwindelerregend in die Höhe. Inzwischen hatte Deutschland die Hauptwelle der Weltwirtschaftskrise erreicht: Ende Dezember 1931 gab es im Reich 5,7 Millionen Arbeitslose! Offensichtlich nahm der Kanzler diese schwere innere Erschütterung in Kauf, um den Vorwand zur Einführung einer autoritären Kanzlerdiktatur nach dem Vorbild BISMARCKS zu stiften. BRÜNING wollte nach eigener Bekundung als *Treuhänder des Reichspräsidenten* gelten. In seinen Memoiren erinnerte er sich: *„... ihn wollte ich als Staatsoberhaupt erhalten mit dem Ziel, die friedliche Wiedereinführung der Monarchie zu ermöglichen."*

Solche Phantastereien hatten den Kanzler blind gemacht für die realen Geschehnisse auf der Straße und die Gefahren, die sie bargen. Seine Befähigung zur Imagination war zu dürftig, um beispielsweise die Risiken vorgezogener *Neuwahlen* solide abzuschätzen. Im Juli 1930 hatte HINDENBURG erstmals von seinem Recht zur Auflösung des Reichstags Gebrauch gemacht. Aus den Neuwahlen im September gingen indes die Radikalen von links und rechts als Sieger hervor. Die Kommunisten erhielten 77 Sitze (vorher 54), die Nationalsozialisten 107 (vorher 12). So hatte das »präsidiale« Dreiergespann Hindenburg-Schleicher-Brüning in seiner Absicht, zu mehr innerer Stabilität und Solidität zurückzufinden, bereits frühzeitig versagt. Stattdessen hatte man ADOLF HITLER und seinen »braunen Kolonnen« zu einer wesentlich erweiterten Plattform verholfen. Am 30. Mai 1932 ließ der Reichspräsident »seinen« Kanzler schließlich fallen. Sein neuer Mann hieß FRANZ VON PAPEN (*1879, †1969), dessen Regierung wegen seiner vom

Das Kabinett der Barone
Anläßlich der Verfassungsfeier der Reichsregierung präsentierte sich am 11. August 1932 Reichskanzler Franz von Papen (Mitte) mit Kabinettsmitgliedern der Berliner Presse.

Parlament unabhängigen Zusammensetzung als *Kabinett der Barone* bespöttelt wurde. Deutschland war nun auf das Niveau einer *präsidialen Diktatur* zurückgefallen.

Bei der Entscheidung für PAPEN hatte sich SCHLEICHER erneut als »Kanzlermacher« hervorgetan. Vor dem Hintergrund der innenpolitischen Entwicklung paßte BRÜNING nicht mehr ins Konzept. Dieser wollte einen *Damm gegen die Naziflut* errichten, um dem seit Herbst 1930 anhaltenden Aufstieg der NSDAP zu begegnen. Er ließ über die *Notverordnung zur Sicherung der Staatsautorität* die Wehrorganisationen der Partei, also die SS und die SA, verbieten, konnte aber das starke Anwachsen der NSDAP bei den Landtagswahlen am 24. April 1932 nicht verhindern. In Preußen blieb der sozialdemokratische Ministerpräsident OTTO BRAUN (*1872, †1955) nach einem Wahlsieg der Nationalsozialisten und Kommunisten nur noch geschäftsführend im Amt. Angesichts dieser Entwicklung entschied sich SCHLEICHER für eine politische Wende nach rechts, um die Verständigung mit den Nationalsozialisten zu suchen und diese somit zu »zähmen«. Der neue Reichskanzler spielte mit: Er sorgte für die Auflösung des Reichstags, um HITLERS Bewegung nach vollzogenen Neuwahlen mit in die Regierungsverantwortung nehmen zu können. In den Sommerwochen tobte ein Wahlkampf mit bürgerkriegsähnlichem Straßenterror, denn die SA war inzwischen wieder zugelassen worden. Am 20. Juli schaltete PAPEN die geschäftsführende »Regierung Braun« aus und setzte sich selbst als *Reichskommissar* für Preußen ein.

Aus den Juli-Wahlen ging die NSDAP als stärkste Partei hervor. Aber HINDENBURG bot HITLER nur den Posten eines

Kind einer Arbeitslosen-Familie
Mit einem Tablett als Bauchladen versucht dieser Knabe in den Straßen Hannovers etwas Geld mit selbstfabriziertem Spielzeug zu verdienen – und vertreibt sich »spielend« die Zeit. (Foto, um 1932).

Heinrich Brüning
vor dem Reichstag. (Foto, Oktober 1930)

Die »Eiserne Front«
Anti-nationalsozialistische Kundgebung der Vereinigung von »Reichsbanner« und Gewerkschaften im Berliner Lustgarten. (Foto, 1932)

Aufmarsch der SA
unter der Führung Horst Wessels (um 1930).

Vizekanzlers an, den dieser ausschlug. Er wollte die *ganze* Macht! Nun taten sich die Kommunisten und Nationalsozialisten gegen die »Regierung Papen« zusammen, was eine neuerliche Auflösung des Reichstags zur Folge hatte. Aus den Neuwahlen des 6. November 1932 ging HITLER erneut als Sieger hervor! HINDENBURG meinte, nun solle SCHLEICHER *„in Gottes Namen sein Glück versuchen."* Während SCHLEICHER, der dritte Reichskanzler des Jahres, darum bemüht war, den linken gewerkschaftlichen Flügel der NS-Bewegung um den Hitler-Gegner GREGOR STRASSER (*1892, †1934)) für sich zu gewinnen, knüpfte PAPEN derweil Kontakte zu HITLER (3.1.1933). Es ging bei diesen Verhandlungen um ein Kabinett »Papen-Hitler« oder »Hitler-Papen«. Lange sträubte sich der Generalfeldmarschall, den *böhmischen Gefreiten*, wie er sagte, zum Reichskanzler zu ernennen. Doch PAPEN ließ nicht locker, und schließlich schien HINDENBURG entnervt zu sein. Am 30. Januar 1933 ernannte er den ungeliebten HITLER zum Reichskanzler, PAPEN zu dessen Vizekanzler. Letzterer frohlockte: *„Wir haben uns Herrn Hitler engagiert. In zwei Monaten haben wir (ihn) in die Ecke gedrückt, daß er quietscht."* Der Intrigant sollte sich in seiner Einschätzung gewaltig irren ...

Die »Machtergreifung«

Daß der 30. Januar 1933 zu einem Epochedatum der deutschen Geschichte werden sollte, war in den Tagen der »Machtergreifung« noch nicht klar. Zunächst schien es sich um einen normalen Vorgang des Wechsels im Rahmen des von der Verfassung zugelassenen *Präsidialsystems* zu handeln. In HITLERS zwölfköpfigem Kabinett der *Nationalen Konzentration* saßen außer ihm selbst nur noch *zwei* weitere Nationalsozialisten – Innenminister WILHELM FRICK (*1877, †1946) und HERMANN GÖRING (*1893, †1946) als Minister ohne Geschäftsbereich. HITLER hatte nie ein Hehl daraus gemacht, daß er die Republik, die ihn nun zur Macht geführt hatte, vernichten werde. Aber wer mochte schon glauben, daß die wilden Worte der Wahlkämpfe auch in die Tat umgesetzt würden? Selbst das Ausland hegte noch Illusionen. Die NSDAP führte den Kampf um die Macht auf zwei Ebenen: Sie nutzte zum einen die politisch-parlamentarische Bühne, um ihren Einfluß auf legalem Wege auszudehnen; zum anderen inszenierte sie mit ihren militärisch ausgebildeten Schlägertrupps (*Sturm-Abteilungen*) den Krawall und Terror auf der Straße, um den Gegner einschüchtern oder ausschalten zu können. Ihre Kampfpresse vertuschte oder verzeichnete die Mordtaten der SA-Leute an KPD-Funktionären und erging sich zugleich in wildem Geschrei gegen die *roten Mordbestien*, wenn einer der ihren zu Schaden gekommen war. So verschafften sich die Nationalsozialisten Gehör und setzten sich mit ihrer hemmungslosen Agitation schließlich an die Spitze aller nationalistischen, im Kampf gegen »Weimar« verbundenen Kräfte.

Als Ideologie war der *Nationalsozialismus* ebenso simpel wie einprägsam. HITLER hatte in seinem Buch *Mein Kampf* (1925/1926) die Grundzüge dieser menschenverachtenden »Theorie« schon früh formuliert: Das Leben sei ein ewiger Kampf ums Überleben, bei dem sich der Stärkere schließlich durchsetze und den Schwächeren zugrunderichte. Dieses Prinzip gelte auch für die Beziehungen der Völker untereinander. Die Urkräfte der Geschichte seien aber die *Rassen*, von denen die *arische* allen anderen überlegen sei und auch bleibe, wenn sie sich *rein* halte und das *Judentum* als ihren Hauptfeind erkenne, bekämpfe und vernichte. Im deutschen Volk sah HITLER den wichtigsten Repräsentanten der *arischen* Rasse. Ihm gebühre darum ein größerer *Lebensraum*, welcher im Osten zu gewinnen sei, und zwar durch Krieg und Vertreibung, notfalls auch durch Vernichtung der slawischen Rasse. Dieser grobe Verschnitt *sozialdarwinistischen* Gedankenguts erhielt seinen eigentümlichen Schub freilich erst dadurch, daß HITLER ihn mit sehr konkreten, zeittypischen Positionen des *Antisemitismus, Antikapitalismus, Sozialismus* und *Nationalismus* durchsetzte und sich an ein deutsches Volk wenden konnte, daß durch den verlorenen Krieg tief gedemütigt worden war. Den Rest besorgten Inflation und Weltwirtschaftskrise. In der Endphase der Weimarer Republik fand HITLER in fast allen Berufsgruppen seine Anhänger. Aber die Sozialdemokratie konnte ihre Stammwählerschaft noch bis zuletzt bei der Stange halten. Am 30. Januar 1933 war die Mehrheit der Deutschen noch gegen HITLER eingenommen! Der neue Reichskanzler wußte das und handelte ...

JOSEPH GOEBBELS (*1897, †1945), der Propagandaleiter der NSDAP, ließ die SA-Kolonnen am Abend der Machtübernahme bei Fackelschein und Marschmusik durch die Straßen Berlins ziehen. HITLER hatte noch kurz vor seiner Ernennung den Parteivorsitzenden der DNVP, HUGENBERG, und Vizekanzler PAPEN, die beiden vermeintlich »starken Männer« des neuen Kabinetts, überredet, entgegen vorheriger Absprache jetzt *Neuwahlen* anzusetzen und den Reichstag aufzulösen. Er spekulierte auf ein günstigeres Wahlergebnis für seine Partei. Vor allem aber wollte er die innenpolitisch brisanten Wochen eines

Kurt von Schleicher
Der General war zwei Monate lang Reichskanzler der Weimarer Republik. (Foto, 1932)

Alfred Hugenberg
Der vermeintlich »starke Mann« war Vorsitzender der DNVP. (Foto aus dem Jahre 1925)

»Deutschland erwacht«
Gemälde zur Machtübernahme von Georg Lebrecht.

Politische Gefangene in den Berliner Kellern der SA. (Foto, 1933)

Wahlkampfs nutzen, um überall durch verdeckte Aktionen und gezielte Gewalt ein politisches Klima zu schaffen, das Anlaß bot, unliebsame Gegner »legal«, auf dem Verordnungswege, auszuschalten. Am 27. Februar brannte der Reichstag. Bis heute bleibt umstritten, wer die Hintermänner dieses Anschlags waren. Die Nationalsozialisten beschuldigten sofort ihre politischen Gegner. Noch in der Brandnacht ordnete HERMANN GÖRING die Verhaftung führender KPD-Funktionäre an. Am nächsten Tag erging die *Verordnung des Reichspräsidenten zum Schutz von Volk und Staat*, die wesentliche Grundrechte außer Kraft setzte und den Abbau rechtsstaatlicher Grundlagen einleitete. Politische Widersacher wurden nun in *Schutzhaft* genommen, erste *Konzentrationslager* errichtet.

Am 5. März fanden die Wahlen zum achten deutschen Reichstag statt. Die NSDAP erhielt 43,9 Prozent der Stimmen, verfehlte aber die absolute Mehrheit. Vorher hatte HITLER erklärt, es würde die letzte Wahl sein, vor der Deutschland stehe. Die kommunistischen Abgeordneten befanden sich bereits in Schutzhaft, waren untergetaucht oder geflohen. Ihre 81 Mandate wurden eingezogen. Der neue Reichstag trat am 21. März zusammen. Es war der 62. Jahrestag der Eröffnung des Ersten Reichstags von 1871. HITLER inszenierte mit militärischem Gepränge ein Spektakel besonderer Art: Die Abgeordneten zogen zur *Potsdamer Garnisonskirche*, wo sich die Gruft des Preußenkönigs FRIEDRICH II. befand. Hier kam es zum symbol-

Der »Tag von Potsdam«
Begrüßungszeremonie zwischen Reichskanzler und Reichspräsidenten zur Eröffnung des Reichstages.

trächtigen Händedruck zwischen einem Reichskanzler im Frack und einem Reichspräsidenten, der in furchtgebietender Marschalluniform erschienen war – wie das traditionsbewußt gestimmte Deutschland sein Staatsoberhaupt am liebsten sah. HITLER erklärte, jetzt sei *„die Vermählung vollzogen zwischen* *den Symbolen der alten Größe und der jungen Kraft.*" Die pathetische Schaustellung des »Tages von Potsdam« sollte über die wahren Ziele der *Nationalen Erhebung* hinwegtäuschen und die preußisch-nationalkonservativen Kräfte ruhigstellen.

In zynischer Konsequenz und mit atemberaubendem Tempo kehrte HITLER schon zwei Tage nach Potsdam zur Tagesordnung zurück und brachte das »Gesetz zur Behebung der Not von Volk und Staat« ein. Es ermächtigte die Reichsregierung für die Dauer von vier Jahren, Gesetze ohne Zustimmung des Reichstags sowie Gegenzeichnung durch den Reichspräsidenten zu erlassen (*Ermächtigungsgesetz*). Das war eine Ungeheuerlichkeit, denn das deutsche Parlament sollte seiner eigenen Entmachtung zustimmen! Obwohl sich in allen Parteien außer der NSDAP schwere Bedenken regten, kam doch die erforderliche Zweidrittelmehrheit zustande, weil sich die bürgerlichen Parteien durch Wohlverhalten ein Minimum an politischem Einfluß sichern wollten. Das war eine Illusion! In Wahrheit votierten sie für ihre eigene Unterwerfung. Einzig die sozialdemokratische Fraktion stimmte dagegen. Ihr Parteivorsitzender OTTO WELS (*1873, †1939) erklärte unerschrocken: *„Kein Ermächtigungsgesetz gibt Ihnen die Macht, Ideen, die ewig und unzerstörbar sind, zu vernichten. Sie selbst haben sich ja zum Sozialismus bekannt. Das Sozialistengesetz hat die Sozialdemokratie nicht vernichtet. Auch aus neuen Verfolgungen kann die deutsche Sozialdemokratie neue Kraft schöpfen.*" Das war das letzte freie Wort des deutschen Parlamentarismus.

Otto Wels
(Foto, um 1928)

„Das war das letzte freie Wort ..."

Errichtung der Diktatur nach innen

HITLERS Konzept war die sogenannte *Gleichschaltung* aller politischen und gesellschaftlichen Kräfte, um einen *zentralistischen Einparteienstaat* aufzubauen. Durch das *Gesetz zur Wiederherstellung des Berufsbeamtentums* (7.4. 1933) sicherte er sich die Kontrolle über die Verwaltungen. Regimefeindliche und »nichtarische« Beamte wurden nun entfernt. In den deutschen Ländern ließ er *Reichsstatthalter* einsetzen, die für die Beobachtung der vom Reichskanzler aufgestellten Richtlinien der Politik zu sorgen hatten (»Zweites Gesetz zur Gleichschaltung der Länder« vom 7.4. 1933). Das Vorgehen der Nationalsozialisten zur Zerschlagung der bundesstaatlichen Strukturen im Reich war immer gleich: SA-Trupps inszenierten die symbolische »Machtergreifung«, indem sie an öffentlichen Gebäuden die *Hakenkreuzfahne* hißten, für Krawalle sorgten und so Reichsinnenminister FRICK unter Berufung auf die *Reichstags-*

Albert Einstein
war einer der ersten Wissenschaftler, die der »braunen Diktatur« den Rücken kehrten. (Foto, um 1925)

Verbrennung von Büchern
»undeutscher« Autoren vor der Berliner Oper. (Foto, 1933)

brandverordnung vom 28. Februar Gelegenheit gaben, die öffentliche Ordnung wiederherzustellen. Nachdem HITLER auf Reichs- und Länderebene die Parlamente ausgeschaltet hatte und den Staatsapparat kontrollierte, holte er auch zum entscheidenden Schlag gegen die deutsche *Arbeiterbewegung* aus: Am 2. Mai wurden in ganz Deutschland die Büros der Gewerkschaften besetzt, ihre Organisationen verboten und ihre Vermögenswerte eingezogen. Nun setzten in großem Stile die staatlichen, forthin von keiner *Tarifhoheit* gestörten *Arbeitsbeschaffungsmaßnahmen* ein, die das deutsche Volk seine Verluste an politischen und gewerkschaftlichen Rechten vergessen ließ.

Die Nationalsozialisten hatten in ihren Augen für »Ruhe und Ordnung« gesorgt und waren dabei, die »nationale Ehre« Deutschlands wiederaufzurichten. Vom einsetzenden Massenexodus der geistig-kulturellen Elite Deutschlands fühlte sich die Mehrheit der Bevölkerung kaum betroffen. Seit dem Reichstagsbrand wurden Juden, Marxisten, Schriftsteller, Wissenschaftler und Künstler mit Berufs- und Schreibverbot belegt. Zu den ersten Auswanderern gehörten der Physiker ALBERT EINSTEIN (*1879, †1955), der Sozialforscher MAX HORKHEIMER (*1895, †1973), der Dramatiker BERTHOLD BRECHT (*1898, †1956), der Philosoph ERNST BLOCH (*1885, †1977) und die sozialdemokratischen Politiker OTTO WELS und ERICH OLLENHAUER (*1901, †1963). Die ausländische Presse reagierte entsetzt, als *Reichspropagandaminister* JOSEPH GOEBBELS am 10. Mai 1933 in einer *Aktion wider den undeutschen Geist* auf dem Berliner Opernplatz 20 000 Bücher mißliebiger Autoren verbrennen ließ.

Im Sommer 1933 gab HITLER im engsten Führungskreis zu erkennen, daß er die »Revolution« für beendet erachte. In der Tat hatten wenige Monate genügt, um aus Deutschland eine Diktatur zu machen. Sein willfähriger »Gehilfe« war die Partei-Armee. Ohne die SA hätte das, was im Jargon die »nationale Erhebung« hieß, nicht stattfinden können. Ihr »Stabschef« ERNST RÖHM (*1887, †1934) hatte die SA in kürzester Zeit zu einer bewaffneten Miliz von 300 000 Mann gemacht. Mächtig und selbstbewußt geworden, forderte der harte Kern ihrer Mitglieder nun die *Fortsetzung der Revolution* (»Zweite Revolution«). RÖHM spekulierte auf eine Führungsrolle beim geplanten Wiederaufbau einer schlagkräftigen Wehrmacht. Nach seiner Vorstellung sollte die Reichswehr in der SA und nicht diese in der Reichswehr aufgehen. HITLER löste diesen Konflikt zugunsten der Reichswehr. Aus zweierlei Gründen: Zum einen erschien ihm der militärische Fachverstand einer Berufsarmee unverzichtbar, zum anderen wäre ihm bei einer milizartigen

Reorganisation der Reichswehr ein übermächtiger und zudem ideologisch unberechenbarer Konkurrent erwachsen. Also holte HITLER zum Schlag gegen die SA aus und konnte sich der Sympathie aus Reichswehrkreisen gewiß sein. Um angeblichen Putschplänen aus den Reihen der SA zuvorzukommen, ließ er am 30. Juni 1934 die gesamte Führungsspitze der SA, einschließlich ihres Stabschefs ERNST RÖHM, verhaften und liquidieren. Dieser dreitägigen Mordaktion fielen auch Hitler-Gegner zum Opfer, die mit der SA nichts zu tun hatten, so zum Beispiel General KURT VON SCHLEICHER, GREGOR STRASSER und GUSTAV RITTER VON KAHR. Am 3. Juli wurden diese Morde vom Reichskabinett als »Staatsnotwehr« legalisiert. Als HINDENBURG einen Monat später starb, übernahm HITLER auch das Amt des Staatsoberhaupts und ließ die Reichswehr auf seine Person vereidigen. Der braune Diktator war am Ziel.

Der Eroberung der politischen Macht folgte die organisatorische Erfassung und *nationalsozialistische* Durchdringung aller Schichten und Altersgruppen des deutschen Volks. Es war dies vor allem das Werk der NSDAP, die so dem Schicksal der SA entging. Der Beitritt zu alters- und geschlechtsspezifischen, berufs-, standes-, arbeits- oder zweckbezogenen Verbänden (z.B.: *Hitler-Jugend, NS-Frauenschaft, NS-Ärztebund, Reichsstudentenbund, Deutsche Arbeitsfront, NS-Volkswohlfahrt*) erfolgte für den regimeneutralen *Mitläufer* teils aus Karrieregründen, teils aus Zwang, teils zur Wahrung des Scheins, um weltanschauliche Unbedenklichkeit vorzutäuschen. Polypenartig überzog das Regime das gesamte überkommene Verbands- und Vereinswesen, paßte es den neuen Bedingungen an und zerschlug seine Unabhängigkeit. Die *Partei*, die sich reichsweit in 40 *Gaue* gliederte, von denen jeder sich wiederum in *Kreise, Ortsgruppen, Zellen* und *Blocks* ausfächerte, konnte jeden Winkel des Landes ausleuchten. Führende Parteifunktionäre wie HERMANN GÖRING, ALFRED ROSENBERG (*1893, †1946) oder BALDUR VON SCHIRACH (*1907, †1974) arbeiteten auch als »Sonderbevollmächtigte«, »Generalinspektoren«, »Beauftragte« usw., um den *Führerwillen* gegen, neben oder über den staatlichen Behörden unmittelbar zu vollziehen. Ihre Schaubühne hatte die NSDAP in den jährlich veranstalteten *Reichsparteitagen* – das waren propagandistische Großveranstaltungen, zu denen die Partei ihre Kohorten nach Nürnberg entsandte. Jeweiliger Höhepunkt solcher Kultfeiern war der pompöse »Einzug des Führers«.

Traurige Berühmtheit erlangte Nürnberg aber vor allem durch die sogenannten *Nürnberger Gesetze* – per Akklamation

Propagandapostkarte
der Organisation »Hitler Jugend« (HJ).

Reichsjugendtag
in Potsdam im Jahre 1932.

Parteitag der NSDAP
Einzug der Reichswehr zum Deutschlandtreffen 1934 auf dem parteieigenen Gelände Luitpoldhain bei Nürnberg.

Junge Deutsche
Wegen ihrer Beziehung zu einem Juden wurde diese Frau von SA-Männern in den Straßen Cuxhavens öffentlich verhöhnt. (Foto, 1935)

gelegentlich des Reichsparteitags von 1935 beschlossen. Diese Bestimmungen gaben HITLERS Rassenlehre konkrete Gestalt: Das *Gesetz zum Schutz des deutschen Blutes und der deutschen Ehre* verbot die Ehe zwischen Juden und Deutschen. Jeder, der eine öffentliche Anstellung anstrebte, mußte fortan den *Ariernachweis* erbringen. Durch das *Reichsbürgergesetz* wurde den Juden zugleich die volle Rechtsfähigkeit entzogen. Die *Judenverfolgung* war zu diesem Zeitpunkt allerdings längst traurige Wirklichkeit in Deutschland. Bereits wenige Wochen nach der *Machtergreifung* hatten GOEBBELS und LEY zum »Boykott jüdischer Geschäfte« aufgerufen (1.4. 1933). Seit 1935 besaß das Regime die Machtmittel zur Einschnürung der jüdischen Lebensräume. Drei Jahre später ordnete die Parteispitze das gewaltsame Vorgehen gegen jüdische Bürger und Einrichtungen an. In der sogenannten *Reichskristallnacht* vom 9. auf 10. November 1938 wurden jüdische Geschäfte geplündert, Synagogen in Brand gesetzt und etwa 30 000 Juden in *Konzentrationslager* verschleppt. Diese stufenweise eskalierende *Gewaltpolitik* war dem NS-Regime immanent. Sie sollte sich am Ende gegen alle Menschen richten – in Deutschland, Europa und schließlich in der ganzen Welt.

Zweifelsohne erfreute sich HITLER im Volk großer Beliebtheit. Aus »unangenehmen« Alltagsgeschäften der Politik hielt er sich so weit wie möglich fern und griff auch in die Machtkämpfe der höchsten Führungselite »unter ihm« nur selten ein. Die Empörung über Mißstände machte sich bei den Deutschen der dreißiger Jahre gern in der Redewendung Luft: »wenn das der Führer wüßte«. Seine Popularität hatte aber auch ganz reale Hintergründe. HITLER konnte in der Innen- wie Außenpolitik beachtliche Erfolge vorweisen. Staatliche Arbeitsbeschaffungsmaßnahmen, insbesondere für die Bauwirtschaft

(Reichsautobahnbau) und Textilindustrie (Parteiuniformaufträge), ließen die Arbeitslosenrate schnell sinken. Bereits 1935 klagten einige Branchen über Facharbeitermangel, und 1936, seit Einführung der *allgemeinen Wehrpflicht*, gab es praktisch Vollbeschäftigung. Flankierende sozialpolitische Maßnahmen, wie zum Beispiel das *Ehestandsdarlehen*, taten ein Übriges, um den Effekt der »Massenloyalität« zu erzielen. Aber kein noch so großer Terror nach innen wäre im Stande gewesen, Hitler an der Macht zu halten, hätte er nicht Millionen Menschen zu Arbeit und Brot verholfen! Seit 1936 buhlte die zivile Industrie mit der Rüstungsindustrie um die knapp gewordene Ressource »Arbeitskraft«. Von nun an kennzeichnete der gigantische Ausbau der Wehrmacht die weitere wirtschaftliche Entwicklung. Der »Zweite Vierjahresplan« von 1936 sollte die Wirtschaft darauf ausrichten, Deutschland *kriegsbereit* zu machen. Die Aufrüstung verschlang im Jahre 1938 17,2 Milliarden Reichsmark, das sind etwa 50 Prozent des gesamten Ausgabenvolumens der öffentlichen Haushalte gewesen! Deutschland trug nun Züge einer staatlichen »Kommandowirtschaft«.

Geschlossenes Geschäft in Berlin
Die Kaufhäuser der Juden wurden zunächst boykottiert, geschlossen und dann ausgeplündert. (Foto, 1933)

Hitlers Außenpolitik in den Krieg

Diese NS-Wirtschaftspolitik war volkswirtschaftlich kaum vertretbar, da sie die Kapital- und Rohstoffreserven für einseitge Zwecke kanalisierte. Letztlich bedrohte sie den erreichten Lebensstandard der Bevölkerung ganz erheblich. Sie ist daher nur vor dem Hintergrund der weitreichenden Eroberungspläne verständlich, die Hitler seit den zwanziger Jahren hegte und niemals aus den Augen verlor – dem deutschen Volk »neuen Lebensraum« zu schaffen. Diesen dachte er sich nicht nur als Siedlungsland, sondern auch als Quelle neuer Reichtümer. Auf einer geheimen Besprechung am 5. November 1937 vor Befehlshabern der Streitkräfte verdeutlichte Hitler seine Eroberungspläne: Die *deutsche Zukunft* liege in der *Lösung der Raumnot*, wofür es *nur den Weg der Gewalt* gebe. Als Zeitraum nannte Hitler die Jahre 1938-1945; erste Ziele sollten die Eroberung Österreichs und der Tschechoslowakei sein. Die Wehrmachtsführung meldete schwere Bedenken an, namentlich durch Reichskriegsminister Werner von Blomberg (*1878, †1946) und Generaloberst Werner Freiherr von Fritsch (*1880, †1939), die die wirtschaftliche und militärische Stärke Deutschlands für weitreichende Eroberungspläne anzweifelten. Beide wurden wenig später unter unwürdigen Begleitumständen *(Blomberg-Fritsch-Affäre)* aus ihren Ämtern entfernt. Hitler

Bau der Reichsautobahn
Offizieller Spatenstich durch Hitler zum Bau der Strecke Frankfurt-Heidelberg am 23. September 1933.

Ausstellung *sogenannter »entarteter« Kunst im leergeräumten Archäologischen Institut am Münchener Hofgarten (19.7.-30.11.1937). Ziel dieser Ausstellung war die Diffamierung solcher Künstler, die ihre Arbeit nicht in den Dienst des Nationalsozialismus stellen wollten.*

nutzte die Gelegenheit, um jetzt selbst an die Spitze der Wehrmacht zu treten. Er gliederte das *Wehrmachtsamt* innerhalb des Kriegsministeriums aus und machte es als *Oberkommando der Wehrmacht* (OKW) zu seinem *eigenen*, ihm persönlich verantwortlichen Stab. An die Spitze trat ein politisch zuverlässiger Soldat: General WILHELM KEITEL (*1882, †1946).

HITLERS Außenpolitik verlief anfänglich in konventionellen Bahnen und zielte auf eine bescheidene »Revision« der Ergebnisse des Ersten Weltkriegs, wie es schon die Außenpolitik der Weimarer Republik versucht hatte. Der wesentliche Unterschied bestand darin, daß nun bestehende Verträge aufgekündigt oder verletzt wurden. Es begann mit dem Austritt aus dem *Völkerbund* (14. Oktober 1934). HITLER mochte sich nicht von der Politik einer Völkergemeinschaft binden lassen. Als das Saarland »heim ins Reich« kehrte – 91 Prozent der Saarländer hatten am 13. Januar 1935 für eine Rückgliederung an das Deutsche Reich gestimmt – landete er, durch diesen Erfolg gestärkt, seinen ersten Coup: Am 16. März 1935 verkündete er die Wiedereinführung der *allgemeinen Wehrpflicht*. Sie wurde überschwenglich als Wiederherstellung *nationaler Würde* gefeiert. Der Protest der Westmächte gegen diesen Bruch des Versailler Vertrages blieb am Ende unglaubwürdig, da die Engländer wenig später zum Abschluß eines deutsch-englischen *Flottenabkommens* bereit waren (18.6.1935) und damit an der Glaubwürdigkeit des Reichs keinen Zweifel ließen. Seine Politik schien aufzugehen. Am 7. März 1936 rückten deutsche Truppen ins Rheinland ein, das nach den Bestimmungen des Versailler Vertrags entmilitarisiert bleiben sollte. HITLER handelte als Hasardeur: Denn einem militärischen Gegenschlag der Franzosen hätte er zu diesem Zeitpunkt wenig entgegenzusetzen gehabt. *„Die 48 Stunden nach dem Einmarsch ins Rheinland sind die aufregenste Zeitspanne in meinem Leben gewesen"*, gestand er später ein.

»Hitler handelte als Hasadeur...«

Als HITLER an die Lösung der »deutschen Frage« im Sinne der Geheimkonferenz vom 5. November 1937 gehen wollte, hatte er das Reich inzwischen aus der Isolierung befreit: Mit Italien gab es seit dem 25. Oktober 1936 ein Freundschaftsabkommen, das der faschistische Diktator BENITO MUSSOLINI (*1883, †1945) als *Achse Rom-Berlin* bezeichnete; und mit Japan war am 25. November desselben Jahres der sogenannte *Antikominternpakt* abgeschlossen worden. Das Abkommen richtete sich gegen die Politik der *Kommunistischen Internationale* (»Komintern«) und zielte der Sache nach auf eine Einkreisung der Sowjetunion. Seit Jahresbeginn 1938 richtete HITLER seinen Blick sodann auf

Österreich. Nach den Bestimmungen des Versailler Vertrages war der Alpenrepublik ein Anschluß an das Deutsche Reich untersagt. Es scherte den Diktator wenig! Nachdem er sich der neutralen Haltung MUSSOLINIS sicher sein konnte und Informationen eingezogen hatte, daß auch Großbritannien den »Anschluß« Österreichs an das Deutsche Reich hinnehmen würde, überschritten deutsche Truppen am 12. März 1938 die deutsch-österreichische Grenze. Am darauffolgenden Tag zog HITLER in Wien ein; auf dem *Heldenplatz* erklärt er: *„Als der Führer und Kanzler der deutschen Nation und des Reichs melde ich vor der Geschichte nunmehr den Eintritt meiner Heimat in das Deutsche Reich."* Die deutsche Bevölkerung jubelte nahezu einmütig über diesen Erfolg. Der alte »großdeutsche« Traum des 19. Jahrhunderts schien sich für Millionen erfüllt zu haben. Und die nationalsozialistische Propaganda tönte: Der »Führer« habe die Ostmark heim ins Reich geholt. HITLER hatte nun schon fast den Gipfel seiner Popularität erreicht.

Sein Blick richtete sich jetzt auf die Tschechoslowakei, eine in den Schlußtagen des Ersten Weltkriegs aus dem Erbe der Donaumonarchie gebildete Republik. Der junge Staat lehnte sich außenpolitisch an Frankreich an und mußte sich innenpolitisch mit den Problemen seiner ethnischen Minderheiten, insbesondere der deutschen Volksgruppe (*Sudetendeutsche*), herumschlagen. HITLER traf sich am 28. März 1938 mit dem Führer der *Sudetendeutschen Partei*, KONRAD HENLEIN (*1898, †1945), und faßte den Entschluß, der tschechischen Republik den Garaus zu machen. HENLEIN wurde aufgetragen, im Nachbarstaat für das *Selbstbestimmungsrecht* der 3,5 Millionen Sudentendeutschen kräftigst zu trommeln und die Prager Regierung mit unannehmbaren Forderungen zu konfrontieren. Das Zusammenwirken der beiden klappte vorzüglich: Schon nach wenigen Wochen war ein Klima drohender *Kriegsgefahr* geschaffen. Die Tschechen machten teilmobil (21.5.1938), um ihre staatliche Integrität zu schützen, und HITLER, der sich als heuchlerischer Anwalt legitimer Rechte einer deutschen Minderheit gab, wies die Wehrmacht an, sich auf einen Krieg im kommenden Herbst mit der Tschechoslowakei einzustellen. In dieser Situation kam der englische Premier-Minister NEVILLE CHAMBERLAIN (*1869, †1940), ein um den europäischen Frieden tief besorgter, auf Verständigung und Ausgleich (*Appeasement*) mit dem Reich bedachter Politiker, HITLER entgegen. Aber dieser nutzte die beiden Treffen mit dem Engländer, auf dem Obersalzberg (15.9.1938) und in Bad Godesberg (22.9.1938), um seine Forderungen jetzt noch höher zu schrauben. Als in den letzten

Die XI. Olympischen Spiele
in Berlin wurden am 1. August 1936 von Adolf Hitler eröffnet. Das Stadion auf dem Reichssportfeld diente dem Regime als Kulisse für seine spektakulären Propagandaaufmärsche. (Zeichnung von Hans Liska, 1936)

Der »Anschluß« Österreichs
Hitler auf dem Weg nach Wien.

Benito Mussolini
bei der Unterzeichnung des Münchener Abkommens vom 30. September 1938.

September-Tagen alle Welt bereits mit einem europäischen Krieg rechnete, trat MUSSOLINI als Vermittler in letzter Minute auf. Die Regierungschefs aus Italien, England, Frankreich eilten am 29. September nach München und unterzeichneten tags darauf mit HITLER einen Vertrag (*Münchener Abkommen*), der die nicht vertretene tschechische Regierung anwies, die Sudetengebiete zu räumen. Der Deutsche hatte zurückgesteckt und seine Kriegspläne vorerst »ad acta« gelegt, konnte dafür aber nochmals einen beispiellosen Prestigegewinn für sich verbuchen. Er hatte aller Welt seine »Friedensliebe« gezeigt – für kurze Zeit! In vertrautem Kreis gab er sich verärgert und wandte sich, wie er sagte, gegen die *„gouvernantenhafte Bevormundung"* durch die Engländer. In diesen Herbstwochen seines außenpolitisch erfolgreichsten Jahres reifte nun sein Entschluß, aus der »verdeckten« zur »offenen« Eroberungspolitik überzugehen. Erstes Opfer seiner »neuen Politik« wurde die *Rest-Tschechei*. Unter Bruch des »Münchener Abkommens« ließ er deutsche Truppen am 15. März 1939 in Prag einmarschieren, wenige Tage danach ins Memelland (23.3.1939), das er der Republik Litauen abpreßte.

HITLER brauchte das *Reichsprotektorat Böhmen und Mähren*, das nun entstand, als Aufmarschgebiet für seine weiteren Eroberungen im Osten. Er hatte die Sowjetunion im Visier, dachte darum zunächst an ein *polnisch-deutsches* Bündnis und bot Warschau gegen die Rückgabe des *Freistaats Danzig* einen langfristigen Grenzgarantie- und Freundschaftsvertrag an. Die Polen winkten ab – sie strebten nach einer unabhängigen

Einmarsch in die Tschechei
Aufgebrachte Prager Bürger werden durch die Polizei von den deutschen Okkupanten ferngehalten. (Prag, im März 1939)

Position zwischen dem Deutschen Reich an ihrer West- und der Sowjetunion an ihrer Ostgrenze. Die Monate *vor* Ausbruch des *Zweiten Weltkriegs* waren von hektischen Aktivitäten aller europäischen Großmächte bestimmt. In einer Welt zusehends schwindenden Vertrauens, hervorgerufen durch die aggresive Außenpolitik des Deutschen, umwarb nun jeder jeden – die Engländer JOSSIF STALIN (*1879, †1953), der Deutsche die englische Regierung, und die Polen suchten die Anlehnung an die Westmächte. Schließlich erhielt Warschau eine englisch-französische Garantieerklärung (31.3. 1939). HITLER fürchtete, bei diesem Poker um neue Allianzen leer auszugehen. Bei den Westmächten hatte er nach dem flagranten Bruch des »Münchener Abkommens« verspielt, und die ideologischen Gegensätze zur Sowjetunion schienen unüberbrückbar zu sein. STALIN begriff in dieser Situation am schnellsten und wußte von der doppelten Unentbehrlichkeit seines Riesenreichs – der Westen brauchte ihn, um Deutschland an die Leine nehmen zu können, und HITLER ihn selbst, um Flankenschutz für weitere Eroberungen im Osten zu haben.

Entscheidendes geschah sodann im Monat August: Moskau führte Verhandlungen mit den Westmächten, die indes nicht so recht vorwärtskamen, da STALIN freie Hand bei der Lösung der »baltischen Frage« haben wollte. Zur selben Zeit ließ er in Berlin anfragen, ob das Reich am Abschluß eines *Nichtangriffspakts* interessiert sei. Den deutschen und den russischen Diktator verband von Stund an dasselbe Interesse – sich wechselseitig in ihren Expansionsgelüsten zu decken. In geradezu zynischer Offenheit hatte HITLER bereits am 11. August JACOB BURCKHARDT (*1891, †1974), dem *Hohen Kommissar* des Völkerbunds in Danzig, erklärt: *„Alles, was ich unternehme, ist gegen Rußland gerichtet; wenn der Westen zu dumm und zu blind ist, um dies zu begreifen, werde ich gezwungen sein, mich mit den Russen zu verständigen, den Westen zu zerschlagen und dann nach seiner Niederlage mich mit meinen versammelten Kräften gegen die Sowjetunion zu wenden.“* Am 23. August 1939 sandte HITLER seinen obersten Diplomaten, Außenminister RIBBENTROP, nach Moskau. Nach Vorverhandlungen, die keine zehn Tage beansprucht hatten, konnte dieser mit STALIN sofort Einvernehmen über einen *Nichtangriffspakt* der beiden Mächte erzielen. Beide Seiten vereinbarten in einem *geheimen Zusatzprotokoll* zugleich die Aufteilung Ostmitteleuropas in Interessensphären. HITLER zögerte nicht, seine Pläne sofort umzusetzen. Doch dieses Mal sollte er sich schnell verschätzen ...

Außenminister Ribbentrop *bei der Unterzeichnung des sog. Hitler-Stalin-Paktes. (Stalin rechts, Molotow links)*

Zweiter Weltkrieg und Nachkriegs-Ära

Erste Absperrungsmaßnahmen am Brandenburger Tor
Berlin, 14. August 1961

Achtung!
Sie verlassen
jetzt
West-Berlin

Auch wenn zwei Staaten in Deutschland existieren, sind sie doch füreinander nicht Ausland; ihre Beziehungen können nur besonderer Art sein.

(Willy Brandt in seiner Regierungserklärung vom 28.10.1969)

Überfall auf Polen

Im Morgengrauen des 1. September 1939 fielen 67 deutsche Divisionen, unterstützt von Panzern und Flugzeugen, ohne förmliche Kriegserklärung in Polen ein. Gleichzeitig hatte das vor Danzig liegende Linienschiff »Schleswig-Holstein« um 4.45 Uhr das Feuer auf eine polnische Festungsanlage (*Westerplatte*) eröffnet. Am Morgen erfuhr die deutsche Bevölkerung aus dem Rundfunk, daß das Reich für *„polnische Grenzzwischenfälle"* und die so verursachte Verletzung der territorialen Integrität nun *„Vergeltung übe"*. HITLER gab sich heuchlerisch. In der Kroll-Oper erklärte er vor dem versammelten Reichstag: *„Polen hat nun heute nacht zum erstenmal auf unserem eigenen Territorium auch durch reguläre Soldaten geschossen. Seit 5.45 Uhr wird jetzt zurückgeschossen!"* In Wahrheit hatten SS-Männer in den Uniformen polnischer Freischärler am Vorabend von Polen aus Überfälle auf schlesische Zollstationen und den Sender Gleiwitz inszeniert und damit den »Anlaß« geschaffen, den HITLER für seinen Krieg gegen Polen brauchte. England und Frankreich ließen sich nun aber nicht mehr beirren und erklärten dem Reich am 3. September den Krieg. Auf diese Antwort der Westmächte soll HITLER *„wie versteinert"* reagiert haben, berichtete später der Chefdolmetscher des Auswärtigen Amts, PAUL SCHMIDT, und GÖRING seufzte: *„Wenn wir diesen Krieg verlieren, dann möge uns der Himmel gnädig sein!"* Auf den Straßen Berlins herrschten Irritation und betretenes Schweigen. Die ältere und mittlere Generation hatte die leidvollen Erfahrungen des Ersten Weltkriegs noch nicht vergessen – von Kriegsbegeisterung wie einst im August 1914 keine Spur!

»Ganz Deutschland hört den Führer«
Die Entwicklung der Rundfunktechnik und die Verbreitung der »Volksempfänger« dienten den Nationalsozialisten als Propagandainstrumente. (Plakat, 1936)

HITLERS Überraschungsangriff hatte für den östlichen Nachbarn katastrophale Folgen. Ein Großteil der polnischen Flugzeuge wurde schon am Boden zerstört. Die deutschen Verbände, dem Gegner an Zahl, Feuerkraft und Waffentechnik weit überlegen, rückten schnell tief ins Landesinnere vor. Nach mehreren Kesselschlachten war der polnische Widerstand militärisch bald zusammengebrochen. Am 27. September mußte die Hauptstadt Warschau kapitulieren, und am 6. Oktober erloschen die letzten Kampfhandlungen. In deutscher Hand befanden sich nun 694 000 polnische Kriegsgefangene. Begünstigt durch das Vorrücken der *Roten Armee* in Ostpolen, konnten die deutschen Generale ihrem »Führer« in der fünften Kriegswoche den erfolgreichen Abschluß des *Polenfeldzuges* melden. HITLER verfügte daraufhin in einem *Erlaß* (8.10. 1939) die Eingliederung Westpreußens, Posens sowie weiterer polnischer Gebiete in das *Großdeutsche Reich*. Rest-Polen ließ er als *Generalgouvernement* einrichten. Es reichte bis zum Bug. Dieser Narew-Nebenfluß war in einem deutsch-sowjetischen *Grenz- und Freundschaftsvertrag* (28.9. 1939) von den Außenministern MOLOTOW und RIBBENTROP als endgültige Demarkationslinie zwischen der deutschen und der russischen Interessensphäre vereinbart worden.

Das Arrangement stellte den Vollzug der *Vierten Polnischen Teilung* dar und markierte den Beginn des beispiellosen Leidensweges der Polen. Während STALIN im Osten seine berüchtigten Terror-Trupps vom *Volkskommissariat für Innere Angelegenheiten* (NKWD) wüten und die polnische Intelligenz liquidieren ließ, begann im annektierten polnischen Westen eine erbarmungslose *Germanisierung*, mit deren Durchführung HEINRICH HIMMLER (*1900, †1945), der neue *Reichskommissar für die Festigung des deutschen Volkstums*, betraut wurde. Dieser HIMMLER umriß seine künftige *Ostpolitik* im November 1939 vor Vertretern der NSDAP: Germanisierung bedeute *„erstens die vollständige und endgültige Eindeutschung der hierzu geeigneten Schichten, zweitens die Abschiebung aller nichteindeutschbaren fremdvölkischen Kreise, und drittens die Neubesiedlung durch Deutsche."* Allein bis zum *Rußlandfeldzug* prügelten, schossen und quälten nun deutsche SS-Schergen über eine Million polnische Staatsangehörige aus ihren Häusern und verbrachten sie ins Generalgouvernement. Alle blonden polnischen Kinder stufte HIMMLER dabei als *„blutlich wertvoll"* ein – eine regelrechte Jagd nach Mädchen mit *arischer* Komplexion setzte ein. Der Wehrmacht blieben diese Verbrechen nicht verborgen. Doch der einfache Soldat sah weg. Einer von

Der Überfall auf Polen
Hitler und Himmler (mit Brille) bei der Betrachtung einer erbeuteten polnischen Fahne. (September 1939)

Siegesparade
der 8. Armee in Warschau am 5. Oktober 1939.

Die Demarkationslinie
Begegnung deutscher und russischer Truppen.

Die Kriegspropaganda
war ganz auf siegreiche Blitzkriege eingestellt: »Erst siegen – dann reisen. Denke daran: Räder rollen für den Sieg!« (Plakat, 1939)

Deutsche Fallschirmjäger
kurz nach ihrem Absprung in der Nähe von Rotterdam. (Foto vom 31. Mai 1940)

wenigen, die nicht schwiegen, war Generaloberst Johannes Albrecht Blaskowitz (*1883, †1948). *„Die Einstellung der Truppe zur SS und Polizei"*, so schrieb er am 6. Februar 1940 seinem obersten Dienstherrn, dem Oberbefehlshaber Walther von Brauchitsch (*1881, †1948), *„schwankt zwischen Abscheu und Haß. Jeder Soldat fühlt sich angewidert und abgestoßen durch diese Verbrechen, die in Polen von Angehörigen des Reichs und Vertretern der Staatsgewalt begangen werden ..."*

Hitlers Konzept der Überrumpelung war diesmal nicht aufgegangen. Wohl hatte er im Bunde mit Stalin Polen von der Landkarte »ausradiert«, mit den Westmächten aber befand er sich in anhaltendem Kriegszustand. Im Herbst 1939 hätte das deutsche Heer einer englisch-französischen Großoffensive im Westen kaum standhalten können. Diese blieb zwar aus, aber ebenso auch das Einlenken der Westmächte! Die Alliierten hatten eine »Friedensofferte« Hitlers vom 6. Oktober 1939 schlankweg ausgeschlagen. So machte sich der Diktator über die weiteren Absichten der Westmächte keine Illusionen mehr. Keine Frage: Hitler *wollte* eine Entscheidungsschlacht im Westen. Sie entsprach durch und durch seiner politischen Philosophie, den neuen Krieg als »Vollendung« des Ersten Weltkriegs anzusehen. Eile war darum geboten, um einer weiteren Aufrüstung der Westmächte zuvorzukommen.

England hatte wie 1914 eine *Seeblockade* gegen das Reich verhängt. Das konnte trotz eines im Februar 1940 mit der Sowjetunion abgeschlossenen Wirtschaftsabkommens auf Dauer nicht ohne Wirkung bleiben. Im April desselben Jahres begann die deutsche *Westoffensive*. Hitler ließ seit dem 9. April zunächst Dänemark und Norwegen besetzen, um sich Stützpunkte für einen Seekrieg gegen England sowie den Zugriff auf skandinavische Erze zu sichern. Noch während das norwegische Heer verzweifelten Widerstand leistete (Kapitulation: 10.6. 1940), begann am 10. Mai der *Frankreichfeldzug* – wie im Jahre 1914 unter Brechung der belgischen und holländischen Neutralität. Der Angriff wurde in drei Heeresgruppen vorgetragen, wobei der rechte (nördliche) Flügel den Durchbruch mit anschließendem »Rechtsschwenk« nach Westen (*Sichelschnitt-Plan*) anstrengen sollte, um die französischen Nordkräfte sowie das britische Expeditionkorps am Kanal isolieren und einkesseln zu können. Der Feldzug war zugunsten der Deutschen entschieden, als die südliche Heeresgruppe den französischen Festungsgürtel (*Maginot-Linie*) auf der Höhe Colmar und Saarbrücken durchbrach. Paris fiel anschließend kampflos in deutsche Hände (14. Juni). Was einst dem Kaiserreich nicht

Der Waffenstillstand
Hitler mit seinem Generalstab vor dem Waggon im Wald von Compiègne. (Foto, 22. Juni 1940)

vergönnt war, HITLER schaffte es in sechs Wochen. Er hatte einen *Blitzkrieg* für sich entschieden und ließ sich nun als *„größter Feldherr aller Zeiten"* feiern. Am 22. Juni wurde der Waffenstillstand unterzeichnet – übrigens in jenem Wald von Compiègne im Département Oise, wo der französische General FOCH am 11. November 1918 die deutsche Waffenstreckung erzwang. Selbst der Salonwagen von einst, in dem die Waffenstillstandsverhandlungen geführt wurden, schaffte man eilig herbei! Nun diktierte HITLER der anderen Seite; und er nahm Rache: Nordfrankreich sollte besetzt bleiben und Elsaß-Lothringen wurde neuerlich dem Deutschen Reich zugeschlagen.

„...ließ sich nun als »größter Feldherr aller Zeiten« feiern."

Die Ausweitung zum Weltkrieg

HITLER konnte sich nun eines enormen Autoritätszuwachses erfreuen – sowohl bei der deutschen Bevölkerung als auch bei seinen Generalen; und er war entschlossener denn je, in Zukunft seine Erfolge noch hemmungsloser auszunutzen. Der Sieg über Frankreich war erstaunlich, hatte indes einen Haken: England blieb nach wie vor unbesiegt. 200 000 Briten und 100 000 Franzosen schafften den rechtzeitigen Rückzug nach *Dünkirchen* und die anschließende Evakuierung auf die Britische Insel. Dieser Teilerfolg stärkte die moralische Widerstandkraft der Engländer ganz außerordentlich. Ihr Premierminister SIR WINSTON CHURCHILL (*1874, †1965) erklärte dem Volk in notvoller Stunde: *„Ich habe nichts zu bieten als Blut, Mühsal, Tränen und Schweiß."* Das kam an. HITLER liebäugelte nun mit einer Invasion der Insel (Unternehmen »Seelöwe«) und ordnete

Truppenparade in München 1940

Luftkrieg über England
Deutsche Jäger über dem Kanal vor der englischen Steilküste (1940/41).

2. AUSGABE Freitag, den 15. November 1940 / Nr. 549 — 88. Jahrgang / Deutscher Verlag

BVZ Berliner Volks-Zeitung **Abendausgabe** 5 Pf. Auswärts 10 Pf.

Flak schoß acht britische Bomber beim Angriff auf Berlin ab

Der Schlag gegen den Geleitzug von Kinnaird Head

Wie die drei Frachter zerstört wurden

Feuersäule schlug bis 100 m hoch / Der Erfolg zweier Bombenangriffe

Massierter Vergeltungsangriff auf das Rüstungszentrum Coventry

Gegenschlag für den ohnmächtigen Angriff auf die Parteifeier in München: Industrieanlagen Coventrys zerschlagen

Schlagzeilen
täuschten die Bevölkerung über gescheiterte militärische Operationen. (Titelseite der Abendausgabe der Berliner Volks-Zeitung vom 15.11.1940)

Mitte August zunächst die Bombardierung englischer Städte, Industriezentren und Flughäfen an. Allein 65 Tage lang warfen deutsche Piloten nun ihre tödliche Bombenlast Nacht für Nacht auf London. Doch der Erfolg blieb aus. Aus der *Luftschlacht über England* ging die *Royal Air Force* als Sieger hervor. Am 15. September (*Battle-of-Britain*-Tag) verlor die deutsche Luftwaffe 56, die englische hingegen nur 26 Flugzeuge. Entnervt ließ HITLER das für den 21. September 1940 geplante Unternehmen »Seelöwe« bis auf weiteres verschieben.

In England munkelte man nun, HITLER werde sich jetzt, wie einst NAPOLEON, gegen den russischen *Festlandsdegen* wenden, um die britische Regierung doch noch zum Einlenken zu zwingen. Doch der Diktator hatte zunächst andere Sorgen. Er war auf der Suche nach neuen Bündnispartnern. Dem französischen Staatschef Marschall PHILIPPE PÉTAIN (*1856, †1951) bot er für ein Zusammengehen mit Deutschland die Aussicht auf englische Kolonien an und dem spanischen Diktator (*Caudillo*) FRANCISCO FRANCO (*1892, †1975) das englische Gibraltar. Am Ende entzogen sich beide HITLERS Umarmung. Im Zusammengehen mit Italien konnte das Reich dafür aber ein Bündnis mit Japan abschließen (27.9. 1940). Dieser *Dreimächtepakt* sollte die USA im Pazifik bedrohen und sie daran hindern, in das europäische Geschehen einzugreifen. STALIN wurde der Beitritt zu diesem Pakt offeriert. Doch als MOLOTOW im November 1940 in Berlin weilte, stellte er den Deutschen unannehmbar hohe Bedingungen und gab sich betont mißtrauisch. HITLER bekam bestätigt, was ohnehin sein politisches Dogma war: der Krieg gegen die Sowjetunion sei nun *„unvermeidlich"*. Am 18. Dezember unterzeichnete er die sogenannte »Weisung 21« (*Fall Barbarossa*), wonach die deutsche Wehrmacht bis zum 15. Mai 1941 alle Vorkehrungen getroffen haben sollte, die UdSSR *„auch vor Beendigung des Kriegs gegen England ... in einem schnellen Feldzug niederzuwerfen."*

Deutschland war dieser Krieg gegen die Sowjetunion, der jetzt kommen sollte, weder durch die Kriegslage im Herbst 1940 noch durch die Haltung der Sowjetunion aufgezwungen worden. Eher war es so, daß HITLER seinen zeitlichen Spielraum inzwischen schwinden sah, die Vollendung seiner rassenpolitischen Kriegsziele auch tatsächlich zu erreichen, nämlich die ideologische, politische und militärische Vernichtung des *„jüdischen Bolschewismus"*. Der Überfall auf die Sowjetunion erfolgte am 22. Juni 1941. 152 deutsche Divisionen, mehr als drei Millionen Mann, wurden zu einem neuerlichen »Blitzkrieg« aufgeboten. Dabei hatten die Planer eine mögliche Niederlage

Der Überfall auf die Sowjetunion
(Foto, 22. Juni 1941)

gar nicht im Kalkül! Die logistischen und politischen Vorkehrungen sahen einen Waffengang vor, der höchstens drei Monate dauern könne. Das Angriffsdatum hatte freilich verschoben werden müssen, da deutsche Truppen zuvor noch dem militärisch eigenmächtig und wenig erfolgreich operierenden MUSSOLINI auf dem Balkan unter die Arme greifen mußten. Der *Balkanfeldzug* (Kapitulation Jugoslawiens am 17.4. 1941; Griechenlands am 21.4. 1941) kostete Zeit und band beträchtliche Teile der Wehrmacht. Im beginnenden Rußlandfeldzug erzielten die drei deutschen Heeresgruppen, die den Angriff auf breitester Front vortrugen, schnell enorme Raumgewinne. In großen Kesselschlachten erfuhr die Rote Armee Niederlage um Niederlage. Am 2. Oktober befahl HITLER den Angriff auf Moskau. Der Befehl kam zu spät. In den folgenden Wochen blieben die deutschen Ketten- und Radfahrzeuge im Herbstschlamm stecken. Dann setzte ein früher Winter ein, für den die deutschen Soldaten nicht gerüstet waren. Anfang Dezember, bei 32 Grad Frost, ging nichts mehr – 30 Kilometer vor Moskau. Inzwischen hatte STALIN für Entsatz aus Sibirien gesorgt. Die Russen leiteten eine erste Gegenoffensive ein. HITLER tobte, gab den Befehl zum *fanatischen Widerstand*, feuerte seinen obersten Heeressoldaten, Generalfeldmarschall VON BRAUCHITSCH, und übernahm selbst den Oberbefehl über das Heer. Das »Unternehmen Barbarossa« war gescheitert. Im deutschen Generalstab wurden hinter vorgehaltener Hand düstere Prognosen gewogen – man ging davon aus, daß die zahlenmäßige Überlegenheit der Roten Armee trotz der über drei Millionen Kriegsgefangenen, nicht gebrochen worden war.

Unternehmen »Barbarossa«

Am 13. Mai 1941 erließ Hitler folgende Verhaltensmaßregeln für die deutschen Soldaten im Osten:

I. Behandlung von Straftaten feindlicher Zivilpersonen: 1. Straftaten feindlicher Zivilpersonen sind der Zuständigkeit der Kriegsgerichte und der Standgerichte bis auf weiteres entzogen. 2. Freischärler sind durch die Truppe im Kampf oder auf der Flucht schonungslos zu erledigen. 3. Auch alle anderen Angriffe feindlicher Zivilpersonen gegen die Wehrmacht, ihre Angehörigen und das Gefolge sind von der Truppe auf der Stelle mit den äußersten Mitteln bis zur Vernichtung des Angreifers niederzumachen. 4. Wo Maßnahmen dieser Art versäumt worden oder zunächst nicht möglich waren, werden tatverdächtige Elemente sogleich einem Offizier vorgeführt. Dieser entscheidet, ob sie zu erschießen sind. Gegen Ortschaften, aus denen die Wehrmacht hinterhältig oder heimtückisch angegriffen wurde, werden unverzüglich auf Anordnung eines Offiziers in der Dienststellung mindestens eines Bataillons- usw. Kommandeurs kollektive Gewaltmaßnahmen durchgeführt, wenn die Umstände eine rasche Feststellung der einzelnen Täter nicht gestatten…

II. Behandlung der Straftaten von Angehörigen der Wehrmacht und des Gefolges gegen Landeseinwohner: 1. Für Handlungen, die Angehörige der Wehrmacht und des Gefolges gegen feindliche Zivilpersonen begehen, besteht kein Verfolgungszwang, auch dann nicht, wenn die Tat zugleich ein militärisches Verbrechen oder Vergehen ist. 2. Bei der Beurteilung solcher Taten ist in jeder Verfahrenslage zu berücksichtigen, daß der Zusammenbruch im Jahre 1918, die spätere Leidenszeit des deutschen Volkes und der Kampf gegen den Nationalsozialismus mit den zahllosen Blutopfern der Bewegung entscheidend auf bolschewistischen Einfluß zurückzuführen war und daß kein Deutscher dies vergessen hat. 3. Der Gerichtsherr prüft daher, ob in solchen Fällen eine disziplinare Ahndung angezeigt oder ob ein gerichtliches Einschreiten notwendig ist…

Frauenarbeit
in einer Nürnberger Fabrik; sie stellen Spielzeugpanzer her... (Foto, 1938)

Panzer des deutsches Afrika-Korps
paradieren durch Tripolis (Libyen, 1941)

Seit Februar 1941 kämpften deutsche Truppen auch in Nordafrika (*deutsches Afrika-Korps*), um den Einfluß der Engländer in den südlichen Anrainerstaaten des Mittelmeeres kontrollieren zu können. Aber erst um die Jahreswende 1940/41 weitete sich der europäische Konflikt zum *Weltkrieg* aus. Am 7. Dezember eröffnete das mit dem Reich verbündete Japan den *Pazifik-Krieg*. Die Japaner überfielen die amerikanische Flotte in *Pearl Harbor* (Hawaii) und rüttelten damit die Öffentlichkeit in den Vereinigten Staaten wach. Vier Tage nach diesem Überfall erklärte HITLER Amerika den Krieg, um Japan um jeden Preis im Dreimächtepakt zu halten und um einem späteren Separatfrieden der kriegführenden Pazifik-Mächte vorzubeugen. Das war jetzt nicht mehr als eine demonstrative Geste. Denn die USA hatten sich längst auf die Seite der deutschen Kriegsgegner geschlagen, versprachen STALIN die großzügige Lieferung von Kriegsmaterial und stützten so das britisch-sowjetische Waffenbündnis, das schon in den ersten Tagen des deutschen Überfalls zustandegekommen war. So nahm die *Anti-Hitler-Koalition*, die den Zweiten Weltkrieg später entscheiden sollte, bereits Gestalt an, als man in Deutschland noch an den schnellen Sieg über die Sowjetunion glauben mochte.

Stalingrad - die militärische Wende

Diese »Anti-Hitler-Koalition« konnte langfristig über 75 Prozent aller materiellen Ressourcen der Welt verfügen. Aber so schnell war dem Diktator, der nahezu ganz Festlandeuropa kontrollierte, nicht beizukommen. Die deutsche Kriegsrüstung lief in den Jahren 1942 bis 1944 auf Hochtouren. Im vierten Kriegsjahr konnten die deutschen Armeen noch einmal große Raumgewinne machen. Der Kaukasus wurde genommen, in Nordafrika eilte das deutsche Expeditionskorps unter Generalfeldmarschall ERWIN ROMMEL (*1891, †1944) von Sieg zu Sieg, und die deutschen U-Boote, die dazu übergegangen waren, die alliierten Konvois in Rudeln anzugreifen (*Rudeltaktik*), erzielten beträchtliche Erfolge. HITLER und das Oberkommando der Wehrmacht (OKW) gaben sich jetzt optimistisch. In den eroberten Gebieten begann nun ein »Krieg zweiter Art« – ein rassenpolitischer Vernichtungskrieg, wie ihn die Welt bis dahin noch nicht gesehen hatte. HITLER ließ ausführen, was er bereits vor Kriegsausbruch mehrfach angedroht hatte: *„die Vernichtung“*, wie er sagte, *„der jüdischen Rasse in Europa“*. Nachdem das deutsche Militär durch seine Eroberungen die Rahmenbedingungen geschaffen hatte, errichteten SS, SD und Gestapo eine europaweite Terrorherrschaft. Partisanen und andere Widerstandgruppen wurden zu Abertausenden erschossen, geistig Behinderte, Zigeuner und Juden in Lager gepfercht und anschließend »vernichtet«. Als HITLER den Befehl zur sogenannten *Endlösung* der Judenfrage gegeben hatte, rief REINHARD HEYDRICH (*1904, †1942), der Leiter des *Reichssicherheitshauptamtes*, die berüchtigte Berliner *Wannsee-Konferenz* (20.1.1942) ein, um diese »Endlösung« in die grauenhafte Tat umzusetzen. Besonders in Polen wurden nun zusätzliche *Vernichtungslager* eingerichtet, unter anderem in Auschwitz, Maidanek und Treblinka. In diesen und anderen Lagern, die mit *Gaskammern* und *Krematorien* ausgestattet waren, starben Millionen von Juden den Gastod, nachdem sie während ihres unterschiedlich lange dauernden Lagerlebens schon unter Hunger, sadistischen Quälereien oder »wissenschaftlichen Experimenten« zu leiden gehabt hatten.

RUDOLF HÖSS, der Lagerkommandant von Auschwitz, ein Mann, der das traute Familien-Ambiente in bürgerlicher Wohlanständigkeit liebte, aber in Erfüllung seines Auftrag bar jeder Gefühlsregung war, gab Einzelheiten der Tötung zu Protokoll: *„Ich besuchte Treblinka, um festzustellen, wie die Vernichtungen ausgeführt wurden. Der Lagerkommandant ... wandte Monoxid-Gas an, und nach seiner Ansicht waren diese Methoden nicht sehr wirksam. Als ich das Vernichtungsgebäude in Auschwitz errichtete, gebrauchte ich also Zyklon B, eine kristallisierte Blausäure, die wir in die Todeskammer durch eine kleine Öffnung einwarfen. Es dauerte 3 bis 15 Minuten, je nach den klimatischen Verhältnissen, um die Menschen in der Todeskammer zu töten. Wir wußten, wenn die Menschen tot waren, weil ihr Kreischen aufhörte ... Eine andere Verbesserung gegenüber Treblinka war, daß wir Gaskammern bauten, die 2000 Menschen auf einmal fassen konnten, während die 10 Gaskammern in Treblinka nur je 200 Menschen faßten. Die Art und Weise, wie wir unsere Opfer auswählten, war folgendermaßen: Zwei SS-Ärzte waren in Auschwitz tätig, um die einlaufenden Gefangenentransporte zu untersuchen. Die Gefangenen mußten bei einem der Ärzte vorbeigehen, der bei ihrem Vorbeimarsch durch Zeichen die Entscheidung fällte. Diejenigen, die zur Arbeit taugten, wurden ins Lager geschickt. Andere wurden sofort in die Vernichtungslager geschickt. Kinder im zarten Alter wurden unterschiedslos vernichtet, da auf Grund ihrer Jugend sie unfähig waren zu arbeiten."*

Während dieses fabrikmäßige Töten anlief, HITLER seinen Tag-Träumen über Deutschlands Zukunft nach dem »Endsieg«

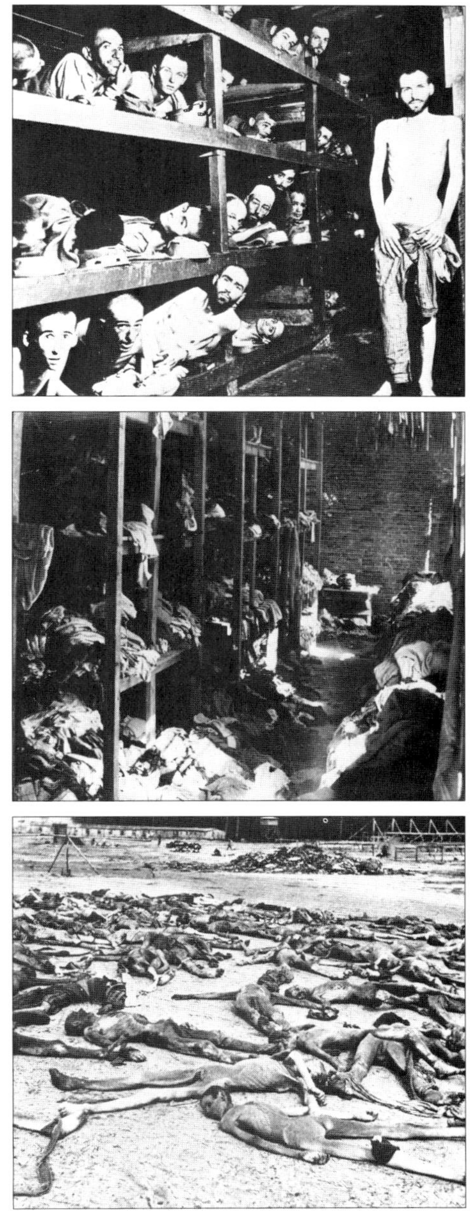

Der Völkermord
Das Foto oben zeigt Häftlinge in einer Baracke des Konzentrationslagers Buchenwald. Darunter ist die Effektenkammer des Konzentrationslagers Maidanek mit der Kleidung Ermordeter zu sehen (Foto, 1944). Das untere Foto, unmittelbar nach der Befreiung entstanden, zeigt das leichenübersäte Gelände des Konzentrationslagers Bergen-Belsen.

nachhing, die Soldaten der »Etappe« den Ohrwurm *Lili Marlen* der Sängerin LALE ANDERSEN (*1908, †1972) vernahmen und in der Heimat ein auf den *volksgemeinschaftlichen* Zusammenhalt zielender Kultur- und Amüsierbetrieb organisiert wurde, bahnte sich die militärische Wende des Kriegs an. Im Spätsommer des Jahres 1942 erlahmte der Angriffsschwung des deutschen Ostheeres. HITLER glaubte an einen endgültigen Durchbruch, wenn er die Wolga-Metropole und Industriestadt Stalingrad in seinen Besitz bringen könnte. Die 6. Armee unter General FRIEDRICH PAULUS (*1890, †1957) eröffnete die *Schlacht um Stalingrad* am 19. August 1942, eroberte danach bis Mitte November neun Zehntel des Stadtgebiets, wurde indes durch eine wenige Tage später beginnende sowjetische *Großoffensive* umzingelt. Von allen Versorgungswegen abgeschnitten und eingekesselt, begann nun die Katastrophe einer ganzen Armee von dreihunderttausend Soldaten. Die Versorgung durch Flugzeuge in den Kessel hinein erwies sich als völliges Fiasko. PAULUS wollte den Ausbruch versuchen, aber HITLER befahl, *„um jeden Preis"* durchzuhalten. Bei Schneetreiben und bitterer Kälte kannten die demoralisierten deutschen Soldaten bald nur noch das *eine* Ziel – vorbei an verwundeten und sterbenden Kameraden, vorbei an Pferdekadavern, zerschossenen Ketten- und Radfahrzeugen ins Stadtinnere von Stalingrad zu gelangen, um in den Kellern und Ruinen einen Hauch Wärme zu ergattern und vielleicht etwas Eßbares. Die Reste der 6. Armee ergaben sich am 2. Februar 1943 – 34 000 Mann konnten rechtzeitig ausgeflogen werden; 146 000 starben den Gefechts-, Hunger- oder Frosttod. Von den 130 000 Soldaten (sowjetische Angaben), die nun den Weg in sibirische Gefangenenlager antraten, sahen nach Kriegsende nur 6000 ihre Heimat wieder!

Ein deutscher Soldat
fällt in einem Gefecht. (Foto, Sommer 1942)

Deutsche Kriegsgefangene
nach der Kapitulation von Stalingrad auf dem Weg in die Lager. (Foto, Februar 1943)

Das Ende

Aber die auf einen *Endsieg* ausgerichtete Propaganda lief weiter und wurde verstärkt. Am 18. Februar 1943 forderte Reichspropagandaminister JOSEPH GOEBBELS den »totalen Krieg«. *„Wollt ihr ihn"*, so fragte er auf einer Massenveranstaltung im Berliner Sportpalast, *„wenn nötig, totaler und radikaler, als wir ihn uns heute überhaupt noch vorstellen können?"* HITLER schwebte nun das Konzept einer *Festung Europa* vor, das keines mehr war. Die Fronten waren überdehnt, neue mußten nach der Kapitulation des Afrika-Korps in Tunis (13.5.1943), dem Sturz MUSSOLINIS (25.7.1943) und einer drohenden Invasion alliierter Truppen in Frankreich aufgebaut werden. Letztere gelang den

Joseph Goebbels

Amerikanern am 6. Juni 1944 unter schweren Verlusten (120 000 Tote) und noch schwereren der Deutschen (400 000 Tote). Hinter den Kampflinien nahmen jetzt Sabotage, Streiks und die politische Arbeit im Untergrund zu. Perfekt klappte auf deutscher Seite nur noch der Terror gegen diesen organisierten Widerstand im besetzten Europa. Für die *Vergeltung*, wie man solche Maßnahmen nannte, sei an den berüchtigten Einsatz der SS-Division »Das Reich« gegen das französische Dorf Oradour-Sur-Glane (Département Haute-Vienne) erinnert. Die Deutschen machten es am 10. Juni 1944 dem Erdboden gleich und schossen auf alles, was sich bewegte. Nur wenige Einwohner entgingen dem blutigen Massaker ...

Die deutsche Zivilbevölkerung hatte keine Zeit, über den in den besetzten Gebieten ausgeübten Terror nachzudenken. Sie beweinte die Gefallenen und bald auch die vielen Ziviltoten. Seit Mai 1942 flogen alliierte Luftflotten ihre Großangriffe auf deutsche Städte, von denen viele am Ende des Kriegs einer Trümmerwüste glichen. Die Menschen suchten Schutz in Luftschutzkellern, richteten sich auf ein primitives Überleben inmitten der Trümmer ein und hofften auf neue deutsche »Wunderwaffen«. Schätzungen gehen davon aus, daß der Luftkrieg über Deutschland 500 000 Menschen das Leben kostete. Allein die Zerstörung Dresdens am 13./14. Februar 1945 forderte mindestens 50 000 Opfer! Die Alliierten wollten die deutsche Rüstungsindustrie entscheidend treffen – und verfehlten ihr Ziel; sie wollten die Zivilbevölkerung mürbe machen – und erreichten das Gegenteil! Die Deutschen solidarisierten

»Perfekt klappte auf deutscher Seite nur noch der Terror...«

Während eines Luftangriffs

Dresden
nach dem Bombardement vom 13. Februar 1945. (Blick von der Frauenkirche über die zerstörte Stadt)

Frankfurt am Main
Blick vom Dom über die zerbombte Altstadt. (Foto, 1945)

Die Konferenz von Jalta
(von links nach rechts: Churchill, Roosevelt und Stalin)

sich nun erst recht mit ihrer Führung, die ihrerseits nicht müde wurde, ihre Parolen vom »Endsieg« zu propagieren.

Welche Ziele verfolgten die Alliierten? CHURCHILL und der amerikanische Präsident FRANKLIN D. ROOSEVELT (*1882, †1945) hatten sich im Rahmen der *Konferenz von Casablanca* (14.-26.1. 1943) darauf geeinigt, den Krieg bis zur »bedingungslosen Kapitulation« fortzuführen. Sie wollten nicht nur die militärische, sondern zugleich eine staatlich-politische Kapitulation, schlossen darum einen Waffenstillstand mit jeder neuen deutschen Regierung aus. Zehn Monate später trafen die beiden Staatsmänner des Westens in Teheran mit dem Diktator des Ostens, STALIN, zusammen und konzedierten ihm seine aus dem Pakt mit HITLER resultierenden Eroberungen Ostmitteleuropas. Nachkriegspolen sollte dafür entschädigt werden und die Oder als neue Westgrenze erhalten (*Konferenz von Teheran*, 28.11.-1.12. 1943). Die aus späterer Sicht unverständliche Konzessionsbereitschaft des Westens gegenüber STALIN erklärt sich nur aus der Furcht vor einem Auseinanderfallen der Kriegs-Koalition. Die *Großen Drei* waren aufeinander angewiesen. Das Kriegsende schon vor Augen, trafen sie sich neuerlich (*Konferenz von Jalta*, 4.-11.2. 1945) und besiegelten die Zerstückelung Deutschlands. Derweil stand die Rote Armee bereits an der Oder, und die Westalliierten schickten sich an, den Rhein zu überqueren. Bei Torgau an der Elbe reichten sich russische und amerikanische Soldaten am 25. April 1945 die Hand. Fünf Tage später beging ADOLF HITLER im acht Meter unter der Erde gelegenen Bunker der Berliner Reichskanzlei Selbstmord. In seiner völlig zerstörten Hauptstadt, die er einst zur gigantischen Weltmetropole *Germania* umzugestalten dachte, war das öffentliche Leben inzwischen lahmgelegt. Die Rote Armee stand bereits in und um Berlin. Eine Woche später dann das Ende: Am 7. (in Reims) und am 8. Mai (in Berlin-Karlshorst) unterzeichneten deutsche Generale die »bedingungslose Kapitulation«. Deutschland und Europa waren befreit.

Wille zum Widerstand und moralische Erneuerung

Die deutsche Geschichte zwischen dem 8. Mai 1945, dem Tag der »Kapitulation«, und dem 3. Oktober 1990, dem Tag der »Wiedervereinigung«, ist *Nachkriegsgeschichte*. Diese Aussage ist so lapidar wie kennzeichnend: Es waren Jahrzehnte »nach diesem Krieg«, von seinen Auswirkungen wie auch durch sein tatsächliches Geschehen auf das Nachhaltigste geprägt. Die Rückgewinnung politischen Lebens in einem durch fremde

Mächte befreiten Deutschland machte das Ringen um neue moralische Standpunkte erforderlich. Man gedachte der vielen Zeugnisse des politischen *Widerstands*, im Westen insbesondere der Männer um CLAUS GRAF SCHENK VON STAUFFENBERG (*1907, †1944), dessen Attentat auf HITLER am 20. Juli 1944 gescheitert war. Das Andenken und moralische Erbe der gescheiterten Putschisten darf nicht vergessen machen, daß der Widerstand *viele* Wurzeln hatte, in *vielen* Schichten des deutschen Volkes verankert war und in *vielen* Formen seinen Ausdruck fand. Vergesse man nicht den »kleinen Mann«, der sich nicht beirren ließ, und im verfolgten Juden weiterhin den Freund und Nachbarn sehen mochte, ihn versteckte und damit manches Leben rettete und sein eigenes der Gefahr auslieferte!

Die Träger des politischen Widerstands der »ersten Stunde« kamen aus den Reihen der Kommunisten, der Sozialdemokratie und der Gewerkschaften. Besonders die Kommunisten entfalteten schon bald nach der *Machtergreifung* eine umfangreiche konspirative Aktivität. Der Elan schwand freilich, als klar wurde, daß das Regime so schnell nicht zu kippen sein würde. Erschwerend kam noch hinzu, daß sich der »Hitler-Stalin-Pakt«, aber auch schon die großen Säuberungen der dreißger Jahre nachteilig auf die Überzeugungskraft der Handelnden auswirkten. Den Kommunisten nahestehend war die Gruppe um den Oberregierungsrat im Reichswirtschaftsministerium, ARNDT VON HARNACK. Die Nazis nannten diesen Widerstandsring *Rote Kapelle* und hoben ihn 1942 aus. Innerhalb der Sozialdemokratie ging der Wille zum Widerstand zunächst von linkssozialistischen Splittergruppen aus, die im Gegensatz zur Parteiführung auf eine Zusammenarbeit mit den Kommunisten setzen wollten. Später, unter dem Eindruck des Kriegs, wuchs bei den Sozialdemokraten schnell die Bereitschaft, mit Oppositionsgruppen *jeder* politischen Couleur zusammenzuarbeiten. Die SPD-Politiker ADOLF REICHWEIN (*1898, †1944) und JULIUS LEBER (*1891, †1945) gehörten dem sogenannten *Kreisauer Kreis* an, wurden noch vor dem Attentat auf HITLER im Juni 1944 verhaftet und später hingerichtet. Dieser »Kreisauer Kreis«, so genannt nach dem oberschlesischen Gut Kreisau des HELMUTH JAMES GRAF VON MOLTKE (*1907, †1945), verband Personen ganz unterschiedlicher sozialer und politischer Herkunft – Kirchenmänner wie den katholischen Pater ALFRED DELP (*1907, †1945) oder den evangelischen Theologen EUGEN GERSTENMAIER (*1906, †1986), ferner Arbeiterführer, auch Staatsdiener wie PETER GRAF YORCK VON WARTENBURG (*1904, †1944), den das Gewissen umtrieb. Sie dachten »europäisch«

Graf Schenk von Stauffenberg
(am 20.7.1944 hingerichtet)

Protest des »kleinen Mannes«

In einem Tagebucheintrag vom 3. März 1943 beschrieb Ursula von Kardorff den Protest der einfachen Berliner Bevölkerung gegen die Mißhandlung der jüdischen Mitbürger:

Bewaffnete SS mit aufgepflanztem Bajonett und Stahlhelm holten Elendsgestalten aus den Häusern heraus. Alte Frauen, Kinder, verängstigte Männer wurden auf Lastwagen geladen und fortgeschafft. „Laßt doch die alten Frauen in Ruhe!" rief die Menge, „geht doch endlich an die Front, wo ihr hingehört." Schließlich kam ein neues Aufgebot SS und zerstreute die Protestierenden, denen sonst weiter nichts geschah ...

Ich glaube, das Volk verhält sich anständiger als die sogenannten Gebildeten oder Halbgebildeten. Typisch dafür ist die Geschichte von dem Arbeiter, der in einer Trambahn einer Jüdin mit dem Stern (erzwungenes Erkennungszeichen) Platz machte: „Setz dir hin, olle Sternschnuppe" sagte er, und als ein PG (Parteigenosse der NSDAP) sich drüber beschwerte, fuhr er ihn nur an: „Üba meenen Arsch verfüje ick alleene."

Das mißglückte Attentat
Das Foto oben zeigt Göring (helle Uniform) bei der Besichtigung des verwüsteten Hauptquartiers. Darunter: Der Präsident des nationalsozialistischen »Volksgerichtshofs«, Roland Freisler (dritter von rechts), während der »Vernehmung« der am Attentat beteiligten Angeklagten. Das untere Foto zeigt Helmuth James Graf von Moltke als Angeklagten vor diesem Gremium des Justiz-Terrors.

und strebten eine um den politischen Ausgleich der sozialen Gegensätze bedachte Nachkriegsordnung an.

Dieser YORK war ein enger Vertrauter STAUFFENBERGS, der sich unter dem Eindruck der von den Deutschen verübten Kriegsgreuel seit 1943 entschlossen zeigte, HITLER zu beseitigen. Am 1. Juli 1944 rückte der Oberst zum Stabschef des *Ersatzheeres* auf und fand so den Zutritt zu HITLERS Lagebesprechungen. Zusammen mit Mitverschworenen arbeitete er einen genauen Putsch- und Attentatsplan aus, der mit Hilfe des Ersatzheeres ausgeführt werden sollte. Als neues Staatsoberhaupt war der ehemalige Generalstabschef des Heeres, LUDWIG BECK (*1880, †1944), und als neuer Reichskanzler der ehemalige Leipziger Oberbürgermeister, CARL-FRIEDRICH GOERDELER (*1884, †1945) vorgesehen. Sie waren schon *vor* Kriegsausbruch Gegner des Regimes und fanden innerhalb der verschiedenen Gruppierungen des Widerstands später weithin Anerkennung. Wir wissen es: STAUFFENBERGS Attentat vom 20. Juli scheiterte. Die Bombe, in einer Aktentasche verborgen, die er während der Lagebesprechung im ostpreußischen »Führerhauptquartier« (*Wolfsschanze*) bei Rastenburg in die unmittelbare Nähe HITLERS stellte, wurde später achtlos beiseitegestellt. Sie war einem teilnehmenden Generalstäbler im Wege! Der Sprengsatz detonierte, aber HITLER überlebte. In dem Glauben, der Diktator sei tot, lösten die Verschwörer den Putsch aus (Unternehmen *Walküre*), mußten aber nach wenigen Stunden aufgeben. Das Regime nahm nun blutige Rache. Die Beteiligten bezahlten mit ihrem Leben ... Geblieben sind Andenken und Erbe der Namentlichen und Namenlosen, die sich in dunkelster Zeit für ein besseres Deutschland eingesetzt hatten.

Die »Stunde Null« - Katastrophe und Befreiung

Hitler-Deutschland war am 8. Mai 1945 zusammengebrochen – militärisch, politisch, wirtschaftlich und auch moralisch. Nachdem eine geschäftsführende Reichsregierung unter dem NS-freundlichen Großadmiral KARL DÖNITZ (*1891, †1980) am 23. Mai 1945 in Flensburg gefangengenommen worden war, hatte das Reich auch als Staatswesen aufgehört zu existieren. Die sowjetischen, englischen, französischen und amerikanischen Oberbefehlshaber übernahmen in ihren *Besatzungszonen* nun die alleinige Regierungsgewalt. Alle *Deutschland als Ganzes betreffenden Angelegenheiten* wurden im *Alliierten Kontrollrat* entschieden, der seinen Sitz in Berlin nahm und über die Aufrechterhaltung der öffentlichen Ordnung wachte, sofern man davon in der »Stunde Null« der Nachkriegsgeschichte überhaupt reden konnte: Ohne Broterwerb und bei ungewisser Lebensmittel-, Strom-, Gas- und Wasserversorgung, zudem in ständiger Sorge über das Los von Familienangehörigen und den Blick ohne Zukunftsperspektive nur auf das »Heute« gerichtet, so lebten und überlebten die Deutschen in den ersten Monaten nach der Kapitulation. Die Soldaten wurden entwaffnet und gerieten in Kriegsgefangenschaft. Die letzten *Heimkehrer* kamen erst 10 Jahre später zurück ... Die deutschen Eroberer hatten während dieses Krieges aus den besetzten Gebieten Europas etwa 9 Millionen Menschen verschleppt, von denen ein Großteil als *Zwangsarbeiter* ihr Dasein fristeten. Die Alliierten nannten sie *Displaced Persons*, die nun repatriiert werden mußten. Auch die Deutschen waren unterwegs. Nicht enden wollende Flüchtlingsströme ergossen sich seit dem Vordringen der Roten Armee nach Westen. In einer zweiten Welle kamen die *Vertriebenen*, die *nach* Kriegsende aus den deutschen Ostgebieten beziehungsweise ihren osteuropäischen Siedlungsgebieten ausgewiesen wurden. Durch den Krieg und seine Folgen verloren etwa 16 Millionen Deutsche ihre alte Heimat.

Menschenverluste des Zweiten Weltkriegs

Deutschland	*5 250 000*
Sowjetunion	*20 600 000*
USA	*259 000*
Großbritannien	*386 000*
Frankreich	*810 000*
Polen	*4 520 000*
Italien	*330 000*
Rumänien	*378 000*
Ungarn	*420 000*
Jugoslawien	*1 690 000*
Finnland	*84 000*
Norwegen	*10 000*
Dänemark	*1 400*
Bulgarien	*20 000*
Griechenland	*160 000*
Belgien	*88 000*
Niederlande	*210 000*
Japan	*1 800 000*

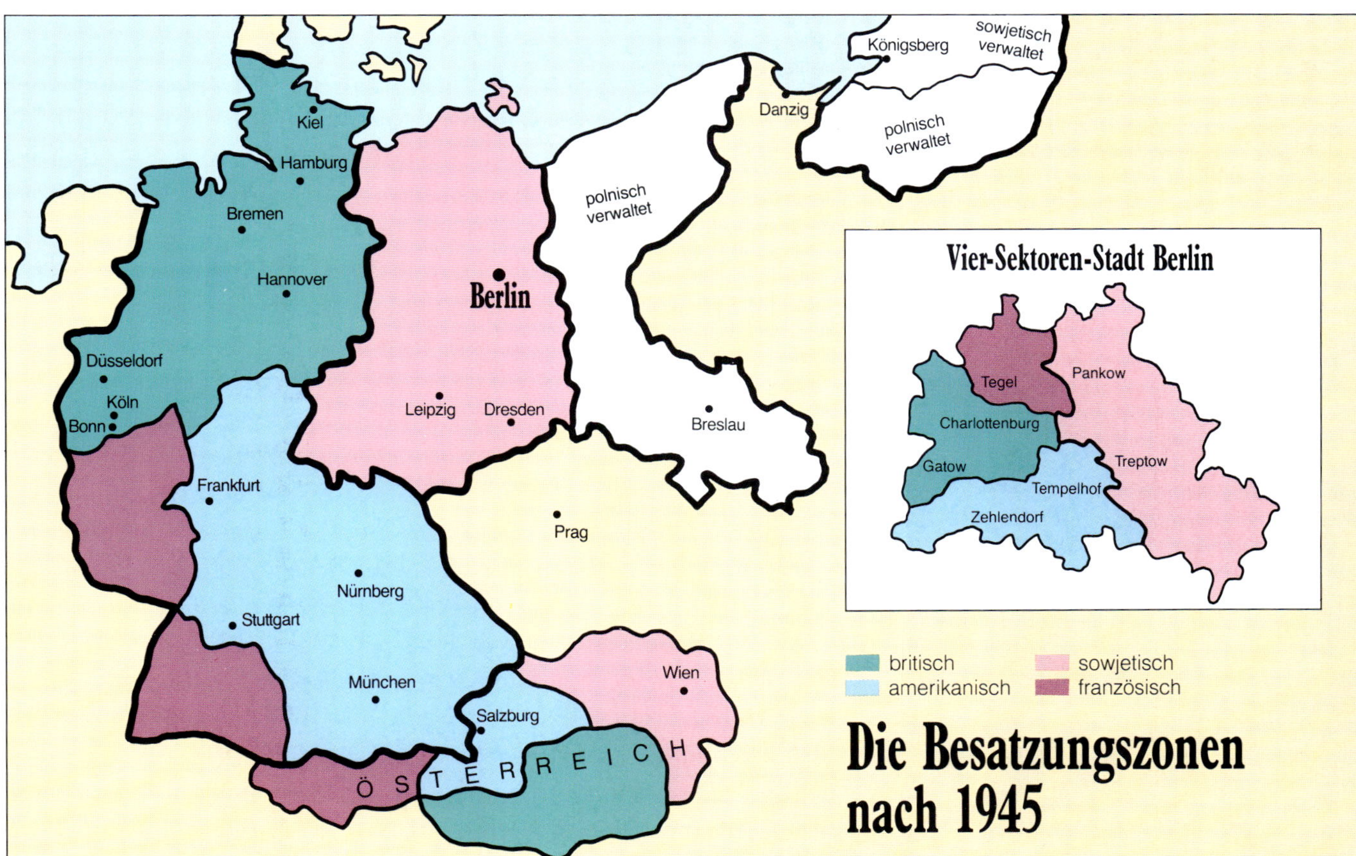

Die Besatzungszonen nach 1945

Flüchtlingstreck
aus den deutschen Ostgebieten (koloriertes Foto, 1945).

Auf der Suche nach Vermißten
Frauen zeigen den aus Rußland zurückgekehrten Kriegsgefangenen in Friedland Bilder und Beschreibungen ihrer Angehörigen. (Foto, um 1948)

Der Nürnberger Kriegsverbrecherprozeß
Tagung des alliierten Militärtribunals im Nürnberger Justizpalast.

Auf der *Potsdamer Konferenz* (17.7.-2.8.1945) zwischen dem neuen amerikanischen Präsidenten HARRY S. TRUMAN (*1884, †1972), STALIN und CHURCHILL wurde diese schon im Gang befindliche Ausweisung als sogenannte *Überführung* der Deutschen aus Polen, Ungarn und der Tschechoslowakei legalisiert. Die *Großen Drei*, deren gutes Einvernehmen aus den Tagen der Waffenbrüderschaft inzwischen durch ideologische Gegensätze getrübt war, stimmten schließlich unter Vorbehalt auch der bereits seit der Teheraner Konferenz avisierten *Oder-Neiße-Linie* als Westgrenze Polens zu und einigten sich auf deutschlandpolitische Grundsätze zur *„Ausrottung des Militarismus und Nazismus, damit Deutschland niemals mehr seine Nachbarn oder die Erhaltung des Friedens in der ganzen Welt bedrohen"* könne. Noch gingen die Siegermächte von der *Einheit* Deutschlands aus, aber was unter, »Demilitarisierung«, »Denazifizierung«, »Desindustrialisierung« und »Dezentralisierung«, ihren *vier Ds*, im einzelnen zu verstehen war, regelte jede Besatzungsmacht fortan auf eigene Weise. Im Zuge des sich allmählich herausbildenden *Ost-West-Konflikts* wurde so aus der »Einheit« Deutschlands die beginnende »Teilung«. Es gebrach dem Alliierten Kontrollrat an einer konstruktiven, auf die Zukunft hin ausgerichteten gesamtdeutschen Politik. Einvernehmen herrschte noch einmal in der Bestrafung der *Hauptkriegsverbrecher*, über die die Siegermächte im *Nürnberger Prozeß* (20.11.1945–1.10.1946) zu Gericht saßen. Dieses internationale Militärtribunal sprach in seiner letzten Sitzung am 1. Oktober 1946 zwölf Todesurteile aus. HERMANN GÖRING entzog sich der Vollstreckung durch Selbstmord; MARTIN BORMANN (*1900, †?), HITLERS allmächtiger »Sekretär« der letzten Jahre, wurde in Abwesenheit zum Tode verurteilt.

Während die *Trümmerfrauen*, die den Schutt beseitigten, den alten Mörtel von den Ziegelsteinen klopften, also für neues Baumaterial sorgten, und später zum Symbol des beginnenden Wiederaufbaus wurden, lief in großem Stile die *Entnazifizierung* an. Jeder erwachsene Deutsche mußte den Militärbehörden Rechenschaft über den Grad seiner »Mittäterschaft« im NS-Regime ablegen. Eine Kontrollratsdirektive vom 12. Oktober 1946 stufte die Deutschen in *Belastete, Minderbelastete, Mitläufer* und *Entlastete* ein. Nur Letztere sollten straffrei bleiben. Die Entnazifizierung wurde in den einzelnen Besatzungszonen sehr unterschiedlich gehandhabt. Die Spruchkammern gerieten schnell in Verruf. Man sagte damals übertreibend, aber in der Tendenz durchaus zutreffend: *„Die Kleinen hängt man, die Großen läßt man laufen"*. Richtig ist, daß die Sowjets schnell handelten, indes später viele ehemalige Mitglieder der NSDAP für den politischen Neubeginn rehabilitierten. Richtig ist auch, daß sich die Verfahren in den Westzonen endlos hinzogen und am Ende diese politische Säuberung von der Politik selbst eingeholt wurde: Das öffentliche Leben begann sich neu zu regen, und die Westalliierten suchten händeringend nach Fachkräften für Schule, Verwaltung und Justiz. 1948 wurden die Verfahren allgemein eingestellt.

Der politische Neubeginn

Deutschland sollte nach dem Willen der Siegermächte eine »dezentrale« Struktur erhalten. Innerhalb der *Zonen* entstanden nach der Auflösung Preußens (Kontrollratsbeschluß vom 25.2.1947) nun neue Länder, deren Grenzen einigermaßen willkürlich gezogen wurden und sich nur zum Teil an altem deutschen Herkommen orientierten. Die willkürlichste und politisch brisanteste war die Westgrenze des sowjetischen Einflußbereichs in Deutschland. Später sollte diese als unüberwindbares Hindernis der Begegnung zwischen Ost und West traurigen Ruhm erlangen. Die Dezentralisierung galt den Amerikanern wie den Russen, den Engländern wie den Franzosen als elementare Voraussetzung für den demokratischen Neubeginn. Er fand seinen Anfang mit der Wiedergründung alter Parteien, die an ihre früheren Traditionen anknüpften, so der SPD und KPD, und der Gründung neuer, die alte beerbten, so der CDU, einer christlich-konservativ-liberalen Sammelbewegung, und der FDP (im Osten: LDPD), die den seit BISMARCK in verschiedene Parteien gespaltenen Liberalismus neu zusammenfassen wollte. Während zunächst auf kommunaler (seit 1946), später auch auf Länderebene wieder gewählt wurde, wuchsen die drei westlichen Besatzungszonen immer enger zusammen. Die Amerikaner und Engländer schlossen einen Vertrag über die Errichtung eines einheitlichen Wirtschaftsgebietes (*Bizone*), der am 1. Januar 1947 in Kraft trat. Diese »Bizone« erweiterte sich nach dem Beitritt des französischen Besatzungsgebietes am 8. April 1948 zur *Trizone*. Sie war der Vorläufer der westdeutschen Staatsgründung.

Die Entwicklung in der sowjetischen Zone war von Anbeginn von dem Willen der Besatzer geprägt, ein Gesellschaftssystem zu errichten, das ihren eigenen Vorstellungen entsprach. KPD, SPD, CDU und LDPD mußten sich zu einer *antifaschistischen Einheitsfront* zusammenfinden, für die nur einstimmig gefaßte Beschlüsse gelten durften. So konnten die Kommunisten

Trümmerfrauen in Berlin
Gemäß Gesetz des Alliierten Kontrollrats vom 14. Januar 1946 wurden alle arbeitsfähigen Frauen zum Wiederaufbau dienstverpflichtet.

Gründung der SED
(Plakat zur Vereinigung von SPD und KPD, 1946; Berlin, Museum für Deutsche Geschichte)

Der Marshall-Plan
wurde ab 1948 im Rahmen des Europäischen Wiederaufbauprogramms verwirklicht. Das Foto zeigt den von diesen Maßnahmen geförderten Zwischenfruchtbau in der Landwirtschaft.

niemals überstimmt werden. Als es sodann unter starkem sowjetischen Druck am 21./22. April 1946 zum Zusammenschluß von SPD und KPD zur SED (»Sozialistische Einheitspartei Deutschlands«) kam, war es nur noch ein Stück Weges zur Umwandlung dieser neuen Partei zur leninistischen *Kaderpartei.* Diese Zwangsvereinigung gehörte zu STALINS Konzept einer *Sowjetisierung* ganz Osteuropas. Er fürchtete die wirtschaftliche und militärische Übermacht der USA, die damals das *Atomwaffenmonopol* besaßen. Den Westen überkamen bange Sorgen über russische Expansionsgelüste. Nun galt es, sich auf die Grundprinzipien *westlicher Freiheiten* energisch zu besinnen, sie in Zukunft planvoller zu verteidigen und jede weitere Ausbreitung des Kommunismus zu verhindern. CHURCHILL war einer der ersten Mahner. Er beschwor den Westen, erhöhte Wachsamkeit zu demonstrieren: *„Von Stettin an der Ostsee bis hinunter nach Triest an der Adria ist ein 'Eiserner Vorhang' über den Kontinent gezogen.“* In dieser Situation gingen insbesondere die Amerikaner wirtschaftlich, ideologisch und politisch in die Offensive. Der Kontinent solle gesunden, sagte der amerikanische Außenminister GEORGE MARSHALL (*1880, †1959) und bot 1948 allen europäischen Ländern großzügige Kredithilfen an (*Marshall-Plan*). Schon 1946 hatte sein Vorgänger, JAMES BYRNES (*1879, †1972), in mehreren vielbeachteten Reden die wirtschaftliche und politische Einheit Deutschlands gefordert, um dem deutschen Volk die Rückkehr in die friedliche Staatengemeinschaft zu ermöglichen. STALIN lehnte deutschlandpolitische Vorstöße dieser Art ebenso schroff ab wie den »Marschall-Plan«, worin er eine *„gezielte Maßnahme des Imperialismus“* erblickte. Als die Amerikaner mit ihren Vorstellungen zur Wiederherstellung eines deutschen Einheitsstaates nicht durchdrangen, verfolgten sie fortan eine Politik der »Eindämmung« (*containment*). Sie ging von der Teilung der Welt in zwei Machtblöcke aus. In Washington und anderen Hauptstädten des Westens wuchs die Entschlossenheit, jeder Veränderung des Status quo in Europa notfalls auch mit militärischen Mitteln zu begegnen. Der *Kalte Krieg* war ausgebrochen!

Derweil waren in Deutschland gerade mal die ersten Trümmer beseitigt – der Wiederaufbau hatte zaghaft begonnen, wollte indes nicht so recht in Schwung kommen. Im Gegenteil: die *Demontage* von Industrieanlagen, auf die sich die Siegermächte im Potsdamer Abkommen geeinigt hatten, ging unvermindert weiter. Deutschland sollte auf einem Produktionsniveau von 50 Prozent des Standes von 1938 gehalten werden. Die demontierten Sachwerte, insbesondere aus der Eisen- und

Hamsterfahrten und Schwarzmarkthandel
Das Foto oben zeigt den verbotenen Schwarzmarkthandel in Berliner Straßen; das Bild in der Mitte entstand während einer Razzia der Berliner Polizei. Die noch intakten oder wiederhergestellten Züge waren von den Menschen, die ständig auf Hamsterfahrt waren, heillos überfüllt, wie das Bild links zeigt. (Fotos aus den Jahren 1945-1947)

Stahlindustrie, nahmen die Siegermächte als *Reparationen*. Es herrschte eine Mangel- und Zwangswirtschaft mit *Lebensmittelkarten* und *Bezugsscheinen*. Das eklatante Mißverhältnis zwischen der Geldmenge, die in Umlauf war, und dem Warenangebot in den Geschäften veranlaßte zum Tausch von Wertgegenständen auf dem *Schwarzmarkt* und zum *Hamstern* auf dem Land, wo man den Bauern im Tausch ein paar Kilo Kartoffeln und einen Streifen Speck entlockte. Dann liefen in den drei Westzonen Gerüchte über eine bevorstehende *Währungsreform* um. Der Schwarzmarkt erlebte im Frühjahr 1948 eine letzte Blüte, denn jeder wollte noch schnell sein wertloses Geld umsetzen. Schließlich war es soweit: Am 20./21. Juni 1948 erhielt jeder Bewohner der Westzonen gegen 60 alte *Reichsmark* 40 neue *Deutsche Mark*. Inhaber von Sparguthaben waren die Leidtragenden des Währungsschnittes, Besitzer von Sachgütern (Grund und Boden, Produktionsbetriebe) die Nutznießer. LUDWIG ERHARD (*1897, †1977), der Direktor des von den westlichen Besatzungsmächten eingerichteten Frankfurter Wirtschaftsamtes und spätere »Vater« der *sozialen Marktwirtschaft*, verkündete gleichzeitig das Ende der Preisbindung – übrigens eigenmächtig und ohne Rücksprache mit den Besatzungsmächten. Seine Initiative und der Währungsschnitt markierten den Übergang zur *freien Marktwirtschaft*. Im Westen ging es nun aufwärts.

»... markierten den Übergang zur freien Marktwirtschaft.«

In der Tat legte die Währungsreform den Grundstein für das spätere *Wirtschaftswunder* der fünfziger Jahre. Ihre unmittelbar *politische* Wirkung war indes bedrohlich – Berlin geriet nun in die Schußlinie des Kalten Kriegs. Die Stadt war in vier *Sektoren* geteilt worden. Die russischen, amerikanischen, englischen und französischen Besatzungsmächte übten ihre Hoheitsrechte in je eigenen Kommandanturen aus. Als die Westalliierten die neue DM-Währung auch in den Westsektoren Berlins einführten, sperrten die Sowjets am 24. Juni 1948 die Landwege von und nach Berlin. So war die Stadt »über Nacht« von ihren lebenswichtigen Versorgungswegen abgeschnitten! Sie liege auf dem

Die Luftbrücke
Ein amerikanisches Flugzeug im Anflug auf den Berliner Flughafen Tempelhof. (▶ S. 488)

Kurt Schumacher
Der SPD-Vorsitzende, gestützt auf seine Sekretärin Annemarie Renger, im Gespräch mit seinem Stellvertreter Erich Ollenhauer. (Foto vom 2. Dezember 1949 im Bonner Bundeshaus)

Territorium der sowjetischen Besatzungsmacht, sagte STALIN, und rüttelte am Viermächtestatus. Die Westmächte nahmen diese Herausforderung an und zeigten sich bereit, ihre Berlin-Rechte mit aller Macht zu verteidigen. Der amerikanische Militärgouverneur LUCIUS D. CLAY (*1897, †1978) erklärte: *„Die Tschechoslowakei haben wir verloren. Norwegen schwebt in Gefahr ... Wenn Berlin fällt, folgt Westdeutschland als nächstes. Wenn wir beabsichtigen, Europa gegen den Kommunismus zu halten, dürfen wir uns nicht von der Stelle rühren.“* Diesen Worten folgten Taten. In einer beispiellosen technisch-organisatorischen Leistung wurde nun der »Berlin-Blockade« die Wirkung genommen. Denn Amerikaner und Briten richteten eine *Luftbrücke* ein und flogen über einen Zeitraum von elf Monaten Lebensmittel und Produktionsgüter in die abgeschnittene Stadt – insgesamt eineinhalb Millionen Tonnen Versorgungsgüter! Auf den Westberliner Flughäfen landete jede dritte Minute eine Transportmaschine. Schließlich gaben die Sowjets auf und beendeten ihre Blockade am 12. Mai 1949. Bedeutsam war vor allem die psychologische Wirkung dieses Erfolges: Die Drohgebärde des Ostens hatte die Bevölkerung Berlins und Westdeutschlands näher an die atlantischen Kriegsgegner von einst herangeführt.

»Zwei« Staaten ...

Unter den Bedingungen des Kalten Krieges konkretisierten die westalliierten Besatzungsmächte ihre Überlegungen zur Gründung eines westdeutschen Teilstaates. Den Ministerpräsidenten der Länder wurden am 1. Juli 1948 die *Frankfurter Dokumente* übergeben, die die Aufforderung enthielten, *„eine demokratische Verfassung auszuarbeiten, die für die beteiligten Länder eine Regierungsform des föderalistischen Typs schafft.“* Die westdeutschen Politiker der »ersten Stunde«, allen voran KONRAD ADENAUER (*1876, †1967) von der CDU, KURT SCHUMACHER (*1895, †1952) von der SPD und THEODOR HEUSS (*1884, †1963) von der FDP, standen nun zwischen Hoffnung und Sorge: Einerseits begrüßten sie diese Aufforderung als Chance für einen demokratischen Neubeginn, andererseits fürchteten sie, daß das zu schaffende Staatsgebilde die Teilung Deutschlands politisch verstärke. Die 65 Mitglieder des *Parlamentarischen Rates*, die sich seit dem 1. September 1948 in Bonn an die Ausarbeitung einer »Verfassung« machten, wollten darum lediglich ein »Provisorium« schaffen. Was sie erarbeiteten, nannten sie *Grundgesetz* (Verkündung am 23.5. 1949), und das Gemeinwesen, das darauf gründete, wurde nach allgemeinen, freien und geheimen Wahlen zum »Ersten Deutschen Bundestag« (14.8.1949) die *Bundesrepublik Deutschland*, deren »Geburtsstunde« man meist mit dem Tag der Wahl des neuen Staatsoberhauptes angibt – der Wahl von THEODOR HEUSS zum *Bundespräsidenten* am 12. September 1949. Das Ziel, den deutschen Nationalstaat wieder zu errichten, wurde mit dieser Staatsgründung zwar verfehlt, blieb indes nach dem Selbstverständnis der »Verfassungsväter« beständiger Auftrag bundesrepublikanischer Politik. In der Präambel des Grundgesetzes hieß es: Das Volk *„hat auch für jene Deutschen gehandelt, denen mitzuwirken versagt war. Das gesamte deutsche Volk bleibt aufgefordert, in freier Selbstbestimmung die Einheit und Freiheit Deutschlands zu vollenden."*

Die westdeutsche Staatsgründung war nicht die ganze deutsche Wirklichkeit jener Zeit. Denn im sowjetisch besetzten Deutschland wurde die in den Westzonen früh erkennbare Tendenz zur Errichtung eines Teilstaates aufgegriffen – genauer gesagt: es wurde versucht, ihr gegenzusteuern. Die SED setzte sich an die Spitze einer Kampagne für »Einheit und gerechten Frieden«, die zu drei *deutschen Volkskongressen* führte. Der dritte Kongreß (29./30.5.1949), an dem 1400 Delegierte aus der sowjetischen Besatzungszone und 610 aus den Westzonen teilnahmen, verabschiedete eine unter Leitung des ehemaligen SPD-Politkers OTTO GROTEWOHL (*1894, †1964) erarbeitete *Verfassung der Deutschen Demokratischen Republik*. Außerdem wählte er einen *Deutschen Volksrat*, der sich in Reaktion auf die westdeutsche Staatsgründung am 7. Oktober 1949 zur provisorischen *Volkskammer der DDR* erklärte. Diese beauftragte GROTEWOHL mit der Bildung einer Regierung. Sein Stellvertreter wurde WALTER ULBRICHT (*1893, †1973), der eigentliche »starke Mann«, einst treibender Motor der Vereinigung von KPD und SPD zur SED. ULBRICHT sollte als deren *Erster Sekretär* (1953-1971) entscheidend die Entwicklung des »anderen«, des *sozialistischen* Deutschland prägen.

Der Bonner Bundestag wählte KONRAD ADENAUER am 15. September 1949 zum ersten *Bundeskanzler*. Seine Wahl fiel knapp aus – mit einer Stimme Mehrheit! Im Vorfeld war es zu einem Regierungsbündnis mit der FDP gekommen, die 52 Mandate erhalten hatte (CDU 139, SPD 131). Noch drei weitere Male (1953, 1957 und 1961) führte ADENAUER seine Partei, die seit 1949 mit der auf Bayern beschränkten CSU (*Christlich-Soziale Union*) in einer Fraktionsgemeinschaft steht, erfolgreich durch die Wahlkämpfe. Seine Politik war gradlinig und

Theodor Heuss
während seiner Vereidigung zum ersten Bundespräsidenten.

Gründung der DDR
Ministerpräsident Otto Grotewohl (rechts) neben dem gerade gewählten Staatspräsidenten Wilhelm Pieck. (Foto vom 11. Oktober 1949)

Walter Ulbricht
mit der Parteifahne, anläßlich der Gründung der SED.

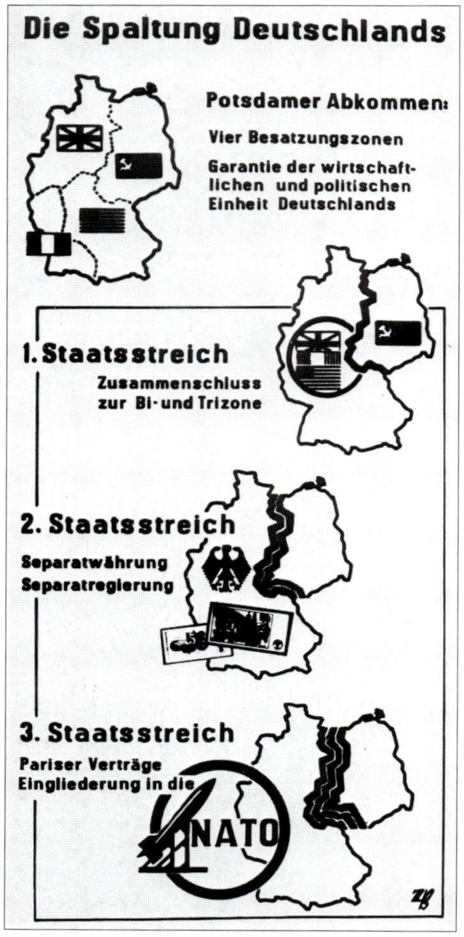

Der Eiserne Vorhang
(Plakat zur 9. Tagung des ZK der DDR, 1965)

konsequent. Die Verfassungsväter hatten das ihre dazu beigetragen, indem sie dem Amt des Kanzlers eine starke Stellung einräumten und dem politischen Leben Stabilität gaben. Der Bundeskanzler bestimmt und verantwortet die Richtlinien der Politik (*Richtlinienkompetenz*) und konnte parlamentarisch nur dann gestürzt werden, wenn sich die Mehrheit des Bundestages auf einen neuen Kandidaten einigen mochte (*konstruktives Mißtrauensvotum*). ADENAUER, von dem man später sagte, daß er ein überzeugter »Europäer« und »Atlantiker« war, richtete seine Außenpolitik darauf aus, der Bundesrepublik zu staatlicher Selbständigkeit zu verhelfen und sie bündnisfähig zu machen. Sein Bemühen gipfelte in der Proklamation der vollen Souveränität der Bundesrepublik am 5. Mai 1955.

Vorausgegangen war der *Deutschland-Vertrag* vom 23. Oktober 1954, der die Beendigung des Besatzungsregimes regelte, und zwar vorbehaltlich der englischen, französischen und amerikanischen Verantwortung *„in Bezug auf Berlin und auf Deutschland als Ganzes einschließlich der Wiedervereinigung Deutschlands und einer friedensvertraglichen Regelung“.* In Zusatzverträgen wurde der bundesrepublikanische Beitrag zum Unterhalt der westeuropäisch-atlantischen Streitkräfte auf deutschem Boden festgelegt. ADENAUER mißtraute jeder auf »Neutralität« ausgerichteten Politik und wollte niemals Zweifel an der *Westbindung* der Bundesrepublik aufkommen lassen. Als der Deutschland-Vertrag unterzeichnet wurde, war diese inzwischen Mitglied der *Montanunion* (einer seit 1951 bestehenden westeuropäischen Gemeinschaft zur Errichtung eines gemeinsamen Marktes für Kohle und Stahl), des *Europarates* und der

Konrad Adenauer im offenen Wagen, jubelnde Bundesbürger grüßend.

NATO. Später sollte sie ihre Integration in die westliche Staatengemeinschaft noch vertiefen. Sie gehörte zu den Mitunterzeichnern der *Römischen Verträge* (25.3.1957), die die *Europäische Wirtschaftsgemeinschaft* begründeten, und fand mit Frankreich zu einer dauerhaften Aussöhnung. ADENAUER und der französische Staatspräsident CHARLES DE GAULLE (*1890, †1970) schlossen am 22. Januar 1963 den *Deutsch-Französischen Freundschaftsvertrag* ab, der fortan eine besonders enge Zusammenarbeit beider Staaten ermöglichte.

Der demokratische Neubeginn des politischen Lebens entfaltete sich auf den drei Ebenen der Kommunen, der Länder und des Bundes. Er war getragen vom Aufwärtstrend der Wirtschaft sowie dem sozialen Frieden, der wesentlich auf dem durch das Grundgesetz abgestützten Recht der Gewerkschaften basierte, mit den Arbeitgebern »freie« Verträge auszuhandeln (*Tarifautonomie*). Bereits im *Petersberger Abkommen* (22.11.1949) konnte ADENAUER den endgültigen Stopp der Demontage westdeutscher Industrieanlagen durchsetzen. Auf die Wirtschaft wartete nun ein gigantisches Vorhaben. Es hieß, die zerstörten Produktionsstätten, Häuser, Straßen und Brücken wieder aufzubauen; und die Bürger waren bereit, die »Ärmel hochzukrempeln«! Nach änfänglicher Krisenzeit (1949/50) kam die Konjunktur in Fahrt. Von 1952 an hatte die Bundesrepublik eine aktive Handelsbilanz. Die Wirtschaft konnte im Jahre 1955 Exportgeschäfte in Höhe von 36 Milliarden DM abwickeln. Das war das Sechsfache des Ausfuhrvolumens von 1949. Wirtschaftsminister LUDWIG ERHARD setzte das Konzept der *Sozialen Marktwirtschaft* um – eine Wirtschaftpolitik, die auf freiem Wettbewerb und dem Leistungswillen aller basierte, dem Staat aber Regulierungs- und Kontrollfunktionen auftrug, um das höchstmögliche Maß an Gerechtigkeit zu erreichen. Die soziale Komponente der Marktwirtschaft manifestierte sich in einer Reihe innenpolitischer Grundentscheidungen. Der Staat verpflichtete sich darauf, all den Bürgern Hilfe angedeihen zu lassen, die durch den Krieg besonders geschädigt worden waren (*Lastenausgleich*), bekannte sich zum *sozialen Wohnungsbau* und führte die *Dynamische Rente* ein, welche die Höhe der Altersversorgung dem Lohnniveau anpaßte.

Die Entwicklung der Deutschen Demokratischen Republik verlief in gewisser Weise spiegelbildlich zu der des westdeutschen Staates. Dieses »neue Deutschland«, wie es nach dem Selbstverständnis der Kommunisten hieß, wurde entsprechend der inneren Logik des Kalten Krieges in das von der Sowjetunion beherrschte osteuropäische Staatensystem (*Ostblock*)

Ludwig Erhard
Der »Vater« des Wirtschaftswunders bei der Lektüre seines Buches »Wohlstand für Alle«. (Foto, um 1957)

Sozialer Wohnungsbau
Beginn des Wiederaufbaus in Berlin-Wedding. (Foto, 1951)

Der »Käfer«
Bis zum 4. Dezember 1961 hatten die Wolfsburger VW-Werke 5 Millionen Fahrzeuge diesen Typs hergestellt. (Foto, 1960)

Flüchtlingslager in Kaufbeuren
Während der ersten Nachkriegsjahre fanden hier zunächst Vertriebene aus dem Oder-Neisse-Gebiet, später auch Flüchtlinge aus der DDR Unterkunft.

»... 1953 flohen 330 000 Bürger...«

17. Juni 1953
Auf dem Potsdamer Platz werfen Berliner Demonstranten mit Steinen nach den sowjetischen Panzern.

integriert. Im *Görlitzer Vertrag* vom 6. Juli 1950 erkannte die DDR die Oder-Neiße-Linie als polnische Westgrenze an, trat noch im selben Jahr dem osteuropäischen Wirtschaftsverbund COMECON (*Rat für gegenseitige Wirtschaftshilfe*) bei, erhielt von der Sowjetunion 1954 ihre staatliche Souveränität und unterzeichnete zusammen mit allen anderen Ostblockstaaten den militärischen Beistandsvertrag vom 14. Mai 1955, der den *Warschauer Pakt* begründete. Dieses Bündnis war wenige Tage nach dem Beitritt der Bundesrepublik zur NATO zustandegekommen. Die *innere* Entwicklung der DDR lief von Anbeginn auf eine grundlegende Umgestaltung historisch überlieferter Sozial- und Wirtschaftsstrukturen hinaus. ULBRICHT hatte die Einführung einer zentral gesteuerten sozialistischen *Planwirtschaft* schon lange vor Gründung der DDR gefordert. Auf der zweiten *Parteikonferenz* der SED propagierte er im Juli 1952 sodann den *„planmäßigen Aufbau des Sozialismus sowie die Notwendigkeit einer Verschärfung des Klassenkampfes"*. Das bedeutete politisch den Übergang von der *antifaschistischen Blockpolitik* zum *Aufbau des Sozialismus* und wirtschaftlich die forcierte Überführung privater in *volkseigene* Betriebe (VEB) sowie die Errichtung *Landwirtschaftlicher Produktionsgenossenschaften* (LPG). Der Unmut unter den 17 Millionen Deutschen der DDR war nun beträchtlich, und zwar nicht nur unter den vormals Selbständigen, den Bauern und Unternehmern. Es gärte ganz allgemein, weil die Umstrukturierung der Wirtschaft schwere Anpassungsprobleme nach sich zog. Besonders die Ernährung der Bevölkerung klappte hinten und vorne nicht. Im Jahre 1953 flohen 330 000 Bürger in den »Westen« ...

Die hohe Flüchtlingszahl des Jahres 1953 hatte noch einen anderen Grund: Am 16. Juni machten Bauarbeiter der Ostberliner *Stalinallee* ihrem Unmut über eine kurz zuvor vom *Ministerrat* der DDR beschlossene *Normerhöhung* für Industriebetriebe sowie die Bauwirtschaft Luft, streikten und sammelten sich zu einer Protestdemonstration. Der Streik und die Protestbewegung breiteten sich am folgenden Tag, dem *17. Juni*, zu einem die gesamte DDR und alle ihre Industriezentren erfassenden Aufstand aus. Die Menschen forderten neben der Zurücknahme der Normerhöhung die Ablösung WALTER ULBRICHTS, die Durchführung *freier Wahlen*, einen Friedensvertrag für Gesamtdeutschland und die *Wiedervereinigung*. Die Aufständischen stürmten Parteibüros und Verwaltungsgebäude; in Berlin wurde die rote Fahne vom Brandenburger Tor heruntergerissen. Schließlich fuhren sowjetische Panzer auf ... Am Abend des »17. Junis« war der Aufstand niedergeschlagen. Immerhin bewirkten die Ereignisse, daß die Lösung der *deutschen Frage* nochmals auf die internationale Tagesordnung kam. Aber weder die zu Jahresbeginn 1954 in Berlin abgehaltene *Viermächtekonferenz* noch die *Genfer Gipfelkonferenz* des folgenden Jahres (18.-23. Juli 1955) erbrachten Fortschritte. Die Positionen hatten sich mehr denn je festgefahren. Der tiefere Grund lag in der sich gleichzeitig vollendenden West- beziehungsweise Ostintegration der beiden deutschen Teilstaaten.

Während in der zweiten Hälfte der fünfziger Jahre in Europa viel über *kollektive Sicherheitssysteme* nachgedacht wurde und diese internationale Debatte die Frage der Wiedervereinigung zusehends von der Tagesordnung strich, bahnte sich zehn Jahre nach der Berlin-Blockade eine zweite Berlin-Krise an: Der sowjetische Ministerpräsident NIKITA CHRUSCHTSCHOW (*1894, †1917) schreckte die westliche Öffentlichkeit am 27. November 1958 mit einer Note auf *(Berlin-Ultimatum)*, in der er die USA, England und Frankreich aufforderte, ihre Truppen aus Berlin abzuziehen. Innerhalb von sechs Monaten seien zudem Verhandlungen über die Umwandlung Westberlins in eine *„selbständige, freie, entmilitarisierte Stadt"* zu führen. Wenige Wochen später legte er den Entwurf eines Friedensvertrages vor, der von *„zwei deutschen Staaten"* ausging. CHRUSCHTSCHOW, ein Mann, der das unberechenbare »Poltern« auf diplomatischem Parkett liebte, andererseits die *friedliche Koexistenz* zwischen dem »kapitalistischen« und »sozialistischen« Gesellschaftssystem propagierte, ließ schließlich von seiner Drohgebärde ab und schickte Außenminister ANDREJ GROMYKO (*1909, †1989) im Sommer 1959 zu der vom Westen vorgeschlagenen *Genfer Viermächtekonferenz*. Damit war das Berlin-Ultimatum vom Tisch. Aber die Konferenz blieb ohne Ergebnisse, und so schwelte auch die Berlin-Krise weiter.

Sie hatte einen ganz konkreten Hintergrund: Die *Kollektivierung der Landwirtschaft* in der DDR löste Ende der fünfziger Jahre eine beispiellose Fluchtbewegung in die Bundesrepublik aus – ein Vorgang, welcher der DDR-Wirtschaft arg zusetzte und das Regime zusehends destabilisierte. Von Januar bis August 1961 entschieden nahezu 200 000 Menschen, in den Westen zu fliehen! Sie wählten den Weg über die viergeteilte, aber nach wie vor »offene« Vier-Sektoren-Stadt Berlin. In den Juli-Wochen gingen Gerüchte um, die DDR-Regierung plane die Absperrung des sowjetischen Sektors der Stadt, um den Massenexodus zu stoppen. Das Gerücht bewahrheitete sich am Ende: In der Nacht vom 12. auf den 13. August begannen Bauarbeiter, bewacht von DDR-Grenztruppen, mit der Errich-

»Lächeln, aber kaum Fortschritte«
Bei seinem einzigen Moskaubesuch im September 1955 konnte Bundeskanzler Adenauer die Aufnahme diplomatischer Beziehungen zwischen der Sowjetunion und der Bundesrepublik vereinbaren (von links nach rechts: Bulganin, Adenauer und Chruschtschow).

Abriegelungsmaßnahmen
des Berliner Sowjetsektors am 13. August 1961. Ein Volksarmist ergreift in letzter Minute vor dem Beginn des Mauerbaus die Flucht.

Die Berliner Mauer
mit Sichtblenden. (Foto, um 1963)

Staatsbesuch
des amerikanischen Präsidenten John F. Kennedy in Berlin. Besichtigung der Mauer vor dem verhängten Brandenburger Tor am 26. Juni 1963.

tung einer Mauer mitten durch Berlin. Da der freie Zugang von und nach West-Berlin, dessen Bindung an die Bundesrepublik und die westalliierte Truppenpräsenz in der Stadt von dieser Maßnahme nicht betroffen waren, beschränkte sich der Westen aufs Protestieren. Der amerikanische Präsident JOHN F. KENNEDY (*1917, †1963) entschied sich zu demonstrativen Gesten und ließ am Kontrollpunkt *Checkpoint Charlie* Panzer auffahren. Mehr entsprach westalliiertem Interesse nicht ....

... »eine« deutsche Frage

Die Deutschen hatten nun ihr steinernes Symbol der Teilung. Ihr Gemüt war schwer getroffen und die Empörung über jeden Toten an der Mauer groß. Während die DDR von der Mauer *(antifaschistischer Schutzwall)* profitierte und sich schließlich in den sechziger und siebziger Jahren zur zweitstärksten Wirtschaftsmacht der COMECON-Staaten entwickelte, bekam die Bonner Deutschlandpolitik allmählich realistischere Züge. Man wollte und konnte die Entspanungs- und Rüstungskontrollpolitik der beiden Weltmächte nicht durch ein Hochspielen der *deutschen Frage* stören. Der Bundeskanzler der *Großen Koalition*, KURT-GEORG KIESINGER (1966-1969), ließ verlauten, *„ohne Scheuklappen zu sehen, was ist"*. Aber der Durchbruch zu einer neuen Deutschland- und Ostpolitik gelang erst in der Ära der *sozial-liberalen Koalition*. Der »Brandt-Scheel-Regierung« ging es um das Konzept eines *Wandels durch Annäherung* im deutsch-deutschen Verhältnis. In seiner Regierungserklärung vom 28. Oktober 1969 erklärte Bundeskanzler WILLY BRANDT (1969-1974) programmatisch und in die Zukunft weisend: *„Auch wenn zwei Staaten in Deutschland existieren, sind sie doch füreinander nicht Ausland; ihre Beziehungen können nur besonderer Art sein"*.

Zupackend, folgerichtig und ohne Scheu vor innenpolitischen Spannungen setzte die neue Regierung nun in einer Serie von Verträgen (u.a. *Moskauer Vertrag* mit der UdSSR, 12.8.1970; *Warschauer Vertrag* mit der Volksrepublik Polen, 7.12.1970) Zeichen der Aussöhnung mit den Völkern des Ostblocks und stiftete zugleich das Klima zum *Viermächteabkommen über Berlin* (3.9.1971). Darin garantierte die Sowjetunion die alliierten Rechte, insbesondere den freien Zugang von und nach West-Berlin. Auf dieser Basis gediehen schließlich auch die schwierigen deutsch-deutschen Verhandlungen über den Abschluß eines *Grundlagenvertrages* (21.12.1972). Er vermochte die deutsche Frage offenzuhalten, betonte die Viermächteverantwortung für

Deutschland als Ganzes und Berlin und schloß die völkerrechtliche Anerkennung der DDR als »Ausland« aus. Der Grundlagenvertrag führte zum Austausch *Ständiger Vertreter*, die in Bonn und Ost-Berlin ihren Sitz nahmen. Das deutsch-deutsche Gespräch hatte nun einen institutionellen Rahmen auf höchster diplomatischer Ebene. Und es wurde nun unter BRANDTS Nachfolgern, HELMUT SCHMIDT (1974-1982) und HELMUT KOHL (seit 1982), gesprochen – über humanitäre, soziale, ökologische und sicherheitspolitische Fragen. Übereinstimmung herrschte darüber, daß beide in der Mitte Europas gelegenen deutschen Staaten für die friedliche Entwicklung auf dem Kontinent stets eine *besondere Verantwortung* tragen müßten. Die Deutschen sahen es, und die internationale Staatengemeinschaft erwartete es von ihnen.

Darin liegt der tiefere Grund für die zuletzt einmütige Bereitschaft der vier Siegermächte des Zweiten Weltkrieges, auf die Maueröffnung am 9. November 1989 und die sich daraus ergebende deutsch-deutsche Eigendynamik zur Wiedervereinigung positiv zu reagieren. Das ostdeutsche Regime war seit Anfang der 80er Jahre in schwere ökonomische Schwierigkeiten geraten. Hinzu kam, daß sich seit der von dem sowjetischen Generalsekretär der KPdSU, MICHAEL GORBATSCHOW (*1931), eingeleiteten Politik der Reform des Kommunismus *(Perestroika)* der gesamte Ostblock im Aufbruch befand. Als GORBATSCHOW anläßlich der Feiern zum 40. Jahrestag zur Gründung der DDR in Ost-Berlin weilte, schrieb er der ostdeutschen Führung um ihren Staatsratsvorsitzenden ERICH HONECKER (*1912) mahnend ins Stammbuch: „*Wer zu spät kommt, den bestraft das Leben!*“ Es war zu spät! In Leipzig, Ost-Berlin, Dresden und anderswo ging das Volk auf die Straße, wollte die Öffnung der Grenzen und erzwang den Sturz HONECKERS (18.10.1989) sowie anderer Mitglieder des Politbüros und schließlich, am 9. November, die Öffnung der Mauer – im 28. Jahr seit ihrer Errichtung! Mit diesem Datum beginnt der *Prozeß der deutschen Wiedervereinigung*. Staatsrechtlich wurde diese am 3. Oktober 1990 vollzogen, tatsächlich aber dauert sie noch an. Die Berliner Mauer ist gefallen, andere müssen folgen – solche, die sich zwischen »Ost« und »West« aufgrund der unterschiedlichen ökonomischen, sozialen und kulturellen Lebensverhältnisse der Menschen aufgebaut haben. Die Lösung der *deutschen Frage* hat damit erst begonnen...

Willy Brandt und Willi Stoph
bei ihrem historischen Treffen in Erfurt am 19. März 1970. Es war das erste westostdeutsche Spitzengespräch – ein politisches Signal der »neuen Ostpolitik«.

»Fest der Einheit«
In der Nacht vom 2. zum 3. Oktober 1990 feierten die Deutschen die Wiedervereinigung der beiden deutschen Staaten. (Foto vom nächtlichen Fest vor dem Berliner Reichstagsgebäude)

Zeittafel

I. Römer und Germanen

12.-8. Jh. v.Chr.	Urnenfelderkultur
1000 v.Chr.	Handelsbeziehungen der Assyrer und Phöniker zu den Bernsteingebieten an der Nord- und Ostsee
8.-5. Jh. v.Chr.	Hallstattkultur
753 v.Chr.	Gründung Roms
387/6 v.Chr.	Plünderung Roms durch die Kelten
113-1 v.Chr.	Die germanischen Kimbern und Teutonen bedrohen das Römische Reich
58-51 v.Chr.	Caesar erobert das nördlich der Alpen gelegene Gallien und überschreitet den Rhein (55-53 v. Chr.) in germanisches Gebiet
7 v.Chr.	Vermutetes Geburtsjahr von Jesus von Nazareth
9 n.Chr.	Schlacht im Teutoburger Wald
120-160	Ausbau des Obergermanisch-rätischen Limes bis auf eine Länge von 545 km
260	Die Alamannen überrennen den Obergermanischen Limes
313	Konstantin der Große erläßt das »Toleranzedikt« von Mailand

II. Karl der Große

um 375	Einsetzen der Völkerwanderung
395	Teilung des römischen Imperiums in ein West- und ein Oströmisches Reich
410	Eroberung Roms durch die Westgoten
451	Schlacht auf den Katalaunischen Feldern
476	Der Westgote Odoaker wird König Italiens; Ende des Weströmischen Reiches
482	Chlodwig begründet das Frankenreich
622	Mohammeds Flucht aus Mekka (»Hedschra«)
711	Vernichtung des Westgotenreiches in Spanien durch die Araber
732	Karl Martell, der fränkische Hausmeier, besiegt die Araber bei Tours und Poitiers
751	Pippin der Jüngere läßt sich zum König des Frankenreiches wählen
800	Kaiserkrönung Karls des Großen in Rom

III. Das neue Kaiserreich

um 800 -930	Haithabu bedeutendster Umschlagplatz des Fernhandels zwischen Nord- und Ostsee
843	Vertrag von Verdun; Teilung des Fränkischen Reiches unter die drei Brüder Kaiser Lothar I., Ludwig den Deutschen und Karl den Kahlen
881	Wikingereinfälle an Rhein und Mosel
919	Beginn der deutschen Reichsgeschichte: Heinrich I. wird zum deutschen König gewählt
933	Heinrich I. besiegt die Ungarn bei Riade
936-973	Otto I. König und Kaiser
955	Otto besiegt die Ungarn auf dem Lechfeld
962	Otto in Rom zum Kaiser gekrönt
1076	Papst Gregor VII. auf der Synode von Worms abgesetzt
1077	Kaiser Heinrich IV. als Büßer vor dem Papst in Canossa
1122	Wormser Konkordat: Ende des Investiturstreits

IV. Stauferzeit

1096-99	Erster Kreuzzug; Gründung des Königreichs Jerusalem
um 1100	Beginn der deutschen Ostsiedlung
1147-49	Wendenkreuzzug
1147-49	Zweiter Kreuzzug
1152-90	Friedrich I. Barbarossa
1159	Neugründung Lübecks als norddeutscher Handelsplatz
1162	Barbarossa zerstört Mailand
1187	Saladin, Sultan v. Ägypten, erobert Jerusalem
1189-92	Dritter Kreuzzug
1190	Barbarossa ertrinkt im Fluß Saleph
1202-4	Vierter Kreuzzug; Plünderung Konstantinopels
1228-9	Fünfter Kreuzzug; Friedrich II. krönt sich zum König von Jerusalem

V. Kaiser und Kaufleute

1212-50	Friedrich II.
1215	Marco Polo in China
1220	Friedrich II. verleiht den geistlichen Reichsfürsten weitgehende landesherrliche Rechte
1231	Friedrich II. gesteht den weltlichen Fürsten die gleichen Rechte zu
1241	Die Mongolen schlagen bei Liegnitz ein vereintes deutsch-polnisches Heer
1250	Ausbreitung und wachsende Bedeutung der deutschen Hanse
1256-73	»Interregnum« im Deutschen Reich
1273-91	Rudolf von Habsburg
1308-13	Heinrich VII. von Luxemburg
1346-52	»Große Pest« und Judenpogrome

VI. Das späte Mittelalter

1314-47	Ludwig der Bayer
1346-78	Karl IV.
1356	»Goldene Bulle«: Regelung der Königswahl durch die Kurfürsten
1376	Oberrheinische Städte gründen den »Schwäbischen Bund«
1378	»Großes abendländisches Schisma«; Hexenverfolgungen nehmen zu

1410-37 Sigismund
1414-18 Konzil zu Konstanz
1415 (6. Juli) Jan Hus in Konstanz als Ketzer verbrannt
1419-36 Hussitenkriege
1453 (29. Mai) Konstantinopel von den Türken erobert; Ende des Byzantinischen Reiches

VII. Luther

1492 (12. Oktober) Kolumbus landet auf der Karibikinsel Guanahani
1495 Reichstag zu Worms mit Beschlüssen zur Reichsreform
1499 „Schwabenkrieg"; die Schweizer Eidgenossenschaft vom Reich unabhängig
1517 Luther verfaßt seine 95 Thesen gegen den Ablaßhandel; Beginn der Reformation
1518 Beginn der Reformation in der Schweiz durch Ulrich Zwingli
1519 Leipziger Disputation Martin Luthers gegen Dr. Johannes Eck
1519-56 Karl V.
1521 Reichstag zu Worms; Luther weigert sich, seiner Lehre abzuschwören
1522-23 Ritteraufstand unter Franz v. Sickingen
1525 (Februar) »Zwölf Artikel« der Memminger Bauern; Beginn des deutschen Bauernkrieges
1529 Die Türken vor Wien
1530 Reichstag zu Augsburg; »Augsburger Bekenntnis« der protestantischen Fürsten und Städte
1534 Ignatius von Loyola stiftet den Jesuitenorden
1534-35 Täuferreich zu Münster
1545-63 Konzil zu Trient; Beginn der Gegenreformation
1555 Augsburger Religionsfrieden

VIII. Dreißig Jahre Krieg

1571 Die türkische Flotte bei Lepanto vernichtet; spanische Dominanz im Mittelmeer
1572 (23.-24.August) »Bartholomäusnacht« in Frankreich; Tausende Hugenotten werden umgebracht
1581 Die nördlichen Niederlande sagen sich von Spanien los
1588 Sieg der englischen Flotte über die spanische Armada
1608 Gründung der protestantischen »Union«
1609 Gründung der katholischen »Liga«
1618 (23. März) »Prager Fenstersturz«; Beginn des Dreißigjährigen Krieges
1620 Schlacht am Weißen Berg
1632 König Gustav II. Adolf von Schweden fällt in der Schlacht bei Lützen
1634 Wallenstein wird in Eger ermordet
1648 »Westfälischer Friede« zu Münster; Ende des Dreißigjährigen Krieges

IX. Die Zeit der Vernunft

1661-1715 Ludwig XIV. von Frankreich
1683 Die Türken vor Wien geschlagen
1701 Kurfürst Friedrich III. von Brandenburg krönt sich als Friedrich I. zum »König in Preußen«
1701-14 Spanischer Erbfolgekrieg
1713-40 Friedrich Wilhelm I., der »Soldatenkönig«
1717 Prinz Eugen besiegt die Türken bei Belgrad
1740-80 Maria Theresia, Kaiserin von Österreich
1740-86 Friedrich II.von Preussen
1740-48 Österreichischer Erbfolgekrieg
1740-42 Erster Schlesischer Krieg
1744-45 Zweiter Schlesischer Krieg
1756-63 »Siebenjähriger Krieg«
1772 Erste Polnische Teilung

X. Unter Napoleon

1789 (14. Juli) Sturm auf die Bastille; Beginn der Französischen Revolution
1792-97 Erster Koalitionskrieg gegen Frankreich
1793 Zweite Polnische Teilung
1795 Dritte Polnische Teilung
1796 Feldzug Napoleons in Italien
1799 Napoleon »Erster Konsul«
1799-1801 Zweiter Koalitionskrieg gegen Frankreich
1803 Reichsdeputationshauptschluß
1805 Dritter Koalitionskrieg gegen Frankreich;
1805 (2.Dezember) Schlacht bei Austerlitz
1806 Franz II. legt die Krone des Heiligen Römischen Reiches nieder
1807 Aufhebung der Erbuntertänigkeit der Bauern in Preußen
1813-15 Befreiungskriege gegen Frankreich; Ende der Napoleonischen Herrschaft
1813 (16.-19. Oktober) Völkerschlacht bei Leipzig

XI. Biedermeier und Revolution

1814-15 Wiener Kongreß
1815 (18. Juni) Schlacht bei Waterloo; Verbannung Napoleons
1817 (18. Oktober) Wartburgfest
1819 »Karlsbader Beschlüsse«
1830 Julirevolution in Frankreich
1832 Hambacher Fest
1834 Gründung des »Deutschen Zollvereins«
1837 Protest der »Göttinger Sieben«
1840-61 Friedrich Wilhelm IV. von Preußen
1844 Aufstand der Schlesischen Weber
1848 Februarrevolution in Frankreich, Märzrevolution in den deutschen Staaten;
1848 (18. Mai) Die deutsche Nationalversammlung tritt in der Frankfurter Paulskirche zusammen

XII. Bismarck

1849 Sieg der Reaktion über die liberale Bewegung
1861-88 Wilhelm I., König von Preußen (seit 1871 auch Deutscher Kaiser)
1862 (23. September) Otto von Bismarck wird Preußischer Ministerpräsident
1864 Deutsch-Dänischer Krieg
1866 Deutscher Krieg;
(3. Juli) Die Schlacht bei Königgrätz; Sieg Preußens über Österreich
1866-67 Gründung des Norddeutschen Bundes
1870-71 Deutsch-Französischer Krieg
1871 (18. Januar) Kaiserproklamation in Versailles; Gründung des Deutschen Reiches
1873 (22. Oktober) »Drei-Kaiser-Abkommen« zwischen Österreich, Rußland und dem Deutschen Reich
1873-75 »Mai-Gesetze« im Rahmen des Kulturkampfes
1878 Berliner Kongreß
1878 Bismarcks Sozialistengesetz
1883-89 Sozialgesetzgebung
1887 Rückversicherungsvertrag mit Rußland
1888 -1918 Kaiser Wilhelm II.
1890 Sturz Otto von Bismarcks

XIII. Das Ende des Reiches

1890-94 Leo Graf von Caprivi Reichskanzler
1894-1900 Chlodwig Fürst zu Hohenlohe-Schillingsfürst Reichskanzler
1898 Gründung des Deutschen Flottenvereins
1900 Boxeraufstand in China
1914 (28. Juni) Attentat von Sarajewo
1914 (1.-3. August) Kriegserklärung des Deutschen Reiches an Rußland und Frankreich; Beginn des Ersten Weltkrieges
1916 Grabenkrieg; Schlacht von Verdun
1917 (6.April) Kriegserklärung der USA an das Deutsche Reich
1917 (6./7. November) Ausbruch der Großen Russischen Oktoberrevolution
1918 (3.März) Friede von Brest-Litowsk zwischen Rußland und dem Deutschen Reich
1918 (29. Oktober) Matrosenaufstand in Kiel; Beginn revolutionärer Unruhen
1918 (9. November) Abdankung Kaiser Wilhelms II.; die Republik wird ausgerufen

XIV. Weimarer Republik und Nationalsozialismus

1919 (11. Februar) Friedrich Ebert Reichspräsident
1919 (28. Juni) Unterzeichnung des Friedensvertrages von Versailles
1920 (13.-16. März) Kapp-Putsch
1923 (8.-9. November) Hitler-Putsch in München
1925 (26. April) Generalfeldmarschall Paul von Hindenburg Reichspräsident
1926 (8. September) Deutschland wird in den Völkerbund aufgenommen
1929 (25. Oktober) New Yorker Börsenkrach
1933 (30. Januar) Hitler wird Reichskanzler
1934 (30.6.-3.7.) Röhmputsch
1935 »Nürnberger Gesetze«
1936 (2.-16. August) Olympische Spiele in Berlin
1938 (30. September) Münchener Abkommen
1938 (9.-10. November) »Reichskristallnacht«
1939 (23. August) »Hitler-Stalin-Pakt«

XV. Zweiter Weltkrieg und Nachkriegs-Ära

1939 (1. September) Deutscher Angriff auf Polen
1941 (22. Juni) Deutscher Angriff auf die Sowjetunion
1943 (2. Februar) Kapitulation der 6. Armee in Stalingrad
1944 (6. Juni) Alliierte Landung in der Normandie
1945 (30. April) Selbstmord Hitlers
1945 (8.Mai) Kapitulation der Wehrmacht
1948 (20.-21. Juni) Währungsreform
1948-49 Blockade Berlins durch die Sowjetunion
1949 (23. Mai) Verkündung des Grundgesetzes
(7. Oktober) Gründung der DDR
1953 (17. Juni) Arbeiteraufstand in der DDR
1955 (12. November) Gründung der Bundeswehr
1956 (18. Januar) Gründung der NVA
1957 (25. März) Römische Verträge zur Gründung der EWG
1961 (13. August) Bau der Berliner Mauer
1966 (1. Dezember) Bildung der »Großen Koalition« aus CDU/CSU und SPD
1969 (22. Oktober) Bildung der sozial-liberalen Koalition unter Bundeskanzler Willi Brandt
1972 (3. Juni) die »Ostverträge« treten in Kraft
1973 (21. Juni) Grundlagenvertrag zwischen der BRD und der DDR tritt in Kraft
1974 (16. Mai) Helmut Schmidt neuer Bundeskanzler
1980 (Juli/August) Streikbewegungen in Polen; Gründung der Gewerkschaft „Solidarität“
1982 (1. Oktober) Helmut Kohl neuer Bundeskanzler
1982 Ein von der Bundesregierung verbürgter DDR-Kreditvertrag über 1 Mrd. DM unterzeichnet
1984 (1. Juli) Richard von Weizsäcker wird sechster Bundespräsident
1989 (9. November) Fall der Berliner Mauer
1990 (1. Juli) Wirtschafts-, Währungs- und Sozialunion zwischen der Bundesrepublik und der DDR
1990 (3. Oktober) Beitritt der DDR zur Bundesrepublik nach Art. 23 des Grundgesetzes.

Blatteinteilung Bundesrepublik Deutschland 1 : 400 000

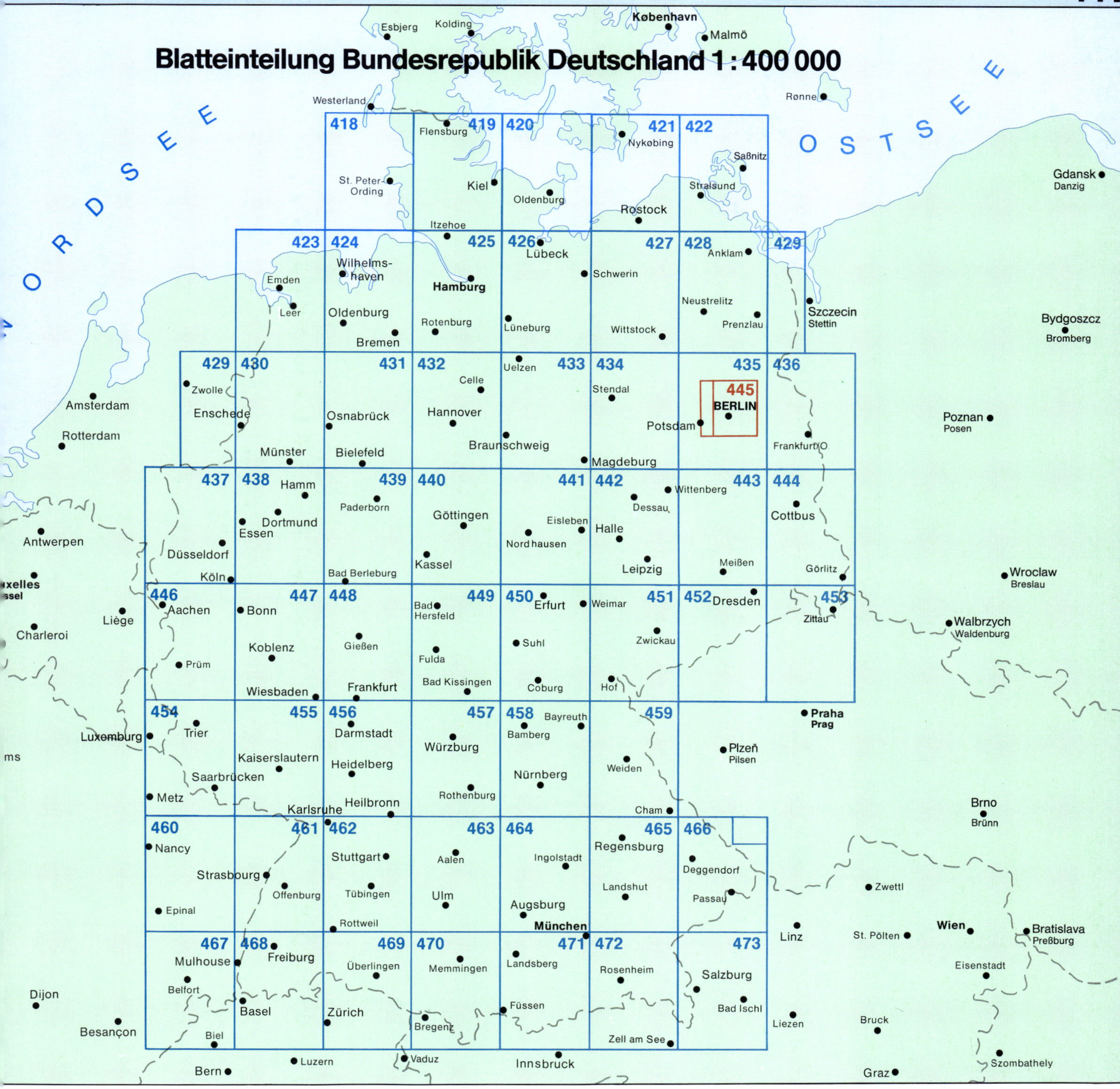

Zeichenerklärung

Kassel-Ost 44 — Autobahn, Anschlußstelle und Nummer

Vierspurige Autostraße

54 — Bundesstraße mit Nummer

Hauptverbindungsstraße

Nahverkehrsstraße

Eisenbahn und Bahnhof

Staatsgrenze und Grenzübergang

Landschaftlich besonders schöne Strecke

Deutsche Alpenstraße — Reisestraße

3 — 3 — Entfernung in km

WF Wagenfähre — PF Personenfähre

Autobahntankstelle

Autobahnraststätte — mit Übernachtung

E 45 — Nummer der Europastraße

U 12 — Ausgeschilderte Autobahn-Umleitungsstrecke

Ortsteile - Vororte			
Harburg			
Barop			
Brodersdorf	bis	1 000	Einwohner
Neukirchen	bis	3 000	Einwohner
Glücksburg	bis	10 000	Einwohner
Husum	bis	20 000	Einwohner
Schleswig	bis	50 000	Einwohner
Flensburg	bis	100 000	Einwohner
Lübeck	bis	500 000	Einwohner
Leipzig	bis	1 Million	Einwohner
HAMBURG	über	1 Million	Einwohner

Maßstab 1 : 400 000
4 8 12 16 20 km

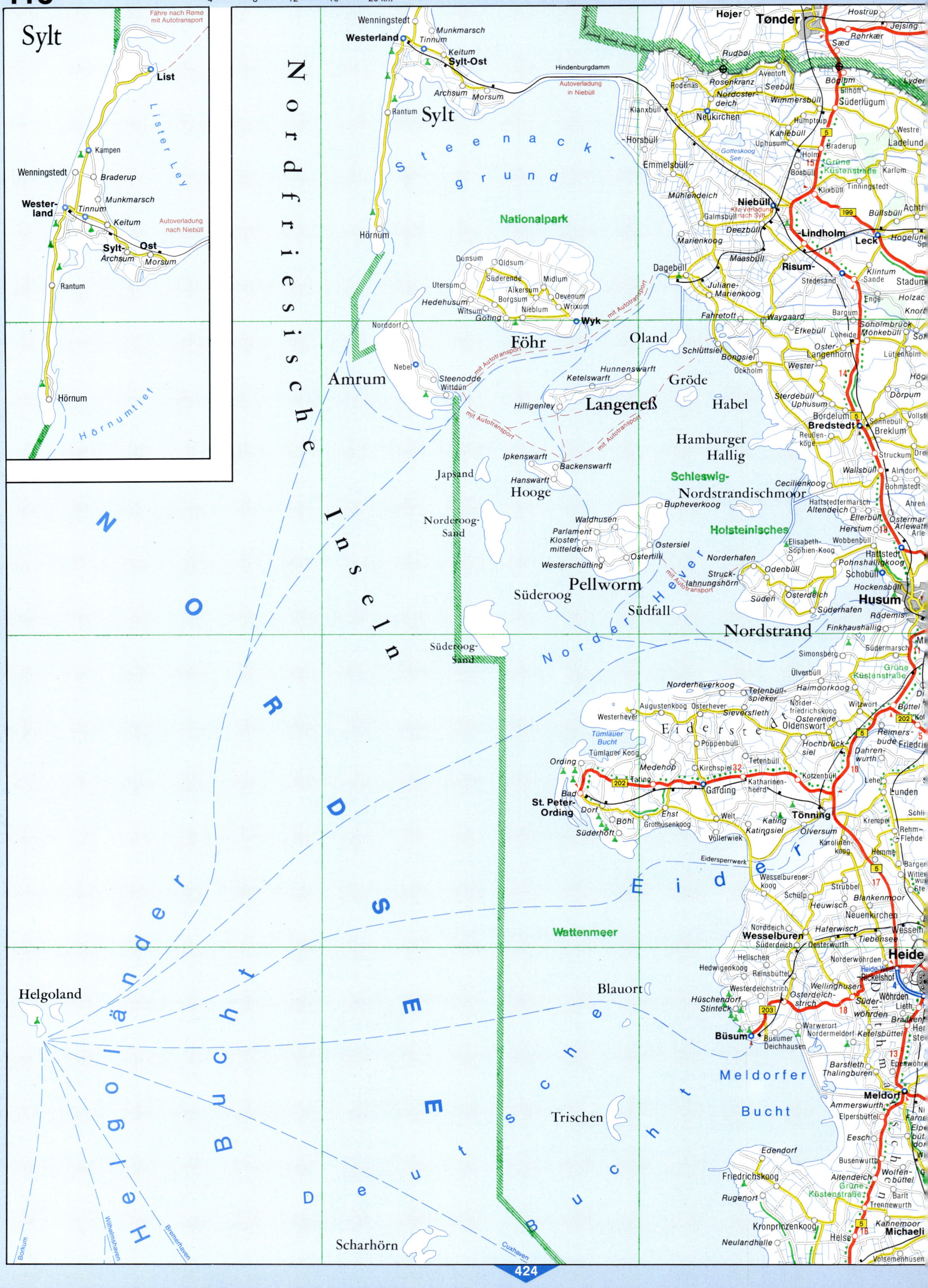

DÄNEMARK
Als
Ærø
Kleiner Belt
Kieler Bucht
Flensburger Förde
Geltinger Bucht
Eckernförder Bucht
Kieler Förde
Sønderborg
Augustenborg
Gråsten
Broager
Tinglev
Kegnæs
Flensburg
Glücksburg
Harrislee
Handewitt
Kappeln
Süderbrarup
Schleswig
Eckernförde
Rendsburg
Büdelsdorf
Kiel
Kronshagen
Mönkeberg
Heikendorf
Laboe
Preetz
Plön
Neumünster
Bordesholm
Nortorf
Hohenwestedt
Albersdorf
Hanerau-Hademarschen
Boostedt
Altenholz
Gettorf
Flintbek
Molfsee
Schacht-Audorf
Westerrönfeld
Naturpark Hüttener Berge
Naturpark Westensee
Naturpark Aukrug
Holstein
Kropp
Satrup
Tarp
Sörup
Damp 2000
Fockbek
Jarplund-Weding
Trappenkamp
Rickling
Schönkirchen
Raisdorf

425

Tåsinge
Rudkøbing
Ærøskøbing
Marstal
Ærø
Marstal Bugt
D
Langeland
Lindelse Nor
Langelandsbelt
Ä
Nakskov Fjord
Nakskov
Enehøje
N
Søllested
Højreby
E
Sakskøbing
Maribo
Lolland
Rødby
Rødbyhavn
Holeby
Fejø
Femø
Kieler Bucht
Fehmarnbelt
Fehmarn
Fehmarnsund
O
S
Burg
Heiligenhafen
Hohwachter Bucht
Lütjenburg
Oldenburg
Naturpark
Holsteinische Schweiz
Malente
Plön
Eutin
Lensahn
Grömitz
Neustadt
Lübecker Bucht
Neustädter Bucht
Scharbeutz
Ahrensbök
Süsel
Mecklenburger Bucht
Wustrow
Poel
Salzhaff
Eisenbahnfähre mit Autotransport
Fähre nach Oslo, Göteborg, Korsør mit Autotransport
Fähre nach Svendborg mit Autotransport

426

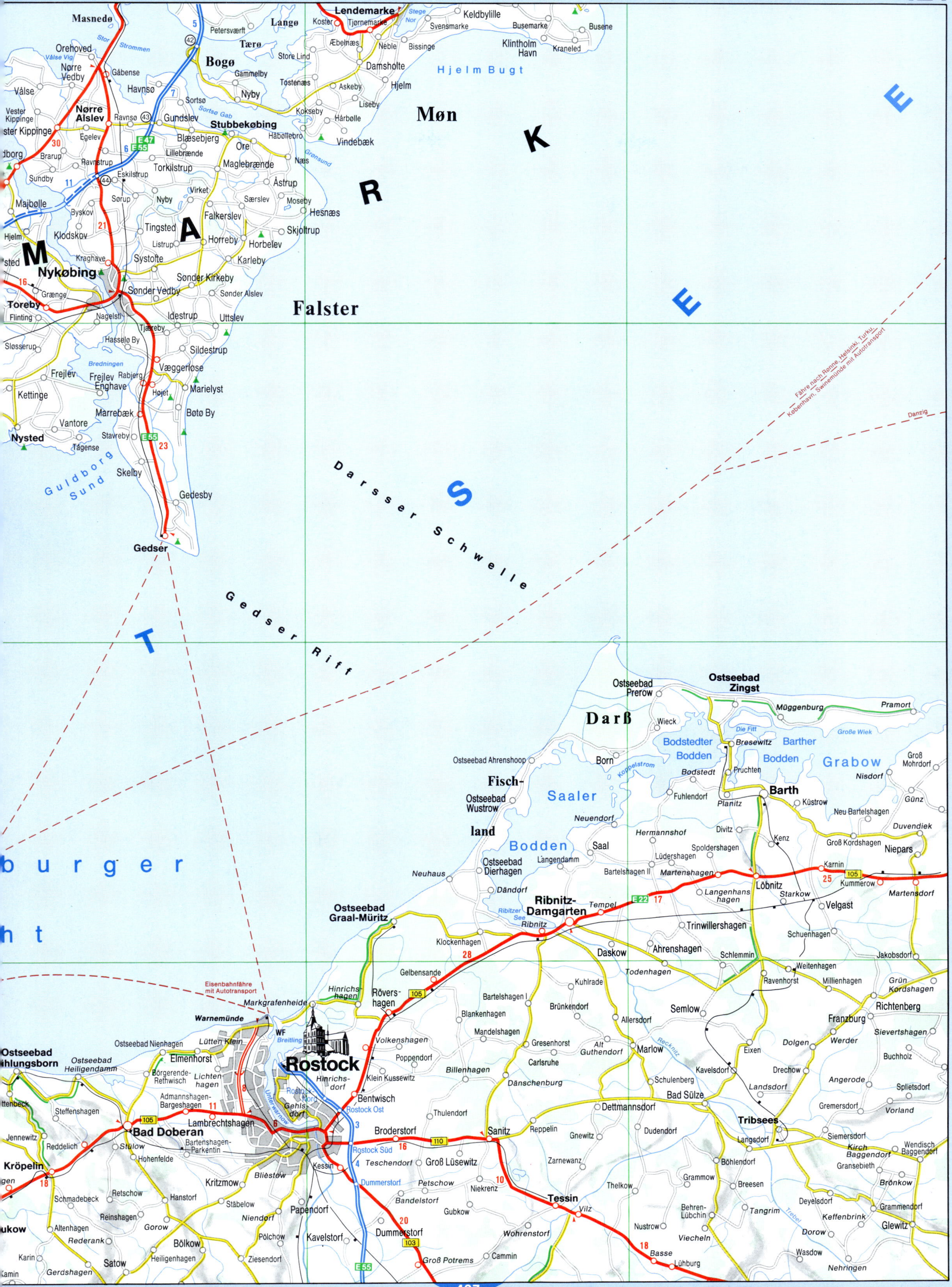
Masnedø
Orehoved
Nørre Vedby
Gåbense
Havnsø
Vålse
Vester Kippinge
Nørre Alslev
Ravnsø
Gundslev
Stubbekøbing
Egelev
Brarup
Ravnstrup
Eskilstrup
Torkilstrup
Sundby
Majbølle
Byskov
Sørup
Nyby
Virket
Klodskov
Tingsted
Listrup
Kraghave
Systofte
Nykøbing
Grænge
Toreby
Flinting
Sønder Vedby
Nagelsti
Idestrup
Tjæreby
Hasselø By
Sløsserup
Bredningen
Frejlev
Frejlev Enghave
Kettinge
Rabjerg
Højet
Marrebæk
Vantore
Nysted
Tågense
Stavreby
Skelby
Guldborg Sund
Gedesby
Gedser
Petersværft
Langø
Bogø
Tærø
Gammelby
Nyby
Sortsø
Sortsø Gab
Blæsebjerg
Lillebrænde
Ore
Maglebrænde
Hårbøllebro
Næs
Åstrup
Særslev
Moseby
Falkerslev
Hesnæs
Horreby
Horbelev
Skjoltrup
Karleby
Sønder Kirkeby
Sønder Alslev
Uttslev
Sildestrup
Væggerløse
Marielyst
Bøtø By
Falster
Lendemarke
Koster
Tjørnemarke
Stege Nor
Keldbylille
Svensmarke
Busemarke
Busene
Æbelnæs
Nøble
Bissinge
Klintholm Havn
Kraneled
Store Lind
Damsholte
Hjelm Bugt
Tostenæs
Askeby
Hjelm
Kokseby
Liseby
Hårbølle
Vindebæk
Grønsund
Møn
D Ä N E M A R K
O S T S E E
Darsser Schwelle
Gedser Riff
Fähre nach Rønne, Helsinki, Turku, København, Swinemünde mit Autotransport
Danzig
Ostseebad Prerow
Ostseebad Zingst
Müggenburg
Pramort
Darß
Wieck
Bodstedter Bodden
Die Fitt
Bresewitz
Barther Bodden
Große Wiek
Grabow
Groß Mohrdorf
Ostseebad Ahrenshoop
Born
Koppelstrom
Bodstedt
Pruchten
Nisdorf
Fisch-land
Ostseebad Wustrow
Saaler Bodden
Fuhlendorf
Planitz
Barth
Küstrow
Günz
Neu Bartelshagen
Neuendorf
Hermannshof
Divitz
Kenz
Duvendiek
Spoldershagen
Groß Kordshagen
Niepars
Saal
Lüdershagen
Ostseebad Dierhagen
Langendamm
Bartelshagen II
Martenshagen
Karnin
Neuhaus
Löbnitz
Kummerow
Martensdorf
Dändorf
Langenhanshagen
Starkow
Velgast
Ostseebad Graal-Müritz
Ribnitzer See
Ribnitz-Damgarten
Ribnitz
Tempel
Trinwillershagen
Klockenhagen
Schuenhagen
Daskow
Ahrenshagen
Schlemmin
Jakobsdorf
Gelbensande
Todenhagen
Weitenhagen
Eisenbahnfähre mit Autotransport
Hinrichshagen
Rövershagen
Kuhlrade
Ravenhorst
Millienhagen
Grün Kordshagen
Markgrafenheide
Bartelshagen I
Brünkendorf
Semlow
Richtenberg
Warnemünde
Blankenhagen
Allersdorf
Franzburg
Breitling
Volkenshagen
Mandelshagen
Gresenhorst
Alt Guthendorf
Marlow
Dolgen
Sievertshagen
Ostseebad Nienhagen
Lütten Klein
Elmenhorst
Poppendorf
Carlsruhe
Eixen
Werder
Ostseebad Kühlungsborn
Ostseebad Heiligendamm
Rostock
Billenhagen
Kavelsdorf
Drechow
Buchholz
Börgerende-Rethwisch
Lichtenhagen
Hinrichsdorf
Klein Kussewitz
Dänschenburg
Schulenberg
Landsdorf
Angerode
Spliestdorf
Admannshagen-Bargeshagen
Unterwarnow
Rostock Nord
Gehlsdorf
Bentwisch
Rostock Ost
Dettmannsdorf
Bad Sülze
Gremersdorf
Vorland
Steffenshagen
Thulendorf
Tribsees
Bad Doberan
Lambrechtshagen
Broderstorf
Sanitz
Reppelin
Dudendorf
Siemersdorf
Jennewitz
Reddelich
Stülow
Bartenshagen-Parkentin
Rostock Süd
Gnewitz
Langsdorf
Kirch Baggendorf
Wendisch Baggendorf
Hohenfelde
Kessin
Teschendorf
Groß Lüsewitz
Zarnewanz
Böhlendorf
Gransebieth
Kröpelin
Bliestow
Kritzmow
Dummerstorf
Petschow
Niekrenz
Tessin
Thelkow
Grammow
Breesen
Brönkow
Schmadebeck
Retschow
Hanstorf
Stäbelow
Bandelstorf
Vilz
Deyelsdorf
Grammendorf
Reinshagen
Niendorf
Papendorf
Gubkow
Behren-Lübchin
Tangrim
Trebel
Keffenbrink
Altenhagen
Gorow
Pölchow
Kavelstorf
Wohrenstorf
Nustrow
Glewitz
Rederank
Bölkow
Viecheln
Dorow
Karin
Satow
Heiligenhagen
Ziesendorf
Groß Potrems
Cammin
Basse
Wasdow
Gerdshagen
Lühburg
Nehringen
Recknitz

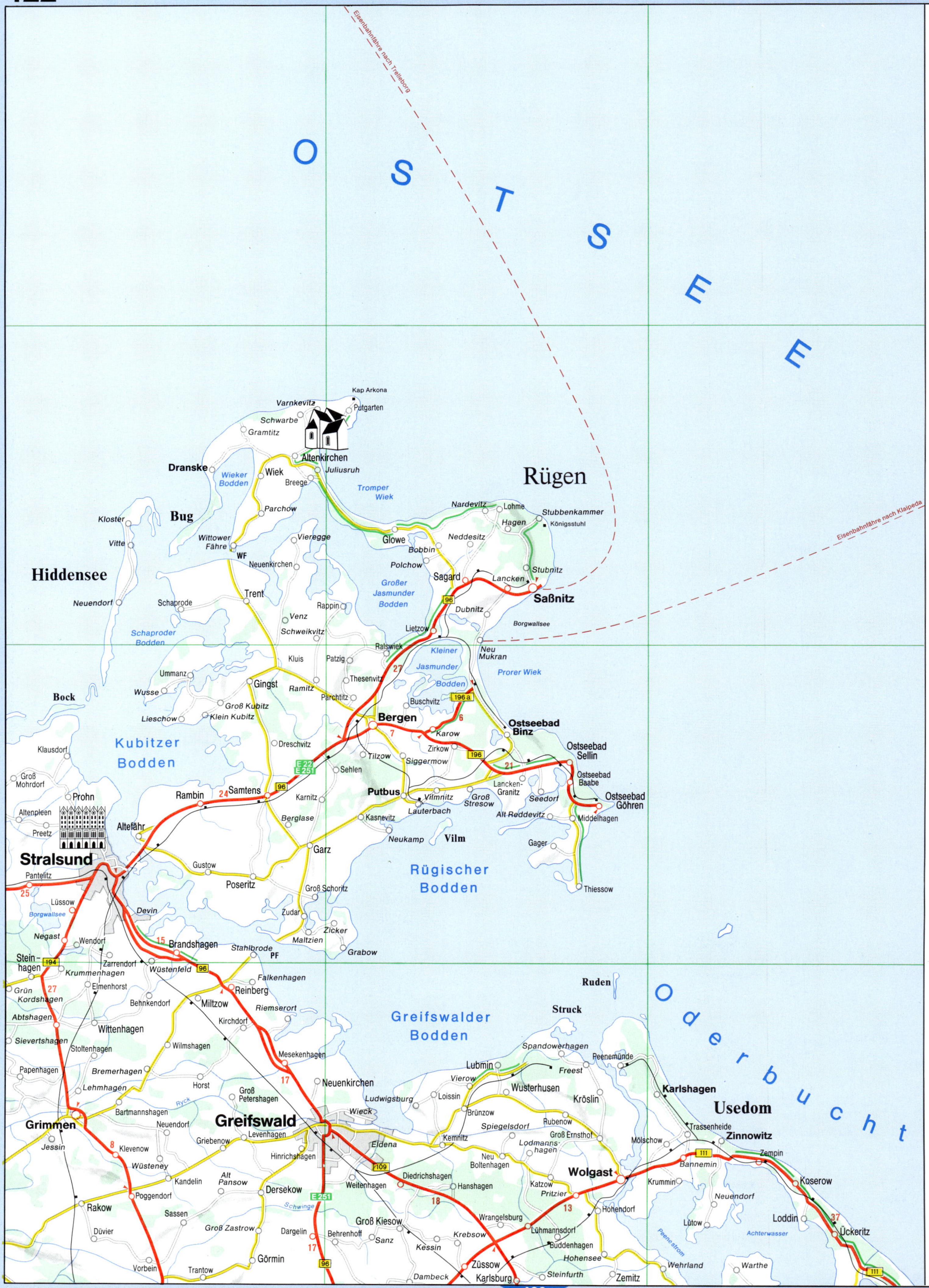
O S T S E E
Eisenbahnfähre nach Trelleborg
Eisenbahnfähre nach Klaipeda
Kap Arkona
Varnkevitz
Putgarten
Schwarbe
Gramtitz
Altenkirchen
Juliusruh
Dranske
Wieker Bodden
Wiek
Breege
Tromper Wiek
Rügen
Bug
Kloster
Vitte
Parchow
Wittower Fähre
WF
Vieregge
Glowe
Nardevitz
Lohme
Hagen
Stubbenkammer
Königsstuhl
Neddesitz
Bobbin
Polchow
Neuenkirchen
Hiddensee
Neuendorf
Schaprode
Trent
Großer Jasmunder Bodden
Sagard
Lancken
Stubnitz
Saßnitz
Dubnitz
Borgwallsee
Rappin
Venz
Schweikvitz
Schaproder Bodden
Lietzow
Ralswiek
Kleiner Jasmunder Bodden
Neu Mukran
Prorer Wiek
Kluis
Patzig
Ummanz
Gingst
Thesenvitz
Wusse
Ramitz
Parchtitz
Bock
Groß Kubitz
Klein Kubitz
Lieschow
Buschvitz
Bergen
Karow
Ostseebad Binz
Klausdorf
Kubitzer Bodden
Dreschvitz
Tilzow
Zirkow
Ostseebad Sellin
Siggermow
Groß Mohrdorf
Sehlen
Ostseebad Baabe
Prohn
Rambin
Samtens
Karnitz
Putbus
Vilmnitz
Groß Stresow
Lancken-Granitz
Seedorf
Ostseebad Göhren
Altenpleen
Lauterbach
Alt Reddevitz
Middelhagen
Preetz
Altefähr
Berglase
Kasnevitz
Neukamp
Vilm
Gager
Stralsund
Garz
Gustow
Pantelitz
Poseritz
Rügischer Bodden
Lüssow
Groß Schoritz
Thiessow
Borgwallsee
Devin
Zudar
Negast
Wendorf
Zicker
Maltzien
Brandshagen
Stahlbrode
PF
Grabow
Stein-hagen
Zarrendorf
Krummenhagen
Wüstenfeld
Falkenhagen
Ruden
Grün Kordshagen
Elmenhorst
Reinberg
Behnkendorf
Miltzow
Riemserort
Struck
Abtshagen
Kirchdorf
Wittenhagen
Greifswalder Bodden
Sievertshagen
Stoltenhagen
Wilmshagen
Spandowerhagen
Mesekenhagen
Peenemünde
Papenhagen
Bremerhagen
Lubmin
Freest
Horst
Neuenkirchen
Vierow
Karlshagen
Lehmhagen
Groß Petershagen
Ludwigsburg
Loissin
Wusterhusen
Kröslin
Usedom
Bartmannshagen
Ryck
Brünzow
Rubenow
Trassenheide
Grimmen
Neuendorf
Greifswald
Wieck
Spiegelsdorf
Zinnowitz
Jessin
Griebenow
Levenhagen
Kemnitz
Groß Ernsthof
Mölschow
Klevenow
Eldena
Lodmannshagen
Zempin
Hinrichshagen
Neu Boltenhagen
Bannemin
Wüsteney
Wolgast
Alt Pansow
Diedrichshagen
Kandelin
Hanshagen
Krummin
Koserow
Katzow
Pritzier
Weitenhagen
Dersekow
Poggendorf
Schwinge
Hohendorf
Neuendorf
Rakow
Sassen
Wrangelsburg
Groß Kiesow
Lühmannsdorf
Lütow
Loddin
Dargelin
Ückeritz
Groß Zastrow
Düvier
Krebsow
Behrenhoff
Sanz
Buddenhagen
Peenestrom
Achterwasser
Kessin
Hohensee
Görmin
Züssow
Wehrland
Warthe
Vorbein
Trantow
Dambeck
Karlsburg
Steinfurth
Zemitz
Oderbucht

428

NORDSEE
Ostfriesische Inseln
Helgoland
Borkum
Lütje Hörn
Memmert
Juist
Norderney
Baltrum
Langeoog
Spiekeroog
Wangerooge
Nationalpark
Niedersächsisches
Wattenmeer
Neuharlingersiel
Harle
Carolinensiel
Dornumersiel
Neßmersiel
Bensersiel
Esens
Norddeich
Norden
Hage
Großheide
Berumbur
Dornum
Westerholt
Wittmund
Jever
Ostfriesland
Südbrookmerland
Aurich
Krummhörn
Hinte
Emden
Ems
Ihlow
Moormerland
Großefehn
Wiesmoor
Friedeburg
Uplengen
Hesel
Westerstede
Apen
Jemgum
Leer
Weener
Bunde
Westoverledingen
Rhauderfehn
Ostrhauderfehn
Barßel
Papenburg
Rhede
Saterland
Friesoythe
Bösel
Esterwegen
Surwold
Dörpen
Kluse
Dollart
Uithuizermeeden
Delfzijl
Appingedam
Slochteren
Hoogezand
Sappemeer
Scheemda
Winschoten
Veendam
Oude Pekela
Wedde
Onstwedde
Vlagtwedde
Stadskanaal
Musselkanaal
Borger
Wagenborgen
Termunten
Nieuweschans
Bellingwolde
Störtebekerstraße
Grüne Küstenstr.
Küstenkanal
Ems-Jade-Kanal
Dortmund-Ems-Kanal
Großes Meer
Ewiges Meer
mit Autotransport
Eemshaven
Emden-Nord
Emden-Ost
Leer-Nord
Leer-West
Filsum
Apen/Remels
Westerstede-West
Westerstede
E 22
A 28
A 31
N 33
N 46
N 362
N 366
N 374
N 7
72
70
210
436
438
461
401
530

430

418

Scharhörn
Neuwerk
Cuxhaven
Elbe
Nationalpark
Niedersächsisches
Wattenmeer
Wurster Watt
Wangerooge
Alte Mellum
Jade
Weser
Jadebusen
Wilhelmshaven
Bremerhaven
Nordenham
Brake
Varel
Zetel
Jever
Schortens
Sande
Wangerland
Butjadingen
Stadland
Ovelgönne
Jade
Rastede
Wiefelstede
Bad Zwischenahn
Edewecht
Oldenburg
Wardenburg
Hatten
Hude
Ganderkesee
Delmenhorst
Bremen
Stuhr
Achim
Oyten
Lilienthal
Grasberg
Ottersberg
Osterholz-Scharmbeck
Worpswede
Ritterhude
Schwanewede
Lemwerder
Berne
Elsfleth
Loxstedt
Beverstedt
Schiffdorf
Langen
Bederkesa
Nordholz
Otterndorf
Cadenberge
Wingst
Hambergen
Gnarrenburg
Marne
Michaelis
Brunsbüttel
Ahlenmoor
Langes Moor
Teufelsmoor
Hadeln
Wurster Heide
Ammerland

431

419

Itzehoe
Hohenlockstedt
Kellinghusen
Bad Bramstedt
Bad Segeberg
Wahlstedt
Fahrenkrug
Glückstadt
Elmshorn
Kaltenkirchen
Henstedt-Ulzburg
Bad Oldesloe
Norderstedt
Quickborn
Tangstedt
Bargteheide
Ahrensburg
Großhansdorf
Drochtersen
Uetersen
Tornesch
Pinneberg
Rellingen
Halstenbek
Stade
Himmelpforten
Hechthausen
Twielenfleth
Hollern
Schenefeld
Wedel
HAMBURG
Elbe
Glinde
Oststeinbek
Reinbek
Barsbüttel
Trittau
Fredenbeck
Horneburg
Jork
Kutenholz
Buxtehude
Neu Wulmstorf
Harsefeld
Ahlerstedt
Geesthacht
Wentorf
Börnsen
Escheburg
Stelle
Winsen
Rosengarten
Seevetal
Buchholz
Heeslingen
Zeven
Sittensen
Tostedt
Jesteburg
Hanstedt
Lüneburg
Reppenstedt
Salzhausen
Bardowick
Adendorf
Scheeßel
Naturpark Lüneburger Heide
Schneverdingen
Rotenburg
Bispingen
Neuenkirchen
Ebstorf
Tespe
Naturpark Harburger Berge
432

420

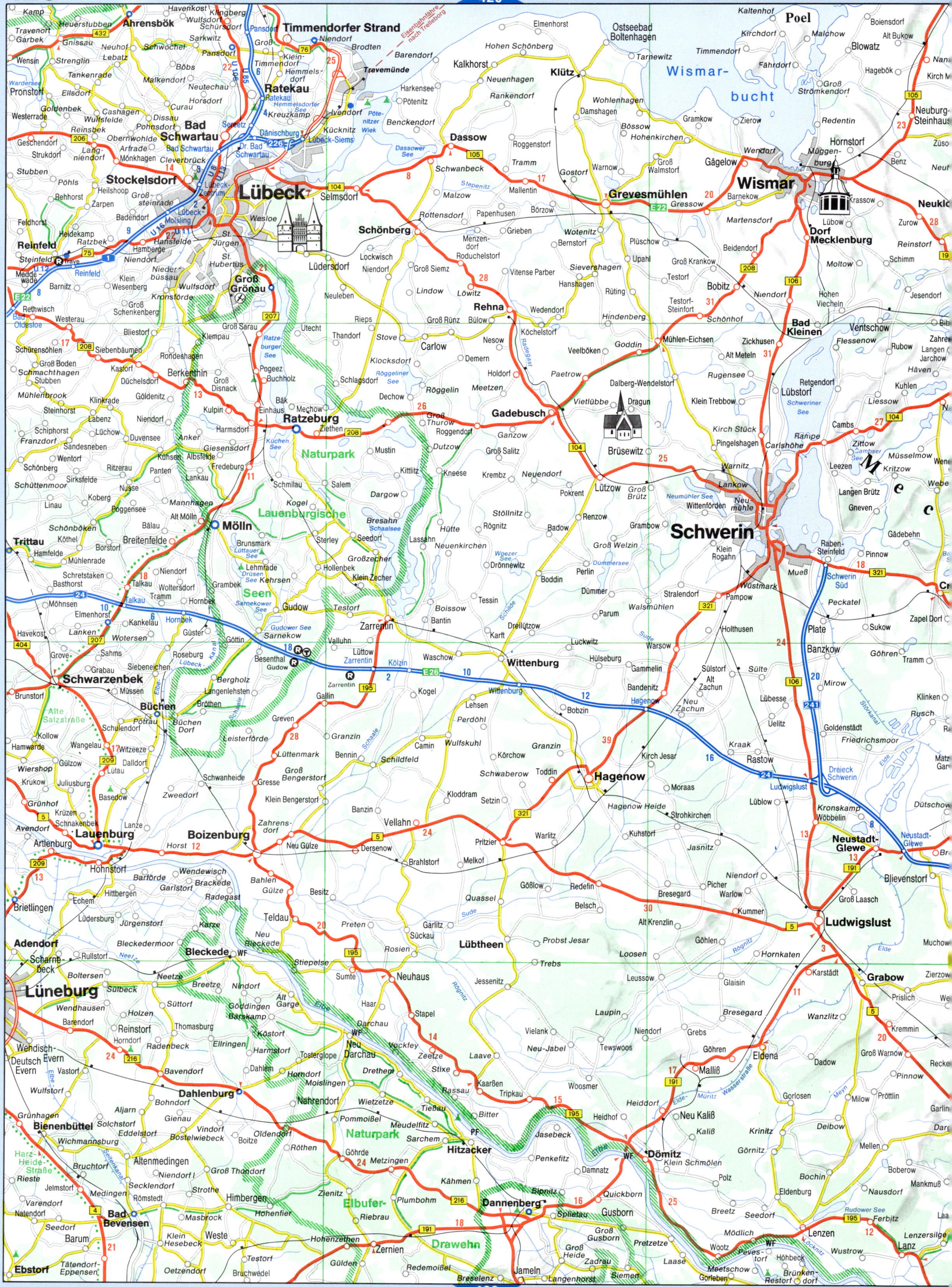
Timmendorfer Strand
Travemünde
Ratekau
Bad Schwartau
Stockelsdorf
Lübeck
Reinfeld
Ahrensbök
Pansdorf
Niendorf
Dassow
Klütz
Ostseebad Boltenhagen
Wismar-bucht
Poel
Wismar
Grevesmühlen
Schönberg
Selmsdorf
Rehna
Gadebusch
Ratzeburg
Naturpark Lauenburgische Seen
Mölln
Berkenthin
Trittau
Schwarzenbek
Büchen
Zarrentin
Wittenburg
Hagenow
Schwerin
Lützow
Brüsewitz
Carlow
Mühlen-Eichsen
Bad Kleinen
Dorf Mecklenburg
Bobitz
Crivitz
Plate
Banzkow
Neustadt-Glewe
Ludwigslust
Grabow
Lauenburg
Boizenburg
Lübtheen
Neuhaus
Bleckede
Lüneburg
Adendorf
Dahlenburg
Bienenbüttel
Bad Bevensen
Ebstorf
Hitzacker
Dannenberg
Naturpark Elbufer-Drawehn
Dömitz
Lenzen
Eldena
Malliß
Vellahn
Gudow
Talkau
Artlenburg
Brietlingen
Lanz
Gorleben
Elbe
Alte Salzstraße
Harz-Heide-Straße
Sude
Dreieck Schwerin
Schwerin Süd
Kreuz Wismar
E22
E26
24
20
1
226
433

421

Altenhagen
Rederank
Bölkow
Pölchow
Kavelstorf
Dummerstorf
Viecheln
Glewitz
Heiligenhagen
Ziesendorf
Groß Potrems
Cammin
Basse
Lühburg
Wasdow
Langenfelde
Karin
Gerdshagen
Satow
Hohen Luckow
Benitz
Alt Kätwin
Selpin
Nehringen
Groß Niekőhr
Gnoien
Bobbin
Radegast
Jürgenshagen
Klein Belitz
Brőbberow
Wiendorf
Sabel
Kobrow
Wesselstorf
Alt Polchow
Walkendorf
Dölitz
Stubbendorf
Brudersdorf
Schwaan
Groß Lantow
Laage
Wardow
Dalwitz
Boddin
Finkenthal
Goldberg
Gnemern
Bandow
Striesdorf
Alt Pannekow
Beestland
Penzin
Hohen Sprenz
Prebberede
Vorbeck
Weitendorf
Breesen
Belitz
Remlin
Glasow
Glasin
Bernitt
Liessow
Neu Heinde
Zarnekow
Klein Sien
Selow
Kambs
Siemitz
Kritzkow
Schweez
Altkalen
Dargun
Warrenzin
Langen-Trechow
Kassow
Mistorf
Recknitz
Jördenstorf
Kleverhof
Moisall
Kurzen-Trechow
Kuhs
Diekhof
Matgendorf
Groß Wüstenfelde
Rey
Wagun
Schlemmin
Neuendorf
Käselow
Plaaz
Sukow-Marienhof
Schorrentin
Warsow
Verchen
Göllin
Bützow
Sarmstorf
Warnkenhagen
Lelkendorf
Zepelin
Lüssow
Strenz
Levitzow
Katelbogen
Glasewitz
Thürkow
Qualitz
Rühn
Schlieffenberg
Dalkendorf
Neukalen
Peene
Schlakendorf
Meesiger
Mankmoos
Gülzow
Güstrow
Dettmanns-dorf
Roggow
Rachow
Kummerower See
Wendorf
Baumgarten
Alt Sührkow
Laase
Reinshagen
Wattmanns-hagen
Warin
Zernin
Boldebuck
Parumer See
Teterower See
Zibühl
Groß Roge
Hohen-Mistorf
Gorschendorf
Sommersdorf
Groß Labenzer See
Warnow
Tarnow
Sumpfsee
Klueß
Vietgest
Teterow
Niendorf
Inselsee
Gutow
Mühl Rosin
Kummerow
Blankenberg
Boitin
Groß Wokern
Grammentin
Groß Görnow
Lübzin
Karcheez
Bölkow
Lalendorf
Remplin
Malchin
Prüzen
Groß Raden
Großer Sternberger See
Hoppenrade
Mamerow
Klaber
Hägerfelde
Lüdershagen
Hohen Demzin
Mecklenburger Schweiz
Basepohl
Sternberg
Zehna
Bellin
Bristow
Weitendorf
Witzin
Gerdshagen
Duckow
Gülzow
Ruchow
Charlottenthal
Pastin
Mustin
Krakow
Langhagen
Basedow
Reuterstadt Stavenhagen
Kuchelmiß
Bülow
Lohmen
Reimershagen
Groß Tessin
Großen Luckow
Malchiner See
Gielow
Kobrow
Woserin
Borkow
Ziddorf
Demzin
Krakower See
Dabel
Suckwitz
Alt Sammit
Krakow am See
Rothenmoor
Dahmen
Zettemin
Mildenitz
Vollrathsruhe
Jürgenstorf
Klocksin
Schwinkendorf
Faulenrost
Rottmanns-hagen
Kow
Dobbertin
Moltzow
Demen
Schwinz
Dobbin
Hohen Wangelin
Marxhagen
Kittendorf
Hohen Pritz
Linstow
Lütgendorf
Buerbeck
Wamckow
Below
Dobbertiner See
Goldberger See
Lansen
Sommerstorf
Goldberg
Hungerstorf
Groß Niendorf
Alt Gaarz
Bülow
Mestlin
Alt Schönau
Varchentin
Techentin
Wendisch Waren
Groß Gievitz
Damerower See
Baumgarten
Langenhagen
Grabowhöfe
Torgelow
Alt Schweriner See
Torgelower See
Kladrum
Zölkow
Grambow
Diestelow
Lehsten
Neu Poserin
Vielist
Falkenhagen
Karow
Groß Plasten
Warnow
Klein Wangelin
Nossentiner Hütte
Jabel
Schloen
Waren
Frauenmark
Herzberg
Alt Schwerin
Gallin
Silz
Kargow
Möllenhagen
Fleesensee
Kölpinsee
Grebbin
Passow
Plauerhagen
Groß Dratow
Severin
Granzin
Werder
Kuppentin
Malchow
Wendorf
Göhren-Lebbin
Klink
Federow
Lenz
Plauer See
Domsühl
Stralendorf
Greven
Broock
Plau
Petersdorf
Roez
Lübz
Barkow
Waren
Grüssow
Rederangsee
Rom
Kritzow
Sietow
Zierzow
Kratzeburg
Gischow
Benzin
Schlemmin
Zislow
Lexow
Specker See
Parchim
Klein Niendorf
Walow
Groß Kelle
Gotthun
Müritzsee
Kreien
Gnevsdorf
Suckow
Kogel
Woldzegarten
Granzin
Karbow-Vietlübbe
Eldekanal
Boek
Kabelicksee
Burow
Rogeez
Minzow
Ludorf
Slate
Siggelkow
Ganzlin
Stuer
Röbel
Zotzensee
Groß Pankow
Redlin
Retzow
Altenhof
Käselin
Leizen
Dambeck
Seenplatte
Mecklenburgische
Fincken
Bollewick
Woterfitzsee
Blankenförde
Groß Godems
Tessenow
Bütow
Wildkuhl
Rechlin
Jähtensee
Parchim
Wendisch Priborn
Karrenzin
Dosse
Massower See
Vipperow
Roggentin
Jännersdorf
Krempendorf
Jaebetz
Kambs
Retzow
Zwenzow
Marnitz
Stepenitz
Meyenburg
Massow
Zepkow
Melz
Priborn
Wulfsahl
Porep
Budden-hagen
Wredenhagen
Granzow
Großer Labussee
Leussow
Suckow
Frehne
Grabow-
Locknitz
Telschow
Schmolde
Freyenstein
Müritz-Havel-K.
Mirow
Ziegendorf
Suckow
Putlitz
Grabow-Buckow
Warnsdorf
Mönchsee
Kieve
Großer Kiever See
Krümmel
Starsow
Zirtow
Peetsch
Brunow
Pampin
Sagast
Lütkendorf
Niemerlang
Below
Rätzsee
Putlitz
Halenbeck
Sewekow
Kleeste
Dambeck
Hülsebeck
Meyenburg
Wulfersdorf
Drosedow
Neuhausen
Berge
Stepenitz
Mertensdorf
Brügge
Rohlsdorf
Wernikow
Preddöhl
Berlinchen
Schwarz
Pirow
Mansfeld
Daber
Vilzsee
Dallmin
Bresch
Burow
Gülitz
Falkenhagen
Blesendorf
Dranse
Zempow
Diemitz
Labussee
Kribbe
Schlatbach
Lockstädt
Triglitz
Steffenshagen
Dömnitz
Könkendorf
Zaatzke
Biesen
Canow
Tacken
Birkenfelde
Sadenbeck
Maulbeerwalde
Groß Haßlow
Dranser See
Reetz
Tangendorf
Schönhagen
Jabel
Schweinrich
Luhme
Kleiner Pälitzsee
Postlin
Helle
Wilmersdorf
Wittstock
Babitz
Wittstock
Flecken Zechlin
Gr. Zechliner See
Zechlinerhütte
Baek
Kuhbier
Beveringen
Pritzwalk
Blüthen
Gulow
Seddin
Wolfshagen
Pritzwalk
Kemnitz
Heiligengrabe
Zootzen
Zechlin Dorf
Kagar
Liebenthal
Dreieck Wittstock
Premslin
Gramzow
Kuhsdorf
Giesendorf
Sarnow
Bölzke
Papen-bruch
Dossow
Groß Buchholz
Groß Pankow
Buchholz
Blandikow
Gadow
Kyritz-Ruppiner Heide
Wallitz
Hohenelse
Rheinsberger See
Schönfeld
Klein Gottschow
Seefeld
Boddin-Langnow
Priegnitz
Christdorf
Rheinsberg
Quitzow
Spiegelhagen
Guhlsdorf
Mesendorf
Blumenthal
Dosse
Linow
Sükow
Rosenhagen
Groß Gottschow
Klein Woltersdorf
Grabow
Herzsprung
Fretzdorf
Zühlen
Tüchen
Dahlhausen
Königsberg
Herzsprung
Rheinsberg-Glienicke
Perleberg
Düpow
Krampfer
Schönebeck
Jeetze
Kleinow
Kehrberg
Jäglitz
Rossow
Gühlen-Glienicke
Zechow
Warnow
Witwesee

434

422

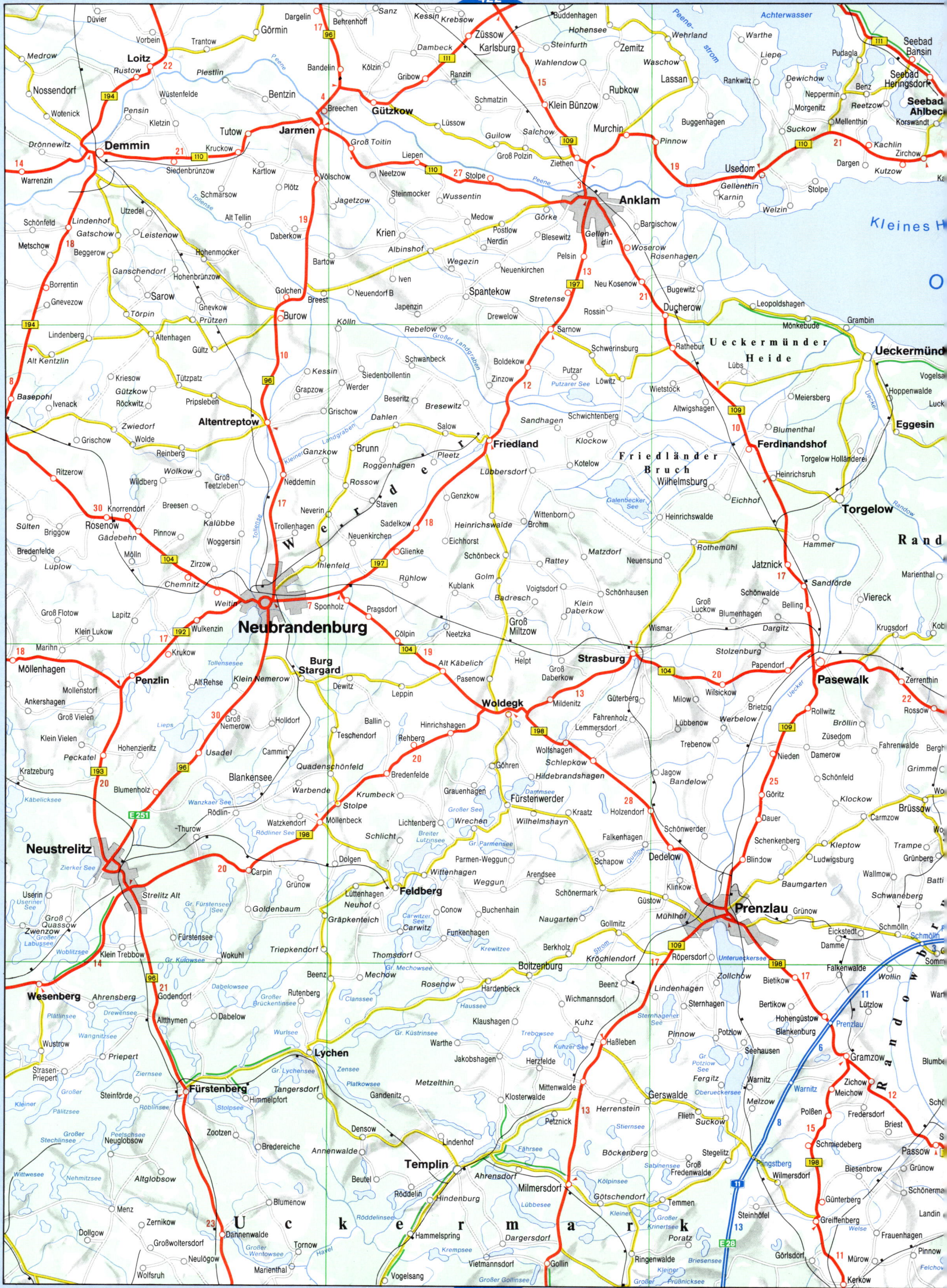
Loitz
Demmin
Jarmen
Gützkow
Anklam
Usedom
Ueckermünde
Ueckermünder Heide
Kleines Haff
Altentreptow
Friedland
Friedländer Bruch
Ferdinandshof
Eggesin
Torgelow
Neubrandenburg
Burg Stargard
Strasburg
Pasewalk
Woldegk
Penzlin
Neustrelitz
Feldberg
Prenzlau
Wesenberg
Fürstenberg
Lychen
Templin
Boitzenburg
Milmersdorf
Gerswalde
Werder
Uckermark
Achterwasser
Peenestrom
Tollensesee
Zarrentin
Sanz
Dargelin
Görmin
Bentzin
Pinnow
Lassan
Murchin
Seebad Bansin
Seebad Heringsdorf
Seebad Ahlbeck
Spantekow
Ducherow
Rothemühl
Jatznick
Brüssow
Gramzow
Dedelow
Groß Miltzow
Fürstenwerder
Kleiner Lychensee
Zehdenick

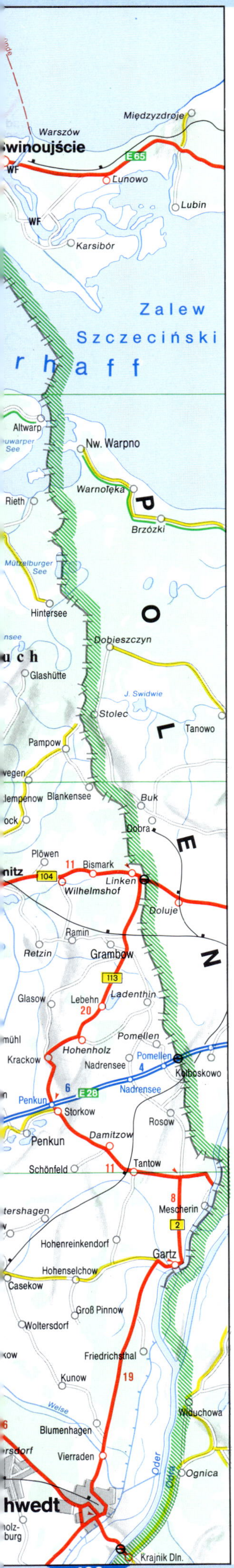

Międzyzdroje
Warszów
Świnoujście
Łunowo
Lubin
Karsibór
Zalew
Szczeciński
Haff
Altwarp
Nw. Warpno
Warnołęka
Rieth
Brzózki
Hintersee
Dobieszczyn
Glashütte
Stolec
Tanowo
Pampow
Blankensee
Buk
Dobra
Plöwen
Bismark
Linken
Wilhelmshof
Doluje
Ramin
Retzin
Grambow
Glasow
Lebehn
Ladenthin
Pomellen
Krackow
Hohenholz
Nadrensee
Kołbaskowo
Penkun
Storkow
Rosow
Damitzow
Tantow
Schönfeld
Mescherin
Hohenreinkendorf
Gartz
Hohenselchow
Casekow
Groß Pinnow
Woltersdorf
Friedrichsthal
Kunow
Widuchowa
Blumenhagen
Vierraden
Oder
Ognica
Schwedt
Krajnik Dln.
POLEN

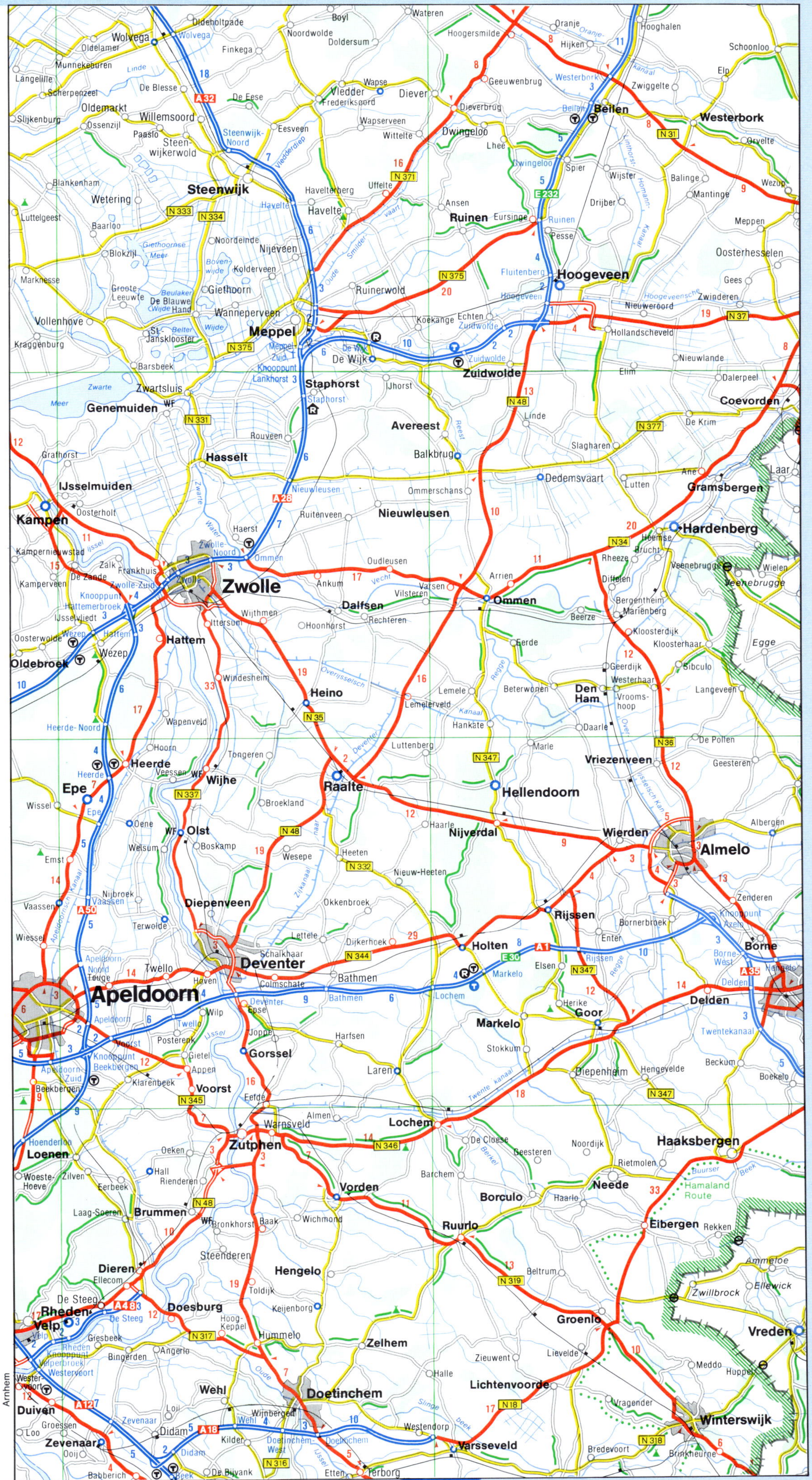

Wolvega
Oldeholtpade
Boyl
Wateren
Oranje
Hooghalen
Noordwolde
Doldersum
Hoogersmilde
Hijken
Schoonloo
Oldelamer
Finkega
Munnekeburen
Langelille
De Blesse
Vledder
Wapse
Diever
Geeuwenbrug
Zwiggelte
Elp
Scherpenzeel
De Eese
Frederiksoord
Oldemarkt
Dieverbrug
Beilen
Westerbork
Slijkenburg
Willemsoord
Ossenzijl
Paasloo
Eesveen
Wapserveen
Wittelte
Dwingeloo
Lhee
Orvelte
Steenwijkerwold
Steenwijk-Noord
Spier
Wijster
Balinge
Wezup
Blankenham
Steenwijk
Havelterberg
Uffelte
Mantinge
Wetering
Havelte
Ansen
Drijber
Luttelgeest
Ruinen
Eursinge
Pesse
Meppen
Baarloo
Noordeinde
Nijeveen
Oosterhesselen
Blokzijl
Kolderveen
Gees
Marknesse
Giethoorn
Ruinerwold
Hoogeveen
Zwinderen
Grote Leeuwte
De Blauwe Hand
Wanneperveen
Nieuweroord
Vollenhove
Koekange
Echten
Hollandscheveld
Kraggenburg
St. Jansklooster
Meppel
De Wijk
Zuidwolde
Nieuwlande
Barsbeek
Knooppunt Lankhorst
Staphorst
IJhorst
Elim
Dalerpeel
Zwartsluis
Genemuiden
Linde
Coevorden
Averest
De Krim
Rouveen
Slagharen
Grafhorst
Hasselt
Balkbrug
Dedemsvaart
Laar
Lutten
Ane
Gramsbergen
IJsselmuiden
Ommerschans
Kampen
Oosterholt
Ruitenveen
Nieuwleusen
Hardenberg
Heemse
Bruchterveld
Rheeze
Haerst
Kampereiland
Zalk
Frankhuis
Zwolle
Ankum
Oudleusen
Arrien
Varsen
Ommen
Diffelen
Wielen
Veenebrugge
Kamperveen
De Zande
Knooppunt Hattemerbroek
Dalfsen
Vilsteren
Bergentheim
Mariënberg
IJsselmuiden
Oosterwolde
Wijthmen
Rechteren
Beerze
Kloosterdijk
Kloosterhaar
Egge
Hattem
Hoonhorst
Oldebroek
Wezep
Windesheim
Heino
Lemelerveld
Lemele
Beterwolde
Den Ham
Geerdijk
Westerhaar-Vriezenveensewijk
Sibculo
Langeveen
Wapenveld
Hankate
Daarle
Heerde
Tongeren
Luttenberg
Marle
Vriezenveen
De Pollen
Geesteren
Epe
Wijhe
Raalte
Hellendoorn
Broekland
Wissel
Oene
Olst
Boskamp
Haarle
Nijverdal
Wierden
Almelo
Albergen
Welsum
Wesepe
Heeten
Emst
Nieuw-Heeten
Zenderen
Diepenveen
Okkenbroek
Rijssen
Vaassen
Nijbroek
Terwolde
Lettele
Dijkerhoek
Holten
Enter
Bornerbroek
Borne
Wiessel
Twello
Deventer
Bathmen
Elsen
Apeldoorn
Teuge
Colmschate
Herike
Goor
Delden
Epse
Markelo
Wilp
Harfsen
Posterenk
Joppe
Gorssel
Stokkum
Beckum
Gietel
Appen
Laren
Diepenheim
Hengevelde
Boekelo
Klarenbeek
Beekbergen
Voorst
Eefde
Lochem
Haaksbergen
Almen
Warnsveld
De Cloese
Geesteren
Noordijk
Loenen
Oeken
Zutphen
Rietmolen
Neede
Woeste Hoeve
Zilven
Hall
Barchem
Borculo
Haarlo
Eerbeek
Rienderen
Vorden
Hamaland Route
Laag-Soeren
Brummen
Bronkhorst
Baak
Wichmond
Ruurlo
Eibergen
Rekken
Steenderen
Beltrum
Ammeloe
Dieren
Ellecom
Hengelo
Toldijk
Zwillbrock
Ellewick
De Steeg
Rheden
Doesburg
Keijenborg
Groenlo
Velp
Hoog-Keppel
Hummelo
Zelhem
Vreden
Giesbeek
Angerlo
Zieuwent
Lievelde
Meddo
Huppel
Bingerden
Halle
Lichtenvoorde
Westervoort
Wehl
Doetinchem
Arnhem
Duiven
Loil
Wijnbergen
Vragender
Winterswijk
Groessen
Didam
Zevenaar
Kilder
Westendorp
Varsseveld
Bredevoort
Brinkheurne
Ooij
Babberich
De Bijvank
Etten
Terborg

423

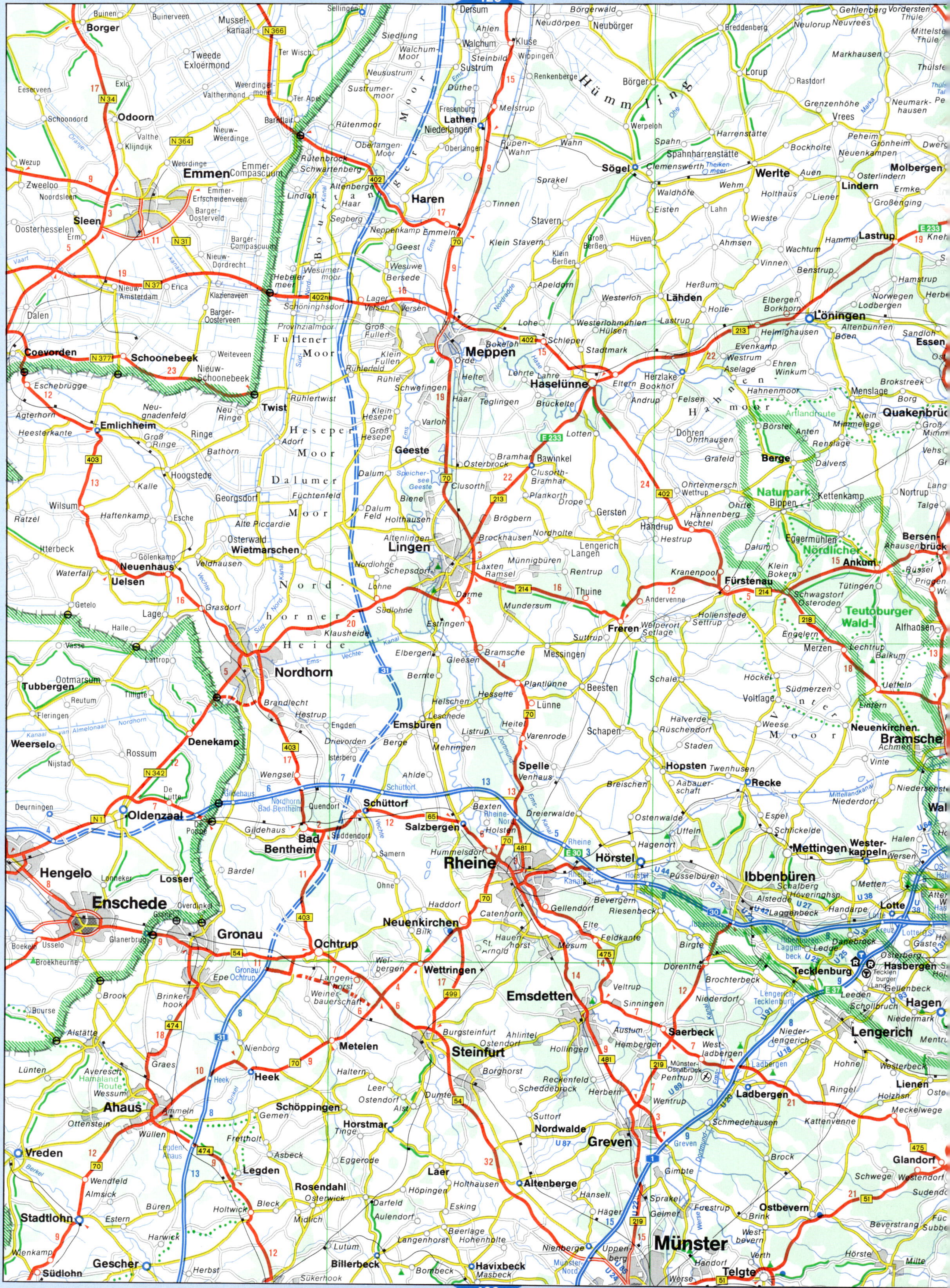
Borger
Buinen
Buinerveen
Musselkanaal
Sellingen
Dersum
Börgerwald
Neudörpen
Neubörger
Breddenberg
Gehlenberg
Neulorup
Neuvrees
Twee de Exloërmond
Ter Wisch
Siedlung
Ahlen
Walchum
Walchum-Moor
Kluse
Steinbild
Wippingen
Markhausen
Exlo
Eeserveen
Valthermond
Weerdingermond
Ter Apel
Neusustrum
Sustrum
Sustrumer-moor
Düthe
Renkenberge
Börger
Hümmling
Lorup
Rastdorf
Odoorn
Schoonoord
Valthe
Klijndijk
Nieuw-Weerdinge
Barnflair
Rütenmoor
Fresenburg
Lathen
Niederlangen
Oberlangen
Oberlangen-Moor
Melstrup
Rupennest
Wahn
Werpeloh
Harrenstätte
Grenzenhöhe
Vrees
Peheim
Neumark-hausen
Emmen
Weerdinge
Emmer-Compascuum
Rütenbrock
Schwartenberg
Spahn
Spahnharrenstätte
Clemenswerth
Sögel
Werlte
Bockholte
Neuenkampen
Molbergen
Zweeloo
Noordsleen
Emmer-Erfscheidenveen
Barger-Oosterveld
Lindloh
Altenberge
Haar
Haren
Sprakel
Auen
Osterlindern
Lindern
Sleen
Oosterhesselen
Erm
Barger-Compascuum
Segberg
Neppenkamp
Emmeln
Tinnen
Stavern
Klein Stavern
Waldhöfe
Eisten
Lahn
Wehm
Holthaus
Liener
Ermke
Großenging
Wieste
Hüven
Ahmsen
Wachtum
Hammel
Lastrup
Nieuw-Dordrecht
Geest
Wesuwe
Versen
Bersede
Klein Berßen
Groß Berßen
Vinnen
Benstrup
Hamstrup
Erica
Nieuw-Amsterdam
Klazienaveen
Barger-Oosterveen
Lager
Heberer meer
Apeldorn
Westerloh
Lähden
Herßum
Holte
Elbergen
Borkhorn
Norwegen
Lodbergen
Löningen
Dalen
Schöninghsdorf
Provinzialmoor
Groß Fullen
Meppen
Bokeloh
Lohe
Schleper
Westerlohmühlen
Hülsen
Lastrup
Helmighausen
Altenbunnen
Böen
Sandloh
Essen
Coevorden
Schoonebeek
Weiteveen
Nieuw-Schoonebeek
Fullener Moor
Klein Fullen
Rühlerfeld
Helte
Lehrte
Lahre
Haselünne
Stadtmark
Herzlake
Bookhof
Eltern
Evenkamp
Westrum
Aselage
Ehren
Winkum
Brokstreek
Eschebrügge
Rühle
Schwefingen
Haar
Teglingen
Andrup
Felsen
Hahnenmoor
Menslage
Borg
Agterhorn
Neu Ringe
Twist
Rühlertwist
Klein Hesepe
Varloh
Bückelte
Quakenbrück
Emlichheim
Neugnadenfeld
Heesterkante
Groß Ringe
Ringe
Hesepe
Hesepe Moor
Groß Hesepe
Lotten
Artlandroute
Börstel
Anten
Klein Mimmelage
Mimmelage
Dohren
Ohrtermersch
Renslage
Bathorn
Adorf
Geeste
Bramhar
Bawinkel
Gräfeld
Berge
Dalvers
Hoogstede
Kalle
Dalumer Moor
Dalum
Speichersee Geeste
Clusorth-Bramhar
Clusorth
Plankorth
Drope
Wettrup
Ohrte
Bippen
Kettenkamp
Naturpark
Nortrup
Wilsum
Haftenkamp
Esche
Georgsdorf
Füchtenfeld
Dalum Feld
Holthausen
Biene
Gersten
Hahnenberg
Vechtel
Handrup
Hestrup
Eggermühlen
Nördlicher
Talge
Ratzel
Alte Piccardie
Osterwald
Wietmarschen
Altenlingen
Lingen
Brögbern
Brockhausen
Nordholte
Lengerich
Langen
Dalum
Bersenbrück
Itterbeck
Gölenkamp
Neuenhaus
Uelsen
Veldhausen
Nordlohne
Schepsdorf
Laxten
Ramsel
Münnigbüren
Rentrup
Kranenpool
Fürstenau
Klein Bokern
Ankum
Rüssel
Waterfall
Nord-horner Heide
Lohne
Darme
Mundersum
Thuine
Andervenne
Schwagstorf
Osteroden
Tütingen
Teutoburger Wald-I
Getelo
Lage
Grasdorf
Südlohne
Estringen
Freren
Welperort
Settlage
Hollenstede
Settrup
Alfhausen
Halle
Vasse
Klausheide
Elbergen
Gleesen
Bramsche
Messingen
Suttrup
Engelern
Merzen
Lechtrup
Balkum
Lattrop
Nordhorn
Bernte
Hesselte
Plantlünne
Beesten
Schale
Höckel
Südmerzen
Ootmarsum
Tubbergen
Reutum
Tilligte
Brandlecht
Helschen
Leschede
Lünne
Voltlage
Uffeln
Fleringen
Hestrup
Engden
Emsbüren
Heitel
Listrup
Schapen
Halverde
Rüschendorf
Weese
Neuenkirchen
Bramsche
Weerselo
Nijstad
Denekamp
Drievorden
Isterberg
Berge
Mehringen
Varenrode
Staden
Achmer
Rossum
Wengsel
Ahlde
Spelle
Venhaus
Hopsten
Twenhusen
Vinte
Deurningen
De Lutte
Gildehaus
Quendorf
Schüttorf
Breischen
Aabauerschaft
Recke
Niederseeste
Oldenzaal
De Poppe
Bad Bentheim
Suddendorf
Salzbergen
Bexten
Rheine-Nord
Holsten
Dreierwalde
Ostenwalde
Espel
Niederdorf
Hengelo
Bardel
Hummelsdorf
Rheine
Hörstel
Hagenort
Uffeln
Schlickelde
Mettingen
Westerkappeln
Halen
Wersen
Enschede
Losser
Overdinkel
Samern
Ohne
Pusselbüren
Ibbenbüren
Schalberg
Hoveringhsn
Metten
Gronau
Glanerbrug
Haddorf
Neuenkirchen
Catenhorn
Gellendorf
Bevergern
Riesenbeck
Alstedde
Laggenbeck
Handarpe
Lotte
Boekelo
Usselo
Bilk
Elte
Hauenhorst
Birgte
Ochtrup
Feldkante
St. Arnold
Mesum
Ledde
Osterberg
Broekheurne
Epe
Welbergen
Wettringen
Dorenthe
Tecklenburg
Hasbergen
Langenhorst
Brochterbeck
Gellenbeck
Brook
Brinkerhook
Weinerbauerschaft
Emsdetten
Veltrup
Niederdorf
Leeden
Hagen
Buurse
Sinningen
Schollbruch
Niedermark
Alstätte
Burgsteinfurt
Ahlintel
Austum
Saerbeck
Lengerich
Nienborg
Metelen
Steinfurt
Ostendorf
Hollingen
Hembergen
Westladbergen
Niederlengerich
Lünten
Graes
Heek
Haltern
Borghorst
Reckenfeld
Ladbergen
Hohne
Westerbeck
Averesch
Hamaland Route
Wessum
Leer
Ostendorf
Alst
Dumte
Scheddebrock
Herbern
Ringel
Lienen
Ahaus
Ammeln
Schöppingen
Gemen
Ottenstein
Wüllen
Horstmar
Tinge
Suttorf
Nordwalde
Schmedehausen
Kattenvenne
Vreden
Fretholt
Asbeck
Greven
Brock
Glandorf
Legden
Eggerode
Gimbte
Schwege
Westendorf
Wendfeld
Almsick
Laer
Holthausen
Altenberge
Hansell
Sprakel
Gelmer
Fuestrup
Ostbevern
Brink
Stadtlohn
Rosendahl
Osterwick
Höpingen
Darfeld
Esking
Häger
Büren
Estern
Holtwick
Bleck
Midlich
Aulendorf
Beerlage
Hohenholte
Langenhorst
Nienberge
Uppenberg
Münster
Westbevern
Beverstrang
Harwick
Wienkamp
Südlohn
Gescher
Herbst
Lutum
Billerbeck
Bombeck
Havixbeck
Masbeck
Sükerhook
Handorf
Verth
Telgte
Werse
Hörste
Mille

438

424

Garrel
Großenkneten
Naturpark
Dötlingen
Wildeshausen
Harpstedt
Bassum
Syke
Weyhe
Achim
Langwedel
Theding-hausen
Emstek
Cappeln
Visbek
Goldenstedt
Twistringen
Bruchhausen-Vilsen
Hoya
Asendorf
Eystrup
Bakum
Vechta
Barnstorf
Dinklage
Lohne
Drebber
Sulingen
Diepholz
Nienburg
Liebenau
Holdorf
Steinfeld
Naturpark
Damme
Wagenfeld
Steyerberg
Stolzenau
Uchte
Dümmer
Rehburg-
Loccum
Rahden
Diepenau
Stemwede
Bohmte
Espelkamp
Peters-hagen
Ostercappeln
Wiehengebirge
Lübbecke
Hille
Stadthagen
Osnabrück
Bad Essen
Preuß. Oldendorf
Minden
Obernkirchen
Bückeburg
Porta Westfalica
Bissendorf
Melle
Rödinghausen
Hüllhorst
Bünde
Löhne
Kirch-lengern
Bad Oeynhausen
Rinteln
Auetal
Hessisch Oldendorf
Teutoburger Wald
Hilter
Dissen
Bad Rothenfelde
Borgholz-hausen
Spenge
Hidden-hausen
Enger
Herford
Vlotho
Kalletal
Extertal
Versmold
Halle
Werther
Bielefeld
Bad Salzuflen
Lemgo
Dörentrup
Aerzen
Steinhagen

439

425

Neuenkirchen
Visselhövede
Soltau
Munster
Verden
Kirchlinteln
Walsrode
Fallingbostel
Dörverden
Bergen
Hermannsburg
Unterlüß
Naturpark
Südheide
Eystrup
Rethem
Faßberg
Eschede
Nienburg
Schwarmstedt
Winsen
Wietze
Hambühren
Celle
Lachendorf
Steinhuder Meer
Neustadt am Rübenberge
Wedemark
Burgwedel
Hagenburg
Wunstorf
Garbsen
Seelze
Langenhagen
Isernhagen
Burgdorf
Uetze
Hannover
Lehrte
Sehnde
Laatzen
Gehrden
Ronnenberg
Hemmingen
Barsinghausen
Pattensen
Peine
Braunschweig
Wennigsen
Springe
Deister
Bad Münder
Sarstedt
Algermissen
Harsum
Ilsede
Lahstedt
Vechelde
Hohenhameln
Söhlde
Lengede
Nordstemmen
Giesen
Hildesheim
Schellerten
Salzgitter
Hameln
Coppenbrügge
Elze
Diekholzen
Bad Salzdetfurth
Holle
Aerzen
Emmerthal
Salzhemmendorf

440

426

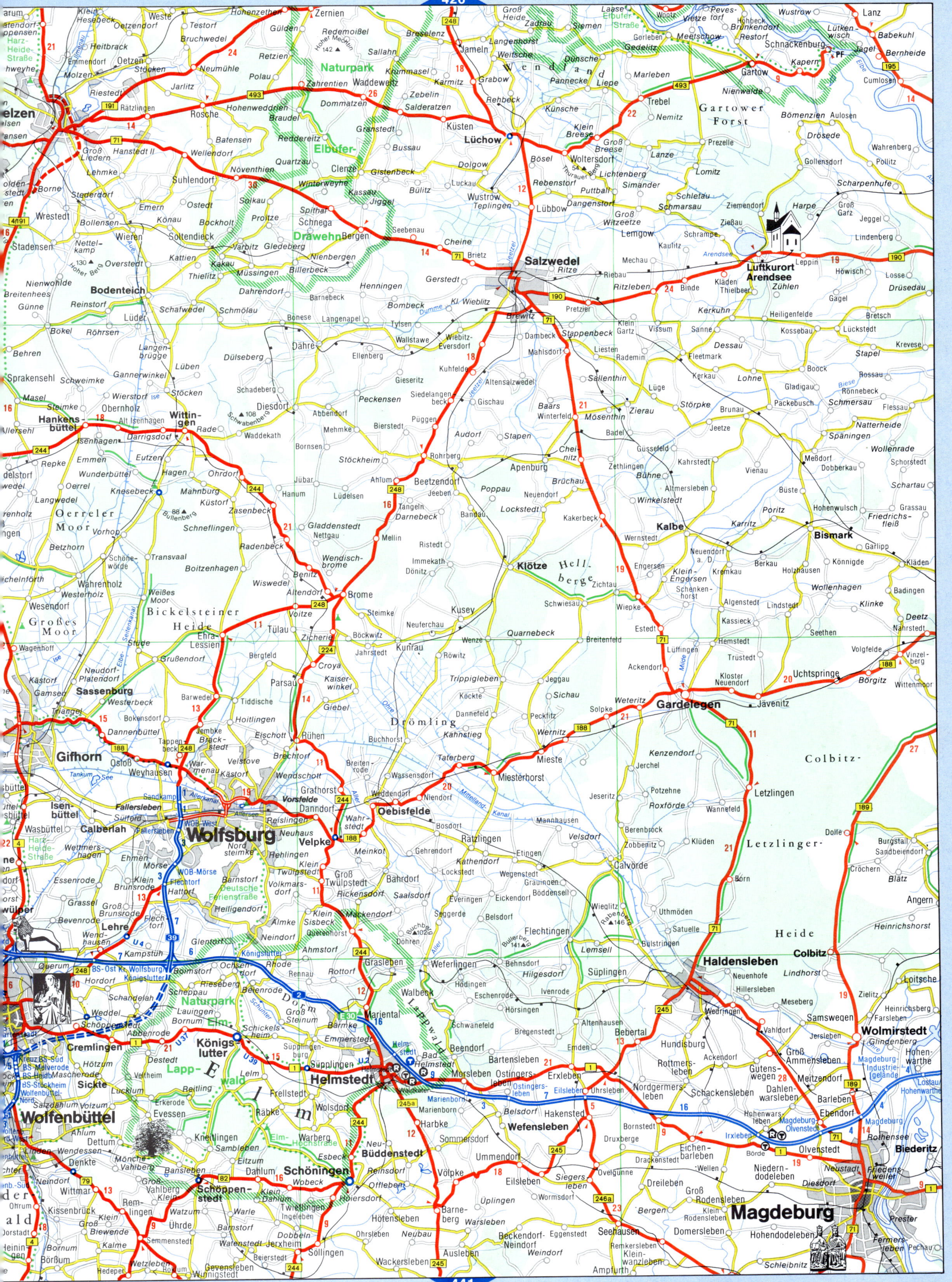

Uelzen
Lüchow
Salzwedel
Luftkurort Arendsee
Bodenteich
Wittingen
Hankensbüttel
Klötze
Kalbe
Bismark
Gardelegen
Gifhorn
Wolfsburg
Vorsfelde
Velpke
Oebisfelde
Haldensleben
Wolmirstedt
Magdeburg
Helmstedt
Königslutter
Schöningen
Schöppenstedt
Wolfenbüttel
Cremlingen
Sickte
Lehre
Weyhausen
Fallersleben
Isenbüttel
Calberlah
Brome
Tülau
Parsau
Mieste
Calvörde
Colbitz
Letzlingen
Letzlinger Heide
Colbitz-
Drömling
Hellberge
Naturpark Elbufer-Drawehn
Naturpark Elm-Lappwald
Wendland
Gartower Forst
Gartow
Schnackenburg
Dannenberg
Lanz
Bickelsteiner Heide
Oerreler Moor
Großes Moor
Sassenburg
Wefensleben
Büddenstedt
Barleben
Biederitz
Mittelland-Kanal
Dömitz
Apenburg
Diesdorf
Dähre
Beetzendorf
Rohrberg
Jübar
Kusey
Zichtau
Uchtspringe
Jävenitz
Weferlingen
Flechtingen
Süplingen
Erxleben
Ummendorf
Eilsleben
Hötensleben

441

427

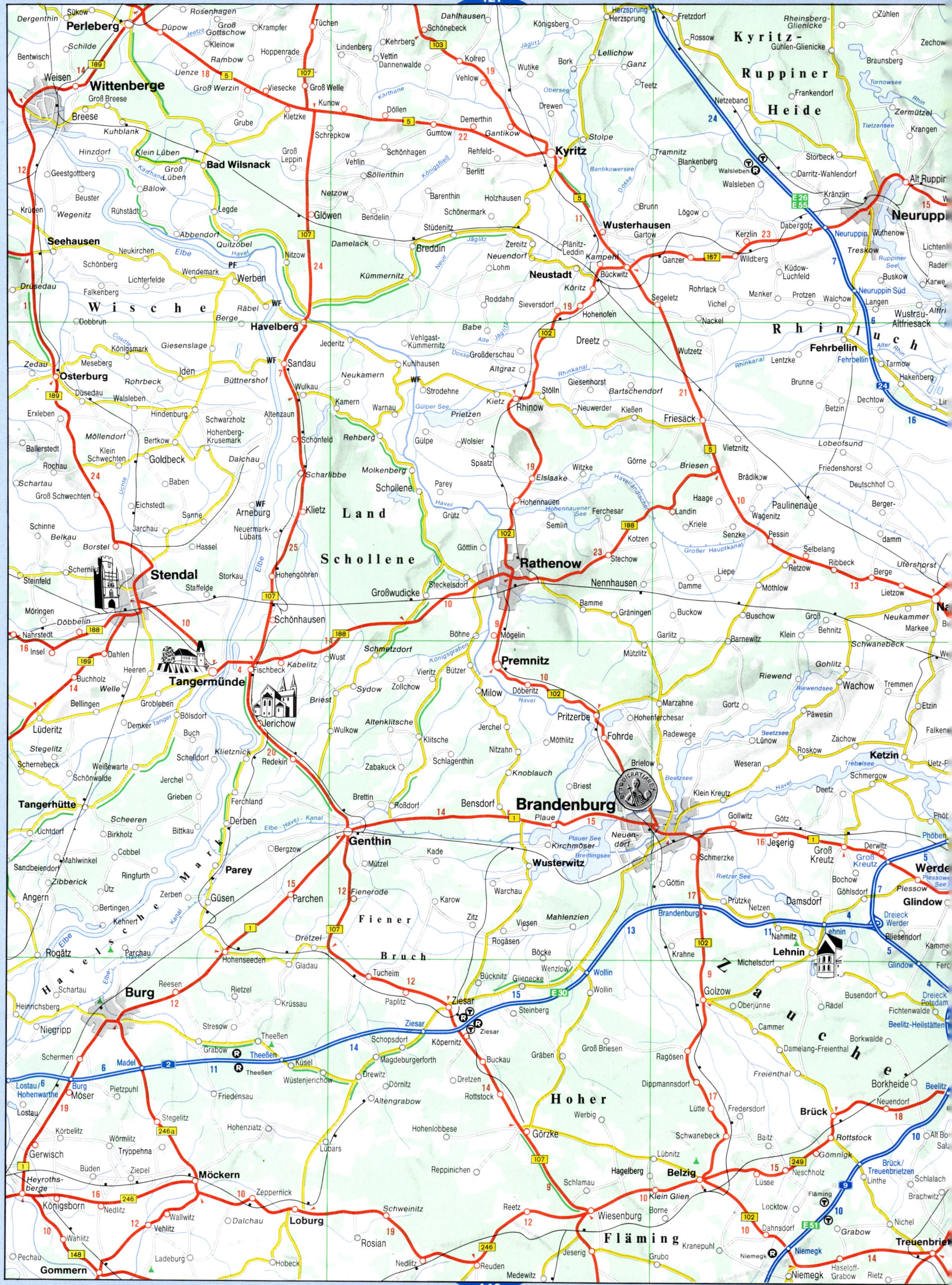
Perleberg
Wittenberge
Bad Wilsnack
Seehausen
Wische
Osterburg
Havelberg
Sandau
Kyritz
Wusterhausen
Neustadt
Kyritz-
Ruppiner
Heide
Neuruppin
Rhinluch
Fehrbellin
Friesack
Rhinow
Land
Schollene
Rathenow
Premnitz
Stendal
Tangermünde
Jerichow
Genthin
Brandenburg
Wusterwitz
Fiener
Bruch
Tangerhütte
Burg
Havelsche Mark
Parey
Ziesar
Hoher
Fläming
Belzig
Wiesenburg
Loburg
Möckern
Gommern
Zauche
Lehnin
Brück
Treuenbrietzen
Niemegk
Ketzin
Werder
Glindow
Groß Kreutz
Götz
Paulinenaue
Nauen
Wachow
Pritzerbe
Fohrde
Plaue
Kirchmöser
Elbe
Havel
Elbe-Havel-Kanal
Gerwisch
Parchen
Gladau
Gröningen
Klietz
Schönhausen
Arneburg
Goldbeck
Hohennauen
Milow
Schmetzdorf
Glöwen
Breddin
Dreetz
Walsleben
Lögow
Kränzlin
Lentzke
Vietznitz
Segeletz
Stechow
Nennhausen
Kotzen
Landin
Schwanebeck
Wollin
Golzow
Wenzlow
Görzke
Gräben
Lübnitz
Hagelberg
Rottstock
Borkheide
Beelitz
Niemegk

442

428

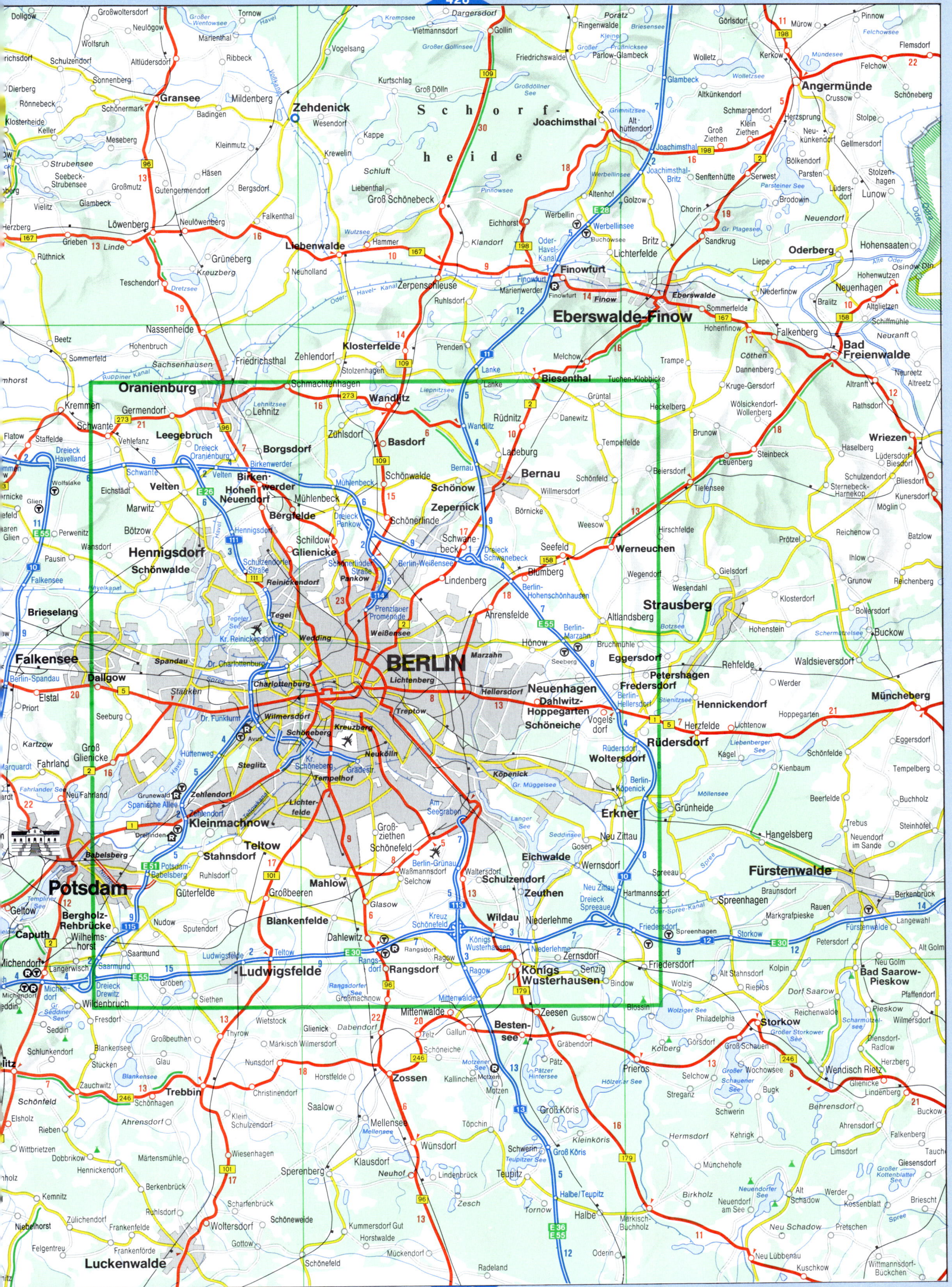

443

siehe Sonderkarte Seiten 444–445

429

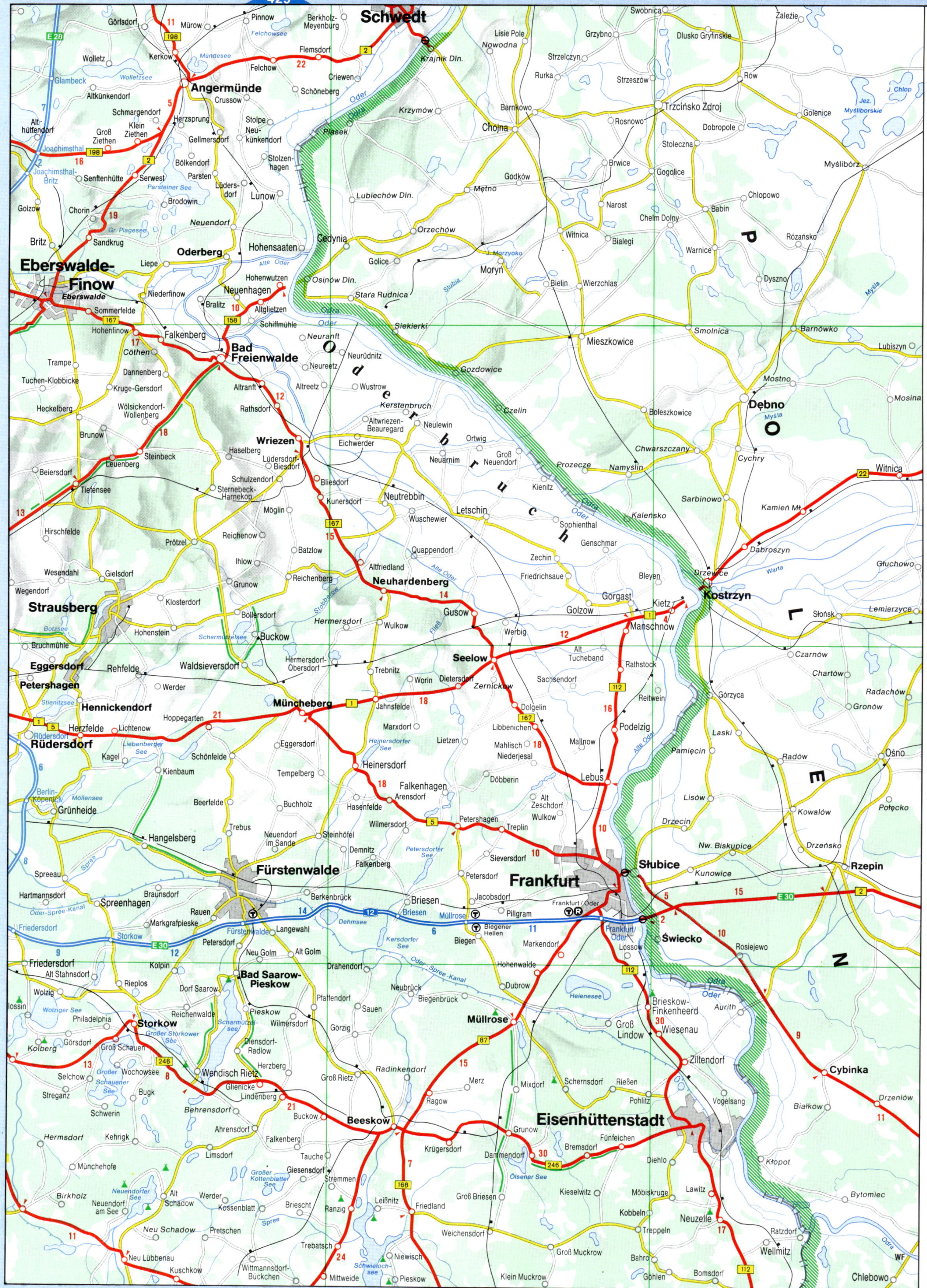

Schwedt
Angermünde
Eberswalde-Finow
Eberswalde
Bad Freienwalde
Wriezen
Oderberg
Hohensaaten
Neuenhagen
Oderbruch
Strausberg
Müncheberg
Seelow
Kostrzyn
Dębno
Chojna
Cedynia
Trzcińsko Zdroj
Myślibórz
Mieszkowice
Neuhardenberg
Letschin
Küstrin-Kietz
Eggersdorf
Petershagen
Rüdersdorf
Grünheide
Fürstenwalde
Frankfurt
Słubice
Świecko
Rzepin
Cybinka
Müllrose
Eisenhüttenstadt
Beeskow
Storkow
Bad Saarow-Pieskow
Neuzelle
Lebus
Briesen
Heinersdorf
Gusow
Golzow
Oder
P O L E N
E 28
E 30

429

Nijmegen
Emmerich
Bocholt
Borken
Kleve
Cuijk
Kalkar
Rees
Hamminkeln
Goch
Wesel
Xanten
Raesfeld
Schermbeck
Hünxe
Kevelaer
Sonsbeck
Voerde
Dinslaken
Venray
Rheinberg
Geldern
Kamp-Lintfort
Oberhausen
Deurne
Duisburg
Moers
Straelen
Kerken
Neukirchen-Vluyn
Mülheim
Venlo
Kempen
Krefeld
Nettetal
Viersen
Tönisvorst
Willich
Meerbusch
Ratingen
Brüggen
Schwalmtal
Roermond
Mönchengladbach
Korschenbroich
Kaarst
Neuss
Düsseldorf
Erkrath
Hilden
Wegberg
Hückelhoven
Erkelenz
Jüchen
Grevenbroich
Dormagen
Monheim
Heinsberg
Sittard
Rommerskirchen
Pulheim
Brunssum
Geilenkirchen
Linnich
Titz
Bedburg
Hoensbroek
Geleen
Maasbracht
Echt
Susteren
Naturpark Schwalm-Nette
446

430

Münster
Telgte
Warendorf
Coesfeld
Borken
Gescher
Dülmen
Senden
Lüdinghausen
Ascheberg
Drensteinfurt
Ahlen
Hamm
Haltern
Dorsten
Marl
Recklinghausen
Herten
Oer-Erkenschwick
Datteln
Waltrop
Lünen
Werne
Selm
Olfen
Bergkamen
Kamen
Unna
Bönen
Werl
Gladbeck
Bottrop
Gelsenkirchen
Herne
Castrop-Rauxel
Dortmund
Bochum
Essen
Witten
Hattingen
Herdecke
Wetter
Schwerte
Holzwickede
Fröndenberg
Menden
Hemer
Iserlohn
Arnsberg
Hagen
Velbert
Heiligenhaus
Sprockhövel
Gevelsberg
Ennepetal
Schwelm
Wuppertal
Mettmann
Haan
Remscheid
Solingen
Radevormwald
Hückeswagen
Wermelskirchen
Wipperfürth
Leichlingen
Leverkusen
Bergisch Gladbach
Lüdenscheid
Altena
Werdohl
Plettenberg
Meinerzhagen
Kierspe
Halver
Attendorn
Olpe
Drolshagen
Lennestadt
Sundern
Balve
Neuenrade
Finnentrop
Gummersbach
Marienheide
Bergneustadt
Breckerfeld
Schalksmühle
Wickede
Naturpark

447

431

Bielefeld
Lemgo
Aerzen
Steinhagen
Leopoldshöhe
Lage
Bad Pyrmont
Harsewinkel
Oerlinghausen
Barntrup
Lügde
Gütersloh
Detmold
Blomberg
Schloß Holte-Stukenbrock
Augustdorf
Herzebrock
Verl
Horn-Bad Meinberg
Schieder-Schwalenberg
Rheda-Wiedenbrück
Steinheim
Rietberg
Hövelhof
Schlangen
Senne
Bad Lippspringe
Langenberg
Delbrück
Altenbeken
Marienmünster
Nieheim
Wadersloh
Paderborn
Bad Driburg
Brakel
Lippetal
Lippstadt
Salzkotten
Borchen
Geseke
Erwitte
Anröchte
Bad Sassendorf
Lichtenau
Büren
Bad Wünnenberg
Borgentreich
Rüthen
Warburg
Warstein
Marsberg
Liebenau
Arnsberger Wald
Brilon
Volkmarsen
Breuna
Meschede
Bestwig
Olsberg
Arolsen
Zierenberg
Diemelsee
Twistetal
Wolfhagen
Willingen
Korbach
Eslohe
Naumburg
Winterberg
Medebach
Vöhl
Waldeck
Schmallenberg
Lichtenfels
Edertal
Fritzlar
Hallenberg
Bad Wildungen
Frankenau
Frankenberg
Bad Berleburg
Rothaargebirge
Teutoburger Wald
Eggegebirge
Sintfeld
Naturpark
Sauerland

448

432

Emmerthal
Bad Salzdetfurth
Salzgitter Bad
Liebenburg
Bodenwerder
Duingen
Alfeld
Bockenem
Eschershausen
Delligsen
Freden
Lamspringe
Langelsheim
Goslar
Stadtoldendorf
Bad Gandersheim
Seesen
Holzminden
Dassel
Einbeck
Kreiensen
Höxter
Kalefeld
Bad Grund
Clausthal-Zellerfeld
Naturpark
Solling-Vogler
Northeim
Osterode
Beverungen
Lauenförde
Bad Karlshafen
Bodenfelde
Uslar
Hardegsen
Moringen
Katlenburg-Lindau
Herzberg
Bad Lauterberg
Oberweser
Wahlsburg
Trendelburg
Adelebsen
Nörten-Hardenberg
Bovenden
Gieboldehausen
Göttingen
Duderstadt
Hofgeismar
Reinhardshagen
Rosdorf
Dransfeld
Gleichen
Grebenstein
Immenhausen
Calden
Hann. Münden
Friedland
Espenau
Vellmar
Habichtswald
Ahnatal
Fuldatal
Kassel
Niestetal
Staufenberg
Witzenhausen
Neu-Eichenberg
Heiligenstadt
Dingelstädt
Kaufungen
Lohfelden
Baunatal
Fuldabrück
Helsa
Großalmerode
Bad Sooden-Allendorf
Söhrewald
Hessisch Lichtenau
Meißner
Eschwege
Wanfried
Mühlhausen
Guxhagen
Gudensberg
Felsberg
Melsungen
Waldkappel
Wehretal
Spangenberg
Malsfeld
Morschen
Treffurt
Ringgau
Sontra
Eichsfeld
Harz
Hils
Vogler
Solling
Reinhardswald
Kaufunger Wald
Söhre
Ohmgebirge
Rotenberg
Hainberg
Sieben Berge

449

433

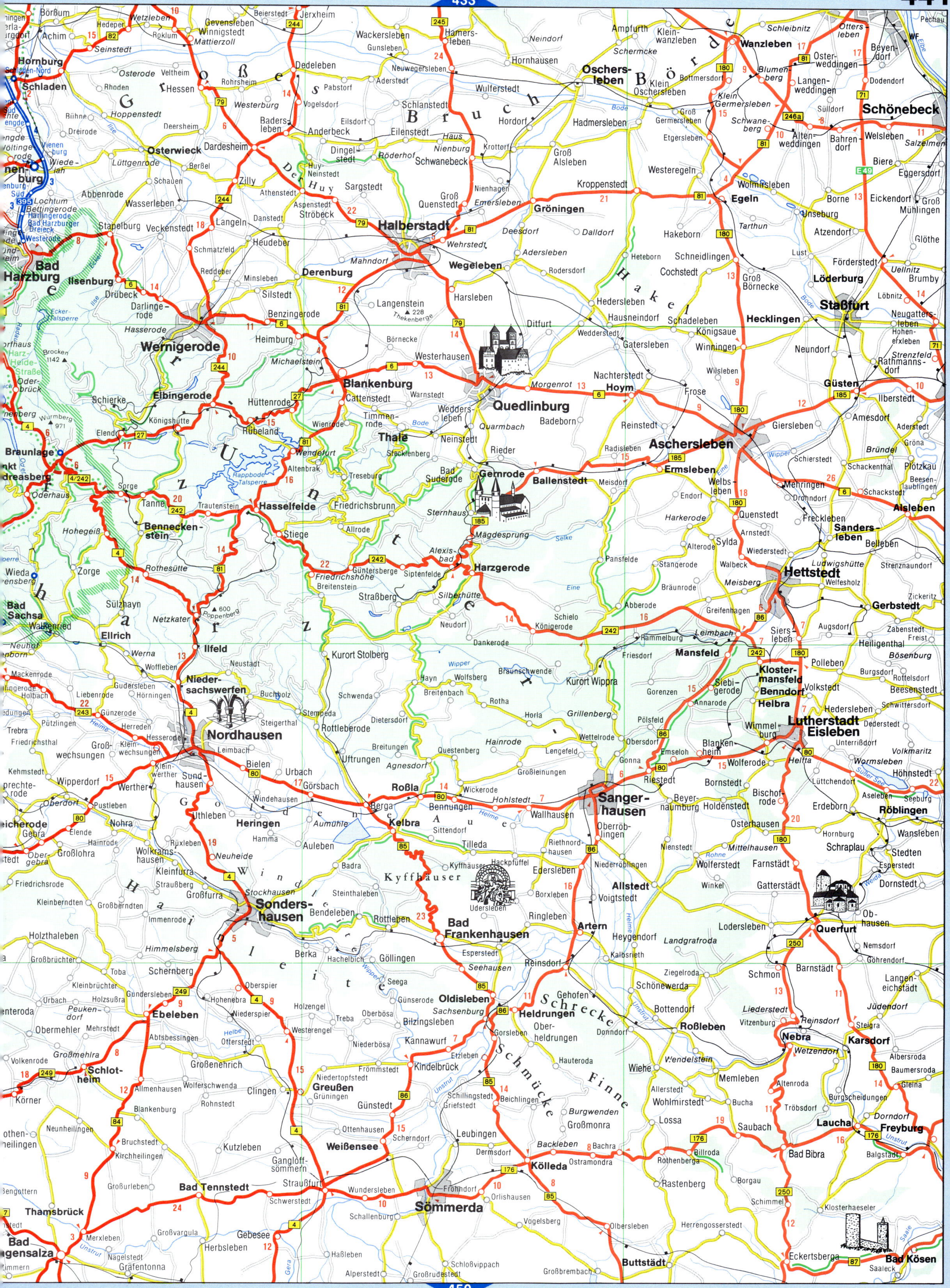

Halberstadt
Quedlinburg
Wernigerode
Blankenburg
Thale
Aschersleben
Staßfurt
Schönebeck
Oschersleben
Wanzleben
Egeln
Hettstedt
Mansfeld
Lutherstadt Eisleben
Sangerhausen
Nordhausen
Sondershausen
Bad Frankenhausen
Sömmerda
Querfurt
Nebra
Freyburg
Bad Kösen
Buttstädt
Kölleda
Weißensee
Bad Tennstedt
Bad Langensalza
Ebeleben
Schlotheim
Greußen
Artern
Allstedt
Heldrungen
Kelbra
Roßla
Heringen
Ellrich
Ilfeld
Niedersachswerfen
Hasselfelde
Harzgerode
Gernrode
Ballenstedt
Ermsleben
Hoym
Gröningen
Wegeleben
Derenburg
Ilsenburg
Bad Harzburg
Osterwieck
Dardesheim
Zilly
Hornburg
Schladen
Elbingerode
Hüttenrode
Rübeland
Braunlage
Benneckenstein
Tanne
Stiege
Zorge
Bad Sachsa
Walkenried
Löderburg
Güsten
Hecklingen
Gerbstedt
Alsleben
Sandersleben
Schraplau
Röblingen
Roßleben
Wiehe
Laucha
Bad Bibra
Karsdorf
Harz
Großes Bruch
Huy
Hakel
Unterharz
Goldene Aue
Kyffhäuser
Hainleite
Windleite
Schrecke
Schmücke
Finne
Börde
Brocken 1142
Bode
Selke
Wipper
Helme
Unstrut
Saale
Rappbode-Talsperre

434

Rosian
Treuenbrietzen
Hoher
Fläming
Niemegk
Wahlitz
Pechau
Gommern
Randau-Calenberge
Plötzky
Pretzien
Elbenau
Dannigkow
Leitzkau
Ladeburg
Hobeck
Nedlitz
Reuden
Medewitz
Jeserig
Grubo
Kranepuhl
Rädigke
Haseloff-Grabow
Rietz
Schönebeck
Pömmelte
Dornburg
Ranies
Glinde
Prödel
Lübs
Gehrden
Gödnitz
Buhlendorf
Lindau
Deetz
Zernitz
Dobritz
Grimme
Polenzko
Straguth
Garitz
Ragösen
Stackelitz
Serno
Jeber-Bergfrieden
Mützdorf
Lehnsdorf
Raben
Klepzig
Rabenstein/Fläming
Klein Marzehns
Hohenwerbig
Dietersdorf
Zeuden
Lobbese
Feldheim
Marzahna
Bossdorf
Kerzendorf
Schönefeld
Gnadau
Barby
Walternienburg
Güterglück
Moritz
Zerbst
Pulspforde
Hundeluft
Eggersdorf
Groß Mühlingen
Klein Mühlingen
Wespen
Hohenlepte
Jütrichau
Thießen
Köselitz
Cobbelsdorf
Buko
Düben
Luko
Streetz
Straach
Kropstädt
Rahnsdorf
Zens
Tornitz
Breitenhagen
Leps
Meinsdorf
Wörpen
Möllensdorf
Nudersdorf
Mochau
Schmilkendorf
Zahna
Groß Rosenburg
Trabitz
Brumby
Calbe
Schwarz
Lödderitz
Steckby
Rodleben
Roßlau
Klieken
Coswig
Reinsdorf
Euper
Bülzig
Leetza
Patzetz
Steutz
Brambach
Elbe
Griebo
Apollensdorf
Lutherstadt Wittenberg
Piesteritz
Zemnick
Zörnigall
Weditz
Diebzig
Aken
Dessau
Vockerode
Wörlitz
Seegrehna
Mühlanger
Neugattersleben
Zuchau
Mildensee
Dessau Ost
Horstdorf
Gohrau
Selbitz
Eutzsch
Pratau
Dabrun
Elster
Nienburg
Gerbitz
Wulfen
Reppichau
Mosigkau
Kochstedt
Kleutsch
Oranienbaum
Bergwitz
Wartenburg
Bernburg
Drosa
Micheln
Osternienburg
Rackith
Gorsdorf
Latdorf
Scheuder
Sollnitz
Schleesen
Dorna
Globig-Bleddin
Kemberg
Schützberg
Kleinpaschleben
Porst
Schierau
Rotta
Baalberge
Großpaschleben
Merzien
Dessau Süd
Quellendorf
Jüdenberg
Radis
Trebitz
Klöden
Köthen
Reupzig
Möhlau
Gräfenhainichen
Peißer
Biendorf
Hinsdorf
Thurland
Ateritz
Dohndorf
Arensdorf
Tornau von der Heide
Raguhn
Zschornewitz
Dübener Heide
Meuro
Preußlitz
Wörbzig
Baasdorf
Lebendorf
Gerlebogk
Edderitz
Prosigk
Salzfurtkapelle
Bobbau
Jeßnitz
Burgkemnitz
Gröbern
Reinharz
Pretzsch
Weißandt-Gölzau
Fuhne
Wolfen
Muldenstein
Gossa
Schköna
Bad Schmiedeberg
Korgau
Gröbzig
Edlau
Görzig
Löberitz
Greppin
Könnern
Wieskau
Radegast
Thalheim
Friedersdorf
Krina
Wörblitz
Gnölbzig
Rothenburg
Mösthinsdorf
Zörbig
Bitterfeld
Sandersdorf
Mühlbeck
Tornau
Söllichau
Dahlenberg
Dommitzsch
Zickeritz
Friedeburg
Löbejün
Plötz
Ostrau
Großzöberitz
Ramsin
Zscherndorf
Pouch
Schwemsal
Rösa
Kossa
Falkenberg
Domnitz
Dössel
Köckern
Glebitzsch
Holzweißig
Löbnitz
Trossin
Neutz-Lettewitz
Nauendorf
Krosigk
Schrenz
Quetzdölsdorf
Roitzsch
Bad Düben
Authausen
Wellaune
Pressel
Roitzsch
Petersberg
Kütten
Kloschwitz
Wettin
Gimritz
Wallwitz
Brachstedt
Brehna
Sausedlitz
Görschlitz
Beesenstedt
Morl
Teicha
Oppin
Spickendorf
Schenkenberg
Reibitz
Laußig
Wöllnau
Weidenhain
Fienstedt
Niemberg
Sprotta
Badrina
Wildenhain
Schochwitz
Sennewitz
Landsberg
Kyhna
Delitzsch
Hohenprießnitz
Brachwitz
Lindenhayn
Salzmünde
Hohenthurm
Brinnis
Krippehna
Zschepplin
Mockrehna
Höhnstedt
Zappendorf
Halle-Neustadt
Lieskau
Halle
Peißen
Klitschmar
Naundorf
Mörtitz
Doberschütz
Audenhain
Langenbogen
Bennstedt
Halle Ost
Queis
Sietzsch
Zschortau
Mocherwitz
Krensitz
Sprotta
Strelln
Langenreichenbach
Amsdorf
Zscherben
Dölbau
Wiedemar
Zwochau
Wolteritz
Pressen
Kospa
Eilenburg
Wildschütz
Wansleben am See
Angersdorf
Glesien
Rackwitz
Krostitz
Rödnitz
Kobershain
Teutschenthal
Dieskau
Gröbers
Schkeuditz
Radefeld
Hohenheida
Liemehna
Wölpern
Thallwitz
Böhlitz
Thammenhain
Holleben
Döllnitz
Lochau
Lindenthal
Wiederitzsch
Seehausen
Jesewitz
Großzschepa
Hohburg
Steuden
Dornstedt
Delitz a. Berge
Raßnitz
Großkugel
Lützschena
Stahmeln
Pehritzsch
Nischwitz
Falkenhain
Bad Lauchstädt
Schkopau
Püchau
Lüptitz
Schafstädt
Knapendorf
Zöschen
Burghausen
Böhlitz-Ehrenberg
Taucha
Wurzen
Körlitz
Dornreichenbach
Klobikau
Mlizau
Merseburg
Leipzig-West
Dölzig
Gerichshain
Machern
Altenbach
Wünsch
Geusa
Günthersdorf
Rückmarsdorf
Engelsdorf
Borsdorf
Brandis
Kühren
Miltitz
Beucha
Burkartshain
Beuna
Leuna
Kötzschau
Leipzig
Mölkau
Polenz
Pausitz
Sachsendorf
Öchlitz
Frankleben
Bad Dürrenberg
Großlehna
Holzhausen
Kleinpösna
Nitzschka
Spergau
Quesitz
Markranstädt
Naunhof
Altenhain
Trebsen
Fremdiswalde
Mücheln
Krumpa
Tollwitz
Liebertwolkwitz
Neichen
Braunsbedra
Großkayna
Wengelsdorf
Kulkwitz
Markkleeberg
Klinga
Seelingstädt
Nerchau
Großkorbetha
Lützen
Räpitz
Gaschwitz
Störmthal
Kohra
Großsteinberg
Mutzschen
Branderoda
Röcken
Knautnaundorf
Großdeuben
Grimma
Roßbach
Reichardtswerben
Döben
Zeuchfeld
Burgwerben
Rippach
Zwenkau
Pomßen
Grethen
Ragewitz
Freyburg
Markwerben
Poserna
Großgörschen
Kitzen
Zitzschen
Oelzschau
Podelist
Uichteritz
Weißenfels
Borau
Taucha
Wiederau
Böhlen
Mölbis
Otterwisch
Großbardau
Schkortitz
Großbothen
Zschoppach
Goseck
Zorbau
Granschütz
Muschwitz
Rötha
Espenhain
Hainichen
Kleinbardau
Leipnitz
Leißling
Webau
Lippendorf
Kössern
Böhlen
Polkenberg
Langendorf
Großgrimma
Audigast
Lauterbach
Naumburg
Hohenmölsen
Pegau
Groitzsch
Neukieritzsch
Großzössen
Kitzscher
Sermuth
Tanndorf
Prittitz
Nessa
Zembschen
Elstertrebnitz
Großstolpen
Bad Lausick
Leisnig
Wethau
Gröben
Lobstädt
Schönbach
Ballendorf
Teuchern
Profen
Borna
Flößberg
Buchheim
Colditz
Zschadraß

435

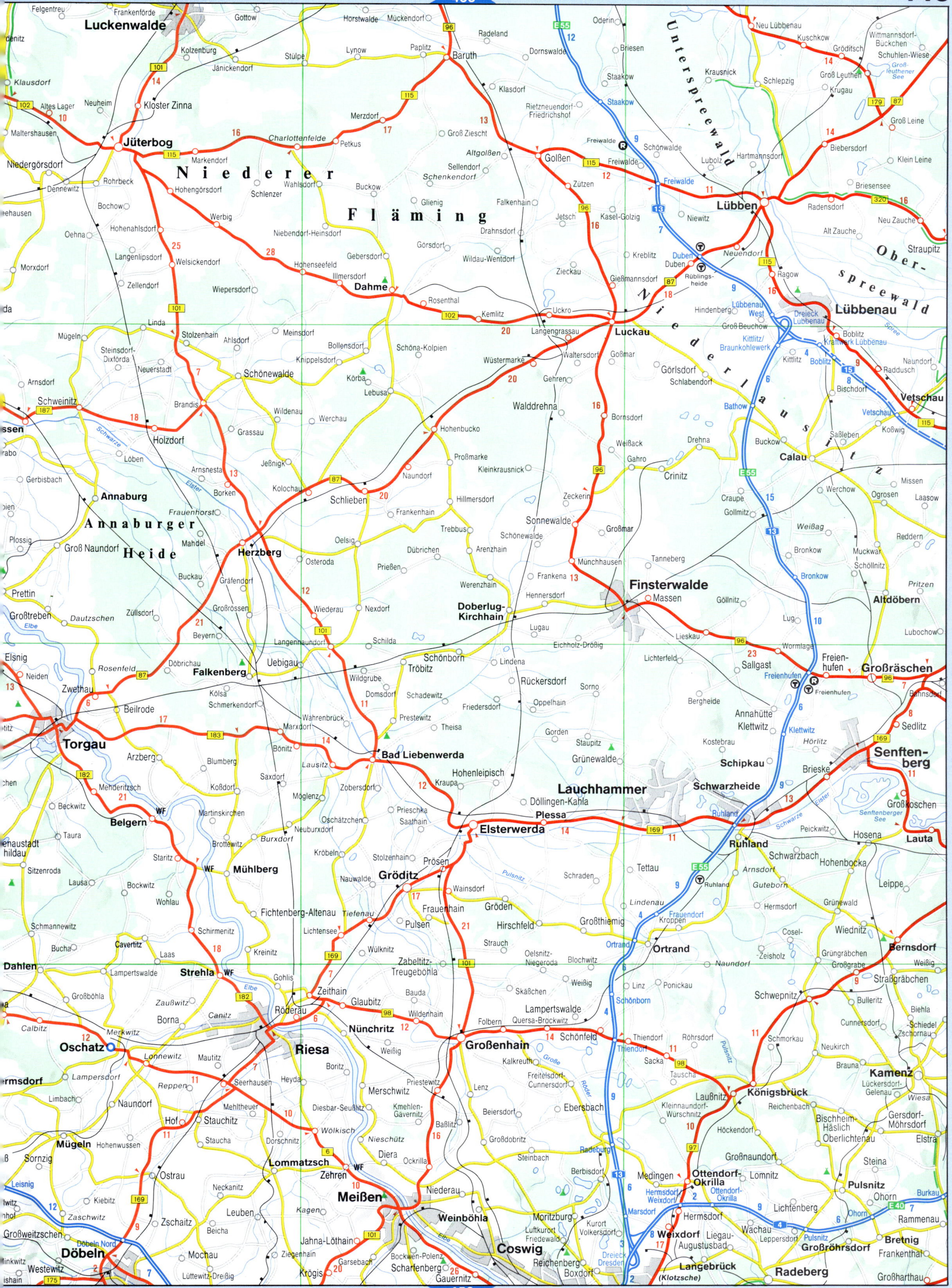
Luckenwalde
Jüterbog
Kloster Zinna
Baruth
Golßen
Lübben
Lübbenau
Niederer Fläming
Unterspreewald
Ober-spreewald
Niederlausitz
Dahme
Luckau
Vetschau
Calau
Schönewalde
Schweinitz
Holzdorf
Annaburg
Annaburger Heide
Herzberg
Schlieben
Sonnewalde
Finsterwalde
Doberlug-Kirchhain
Altdöbern
Großräschen
Falkenberg
Uebigau
Torgau
Bad Liebenwerda
Elsterwerda
Lauchhammer
Schwarzheide
Senftenberg
Schipkau
Ruhland
Lauta
Belgern
Mühlberg
Gröditz
Ortrand
Bernsdorf
Strehla
Riesa
Großenhain
Königsbrück
Kamenz
Oschatz
Mügeln
Lommatzsch
Meißen
Weinböhla
Coswig
Ottendorf-Okrilla
Pulsnitz
Radeberg
Döbeln
Weixdorf
Langebrück
Großröhrsdorf
Dahlen
Prettin
Elster
Elbe
Schwarze Elster
Pulsnitz
Röder

452

436

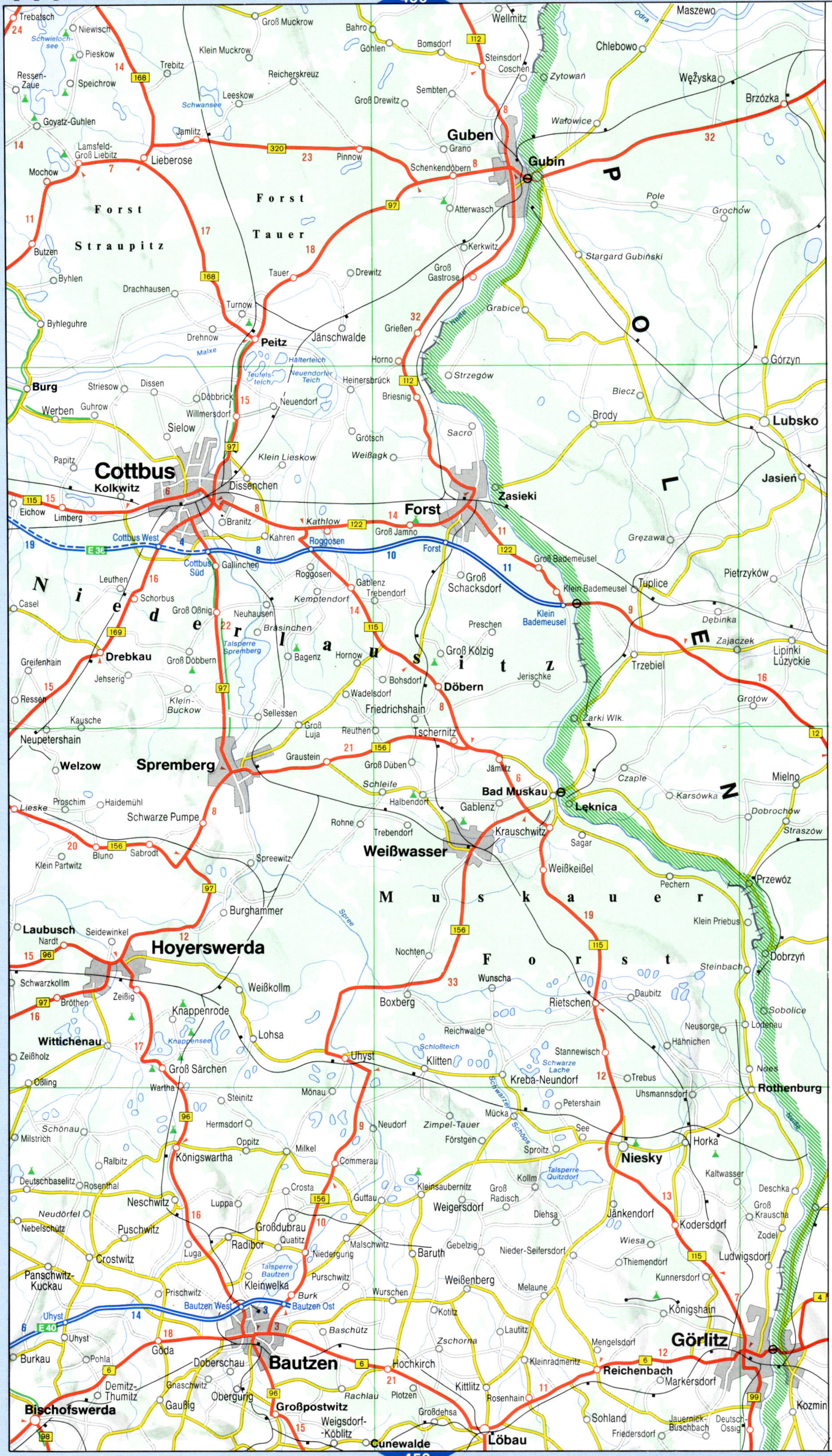
Trebatsch
Niewisch
Groß Muckrow
Bahro
Wellmitz
Maszewo
Pieskow
Klein Muckrow
Göhlen
Bomsdorf
Steinsdorf
Coschen
Chlebowo
Ressen-Zaue
Speichrow
Trebitz
Reicherskreuz
Zytowań
Leeskow
Sembten
Wężyska
Groß Drewitz
Brzózka
Goyatz-Guhlen
Schwansee
Wałowice
Jamlitz
Guben
Grano
Gubin
Lamsfeld-Groß Liebitz
Lieberose
Pinnow
Schenkendöbern
Mochow
Forst
Forst
Tauer
Straupitz
Atterwasch
Pole
Grochów
Butzen
Kerkwitz
Stargard Gubiński
Byhlen
Tauer
Drewitz
Groß Gastrose
Drachhausen
Turnow
Grabice
Byhleguhre
Drehnow
Peitz
Jänschwalde
Grießen
Maxe
Halterteich
Horno
Görzyn
Burg
Striesow
Dissen
Heinersbrück
Strzegów
Werben
Guhrow
Döbbrick
Neuendorf
Briesnig
Biecz
Willmersdorf
Brody
Lubsko
Sielow
Sacro
Grötsch
Papitz
Cottbus
Klein Lieskow
Weißagk
Jasień
Kolkwitz
Dissenchen
Forst
Zasieki
Eichow
Limberg
Branitz
Kathlow
Groß Jamno
Kahren
Roggosen
Cottbus West
Gallinchen
Cottbus Süd
Grężawa
Groß Bademeusel
Leuthen
Roggosen
Groß Schacksdorf
Klein Bademeusel
Tuplice
Pietrzyków
Niederlausitz
Schorbus
Gablenz
Trebendorf
Casel
Kemptendorf
Dębinka
Groß Oßnig
Neuhausen
Preschen
Brasinchen
Klein Bademeusel
Zajączek
Greifenhain
Drebkau
Groß Kölzig
Lipinki Łużyckie
Groß Döbbern
Talsperre Spremberg
Bagenz
Hornow
Trzebiel
Jehserig
Bohsdorf
Jerischke
Ressen
Döbern
Wadelsdorf
Grotów
Klein-Buckow
Friedrichshain
Kausche
Sellessen
Żarki Wlk.
Neupetershain
Groß Luja
Reuthen
Tschernitz
Welzow
Spremberg
Graustein
Groß Düben
Jämlitz
Czaple
Mielno
Schleife
Bad Muskau
Lieske
Proschim
Haidemühl
Halbendorf
Łęknica
Karsówka
Gablenz
Dobrochów
Schwarze Pumpe
Rohne
Trebendorf
Krauschwitz
Sagar
Straszów
Bluno
Sabrodt
Klein Partwitz
Weißwasser
Weißkeißel
Spreewitz
Przewóz
Pechern
Muskauer Forst
Burghammer
Spree
Klein Priebus
Laubusch
Seidewinkel
Hoyerswerda
Nardt
Nochten
Dobrzyń
Steinbach
Schwarzkollm
Wunscha
Weißkollm
Brösa
Boxberg
Daubitz
Zeißig
Rietschen
Knappenrode
Neusorge
Sobolice
Lodenau
Witttichenau
Lohsa
Reichwalde
Hähnichen
Knappensee
Schloßteich
Stannewisch
Zeißholz
Uhyst
Klitten
Schwarze Lache
Groß Särchen
Kreba-Neundorf
Trebus
Nieśk
Oßling
Wartha
Mönau
Uhsmannsdorf
Rothenburg
Steinitz
Petershain
Hermsdorf
Neudorf
Zimpel-Tauer
Schönau
Mücka
Förstgen
See
Horka
Milstrich
Oppitz
Milkel
Königswartha
Spreitz
Niesky
Ralbitz
Commerau
Talsperre Quitzdorf
Kaltwasser
Deutschbaselitz
Rosenthal
Crosta
Kleinsaubernitz
Groß Radisch
Kollm
Deschka
Guttau
Neschwitz
Luppa
Weigersdorf
Jänkendorf
Groß Krauscha
Neudorfel
Großdubrau
Diehsa
Kodersdorf
Nebelschütz
Puschwitz
Quatitz
Zodel
Radibor
Malschwitz
Gebelzig
Wiesa
Crostwitz
Niedergurig
Baruth
Nieder-Seifersdorf
Thiemendorf
Ludwigsdorf
Luga
Talsperre Bautzen
Purschwitz
Panschwitz-Kuckau
Kleinwelka
Weißenberg
Melaune
Kunnersdorf
Prischwitz
Burk
Wurschen
Königshain
Bautzen West
Bautzen Ost
Kotitz
Uhyst
Lautitz
Baschütz
Zschorna
Mengelsdorf
Görlitz
Uhyst
Burkau
Pohla
Göda
Doberschau
Bautzen
Hochkirch
Kleinradmeritz
Reichenbach
Demitz-Thumitz
Gnaschwitz
Obergurig
Rachlau
Plotzen
Kittlitz
Rosenhain
Markersdorf
Bischofswerda
Gaußig
Großpostwitz
Großdehsa
Sohland
Jauernick-Buschbach
Deutsch-Ossig
Kozmin
Weigsdorf-Köblitz
Cunewalde
Löbau
Friedersdorf
Neiße
Schwarzer Schöps
POLEN

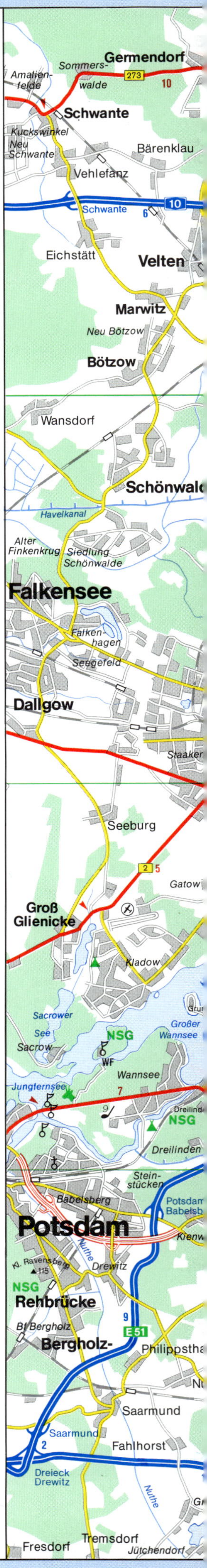
Germendorf
Amalienfelde
Sommerswalde
Schwante
Kuckswinkel
Neu Schwante
Bärenklau
Vehlefanz
Schwante
Eichstätt
Velten
Marwitz
Neu Bötzow
Bötzow
Wansdorf
Schönwalde
Havelkanal
Alter Finkenkrug
Siedlung Schönwalde
Falkensee
Falkenhagen
Seegefeld
Dallgow
Staaken
Seeburg
Gatow
Groß Glienicke
Kladow
Sacrower See
Sacrow
NSG
Großer Wannsee
Wannsee
Jungfernsee
Dreilinden
Stein-stücken
Babelsberg
Potsdam
Potsdam Babelsberg
Kl. Ravensberg
Drewitz
Rehbrücke
Bergholz
Bergholz-Rehbrücke
Philippsthal
Saarmund
Fahlhorst
Dreieck Drewitz
Nuthe
Fresdorf
Tremsdorf
Jütchendorf

453

Oranienburg
Schmachtenhagen
Wandlitz
Biesenthal
Klobbicke
Lehnitz
Wensickendorf
Lanke
Tuchen-
Oranienburger Heide
Zühlsdorf
Rüdnitz
Danewitz
Grüntal
Sydow
Beerbaum
Borgsdorf
Basdorf
Ladeburg
Tempelfelde
Birkenwerder
Beiersdorf
Hohen-Neuendorf
Bergfelde
Schönwalde
Schönow
Bernau
Schönfeld
Mühlenbeck
Zepernik
Börnicke
Willmersdorf
Schönerlinde
Schildow
Schwanebeck
Werneuchen
Hirschfelde
Seefeld
Blumberg
Krummensee
Wegendorf
Buchholz
Lindenberg
Ahrensfelde
Altlandsberg
BERLIN
Pankow
Reinickendorf
Weißensee
Hohenschönhausen
Hönow
Neuenhagen
Fredersdorf
Marzahn
Hellersdorf
Lichtenberg
Dahlwitz-Hoppegarten
Vogelsdorf
Charlottenburg
Spandauer Zitadelle
Tegel
Wittenau
Kreuzberg
Neukölln
Tempelhof
Schöneberg
Wilmersdorf
Schöneiche
Woltersdorf
Erkner
Köpenick
Großer Müggelsee
Steglitz
Zehlendorf
Lichterfelde
Teltow
Stahnsdorf
Kleinmachnow
Großziethen
Schönefeld
Eichwalde
Schulzendorf
Zeuthen
Wernsdorf
Neu Zittau
Gosen
Großbeeren
Mahlow
Diedersdorf
Blankenfelde
Wildau
Niederlehme
Dahlewitz
Königs Wusterhausen
Zernsdorf
Friedersdorf
Ludwigsfelde
Rangsdorf
Senzig
Zeesen
Großmachnow
Schenkendorf
Bindow
Siethen
Kerzendorf
Wietstock
Jühnsdorf
Löwenbruch
Genshagen
Sputendorf
Ruhlsdorf
Osdorf
Diepensee
Selchow
Kiekebusch
Rotberg
Brusendorf
Ragow
NSG

437
Brunssum
Hoensbroek
Übach-Palenberg
Bergheim
Heerlen
Kerkrade
Baesweiler
Jülich
Alsdorf
Aldenhoven
Elsdorf
Herzogenrath
Kerpen
Frechen
Köln
Würselen
Hürth
Aachen
Eschweiler
Stolberg
Langerwehe
Brühl
Düren
Erftstadt
Kreuzau
Weilerswist
Hürtgenwald
Nideggen
Zülpich
Eupen
Roetgen
Euskirchen
Verviers
Simmerath
Rheinbach
Monschau
Mechernich
Bad Münstereifel
Schleiden
Kall
Spa
Hellenthal
Nettersheim
Malmedy
Blankenheim
Büllingen
Nordeifel
Dahlem
Adenau
St. Vith
Prüm
Gerolstein
Daun
Ulmen
Clervaux
Wiltz
Hohes Venn
Zitterwald
Schnee-Eifel
Naturpark
Die Eifel
454

438
Bergisch Gladbach
Gummersbach
Berg-neustadt
Olpe
Engelskirchen
Lindlar
Hilchenbach
Overath
Wiehl
Reichshof
Wenden
Kreuztal
Rösrath
Much
Nümbrecht
Waldbröl
Freudenberg
Siegen
Troisdorf
Siegburg
Lohmar
Seelscheid
Neunkirchen-
Ruppichteroth
Morsbach
Niederfischbach
Mudersbach
Nieder-kassel
St. Augustin
Hennef
Eitorf
Windeck
Kirchen
Betzdorf
Wissen
Herdorf
Neun-kirchen
Wilnsdorf
Bonn
Königs-winter
Wachtberg
Bad Godesberg
Bad Honnef
Rheinbreitbach
Unkel
Remagen
Linz
Sinzig
Bad Neuenahr-
Buchholz
Asbach
Neustadt
Altenkirchen
Hachenburg
Marienberg
Bad
Daaden
Burbach
Haiger
Breitscheid
Driedorf
Rennerod
Westerburg
Dierdorf
Selters
Bad Hönningen
Bad Breisig
Rheinbrohl
Ransbach-Baumbach
Wirges
Montabaur
Höhr-Grenzhausen
Hadamar
Limburg
Diez
Andernach
Burgbrohl
Neuwied
Bendorf
Vallendar
Mendig
Mayen
Kruft
Plaidt
Mülheim-Kärlich
Ochtendung
Koblenz
Bad Ems
Nassau
Lahnstein
Braubach
Polch
Kobern-Gondorf
Boppard
Hünfelden
Aarbergen
Hünstetten
Nastätten
Emmels-hausen
St. Goar
Oberwesel
Heidenrod
Hohenstein
Bad Schwalbach
Taunus-stein
Kastellaun
Cochem
Zell
Bacharach
Lorch
Schlangenbad
Wiesbaden
Westerwald
Siegerland
Naturpark
Rhein-
Nassau
Taunus
Maifeld
455

439

Bad Berleburg
Frankenberg
Borken
Battenberg
Allendorf
Haina
Zwesten
Erndtebrück
Burgwald
Jesberg
Neuental
Bad Laasphe
Münchhausen
Gemünden
Frielendorf
Rothaargebirge
Biedenkopf
Gilserberg
Schwalmstadt
Breidenbach
Wetter
Rauschenberg
Treysa
Dautphetal
Cölbe
Neustadt
Willingshausen
Dietzhölztal
Eschenburg
Lahntal
Marburg
Kirchhain
Stadtallendorf
Schrecksbach
Angelburg
Amöneburg
Gladenbach
Weimar
Haiger
Dillenburg
Bad Endbach
Siegbach
Lohra
Ebsdorfergrund
Kirtorf
Alsfeld
Bischoffen
Homberg
Fronhausen
Breitscheid
Herborn
Mittenaar
Allendorf
Rabenau
Gemünden
Sinn
Hohenahr
Staufenberg
Lollar
Wettenberg
Greifenstein
Biebertal
Buseck
Reiskirchen
Mücke
Feldatal
Ehringshausen
Aßlar
Lahnau
Gießen
Heuchelheim
Grünberg
Leun
Fernwald
Ulrichstein
Wetzlar
Solms
Linden
Pohlheim
Lich
Laubach
Herbstein
Braunfels
Löhnberg
Schöffengrund
Hüttenberg
Langgöns
Weilburg
Hungen
Schotten
Grebenhain
Weinbach
Weilmünster
Waldsolms
Butzbach
Münzenberg
Rockenberg
Nidda
Gedern
Grävenwiesbach
Wölfersheim
Echzell
Ober-Mörlen
Bad Nauheim
Reichelsheim
Ranstadt
Ortenberg
Selters
Usingen
Friedberg
Birstein
Bad Camberg
Weilrod
Wehrheim
Rosbach
Florstadt
Wöllstadt
Niddatal
Altenstadt
Glauburg
Büdingen
Brachttal
Bad Soden-Salmünster
Neu-Anspach
Schmitten
Waldems
Friedrichsdorf
Bad Homburg
Limeshain
Wächtersbach
Idstein
Glashütten
Karben
Nidderau
Hammersbach
Gründau
Oberursel
Schöneck
Gelnhausen
Königstein
Kronberg
Bad Vilbel
Niederdorfelden
Bruchköbel
Erlensee
Langenselbold
Steinbach
Frankfurt
Maintal
Linsengericht
Biebergemünd
Eppstein
Schwalbach
Bad Soden
Sulzbach
Eschborn
Freigericht
Kelkheim
Hasselroth
Hanau
Rodenbach
Hofheim
Liederbach
Kriftel
Mühlheim
Wiesbaden
Offenbach
Naturpark
Hochtaunus
Hoher Vogelsberg
Taunus
Wetterau
Vogelsberg

456

440

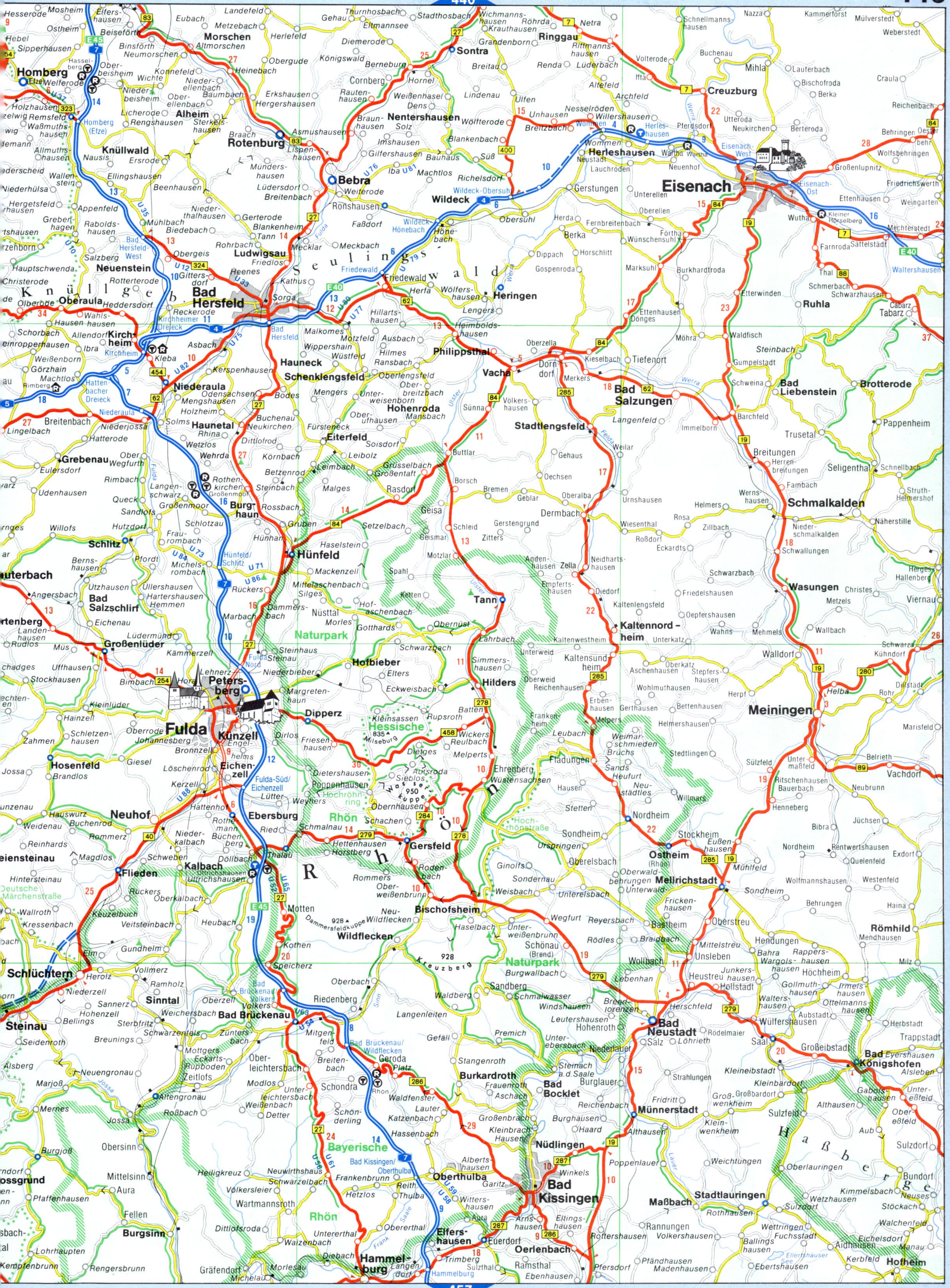

Homberg
Knüllwald
Alheim
Morschen
Rotenburg
Bebra
Sontra
Nentershausen
Ringgau
Wildeck
Herleshausen
Creuzburg
Eisenach
Neuenstein
Ludwigsau
Bad Hersfeld
Oberaula
Kirchheim
Knüllgebirge
Seulingswald
Friedewald
Heringen
Philippsthal
Vacha
Bad Salzungen
Ruhla
Bad Liebenstein
Brotterode
Niederaula
Hauneck
Schenklengsfeld
Hohenroda
Haunetal
Eiterfeld
Stadtlengsfeld
Grebenau
Burghaun
Schlitz
Hünfeld
Breitungen
Schmalkalden
Seligenthal
Bad Salzschlirf
Großenlüder
Tann
Wasungen
Kaltennordheim
Naturpark
Hofbieber
Hilders
Petersberg
Fulda
Künzell
Dipperz
Hessische
Meiningen
Hosenfeld
Eichenzell
Neuhof
Ebersburg
Rhön
Gersfeld
Nordheim
Ostheim
Mellrichstadt
Flieden
Kalbach
Bischofsheim
Wildflecken
Römhild
Schlüchtern
Sinntal
Bad Brückenau
Steinau
Bad Neustadt
Bad Königshofen
Burkardroth
Bad Bocklet
Münnerstadt
Nüdlingen
Bad Kissingen
Oberthulba
Bayerische
Stadtlauringen
Maßbach
Burgsinn
Elfershausen
Oerlenbach
Hammelburg
Hofheim

457

441

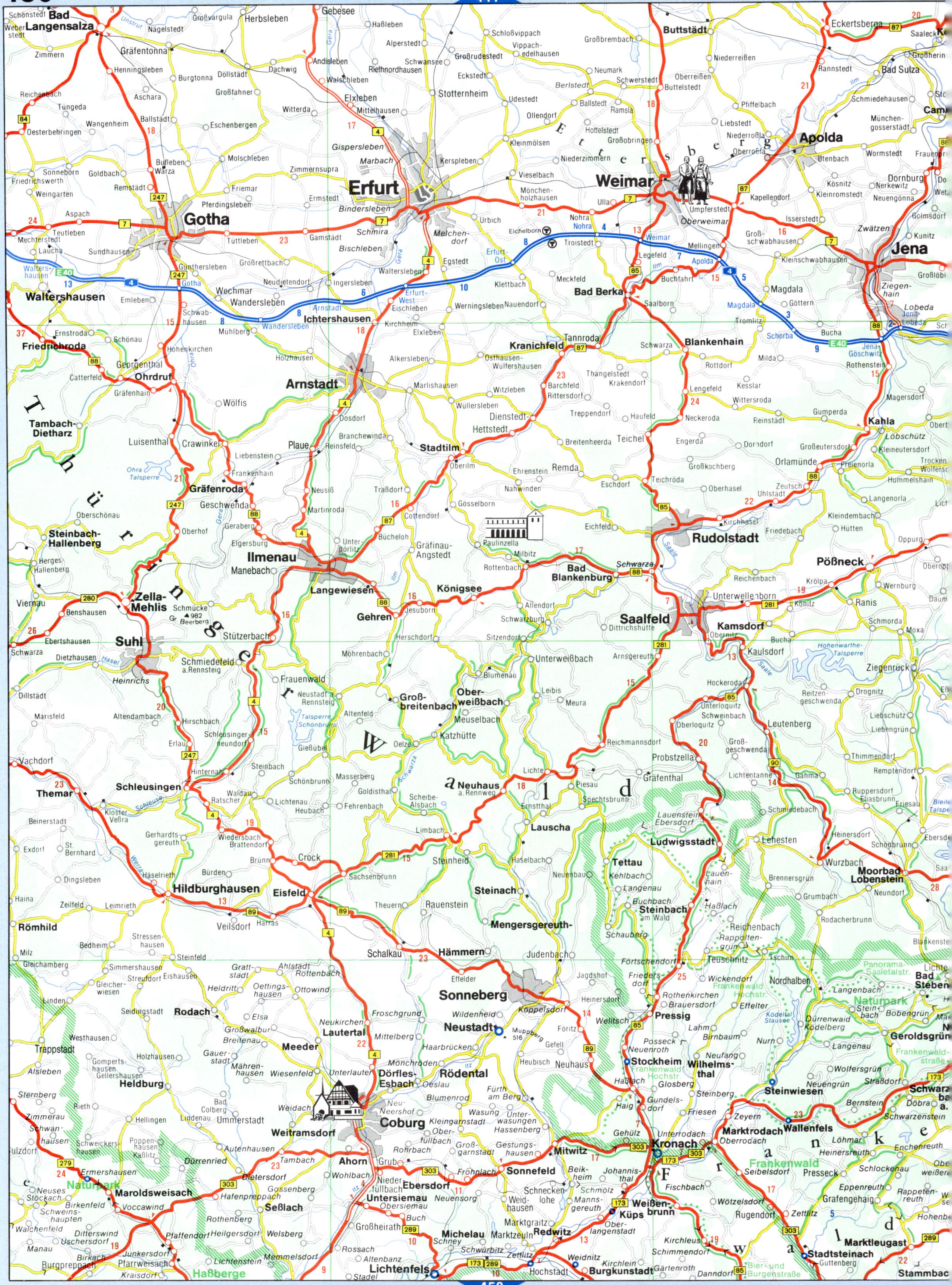
Bad Langensalza
Herbsleben
Gebesee
Buttstädt
Eckartsberga
Bad Sulza
Apolda
Erfurt
Weimar
Gotha
Jena
Waltershausen
Ichtershausen
Bad Berka
Blankenhain
Kranichfeld
Friedrichroda
Ohrdruf
Arnstadt
Tambach-Dietharz
Stadtilm
Kahla
Orlamünde
Gräfenroda
Steinbach-Hallenberg
Ilmenau
Rudolstadt
Pößneck
Bad Blankenburg
Königsee
Zella-Mehlis
Langewiesen
Gehren
Saalfeld
Kamsdorf
Suhl
Schmiedefeld a.Rennsteig
Unterweißbach
Groß-breitenbach
Ober-weißbach
Katzhütte
Leutenberg
Schleusingen
Themar
Neuhaus a. Rennweg
Lauscha
Ludwigsstadt
Hildburghausen
Eisfeld
Steinach
Tettau
Steinbach am Wald
Wurzbach
Moorbad Lobenstein
Römhild
Mengersgereuth-Hämmern
Sonneberg
Rodach
Neustadt
Lauterta
Meeder
Pressig
Heldburg
Rödental
Dörfles-Esbach
Stockheim
Wilhelmsthal
Steinwiesen
Coburg
Weitramsdorf
Marktrodach
Wallenfels
Kronach
Mitwitz
Ahorn
Sonnefeld
Maroldsweisach
Seßlach
Ebersdorf
Untersiemau
Küps
Weißenbrunn
Michelau
Redwitz
Marktleugast
Stadtsteinach
Lichtenfels
Burgkunstadt
Stammbach
Thüringer Wald
Frankenwald
Ettersberg
Naturpark
Haßberge
E40

458

442

Borna
Colditz
Geringswalde
Teuchern
Naumburg
Lucka
Deutzen
Regis-Breitingen
Osterfeld
Tröglitz
Meuselwitz
Zeitz
Frohburg
Geithain
Rochlitz
Rositz
Altenburg
Eisenberg
Bad Köstritz
Bad Klosterlausnitz
Hermsdorf
Schmölln
Gößnitz
Burgstädt
Waldenburg
Gera
Ronneburg
Meerane
Limbach-Oberfrohna
Crimmitschau
Glauchau
Hohenstein-Ernstthal
Wünschendorf
Weida
Berga
Werdau
Zwickau
Lichtenstein
Oelsnitz
Neustadt an der Orla
Triptis
Auma
Triebes
Greiz
Wilkau-Haßlau
Stollberg
Thalheim
Zeulenroda
Reichenbach
Mylau
Netzschkau
Elsterberg
Kirchberg
Schneeberg
Aue
Lößnitz
Schlema
Pausa
Schleiz
Lengenfeld
Treuen
Rodewisch
Auerbach
Schönheide
Schwarzenberg
Plauen
Falkenstein
Ellefeld
Eibenstock
Johanngeorgenstadt
Breitenbrunn
Oelsnitz
Klingenthal
Hof
Markneukirchen
Adorf
Bad Elster
Kraslice
Nejdek
Rehau
Schwarzenbach a.d.S.
Münchberg
Schönwald
Selb
Aš
Stará Role
Sokolov
Loket
Kirchenlamitz
459

443
Dresden
Coswig
Radebeul
Radeberg
Langebrück
Freital
Heidenau
Pirna
Dohna
Kreischa
Bannewitz
Wilsdruff
Freiberg
Nossen
Roßwein
Döbeln
Waldheim
Hartha
Mittweida
Hainichen
Frankenberg
Flöha
Chemnitz
Niederwiesa
Oederan
Brand-Erbisdorf
Zschopau
Marienberg
Olbernhau
Annaberg-Buchholz
Ehrenfriedersdorf
Geyer
Einsiedel
Lengefeld
Pockau
Sayda
Dippoldiswalde
Schmiedeberg
Altenberg
Frauenstein
Tharandt
Kurort Seiffen
Kurort Oberwiesenthal
Sehma
Bärenstein
Jöhstadt
Teplice
Ústí n. Labem
Dubí
Krupka
Hrob
Osek
Litvínov
Duchcov
Bílina
Most
Jirkov
Chomutov
Kadaň
Klášterec n. Ohří
Jáchymov
Ostrov
Karlovy Vary
Žatec
Louny
Postoloprty
Lovosice
Podbořany
Doupov
Lom
Chabařovice
Nové Strašeci
Řevničov
Mutějovice
Kryry
Libochov
Duopovské hory
Elbe
E55
E40
E442
E48

444

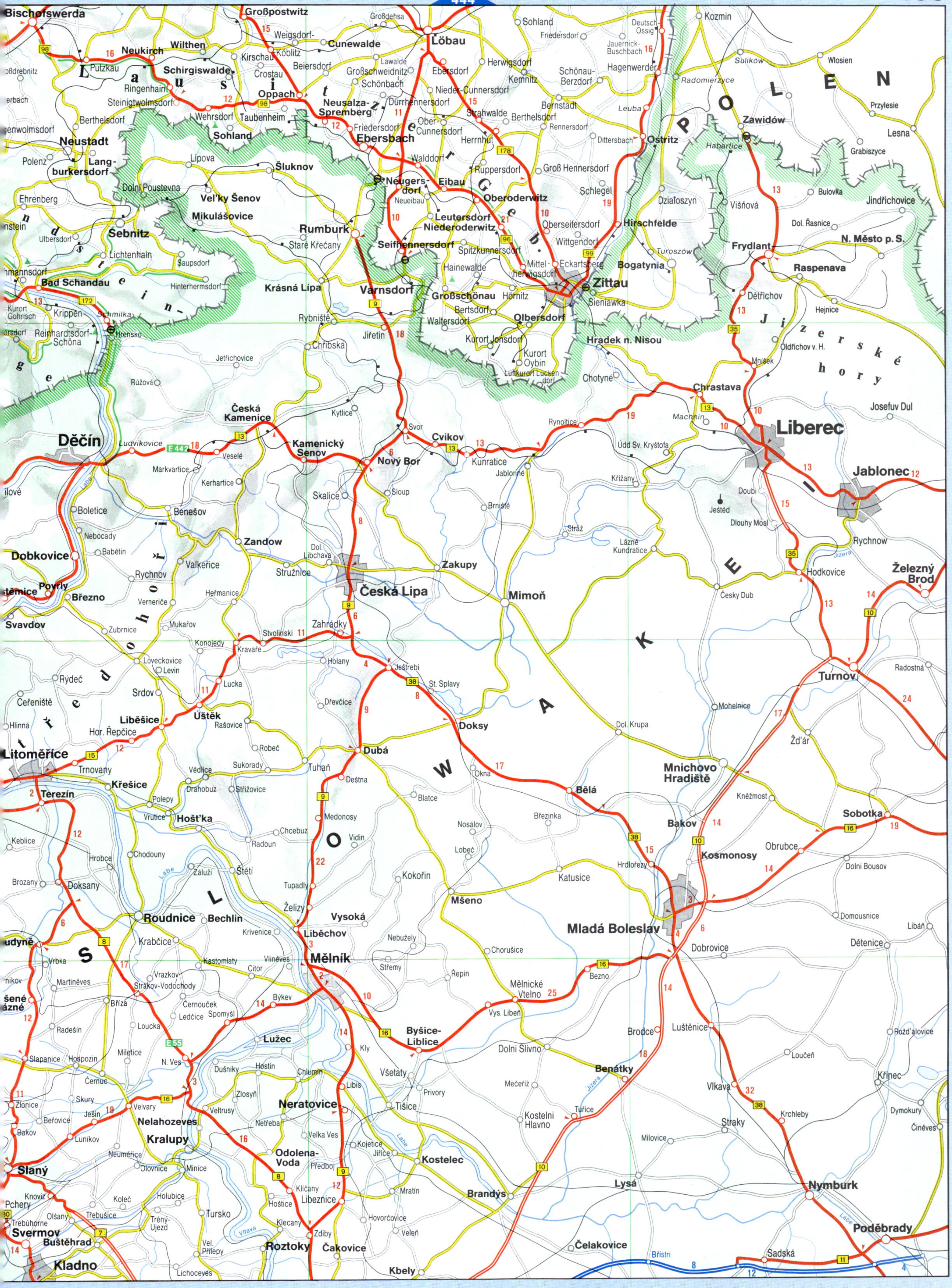

Bischofswerda
Großpostwitz
Neukirch
Wilthen
Putzkau
Schirgiswalde
Ringenhain
Steinigtwolmsdorf
Weigsdorf-Köblitz
Cunewalde
Kirschau
Crostau
Beiersdorf
Oppach
Taubenheim
Wehrsdorf
Sohland
Berthelsdorf
Neustadt
Lang-burkersdorf
Polenz
Ehrenberg
Sebnitz
Lichtenhain
Ulbersdorf
Bad Schandau
Hinterhermsdorf
Saupsdorf
Krippen
Schmilka
Reinhardtsdorf-Schöna
Hřensko
Lipova
Šluknov
Dolní Poustevna
Vel'ky Šenov
Mikulášovice
Rumburk
Staré Křečany
Krásná Lípa
Varnsdorf
Rybniště
Jiřetín
Chřibská
Jetřichovice
Růžová
Česká Kamenice
Kamenický Šenov
Děčín
Ludvikovice
Veselé
Markvartice
Kerhartice
Boletice
Benešov
Nebocady
Babětin
Dobkovice
Valkeřice
Rychnov
Povrly
Březno
Verneřice
Svavdov
Zubrnice
Mukařov
Heřmanice
Zandow
Stružnice
Dol. Libchava
Česká Lípa
Skalice
Nový Bor
Sloup
Svor
Cvikov
Kunratice
Jablonné
Brniště
Kytlice
Löbau
Großdehsa
Lawalde
Großschweidnitz
Schönbach
Ebersdorf
Neusalza-Spremberg
Friedersdorf
Ebersbach
Walddorf
Neugersdorf
Neueibau
Eibau
Oberoderwitz
Leutersdorf
Niederoderwitz
Seifhennersdorf
Spitzkunnersdorf
Hainewalde
Großschönau
Hörnitz
Bertsdorf
Waltersdorf
Olbersdorf
Kurort Jonsdorf
Kurort Oybin
Luftkurort Lückendorf
Zittau
Sieniawka
Mittelherwigsdorf
Eckartsberg
Herwigsdorf
Nieder-Cunnersdorf
Ober-Cunnersdorf
Dürrhennersdorf
Strahwalde
Herrnhut
Ruppersdorf
Kemnitz
Sohland
Friedersdorf
Schönau-Berzdorf
Bernstadt
Rennersdorf
Groß Hennersdorf
Schlegel
Oberseifersdorf
Wittgendorf
Hirschfelde
Bogatynia
Turoszów
Dittersbach
Ostritz
Leuba
Hagenwerder
Deutsch-Ossig
Jauernick-Buschbach
Kozmin
Sulików
Radomierzyce
Włosien
Zawidów
Habartice
Przylesie
Lesna
Grabiszyce
Działoszyn
Višňová
Bulovka
Jindřichovice
Dol. Řasnice
Frýdlant
N. Město p. S.
Raspenava
Dětřichov
Hejnice
Oldřichov v. H.
Mníšek
Hradek n. Nisou
Chotyně
Chrastava
Rynoltice
Machnín
Liberec
Údd Sv. Kryštofa
Křižany
Josefuv Dul
Jablonec
Doubí
Ještěd
Dlouhy Most
Rychnow
Lázně Kundratice
Stráž
Zakupy
Mimoň
Český Dub
Hodkovice
Železný Brod
Turnov
Radostná
Mohelnice
Dol. Krupa
Žďár
Mnichovo Hradiště
Kněžmost
Sobotka
Bakov
Kosmonosy
Obrubce
Dolni Bousov
Mladá Boleslav
Hrdlořezy
Domousnice
Libáň
Dětenice
Dobrovice
Bělá
Březinka
Nosálov
Lobeč
Katusice
Mšeno
Kokořín
Okna
Doksy
St. Splavy
Ještřebí
Holany
Dřevčice
Dubá
Deštná
Blatce
Tuhaň
Medonosy
Vidin
Tupadly
Želízy
Vysoká
Liběchov
Mělník
Nebužely
Chorušice
Střemy
Řepín
Mělnické Vtelno
Bezno
Vys. Libeň
Byšice-Liblice
Dolni Slivno
Benátky
Brodce
Luštěnice
Rožďalovice
Loučeň
Křinec
Vlkava
Krchleby
Dymokury
Činěves
Straky
Milovice
Lysá
Nymburk
Poděbrady
Sadská
Čelakovice
Kostelni Hlavno
Tuřice
Mečeříž
Zahrádky
Stvolinski
Konojedy
Kravaře
Loveckovice
Levin
Lucka
Srdov
Rydeč
Ceřeniště
Hlinná
Liběšice
Hor. Řepčice
Úštěk
Rašovice
Robeč
Litoměřice
Trnovany
Křešice
Terezín
Polepy
Vrutice
Hošťka
Vědlice
Drahobuz
Střížovice
Sukorady
Chcebuz
Radoun
Keblice
Hrobce
Chodouny
Záluží
Štětí
Brozany
Doksany
Roudnice
Bechlin
Krivenice
Krabčice
Kostomlaty
Vlíněves
Citor
Vrbka
Martiněves
Vrazkov
Strakov-Vodochody
Černouček
Ledčice
Spomyšl
Býkev
Bříza
Radešin
Loucka
Miletice
N. Ves
Lužec
Kly
Všetaty
Libiš
Privory
Tišice
Neratovice
Dušníky
Hostin
Chlumín
Zlosyň
Veltrusy
Nelahozeves
Kralupy
Velvary
Slapanice
Hospozín
Černuc
Skury
Jesin
Zlonice
Beřovice
Bakov
Luníkov
Neuměřice
Olovnice
Minice
Odolena-Voda
Předboj
Velka Ves
Kojetice
Jiřice
Kostelec
Mratín
Klíčany
Libeznice
Hoštice
Klecany
Zdiby
Roztoky
Čakovice
Kbely
Brandýs
Hovorčovice
Veleň
Slaný
Knoviz
Pchery
Koleč
Holubice
Trebusice
Olšany
Tursko
Trěný-Ujezd
Vel. Přílepy
Lichoceves
Trebuhorne
Svermov
Buštěhrad
Kladno
Lausitz
Elbsandsteingebirge
Lausitzer Gebirge
České středohoří
Jizerské hory
POLEN
SLOWAKEI
Labe
Jizera
Vltava
Břistri

446

Wiltz
Vianden
Naturpark
Südeifel
Bitburg
Wittlich
Speicher
Diekirch
Bettendorf
Ettelbruck
Echternach
Consdorf
Larochette
Junglinster
Trier
Schweich
Konz
Wasserbillig
Grevenmacher
Luxembourg
Saarburg
Remich
Mondorf
Dudelange
Perl
Mettlach
Losheim
Merzig
Wadern
Hermeskeil
Nonnweiler
Tholey
Schmelz
Lebach
Sierck
Hettange
Thionville
Yutz
Hayange
Florange
Guénange
Rombas
Hagondange
Maizières
Metz
Vigy
Boulay
Bouzonville
Dillingen
Saarlouis
Saarwellingen
Schwalbach
Püttlingen
Völklingen
Saarbrücken
Sulzbach
St. Ingbert
Merzig
Wadgassen
Überherrn
Großrosseln
Forbach
Merlebach
Freyming
Hombourg
St-Avold
Sarreguemines
Kleinblittersdorf
FRANKREICH
Hunsrück
Schwarzwälder Hochwald
Saar-Bergland

460

447

Wiesbaden
Mainz
Bingen
Rüdesheim
Geisenheim
Ingelheim
Bad Kreuznach
Alzey
Wörrstadt
Kirn
Idar-Oberstein
Baumholder
Simmern
Zell
Kirchberg
Sobernheim
Meisenheim
Kusel
Freisen
Rockenhausen
Kirchheimbolanden
Grünstadt
Eisenberg
Winnweiler
Otterberg
Kaiserslautern
Landstuhl
Ramstein
Homburg
Neunkirchen
Zweibrücken
Pirmasens
Rodalben
Waldfischbach-Burgalben
Dahn
Annweiler
Landau
Bad Bergzabern
Neustadt
Bad Dürkheim
Deidesheim
Haßloch
Frankenthal
Worms
Bingen
Soonwald
Hunsrück
Rheingaugebirge
Binger Wald
Nordpfälzer Bergland
Pfälzer Wald
Haardt
Naturpark Pfälzer Wald

461

448

Offenbach
Mainz
Rüsselsheim
Neu-Isenburg
Dreieich
Dietzenbach
Rodgau
Langen
Rödermark
Hanau
Aschaffenburg
Darmstadt
Dieburg
Groß-Umstadt
Mörfelden-Walldorf
Groß-Gerau
Weiterstadt
Griesheim
Pfungstadt
Seeheim-Jugenheim
Bensheim
Heppenheim
Lorsch
Lampertheim
Worms
Frankenthal
Mannheim
Ludwigshafen
Viernheim
Weinheim
Schriesheim
Ladenburg
Heidelberg
Neckargemünd
Eberbach
Michelstadt
Erbach
Mosbach
Schwetzingen
Speyer
Walldorf
Wiesloch
Sinsheim
Bad Rappenau
Bad Friedrichshall
Neckarsulm
Heilbronn
Eppingen
Bruchsal
Philippsburg
Germersheim
Hockenheim
Buchen
Walldürn
Amorbach
Miltenberg
Klingenberg
Obernburg
Höchst
Bad König
Reichelsheim
Odenwald
Spessart
Naturpark
Bergstraße
Neckartal-Odenwald
Deutsche Ferienstraße
Nibelungenstraße
Siegfriedstraße

462

449

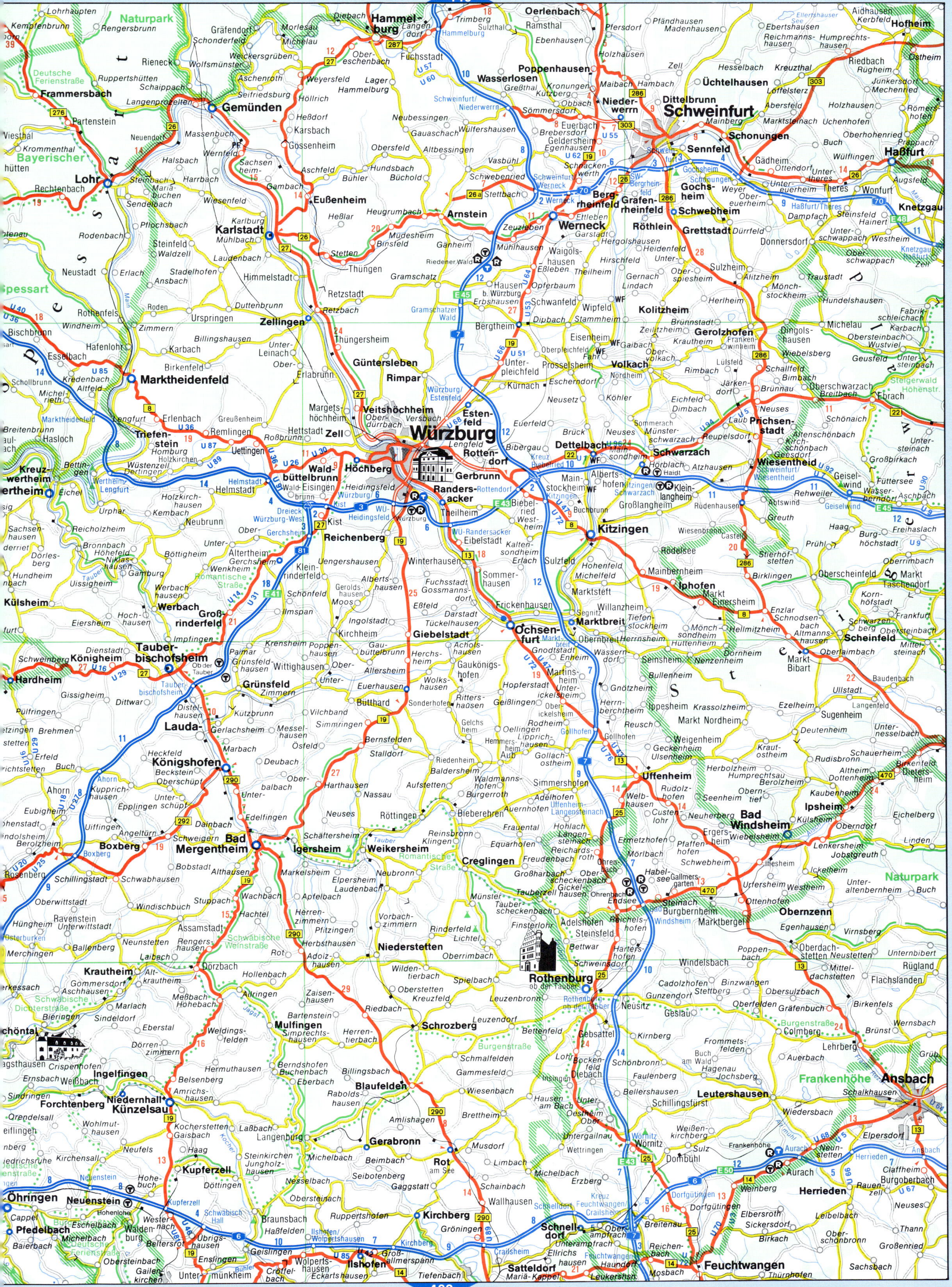
Naturpark
Bayerischer
Spessart
Hammelburg
Oerlenbach
Gemünden
Frammersbach
Lohr
Karlstadt
Eußenheim
Arnstein
Werneck
Schweinfurt
Sennfeld
Schonungen
Haßfurt
Gochsheim
Grafenrheinfeld
Bergrheinfeld
Schwebheim
Röthlein
Grettstadt
Zellingen
Marktheidenfeld
Güntersleben
Rimpar
Veitshöchheim
Würzburg
Estenfeld
Gerbrunn
Rottendorf
Dettelbach
Schwarzach
Kitzingen
Wiesentheid
Prichsenstadt
Volkach
Kolitzheim
Gerolzhofen
Höchberg
Waldbüttelbrunn
Randersacker
Reichenberg
Triefenstein
Kreuzwertheim
Wertheim
Helmstadt
Uettingen
Remlingen
Zell
Kist
Giebelstadt
Ochsenfurt
Marktbreit
Iphofen
Scheinfeld
Markt Bibart
Tauberbischofsheim
Külsheim
Großrinderfeld
Werbach
Grünsfeld
Königheim
Hardheim
Lauda-Königshofen
Bad Mergentheim
Igersheim
Weikersheim
Creglingen
Röttingen
Uffenheim
Ipsheim
Bad Windsheim
Obernzenn
Niederstetten
Rothenburg ob der Tauber
Schrozberg
Mulfingen
Krautheim
Blaufelden
Gerabronn
Rot am See
Kirchberg
Ilshofen
Satteldorf
Schnelldorf
Feuchtwangen
Dombühl
Leutershausen
Herrieden
Aurach
Ansbach
Frankenhöhe
Ingelfingen
Niedernhall
Künzelsau
Forchtenberg
Kupferzell
Öhringen
Neuenstein
Pfedelbach
Naturpark
Steigerwald
Schönbornstraße
Romantische Straße
Burgenstraße
Schwäbische Weinstraße
Schwäbische Dichterstraße
Deutsche Ferienstraße

463

450

Lichtenfels
Michelau
Redwitz
Burgkunstadt
Altenkunstadt
Mainleus
Kulmbach
Stadtsteinach
Marktleugast
Stammbach
Frankenwald
Bier- und Burgenstraße
Staffelstein
Weismain
Ebern
Naturpark
Haßberge
Königsberg
Ebensfeld
Zapfendorf
Rattelsdorf
Thurnau
Bad Berneck i. F.
Zeil
Ebelsbach
Eltmann
Baunach
Breitengüßbach
Scheßlitz
Hollfeld
Heinersreuth
Bindlach
Bayreuth
Oberaurach
Oberhaid
Hallstadt
Memmelsdorf
Litzendorf
Eckersdorf
Mistelgau
Bamberg
Bischberg
Stegaurach
Strullendorf
Heiligenstadt
Fränkische Schweiz-
Creußen
Burgebrach
Frensdorf
Hirschaid
Steigerwald
Schlüsselfeld
Eggolsheim
Ebermannstadt
Gößweinstein
Pottenstein
Pegnitz
Höchstadt an der Aisch
Adelsdorf
Forchheim
Heroldsbach
Hemhofen
Röttenbach
Baiersdorf
Möhrendorf
Bubenreuth
Hiltpoltstein
Gräfenberg
Igensdorf
Veldensteiner Forst
Auerbach
Diespeck
Neustadt an der Aisch
Weisendorf
Uttenreuth
Neunkirchen
Eckental
Simmelsdorf
Herzogenaurach
Erlangen
Emskirchen
Heroldsberg
Schnaittach
Veitsbronn
Langenzenn
Markt Erlbach
Wilhermsdorf
Cadolzburg
Fürth
Nürnberg
Lauf
Rückersdorf
Röthenbach
Schwaig
Neunkirchen
Hersbruck
Happurg
Pommelsbrunn
Leinburg
Zirndorf
Oberasbach
Stein
Dietenhofen
Großhabersdorf
Roßtal
Feucht
Winkelhaid
Altdorf
Schwarzenbruck
Burgthann
Lauterhofen
Heilsbronn
Schwabach
Wendelstein
Schwanstetten
Berg
Petersaurach
Neuendettelsau
Lichtenau
Rednitzhembach
Pyrbaum
Postbauer-Heng
Neumarkt
Sachsen
Windsbach
Abenberg
Büchenbach
Roth
Allersberg
Wassermungenau
Georgensgmünd
Hilpoltstein
Freystadt
Deining
Velburg

464

451

Selb
Skalná
Loket
Habartov
Sokolov
Mechlenreuth
Benk
Sparneck
Kirchenlamitz
Spielberg
Vojtanov
Hazlov
Milhostov
Kacerov
Chlum
Citice
Tisová
Březová
Hor. Slavkov
Marktleuthen
Naturpark
Fichtelgebirge
Weißenstadt
Röslau
Thierstein
Hohenberg
Schirnding
Libá
Františkovy Lázně
Třebeň
Kynšperk
Odrava
Kostelní Bříza
Rovná
Krásno
Bečov
Höchstädt
Thiersheim
Arzberg
Pomezí
Cheb
Podhrad
Okrouhlá
Prameny
Schneeberg 1053
Ochsenkopf 1023
Bischofsgrün
Fichtelgebirgsstraße
Panoramastraße
Wunsiedel
Schönbrunn
Holenbrunn
Röthenbach
Tröstau
Bad Alexandersbad
Lorenzreuth
Seußen
Münchenreuth
Lipová
Mnichov
Otročín
Fichtelberg
Warmensteinach
Marktredwitz
Brand
Konnersreuth
Waldsassen
Hatzenreuth
Mýtina
Dol. Žandov
Lázně Kynžvart
Mühlbühl
Waldershof
Mehlmeisel
Nagel
Ebnath
Brand
Lengenfeld
Pechbrunn
Groß-büchlberg
Pfaffenreuth
Neualbenreuth
Wernersreuth
Zirkenreuth
Stará Voda
Mariánské Lázně
Vel. Hleďsebe
Zádub-Závišín
Teplá
Mrázov
Ovesné Kladruby
Dechantsees
Neusorg
Helmbrechts
Poppenreuth
Mitterteich
Leonberg
Rosall
Tři Sekery
Drmoul
Kirchenpingarten
Mengersreuth
Pullenreuth
Riglasreuth
Fuchsmühl
Großensterz
Wiesau
Wondreb
Pilmersreuth
Poppenreuth
Mähring
Trstěnice
Chodová Planá
Hanov
Michalovy Hory
Immenreuth
Kulmain
Zinst
Trevesen
Steinwald
Naturpark
Platte 946
Voitenthan
Schönhaid
Friedenfels
Tirschenreuth
Großkonreuth
Speichersdorf
Kemnath
Schönreuth
Pfaben
Wetzldorf
Hohenwald
Matzersreuth
Griesbach
Zad. Chodov
Chodský Újezd
Planá
Lestkov
Falkenberg
Waldeck
Thumsenreuth
Reuth
Erbendorf
Lengenfeld
Schwarzenbach
Ellenfeld
Halže
Neustadt a. Kulm
Naturpark
Bernstein
Krummennaab
Windischeschenbach
Schönficht
Liebenstein
Hessenreuth
Bayerische Ostmarkstraße
Beidl
Hohenthan
Bärnau
Thanhausen
Lučina
Tachov
Černošín
Preißach
Trabitz
Speinshart
Tremmersdorf
Pressath
Hessenreuther
Alten-parkstein
Kirchendemenreuth
Neuhaus
Eppenreuth
Schönkirch
Plößberg
Altglashütte
Studánka
Wildenau
Ilsenbach
Würz
Lesná
Částkov
St. Sedliště
Ošelin
Eschenbach
Puchersreuth
Hammerles
und
Störnstein
Floß
Flossenbürg
Waldkirch
Grafenwöhr
Dießfurt
Schwarzenbach
Parkstein
Neustadt an der Waldnaab
Altenstadt
Bergnetsreuth
Schwanhof
Spielberg
Georgenberg
Neuenhammer
Waldheim
Labut
Bor
Holostřevy
Gmünd
Hütten
Mantler Wald
Theisseil
Weiden
Letzau
Lennesrieth
Waldthurn
Fahrenberg
Bernrieth
Dimpfl
Hoštka
Rozvadov
Primda
Bonětice
Stráž
St. Sedlo
Přestibor
Kaltenbrunn
Neunkirchen
Mantel
Frauenricht
Schirmitz
Roggenstein
Pleystein
Waidhaus
Etzenricht
Dürnast
Weiherhammer
Thansüß
Rothenstadt
Pirk
Irchenrieth
Kaimling
Waldau
Altenstadt
Vohenstrauß
Michldorf
Pfrentsch
Diana
Třemešné
Vilseck
Freihung
Seugast
Hannersgrün
Oberwildenau
Oberlind
Gröbenstädt
Bělá
Holubeč
Kohlberg
Luhe-Wildenau
Leuchtenberg
Moosbach
Eslarn
Smolov
Újezd Sv. Kříže
Mířkov
Schönlind
Großschönbrunn
Ehenfeld
Neudorf
Wittschau
Böhmischbruck
Naturpark
Hostouň
Štítary
Holzhammer
Schnaittenbach
Oberköblitz
Deindorf
Tröbes
Mutěnín
Hirschau
Gebenbach
Losau
Reisach
Etzgersrieth
Oberlangau
Srby
Wernberg-Köblitz
Söllitz
Weihern
Trausnitz
Tännesberg
Oberpfälzer
Rybník
Pobězovice
Sulzbach-Rosenberg
Steiningloh
Weiher
Neunaigen
Saltendorf
Stein
Hohentreswitz
Fuchsberg
Wildeppenried
Pullenried
Dietersdorf
Schönsee
Stadlern
Mnichov
Meclov
Ursulapoppenricht
Kemnath
Pfreimd
Pamsdorf
Gleiritsch
Trichenricht
Teunz
Wald
Gaisthal
Charlottenthal
Weiding
N. Kramolín
Traßberg
Pursruck
Götzendorf
Freudenberg
Ammersricht
Lintach
Oberviechtach
Lind
Postřekov
Witzlhof
Amberg
Rottendorf
Nabburg
Unteraich
Pischdorf
Schönau
Steinlohe
Schneeberg
Tiefenbach
Klenčí
Dražnov
Ammerthal
Paulsdorf
Guteneck
Dürnersdorf
Niedermurach
Garmersdorf
Etsdorf
Trisching
Diendorf
Kümmersbruck
Schmidgaden
Högling
Pertolzhofen
Willhof
Winklarn
Nemanice
Treffelstein
Chodov
Trhanov
Haselmühl
Köfering
Amberg-Süd
Fensterbach
Stulln
Altendorf
Dieterskirchen
Haag
Silbersee
Spielberg
Babylon
Hohenkemnath
Theuern
Ebermannsdorf
Schwarzach
Denglarn
Muschenried
Irlach
Heinrichskirchen
Biberbach
Perlsee
Garsdorf
Dürnsricht
Schwarzenfeld
Zangenstein
Bach
Prackendorf
Thanstein
Kulz
Pillmersried
Hiltersried
Ast
Waldmünchen
Č. Kubice
Wolfsbach
Diebis
Pittersberg
Schwarzhofen
Kemnath
Premeischl
Schönthal
Prosdorf
Spálenec
Hirschwald
Thonhausen
Ensdorf
Haselbach
Sonnenried
Kröblitz
Stausee Eixendorf
Neunburg vorm Wald
Fuhrn
Hofenstetten
Rötz
Grafenkirchen
Folmava
Althütte
Thanheim
Schwandorf
Fronberg
Krondorf
Taxöldern
Pentling
Hillstett
Bayerische Ostmarkstraße
Geigant
Gleißenberg
Furth im Wald
Mendorferbuch
Rieden
Neukirchen
Ettmannsdorf
Dachelhofen
Wackersdorf
Alletsried
Katzbach
Vilshofen
Naabeck
Altenschwand
Neuenschwand
Bernried
Grafenkirchen
Engelsdorf
Großenzenried
Winbuch
Rännkam
Arnschwang
Adertshausen
Zielheim
Bubach
Klardorf
Steinberg
Blechhammer
Neukirchen-Balbini
Saisting
Dalking
Schmidmühlen
Eglsee
Bodenwöhr
Fronau
Stamsried
Pemfling
Waffenbrunn
Weiding
Sengenbühl
Hoher Bogen
Mappach
Lanzenried
Münchshofen
Fischbach
Kaspeltshub
Bruck
Neubäu
Strahlfeld
Pitzling
Willmering
Koth
Maibling
Walting
Zenching
Thenried
Großbissendorf
Untersdorf
Teublitz
Naturpark
Pösing
Unter traubenbach
Windischbergerdorf
Niederrunding
Runding
Rimbach
Hohenfels
Burglengenfeld
Maxhütte-Haidhof
Stefling
Bergham
Altenkreith
Cham
Chammünster
Dietldorf

465

454

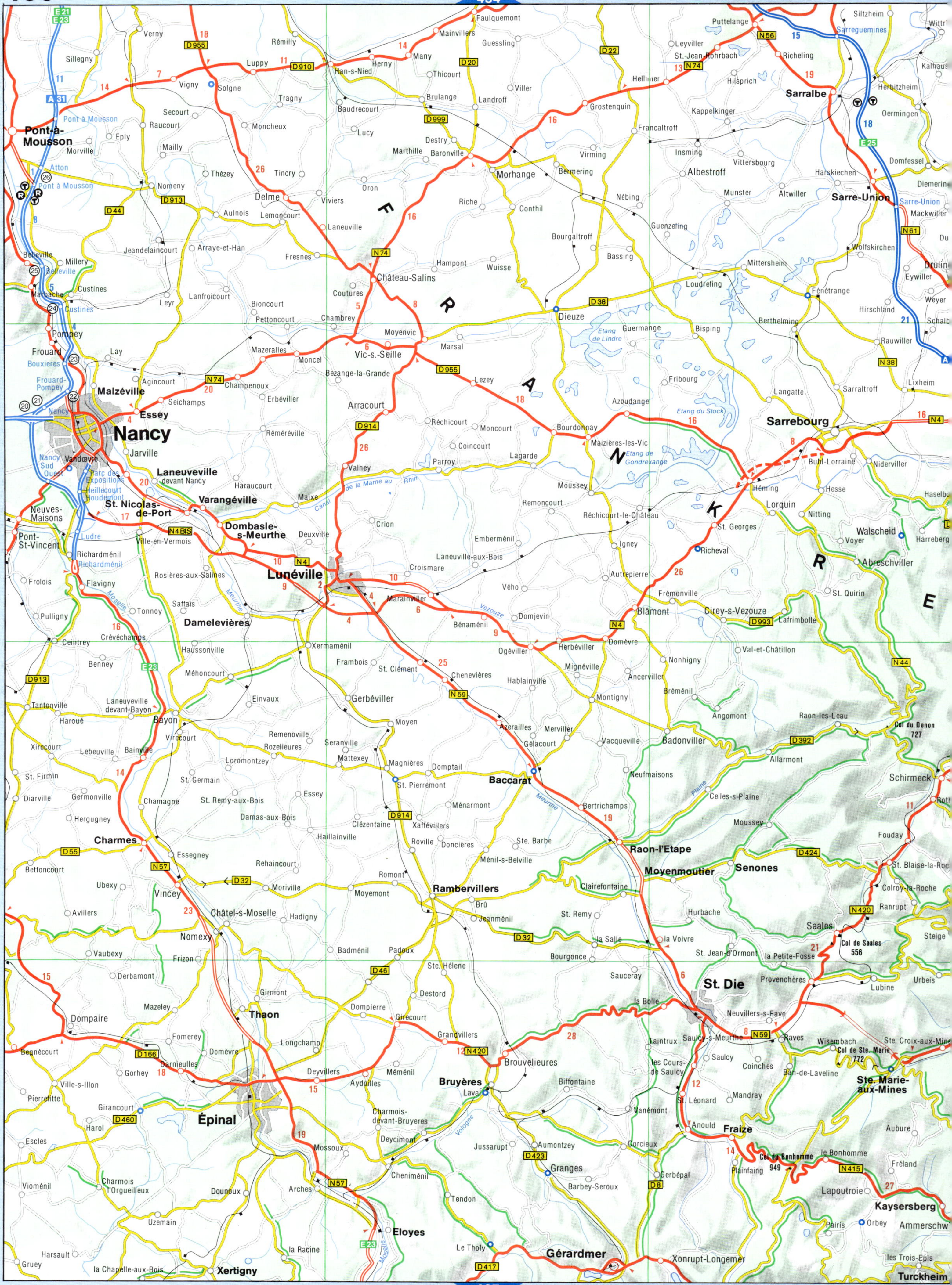

FRANKREICH
Nancy
Pont-à-Mousson
Malzéville
Essey
Jarville
Vandœuvre
Laneuveville devant Nancy
Varangéville
St. Nicolas-de-Port
Dombasle-s-Meurthe
Lunéville
Neuves-Maisons
Pont-St-Vincent
Pompey
Frouard
Bouxieres
Custines
Marbache
Belleville
Millery
Verny
Sillegny
Rémilly
Luppy
Vigny
Solgne
Secourt
Raucourt
Moncheux
Tragny
Herny
Many
Han-s-Nied
Faulquemont
Mainvillers
Guessling
Thicourt
Viller
Brulange
Landroff
Baudrecourt
Lucy
Destry
Baronville
Marthille
Morhange
Bermering
Virming
Grostenquin
Hellimer
Francaltroff
Insming
Albestroff
Vittersbourg
Puttelange
Leyviller
St.-Jean-Rohrbach
Hilsprich
Kappelkinger
Sarralbe
Richeling
Siltzheim
Sarreguemines
Herbitzheim
Oermingen
Domfessel
Harskirchen
Sarre-Union
Mackwiller
Wolfskirchen
Eywiller
Weyer
Hirschland
Fénétrange
Mittersheim
Munster
Altwiller
Guenzeling
Nébing
Bassing
Bourgaltroff
Loudrefing
Dieuze
Etang de Lindre
Guermange
Bisping
Berthelming
Rauwiller
Sarraltroff
Lixheim
Langatte
Fribourg
Azoudange
Etang du Stock
Sarrebourg
Buhl-Lorraine
Niderviller
Hesse
Héming
Lorquin
Nitting
Walscheid
Harreberg
Voyer
Abreschviller
St. Quirin
St. Georges
Richeval
Réchicourt-le-Château
Igney
Autrepierre
Frémonville
Blâmont
Cirey-s-Vezouze
Lafrimbolle
Val-et-Châtillon
Domèvre
Herbéviller
Ogéviller
Nonhigny
Ancerviller
Brémenil
Angomont
Raon-les-Leau
Col du Donon 727
Allarmont
Badonviller
Neufmaisons
Celles-s-Plaine
Moussey
Schirmeck
Fouday
St. Blaise-la-Roche
Colroy-la-Roche
Ranrupt
Saales
Col de Saales 556
Steige
Urbeis
Lubine
Provenchères
La Petite-Fosse
St. Jean-d'Ormont
Hurbache
Senones
Moyenmoutier
Raon-l'Etape
Bertrichamps
Baccarat
Gélacourt
Merviller
Azerailles
Vacqueville
Montigny
Mignéville
Hablainville
Chenevières
Bénaménil
Domjevin
Vého
Marainviller
Croismare
Laneuveille-aux-Bois
Emberménil
Remoncourt
Moussey
Maizières-les-Vic
Etang de Gondrexange
Bourdonnay
Lagarde
Parroy
Moncourt
Coincourt
Réchicourt
Lezey
Marsal
Moyenvic
Vic-s.-Seille
Bezange-la-Grande
Arracourt
Valhey
Crion
Deuxville
Maixe
Canal de la Marne au Rhin
Haraucourt
Réméréville
Erbéviller
Champenoux
Seichamps
Agincourt
Lay
Mazeralles
Moncel
Chambrey
Petoncourt
Bioncourt
Coutures
Château-Salins
Hampont
Wuisse
Riche
Conthil
Laneuville
Fresnes
Lemoncourt
Viviers
Oron
Delme
Tincry
Thézey
Nomeny
Mailly
Eply
Morville
Atton
Aulnois
Arraye-et-Han
Jeandelaincourt
Lanfroicourt
Leyr
Ville-en-Vermois
Rosières-aux-Salines
Saffais
Tonnoy
Damelevières
Richardménil
Flavigny
Frolois
Pulligny
Ceintrey
Crévéchamps
Haussonville
Benney
Méhoncourt
Xermaménil
Frambois
St. Clément
Gerbéviller
Einvaux
Tantonville
Haroué
Laneuveille devant-Bayon
Bayon
Virecourt
Xirocourt
Lebeuville
Bainville
St. Firmin
Diarville
Germonville
Hergugney
Charmes
Chamagne
St. Germain
Loromontzey
Remenoville
Rozelieures
Seranville
Mattexey
Moyen
Magnières
Domptail
St. Pierremont
Ménarmont
Xaffévillers
St. Remy-aux-Bois
Essey
Damas-aux-Bois
Clézentaine
Haillainville
Roville
Doncières
Ste. Barbe
Ménil-s-Belvile
Essegney
Rehaincourt
Bettoncourt
Ubexy
Vincey
Moriville
Moyemont
Romont
Rambervillers
Brû
Jeanménil
Clairefontaine
St. Remy
La Salle
La Voivre
Bourgonce
Saucery
Avillers
Châtel-s-Moselle
Nomexy
Hadigny
Badménil
Padoux
Vaubexy
Frizon
Derbamont
Ste. Hélène
Destord
Girmont
Thaon
Mazeley
Dompaire
Fomerey
Domèvre
Dompierre
Girecourt
Grandvillers
Longchamp
Bégnécourt
Darnieulles
Gorhey
Ville-s-Illon
Deyvillers
Méménil
Aydoilles
Bruyères
Laval
Brouvelieures
Biffontaine
Pierrefitte
Girancourt
Épinal
Harol
Charmois-devant-Bruyeres
Deycimont
Jussarupt
Aumontzey
Granges
Barbey-Seroux
Corcieux
Gerbépal
Vanémont
Escles
Charmois l'Orgueilleux
Viomé nil
Dounoux
Uzemain
Arches
Mossoux
Cheniménil
Tendon
Eloyes
Le Tholy
Gérardmer
Xonrupt-Longemer
Harsault
Gruey
la Chapelle-aux-Bois
la Racine
Xertigny
St. Die
la Bolle
Neuvillers-s-Fave
Saulcy-s-Meurthe
Saulcy
Taintrux
les Cours-de Saulcy
Raves
Coinches
Wisembach
Col de Ste. Marie 772
Ste. Croix-aux-Mines
Ban-de-Laveline
Ste. Marie-aux-Mines
St. Léonard
Mandray
Anould
Fraize
Plainfaing
Col du Bonhomme 949
le Bonhomme
Lapoutroie
Aubure
Fréland
Kaysersberg
Orbey
Pairis
Ammerschw
Les Trois-Epis
Turckheim

467

455

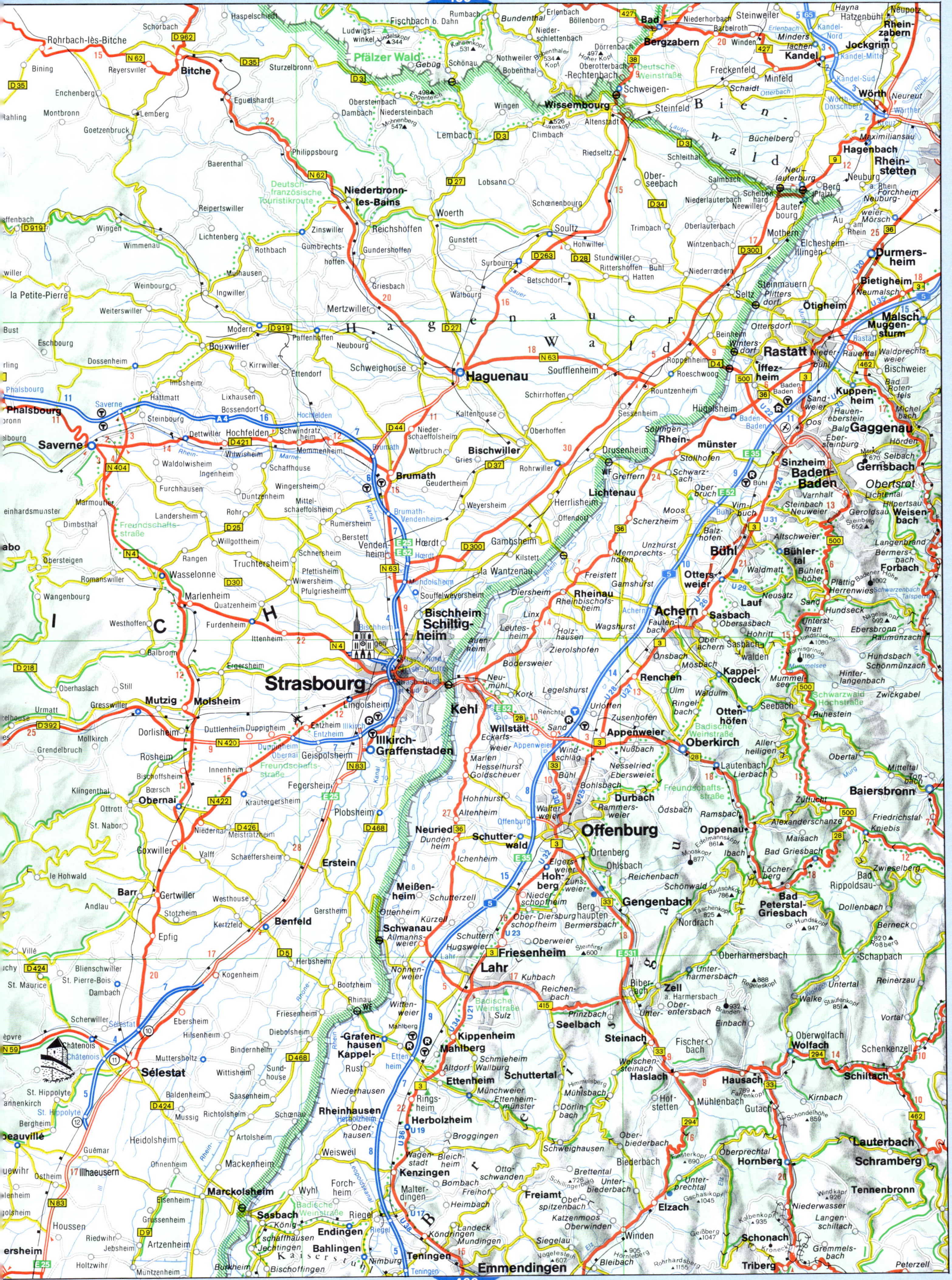
Rohrbach-lès-Bitche
Bitche
Pfälzer Wald
Bad Bergzabern
Kandel
Jockgrim
Rheinzabern
Wörth
Wissembourg
Schweigen-Rechtenbach
Deutsche Weinstraße
Bienwald
Lembach
Hagenbach
Rheinstetten
Neulauterburg
Lauterbourg
Philippsbourg
Niederbronn-les-Bains
Deutsch-französische Touristikroute
Reichshoffen
Woerth
Soultz
Durmersheim
Bietigheim
Ötigheim
Malsch
Muggensturm
Rastatt
Iffezheim
Kuppenheim
Gaggenau
Gernsbach
Baden-Baden
Sinzheim
la Petite-Pierre
Haguenau
Hagenauer Wald
Bouxwiller
Schweighouse
Soufflenheim
Phalsbourg
Saverne
Hochfelden
Brumath
Bischwiller
Rheinmünster
Lichtenau
Bühl
Bühlertal
Forbach
Weisenbach
Wasselonne
Marlenheim
Truchtersheim
Bischheim
Schiltigheim
Achern
Sasbach
Kappelrodeck
Ottenhöfen
Renchen
Strasbourg
Kehl
Molsheim
Mutzig
Willstätt
Appenweier
Oberkirch
Illkirch-Graffenstaden
Badische Weinstraße
Schwarzwald Hochstraße
Baiersbronn
Obernai
Offenburg
Gengenbach
Durbach
Oppenau
Bad Peterstal-Griesbach
Bad Rippoldsau
Erstein
Neuried
Schutterwald
Barr
Benfeld
Schwanau
Friesenheim
Lahr
Zell a. Harmersbach
Seelbach
Steinach
Haslach
Hausach
Wolfach
Schiltach
Sélestat
Châtenois
Kappel-Grafenhausen
Rust
Mahlberg
Kippenheim
Ettenheim
Schuttertal
Rheinhausen
Herbolzheim
Kenzingen
Marckolsheim
Sasbach
Endingen
Bahlingen
Riegel
Teningen
Emmendingen
Elzach
Hornberg
Lauterbach
Schramberg
Tennenbronn
Schonach
Triberg
Freiamt
Kaiserstuhl

468

456

Bruchsal
Heilbronn
Karlsruhe
Bretten
Eppingen
Brackenheim
Lauffen
Maulbronn
Ettlingen
Pforzheim
Mühlacker
Vaihingen
Bietigheim
Ludwigsburg
Marbach
Bad Herrenalb
Gaggenau
Neuenbürg
Leonberg
Stuttgart
Waiblingen
Fellbach
Esslingen
Calw
Sindelfingen
Böblingen
Leinfelden-Echterdingen
Filderstadt
Nürtingen
Herrenberg
Nagold
Tübingen
Reutlingen
Metzingen
Rottenburg
Horb
Freudenstadt
Baiersbronn
Sulz
Hechingen
Balingen
Albstadt
Rottweil
Oberndorf
Mössingen
Pfullingen
Bad Urach
Münsingen
Schömberg
Dietingen
Zimmern
Wildbad
Forbach
Naturpark Stromberg
Naturpark Schönbuch
Heuchelberg
Rammert
Kl. Heuberg
Schwäbische Alb

469

457

Schwäbisch Hall
Crailsheim
Feuchtwangen
Dinkelsbühl
Ilshofen
Satteldorf
Kreßberg
Bechhofen
Vellberg
Frankenhardt
Obersontheim
Fichtenau
Gaildorf
Murrhardt
Ellwangen
Oettingen
Abtsgmünd
Hüttlingen
Westhausen
Lauchheim
Bopfingen
Nördlingen
Aalen
Mögglingen
Böbingen
Schwäbisch Gmünd
Lorch
Welzheim
Alfdorf
Gschwend
Essingen
Heubach
Oberkochen
Königsbronn
Neresheim
Göppingen
Uhingen
Eislingen
Salach
Süßen
Donzdorf
Böhmenkirch
Steinheim
Heidenheim
Nattheim
Dischingen
Giengen
Herbrechtingen
Gerstetten
Geislingen
Kuchen
Gingen
Bad Überkingen
Deggingen
Bad Ditzenbach
Amstetten
Lonsee
Westerstetten
Langenau
Niederstotzingen
Sontheim
Lauingen
Dillingen
Höchstädt
Gundelfingen
Offingen
Günzburg
Leipheim
Burgau
Jettingen
Zusmarshausen
Laichingen
Merklingen
Dornstadt
Ulm
Neu-Ulm
Elchingen
Nersingen
Bibertal
Blaubeuren
Blaustein
Schelklingen
Allmendingen
Erbach
Ehingen
Munderkingen
Illerkirchberg
Senden
Weißenhorn
Pfaffenhofen
Vöhringen
Bellenberg
Illertissen
Laupheim
Dietenheim
Buch
Ichenhausen
Kammeltal
Scheppach
Thannhausen
Ursberg
Krumbach
Dinkelscherben
Fischach
Altenmünster
Holzheim
Härtsfeld
Albuch
Donaumoos
Donauried
Schwäbisch-Fränkischer Wald
Deutsche Ferienstraße
Romantische Straße
Schwäbische Albstraße
Schwäbische Dichterstraße
Oberschwäbische Barockstraße
Straße der Staufer
470

458

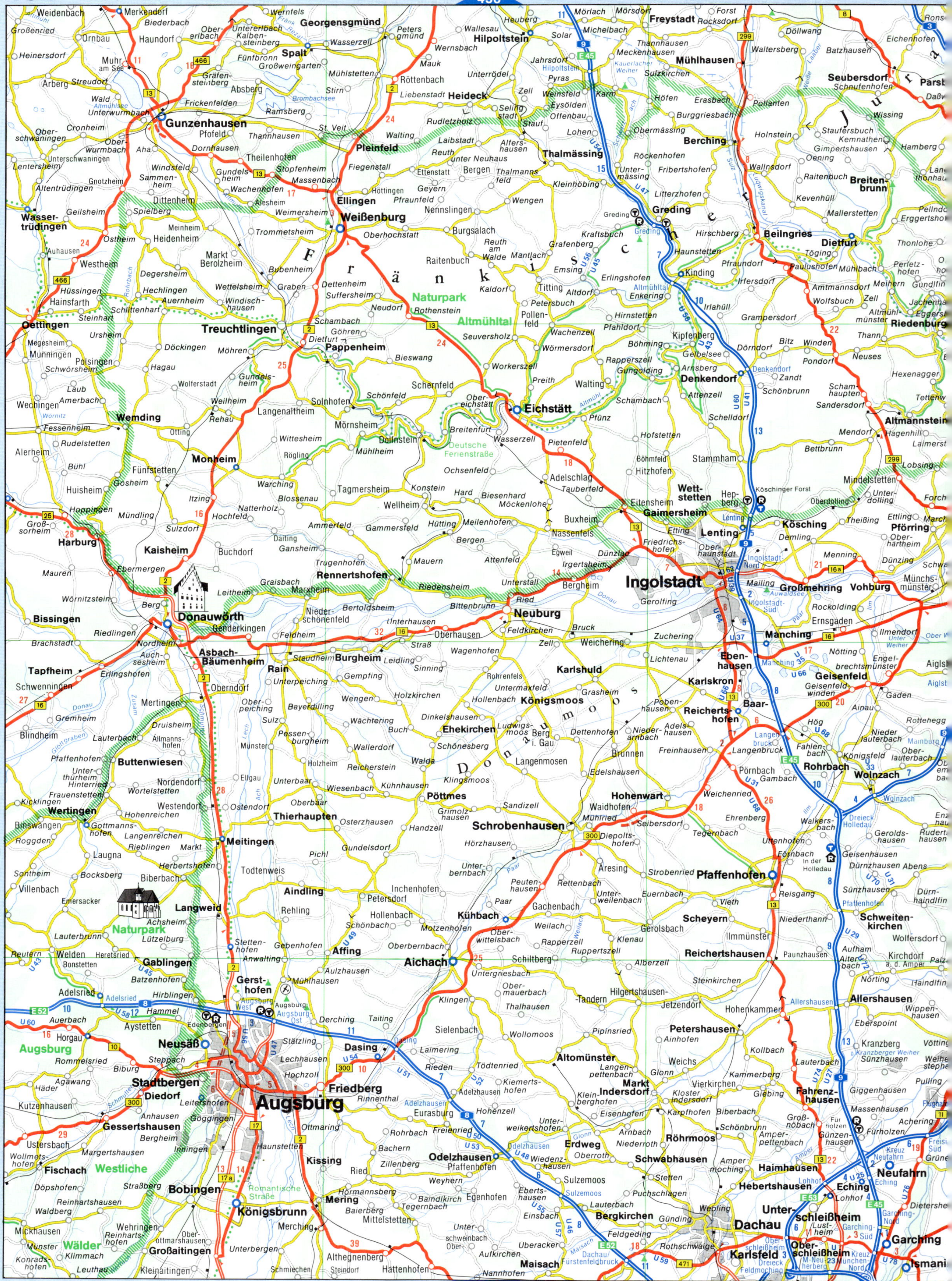
Gunzenhausen
Georgensgmünd
Spalt
Hilpoltstein
Freystadt
Mühlhausen
Heideck
Pleinfeld
Thalmässing
Berching
Ellingen
Weißenburg
Greding
Beilngries
Dietfurt
Wassertrüdingen
Fränkische
Naturpark
Altmühltal
Oettingen
Treuchtlingen
Pappenheim
Kipfenberg
Riedenburg
Denkendorf
Eichstätt
Wemding
Altmannstein
Monheim
Harburg
Kaisheim
Rennertshofen
Lenting
Kösching
Ingolstadt
Großmehring
Vohburg
Donauwörth
Neuburg
Bissingen
Asbach-Bäumenheim
Rain
Burgheim
Manching
Karlshuld
Karlskron
Geisenfeld
Ehekirchen
Königsmoos
Reichertshofen
Buttenwiesen
Rohrbach
Wolnzach
Wertingen
Pöttmes
Thierhaupten
Schrobenhausen
Hohenwart
Meitingen
Pfaffenhofen
Langweid
Aindling
Kühbach
Scheyern
Gablingen
Affing
Aichach
Reichertshausen
Gersthofen
Allershausen
Neusäß
Augsburg
Dasing
Petershausen
Stadtbergen
Friedberg
Altomünster
Markt Indersdorf
Fahrenzhausen
Gessertshausen
Kissing
Odelzhausen
Erdweg
Röhrmoos
Schwabhausen
Haimhausen
Neufahrn
Bobingen
Königsbrunn
Mering
Sulzemoos
Hebertshausen
Eching
Bergkirchen
Dachau
Unterschleißheim
Garching
Westliche
Wälder
Großaitingen
Maisach
Karlsfeld
Oberschleißheim
Ismaning
Donaumoos
Jura

471

459

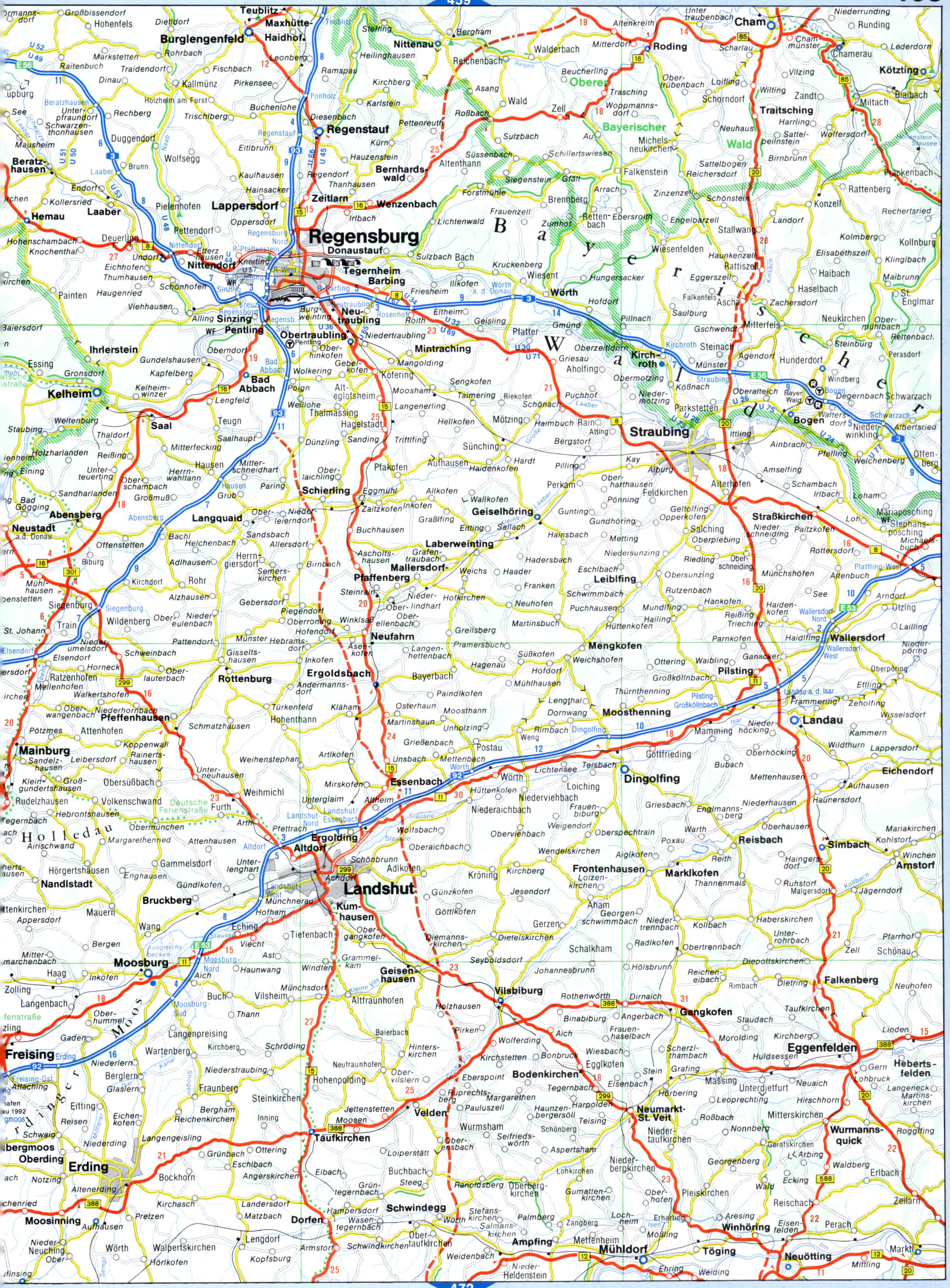

Burglengenfeld
Teublitz
Maxhütte-Haidhof
Nittenau
Cham
Roding
Kötzting
Regenstauf
Bernhardswald
Traitsching
Oberer
Bayerischer
Wald
Hemau
Laaber
Lappersdorf
Zeitlarn
Wenzenbach
Regensburg
Donaustauf
Tegernheim
Barbing
Nittendorf
Pentling
Sinzing
Obertraubling
Neutraubling
Wörth
Bayerischer Wald
Ihrlerstein
Kelheim
Bad Abbach
Saal
Mintraching
Kirchroth
Straubing
Bogen
Abensberg
Neustadt a.d. Donau
Langquaid
Schierling
Geiselhöring
Laberweinting
Mallersdorf-Pfaffenberg
Leiblfing
Straßkirchen
Siegenburg
Rottenburg
Ergoldsbach
Neufahrn
Mengkofen
Pilsting
Wallersdorf
Landau
Mainburg
Pfeffenhausen
Moosthenning
Dingolfing
Essenbach
Eichendorf
Hallertau
Nandlstadt
Ergolding
Altdorf
Landshut
Kumhausen
Frontenhausen
Marklkofen
Reisbach
Simbach
Arnstorf
Bruckberg
Moosburg
Geisenhausen
Vilsbiburg
Falkenberg
Gangkofen
Eggenfelden
Freising
Erdinger Moos
Velden
Bodenkirchen
Neumarkt-St. Veit
Wurmannsquick
Erding
Taufkirchen
Schwindegg
Dorfen
Ampfing
Mühldorf
Töging
Winhöring
Neuötting

472

Furth im Wald
Eschlkam
Neukirchen
Lam
Vimperk
Kötzting
Lam
Hinterer Wald
Kaitersberg
Viechtach
Bodenmais
Zwiesel
Regen
Frauenau
Rachel 1453
Nationalpark
Naturpark
Bayerischer Wald
TSCHECHOSLOWAKEI
Železná Ruda
Bayer. Eisenstein
Großer Falkenstein 1312
Modrava
Kvilda
Volary
Strážny
Grafenau
Hohenau
St. Oswald-Riedlhütte
Schönberg
Freyung
Kirchberg
Bernried
Metten
Deggendorf
Hengersberg
Plattling
Winzer
Schöllnach
Fürstenstein
Tittling
Röhrnbach
Waldkirchen
Jandelsbrunn
Neureichenau
Osterhofen
Hofkirchen
Hutthurm
Büchlberg
Hauzenberg
Eichendorf
Vilshofen
Windorf
Tiefenbach
Salzweg
Thyrnau
Wegscheid
Untergriesbach
Aldersbach
Passau
Ortenburg
Fürstenzell
Neuburg
Dietersburg
Bad Birnbach
Bad Griesbach
Ruhstorf
Neuhaus
Schärding
Pfarrkirchen
Triftern
Pocking
Rotthalmünster
Bad Füssing
Andorf
Tann
Simbach
Braunau
Altheim
Obernberg
Reichersberg
St. Martin
Taiskirchen im Innkreis
Kallham
Neumarkt
Grieskirchen
Engelhartszell
St. Roman
St. Aegidi
Peuerbach
Waizenkirchen
Michaelnbach

473

460

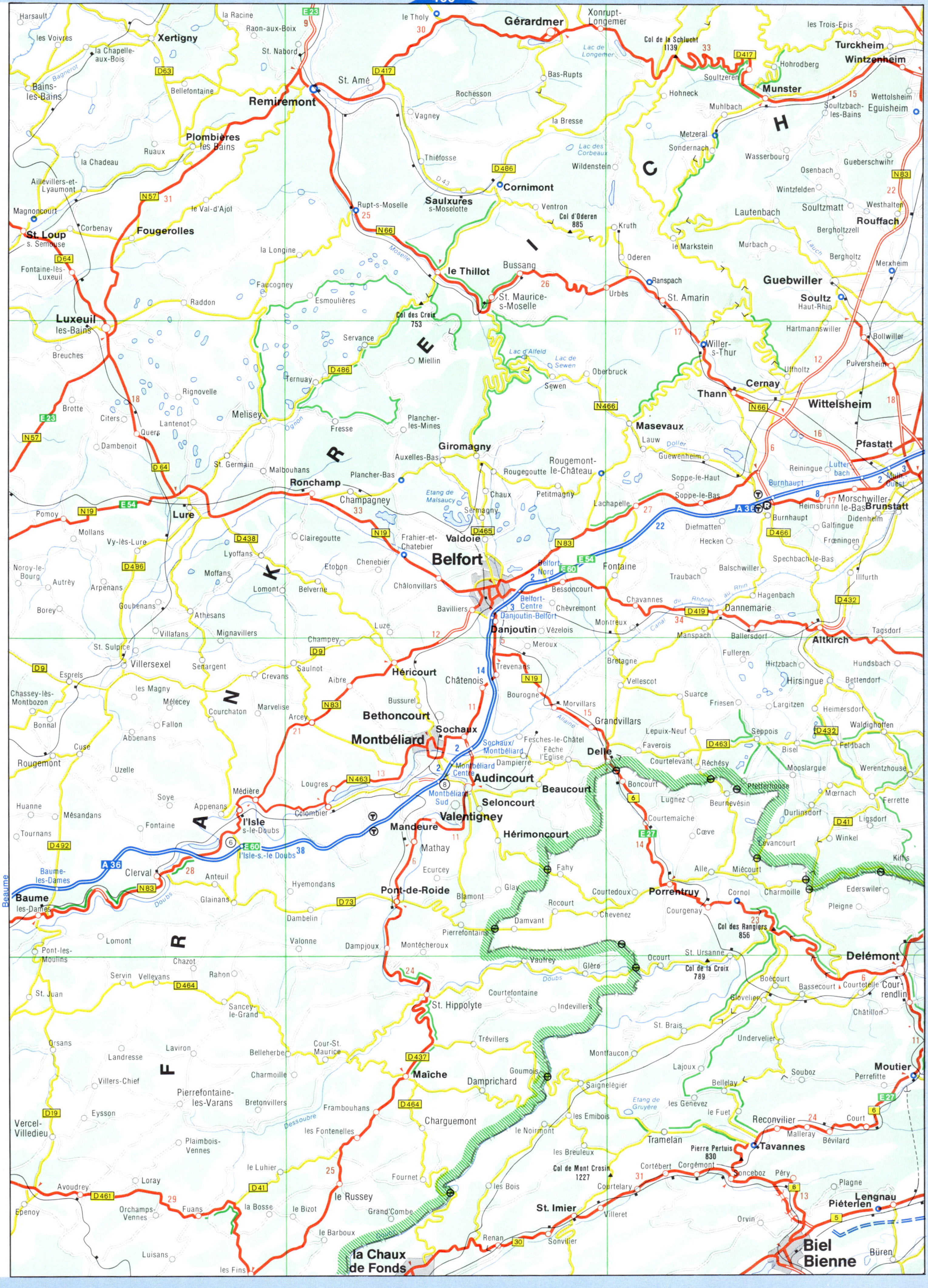

Harsault
les Voivres
Xertigny
la Racine
Raon-aux-Boix
St. Nabord
le Tholy
Gérardmer
Xonrupt-Longemer
Col de la Schlucht 1139
les Trois-Epis
Turckheim
Wintzenheim
Bains-les-Bains
la Chapelle-aux-Bois
Bellefontaine
Remiremont
St. Amé
Rochesson
Bas-Rupts
Lac de Longemer
Soultzeren
Hohrodberg
Munster
Hohneck
Muhlbach
Wettolsheim
Soultzbach-les-Bains
Eguisheim
Vagney
la Bresse
Metzeral
Sondernach
Wasserbourg
Gueberschwihr
Plombières les Bains
Ruaux
la Chadeau
Thiéfosse
Lac des Corbeaux
Wildenstein
Osenbach
Wintzfelden
Aillevillers-et-Lyaumont
Saulxures s-Moselotte
Cornimont
Ventron
Col d'Oderen 885
Kruth
Lautenbach
Soultzmatt
Westhalten
Rouffach
Magnoncourt
le Val-d'Ajol
Rupt-s-Moselle
Bergholtzzell
St. Loup s. Semouse
Corbenay
Fougerolles
le Markstein
Murbach
Bergholtz
Fontaine-lès-Luxeuil
la Longine
Moselle
le Thillot
Bussang
Oderen
Merxheim
Faucogney
Esmoulières
St. Maurice-s-Moselle
Urbès
Ranspach
St. Amarin
Guebwiller
Soultz Haut-Rhin
Luxeuil les-Bains
Raddon
Col des Croix 753
Servance
Hartmannswiller
Bollwiller
Breuches
Miellin
Lac d'Alfeld
Lac de Sewen
Willer-s-Thur
Oberbruck
Ternuay
Uffholtz
Pulversheim
Rignovelle
Sewen
Cernay
Thann
Wittelsheim
Brotte
Citers
Quers
Melisey
Lantenot
Plancher-les-Mines
Fresse
Masevaux
Lauw
Doller
Guewenheim
Pfastatt
Dambenoit
Ognon
Giromagny
Auxelles-Bas
Rougemont-le-Château
Rougegoutte
Soppe-le-Haut
Reiningue
Lutterbach
Mulhouse
St. Germain
Malbouhans
Plancher-Bas
Ronchamp
Burnhaupt
Etang de Malsaucy
Chaux
Petitmagny
Soppe-le-Bas
Lachapelle
Champagney
Sermagny
Heimsbrunn
Morschwiller-le-Bas
Brunstatt
Pomoy
Lure
Mollans
Valdoie
Frahier-et-Chatebier
Dietmatten
Galfingue
Didenheim
Vy-lès-Lure
Lyoffans
Clairegoutte
Hecken
Froeningen
Noroy-le-Bourg
Autrey
Moffans
Chenebier
Etobon
Belfort
Fontaine
Belfort Nord
Balschwiller
Spechbach-le-Bas
Arpenans
Lomont
Belverne
Châlonvillars
Traubach
Illfurth
Borey
Goubenans
Bessoncourt
Hagenbach
Athesans
Bavilliers
Belfort-Centre
Chèvremont
Chavannes
Dannemarie
Villafans
Mignavillers
Luze
Danjoutin-Belfort
Montreux
Manspach
Ballersdorf
Altkirch
Tagsdorf
St. Sulpice
Villersexel
Champey
Danjoutin
Vézelois
Esprels
Senargent
Saulnot
Meroux
Bretagne
Fulleren
Hundsbach
Crevans
Aibre
Héricourt
Trevenans
Hirtzbach
Chassey-lès-Montbozon
les Magny
Mélecey
Châtenois
Bourogne
Vellescot
Suarce
Hirsingue
Bettendorf
Courchaton
Marvelise
Bussurel
Morvillars
Friesen
Largitzen
Heimersdorf
Bonnal
Fallon
Arcey
Bethoncourt
Grandvillars
Lepuix-Neuf
Seppois
Waldighoffen
Abbenans
Sochaux
Fesches-le-Châtel
Faverois
Bisel
Feldbach
Cuse
Montbéliard
Sochaux/Montbéliard
Fêche l'Eglise
Delle
Courtelevant
Réchésy
Rougemont
Uzelle
Dampierre
Mooslargue
Werentzhouse
Lougres
Audincourt
Boncourt
Pfetterhouse
Médière
Montbéliard Centre
Montbéliard Sud
Beaucourt
Lugnez
Beurnevésin
Moernach
Ferrette
Soye
Seloncourt
Huanne
Appenans
Colombier
Durlinsdorf
Mésandans
Valentigney
Courtemaîche
Ligsdorf
Fontaine
l'Isle s-le-Doubs
Mandeure
Hérimoncourt
Coeve
Winkel
Tournans
Levancourt
Mathay
Kiffis
Baume-les-Dames
l'Isle-s.-le Doubs
Clerval
Ecurcey
Fahy
Alle
Miécourt
Anteuil
Hyemondans
Pont-de-Roide
Glay
Courtedoux
Porrentruy
Cornol
Charmoille
Ederswiler
Baume les-Dames
Glainans
Blamont
Rocourt
Courgenay
Pleigne
Dambelin
Chevenez
Col des Rangiers 856
Damvant
Pierrefontaine
Lomont
Valonne
Dampjoux
Montécheroux
Pont-les-Moulins
Chazot
Vaufrey
Ocourt
St. Ursanne
Delémont
Rahon
Glère
Col de la Croix 789
Servin
Vellevans
Boécourt
Bassecourt
Courtételle
Courrendlin
St. Juan
Courtefontaine
Sancey-le-Grand
St. Hippolyte
Indevillers
Glovelier
Châtillon
St. Brais
Orsans
Cour-St. Maurice
Trévillers
Laviron
Undervelier
Landresse
Belleherbe
Montfaucon
Goumois
Lajoux
Souboz
Moutier
Villers-Chief
Charmoille
Maîche
Damprichard
Saignelégier
Bellelay
Perrefitte
Pierrefontaine-les-Varans
Bretonvillers
Etang de Gruyère
les Genevez
Eysson
Frambouhans
Dessoubre
Charguemont
les Emibois
le Fuet
Reconvilier
Court
Vercel-Villedieu
les Fontenelles
le Noirmont
Malleray
Bévilard
Plaimbois-Vennes
Tramelan
Pierre Pertuis 830
Tavannes
le Luhier
les Breuleux
Cortébert
Corgémont
Col de Mont Crosin 1227
Sonceboz
Péry
Fournet
Avoudrey
Loray
le Russey
les Bois
Courtelary
Plagne
Lengnau
Grand'Combe
St. Imier
Pieterlen
Epenoy
Orchamps-Vennes
Fuans
la Bosse
le Bizot
Villeret
Orvin
le Barboux
Renan
Sonvilier
Biel Bienne
Büren
Luisans
les Fins
la Chaux de Fonds
F R A N K R E I C H

461

Colmar
Ingersheim
Emmendingen
Waldkirch
Freiburg
Breisach
Neuf Brisach
Furtwangen
Vöhrenbach
Triberg
Schonach
St. Georgen
Bad Krozingen
Staufen
Heitersheim
Müllheim
Neuenburg
Titisee
Neustadt
Lenzkirch
Löffingen
Todtnau
Schönau
St. Blasien
Bonndorf
Badenweiler
Schliengen
Kandern
Mulhouse
Zell
Schopfheim
Lörrach
Weil
St. Louis
Basel
Riehen
Grenzach-Wyhlen
Rheinfelden
Bad Säckingen
Laufenburg
Waldshut-Tiengen
Wehr
Muttenz
Pratteln
Reinach
Aesch
Liestal
Sissach
Gelterkinden
Laufen
Frick
Brugg
Baden
Wettingen
Aarau
Olten
Lenzburg
Wohlen
Bremgarten
Dietikon
Zofingen
Langenthal
Solothurn
Grenchen
Biberist
Zuchwil
Sursee
Hochdorf
Reiden
Muri
Villmergen
Kölliken
Aarburg
Oftringen
Niederbipp
Balsthal
Oensingen
Roggwil
Herzogenbuchsee
Gerlafingen
Menziken
Reinach
Seon
Suhr

462

Rottweil
Meßstetten
Winterlingen
Villingen-Schwenningen
Trossingen
Spaichingen
Sigmaringen
Ertingen
Bad Dürrheim
Naturpark
Obere
Donau
Sigmaringendorf
Mengen
Herbertingen
Tuttlingen
Meßkirch
Krauchenwies
Saulgau
Donaueschingen
Hüfingen
Geisingen
Immendingen
Emmingen-Liptingen
Ostrach
Pfullendorf
Blumberg
Engen
Eigeltingen
Stockach
Tengen
Mühlhausen-Ehingen
Ludwigshafen
Wilhelmsdorf
Hilzingen
Singen
Bodman-Ludwigshafen
Salem
Horgenzell
Deggenhausertal
Thayngen
Gottmadingen
Überlingen
Rielasingen-Worblingen
Radolfzell
Schaffhausen
Allensbach
Mühlhofen
Bermatingen
Markdorf
Oberteuringen
Neuhausen
Reichenau
Uhldingen
Meersburg
Jestetten
Öhningen
Steckborn
Konstanz
Kreuzlingen
Immenstaad
Friedrichshafen
Andelfingen
Eriskirch
Langenargen
Frauenfeld
Weinfelden
Romanshorn
Bülach
Amriswil
Arbon
Winterthur
Wil
Bischofszell
Rorschach
Kloten
Glattbrugg
Sirnach
St. Gallen
Wallisellen
Dübendorf
Zürich
Flawil
Gossau
Uster
Herisau
Altstätten
Kilchberg
Küsnacht
Erlenbach
Wetzikon
Wattwil
Appenzell
Thalwil
Meilen
Horgen
Wald
Rüti
Wädenswil
Stäfa
Jona
Rapperswil
Feldkirch
Baar
Bodensee
Thurgau

463

Riedlingen
Biberach
Bad Buchau
Ochsenhausen
Illertissen
Memmingen
Babenhausen
Mindelheim
Bad Wörishofen
Bad Schussenried
Aulendorf
Bad Waldsee
Bad Wurzach
Leutkirch
Weingarten
Ravensburg
Meckenbeuren
Tettnang
Wangen
Isny
Kempten
Kaufbeuren
Marktoberdorf
Obergünzburg
Lindau
Bregenz
Lindenberg
Immenstadt
Sonthofen
Oberstdorf
Oberstaufen
Dornbirn
Lustenau
Hohenems
Götzis
Feldkirch
Rankweil
Mittelberg
Kl. Walsertal
Bregenzer Wald
Allgäuer Alpen
Lechtaler Alpen
Vorarlberg
Ö S T E R R E I C H
St. Margrethen
Pfronten
Hindelang

464

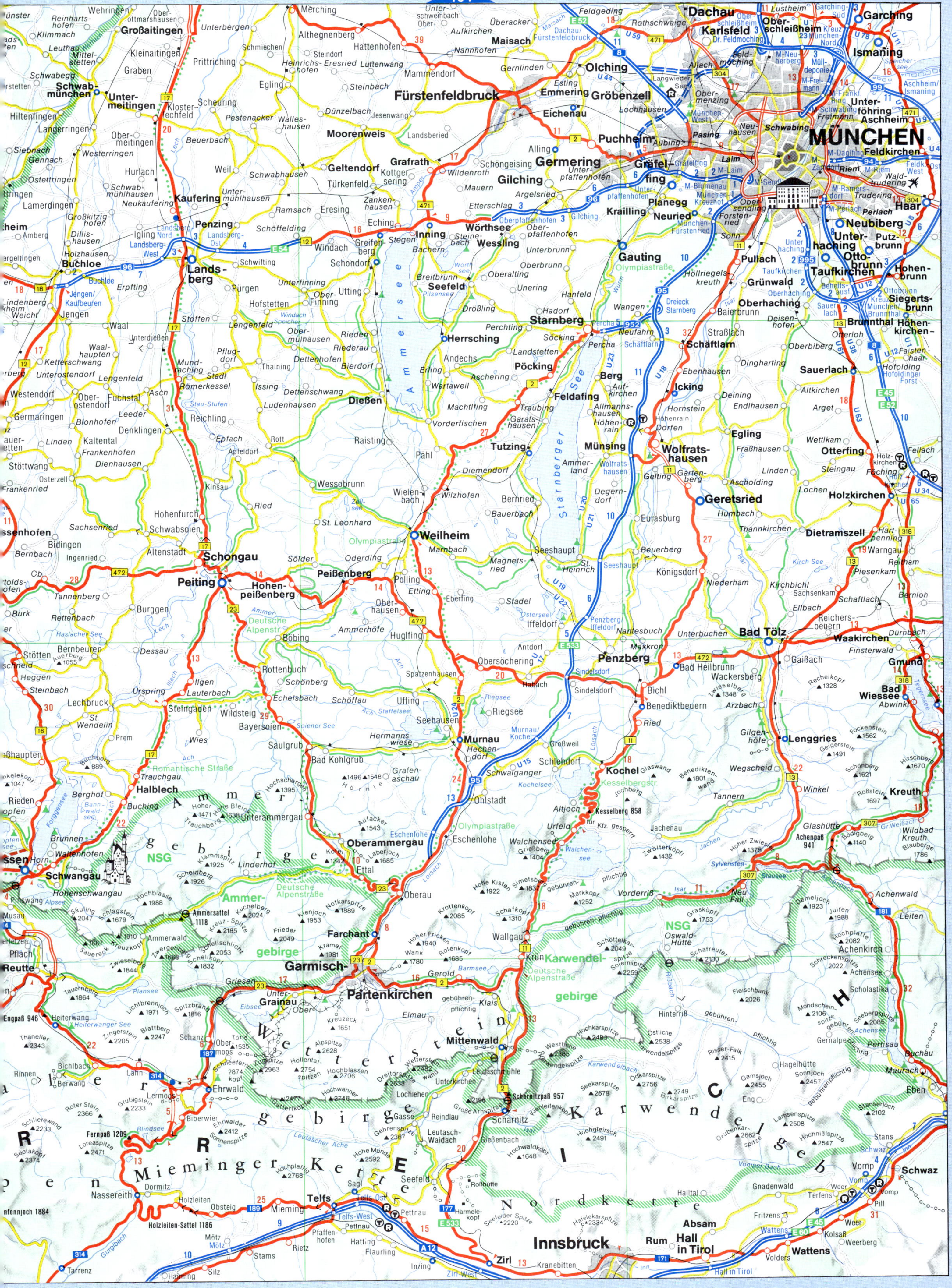

München
Dachau
Karlsfeld
Oberschleißheim
Garching
Ismaning
Unterföhring
Aschheim
Olching
Gröbenzell
Eichenau
Puchheim
Germering
Gräfelfing
Planegg
Krailling
Neuried
Pullach
Grünwald
Unterhaching
Ottobrunn
Taufkirchen
Neubiberg
Putzbrunn
Haar
Feldkirchen
Hohenbrunn
Siegertsbrunn
Brunnthal
Oberhaching
Sauerlach
Schäftlarn
Icking
Egling
Otterfing
Holzkirchen
Wolfratshausen
Geretsried
Dietramszell
Bad Tölz
Waakirchen
Gmund
Bad Wiessee
Lenggries
Kreuth
Fürstenfeldbruck
Maisach
Emmering
Gilching
Wessling
Wörthsee
Inning
Herrsching
Seefeld
Gauting
Starnberg
Andechs
Pöcking
Feldafing
Berg
Münsing
Tutzing
Dießen
Ammersee
Starnberger See
Weilheim
Penzberg
Peißenberg
Peiting
Schongau
Hohenpeißenberg
Landsberg
Kaufering
Penzing
Buchloe
Schwabmünchen
Untermeitingen
Großaitingen
Moorenweis
Geltendorf
Grafrath
Murnau
Oberammergau
Ettal
Garmisch-Partenkirchen
Grainau
Farchant
Mittenwald
Kochel
Walchensee
Wallgau
Krün
Kesselberg 858
Schwangau
Halblech
Füssen
Reutte
Ehrwald
Lermoos
Fernpaß 1209
Nassereith
Telfs
Zirl
Innsbruck
Rum
Hall in Tirol
Absam
Wattens
Schwaz
Seefeld
Scharnitz
Scharnitzpaß 957
Achenpaß 941
Achenkirch
Wetterstein
Ammergebirge
Karwendelgebirge
Mieminger Kette
Nordkette
NSG
Olympiastraße
Deutsche Alpenstraße
Romantische Straße

465

Mühldorf
Töging
Neuötting
Altötting
Burghausen
Burgkirchen
Waldkraiburg
Aschau
Ampfing
Haag
Gars
Wasserburg
Markt Schwaben
Poing
Anzing
Vaterstetten
Haar
Zorneding
Kirchseeon
Ebersberg
Ebersberger Forst
Grafing
Pfaffing
Edling
Glonn
Aßling
Tuntenhausen
Schechen
Großkarolinenfeld
Feldkirchen-Westerham
Bruckmühl
Bad Aibling
Kolbermoor
Rosenheim
Stephanskirchen
Riedering
Prien
Chiemsee
Seebruck
Seeon-
Obing
Altenmarkt
Trostberg
Traunreut
Tittmoning
Waging
Traunstein
Siegsdorf
Bergen
Übersee
Grabenstätt
Chieming
Bad Endorf
Bernau
Grassau
Ruhpolding
Inzell
Reit im Winkl
Marquartstein
Unterwössen
Schleching
Aschau
Raubling
Rohrdorf
Neubeuern
Brannenburg
Bad Feilnbach
Flintsbach
Oberaudorf
Kiefersfelden
Kufstein
Ebbs
Miesbach
Hausham
Schliersee
Gmund
Tegernsee
Rottach-Egern
Kreuth
Bayrischzell
Mangfallgebirge
Kaisergebirge
Kirchbichl
Wörgl
Kundl
Kramsach
Jenbach
Hopfgarten
Kirchberg
Kitzbühel
St. Johann
Fieberbrunn
Waidring
Lofer
Loferer Steinberge
Leoganger Steinberge
Saalbach
Zell am See
Mittersill
Kitzbüheler Alpen
Söll
Ellmau
Going
Brixen im Thale
Westendorf
Jochberg
Paß Thurn 1273
Steinpaß 615
Chiemgauer Alpen
NSG
Deutsche Alpenstraße
Deutsche Ferienstraße
E 45
E 60
E 552
A 12

466

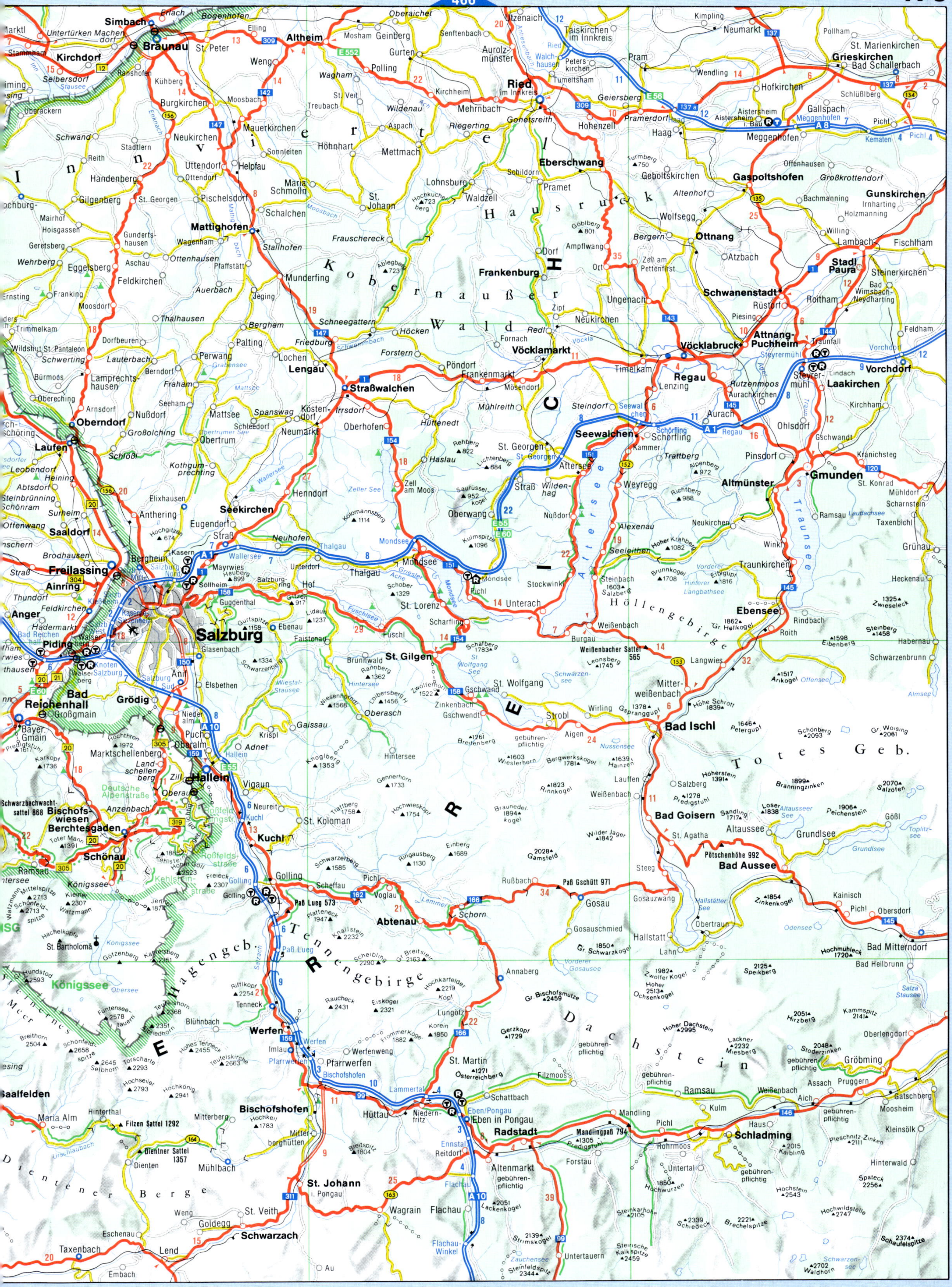
Simbach
Braunau
Kirchdorf
Altheim
Ried
im Innkreis
Taiskirchen
im Innkreis
Neumarkt
Grieskirchen
Bad Schallerbach
Gurten
Geinberg
Polling
Mehrnbach
Aurolzmünster
Eberschwang
Haag
Meggenhofen
Gaspoltshofen
Gunskirchen
Mattighofen
Munderfing
Ottnang
Frankenburg
Stadl Paura
Lambach
Schwanenstadt
Vöcklabruck
Attnang-Puchheim
Vöcklamarkt
Friedburg
Lengau
Straßwalchen
Regau
Laakirchen
Vorchdorf
Gmunden
Seewalchen
Oberndorf
Laufen
Seekirchen
Altmünster
Traunkirchen
Ebensee
Saaldorf
Freilassing
Ainring
Salzburg
Piding
Bad Reichenhall
Grödig
Anif
Hallein
Kuchl
Golling
Abtenau
Mondsee
St. Lorenz
Unterach
Fuschl
St. Gilgen
St. Wolfgang
Strobl
Bad Ischl
Bad Goisern
Bad Aussee
Grundlsee
Altaussee
Gosau
Hallstatt
Obertraun
Bad Mitterndorf
Bischofswiesen
Berchtesgaden
Schönau
Königssee
Werfen
Pfarrwerfen
Bischofshofen
Hüttau
Eben im Pongau
Radstadt
Altenmarkt
Schladming
Ramsau
Mühlbach
St. Johann
i. Pongau
Wagrain
Flachau
Goldegg
Schwarzach
St. Veith
Taxenbach
Saalfelden
Maria Alm
Dienten
Lend
Filzmoos
Annaberg
St. Martin
Gröbming
Innviertel
Hausruck
Kobernaußer Wald
Salzkammergut
Höllengebirge
Totes Geb.
Dachstein
Tennengebirge
Hagengeb.
Dientener Berge
Attersee
Mondsee
Wolfgangsee
Traunsee
Paß Lueg 573
Paß Gschütt 971
Pötschenhöhe 992
Filzen Sattel 1292
Dientner Sattel 1357
Mandlingpaß 794
Weißenbacher Sattel 565
A 1
A 8
A 10
E 55
E 60

Maßstab 1 : 4 000 000
40 80 120 160 200 km

BARENCEVO MORE
Magerøy
Nordkapp
Honningsvåg
Nordkynhalvøya
Gamvik
Mehamn
Berlevåg
Kåfjord
Repvåg
Porsangen
Laksefjord
Tanafjord
Sørøya
Kvaløy
Hammerfest
Seiland
Russenes
Skaidi
Lakselv
Børselv
Adamsfjord
Vestertana
Rustefjelbma
Seida
Tana bru
Birkestrand
Hamningberg
Varanger-halvøya
Svartnes
Vadsø
Varangerfjorden
Gandvik
Sirma
Utsjoki
Grense Jakobselv
Kirkenes
Neiden
Øksfjord
Altafjord
Talvik
Alta
Bognelv
Kvænangsbotn
Skoganvarre
Solovomi
Port
Valjok
Karasjok
Karigasniemi
Finnmarksvidda
Bilto
Masi
Kautokeino
Kaamanen
Sevettijärvi
Inarijärvi
Inari
Ivalo
Nikel
Pecenga
Linachamari
p-ov Rybačij
Pitkajarvi
Murmansk
Kola
Zachrebetnoje
Kandalakša
Padun
Lotta
Notozero
Tuloma
Voronja
Lovozero
Pulozero
Gremicha
Ioakanga
oz. Umbozero
Kilpisjärvi
Iitto
Kelottijärvi
Kaaresuvanto
Karesuando
Oskal
Peltovuoma
Enontekiö
Palojoensuu
Raattama
Tepasto
Pokka
Kuttura
Vuotso
Lokan tekojärvi
Porttipahdan tekojärvi
Kiistala
Lokka
Lappmark
Ned. Soppero
Muodoslompolo
Muonio
Jukkasjärvi
Sirkka
Kittilä
Kaukonen
Vittangi
Vaalajärvi
Sodankylä
Savukoski
Mončegorsk
oz. Imandra
Imandra
Kirovsk
Apatity
Kanda
Kolvica
Kandalakša
Lesnoj
Olenica
Kuzomen
Kandalakšskaja guba
Masugnsbyn
Kolari
Sieppijärvi
Lohiniva
Unari
Pelkosenniemi
Vuojärvi
Kotaia
Kelloselkä
Salla
Kuolajärvi
Alakurtti
Anttis
Koivuniemi
Pajala
Malmberget
Leipojärvi
Meltaus
Kemijärvi
Joutsijärvi
Korpilombolo
Pello
Turtola
Skröven
Nattavaaraby
Lansjärv
Vikajärvi
Rovaniemi
Pekkala
Kerkk'alja
Zašejek
Plaozero
Louchi
BELOJE MORE
Vuoddas
Gyljen
Overtorneå
Overkalix
Mellakoski
Ylitornio
Posio
Kuusamo
Lampsänkylä
Tungozero
Kesten'ga
Edefors
Morjärv
Råneå
Töre
Kalix
Haparanda
Tornio
Paakkola
Tervola
Nuupas
Ranua
Murtovaara
Taivalkoski
Ochta
Pogozero
SU
Boden
Luleå
Kemi
Simo
Ritva
Tannila
Peranka
Kalevala
Chajkola
Juma
Kem'
Pudasjärvi
Ylinäljänkä
Lonka
Pitea
Haukipudas
Kiiminki
SF
Suomussalmi
Ämmänsaari
Voknavolok
Onežskaja guba
Hailuoto
Oulu
Uleåborg
Harju
Puolanka
Hyrynsalmi
Heinilä
Belomorsk
Byske
Liminka
Muhos
Utajärvi
Vaala
Oulujärvi
Paltamo
Luvozero
Tunguda
Sumskij Posad
Pujga
Vorenža
Skellefteå
Raahe
Rantsila
Vihanti
Kajaani
Sotkamo
Kuhmo
Hukkajärvi
Rugozero
Kočkoma
Vygozero
Lövånger
Oulainen
Pulkkila
Mainua
oz. Leksozero
Kalajoki
Ylivieska
Kärsämäki
Nivala
Kuznavolok
Petrovskij Jam
Bygdea
POHJANLAHTI
Kokkola
Gamlakarleby
Kannus
Haapajärvi
Pyhäjärvi
Kiuruvesi
Iisalmi
Valtimo
Nurmes
Lieksa
Reboly
Segozero
Padany
Danilovo
Jakobstad
Pietarsaari
Toholampi
Reisjärvi
Rautavaara
Juuka
Pielinen
Medvežjegorsk
Gabsel'ga
Holmsund
Nykarleby
Uusikaarlepyy
Kaustinen
Lestijärvi
Yli-Lesti
Laukkala
Koitere
Lubosalma
Čelmuži
Pohjanmaa
Karjalanselkä
Pihtipudas
Pielavesi
Siilinjärvi
Tuusniemi
Kontiolahti
Eno
Ilomantsi
Porosozero
Sovdozero
Vallgrund
Vaasa
Alahärmä
Lappajärvi
Kivijärvi
Viitasaari
Vesanto
Kuopio
Kuusjärvi
Joensuu
Pesčanoje
Velikaja Guba
Ylihärmä
Lapua
Kyyjärvi
Karstula
Kärttula
Laihia
Ylistaro
Seinäjoki
Alajärvi
Suonenjoki
Leppävirta
Taipale
Liperi
Rääkkylä
Pyhäselkä
Spasskaja Guba
Kondopoga
Närpes
Närpiö
Pirttikylä
Kurikka
Kuortane
Saarijärvi
Äänekoski
Konnevesi
Karvio
Tohmajärvi
Kitee
Tolvajärvi
Suojarvi
Chautavara
Calna
Petrozavodsk
Kaskö
Kaskinen
Peräseinäjoki
Ähtäri
Vaatäiskylä
Alavus
Hämeenselkä
Jalasjärvi
Hankasalmi
Pieksämäki
Varkaus
Hantivirta
Puhos
Ruskeala
Kristinestad
Kristiinankaupunki
Kauhajoki
Lapväärtti
Keuruu
Virrat
Korpilahti
Jyväskylä
Juva
Kerimäki
Savonlinna
Kalatsel'ga
Ivinskijrazliv
Isojoki
Ruovesi
Mänttä
Jämsä
Kangasniemi
Joutsa
Mikkeli
Sulkava
Parikkala
Sortavala
Impilachti
Pitk'aranta
Tokari
Merikarvia
Honkajoki
Parkano
Kuru
Orivesi
Hartola
Puumala
Salmi
Vidlica
Kankaanpää
Ikaalinen
Tampere
Kuhmoinen
Mäntyharju
Ruokolahti
Imatra
Olonec
Podporožje
Ošta
Noormarkku
Saimaa
Päijänne

478
479

ATLANTIC OCEAN
Hebriden
Westray
Mainland
Stromness
Hoy
Kirkwall
Lewis
Barvas
Lionel
Stornoway
Tarbert
Harris
Rodel
North Uist
Lochmaddy
South Uist
Skye
Barra
Durness
Scourie
Melvich
Tongue
Thurso
John o'Groat's
Wick
Helmsdale
Ullapool
Bonar Br.
Dornoch
Tain
Highlands
Moray Forth
Elgin
Fochabers
Banff
Fraserburgh
Peterhead
Keith
Huntly
Nairn
Inverness
Dingwall
Garve
Achnasheen
Gairloch
Portree
Kyle of Lochalsh
Mallaig
Invergarry
Fort William
Rhum
Coll
Tiree
Mull
Salen
Sea of the Hebrides
North west Highlands
Loch Ness
Kingussie
Grantown-on-Spey
Oldmeldrum
Ballater
Grampian Mountains
Banchory
Aberdeen
Stonehaven
Brechin
Montrose
Forfar
Arbroath
Pitlochry
Killin
Dalmally
Oban
Tyndrum
Inveraray
Colonsay
Islay
Port Ellen
Lochgilphead
Tarbert
Perth
Dundee
Dunblane
Stirling
Kirkcaldy
Crail
Greenock
Paisley
Glasgow
Edinburgh
Rothesay
Largs
Brodick
Ardrossan
Campbeltown
Kilmarnock
Ayr
Cumnock
Girvan
Abington
Biggar
Galashiels
Melrose
Dunbar
Berwick-upon-tweed
Coldstream
Kelso
Jedburgh
Hawick
Moffat
Southern Uplands
Dumfries
Newton Stewart
Stranraer
Kirkcudbright
Alnwick
Otterburn
Amble
Carlisle
Malin
Gweedore
Carrick
Letterkenny
Donegal
Londonderry
Coleraine
Portrush
Ballymena
Cushendall
Larne
Ulster
Maghera
Omagh
Ballyshannon
Sligo
Enniskillen
Monaghan
Belfast
Lisburn
Bangor
Newtownards
Armagh
Belmullet
Ballina
Castlebar
Westport
Connacht
Clifden
Ballyhaunis
Boyle
Carrick on Shannon
Cong
Roscommon
Longford
Legakelly
Cavan
Dundalk
Galway
Loughrea
Athlone
Mullingar
Ceanannas Mor
Drogheda
Kinnegad
Tullamore
Kilkee
Ennis
Quin
Limerick
Nenagh
Roscrea
Naas
DUBLIN
Portlaoise
Leinster
Wicklow Mts
Glendalough
Wicklow
Arklow
Tralee
Dingle
Munster
IRL
Cahir
Carlow
Kilkenny
Cahersiveen
Castle Cove
Killarney
Rathmore
Kenmare
Mallow
Cashel
Clonmel
Thomastown
Fermoy
Enniscorthy
New Ross
Waterford
Wexford
Bantry
Cork
Skibbereen
Kinsale
Dungarvan
Rosslare
Irish Sea
Isle of Man
Peel
Douglas
Workington
Whitehaven
Keswick
Penrith
Brampton
Newcastle
Gateshead
Tynemouth
Sth. Shields
Sunderland
Durham
Ravenglass
Kendal
Barnard Castle
Darlington
West Hartlepool
Middlesbrough
Stockton
Whitby
Northallerton
Thirsk
Scarborough
Barrow
Lancaster
Heysham
Fleetwood
Settle
GB
Blackpool
Preston
Blackburn
Bradford
Burnley
York
Bridlington
Southport
Liverpool
St. Helens
Bolton
Leeds
Selby
Beverley
Wallasey
Huddersfield
Kingston upon Hull
Manchester
Doncaster
Stockport
Grimsby
Sheffield
Scunthorpe
Chesterfield
Anglesey
Holyhead
Bangor
Colwyn Bay
Caernarvon
Aberdaron
Portmadoc
Chester
Wrexham
Crewe
Stoke on Trent
Mansfield
Newark
Lincoln
Derby
Nottingham
Skegness
Corwen
Dolgellau
Whitchurch
Burton upon Trent
Sleaford
Boston
Shrewsbury
Wellington
Aberystwyth
Newtown
Wolverhampton
Walsall
Leicester
Wells
Aberayron
Cambrian Mts
Llangurig
New Quay
Birmingham
Coventry
Stamford
King's Lynn
Cromer
St. David's
Fishguard
Builth Wells
Leominster
Rugby
Kettering
Peterborough
Haverfordwest
Carmarthen
Worcester
Hereford
Gt. Malvern
Stratford on Avon
Norwich
Pembroke
Brecon
Merthyr Tydfil
Gloucester
Cheltenham
Northampton
Thetford
Ely
Newmarket
Swansea
Neath
Raglan
Port Talbot
Newport
Cambridge
Bedford
Bury St. Edmunds
Cardiff
Stony Stratford
Luton
Oxford
Bishop's Stortford
Ipswich
Ilfracombe
Barnstaple
Lynton
Bristol
Swindon
Watford
St. Albans
Colchester
Harwich
Minehead
Bath
Wells
Bude-Stratton
Holsworthy
Bampton
Taunton
Reading
LONDON
Camelford
Okehampton
Beckington
Newbury
Basingstoke
Windsor
Grays
Southend on Sea
Rochester
Sheerness
Cornwall
Bodmin
Exeter
Honiton
Guildford
Croydon
Salisbury
Winchester
Maidstone
Isles of Scilly
Penzance
Truro
Falmouth
Plymouth
Yeovil
Bournemouth
Southampton
Gosport
Canterbury
Ramsgate
Lizard
Totnes
Torquay
Dorchester
Weymouth
Poole
Portsmouth
Chichester
Worthing
Hove
Brighton
Hythe
Dover
Folkestone
Lydd
Salcombe
Wight
Ryde
Newhaven
Eastbourne
Hastings
Calais
St. George's Channel
LA MANCHE
Boulogne
Le Touquet-Paris-Plage
St. Omer
Santander
Roscoff
St. Peter Port
Alderney
St. Malo
Cherbourg
Le Havre
Dieppe
E1
E15
E16
E18
E20
E201
E22
E30
E5
E13
E26

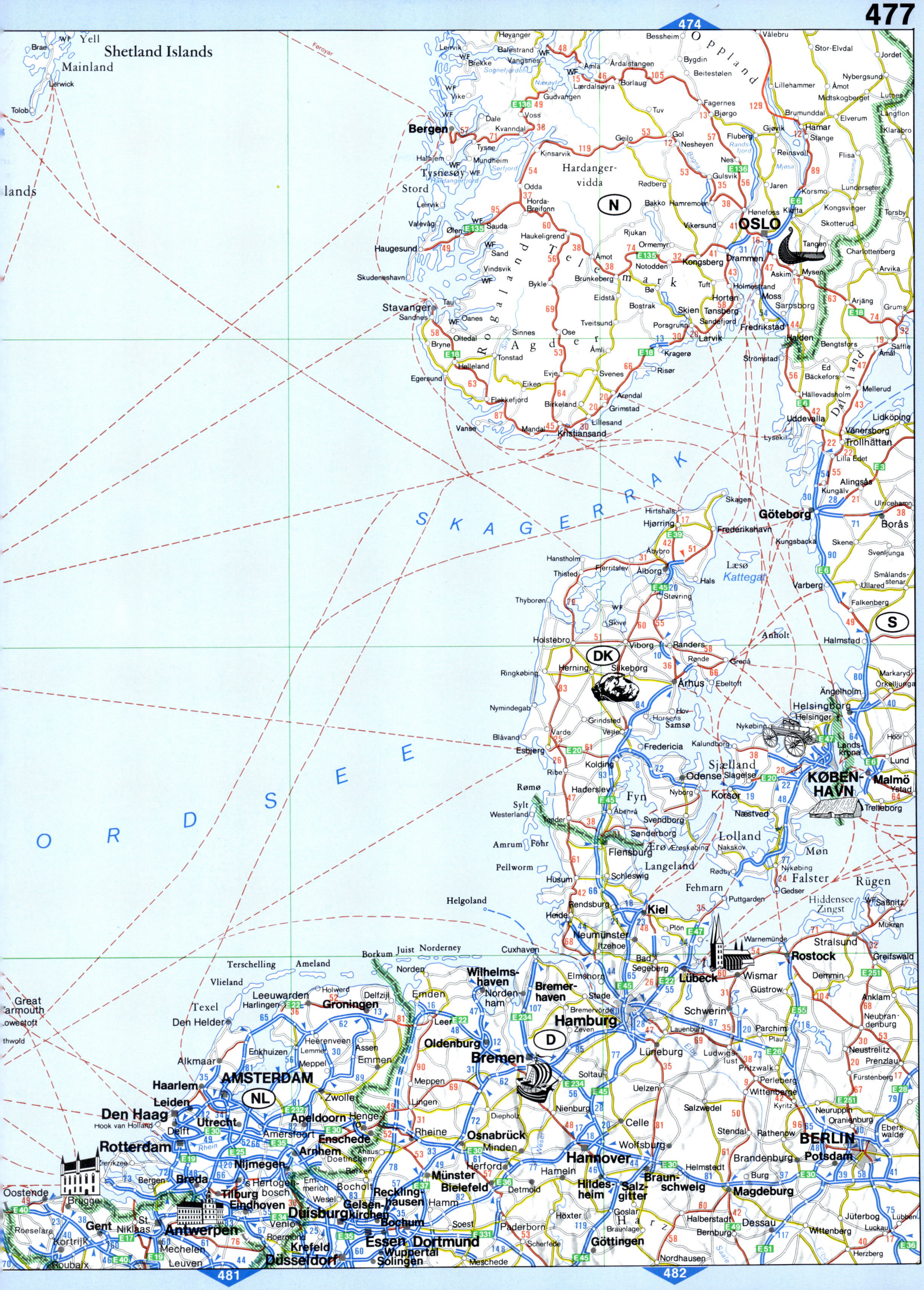
474
481
482
Shetland Islands
Mainland
Lerwick
Yell
Bergen
Stord
Haugesund
Stavanger
Egersund
Kristiansand
Arendal
Hardangervidda
Rogaland
Telemark
Agder
Oppland
N
OSLO
Drammen
Kongsberg
Larvik
Fredrikstad
Halden
Hamar
Lillehammer
Gjøvik
Hønefoss
SKAGERRAK
Skagen
Hjørring
Ålborg
Kattegat
Læsø
Anholt
Randers
Århus
Herning
Silkeborg
Viborg
Holstebro
Ringkøbing
Esbjerg
Vejle
Kolding
Fredericia
Odense
Fyn
Sjælland
KØBENHAVN
Helsingør
Lolland
Falster
Møn
DK
Göteborg
Borås
Halmstad
Helsingborg
Malmö
Trelleborg
Trollhättan
Uddevalla
Varberg
S
NORDSEE
Sylt
Amrum
Föhr
Pellworm
Helgoland
Flensburg
Schleswig
Husum
Kiel
Neumünster
Lübeck
Rostock
Stralsund
Rügen
Wismar
Schwerin
Hamburg
Bremerhaven
Wilhelmshaven
Cuxhaven
Bremen
Oldenburg
Emden
Hannover
Braunschweig
Magdeburg
BERLIN
Potsdam
Osnabrück
Münster
Bielefeld
Göttingen
D
Groningen
Leeuwarden
AMSTERDAM
Haarlem
Leiden
Den Haag
Rotterdam
Utrecht
Arnhem
Nijmegen
Enschede
NL
Antwerpen
Gent
Brugge
Oostende
Eindhoven
Duisburg
Essen
Dortmund
Düsseldorf
Wuppertal
Krefeld

474
475

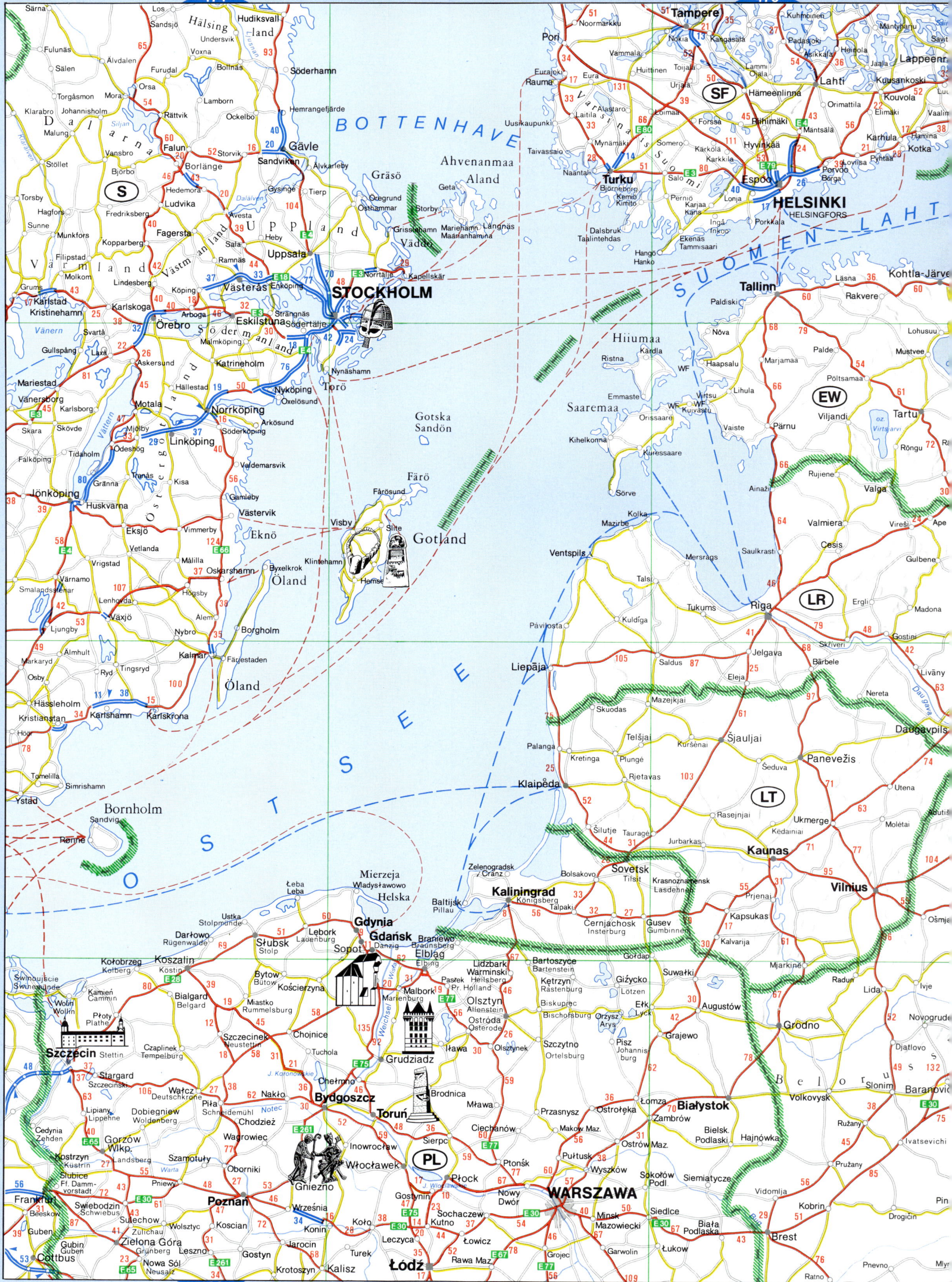

482
483

475

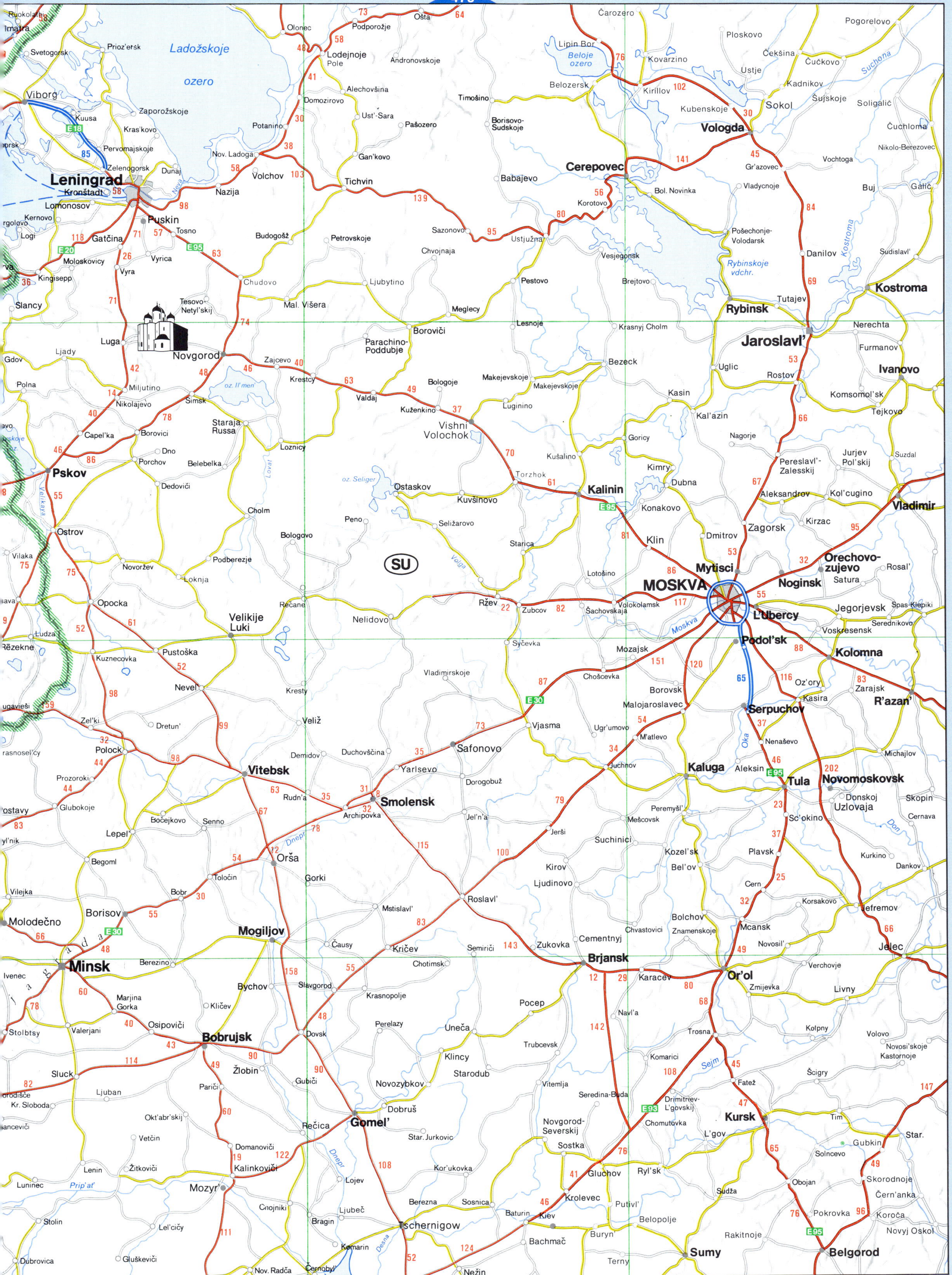

Ladožskoje
ozero
Leningrad
Kronštadt
Lomonosov
Puškin
Tosno
Gatčina
Kingisepp
Slancy
Viborg
Kuusa
Imatra
Svetogorsk
Prioz'ersk
Zaporožskoje
Kras'kovo
Pervomajskoje
Zelenogorsk
Dunaj
Nev. Ladoga
Volchov
Nazija
Olonec
Podporožje
Ošta
Lodejnoje Pole
Andronovskoje
Alechovšina
Domozirovo
Ust'-Sara
Potanino
Pašozero
Gan'kovo
Tichvin
Timošino
Borisovo-Sudskoje
Babajevo
Cerepovec
Belozersk
Lipin Bor
Beloje ozero
Carozero
Kirillov
Kovarzino
Kubenskoje
Vologda
Ploskovo
Ustje
Čekšina
Čučkovo
Kadnikov
Sokol
Sujskoje
Soligalič
Pogorelovo
Čuchloma
Nikolo-Berezovec
Vochtoga
Gr'azovec
Vladycnoje
Buj
Galič
Bol. Novinka
Korotovo
Ustjužna
Sazonovo
Budogošč
Petrovskoje
Chvojnaja
Pošechonje-Volodarsk
Rybinskoje vdchr.
Danilov
Kostroma
Sudislavl'
Vesjegonsk
Brejtovo
Pestovo
Ljubytino
Chudovo
Mal. Višera
Meglecy
Tesovo-Netyl'skij
Luga
Novgorod
Ljady
Gdov
Polna
Miljutino
Nikolajevo
Šimsk
oz. Il'men
Zajcevo
Krestcy
Parachino-Poddubje
Boroviči
Lesnoje
Krasnyj Cholm
Rybinsk
Tutajev
Jaroslavl'
Nerechta
Furmanov
Ivanovo
Uglic
Rostov
Komsomol'sk
Tejkovo
Bezeck
Kasin
Kal'azin
Makejevskoje
Bologoje
Valdaj
Kuženkino
Vishni Volochok
Luginino
Staraja Russa
Capel'ka
Borovici
Dno
Porchov
Belebelka
Loznicy
Pskov
Dedoviči
Ostrov
Cholm
oz. Seliger
Ostaškov
Kuvšinovo
Seližarovo
Peno
Torzhok
Kušalino
Goricy
Kalinin
Kimry
Dubna
Konakovo
Nagorje
Pereslavl'-Zalesskij
Jurjev Pol'skij
Suzdal
Aleksandrov
Kol'cugino
Vladimir
Kirzac
Zagorsk
Dmitrov
Klin
Starica
Bologovo
Vilaka
Novoržev
Podberezje
Loknja
SU
Volga
Lotošino
Mytisci
MOSKVA
Orechovo-zujevo
Noginsk
Satura
Rosal'
Jegorjevsk
Spas-Klepiki
L'ubercy
Voskresensk
Serednikovo
Opocka
Rečane
Nelidovo
Ržev
Zubcov
Šachovskaja
Volokolamsk
Moskva
Velikije Luki
Ludza
Rēzekne
Kuznecovka
Pustoška
Nevel'
Sybčevka
Mozajsk
Podol'sk
Kolomna
Zarajsk
R'azan'
Oz'ory
Kasira
Serpuchov
Borovsk
Malojaroslavec
Choščevka
Vladimirskoje
Kresty
Veliž
Vjasma
Ugr'umovo
M'atlevo
Nenaševo
Michajlov
Zel'ki
Dretun'
Polock
Prozoroki
Glubokoje
Vitebsk
Demidov
Duchovščina
Safonovo
Yarlsevo
Dorogobuž
Juchnov
Kaluga
Aleksin
Tula
Novomoskovsk
Donskoj
Uzlovaja
Skopin
Cernava
Oka
Don
Lepel'
Bočejkovo
Senno
Rudn'a
Smolensk
Archipovka
Jel'n'a
Jerši
Peremyšl'
Meščovsk
Suchinici
Kozel'sk
Bel'ov
Plavsk
Sč'okino
Kurkino
Dankov
Begoml
Orša
Dnepr
Toločin
Gorki
Kirov
Ljudinovo
Cern
Vilejka
Molodečno
Borisov
Bobr
Mogiljov
Mstislavl'
Roslavl'
Korsakovo
Jefremov
Minsk
Berezino
Čausy
Kričev
Semiriči
Zukovka
Cementnyj
Brjansk
Chvastovici
Bolchov
Znamenskoje
Mcansk
Novosil'
Jelec
Ivenec
Marjina Gorka
Bychov
Chotimsk
Or'ol
Verchovje
Zmijevka
Livny
Stolbtsy
Valerjani
Osipoviči
Kličev
Slavgorod
Krasnopolje
Pocep
Karacev
Navl'a
Bobrujsk
Dovsk
Perelazy
Uneča
Trubcevsk
Trosna
Kolpny
Volovo
Novosi'skoje
Kastornoje
Sluck
Žlobin
Gubiči
Klincy
Starodub
Komarici
Sejm
Fatež
Ščigry
Pariči
Ljuban
Novozybkov
Vitemlja
Seredina-Buda
Drimitrev-L'govskij
Kursk
Tim
Star.
Kr. Sloboda
Okt'abr'skij
Gomel'
Dobruš
Rečica
Star. Jurkovic
Novgorod-Severskij
Chomutovka
L'gov
Gubkin
Solncevo
Vetčin
Domanoviči
Kalinkoviči
Lenin
Žitkoviči
Luninec
Prip'at'
Mozyr'
Lojev
Kor'ukovka
Sostka
Gluchov
Ryl'sk
Sudža
Obojan
Skorodnoje
Čern'anka
Stolin
Lel'ciči
Cnojniki
Bragin
Ljubeč
Tschernigow
Berezna
Sosnica
Baturin
Kiev
Krolevec
Putivl'
Belopolje
Pokrovka
Koroča
Novyj Oskol
Dubrovica
Gluškeviči
Nov. Radča
Černobyl'
Komarin
Desna
Nežin
Bachmač
Buryn'
Terny
Sumy
Rakitnoje
Belgorod
E18
E20
E95
E30
E93

483

ATLANTISCHER
ATLANTIC
OZEAN
OCEAN
GOLFE
DE GASCOGNE
Plymouth
Lesneven
Roscoff
Lannion
Brest
le Conquet
Morlaix
Camaret-sur-Mer
Guingamp
Douarnenez
Carhaix Plouguer
Châteaulin
Quimper
Le Faou
Pontivy
Penmarch
Concarneau
Quimperlé
Larmor
Lorient
Carnac
Quiberon
Belle-Ile
le Croisic
Noirmoutier
Ile d'Yeu
O Ferrol
El Ferrol
Ortigueira
A Coruña
La Coruña
Viveiro
Vivero
Vimianzo
Betanzos
Ribadeo
Corcubión
Ordes
Ordenes
Villalba
Navia
Noia
Santiago de Compostela
Baamonde
Luarca
Avilés
Xixon
Gijon
Villagarcia de Arosa
Mellid
Lugo
Fonsagrada
Salas
Uvieu
Oviedo
Ribadesella
Pontevedra
Lalín
Becerreá
Mieres
Langreo
La Felguera
Unquera
Santander
Vigo
A Cañiza
La Cañiza
Monforte de Lemos
Villablino
Pajares
Covadonga
Tuy
Ourense
Orense
Torrelavega
Ponferrada
Riaño
Puebla de Trives
Castro-Urdiales
Bilbo
Bilbao
Donostia
San Sebastián
Biarritz
Viana do Castello
Ponte da Barca
Cistierna
Reinosa
Corconte
León
Verín
La Gudiña
Astorga
Mansilla de las Mulas
Aguilar de Campóo
Amurrio
Irun
Eibar
Tolosa
Póvoa de Varzim
Puebla de Sanabria
La Bañeza
Herrera de Pisuerga
Valdenoceda
Durango
Braga
Chaves
Sahagún
Miranda de Ebro
Vitoria Gasteiz
Alsasua
Irúrzun
Bragança
Becilla d.V.
Villada
Melgar d.F.
Burgos
Iruña
Pamplona
Porto
Vila Real
Mirandela
Benavente
Belorado
Estella
Penafiel
Lamego
R. Douro
Emb del Esla
Villalpando
Medina de Rio Seco
Tábara
Palencia
Nájera
Logroño
Torre de Moncorvo
Mogadouro
Miranda d.D.
Aveiro
Albergaria-a-Velha
S. Pedro do Sul
Moimenta da Beira
Fermoselle
Zamora
Toro
Valladolid
Lerma
Salas de los Infantes
Torrecilla en Cameros
Tafalla
Águeda
Viseu
Tordesillas
Peñafiel
Aranda de Duero
Calahorra
Ebro
Figueira da Foz
Celorico da Beira
Pinhel
Vitigudino
Alaejos
Medina del Campo
Carcastillo
Coimbra
Guarda
Lumbrales
Cuéllar
El Burgo de Osma
Tudela
Ejea los Caballeros
Vilar Formoso
Salamanca
Olmedo
Soria
Tarazona
Pombal
Góis
Covilhã
Ciudad Rodrigo
Peñaranda de Bracamonte
Arévalo
Ayllón
R. Duero
Almenar d.S.
Leiria
Pontão
Fundão
El Cabaco
Turégano
Almazán
Nazaré
Batalha
Fátima Santuário
Penamacor
Béjar
Villa-castín
Segovia
Zaragoza
Peniche
Caldas da Rainha
Tomar
Óbidos
Torres Novas
Castelo Branco
Vila Velha de Ródão
El Barco
Avila
Lozoyuela
Sigüenza
Medinaceli
Calatayud
Cariñena
Vedras Torres
Santarém
Abrantes
Coria
Jarandilla
Gredos
El Escorial
MADRID
Alcolea del Pinar
Daroca
Belchite
V. Franca de Xira
Rio Tejo
Almeirim
Alpalhão
Plasencia
Arenas de San Pedro
S. Martin d.V.
Guadalajara
Molina de Aragón
Cillas
Sintra
Ponte de Sor
Valencia de Alcántara
Alcántara
Navalcarneo
Alcalá de Henares
Sacedon
Hijár
Cascais
LISBOA
Coruche
Montijo
Portalegre
Aliseda
Rio Tajo
Cáceres
Navalmoral de la Mata
Talavera de la Reina
Maqueda
Arganda
Beteta
Monréal del Campo
Montalbán
Almada
Mora
Albur-querque
Aranjuez
Cañaveras
Setúbal
Atalho
Vendas Novas
Estremoz
La Roca d.I.S.
Trujillo
La Nava
Toledo
Ocaña
Tarancón
Montemor-o-Novo
Elvas
Badajoz
Guadalupe
Navahermosa
Acácer do Sal
Évora
Mérida
Villanueva de la Serena
Zorita
Orgaz
Mora
Cuenca
Teruel
Torrão
Olivenza
Navalvillar
Herrera del Duque
Torre Baja
Río Júcar
Ed-Dâr-El-Beïdâ
P
E
E70
E1
E80
E82
E5
E804
E90
E803
E801
E901
E7

484

477

Boulogne
Gent
Antwerpen
Krefeld
Essen
Dortmund
Düsseldorf
Wuppertal
Köln
Aachen
BONN
Lille
BRUXELLES
BRUSSEL
Liège
Namur
Maastricht
Alderney
Guernsey
Jersey
Cherbourg
Le Havre
Caen
Rouen
Amiens
Dieppe
Beauvais
Compiègne
St. Quentin
Charleville-Mézières
Koblenz
Wiesbaden
Mainz
Trier
LUXEMBOURG
Saarbrücken
Ludwigshafen
Karlsruhe
Rennes
Le Mans
Chartres
Versailles
PARIS
Reims
Metz
Nancy
Strasbourg
Nantes
Angers
Tours
Orléans
Troyes
Auxerre
Freiburg
Mulhouse
Basel
Zürich
BERN
Lausanne
Genève
Besançon
Dijon
Poitiers
Bourges
Nevers
Châteauroux
Limoges
Montluçon
Clermont-Ferrand
Lyon
Chambéry
Annecy
Grenoble
St. Etienne
Valence
Bordeaux
Angoulême
Périgueux
Aosta
Torino
Milano
Génova
Nice
Cannes
Monaco
Avignon
Nîmes
Montpellier
Marseille
Toulon
Toulouse
Tarbes
Pau
Béziers
Narbonne
Perpignan
ANDORRA
Lleida
Sabadell
Barcelona
Tarragona
Golfe du Lion
MAR LIGURE
Corse
Bastia
Ajaccio
F
B
D
L
CH
MC
AND

477
478

Frankfurt
Kassel
Göttingen
Halle
Leipzig
Dresden
Erfurt
Weimar
Jena
Gera
Zwickau
Chemnitz
Cottbus
Zielona Góra
Łódź
Wrocław
Wałbrzych
Opole
Częstochowa
Katowice
Gliwice
Zabrze
Bytom
Kraków
Ostrava
Olomouc
Brno
Gottwaldov
Žilina
Praha
Plzeň
Liberec
Pardubice
Hradec Králové
České Budějovice
Jihlava
Würzburg
Bamberg
Bayreuth
Nürnberg
Fürth
Erlangen
Regensburg
Ingolstadt
Augsburg
München
Stuttgart
Heidelberg
Mannheim
Darmstadt
Offenbach
Ulm
Landshut
Passau
Linz
Salzburg
Innsbruck
Graz
Klagenfurt
Wien
Bratislava
Győr
Budapest
Sopron
Szombathely
Veszprém
Székesfehérvár
Kecskemét
Pécs
Kaposvár
Nagykanizsa
Maribor
Ljubljana
Zagreb
Rijeka
Karlovac
Sisak
Osijek
Banja Luka
Tuzla
Zenica
Sarajevo
Mostar
Split
Zadar
Dubrovnik
Titograd
Trieste
Udine
Venezia
Padova
Verona
Vicenza
Treviso
Trento
Bolzano
Bergamo
Brescia
Milano
Parma
Reggio
Modena
Bologna
Ferrara
Ravenna
Rimini
Pesaro
Ancona
Firenze
Pisa
Livorno
Lucca
La Spèzia
Siena
Arezzo
Perugia
Terni
L'Aquila
Pescara
Chieti
ROMA
MARE ADRIATICO
D
CS
PL
A
FL
I
YU
RSM

486

478
479

SU
RO
BG
H
Kiev
Lvov
Zhitomir
Vinnitsa
Khmelnitski
Ternopol
Rovno
Luck
Kovel'
Lublin
Radom
Kielce
Rzeszów
Przemyśl
Tarnów
Uzhgorod
Mukachewo
Košice
Prešov
Miskolc
Nyiregyháza
Debrecen
Szeged
Békéscsaba
Tschernovtsy
Kishinev
Odessa
Tiraspol'
Uman
Beltsy
Iași
Suceava
Botoșani
Bacău
Piatra Neamț
Oradea
Cluj
Satu Mare
Baia Mare
Tîrgu Mureș
Brasov
Sibiu
Arad
Timișoara
Reșita
Craiova
Pitești
Ploiești
BUCURESTI
Buzău
Braila
Galati
Izmail
Constanța
Giurgiu
Ruse
Pleven
Varna
Šumen
Burgas
Sliven
Jambol
Stara Zagora
Plovdiv
SOFIA
Pernik
Niš
BEOGRAD
Kragujevac
Zrenjanin
Kumanovo
Priština
Gabrovo
Veliko Tărnovo
Alpi Transilvaniei
Dunarea

487

480

P
E
MA
Badajoz
Évora
Elvas
Mérida
Olivenza
Zafra
Sines
Odemira
Aljezur
Portimão
Lagos
Sagres
Faro
Loulé
Tavira
Ayamonte
Huelva
Sevilla
Córdoba
Écija
Carmona
Osuna
Jerez de la Frontera
Cádiz
San Fernando
Sanlúcar de Barrameda
Algeciras
La Línea
Gibraltar (GB)
Tarifa
Ronda
Antequera
Marbella
Estepona
Fuengirola
Malaga
Nerja
Motril
Adra
Almería
Granada
Sierra Nevada
Guadix
Baza
Loja
Lucena
Baena
Jaén
Úbeda
Linares
Andújar
Bailén
La Carolina
Valdepeñas
Ciudad Real
Puertollano
Almadén
Manzanares
Daimiel
Tomelloso
Alcázar de San Juan
Cuenca
Teruel
Castellón de la Plana
Valencia
Requena
Albacete
Hellín
Alcaraz
Almansa
Yecla
Villena
Alcoy
Elda
Játiva
Gandía
Denia
Benidorm
Alicante
Elche
Orihuela
Murcia
Cartagena
Lorca
Águilas
Caravaca
Cieza
Sierra Morena
Golfo de Cádiz
Tanger
Ceuta (Esp.)
Tetouan
Asilah
El-'Arâich
Ksar-el-Kebir
Chechaouèn
Ouezzane
Al-Hoceima
Rif
Melilla (Esp.)
Kénitra
Er-Rabât
Salé
Ed-Dâr-El-Beïdâ
Mohammedia
Meknes
Fes
Taza
Sefrou
Ifrane
Azrou
Khenifra
Midelt
Missour
Guercif
Oujda
Berkane
Nador
Khouribga
Oued-Zem
Beni Mellal
Kasba Tabla
Fkih-Ben-Salah
Errachidia
Ksar es Souk
Erfoud
Rissani
Tinerhir
Boumalne-du-Dades
Zagora
Figuig
Bouârfa
Moyen Atlas
Haut Atlas
Plaine de Tamlelt
Hamada du Guir
Béchar
Abadla
Taghit
Igli
Beni Abbès
Beni Ounif
Ain Sefra
Mécheria
El Bayadh
Saïda
Sidi-Bel-Abbes
Tlemcen
Maghnia
Ghazaouet
Ouahran
Arzew
Mostaganem
Mascara
Monts des Ksour
Atlas
Grand Erg Occidental
Chott ech Chergui
MER MÉ

481

Amposta
Vinaroz
E15
Tarragona
Barcelona
Marseille
Marseille, Sète
Génova
Golfo de Valencia
Mallorca
Pollensa
Menorca
Ciudadela
Sóller
Alcudia
Andratx
Artà
Mahón
Palma
Manacor
Porto Cristo
Santanyí
Ibiza
Formentera
Islas Baleares
MEDITERRANÉE
Ajaccio
Propriano
Sartène
Solenzara
Porto-Vecchio
Bonifacio
Civitavecchia
Toulon
S. Teresa Gallura
La Maddalena
Palau
Stintino
Porto Torres
Tempio Pausania
Olbia
G. d. Aranci
Sassari
Alghero
Ozieri
Siniscola
Bosa
Nuoro
Macomer
Orosei
Sardegna
Sorgono
Oristano
Lanusei
Tortolì
Nurallao
Guspini
S. Gavino Monreale
Iglesias
Muravera
Carbonia
Cagliari
S. Antioco
Porto Botte
Villasimius
Napoli
Palermo
Ténès
ALGER
El-Harrach
Tipasa
Dellys
Azeffoun
Cherchell
Boulsmail
El-Asnam
Ain-Defla
El-Affroun
Blida
El-Arba
Tizi-Ouzou
Azazga
Bejaïa
Djidjelli
Collo
Stora
Skikda
Chetaibi
Annaba
Binzert
Khemis Miliana
Médéa
Chréa
Lakhdaria
Bouira
El-Kseur
Souk-el-Tenine
El-Milia
Azzaba
El Kala
Menzel Bourguiba
Netza
Mateur
Tabarka
Ben Mehidi
Berrouaghia
Bir-Rabalou
Ténietel-Haâd
Ksar-el-Boukhari
Sour-el-Ghozlane
Sétif
Constantine
Guelma
Bouchegouf
Ain-Draham
Béja
Medjez-el-Bab
TUNIS
Halq-el-Oued
Tissemsilt
O. Cheliff
Boughzoul
Hamadia
Bordj-Bou-Arreridj
El Eulma
Oued Athménia
El-Khroubs
Souk Ahras
Jendouba
Ghardimaou
Té bour souk
le Krib
El Fahs
Sougueur
Ksar Chellala
Ain-Oussera
Ain-el-Hadjel
M'Sila
Ain-Oulmene
Ain-el-Azel
El Aid
Ain-M'Lila
Ain-Fakroun
Sedrata
Montesquieu
El-Kef
TN
DZ
Ain-Deheb
Zahrez Rharbi
Zahrez Chergui
Hassi-Bahbah
Bou-Saâda
Cott el Hodna
Magra
Batna
Boulehilet
Ain-Beida
Aouinet
Bayad
O. Mellègue
Takrouna
Enfida
Maktar
Ousseltia
Dorsale
Garaet et Tarf
Barika
Ain-Touta
Meskiana
Ben-S'Rour
El Kantara
Arris
Khenchela
Tébessa
Thala
Kairouan
Djelfa
Rhouli
Biskra
Khanga-Si-Nadji
Monts de Nementcha
Aflou
Ouled Djellal
Bir-El-Ater
Feriana
Messaad
O. Djedi
Ain Madhi
Laghouat
Négrine
Cott Melrhir
Redayef
Ksar-el-Hirane
Tadjouna
O. er Retem
Metlaoui
Gafsa
Maknassy
Région des Daïa
Cott Mérouane
Cott el Rharsa
Kriz
Sekhira
Nefta
Tozeur
Cott el Fedjadj
O. el Attar
O. Zegrir
Moggar
Kebili
Gabès
O. ez Zergoum
Hassi R'Mel
Dzioua
Guemar
Hassi-Khelifa
Cott el Djerid
Berriane
Touggourt
El Oued
Douz
WF
Taibet
Matmata
Guerara
Ghardaïa
El Hadjira
Médenine
Zelfana
Chenini
Foum Tatahouine
Grand Erg Oriental
Ouargla
Haoud el Hamra
Remada
Hassi Messaoud
Bordj Bourguiba

Viterbo
482
Dubrovnik
Titograd

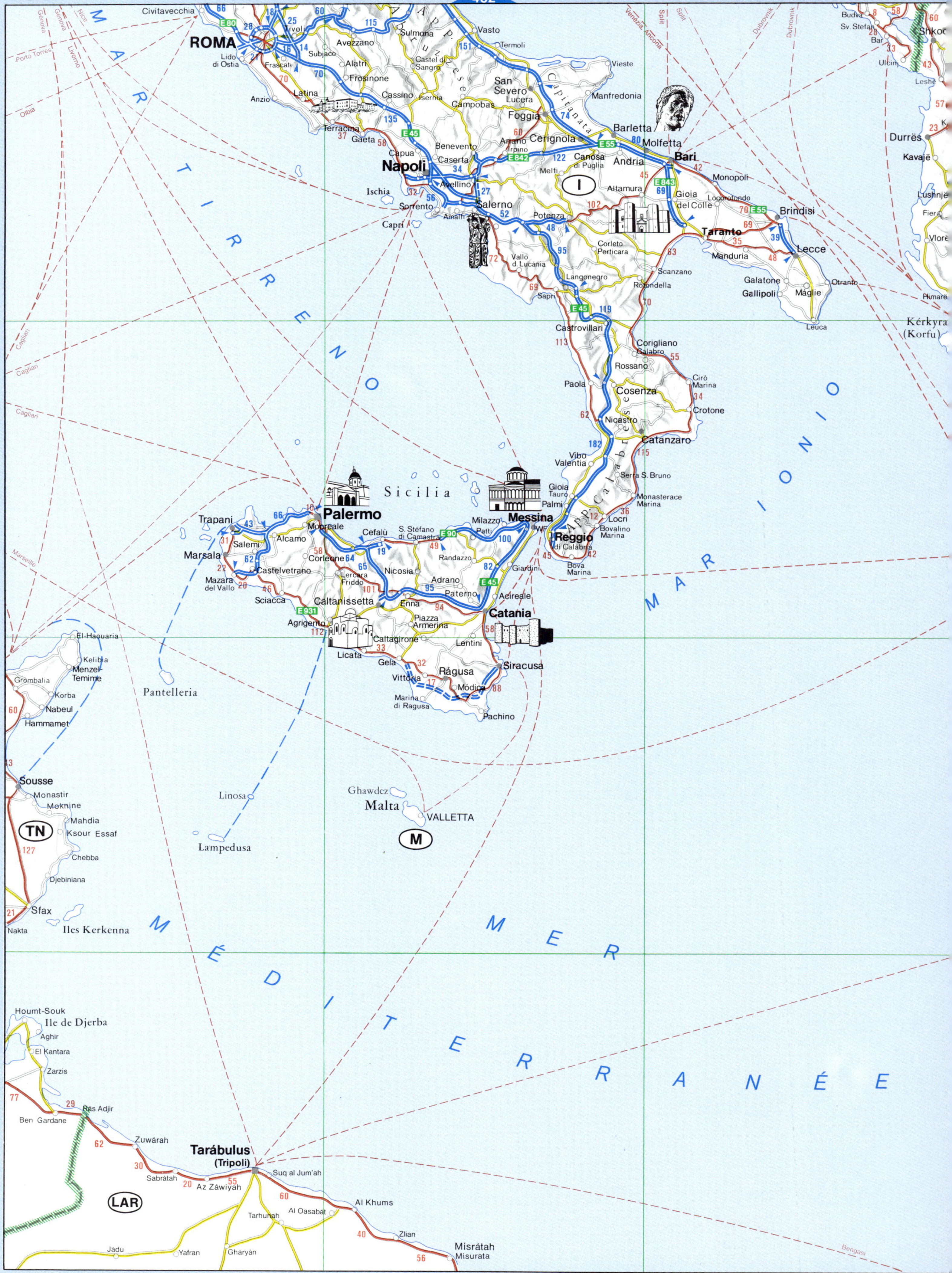

Bengasi

483
Plovdiv
Dimitrovgrad
Pazardžik
Prizren
Kumanovo
Kriva Palanka
Kjustendil
Stanke Dimitrov
Blagoevgrad
Skopje
Tetovo
Kukes
Kočani
Delčevo
Simitli
Razlog
Pesthera
Batak
Assenovgrad
Haskovo
Harmanli
Svilengrad
Topolovgrad
Elhovo
Rezovo
Malko Tărnovo
Midye
Kirklareli
Vize
Saray
Karacaköy
Istranca Dağlari
Gostivar
Titov Veles
Štip
Pehčevo
Berovo
Radoviš
Strumica
Petrič
Goce Delčev
Sandanski
Dospat
Devin
Kărdžali
Smoljan
Ivailovgrad
Krumovgrad
Didymoteichon
Edirne
Babaeski
Uzunköprü
Lüleburgaz
Hayrabolu
Çorlu
Silivri
Istanbul
Beykoz
Sile
Kartal
Rhodopi
Peshkopije
Burrel
Debar
Kičevo
Prilep
RANË
Ohrid
Bitola
Elbasani
Lini
Gevgelija
Polykastron
Kilkis
Serrai
Drama
Xanthē
Komotēnē
Soufliou
Aisymē
Ipsala
Keşan
Malkara
Tekirdağ
Marmara
Yalova
Gemlik
Iznik
Nigrita
Iraklitsa
Kavala
Keramotē
Thāsos
Alexandroupolis
Enez
Şarköy
Gianitsa
Florina
Edessa
Vēroia
Thessalonikē
Korçë
Bilisht
AL
Kastoria
Argos
Neapolis
Kozani
Katerinē
Polygyros
Hierissos
Karyai
Nea Plagia
Hag. Nikolaos
Daphnē
Paliouri
Limnos
Kástron
Imroz Adasi
Gelibolu
Eceabat
Kili dülbahir
Çanakkale
Kumkala
Lâpseki
Biga
Gönen
Çan
Bayramiç
Erdek
Bandirma
Karabiga
Mudanya
Karacabey
Bursa
Inegöl
Mustafa-Kemalpasa
Susurluk
Balya
Harmancik
Balikesir
Dursunbey
Tavşanli
Edremit
Erseke
Grevena
Deskati
Elasson
Ergirokastër
Konitsa
Kalambaka
Tirnavos
Larisa
Agiócampos
Metsobon
Ioánnina
Trikala
Igoumenitsa
Volos
Argalastē
Skiathos
Alonnēsos
Skópelos
Aigaion
Behramkale
Mithimna
Kalloni
Antissa
Mytilēnē
Plomarion
Lesbos
Ayvalik
Dikili
Bergama
Savaştepe
Gelenbe
Soma
Sindirgi
Gördes
Simav
Akhisar
Emet
Çavdarhisar
Abide
Uşak
Gure
Borlu
Kula
Salihli
Alaşehir
Eşme
Manisa
Bornova
Izmir
Turgutlu
Foça
Karaburun
Chios
Çeşme
Urla
Gumuldur
Torbali
Bayindir
Ödemis
Kidaz
Tire
Aydin dağl.
Nazilli
Buldan
Pamukkale
Denizli
Selçuk
Aydin
Kuşadasi
Söke
Karacasu
Kemer
Tavas
Kale
Karditsa
Néon Monastiri
Piatania
GR
Parga
Arta
Pindos
Préveza
Lefkas
Karpenēsion
Lamia
Amfilochia
Agrinion
Amfissa
Brállos
Delphi
Lebádeia
Itea
Astakos
Mesolongion
Argostolion
Samē
Aigion
Patrai
Hag. Joannes
Kalábryta
Korinthos
Kastania
Kyllēnē
Zákynthos
Amalias
Pyrgos
Bytina
Argos
Nauplion
Tripolis
Kyparissia
Kalámai
Spártē
Leonidion
Pylos
Methōnē
Gytheion
Areópolis
Monemvassia
Kythera
Gura
Loutra Aidepsou
Arkitsa
Euboia
Mantoúdion
Linaria
Skyros
Chalkis
Paralia Kymēs
Lepoura
Thēbai
Karystos
Marathōn
ATHĒNAI
Peiraieus
Sounion
Keá
Kýthnos
Galatas
Kosta
Gaureion
Andros
Tinos
Hermoupolis
Mýkonos
Ikaria
Samos
Karlovásion
Varhi
Didim
Güllük
Milâs
Ören
Muğla
Köyceğiz
Bozdoğan
Bodrum
Datca
Marmaris
Fethiye
Seriphos
Paros
Náxos
Ios
Amorgos
Kos
Kéfalos
Melos
Pelagos
Rhodos
Kalabárdos
Archángelos
Lindos
Monólithos
Karpathos
Krete
Kastellion
Platanos
Chania
Perama
Herakleion
Chersonēsos
Rethymnon
Hag. Nikolaos
Sēteia
Ziros
Palaiochōra
Chora Sphakion
Tympakion
Pyrgos
Peukos
Hierapetra
Alexandria, Beirut
Limassol, Tartous
Limassol, Haifa
Alexandria
MITTELLÄNDISCHES MEER
Marsa Susah
Al Baydá (Beida)
Darnah (Derna)
Tulmaythah
Al Qubbah
Tukrah
Al Gharib
Al Marj
Daryanah
LAR
Al Bunbah
BG
YU
TR
Varna
Odessa
Batumi, Samsun, Zonguldak
Strymon
Marica
Vardar

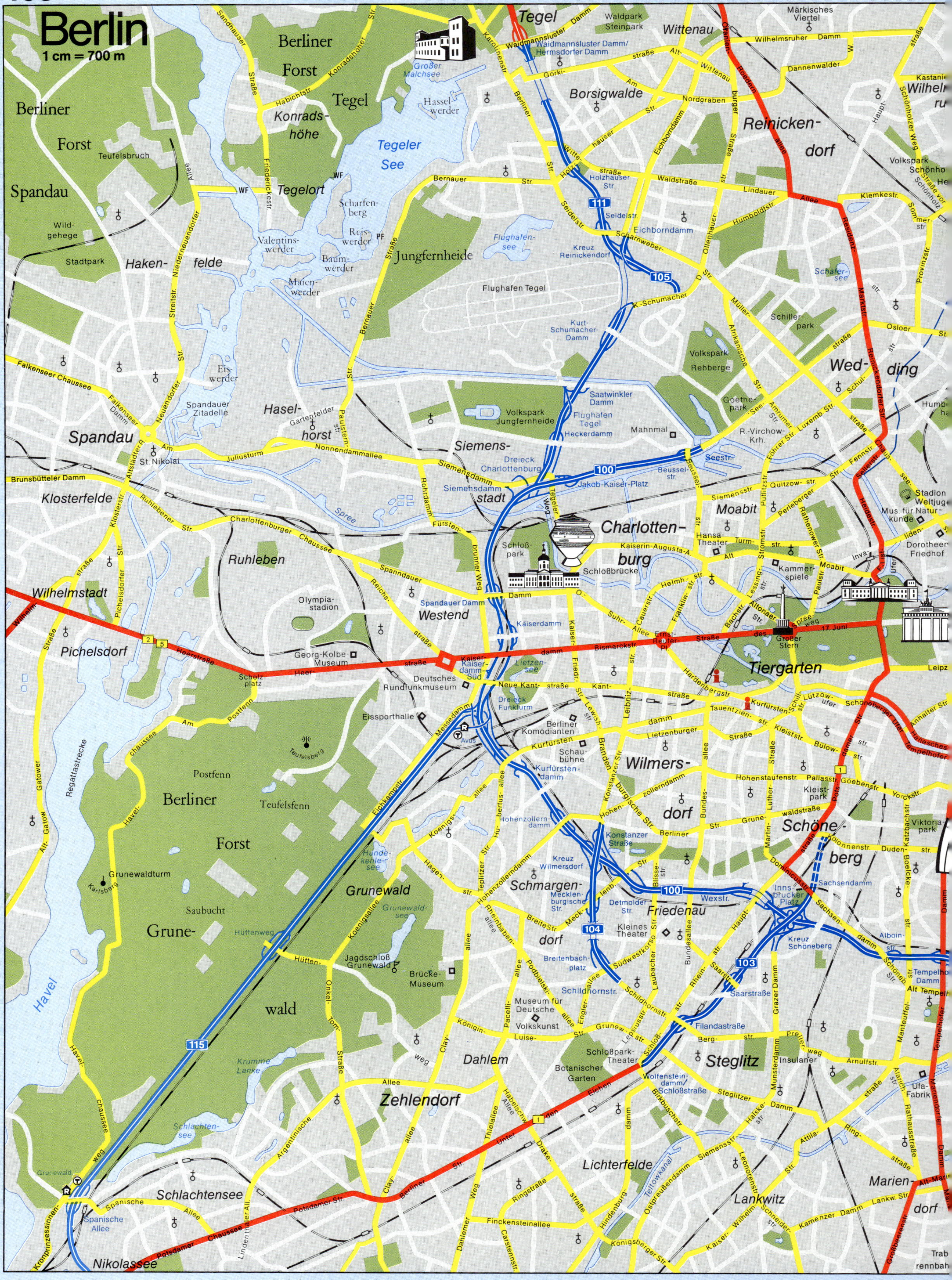
Berlin
1 cm = 700 m
Tegel
Wittenau
Märkisches Viertel
Waldpark Steinpark
Berliner Forst
Konradshöhe
Tegeler See
Großer Malchsee
Hasselwerder
Borsigwalde
Reinickendorf
Teufelsbruch
Spandau
Wildgehege
Stadtpark
Tegelort
Scharfenberg
Reiswerder
Valentinswerder
Baumwerder
Maienwerder
Hakenfelde
Jungfernheide
Flughafensee
Flughafen Tegel
Kreuz Reinickendorf
Schäfersee
Schillerpark
Volkspark Rehberge
Wedding
Eiswerder
Spandauer Zitadelle
Haselhorst
Volkspark Jungfernheide
Saatwinkler Damm
Flughafen Tegel
Heckerdamm
Mahnmal
Goethepark
R.-Virchow-Krh.
Siemensstadt
Dreieck Charlottenburg
Jakob-Kaiser-Platz
St. Nikolai
Klosterfelde
Moabit
Stadion Weltjugend
Mus. für Naturkunde
Dorotheen Friedhof
Ruhleben
Spree
Charlottenburg
Schloßpark
Schloßbrücke
Hansa Theater
Kammerspiele
Invalidenpark
Wilhelmstadt
Olympiastadion
Westend
Spandauer Damm
Pichelsdorf
Georg-Kolbe-Museum
Deutsches Rundfunkmuseum
Kaiserdamm Süd
Lietzensee
Dreieck Funkturm
Großer Stern
Tiergarten
Ernst-Reuter-Pl.
Straße des 17. Juni
Eissporthalle
Avus
Berliner Komödianten
Schaubühne
Kurfürstendamm
Wilmersdorf
Schöneberg
Kleistpark
Viktoriapark
Teufelsberg
Postfenn
Berliner Forst
Teufelsfenn
Regattastrecke
Grunewaldturm
Karlsberg
Saubucht
Grunewald
Hundekehlesee
Grunewaldsee
Hüttenweg
Jagdschloß Grunewald
Brücke-Museum
Schmargendorf
Kreuz Wilmersdorf
Hohenzollerndamm
Mecklenburgische Str.
Detmolder Str.
Friedenau
Kleines Theater
Breitenbachplatz
Innsbrucker Platz
Sachsendamm
Kreuz Schöneberg
Schildhornstr.
Saarstraße
Museum für Deutsche Volkskunst
Havel
Krumme Lanke
Dahlem
Botanischer Garten
Schloßpark-Theater
Wolfensteindamm/Schloßstraße
Steglitz
Insulaner
Filandastraße
Zehlendorf
Schlachtensee
Ufa-Fabrik
Lichterfelde
Teltowkanal
Lankwitz
Mariendorf
Spanische Allee
Nikolassee
Heerstraße
Bismarckstr.
Kaiserdamm
Potsdamer Chaussee
Clayallee
Königin-Luise-Str.
Finckensteinallee
Hindenburgdamm
Ostpreußendamm
Kaiser-Wilhelm-Str.
Tempelhofer Damm
100
103
104
105
111
115

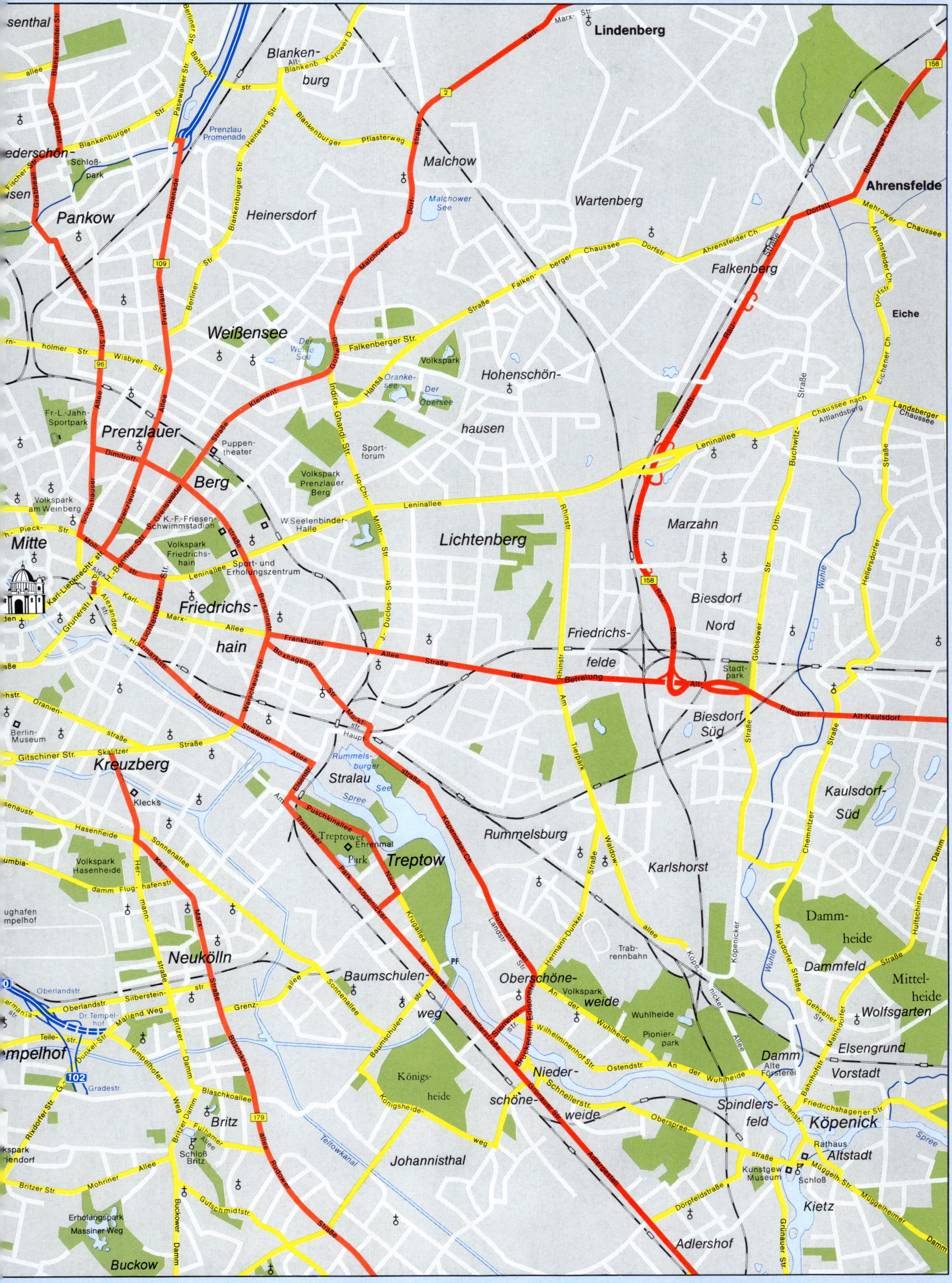
Lindenberg
Blanken-
burg
Malchow
Wartenberg
Ahrensfelde
Pankow
Heinersdorf
Falkenberg
Eiche
Weißensee
Hohenschön-
hausen
Prenzlauer
Berg
Marzahn
Lichtenberg
Mitte
Friedrichs-
hain
Biesdorf
Nord
Friedrichs-
felde
Biesdorf
Süd
Kreuzberg
Stralau
Kaulsdorf-
Süd
Rummelsburg
Treptow
Karlshorst
Neukölln
Baumschulen-
weg
Oberschöne-
weide
Damm-
heide
Dammfeld
Mittel-
heide
Wolfsgarten
Elsengrund
Damm
Vorstadt
Nieder-
schöne-
weide
Spindlers-
feld
Köpenick
Altstadt
Britz
Johannisthal
Kietz
Adlershof
Buckow
Tempelhof
Volkspark
Weißer See
Malchower See
Orankesee
Obersee
Sportforum
Puppentheater
Volkspark Prenzlauer Berg
Volkspark Friedrichshain
Sport- und Erholungszentrum
Rummelsburger See
Spree
Treptower Park
Ehrenmal
Volkspark Hasenheide
Königsheide
Wuhlheide
Pionierpark
Trabrennbahn
Schloß Britz
Erholungspark Massiner Weg
Rathaus
Schloß
Kunstgew. Museum
Alte Försterei
Berlin-Museum
Teltowkanal
Wuhle
Landsberger Chaussee
Leninallee
Frankfurter Allee
Karl-Marx-Allee
Alt-Biesdorf
Alt-Kaulsdorf
Köpenicker Ch.
Adlergestell
Schnellerstr.
Oberspree-
Müggelheimer
Sonnenallee
Karl-Marx-Str.
Rudower
Blaschkoallee
Dammweg
Grünauer Str.
Gitschiner Str.
Oranienstraße
Hasenheide

Wien
Volksoper
Währinger Straße
Nußdorfer Str.
Liechtensteinpark
Porzellangasse
Seegasse
Hahngasse
Rossauer Lände
Wettsteinpark
Obere Donau-
Rembrandtstr.
Augarten-
Untere Augarten-straße
Pramergasse
Grünentorgasse
Müllner-gasse
Serviten-gasse
Liechtensteinstr.
Boltzmanngasse
W.-Exner-
Spitalgasse
Sensengasse
Alsergrund
Porzellang.
Rembrandt-brücke
Augarten-brücke
W.-Kienz-Park
Hörlgasse
Garnison-gasse
Berg-
Türken-straße
Lazarettgasse
Mariannengasse
O.-Wagner-Platz
Votivkirche
Schlick-platz
Theresien-
Franz-Josefs-Kai
Kolin-
Maria-
S.-Freud-Park
Schotten-ring
Börse
Börse-platz
Gonzagagasse
Neutorgasse
Alser-straße
Universitätsstr.
Lederer-
Koch-gasse
Lange-gasse
Schlössel-gasse
Wickenburg-g.
Laudon-gasse
Liebiggasse
Universität
Hohen-staufeng.
Wipplinger-str.
Rudolfs-platz
Concordia-platz
Salz-gries
Helferst.
Schottengasse
Grillparzer-str.
Landesgerichtsstraße
Dr.-K.-Lueger-Ring
Rathauspark
Felderstr.
Rathaus
Reichsratsstr.
Die Tribüne
Teinfaltg.
Freyung
Schottenkirche
Tiefer Graben
Passauer Platz
Altes Rathaus
Uhrenmuseum
Am Hof
Kirche am Hof
Floriani-gasse
Josefstadt
Schmidgasse
Josefstädter Str.
Theater in der Josefstadt
Bankg.
Burgtheater
Herrengasse
Landhaus
Naglerg.
Tuchlauben
Hoher markt
Rotenturm-
Peters-platz
Peterskirche
Bauern-markt
Strozzi-gasse
Rathaus-str.
Stadiongasse
Volksgarten
Ballhausplatz
Kohlmarkt
Graben
Stephansdom
Habsburgerg.
Bräunerstr.
Diözesanmuseum
Pfeilgasse
Langegasse
English Theatre
Parlament
Dr.-K.-Renner-Ring
Schmerling-platz
Singer-
Deutschordens
Lerchenfelder Straße
Heldenplatz
Dorotheergasse
Spiegelgasse
Kärntner Str.
Weihburg
Neustift-gasse
Volksgarten-str.
Museumstr.
Burgtor
Augustinerkirche
Kapuzinerkirche
Himmelpfort
Volkstheater
Naturhistorisches Museum
Burgring
Museum für Völkerkunde
Johannes-
Neubau-gasse
Kirchengasse
Burggasse
Stiftgasse
Breiteg.
Burggarten
Augustinerstr.
Albertina
Albertina-platz
Annagasse
Kleine Komödie
Seiler-
Hermann-gasse
Messeplatz
Goetheg.
Staatsoper
Kärntner
Walfischg.
Neubau
Messepalast
Opernring
Mahlerstr.
Westbahnstr.
Siebensterngasse
Elisabeth-str.
Schillerplatz
Kärntner Ring
Zoller-gasse
Getreidemarkt
Akademie der bildenden Künste
Lindengasse
Mariahilfer Straße
Gumpendorfer Straße
Windmühlgasse
Theater an der Wien
Lehár-gasse
Künstlerhaus
Musikverein
Karlsplatz
Histor. Museum der Stadt Wien
Die Komödianten
Karlskirche

Augarten
Augarten-palais
Augartenstraße
Leopoldstadt
Frachtenbahnhof Wien-Nord
Nordbahnstraße
Volkertstr.
Darwingasse
Castellezgasse
Taborstraße
Vereinsgasse
Heinestraße
Stadtgutgasse
Novara-
Blumauergasse
Glockengasse
Mohrengasse
Weintraubengasse
Praterstern
Bahnhof Wien-Nord
Lassallestraße
Ybbs-
Venediger Au
Harkortstr.
Ennsgasse
Wohlmut-
Max-Winter-Platz
Obermüllerstr.
Ausstellungsstraße
Planetarium
Riesenrad
Hauptallee
Praterstraße
Nestroyplatz
Czernin-
Vivariumstr.
Zufahrtsstraße
Straße des Ersten Mai
Prater
Kl. Pfarrg.
Gr. Pfarrg.
Große Sperlg.
Hollandstr.
Lilienbrunng.
Zirkusgasse
Große
Ferdinand-
Untere Donaustraße
Marienbrücke
Schwedenbrücke
Franzensbrücke
Dampfschiffstraße
Schüttelstraße
Weißgerberstr.
Aspernbrücke
Sportklubstraße
Josef-Kai
Jul.-Raab-Platz
Uraniastr.
Radetzkystr.
Radetzkyplatz
Böcklinstraße
Rustenschacher
Stadion
Golfplatz
Kammerspiele
Fleischmarkt
Pradler Ritterspiele
Zollamtsstraße
Zollamtsstr.
Viadukt-
Löwen-
Untere
Adamsgasse
Weißgerber Lände
Sonnenfelsg.
Bäckerstraße
Woll-
Schulerstr.
Postgasse
Dominikanerbastei
Biber-
Hetz-
Obere
Kolnitzplatz
Hetzg.
Museum für angew. Kunst
Stubenring
Autobusbahnhof
Hintere Zollamtsstr.
Marxergasse
Kegel-
Blattgasse
Stammg.
Bechard-
Stubenbastei
Kirchnerstr.
Landstraßer Hauptstraße
Air Terminal
Invalidenstr.
Gärtnerg.
Seidl-
Erste-platz
Rotundenbrücke
Allee
Stadtpark
J. Strauß-Denkmal
Kursalon
Parkring
Am Heumarkt
Ungargasse
Rechte
Salmgasse
Rasumofskyg.
Hörnesgasse
Kundmanngasse
Erdberger Lände
Erdberg-
Wassergraben
Johannesgasse
Lothringer Str.
Beatrix-
Linke Bahngasse
Landstraße
Rochusg.
Hainburger Straße
Konzerthaus
Salesianerg.
Am Modenapark
Reisnerstr.
Ungargasse
Hintzerstr.
Ziehrerplatz
Schwarzenbergplatz
Zaunergasse
Neulinggasse
Arenbergpark
Schloß Belvedere

Rom

Piazzale Clodio
V. Sabotino
Piazza G. Mazzini
Mazzini
Viale Giuseppe
Viale Angelico
Lungo. d. Navi
Via Flaminia
Museo Nazionale Etrusco
Trionfale
Via Trionfale
Circonval. Trionfale
Circ. Trionfale
Via della Giuliana
Piazza G. Italia
Largo Gancia
Viale delle Milizie
Piazza Cinque Giornate
L. Michelangelo
L. A. da Brescia
Fiume
Tevere
V. d. M. d'Oro
Piazzale degli Eroi
Via A. Doria
Viale Giulio Cesare
Via Scipioni
Magno
Piazza del Popolo
Via Leone IV
Viale Giulio
Viale degli Germanico
Piazza dei Quiriti
Via P. Gracchi
Piazza della Libertà
Via Cipro
Via Candia
Via dei Cola di Rienzo
V. Cicerone
Via L. Caro
Lungo. Mellini
Lung. in Augusta
Via Ripetta
Via Emo
Via Vaticano
Musei Vaticani
Piazza del Risorgimento
Via Boezio
Via Tacito
Via Angelo
Via Crescenzio
Piazza A. Capponi
Piazza Cavour
Piazza P. Ripetta
Viale
Città del Vaticano
Cappella Sistina
Borgo Pio
L. Prati
Lung. Marzio
Piazza Borghese
Auditorium
Piazza San Pietro
Via D. Conciliazione
L. Castello
Piazza Firenze
Borgo S. Spirito
V. d'Orso
Lung. Tor di Nona
L. in Sassia
Via Coronari
V. d. Coppelle
Via Aurelia
V. di S. Maria Mediatrice
Via Gregorio VII
Gianicolo
Piazza Orologio
Corso V. Emanuele
Piazza Navona
Piazza D. Rotonda
Pantheon
Via delle Fornaci
Viale delle Mura Aurelie
L. Gianicolense
L. Sangallo
Museo di Roma
Teatro Argentina
Via Innocenzo III
V. d. Pellegrino
Via Giulia
Museo Barracco
Piazza D. F. Borgongini
Aurelio
Via del
V. d. Lungara
Lung. Tebaldi
Piazza Farnese
Galleria Spada
Piazza Cairoli
Via Arenula
V. d. Riari
Lung. Farnesina
Villa Abamelek
Piazzale G. Garibaldi
Garibaldi
L. Vallati
L. Cenci
L. Sanzio
L. Anguillara
Via Aurelia
Via della Lungaretta
Porta S. Pancrazio
Trastevere
V. L. Manara
Piazza S. Cosimato
Piazza Mastai
Anicia
Via Antica
V. G. Medici
Via S. Pancrazio
Via Carini
Via del Vascello
Via G.
Viala Glorioso
Viale di Trastevere
Piazza Mercanti
Villa Doria Pamphili
Piazzale Wurst
Villa Sciarra
Porta Portese
Porto di Ripa Grande
Fiume Tevere
L. Testaccio

Giardino Zoologico
Pinciano
Galleria Nazionale d'Arte Moderna
Piazza Firdusi
Piazzale dei Daini
Galleria Borghese
Washington
Villa
Borghese
Piazza di Siena
Piazza Canestre
Galoppatoio
V. del Museo Borghese
Pinciana
Via Po
Via Salaria
Viale Regina Margherita
Corso Trieste
Villa Torlonia
Piazza Dalmazia
Villa Paganini
Nomentana
Via Savoia
Nizza
Alessandria
Salario
Via L. Spallanzani
Piazza Salerno
Piazza Sassari
Corso d'Italia
Porta Salaria
Piazzale Porta Pia
Muro Torto
Villa Medici
Porta Pinciana
Via Veneto
Via Sardegna
Via Sicilia
Via Boncompagni
Via Sallustiana
Via Piave
Via XX Settembre
V. del Policlinico
Nomentano
Via del Policlinico
V. C. Pretorio
Viale Pretoriano
Viale dell'Università
Città Universitaria
Piazzale Aldo Moro
Via F. Crispi
Via Sistina
V. Vitt.
V. L. Bissolati
Via Cernaia
Via Goito
Palestro
Piazza Indipendenza
V. dei Mille
Via Marsala
Sala
Piazza di Spagna
V. Condotti
Via d. Vite
Piazza Barberini
Galleria Nazionale d'Arte Antica
Via del Tritone
Piazza S. Silvestro
Piazza Parlamento
Piazza Colonna
Fontana di Trevi
Via del Corso
Museo Nazionale Romano delle Terme
Piazza dei Cinquecento
Stazione Termini
Teatro dell'Opera
V. delle Quattro Fontane
Via Nazionale
Via Torino
Via Cavour
Palazzo del Quirinale
Piazza del Quirinale
Via Palermo
V. C. Balbo
Via Principe Amedeo
Via Giovanni Giolitti
Via Filippo Turati
S. Maria Maggiore
Galleria Doria Pamphili
Galleria Colonna
Via dei Serpenti
Via Panisperna
Piazza Venezia
Plebiscito
Il Gesu
Foro di Traiano
V. C. Alberto
Via G. Lanza
V. Baccina
Via Cavour
Piazza Aracoeli
Monum. V. Emanuele
Via dei Fori Imperiali
Piazza Vittorio Emanuele
V. P. Eugenio
V. C. Verdez
Manzoni
V. Porta Maggiore
Via di S. Croce
Museo Nazionale d'Arte Orientale
Via Oppio
Piazza S. Pietro in Vincoli
Parco
Viale del Monte
Traianeo
Via Merulana
Via E. Filiberto
Via del Teatro Marcello
Foro Romano
Basilica di Massenzio
V. Domus
V. R. Bonghi
Via Labicana
Viale
Via Statilia
Villa Wolkonsky
Arco di Costantino
V. C. Vibenna
Via di S. Giovanni in Laterno
V. C. Felice
Piazza Bocca d. Verità
Palatino
Via Claudia
Via Annia
Piazza San. Gior. Laterano
Scala Santa
Via La Spezia
Aventino
Via dei Cerchi
Circo Massimo
V. di S. Gregorio
Via dis. Rotondo
San Giovanni in Laterano
Porta S. Giovanni
Parco S. Alessio
Via del Circo Massimo
S. Sabina
Piazza di Porta Capena
V. D. Navicella
Via Amba Aradam
Via Sannio
Via Appia

Personenregister

Ortsregister

Bildquellenverzeichnis

Archiv Gerstenberg, Wietze: 59, 95, 127, 170; **Archiv für Kunst und Geschichte, Berlin:** Umschlag (4), 19, 24, 58, 97, 110, 129, 130, 139, 142, 144, 145, 146, 163, 172, 175, 176, 181, 182, 184, 185, 194, 198, 199, 206, 208 (2), 217 (2), 226, 230, 232, 235, 237, 238, 239 (2), 243, 245 (2), 248, 261, 278, 280, 281, 284, 288 (2), 289, 293 (3), 294, 295, 298 (2), 299, 301 (2), 302 (2), 303 (2), 304, 310 (2), 312 (2), 313, 314, 316, 317, 320, 321, 326, 328, 329, 330, 331, 343 (3), 344, 348, 349, 351, 354 (2), 355, 357, 362, 363, 364, 365 (2), 366, 367, 368, 369, 370, 371, 372, 373, 374, 375, 376, 377, 378, 380 (2), 381, 382, 383 (2), 384, 385, 386, 387, 388, 389 (2), 390 (2), 391, 392 (2), 393, 394 (2), 395 (3), 396 (3), 398, 399, 400 (3), 402 (3), 403 (2), 404 (2), 405 (2), 406 (2), 407 (2), 408 (2), 409 (3), 410 (2), 411 (2), 412 (2), 413; **Bayerische Staatsbibliothek, München:** 144; **Bildarchiv Foto Marburg, Marburg:** 26, 124, 130, 181; **Bildarchiv Preußischer Kulturbesitz, Berlin:** 66, 118, 121, 126, 139, 141, 143 (2), 149, 176, 177, 179, 180, 181, 182, 193, 194, 196, 201, 202, 204, 205 (2), 207, 210, 214, 220, 224 (2), 230, 232, 235, 237, 249, 251, 252, 256, 257 (2), 261, 264, 266, 267, 268, 271 (2), 274, 275, 277, 332, 333, 360, 361, 363, 365 (2), 366, 367, 368, 370, 371, 373, 374, 375; **foto-presse timmermann, Erlangen:** Umschlag (1), 44, 103, 136, 151; **Hessische Landesbibliothek, Fulda:** 115; **Historia Photo, Hamburg:** 75; **Historisches Museum der Pfalz, Speyer:** 132; **Interfoto, München:** 127, 164, 168, 169, 296, 297, 330, 334, 346, 348, 352, 353, 358 (2), 359, 366, 374, 376 (2), 378, 379 (2), 381, 384, 391, 397 (2), 398, 405, 407, 413; **Jürgens Photo, Köln:** 103, 155; **Fritz Mader, Hamburg:** 14, 40; **Staatsarchiv Schwyz:** 131; **Städtische Museen, Konstanz:** 166; **Superbild Bildarchiv, Berlin:** 20, 126, 154; **Universitätsbibliothek Heidelberg:** 128; **Zentrale Farbbild Agentur, Düsseldorf:** Umschlag (1), 92.
Sonstige Abbildungen: Archiv Studio Hamburg, Fotos: Jens Uwe Scheffler.
Kartentricks: anima Studio für Film & Grafik GmbH, Hamburg.
Geschichtskarten: Stefan Schröter, Wiesbaden